国家社科基金后期资助项目

清代翰林院庶吉士制度研究

The Research on the System of Hanlinyuan Shujishi in the Qing Dynasty

邹长清 著

商务印书馆
创于1897 The Commercial Press

国家社科基金后期资助项目
出版说明

后期资助项目是国家社科基金设立的一类重要项目，旨在鼓励广大社科研究者潜心治学，支持基础研究多出优秀成果。它是经过严格评审，从接近完成的科研成果中遴选立项的。为扩大后期资助项目的影响，更好地推动学术发展，促进成果转化，全国哲学社会科学工作办公室按照“统一设计、统一标识、统一版式、形成系列”的总体要求，组织出版国家社科基金后期资助项目成果。

全国哲学社会科学工作办公室

目 录

序……………………………………………………………………I

绪 论……………………………………………………………… 1

第一章 清代翰林院庶吉士选拔演变…………………………… 13

第一节 明代庶吉士制度的创立及馆选 ………………………… 14

第二节 因承变通时期的馆选方式——顺治、康熙年间的馆选 …… 33

第三节 定型时期的馆选方式——雍正、乾隆、嘉庆年间的馆选 … 56

第四节 完善时期的馆选方式——道光至光绪年间的馆选………… 108

第二章 清代馆选诸问题……………………………………… 158

第一节 分省馆选 ………………………………………………… 158

第二节 年龄与馆选的关系 ……………………………………… 170

第三节 二甲、三甲进士入选庶吉士的比例 ……………………… 199

第四节 宗室和八旗庶吉士的选拔 ……………………………… 208

第五节 翰林院庶吉士人数 ……………………………………… 216

第三章 清代翰林院庶吉士的培养…………………………… 236

第一节 明代庶吉士的培养 ……………………………………… 236

第二节 清代庶吉士的隶属关系及培养场所 ……………………… 244

第三节 清代翰林院庶吉士分清汉书培养 ………………………… 262

第四节 清代翰林院庶吉士培养内容 …………………………… 291

第五节 清代翰林院庶吉士教习及馆课 ………………………… 299

第六节 清代翰林院庶吉士请假问题 …………………………… 325

第四章 清代翰林院庶吉士散馆授职………………………… 333

第一节 明代翰林院庶吉士的散馆授职 ………………………… 333

第二节 清代翰林院庶吉士散馆考试 …………………………… 345

第三节 清代翰林院庶吉士散馆授职类别 ……………………… 359

第四节 清代翰林院庶吉士散馆授职问题 ……………………… 384

第五章 清代翻译庶吉士……………………………………… 402

第一节 翻译科的确立与发展 …………………………………… 402

第二节　翻译科的类别 …………………………………………… 416
第三节　翻译庶吉士 ………………………………………………… 428
第六章　清代翰林院庶吉士待遇及身份…………………………… 436
第一节　翰林院庶吉士的社会地位 ……………………………… 436
第二节　翰林院庶吉士的待遇 …………………………………… 439
第三节　翰林院庶吉士的身份 …………………………………… 445
结　语……………………………………………………………………… 456
附表一　清代分省庶吉士人数统计表……………………………… 467
附表二　清代分省进士、庶吉士人数对比统计表………………… 485
附表三　清代会试覆试等第名次表………………………………… 509
附表四　清代散馆等第名次及授职表……………………………… 515
附表五　《词林辑略》散馆授职弄错之总表 ……………………… 531
附表六　清代翰林院庶吉士散馆授职统计表……………………… 542
附表七　清代翰林院庶吉士官至最高职位统计表………………… 569
附表八　清代一甲进士官至最高职位统计表……………………… 627
参考文献…………………………………………………………………… 640
后　记……………………………………………………………………… 656

序

长清教授的力作《清代翰林院庶吉士制度研究》付梓在即，嘱我为序。他在南开大学历史学院6年的勤奋读博情景，如在昨日，浮现眼前，我很乐意在此与读者分享我对他学问人生的认识。

长清的庶吉士制度研究，始于他1992年在郑州大学历史研究所完成的硕士论文《明代庶吉士制度研究》，指导老师是王兴亚教授，在王老师的指导下，他打下了明代制度史研究的基础。硕士研究生毕业后，长清先后在桂林市靖江王陵文物管理处、桂林市文物管理委员会办公室工作，长达10年之久。怀着对于学术研究的热爱，2002年他调入广西师范大学历史文化与旅游学院任教。不仅如此，他还愿意继续深造，2005年9月在职考入南开大学历史学院，并于2011年获得历史学博士学位。

近十几年清史资料的大量出版，特别是档案的出版为清史研究的深入提供了重要保障，重要的大型官书《清实录》《清会典》可以电子检索，极大方便了学者。长清与我商定，就有清一代的庶吉士制度全面深入探讨，于是定下了如今书名的选题。

长清治学严谨，性喜实证，研究问题追求资料的详尽。然而清史资料繁多，掌握需要时日。他不急不躁，淡定从容，利用6年的时间完成了这部著作。在研究方法上，他重视进行数量统计分析，制作了大量表格，得出不少准确的结论，花费的时间、精力可想而知。

清代庶吉士问题虽有一些个别研究，但缺乏全面、系统的探讨。长清在综合利用有关清代庶吉士的专书、实录、政书、档案以及年谱、日记等丰富资料的基础上，全面深入研究了清代翰林院庶吉士制度，经过系统梳理、认真统计、精心考证，完整地呈现了清代庶吉士选拔、培养与散馆授职的各项制度，在诸多问题的分析上阐幽发微，提出新的看法，如在朝考的类别及新进士朝考的性质、庶吉士的数量、新进士的培养方式、散馆革职问题、翻译科起始时间、庶吉士的待遇及身份等方面，均见解独到。而且他能够在与明代庶吉士制度的比较中立论，持论允当，使得清代庶吉士的研究达到了一个新的高度。这一研究对于认识庶吉士制度对清代政治、文化的影响以及清朝君主专制制度，具有重要的学术价值。

我们请清代制度史特别是科举史研究名家李世愉先生主持了长清的学位论文答辩，得到李先生的肯定、鼓励与指教，并请其他专家学者进行评审，最终该文被评为优秀博士学位论文。

幸运的是，长清修订学位论文的愿望，得到国家社科基金后期资助项目的支持，使得该书得以出版。

长清和我说过，他想写好这本书，将它作为自己学术研究的代表作，并在具有深厚文化传统的老牌出版社出版，如今愿望达成，在此向他祝贺！

清史资料虽多，比较而言，顺康时期的资料相对较少，这为长清的学术研究带来考察诸多问题起源的难度与不确定性，会留下一些遗憾，不同的学者叙述翰林院庶吉士制度的因革变化与属性，或许也会有不同的看法，学无止境，我们欢迎学者对于该书批评指正！

常建华

2020 年 6 月于津门

绪 论

明清两朝翰林院与内阁有密切的内在关系，两朝的政治具有鲜明的翰林色彩。翰林出身的官员活跃于政治、经济、文化诸方面，甚至重大军事决策和行动都有翰林的身影。明清翰林除来源于一甲进士之外，其主体来自翰林院庶吉士。

一、翰林院庶吉士制度在选拔培养人才方面占有重要地位

明代废除了宰相制度，政治体制发生重大变化。虽然废掉了宰相制度，但是皇帝在决策、处理政务诸方面仍需大臣辅佐。这导致在明代相权并没有完全消失，主要表现在内阁的产生和确立。有明一代，内阁在一定程度上行使相权的职能。

伴随内阁制度的确立、发展，明代阁臣的来源也逐渐固定化，即所谓“非翰林不入内阁”。明代内阁大臣一般由出身翰林的官员升任。非翰林入阁是特例，除非素负众望，否则很难入阁。“通计明一代宰辅一百七十余人，由翰林者十九。”[①] 明代翰林院与内阁存在一种特殊关系。

唐朝始设翰林院，宋朝翰林院获得进一步发展。唐宋时期，翰林院作为内廷供奉机构，于翰林院供职者称“翰林待诏”。翰林待诏各具特殊技艺，因皇帝个人喜好或宫廷需要召至内廷，供其驱使。[②]

明代翰林院与唐宋翰林院名同实异，明代翰林院不再是内廷供奉机构，而是一个重要的中央机构。具体而言，明代翰林院既是备顾问的机构、文化机构，同时逐渐成为重要的储才、养才的机构，其职能更多元化。对进入翰林院的人员有严格的规定，即所谓“非进士不入翰林”。

伴随政治体制的变化，明代在选拔、培养人才方面发生重要变化，主要表现在创立了翰林院庶吉士制度。翰林院庶吉士制度确立于明太宗永乐

---

① ［清］张廷玉等撰:《明史》卷 70《选举二》，北京，中华书局，1987 年，第 1702 页。

② 关于唐代翰林院的研究，参见毛蕾:《唐代翰林学士》（北京，社会科学文献出版社，2000 年）一书。

年间，逐渐发展成为选拔、培养高级文职官员的制度。明代不少高级文职官员出身于庶吉士，特别是内阁大臣大多出身于庶吉士。正因此，在明代，庶吉士“已群目为储相”①。

当然，翰林院庶吉士制度更是科举制度发展到一定阶段的产物。科举制度是隋唐以来最重要的人才选拔制度。如何更好地发挥经此制度所选人才的作用，是历代统治者所关注的一个重要问题。明朝统治者作了有益的探索，主要表现在创立了进士观政制度。举子中式进士之后，没有从政经历，而获得处理政务的能力有一个过程。为了缩短这一过程，使进士能较快地适应政务工作，明太祖朱元璋创立进士观政制度。洪武年间，在九卿衙门观政的进士称“观政进士”，在近侍衙门观政的进士则称“庶吉士”。可以说，洪武年间的庶吉士也是观政进士。随着内阁制度的确立，永乐年间庶吉士的培养方式也发生变化，庶吉士一般不再以观政的方式培养，而是以进学的方式加以培养。

清承明制，推行和完善了翰林院庶吉士制度。在清朝，选拔、培养庶吉士被视为“朝廷之大典”②。翰林院庶吉士制度成为清代一项重要的选拔人才、培养人才的制度。这一制度对清代政治、文化、社会诸方面产生了深远影响。实施这一制度，清王朝选拔、培养了一大批高级文职官员，清代比较有影响的大学士大多出身于庶吉士，如李光地、张廷玉、刘统勋、尹继善、陈宏谋、曾国藩、李鸿章等；康雍年间的重臣年羹尧由庶吉士出身；各部院尚书由庶吉士出身的也占有较大比例。正如清人所言：“每一科赐第之后，必选天下英俊魁硕之士，教之养之，既成而后授职，一代之相才出其中，一代之名臣亦往往出其中。”③乾隆十六年（1751）五月，江南道监察御史欧阳瑾上奏时言及：“在廷汉大臣自大学士以及九卿其不由翰林出身者止数人耳，是国家于翰林用之重矣。”④宣统元年（1909），邮传部左参议李稷勋上奏也言及：

> 我朝设官分职，各有专司，独视翰林为最重。所以储才养望，期之

---

① 《明史》卷70《选举二》，第1702页。

② 魏裔介言：“欲求天下之治安者，在乎得贤，欲得天下之贤人者，在乎养之有素。此教习庶吉士，所以为朝廷之大典也。”（[清]魏裔介:《兼济堂文集》卷8《宫定庵馆课序》，北京，中华书局，2007年，第202页。）

③ 同上。

④ 《江南道监察御史欧阳瑾奏请宜明禁庶吉士告假等事折》，见《宫中朱批奏折》，乾隆十六年五月十八日，中国第一历史档案馆档号：04-01-38-0069-013。

宏远，向不以吏事相烦，而官于该衙门者，亦皆淬厉志行，高自标置，故自康乾全盛之时，迄咸同中兴之会，凡名臣魁辅，率多由词馆起家，皆由我列圣培养之深，非倖致也。[①]

翰林院又称“词馆”。明清两代一甲进士直接授职翰林官，其余翰林官一般来自庶吉士。清代一甲进士共342人，而庶吉士多达5723人（参见附表二）。庶吉士授职翰林官的共3465人（参见附表六），翰林官的主体来自庶吉士，庶吉士出身的官员活跃于整个有清一代。可以说，庶吉士制度在清代人才选拔、培养方面起到很重要的作用。

民国年间，一些由庶吉士出身的人物仍活跃于政坛、教育界、文化界，如徐世昌、蔡元培、张元济、陈叔通等人，其中徐世昌是光绪十二年（1886）丙戌科进士、庶吉士，蔡元培、张元济两人是光绪十八年（1892）壬辰科进士、庶吉士，陈叔通是光绪二十九年（1903）癸卯科进士、庶吉士。1918年至1921年，徐世昌担任民国大总统。中华人民共和国成立后，陈叔通任中央人民政府委员、全国人大常委会副委员长、政协全国委员会副主席；张元济担任上海文史馆馆长，继任商务印书馆董事长。

学界对这一制度有一定的研究，但仍有不少问题需作进一步的探讨。目前大量档案资料的公开和出版，特别是《上谕档》等文献的出版，为深入研究清史提供了广阔的空间。在这一非常有利的条件下，我们在吸收和借鉴学术界已有研究成果的基础上，对这一制度作进一步的探讨，主要探讨以下问题：

一、探究清代翰林院庶吉士制度的发展演变。清承明制，推行庶吉士制度，同时不断完善这一制度。通过对庶吉士的选拔、培养、任用等方面进行考证、梳理，弄清这一制度在清代的发展脉络和变化轨迹。

二、探讨清代翰林院庶吉士制度对清代政治、文化的影响。庶吉士出身的官员活跃于清代政治、文化诸方面，他们成为政治精英、文化精英。庶吉士制度对清代政治、文化等方面产生了重要影响。

三、探讨翰林院庶吉士制度与清朝君主专制制度的关系。从选拔、任用庶吉士这一角度，可以看出，清代君主极力集权，剥夺大臣选拔、用人之权。明代馆选成为定制之后，由内阁会同吏部、礼部选拔，报皇帝认

① 《宣统政纪》卷11，宣统元年三月辛未，见《清实录》，北京，中华书局，1987年，第60册，第232页。

可；而清代则由皇帝钦点，即皇帝把选拔权牢牢控制在自己手中。这一钦点之法，不允许官员质疑，否则遭驳斥。正如雍正帝降旨所说：

> 明时，人主晏处深宫，不见外廷之臣，故令内阁主选俊之举。我圣祖皇帝无日不临朝听政，引见各官，尤于馆选亲加详定，而查嗣庭以宋明之事比并而论，且以钦点为非，尚有人心者乎？……用人乃人君之专政，若如此则权移于下，人君无用人之柄矣，诚大逆不道无理之论也。①

雍正帝的这一道谕旨表明清代皇帝完全掌控了用人权。完全掌控用人权，成为君主专制达到极点的标志之一。清代皇帝勤政本是一件好事，但从清帝高度集权，剥夺大臣的选拔权、用人权等方面来看，表露了皇帝对大臣、官员的极端不信任。

本人之所以选择研究清代翰林院庶吉士制度，直接原因是我的硕士论文研究的是明代庶吉士制度。在攻读硕士学位的第二年即1990年，我在导师王兴亚老师的指导下，确定《明代庶吉士制度研究》作为硕士论文题目。之所以研究明代庶吉士制度，这与本人学士学位论文相关。1987年本人的学士学位论文是《明代内阁制度浅探》。虽然，学士学位论文写得很稚嫩，但也因此，与明代内阁相关的问题成为本人的关注点。明代庶吉士与内阁有密切的关系，体现在庶吉士有“储相”之称。1990年硕士论文选题时，研究明代庶吉士的论文仅有吴仁安的《明清庶吉士制度拾零》一文。②受吴仁安先生的启发，加上王兴亚老师的鼓励，本人开始步入庶吉士制度的研究行列，并于1992年完成这篇硕士论文。之后，我一直想对清代翰林院庶吉士制度进行探究。2005年我考入南开大学，攻读博士学位，研究方向本来是古代社会史，但导师常建华老师建议我根据自己的兴趣和特长，研究清代政治制度史。根据导师的建议，我转向清代政治制度史的研究。当时研究清代翰林院庶吉士制度方面，已有邸永君先生的《清代翰林院制度》③一书和李世愉先生的《试论清代的进士朝考制度》④一文。这本专著和这篇论文，是研究清代翰林院庶吉士制度的标志性成果。继续研

---

① 《雍正朝起居注册》，雍正四年十月十六日甲戌，北京，中华书局，1993年，第1册，第822～823页。

② 吴仁安：《明清庶吉士制度拾零》，《安徽史学》1984年第1期。

③ 邸永君：《清代翰林院制度》，北京，社会科学文献出版社，2002年。

④ 李世愉：《试论清代的进士朝考制度》，见《明清论丛》第4辑，北京，紫禁城出版社，2003年。

究清代翰林院庶吉士，于我而言确实有为难心理，常建华老师建议我先看书，再作决定。经过近一年的查阅资料，大致在2006年6月，我才确定以《清代翰林院庶吉士制度研究》作为博士论文题目。没有导师的建议和鼓励，我研究清代翰林院庶吉士制度的想法可能成为空想。

二、研究翰林院庶吉士的学术史

清代庶吉士制度研究，大致分作两个阶段。

第一阶段：清代至民国初年。这一阶段是对庶吉士资料的整理阶段。最早整理清代庶吉士资料的是沈廷芳。沈廷芳，号椒园，编辑了《国朝馆选录》一书，收录顺治三年（1646）丙戌科至乾隆十年（1745）乙丑科一甲进士和庶吉士名录。

张廷玉为此书作序，言及："门人沈椒园侍御，由博学鸿词科入翰林，留心掌故，考自国初以来，凡进士之改庶常者，汇其姓氏、里居都为一集，题曰《国朝馆选录》。"①

周长发在《序》中谈到编辑此书之目的："国初讫今百年，新进士得选庶吉士多不可计数，其名姓或往往湮郁不彰，将就零落为可叹也。椒园慨然为之考录，而使有传焉，意亦勤矣……椒园之为是编，以为居此者，必思有以称其官。其用意甚深，非特为翰林备掌故而已，则其尤可传者哉。"②

沈廷芳说明编辑此书的缘由及编辑方法：

> 廷芳向学于旧史氏，尝阅朱检讨彝尊《瀛洲道古录》，思集皇朝馆选群公名氏，以资考订。乾隆元年，幸叨是选，乃于天禄紬书之暇，博稽往籍，载绎旧闻，上列名次，下注籍贯，起自顺治丙戌至今之乙丑，循科案年积久成帙，题曰《国朝馆选录》。中间或挂漏不免，然观览前修，亦足以征圣世人文之盛，聊备典故之采择，兼补《道古录》所未收。爰付开雕，存于馆下，质诸前辈，且俾后之预选者续刊焉。③

沈廷芳担心庶吉士姓名散落，被人遗忘，因此，着手辑录一甲进士和庶吉士名录。其直接原因是他阅读了朱彝尊《瀛洲道古录》一书，而产生编纂《国朝馆选录》之想法。此书按科年辑录，记载一甲进士和庶吉士的

---

① ［清］张廷玉:《序》，见沈廷芳编著:《国朝馆选录》，清刻本，第7页。

② ［清］周长发:《序》，见《国朝馆选录》，第1页。

③ ［清］沈廷芳:《序》，见《国朝馆选录》，第1～2页。

姓名、籍贯。沈廷芳希望后辈能续刊《国朝馆选录》。在沈廷芳之后，不断补载馆选名录，因此有多种版本的《国朝馆选录》，最早的续修本馆选名录可能止于乾隆三十一年（1766）丙戌科，最晚的续修本馆选名录止于光绪三十年（1904）甲辰恩科。可以说这一系列的馆选名录是完整的。

《词林典故》修成于乾隆十二年（1747），也只收录了顺治三年丙戌科至乾隆十年（1745）乙丑科馆选名录，仅记载一甲进士和庶吉士的姓名、籍贯。将《词林典故》与《国朝馆选录》相对照，我们推断《词林典故》所收录的馆选名录应全部来自《国朝馆选录》。

鉴于《国朝馆选录》《词林典故》所辑名录过于简略，乾隆后期，吴鼎雯纂辑《国朝馆选爵里谥法考》一书。此书不仅记载一甲进士和庶吉士姓名、籍贯，而且记载其字号、散馆授职、官职等情况，从而大大丰富了一甲进士和庶吉士出身人员的内容。吴鼎雯纂辑《国朝馆选爵里谥法考》收录的馆选名录止于乾隆五十八年（1793）癸丑科。此后不断续修，因此，也有多种续修本。我们在国家图书馆所见的最晚版本收录到咸丰九年（1859）己未科。止于咸丰九年己未科的《国朝馆选爵里谥法考》记载散馆授职仅到道光二十五年（1845）乙巳恩科。

嘉庆年间修的《皇朝词林典故》中的《题名·馆选》部分，采用了《国朝馆选爵里谥法考》的编纂方法和内容，不仅记载一甲进士和庶吉士的姓名、籍贯，也记载字号、散馆授职、官职等情况。《皇朝词林典故》收录的馆选名录止于嘉庆十年（1805）乙丑科。

鉴于以上诸种馆选名录不全、遗漏等问题，庶吉士出身的朱汝珍在民国初年编纂了《词林辑略》一书。可以说，此书是纂辑馆选名录的集大成者。此书收录了有清一代一甲进士和庶吉士名录，并在《国朝馆选爵里谥法考》一书的基础上，增加了一甲进士和庶吉士出身官员的著述情况。

总之，这一阶段是属于整理庶吉士名录的阶段，还谈不上对庶吉士制度的研究。

第二阶段：从 20 世纪 50 年代至 21 世纪初。最早涉及庶吉士制度的是出版于 1958 年的商衍鎏所著的《清代科举考试述录》[①]一书。此书没有对庶吉士进行全面研究，只是记载了朝考、庶吉士散馆等方面的内容。

吴仁安是中国第一位研究庶吉士制度的学者。他的《明清庶吉士制度拾零》[②]是第一篇研究庶吉士的论文。此后，先后研究明清庶吉士制度的学

① 商衍鎏：《清代科举考试述录》，北京，生活·读书·新知三联书店，1958 年。

② 吴仁安：《明清庶吉士制度拾零》，《安徽史学》1984 年第 1 期。

者有颜广文、吴建华、邸永君、李世愉等，其中研究清代庶吉士的以邸永君、李世愉两位学者为代表。邸永君在硕士论文《清代庶吉士制度研究》的基础上，完成博士论文《清代翰林院制度研究》，并在博士论文的基础上出版了《清代翰林院制度》一书。该书对清代庶吉士的选拔、培养、任用等进行了一定广度、深度的研究。李世愉的《试论清代的进士朝考制度》[①]一文则是研究清代庶吉士选拔制度的力作。

研究庶吉士制度以大陆的学者为主，中国台湾地区的学者也对庶吉士制度的相关方面作了一定的研究。宋秉仁所著《清初翰苑体制与翰林流品》[②]一书共七章：第一章官制；第二章职掌；第三章考试；第四章典礼；第五章仕途；第六章官常；第七章名位。该书仅在第三章对清前期（顺治至乾隆年间）庶吉士的选拔、散馆进行了研究，基本不涉及庶吉士培养的内容，也没有对有清一代庶吉士制度的发展、变化进行探讨。中国台湾地区东吴大学学者连文萍对明代庶吉士的馆课作了较深入的研究，其代表作为《明代翰林院的诗歌馆课研究》[③]。总体来说，中国台湾地区目前还缺乏对庶吉士制度的整体研究。

国外主要是日本学者对庶吉士制度有一定的关注。他们基本关注明代的庶吉士问题，对清代的庶吉士关注较少。如：山本隆义的《明代に於ける庶吉士の制について》(《香川大学学艺学部研究报告》 1 ～ 12，1959 年）、五十岚正一的《明代における庶吉士の設定について》(《新潟大学教育学部纪要》 7 卷 1 号，1966 年）、阪仓笃秀《成化元年における散館請願について：明朝庶吉士制の檢討》(《东洋史研究》46 辑 3 号，1987 年 12 月）、高桥亨的《明代庶吉士制度の成立とその背景——永楽 2 年科庶吉士を中心として》(《集刊东洋学》第 96 辑，2006 年）等。

学术界对清代庶吉士制度的研究成果，主要涉及以下几方面：

（一）馆选方面

选拔庶吉士，通常称为“馆选”或“选馆”，也有称为“馆选庶吉士”的。[④]

李世愉在《试论清代的进士朝考制度》一文中首先考察了明代和清

① 《试论清代的进士朝考制度》，见《明清论丛》第 4 辑。

② 宋秉仁：《清初翰苑体制与翰林流品》，台北，泰安书局，2004 年。

③ 连文萍：《明代翰林院的诗歌馆课研究》，《政大中文学报》2009 年第 12 期。

④ 如雍正三年（1725）四月癸未，雍正帝谕大学士、九卿时言及：“嗣后馆选庶吉士，或应考试文义选取，或应每省额选几人，或应分为南北两院？”（《清世宗实录》卷 31，北京，中华书局，1985 年，第 1 册，第 476 页。）

顺康年间的馆选方法，然后重点探究雍正以来在馆选中占有重要作用的进士朝考制度。他认为“推行朝考制度是为了慎重选拔，以杜绝请托之弊”，“建立朝考制度，通过严格的考试来选拔庶吉士，旨在进一步提高庶吉士的地位及含金量，加重馆选的分量，给予预选者一种尊崇与荣耀”，“朝考制度的建立是在雍正时期，但其完善却经历了乾隆、嘉庆、道光数朝”[①]。这一成果推进了清代翰林院庶吉士选拔的研究。

邸永君对清代翰林院庶吉士制度作了较全面的研究，他先对顺康年间的馆选方法进行了一定的探讨，然后考察雍正年以来的馆选方法。他认为，清代“馆选具体录取方法如下：以复试、殿试、朝考等第数之和并参考新进士所在省分之名额以决定取舍。各等第中尤以朝考等第为重”[②]。这一观点源自商衍鎏的看法，但存在以偏概全之嫌。首先，没有弄清会试覆试[③]制度确立于何时。事实上，会试覆试制度确立于乾隆五十四年（1789）己酉科，即从乾隆五十四年己酉科开始，每科会试之后，均要进行覆试。其次，也没有弄清朝考制度的发展变化。从雍正元年（1723）癸卯恩科至道光二十一年（1841）辛丑科的进士朝考是不分等的，一般每科选取几十人作为朝考入选，朝考入选最多的科年可能是嘉庆二十五年（1820）庚辰科，朝考入选人数多达84人；朝考入选人数最少的科年可能是乾隆六十年（1795）乙卯恩科，朝考入选人数仅12人（参见表1-9《乾隆至道光部分朝考入选人数表》）。朝考分等则始于道光二十四年（1844）甲辰科。因此，即使按覆试、殿试、朝考等第数之和来选拔庶吉士，也应是道光

① 《试论清代的进士朝考制度》，见《明清论丛》第4辑。

② 《清代翰林院制度》，第98页。

③ 目前国内学术界一般将科举中的“覆試”简化成“复试”，但我们认为“覆試”应简化成“覆试”为好。安德义：《“覆试”非“復试”》（《辞书研究》1992年第3期）一文，从训诂等角度，指出“覆试”为科考语，“覆试”中的“覆”有“审查”“考察”之义，“覆试”非“復试”。我们认同安德义先生的论证。科举考试（包括文举、武举等）中的“复试”“覆试”是两个词，其含义有所区别。“复试”一般指落第者再次考试（应考、赴考），而“覆试”则一般指对中式者（或入选者，或拔贡通过朝考者）的再次考试。例如：“陈嘉穀……峡江人，乾隆五十四年拔贡生，朝考第一，尚书彭元瑞称其才，时大学士和珅用事，欲罗致门下，会嘉穀诣座主所，和珅适至，喻意使出，见嘉穀不可，和珅衔之。奏请覆试，遂黜嘉穀。先是，拔贡朝考异等授京秩，不覆试，覆试自此始。嘉穀归，益折节自励，累试不售，遂不复试，以诱掖后进敦品立行为己任。”（李文敏主修：《（光绪）江西通志》卷144《列传十一·临江府》，光绪七年刻本，第38页。）我们再列举“覆试”不能简化成“复试”一例：“嘉庆四年，大学士王杰等议驳御史沈琨条奏。查该御史原奏内称乡会试内外场规，层层防弊，立法本至严至密，榜发后复加覆试。”（《（咸丰）钦定科场条例》卷48《覆试·附载驳案》，见《续修四库全书》第830册，第371页。）“榜发后复加覆试”即乡会试中式之后，“复加覆试”。如果将这一“覆试”改成“复试”，变成“复加复试”，语义就不通了。

二十四年以后之事，何况道光二十四年之后，并不一定完全按覆试、殿试、朝考等第数之和来馆选。

（二）庶吉士培养方面

邸永君对庶吉士培养内容作了一定的研究工作。他据顺治时期的《庶吉士进学条规》，来探讨庶吉士培养内容。他认为“从《规条》中所定庶常学习内容上看，并非以往所认为的仅以诗赋，而是对经史更为重视，只是要求更高，须能背诵而少笔答，因而未留下考卷。后人认为是仅以诗赋为内容，则不足为怪矣”①。他在考察庶吉士培养内容问题上，没有注意到培养内容的变化。仅据顺治时期的《庶吉士进学条规》，就认为清代庶吉士是按这一条规来培养的。其实有清一代庶吉士培养内容不是一成不变的，从平时考课和散馆考试可知，至少从乾隆朝以来，庶吉士虽然要学习经史，但除清书庶吉士外，汉书庶吉士主要精力是花在学习诗赋上面的。

对清代翰林院庶吉士的考课，学术界探讨相对较少，对馆课（考课）的演变基本没有探讨。我们对清代考课由前期的馆试、院试发展演变到小课、大课进行了考察。

（三）散馆授职方面

学术界对散馆授职进行了一定程度的探讨，基本上是研究常规的散馆授职，而对散馆授职的变化则缺乏研究，对散馆授职特例很少涉及。如康熙五十二年（1713）散馆授职时，将习汉书散馆考试二等的11人革去庶吉士，归教习进士处学习等事，就没有人进行研究。一般只研究散馆授职类别，而没有人探讨授职类别的比例。这关系到庶吉士培养的目的。在已有的研究成果基础上，我们不仅探讨庶吉士的常规散馆，也关注散馆特例；不仅注意散馆授职类别，也探讨散馆授职类别的比例等问题。

总之，学术界对清代庶吉士制度进行了一定程度的研究，由于受当时的条件（主要是史料利用方面）的限制，有不少问题没有弄清，甚至还没有涉及。近一二十年来，出版了大量档案文献，特别是中国第一历史档案馆与广西师范大学出版社先后合作出版了《嘉庆道光两朝上谕档》《咸丰同治两朝上谕档》《光绪宣统两朝上谕档》《雍正朝内阁六科史书·吏科》等档案文献。这些档案文献有大量的清代翰林院庶吉士方面的第一手材料。正是根据大量的档案文献，我们对清代翰林院庶吉士制度作了进一步

① 《清代翰林院制度》，第131页。

探讨。

三、研究思路、方法与内容安排

（一）研究思路

1. 从清代翰林院庶吉士制度的有机构成来进行探讨。庶吉士制度主要由馆选、培养、散馆三部分构成。我们的研究主要围绕这三方面展开。

2. 从纵的角度来探讨清代翰林院庶吉士制度的发展变化。以往对庶吉士制度的发展变化研究不够，存在将某一时期的馆选方式当作整个清代的馆选方式的情形，也存在将清初庶吉士的培养内容作为整个清代庶吉士培养内容的情形。其实清代在不断探索和完善馆选方式，也在不断完善庶吉士的培养内容。

3. 从庶吉士制度发展史的角度，对清代翰林院庶吉士制度进行研究。由于清承明制，要认识清代翰林院庶吉士制度，必须对明代庶吉士制度有一定的了解，因此，在研究清代翰林院庶吉士制度诸项内容时，先对明代庶吉士制度中的相关方面进行探讨。

4. 从选拔人才、培养人才的角度来探讨清代翰林院庶吉士制度。研究清代翰林院庶吉士制度，不能仅考虑清代选拔人才、培养人才的制度，而是要纵观历代在选拔、培养人才上的做法，探索其特殊性和成功经验。只有这样，我们才能较全面地认识庶吉士制度的地位和功用。

5. 从君主专制发展的角度探讨清代翰林院庶吉士制度。清代君主专制得到进一步加强，达到极点。从这一角度可以看出清代皇帝在馆选、散馆方面的独断。通过研究庶吉士制度，可以加强对清代君主专制的进一步认识。

（二）研究方法

在考证和统计的基础上，对清代翰林院庶吉士制度进行分析、探究，尽量做到定量分析与定性分析有机结合。我们花了不少时间进行数据统计，制作表格，以求对所探讨的问题能有一个相对精准的认识。

（三）内容安排

我们围绕庶吉士制度的中心问题展开研究，按有机构成来布置章节。全书共分为六章，具体安排如下：

第一章从纵的角度探讨清代翰林院庶吉士选拔的演变。首先，对顺康年间是否通过考试来选拔庶吉士进行考证，得出结论：顺康年间有些科年是通过殿试后再考试来钦点庶吉士，有些科年则是殿试后，即钦点庶吉士。其次，探讨雍正之后的馆选方法，重点探讨进士朝考制度的确立及其性质。第三，对馆选时，大臣的保举、拣选验看新进士作一考察，进而认识到清代皇帝在馆选时越来越独断。明代不是每科都选拔庶吉士，而清代则每科均钦点庶吉士。总之，清代庶吉士制度获得进一步发展。

第二章从横的角度探讨与馆选相关的问题。1. 探讨分省馆选问题。由于馆选的目的，加上省份有大小之分，各省文化有发达、落后之别，因此，馆选时各省入选庶吉士的人数有明显差异。2. 探讨馆选与年龄的关系问题。馆选时，年龄只是一个参照系，年龄只起一定的作用。庶吉士的年龄结构：庶吉士以 40 岁以下者为主体，其中 35 岁以下者占多数。3. 考察二甲、三甲进士入选庶吉士比例问题。有清一代 5723 名庶吉士中，二甲进士 4098 名，占总数的 71.6%，三甲进士 1624 名，占总数的 28.4%，庶吉士中以二甲进士为主体。4. 考证清代庶吉士人数等问题。庶吉士人数是一个有争议的问题，我们力求考证出一个准确的数据。

第三章探讨清代翰林院庶吉士的培养。清代翰林院庶吉士制度一个明显的特点是分清汉书来培养。此一做法的目的是加强满汉沟通。随着满洲的不断汉化，到道光年间停止分派庶吉士习清书。习汉书的庶吉士学习内容不是一成不变的，清前期经史与诗赋并重，后期则重诗赋轻经史。在培养上不仅派大教习，还分派小教习，从而加强对庶吉士的培养。专设庶常馆，作为庶吉士培养的专门场所。清初沿袭明制，由馆师、大学士定期分别对庶吉士进行考课。大致从乾隆以后，就只由大教习（馆师）来考课庶吉士，即定期大课，内阁不再考课庶吉士。清朝加强对庶吉士的管理，对请假作出规定。

第四章探讨清代翰林院庶吉士的散馆授职。清代庶吉士散馆授职基本沿袭明代的做法。以散馆等次来决定庶吉士的去向，成绩优者留馆，二甲进士授编修，三甲进士授检讨。成绩次者出馆，为科道、部属、知县等官。相对来说，明代更优待庶吉士，散馆没有再留教习者，更没有革职除名者。而清代散馆考试，成绩差者，会留馆再教习三年，甚至革职除名。

第五章探讨清代翻译庶吉士。从翻译进士中选拔翻译庶吉士始于道光二十七年（1847）丁未科，其对象是八旗士子。这具有鲜明的民族特色。翻译庶吉士也是进庶常馆学习，也与从文进士中选拔出来的庶吉士一同散馆授职，成为清代庶吉士的组成部分。由于目前对翻译科的研究较少，有关翻译科的很多问题不清楚，鉴于此，我们先对翻译科作了较详细的考证梳理，再探讨翻译庶吉士制度。

第六章探讨清代翰林院庶吉士的待遇和身份。明代庶吉士“已群目为储相”，清代庶吉士的地位相对低一些，但庶吉士这一身份仍有崇高的社会地位，是不少士子所追求的。正如张廷玉所言：“故仕宦者以科目为荣，若科目而至词臣则荣之荣矣。”① 虽然庶吉士还没有授职，但其已经不是单纯的士子，在一定程度上享有官员之待遇，可以说是拥有官员的身份，至少是准官员的身份。

① ［清］张廷玉《序》，见《国朝馆选录》，第 6 页。

第一章　清代翰林院庶吉士选拔演变

庶吉士在清代的正式称呼［除康熙九年（1670）前之外］①是翰林院庶吉士。庶常可以说是对庶吉士的尊称。②清代也有称翰林院庶吉士为“吉士”的③。选拔庶吉士，通常称为“馆选”，号称“清华之选”。也有将选拔庶吉士称作“选馆”的，如雍正十一年（1733）四月二十日，奉上谕：“翰林官员学习国书，原以备翻译编纂之任，必须专心熟习，辨析精微，积学功深，与年俱进，始为无忝厥职。查从前选馆之例，庶吉士年四十五岁以下者悉皆分读清书，朕御极以来，只令择年少资敏者，每科不过十余人，俾其学习，盖冀其年富力强可收记诵翻译之功也。”④有学者误认为“清代称馆选为‘朝考’”⑤。清朝历代皇帝极其重视庶吉士的选拔，庶吉士享有崇高的社会地位。正如顺治帝谕内三院所说：“朕稽往制，每科考选庶吉士入馆读书。……充是选者，清华宠异，过于常员。然必品行端方、文章卓越，方为称职。”⑥雍正三年四月十六日，雍正帝谕大学士、九卿等：“前日李钟

---

① 清初翰林院几经变化，顺治二年（1645）翰林院并入内三院。顺治十五年（1658）撤内三院，重设内阁、翰林院。顺治十八年（1661）顺治帝去世后，四大臣撤内阁、翰林院，恢复内三院。康熙帝亲政后，于康熙九年撤内三院，复设内阁、翰林院，庶吉士隶属于翰林院。从此成为有清一代定制。此后庶吉士的正式称呼为“翰林院庶吉士”。［清］吴振棫撰：《养吉斋丛录》（《清代史料笔记丛刊》，北京，中华书局，2005年）卷2第24页：“国初，庶常隶内弘文院，专设翰林院后，乃隶翰林。”

② 翰林院庶吉士一般尊称为“庶常”，也偶尔称为“翰林庶常”。如王遵训，“（顺治）乙未，成进士。越三岁戊戌，殿试传胪，授翰林庶常”（李天馥：《少司农王公遵训墓志铭》，见［清］钱仪吉纂，靳斯校点：《碑传集》卷18，北京，中华书局，1993年，第586页）。

③ 庶吉士称为吉士的，如戴璐：《藤阴杂记》卷2：“庶常馆久不修葺，吉士恒不进馆，乾隆丙戌，王文庄公充大教习，奏请重修，焕然一新。”（《续修四库全书》，上海，上海古籍出版社，2002年，第1177册，第400页。）

④《世宗宪皇帝上谕内阁》卷130，见《文渊阁四库全书》，上海，上海古籍出版社，1987年，第415册，第658页。

⑤ 何忠礼：《二十世纪的中国科举制度史研究》，《历史研究》2000年第6期。

⑥《清世祖实录》卷73，顺治十年三月己巳，北京，中华书局，1985年，第578页上栏。

戬奏称，翰林为储材重地，自康熙四十五年至康熙六十年，会试七科，不分省分大小远近，每省俱有庶吉士。……朕即位之后，以培养人材，最重翰林，故加意详慎。”[①] 翰林院庶吉士制度对清代政治产生了深远影响。当前学术界对清代庶吉士制度有一定程度的研究，特别是李世愉的《试论清代的进士朝考制度》一文，对清代庶吉士的选拔制度作了较深入的研究，但仍有很多问题值得探讨。清代翰林院庶吉士的选拔方式在明代的基础上不断完善，其演变过程大致可以分作三个阶段，即顺治康熙时期、雍正乾隆嘉庆时期、道光咸丰同治光绪时期。

第一节　明代庶吉士制度的创立及馆选

一　明代庶吉士制度的创立

科举制度是君主专制社会中重要的选拔人才的制度。它创始于隋，确立于唐，发展于宋、元。科举登第后是否就授以官职，这在唐、宋、元各朝有所不同。唐代科举登第，只具备做官资格，还不能直接授官，所以称为“选人”。选人入仕还得经过吏部的身、言、书、判的考试，而且守选的时间比较长，甚至有人守选十几年才得以入仕为官。宋初由于官员缺乏，朝廷对科举出身的士人释褐即授官，不必像唐代那样再去吏部参加选试。随着宋代取士人数大增，虽有科第较低者守选的规定，但是，科举得第者选期都较短，若遇上郊祀、“圣节”，往往就能放选注官。

明承元末战乱之后，百废待兴，官吏严重缺员。由于人才的选拔任用是关系到王朝兴衰的大事，因此，明太祖在立国之初，就认真考察汉、唐、宋、元的取士任官制度。他认为：“汉、唐及宋，取士各有定制，然但贵文学而不求德艺之全。前元待士甚优，而权豪势要，每纳奔竞之人，夤缘阿附，辄窃仕禄。其怀材抱道者，耻与并进，甘隐山林而不出。”[②] 进而他对科举取士提出要求，于洪武三年（1370）下诏：“自今年八月始，特设科举，务取经明行修、博古通今、名实相称者，朕将亲策于廷，第其高下

① 《世宗宪皇帝上谕内阁》卷31，雍正三年四月十六日，见《文渊阁四库全书》第414册，第274～275页。另参见《清世宗实录》卷31，雍正三年四月癸未，1985年，第1册，第476页上栏。

② 《明史》卷70《选举二》，第1695页。

而任之以官。使中外文臣皆由科举而进，非科举者毋得与官。”[①] 洪武四年（1371）会试，取中一百二十名，殿试擢吴伯宗第一。“授伯宗为礼部员外郎，余以次授官有差。”[②]

不久，明太祖就发现科举任官的不足。洪武六年（1373）二月，他指出：“朕设科举以求天下贤才，务得经明行修、文质相称之士以资任用。今有司所取多后生少年，观其文辞，若可与有为，及试用之，能以所学措诸行事者甚寡。朕以实心求贤，而天下以虚文应朕，非朕责实求贤之意也。”[③] 于是停罢科举，诏举人赴京听选，从中择年少俊异者入禁中文华堂学习。《翰林记》记载此事：

> 洪武六年，开文华堂禁中，以为储材蓄德之所。乡贡举人至京师，诏免会试，择年少俊异者，俾肄业其中。正月甲寅，有司以河南第一人张唯等名上，召见便殿，亲命题，俾赋诗，诗成，称旨。唯及王辉、李端、张翀皆擢编修，萧韶为秘书监直长，赐带冠衣服。又明日，以山东第三人王琏等召见，试如之。琏及张凤、任敬、马亮、陈敏皆擢编修，赐予之，受命入堂读书，诏词林名臣分教之，太子赞善大夫宋濂、太子正字桂彦良等与焉。上谓曰：“昔许鲁齐诸生多为宰辅，卿其勉之。”于是听政之暇，辄幸堂中，取其文亲评优劣，命光禄寺日给酒馔。每食，皇太子、亲王迭为之主，唯等侍食左右。冬夏赐衣，时赐白金弓矢鞍马，宠锡甚厚。濂辈虽司启迪，顾诸生皆上所亲教，不敢以师道自居……盖同时进者凡十有七人。[④]

明太祖亲选举人入文华堂进学，对他们寄以宰辅之厚望，因此，对他们极其优待。选举人入文华堂进学，开庶吉士入文渊阁、翰林院进学之先河，但还不是选拔庶吉士之始。沈德符记载：“今会试后，考选庶吉士，人谓始于文皇帝永乐甲申科，取二十八人以应列宿。相传已久，而竟不然。自太祖洪武四年开科取士，至六年癸丑，又当会试，诏命罢之，特选河南举人张唯等四名，山东举人王琏等五名，俱授翰林院编修，命赞善大夫宋

---

① 《明史》卷 70《选举二》，第 1695 ～ 1696 页。

② 同上注，第 1696 页。

③ 《明太祖实录》卷 79，洪武六年二月乙未，台北，“中研院”历史语言研究所，1962 年，第 1443 页。

④ ［明］黄佐：《翰林记》卷 4《文华堂肄业》，见《文渊阁四库全书》第 596 册，第 889 ～ 890 页。

濂、桂彦良等教习，此即选考庶常，权舆与此矣。”① 可以说，沈德符把选举人入文华堂进学误认为是考选庶吉士。

“庶吉士”这一名称由于取自《书经》中的“庶常吉士”，因此，庶吉士也常称作“庶常”，偶尔也称为“吉士”。

庶吉士的选拔，始于洪武十八年（1385）。《翰林记》认为：“庶吉士之选，始自洪武十八年乙丑。上以诸进士未更事，欲优待之，俾观政于诸司，俟谙练然后任之。其在本院、承敕监等近侍衙门者，采《书经》‘庶常吉士’之义，俱改称为庶吉士，其在六部及诸司者仍称进士云。是科本院庶吉士则陈淇等，吏科则杨靖等，户科则郭资等，礼科则徐旭等，然其详则不可考矣。”②

《明史》也载：“（洪武）十八年廷试，擢一甲进士丁显等为翰林院修撰，二甲马京等为编修，吴文为检讨。进士之入翰林，自此始也。使进士观政于诸司，其在翰林、承敕监等衙门者，曰庶吉士。进士之为庶吉士，亦自此始也。其在六部、都察院、通政司、大理寺等衙门者仍称进士，观政进士之名亦自此始也。”③

可见，明太祖优待进士。为了使他们更好地为明朝政治服务，明太祖命除一甲进士之外，其余新科进士到各衙门观政，熟悉政务，提高处政能力。新科进士（除一甲之外）分为庶吉士、观政进士，他们的性质是一样的，即他们都需观政，只是观政的衙门不同，庶吉士于翰林院、承敕监等近侍衙门观政，而观政进士则于六部、都察院、通政司、大理寺等衙门观政。与观政进士不同的另一点，是当时的庶吉士还有备顾问的资格。如洪武十八年乙丑科礼科庶吉士徐旭“日记事，侍上左右，帝方属意进士，每朝群臣退，尝留备顾问”④。

洪武二十一年（1388）戊辰科也选拔庶吉士，但具体选了多少名已不可考。《翰林记》记载：“（洪武）二十一年可考者，惟解缙、黄金华为中书吉士。”⑤ 这就是说庶吉士解缙、黄金华观政于中书科，中书科为近侍衙门，他们也有备顾问的任务。解缙，“洪武二十一年举进士。授中书庶吉士。甚见爱重，常侍帝前。一日，帝在大庖西室，谕缙：‘朕与尔义则君臣，恩

① ［明］沈德符：《万历野获编》卷10《词林·选庶吉士之始》，见《元明史料笔记丛刊》，北京，中华书局，1997年，第251页。

② 《翰林记》卷3《庶吉士铨法》，见《文渊阁四库全书》第596册，第881页。

③ 《明史》卷70《选举二》，第1696页。

④ ［清］谢旻等修纂：《江西通志》卷89《人物》，见《文渊阁四库全书》第516册，第58页。

⑤ 《翰林记》卷3《庶吉士铨法》，见《文渊阁四库全书》第596册，第881～882页。

犹父子，当知无不言。’缙即日上封事万言……书奏，帝称其才”[①]。

总之，洪武六年选举人进文华堂读书，洪武十八年、二十一年选拔庶吉士，让他们到近侍衙门观政及备顾问，明太祖的这种做法，是为了探求培养适应明王朝政治需要的人才的方法，但是，庶吉士制度还处在探索、萌芽阶段。

明太宗以“靖难”兴师，夺取皇位。面对一部分建文朝臣的坚决反对，他除采取残酷镇压的措施之外，急需选拔一些政治上可靠的“才识之士”。基于此，他很重视科举取士和人才的培养。永乐二年（1404），龙飞首科，选拔庶吉士。《明太宗实录》[②]、《明史·选举二》《翰林记·庶吉士题名》等处记载永乐二年选60人为庶吉士，而《弇山堂别集》记载：永乐二年甲申科，“于二甲择文学优长杨相等五十一人及善书汤流等十人俱改翰林庶吉士进学。……是岁人知选二十八人，不知初为六十一人也”[③]。这科选录的庶吉士可能远非60或61人。以下我们据《国榷》来统计永乐二年甲申科庶吉士人数。

《国榷》永乐二年三月丁未条记载：

> 选翰林院庶吉士杨相、宋子环、王训、王直、秦政学、徐安、吾绅、彭汝器、周忱、刘子钦、周文、李宁、张彻、章朴、欧阳俊、卢翰、梁任、熊直、王道、曹景晖、陆孟良、萧省身、刘孟铎、柴广敬、张宗琏、田忠、曾与贤、洪钟、洪顺、余学夔、陈满、萧清、刘绍、林凤、张宪、殷寻、严光祖、涂顺、段民、李贞、江钺（注：应是江镇）、章敞、倪维哲、许瑢、陈敬宗、王仲寿、李迪、袁添禄、李时勉、杨檠，并习文，汤流、王英、孙奉、余鼎、李永年、袁迩、周远、钟旭、彭礼、戴弘演，并习书。户部办事进士当涂李衡以年少自请，命改庶吉士，同江宁杨勉习书。[④]

此史料记载习文的庶吉士是50人，习书的庶吉士共11人（包括李衡）。此次所选61名庶吉士，没有包括杨勉。

---

① 《明史》卷147《解缙传》，第4115～4119页。

② 《明太宗实录》卷29，永乐二年三月己酉，台北，“中研院”历史语言研究所，1962年，第516～517页。

③ ［明］王世贞著，魏连科点校:《弇山堂别集》卷81《科试考一》，北京，中华书局，1985年，第1547页。

④ ［明］谈迁:《国榷》卷13，永乐二年三月丁未，北京，中华书局，1988年，第926页。

《国榷》永乐二年四月甲申条记载：

> 进士沈升、孙子良、李昌祺、罗汝敬、涂敬、萧宽、褚让、独孤乐善、陈士启、陈纲、董镛、刘子敬、陈伯恭、陈资善、赵曾、赵济、刘刚、尤仪、刘澄、黄扬，俱改庶吉士，修书。①

此史料记载修书的庶吉士20人。

《国榷》永乐二年五月辛丑条记载：

> 诸司办事进士曾慎、魏骐、吴惇、漆霄、赵理、赵琰、韩庸、史彬、徐观、樊静、曹彦昌、陈旭、田堉、罗处富、邢旭、曾恕、王完、叶贞、陈兴、俞礼、赵浚、潘中、徐昑、胡秉彝、周志义、俞益、曹睦、杨仪凤、谭原性俱能书，选翰林院庶吉士。②

此史料记载选了29名庶吉士。

永乐二年五月己未，擢“庶吉士杜钦、黄惟正、郎庆为户科给事中，周玉、罗亨信、张侗，监生胡昌为工科给事中”③。这一史料提到6名庶吉士授职给事中。五月丙寅，授“庶吉士林正、魏暹、喻则成、白瑜、郑兰，进士封孜昶、赵登，监生陶玮、陈贞、裴川为给事中”④。这一史料提到5名庶吉士授职给事中。这11位由庶吉士任使为给事中的，《国榷》没有记载他们何时选为庶吉士。另外，永乐三年（1405）正月入文渊阁进学的庶吉士杨勉，虽然《国榷》提到其习书之事，但在以上选录的庶吉士名单上找不到。

根据《国榷》一书统计，永乐二年甲申科的庶吉士不少于121名（不包括杨勉）。郭培贵也对此科的庶吉士人数作了统计，他认为永乐二年甲申科庶吉士，“所选至少在一百二十三人以上”⑤。

据《国榷》统计的永乐二年甲申科庶吉士人数是否可靠？这需要我们对《明太宗实录》等文献所载加以考察。

《明太宗实录》仅记载：永乐二年三月己酉，“吏部奏授进士曾棨等

---

① 《国榷》卷13，永乐二年四月甲申，第931页。

② 《国榷》卷13，永乐二年五月辛丑，第932～933页。

③ 《国榷》卷13，永乐二年五月己未，第934页。另见《明太宗实录》卷31，第562页。

④ 《国榷》卷13，永乐二年五月丙寅，第934页。另见《明太宗实录》卷31，第562页。

⑤ 郭培贵：《明史选举志考论》，北京，中华书局，2006年，第213页。

官，命第一甲曾棨为翰林院修撰，周述、周孟简俱为编修，仍命于第二甲择文学优等杨相等五十人及善书者汤流等十人俱为翰林院庶吉士，俾仍进学”①。《明太宗实录》无永乐甲申科庶吉士名单。

《弇山堂别集》引用笔记记载：永乐二年甲申科，“于二甲择文学优长杨相等五十一人及善书汤流等十人，俱改翰林庶吉士，进学。……五月，擢庶吉士杜钦、王惟正、郑庆为户科给事中，周玉、罗亨信、张侗，监生胡昌为工科给事中”②。《弇山堂别集》将王惟正、郑庆二人的姓氏弄错。据《明清进士题名碑录索引》可知，永乐二年甲申科进士无王惟正、郑庆二人，此二人应是黄惟正、郎庆。《翰林记》卷18《庶吉士题名》记载的也是黄惟正、郎庆。

《皇明三元考》引用笔记记载：永乐二年甲申科，“择文理优长者杨相等五十一人及善书泰和汤流等十人，俱改庶吉士。五月擢庶吉士宜兴杜钦、江都黄惟正、建德郑庆为户科给事中，山阴周玉、东莞罗亨信、仁和张侗为工科给事中。次年正月复命学士解缙等选庶吉士……”③

《翰林记》记载：

> 永乐甲申初科（凡六十人，在本院读书，其选在文渊阁进学者，同首甲曾棨等，凡二十八人，后增周忱为二十九人云）：
>
> 杨相、王直、王训、彭汝器、余学夔、童朴（注：应是章朴）、刘子钦、卢翰、熊直、王道、罗汝敬、沈升、柴广进、王英、余鼎、杨流（注：应是汤流）、段民、洪顺、杨勉、吾绅、章敞、李时勉、倪维哲、陈敬宗、袁添禄（以上应二十八宿之数）、周忱、萧省身、林正、李昌祺、江铁（注：应是江镁）、杜钦、王昇、黄惟正、郎庆、徐安、郑兰、徐昕聪、罗亨信、田忠、周玉、张宗琏、李贞、张侗、独孤乐善、萧宽、孙子良、洽顺（注：应是涂顺）、魏暹、喻则成、白瑜（自萧省身以下，俱系不与文渊阁数）。④

《翰林记》实际只列有永乐二年甲申科50名庶吉士名单，《国榷》所记永乐二年甲申科第一批61名庶吉士名单（见《国榷》永乐二年三月丁

① 《明太宗实录》卷29，永乐二年三月己酉，第516～517页。

② 《弇山堂别集》卷81《科试考一》，第1547页。

③ ［明］张弘道、张凝道：《皇明三元考》卷2，见《四库全书存目丛书》，济南，齐鲁书社，1996年，史部第271册，第69页。

④ 《翰林记》卷18《庶吉士题名》，见《文渊阁四库全书》第596册，第1061页。

未条),《翰林记》仅有其中的30人。《翰林记》另将永乐二年五月授职给事中的11名庶吉士列入60名庶吉士名单。

《明太宗实录》没有记载永乐二年甲申科的庶吉士名单，但有永乐二年五月授职给事中11人的名单。据实录，难以确定这11人是否在永乐二年三月入选庶吉士。《弇山堂别集》和《皇明三元考》也缺永乐二年甲申科的庶吉士名单，但列有永乐二年五月，授职给事中6人的名单。给人这6人是61名（或60名）庶吉士之中的看法。《翰林记》也认为永乐二年甲申科庶吉士60人，并列有50名庶吉士名单。这50名庶吉士中就有永乐二年五月授职给事中的11人，也有《国榷》记载永乐二年四月选为庶吉士的沈升、孙子良、李昌祺、罗汝敬、萧宽、独孤乐善等人。

黄佐是正德十六年（1521）辛巳科庶吉士，对翰林院及庶吉士之事比较关注，写下《翰林记》一书。王世贞是明中后期著名的史学家，他对永乐二年甲申科的庶吉士人数作了考证工作，在《弇山堂别集》中记载“是岁（注：指永乐二年）人知选二十八人，不知初为六十一人也”。黄佐、王世贞等留意永乐二年甲申科庶吉士人数，他们的记载应有一定的可靠性。

谈迁《国榷》一书，明前期的史料主要来自《实录》。其抄录的史料个别有误，如有几科明代庶吉士的人数就弄错了。弘治九年（1496）丙辰科庶吉士人数,《明孝宗实录》记载弘治九年选拔庶吉士20名[①],《国榷》记载此科才11名庶吉士[②],《皇明三元考》记载此科18名庶吉士[③]。

《国榷》的明前期纪事主要来自《实录》，由于存在有误之处，因此,《国榷》所载的永乐二年甲申科庶吉士是否准确，难以断定。

总之，永乐二年甲申科的庶吉士人数，还难以确定，有可能仅60人（或61人），也可能在121人以上（加上杨勉则在122人以上）。这一问题还需进一步探讨。

在永乐年间，不仅二年甲申科选拔庶吉士，其他各科也都选拔庶吉士。从永乐四年（1426）丙戌科至二十二年（1424）甲辰科7科共选录了139名庶吉士。可见，庶吉士的选拔在明太宗永乐年间已经制度化。

从庶吉士的培养来看，明太宗永乐年间，庶吉士的培养方式已基本确立，即确立了以学习（习文、习书、习译书等）为主的培养方式。永乐二

---

① 《明孝宗实录》卷111，弘治九年闰三月己酉，台北，“中研院”历史语言研究所，1962年，第2019页。

② 《国榷》卷43，弘治九年闰三月己酉，第2688页。

③ 《皇明三元考》卷8，见《四库全书存目丛书》，史部第271册，第135页。

年甲申科可能遵循明太祖令庶吉士到近侍衙门观政的做法，选派部分庶吉士到近侍衙门观政。如永乐二年五月，11 位授职为给事中的庶吉士很可能就是观政之后授职的。不过这科大部分庶吉士是以在翰林院进学的方式加以培养。

从永乐四年丙戌科开始，明太宗令庶吉士一律入翰林院，以进学为主。永乐四年三月癸丑，“擢第一甲进士林环为翰林院修撰，陈全、刘素为编修，选第二甲、第三甲进士文翰优等者江殷、胡启先、孙迪、张叔豫、李岳润、陈孟洁、张文选、郑复言、曾春龄、萧福、曹闻、卢永、黄献十三人改庶吉士，翰林院修书”①。这科庶吉士是到翰林院修书，强调入选庶吉士的标准“文翰优等”。

永乐九年（1411）三月甲戌，“擢第一甲进士萧时中为翰林院修撰，苗衷、黄旸俱为编修，第二甲、第三甲进士杨慈、刘永清、陈燧、钱习礼、黄寿生、陈用俱为翰林庶吉士，钟瑛、张习、张式、马信、邵聪，初自国子生选入翰林习译书，至是中进士亦改庶吉士，仍隶翰林，余分隶诸司观政”②。这是永乐年间的第三科庶吉士。这科庶吉士在翰林院学习。从这科开始，明代的庶吉士的正式称呼是“翰林院庶吉士”。永乐年间确定了庶吉士隶属翰林院，并在翰林院学习。

从永乐二年以来庶吉士进学的地点一般在翰林院，永乐三年正月，选庶吉士到文渊阁进学则是例外。先是明太宗命阁臣解缙等从新进士中“选质英敏者，俾就文渊阁进其学”，永乐三年正月壬子（十五日），解缙等选修撰曾棨、编修周述、周孟简，庶吉士杨相、王直、王英等 28 人入见。上谕之曰：“人须立志，志立则功就。天下古今之人未有无志而能建功成事，其汝等简拔于千百人中为进士，又简拔于进士至此，固皆今之英俊。然当立心远大，不可安于小成，为学必造道德之微，必具体用之全，为文必并驱班马韩欧之间，如此立心日进不已，未有不成者。古人文学之至岂皆天成，亦积功所至也，汝等勉之。朕不任尔以事，文渊阁古今载籍所萃，尔各食其禄，日就阁中恣尔玩索，务实得于已。庶国家将来皆得尔用，不可自怠，以孤朕期待之意。”进士周忱自陈年少愿进学，上喜曰：“有志之士也。”命增周忱为第 29 名。“遂命司礼监月给笔墨纸，光禄给朝暮膳，礼部月给膏烛钞人三锭，工部选近第宅居之。”③可见，明太宗重视

① 《明太宗实录》卷 52，永乐四年三月癸丑，第 785 页。

② 《明太宗实录》卷 114，永乐九年三月甲戌，第 1454 页。

③ 《明太宗实录》卷 38，永乐三年正月壬子，第 642 ～ 643 页。

庶吉士的培养，并对他们提出要求，寄以厚望。

总之，以进学的方式培养庶吉士在明太宗永乐年间已确立。

从庶吉士的授职来看，尽管永乐时期庶吉士的授职类别还没有成为定制，但优者留馆，次者出为他官的授职原则已经确立。永乐时庶吉士留馆者为修撰、编修、检讨，而且其中二甲有授检讨的。永乐五年（1407）十一月，庶吉士彭汝器、王直、余鼎、王英、罗汝敬被擢为修撰。[①] 庶吉士授职修撰，属于破格行为，此后，庶吉士一般不再授职修撰。永乐十三年（1415）九月，"擢行在翰林院庶吉士陈用、刘永清、陈璲、黄寿生、余学夔、钱习礼为本院检讨"[②]。其中陈用、刘永清、陈璲、钱习礼、余学夔五人均是二甲进士。除此之外，留馆者基本上是二甲授编修、三甲授检讨。

不得留馆者为科道、部属、府判、知县等官，其中大部分是为科道、部属官，只有少部分为府判、知县等官。

可见，永乐时期，不仅优者留馆，次者出为他官的任用原则已经确立，而且留馆者二甲授为编修、三甲授为检讨，不得留者为科道、部属等官的任使方式也已基本形成。

总之，从庶吉士的选拔、培养、授职三方面来分析，庶吉士制度在永乐时期已经基本确定，这一制度在永乐之后得到发展和完善。

二　明代的馆选

关于明代庶吉士的选拔制度有多人研究。[③] 选拔庶吉士通常称为"馆选"。馆选的对象是二甲、三甲进士，但有明一代有时对馆选对象的年龄、地区等方面作了明确限制，表现在：

其一，对年龄的限制。明代的馆选大多对年龄没有限制，只是有些科年作了限制。大学士徐溥在弘治六年（1493）指出以前的馆选"或限年岁"。弘治六年前具体哪些科年的馆选作了年龄的限制，以及限制在多大年龄之内等问题难以考证。弘治以后仍有馆选限制年龄之例，而且对年龄作出具体规定。如嘉靖五年（1526）馆选，要求选拔年少者。

---

① 《明太宗实录》卷 73，永乐五年十一月辛亥朔，第 1013 页。

② 《明太宗实录》卷 168，永乐十三年九月戊申，第 1871 页。

③ 颜广文:《明代庶吉士制度考评》,《华南师范大学学报》1993 年第 4 期；耿清珩:《明代庶吉士述略》,《中国史研究》1995 年第 1 期；邹长清:《明代庶吉士制度探微》,《广西师范大学学报》（哲社版），1998 年第 2 期；王尊旺:《明代庶吉士考论》,《史学月刊》2006 年第 8 期；等等。

（嘉靖五年三月丙午）礼部覆御史周煦议考选馆职，宜每科一举，每选不出二十人，留馆不出五人，务求学行俱优，将来效用必有可观。疏入。上命阁臣便会同吏礼二部从公考选，必年少可进学者，送翰林院读书。①

“考选馆职”即考选庶吉士。可见，嘉靖五年馆选，明世宗要求选取年少可进学者。嘉靖十一年（1531）十月甲申，“先是大学士方献夫言宫僚、馆职员缺，乞下两京科道、部属推补。大学士李时复以荐举未必公，宜如考选庶吉士例，凡各衙门所举者臣等会同吏部试之内阁，皆报可。无何，上命时等于新进士未选者，自年三十五而下悉令就试，取二十一人”②。嘉靖十一年之馆选，则明确规定选拔年龄在35岁以下者。

其二，对地区的限制。馆选一般不限制地区，但有些科受权臣、权宦的干涉，对馆选作了区域限制，如正统十三年（1448）戊辰科，“命内阁选进士为庶吉士，止选北方及四川人”。这是由于“权监王振嫉南人，故置不选”③的缘故。《万历野获编》记载更为具体：

正统十三年，选庶常三十人，内山西五人，山东四人，北直六人，河南三人，陕西三人，四川五人，南直三人，俱江北④，而浙、福、湖广、江西四大省，南直隶之江南，以至两广、云贵俱无一人，最为怪事。⑤

正德三年（1508）阁臣焦芳、刘宇勾结权阉刘瑾，只选他们的子弟和乡人为庶吉士，其他地区的一概不选。限制地域使部分真才实学的人不能入选，一些大臣看出馆选限制地域的弊端。嘉靖五年，礼部尚书席书向世宗进言：“弘治间大学士徐溥、丘濬始议每科一选，不限地方年岁以为定式，迨选取第勿逾二十人可也。”世宗“从其言”⑥。此后虽不限地区，但正如科举考试分南、北榜（后分为南、中、北三榜）一样，各地区入选的人数也有一定的限制。其详细情况已不可知，我们从刑科给事

---

① 《明世宗实录》卷62，嘉靖五年三月丙午，台北，“中研院”历史语言研究所，1962年，第1450页。

② 《明世宗实录》卷143，嘉靖十一年十月甲申，第3325页。

③ ［明］徐学聚:《国朝典汇》卷65《翰林记·庶吉士》，北京，北京大学出版社，1993年，第4086页。

④ 实际南直不是三人，而是四人。南直隶四人：刘清，直隶滁州；韩敏，直隶山阳；李讚，直隶山阳；谢瓌，南直隶海州千户所。四人俱在江北。

⑤ 《万历野获编》卷10《词林·正统戊辰庶常》，第257页。

⑥ 《国朝典汇》卷65《翰林记·庶吉士》，第4094～4095页。

中吴执御弹劾辅臣周延儒的奏疏中略知一点。崇祯四年（1631）八月，吴执御指责周延儒："江南例止二庶常，胡为并江北而夺之。"[①]从吴执御的奏疏中可知，按惯例，江南每科馆选一般只有两个名额。据此我们推测：弘治六年之后，馆选虽不限地域，但对各行省入选庶吉士有一定的名额限制。

明代馆选对象有一个特殊部分，即习译书的举人、监生考中进士，改为庶吉士。这是永乐至天顺年间的事。《春明梦余录》记载："初以举人、监生年少者入翰林院习裔字，以通事为教师，科举时任其应试，卷尾识译书数十字，三场毕，送翰林院定去取，仍送入场填榜，中榜后，改庶吉士，仍习译。"[②]译字生考中进士，改为庶吉士始于永乐九年辛卯科。这一科"钟瑛、张习、张式、马信、邵聪，初自国子生选入翰林习译书，至是中进士，亦改庶吉士，仍隶翰林"[③]。从永乐九年辛卯科到永乐二十二年（1424）甲辰科共选录126名庶吉士，其中译字生出身的是74人，占总数的58.7%，可见比例之大。

永乐以后译字生考中进士，改为庶吉士的人数减少。天顺中"令择俊民，俾专其业"，把对译字生的考试从科举考试中分离出来。[④]对译字生一年举行一次会考，考中的也不给进士出身。但是，也有例外，如成化三年（1467）九月，改进士余瓒为翰林院庶吉士，仍译字如旧。余瓒以译字官应试，中成化二年（1466）进士，"至是奏陈，例该改庶吉士，仍于四夷馆译字。吏部援例以请，从之"[⑤]。我们没有找到成化三年之后由译字生出身的庶吉士。据此，我们推断：此后很可能再也没有译字生出身的庶吉士。

由于馆选主要是为了选拔、培养高级文官，因此，明朝统治者非常重视馆选，不仅对馆选的对象作出了规定和限制，而且对馆选的标准作出了规定。

明代馆选的标准为"学行俱优"，即强调入选人的德和才，明太宗时强调"文学优等"者才能入选。明宣宗不仅注重入选人的文辞，而且也

---

① 《国榷》卷91，崇祯四年八月庚戌，第5569页。

② ［清］孙承泽：《春明梦余录》卷52《四夷馆》，见《文渊阁四库全书》第869册，第65页。

③ 《明太宗实录》卷114，永乐九年三月甲戌，第1454页。

④ 《春明梦余录》卷52《四夷馆》，见《文渊阁四库全书》第869册，第65页。

⑤ 《明宪宗实录》卷46，成化三年九月己卯，台北，"中研院"历史语言研究所，1962年，第957～958页。

强调入选人的行为品德。宣德五年（1430）三月，宣宗对大学士杨士奇说："朕欲循皇祖时例，选择俊秀十数人就翰林教育之，俾进学励行工于文章，以备他日之用，卿等可察其人及选其文词之优者以闻。"[①]宣宗所谓"察其人及选其文词之优者"，是首先强调候选人的政治品德，然后从中选择文辞优秀者。嘉靖五年三月，礼部指出：馆选"务求学行俱优"[②]。万历四十七年（1619）五月，礼科给事中亓诗教把馆选的标准讲得更清楚，他说："必德器端方，文词醇正而后可，此选法也。"[③]

在永乐时期馆选的另一标准是"善书"，也就是说，书法好的进士可以入选为庶吉士。永乐二年三月从二甲、三甲进士中择善书者汤流等10人为翰林院庶吉士。永乐二年五月诸司办事进士曾慎等29人，因为"俱能书，选翰林院庶吉士"[④]。此后，馆选没有明确强调"能书"，但"能书"的进士在馆选时可能还是有一定的优势。

在馆选的对象、标准确立后，就得由有关部门负责选拔，弘治以前，"或内阁自选，或礼部选送，或会吏部同选"[⑤]。在永乐时曾命阁臣解缙等选拔庶吉士，宣德年间则命礼部或吏部会同内阁选拔庶吉士。如宣德八年（1433）三月，命礼部尚书胡濙同大学士杨士奇、杨荣选录庶吉士。[⑥]宣德八年十一月，吏部尚书蹇义同大学士杨士奇、杨荣，礼部尚书胡濙负责馆选。[⑦]

在宣德之后，具体由哪些部门选拔庶吉士还没有确定下来。正统十三年四月癸酉，"改进士万安等为庶吉士。先是上命吏部选进士人物俊秀，贯在江北者三十人以闻，尚书王直等选安及曹鼎、熊瓒、刘吉、孙茂、刘珝……成章，引见于内庭。吏部右侍郎兼翰院学曹鼐等言宜仿旧例，改为庶吉士，送翰林院读书……从之"[⑧]。这次英宗令吏部从进士中选拔30名俊秀者，在吏部右侍郎曹鼐的奏请下，将这30名进士改为庶吉

① 《明宣宗实录》卷64，宣德五年三月己巳，台北，"中研院"历史语言研究所，1962年，第1523～1524页。

② 《明世宗实录》卷62，嘉靖五年三月丙午，第1450页。

③ 《明神宗实录》卷582，万历四十七年五月丙申，台北，"中研院"历史语言研究所，1962年，第11072～11073页。

④ 《国榷》卷13，永乐二年五月辛丑，第932～933页。

⑤ 《明孝宗实录》卷74，弘治六年四月甲辰，第1388页。

⑥ 《明宣宗实录》卷100，宣德八年三月戊辰，第2244页。

⑦ 《明宣宗实录》卷107，宣德八年十一月甲辰，第2390页。

⑧ 《明英宗实录》卷165，正统十三年四月癸酉，台北，"中研院"历史语言研究所，1962年，第3199～3200页。

士。天顺八年（1464），“命于午门里东阁前，内阁官会同吏礼二部，出题考选”①。

总之，在弘治以前负责馆选的部门还没有确定下来。

弘治六年四月，孝宗命今后内阁会同吏、礼二部选录庶吉士。从此由内阁会同吏、礼二部负责馆选成为定制。

馆选方式在弘治前没有形成定制。在弘治以前，“或限年岁，或拘地方，或采誉望，或就廷试卷中查取，或别出题考试，亦无定制”②。

到弘治时，对馆选方式作出明确的规定。弘治六年四月甲辰，大学士徐溥等就馆选办法奏请道：

> 请自今以后，立为定制，一次开科一次选用，待新进士分拨各衙门办事之后，俾其中有志学古者，各录其平日所作文字，如论、策、诗赋、序、记之类，限十五篇以上，于一月之内赴礼部呈献，礼部阅试讫，编号封送翰林院考订。其中词藻文理有可取者，按号行取。本部仍将各人试卷记号糊名封送，照例于东阁前出题考试，其所试之卷与所投之文相称，即收以预选。……

“疏入，上纳之。命今后内阁仍同吏、礼二部考选。”③大学士徐溥等奏请，经明孝宗认可的馆选方法为：先将每科新进士分拨到各衙门办事，即观政，有意参加馆选考试者，选取平日所作文字15篇以上，在一个月之内呈送礼部；由内阁会同吏、礼二部，对词藻文理可取者进行选拔考试。简而言之，弘治六年，从原则上确定的馆选方法是：先分派新科进士到各衙门观政，再对文理优长者进行考试和选拔。即先观政，再馆选。这一馆选方法，在弘治之后虽有变通，但一直推行到明末。如屈大均《文烈张公行状》中记载：张家玉，“（崇祯）十六年进士，出左谕德周公凤翔之门，观政工部，选授翰林院庶吉士”④。据此可知，张家玉是崇祯十六年（1643）进士，先观政工部，然后才入选为庶吉士。

《（万历）明会典》：

---

① 《（万历）明会典》卷5《吏部四·选官》，北京，中华书局，1989年，第24页。

② 《明孝宗实录》卷74，弘治六年四月甲辰，第1388页。

③ 同上注，第1388～1389页。

④ ［清］屈大均《文烈张公行状》，见张家玉著，杨宝霖点校：《张家玉集》，广州，广东高等教育出版社，1992年，第196页。

弘治六年奏准：每科一选，不拘地方，不限年岁，待进士分拨办事之后，行令有志学古者，各录其平日所作古文十五篇以上，限一月以里，投送礼部。礼部阅试讫，编号分送翰林院考订，文理可取者，按号行取。吏部该司仍将各人试卷，记号糊名，封送内阁，照例考选。每科取选不过二十人，留不过三五人。①

从此，这一馆选方式成为定制。

弘治正德年间馆选考试可能由内阁负责出题，但嘉靖以来，一般由皇帝赐题考选庶吉士。嘉靖十四年（1535），世宗“令礼部引进士赴文华殿门外，赐题考试。自后选庶吉士，皆赐题，仍于东阁前考试”②。嘉靖十四年赐题：《方今时务何为大论》《读五伦书有感诗》。③嘉靖二十年（1541）赐题，文曰《原政》、诗曰《读大明律》。④

尽管从永乐以来，馆选已经制度化，但是，它还有一定的灵活性，其表现在不是每科都馆选和馆选人数的不定性，明代共举行了88科殿试⑤，其中只有58科进行了馆选。在永乐以后，除宣宗、景帝、穆宗、熹宗四位皇帝在位期间每科都馆选外，其余皇帝在位期间不是每科馆选。弘治六年四月，大学士徐溥总结以往的馆选，指出：“庶吉士之选，自永乐二年以来，或间科一选，或连科屡选，或数科不选，或合三科同选。”⑥其中三科同选是指宣德年间发生的事。宣德九年（1434）八月，“诏令临御以来三科进士，御文华殿亲试之，拔其优者郑建等二十八人与修撰马愉……同进文渊

① 《（万历）明会典》卷5《吏部四·选官》，第24页。

② 同上。

③ 《明世宗实录》卷174，嘉靖十四年四月乙巳，第3784页。

④ 《明世宗实录》卷255，嘉靖二十年十一月庚子，第5126页。

⑤ 由于洪武三十年（1397）丁丑科，殿试先后举行了两次，分为春、夏两榜。因此，明代实际举行了89次殿试。参见郭培贵：《明代殿试榜数与进士数考辨》（《明清论丛》第7辑，紫禁城出版社，2006年）一文。

⑥ 《明孝宗实录》卷74，弘治六年四月甲辰，第1388页。

阁，其优礼给赐如永乐之制"①。考之于《明宣宗实录》，宣德二年（1427）、五年、八年都进行了馆选，三科同选，选出的郑建等28人，其中26人在宣德五年、八年就已入选为庶吉士，只有宣德二年丁未科进士萧镃和五年

① 这一史料的内容是《国朝典汇》卷65《翰林院》所记，诏令的时间是我们根据《明宣宗实录》推断出来的。到底何时诏令从三科进士中选拔庶吉士？王尊旺依据《国朝典汇》《皇明三元考》等文献，认为"三科同选"的时间是宣德八年十一月（《明代庶吉士考论》，《史学月刊》2006年第8期）。《国朝典汇》记载选宣德八年十一月四件事：一、复选庚戌、癸丑科进士徐理等13人为庶吉士；二、复诏令临御以来三科进士御文华殿亲试之，拔其优者郑建等28人，与修撰马愉等同进文渊阁；三、上谓杨士奇等曰："朕昨命卿等简庶吉士，俾进学，因思贤才必自国家教养以成之，教之不豫，安能得其用，因作诗述意，卿当以朕意谕之，俾知自励"；四、上谓吏部尚书郭琎等曰："在外庶官亦必有文学可取者，朕欲得其人用之，卿其为朕选择之。"明日琎引68人入奏，上命杨士奇、杨荣出题试于廷中（《国朝典汇》卷65，第4083～4085页）。其中第一件、第四件事的时间与《明宣宗实录》一致（分见《明宣宗实录》卷107，宣德八年十一月甲辰，第2390页；十一月己酉，第2392页），但第三件事与《明宣宗实录》不一致，《明宣宗实录》记载这一事的时间是宣德八年三月乙亥（《明宣宗实录》卷100，第2249～2250页），相差8个月。可见，《国朝典汇》出现弄错事件时间的问题，正因此，我们怀疑《国朝典汇》有可能弄错"诏令临御以来三科进士御文华殿亲试之"的时间。何况宣德八年十一月甲辰（二十五日）才选徐理等13人为庶吉士（《明宣宗实录》卷107，第2390页），在十一月最后几天再对三科进士考试选拔的可能性很小。

《明宣宗实录》记载：宣德九年八月癸酉（二十九日），"命行在翰林院修撰马愉、陈询、林震、曹鼐，编修林文、龚锜、钟复、赵恢，大理寺左评事张益，同庶吉士萨琦……陈睿三十七人于文渊阁进学。先是，上命翰林院简进士萨琦等于文渊阁进其文学。至是并（马）愉等，召入左顺门试之，上亲第高下，赐赉有差。"（《明宣宗实录》卷112，第2525～2526页。）这一史料提到两个时间，一是"先是"，二是"至是"。"先是"即在宣德九年八月癸酉之前；"至是"即宣德九年八月癸酉这天。如何理解"上命翰林院简进士萨琦等于文渊阁进其文学"这句话？从"至是并（马）愉等，召入左顺门试之，上亲第高下，赐赉有差"来看，"上命翰林院简进士萨琦等于文渊阁进其文学"大意是宣宗诏令翰林院选拔三科进士为庶吉士，即"三科同选"，入文渊阁进学。也就是说在宣德九年八月癸酉之前已完成"三科同选"，宣德九年八月癸酉（二十九日）是三科同选的庶吉士与修撰、编修等翰林官共37人入文渊阁进学的日子，当天宣宗将他们"召入左顺门试之，上亲第高下"。

从左顺门是文华殿的西侧门来看，《国朝典汇》所记的"御文华殿亲试之"一事，很可能就是《明宣宗实录》所记"召入左顺门试之"之事，是同一件事。也就是说：《国朝典汇》很可能将宣宗在左顺门对在文渊阁进学的庶吉士和翰林院修撰、编修等37人（其中庶吉士28人）进行御试，误以为是宣宗亲试三科进士，即"三科同选"，选拔28名庶吉士。即使不是同一件事，我们推断：诏令"三科同选"的时间应离宣德九年八月癸酉（二十九日）不远，很可能就在九年八月诏令"三科同选"。当然何时诏令"三科同选"的时间有待进一步考证。

（1430）庚戌科进士陈惠两人这时才入选为庶吉士。[①]

大学士徐溥在指出弘治六年以前馆选情况的同时，请求“自今以后立为定制，一次开科，一次选用……每科不必多选，所选不过二十人”[②]。实际上弘治六年之后，并不是每科馆选。从嘉靖至万历时的馆选情况，大学士朱赓在万历三十五年（1607）七月指出：“自嘉靖癸未至万历庚辰二十科

① 王尊旺的看法是：“在所选取的28名庶吉士中，邹先生指出有26人原来已经入选，只有萧镃和陈惠两人系新选。本人通过将《万历野获编》《国朝典汇》《皇明三元考》《明宣宗实录》等相关史籍中列举的名单相对比，统计出28名庶吉士中，不是26人而是25人在宣德五年、八年间已经当选。查宣德五年选庶吉士8人，宣德八年第一次选庶吉士6人，第二次选13人，共计27人，其中宣德五年的陈巩、宣德八年的黄云在‘三科同选’中落选，是故27人中只有25人再次入选，萧镃、陈惠和陈睿三人系新选。”（《明代庶吉士考论》，《史学月刊》2006年第8期。）王氏言宣德五年的陈巩、宣德八年的黄云在“三科同选”中落选。查《太学进士题名碑录》《明清进士题名碑录索引》等文献，宣德八年癸丑科并无“黄云”此人。《明宣宗实录》所记宣德年间的庶吉士无“黄云”。宣德八年癸丑科有两名“黄瓒”，一是江西临川人，一是江西吉水人。难道有一名黄瓒改名黄云？《皇明三元考》：黄云，上虞人。由于籍贯对不上，因此，可以说黄瓒应不是黄云。《国朝典汇》记载：“（宣德）八年命礼部尚书胡濙同大学士杨士奇、杨荣选进士尹昌、黄瓒、赵智、傅纲、黄回祖、黄云为庶吉士，命王直教习。”（《国朝典汇》卷65，第4083页。）我们将《国朝典汇》所记与《明太宗实录》《弇山堂别集》《国榷》所记进行比对。《明宣宗实录》记载：宣德八年三月戊辰，“行在礼部尚书胡濙同少傅兵部尚书兼华盖大学士杨士奇、少傅工部尚书兼谨身殿大学士杨荣选新进士及副榜举人之秀敏者，得进士尹昌、黄瓒、赵智、陈睿、傅纲、黄回祖六员，举人龙文、章瑾……二十四人以闻。上命行在吏部改进士为庶吉士，送翰林院同萨琦进学……仍令侍读学士王直训督之”（《明宣宗实录》卷100，第2244页）。《弇山堂别集》：宣德八年，“上复命内阁礼部选进士及乙榜年少质美者，得进士尹昌、黄瓒、赵智、陈云、傅纲、黄回（祖）六人为庶吉士……庶吉士令王直教习”（《弇山堂别集》卷81，第1551页）。《国榷》记载：宣德八年三月戊辰，“选进士尹昌、黄瓒、赵智、陈雩、傅纲、黄回祖为翰林院庶吉士，以侍读学士王直教习”（《国榷》卷22，第1448页）。经比对时间、庶吉士人数、庶吉士教习等可知，《国朝典汇》与《明宣宗实录》《弇山堂别集》《国榷》所记是同一件事。但四部文献所记有出入。四部文献有五名庶吉士相同，即尹昌、黄瓒、赵智、傅纲、黄回祖。只一人不同，即《国朝典汇》为黄云，《明太宗实录》为陈睿，《弇山堂别集》为陈云，《国榷》为陈雩。这四部文献所记宣德八年三月所选的六名庶吉士应以《明宣宗实录》所载为准。何况黄云不是进士，因此，可以说《国朝典汇》与《皇明三元考》两部文献漏了宣德八年三月入选庶吉士的陈睿，而误将黄云当作庶吉士。查《明清进士题名碑录索引》，宣德年间没有名叫“陈云”“陈雩”的进士，应是《弇山堂别集》将陈睿错抄为陈云，《国榷》将陈睿错抄为陈雩。考证明代进士、庶吉士，最基本的一步是查阅《明清进士题名碑录索引》中有无此人，而王氏就忽略了此点。他所言“萧镃、陈惠和陈睿三人系新选”。《明宣宗实录》明确记载陈睿在宣德八年三月入选庶吉士。原来王氏依据的是《国朝典汇》《皇明三元考》所记。《皇明三元考》庶吉士也是有黄云而无陈睿（张弘道：《皇明三元考》卷3，《四库全书存目丛书》，史部第271册，第86页）。可见，王氏实际根据记载有误的《国朝典汇》《皇明三元考》，得出错误的结论。我们的结论仍是：三科同选，只有萧镃和陈惠两人系新选。

② 《明孝宗实录》卷74，弘治六年四月甲辰，第1388～1389页。

内，九科不选，自癸未（注：此指万历十一年）后每科俱选。”[①] 大学士朱赓总结了从嘉靖二年（1523）至万历三十五年的馆选情况。据《明实录》和《国榷》统计，从嘉靖癸未（二年）至万历庚辰（八年）（1580）二十科内，实际有十科未选，而不是九科未选。未馆选的十科是：嘉靖二年癸未科、八年（1529）己丑科、十七年（1538）戊戌科、二十三年（1544）甲辰科、二十九（1550）年庚戌科、三十五年（1556）丙辰科、三十八年（1559）己未科、四十一年（1562）壬戌科、万历二年（1574）甲戌科、八年（1580）庚辰科。万历十一年（1583）癸未科至万历三十五年丁未科确实是每科俱选。万历三十七年（1609）九月，“辅臣以翰林官壅滞日甚，难以疏通，合照往例，隔科一选，明岁暂停。报可”[②]。万历三十八年（1610）庚戌科停止馆选。可见，在万历后期，鉴于翰林官难以疏通的局面，馆选改为隔科一举。

表 1–1　明代庶吉士人数表①

序号	科年	进士人数	庶吉士人数	序号	科年	进士人数	庶吉士人数
1	永乐二年甲申科②	470	60	13	正统七年壬戌科	149	1
2	永乐四年丙戌科	219	15	14	正统十三年戊辰科	150	30
3	永乐九年辛卯科	84	11	小计		399	46
4	永乐十年壬辰科	106	18	15	景泰二年辛未科	201	25
5	永乐十三年乙未科	351	62	16	景泰五年甲戌科	349	18
6	永乐十六年戊戌科	250	34	小计		550	43
7	永乐十九年辛丑科	201	15	17	天顺四年庚辰科	156	15
8	永乐二十二年甲辰科	148	7	18	天顺八年甲申科	247	19
小计		1829	222	小计		403	34
9	宣德二年丁未科	101	2	19	成化二年丙戌科	353	25
10	宣德五年庚戌科	100	19	20	成化五年己丑科	247	18
11	宣德八年癸丑科	99	12	21	成化十四年戊戌科	350	28
小计		300	33	22	成化二十三年丁未科	351	30
12	正统元年丙辰科	100	15	小计		1301	101

① 《明神宗实录》卷 436，万历三十五年七月丙午，第 8248 页。
② 《明神宗实录》卷 462，万历三十七年九月庚辰，第 8713 页。

（续表）

序号	科年	进士人数	庶吉士人数	序号	科年	进士人数	庶吉士人数
23	弘治六年癸丑科	298	20	40	万历五年丁丑科	301	28
24	弘治九年丙辰科	298	20	41	万历十一年癸未科	341	28
25	弘治十五年壬戌科	297	20	42	万历十四年丙戌科	351	22
26	弘治十八年乙丑科	303	30	43	万历十七年己丑科	347	22
小计		1196	90	44	万历二十年壬辰科	304	18
27	正德三年戊辰科	349	51	45	万历二十三年乙未科	304	18
28	正德六年辛未科	349	33	46	万历二十六年戊戌科	296	21
29	正德十二年丁丑科	349	34	47	万历二十九年辛丑科	301	21
30	正德十六年辛巳科	330	24	48	万历三十二年甲辰科	308	23
小计		1377	96	49	万历三十五年丁未科	298	18
31	嘉靖五年丙戌科	301	22	50	万历四十一年癸丑科	344	23
32	嘉靖十一年壬辰科	316	21	51	万历四十七年己未科	345	23
33	嘉靖十四年乙未科	325	30	小计		3840	265
34	嘉靖二十年辛丑科	298	33	52	天启二年壬戌科	409	36
35	嘉靖二十六年丁未科	301	28	53	天启五年乙丑科	300	18
36	嘉靖三十二年癸丑科	403	28	小计		709	54
37	嘉靖四十四年乙丑科	394	28	54	崇祯元年戊辰科	353	30
小计		2338	190	55	崇祯四年辛未科	349	22
38	隆庆二年戊辰科	403	30	56	崇祯十六年癸未科	395	36
39	隆庆五年辛未科	396	30	小计		1097	88
小计		799	60	总计		16138	1322

备注：①此表以《明实录》为主，参照《国榷》《皇明贡举考》《皇明三元考》等文献统计出来，也参考了郭培贵《明史选举志考论》（中华书局，2006 年）中的《明代历科会试、殿试、庶吉士录取名数表》。

②永乐二年甲申科庶吉士人数目前难以弄清楚。据《国榷》统计这科庶吉士不少于 122 人。由于我们对其数据的可信性有所疑问，因此，此科庶吉士人数暂且以《明实录》所载为准。

在天启年间和崇祯初年，每科皆馆选。崇祯四年（1631）辛未科馆选之后，因内阁票拟疏中将“何况”二字误以为人名票出，“上摘而诘让之，遂有翰林内外兼用之旨”①。崇祯七年（1634）甲戌科、十年（1637）丁丑科罢馆选，从俸深候考知县、推官中选授编修、检讨等翰林官。崇祯十三年（1640）廷试，召对，亲拔赵玉森等授以检讨，命蒋德璟、王赐衮教习。鉴于连续三科停止馆选，崇祯十六年（1643）十月，“礼科都给事中沈胤培请考庶吉士，从之”②。崇祯帝同意馆选，并于本年十一月考选庶吉士。这是明王朝最后一次馆选。

明代不仅不是每科馆选，而且每次馆选，入选的人数不一。《明史·选举二》载：“其后（注：指永乐二年以后）每科所选，多寡无定额。永乐十三年乙未选六十二人，而宣德二年丁未止邢恭一人。”③尽管每科馆选的人数不一，但是每次馆选人数基本是在 20 到 30 人之间。据《明实录》统计，从正统至崇祯年间 44 科馆选，其中 33 科的馆选人数在 20 至 36 之间，还有 8 科各馆选 18 人，只有 3 科馆选少于 18 人。据表 1-1 可知，从永乐至崇祯的 56 科馆选，取中 1322 名庶吉士，平均每科取中庶吉士 23.6 人。按这五十六科进士总数 16138 人来算，平均 12 名进士取中 1 名庶吉士。如按明代进士总人数 24599 人来算，平均 18 名进士取中 1 名庶吉士。严格意义上来看，不能说从永乐至崇祯有 56 科进行了馆选，只能说 56 科进士有庶吉士。宣德二年只是“取原习译书进士邢恭为庶吉士”④。正统七年（1442）壬戌科只将习译书的倪让一人改为庶吉士。⑤可以说这两科并没有馆选，只是按例将习译书者改为庶吉士。

崇祯十六年癸未科馆选多少名庶吉士？《崇祯长编》没有记载。而《国榷》记载：崇祯十六年十一月辛亥，“定翰林院庶吉士。朱积、周钟、刘余济、史可程、梁清标、成克巩、罗宪汶、史垂誉、魏学濂、张元琳、杨明琅、鲁㮚、吴尔埙、黄灿、刘廷宗、万发祥、姚文然、张玄锡、王自超、胡统虞、李长祥、刘肇国、龚鼎、何胤光、杨栖鹤、白胤谦、张家玉、李化麟、傅学禹、魏天赏、高珩、赵颎、何九云、李呈祥、张瑞（注：疑是张端）、吕崇烈等五十六人”⑥。

---

① 《春明梦余录》卷 32《翰林院·庶吉士》，见《文渊阁四库全书》第 868 册，第 420 页。

② 《国榷》卷 99，崇祯十六年十月庚午，第 5995 页。

③ 《明史》卷 70《选举二》，第 1700 页。

④ 《国朝典汇》卷 65《翰林记·庶吉士》，第 4082 页。

⑤ 参见《明英宗实录》卷 165，第 3202 页：正统十三年四月己卯，“擢庶吉士倪让为中书舍人，仍于四夷馆译字”。

⑥ 《国榷》卷 99，崇祯十六年十一月辛亥，第 6002 ～ 6003 页。

《国榷》记载崇祯十六年癸未科，馆选 56 人，实际只列有 36 人姓名。《国榷》也记载：崇祯十六年十月庚午，"礼科都给事中沈胤培请考庶吉士，从之。额如天启壬戌"①。这表明崇祯十六年癸未科庶吉士人数应是与天启二年（1622）壬戌科庶吉士人数相同。天启二年六月戊子，"选庶吉士三十六人，蒋德璟、郑鄤……"② 可以说，崇祯十六年癸未科应是 36 人，而不是 56 人。

第二节　因承变通时期的馆选方式——顺治、康熙年间的馆选

一　因承明制的馆选方式

清军入关后，为了实现对全国的有效统治，采取笼络汉人士大夫的政策。一方面接纳前明官员，授以官职；一方面继续推行科举制度。顺治元年（1644），顺治帝从沈阳进入北京后，于当年十月颁布诏书，其中宣布沿袭明代的科举取士制度，举行乡试、会试，并承认前明乡试取中的举人资格，有资格参加清朝的会试；认可前明取中的文武进士资格，并给予出仕的机会。③

在实行科举取士的同时，清代继续推行庶吉士制度。人们一般认为清朝选拔庶吉士始于顺治三年丙戌科，其实在顺治三年丙戌科会试前已经开始选拔庶吉士。顺治三年二月，将明末崇祯十六年癸未科的部分进士选为庶吉士。顺治三年二月戊寅朔，"以故明进士王崇简、张丕吉、杜芳、周爰访、乔廷桂、岳映斗，为内翰林国史院庶吉士"④。同时承认明末所选庶吉士的资格。顺治三年正月，"庶吉士魏天赏为内翰林国史院庶吉士"⑤。魏天赏在崇祯十六年已经入选为庶吉士。即使到了顺治四年（1647），仍有部分明代崇祯十六年癸未科的庶吉士，选为清代的庶吉士。顺治四年九月辛丑，"以故明庶吉士姚文然、刘余谟、杨栖鹗、张悬锡、李化麟，为内

① 《国榷》卷 99，崇祯十六年十月庚午，第 5995 页。

② 《明熹宗实录》卷 23，天启二年六月戊子，台北，"中研院"历史语言研究所，1962 年，第 1147 ～ 1148 页。

③ 《清世祖实录》卷 9，顺治元年十月甲子，第 95 ～ 96 页。

④ 《清世祖实录》卷 24，顺治三年二月戊寅朔，第 203 页下栏。

⑤ 《清世祖实录》卷 23，顺治三年正月乙亥，第 202 页上栏。

翰林国史院庶吉士”[①]。这些庶吉士在顺治年间先后授以官职。据《清世祖实录》统计，崇祯十六年癸未科有6名进士在顺治三年选为庶吉士，有8名庶吉士归入清代庶吉士之列，另有8名庶吉士直接授职为翰林官。[②]此外，将崇祯元年（1628）戊辰科庶吉士陈于鼎直接授职。顺治四年五月丁巳，“以故明编修陈之遴为内翰林秘书院侍读学士，庶吉士陈于鼎为内翰林弘文院编修”[③]。可见，崇祯十六年癸未科36名庶吉士，其中有16名在清初或直接授职，或经过培养后授职。

在将明末进士选为庶吉士，或将明末庶吉士归入内翰林国史院的同时，清朝统治者继续推行庶吉士制度。顺治三年丙戌科，龙飞首榜，选拔了46名庶吉士。此后每榜进士均选拔庶吉士，每科馆选成为清代的定制。至于顺康年间如何选拔庶吉士，目前史学界没有进行具体探讨。

（一）先观政再馆选

明代馆选方法在弘治六年之前还没有形成定制，庶吉士或由内阁选拔，或由礼部选拔，或由内阁会同吏部、礼部选拔，而且还不是每科选拔。

弘治六年经内阁大学士徐溥等商讨，报明孝宗认可，确定的馆选方法为：新进士均需分派到九卿衙门观政。在观政期间，想参加馆选的进士，需向礼部投送平日所作古文15篇以上。再从这些进士中选出文理可取的，参加馆选考试。同时诏令由内阁会同吏、礼二部选拔庶吉士。这一馆选方法，在弘治之后虽有变通，但一直推行到明末。

顺治康熙年间是否先观政再馆选？关于这方面的史料较少。我们从国家图书馆收藏的清初进士履历便览中找到一些线索。

《顺治六年己丑科会试四百名进士三代履历便览》《顺治九年壬辰科会试四百七名进士三代履历便览》[④]，均记载进士分别到六部、都察院、通政司、大理寺观政（见表1–2）。

---

① 《清世祖实录》卷34，顺治四年九月辛丑，第277页下栏。

② 崇祯十六年癸未科庶吉士入选为清代庶吉士的有：魏天赏、姚文然、刘余谟、杨栖鹗、张悬锡、李化麟、李呈祥、梁清标8人。崇祯癸未科有8名庶吉士在清代直接授职：顺治二年四月辛巳，授故明翰林院庶吉士成克巩、胡统虞为内翰林国史院检讨，张端、刘肇国为内翰林弘文院检讨，高珩、罗宪汶为内翰林秘书院检讨。顺治二年闰六月甲午，授故明庶吉士白允谦为内翰林秘书院检讨，吕崇烈为内翰林弘文院检讨。

③ 《清世祖实录》卷32，顺治四年五月丁巳，第264页上栏。

④ 《顺治六年己丑科会试四百名进士三代履历便览》，国家图书馆善本室藏，胶片号：2628。《顺治九年壬辰科会试四百七名进士三代履历便览》，国家图书馆善本室藏，善本，索书号：A03840；胶片号：0100。

据进士履历便览，可知所有的顺治六年（1649）己丑科、九年（1652）壬辰科进士（除一甲进士外），均需观政，即馆选之前，新进士需观政。

表 1–2　顺治六年己丑科、九年壬辰科、十八年辛丑科部分观政进士表

顺治六年己丑科		顺治九年壬辰科		顺治十八年辛丑科	
姓名	观政部门 / 庶吉士	姓名	观政部门 / 庶吉士	姓名	观政部门 / 庶吉士
韩有倬	吏部观政	刘大谟	吏部观政	李时谦	吏部观政
徐增美	户部观政	孙如林	户部观政	顾　宏	户部观政
孙　灏	工部观政	孙启后	工部观政	王锡九	工部观政
徐　翀	兵部观政	郝惟训	兵部观政	周世泽	兵部观政
赵映斗	刑部观政	韦一鹤	刑部观政	陈尧言	刑部观政
马廷赞	礼部观政	张文涛	礼部观政	米汉雯	礼部观政
蒋如瑶	大理寺观政	张厥修	大理寺观政	张　衡	大理寺观政
梁以桂	都察院观政	邢士标	都察院观政	崔天宠	都察院观政
方于光	通政司观政	张鸿基	通政司观政	张尔奎	通政司观政
姜图南	工部观政，授庶吉士	崔之瑛	工部观政，授庶吉士	刘芳喆	授庶吉士
高光夔	礼部观政，授庶吉士	程　邑	礼部观政，授庶吉士	朱世熙	授庶吉士
周体观	兵部观政，授庶吉士	卢　高	兵部观政，授庶吉士	叶暎榴	授庶吉士
左敬祖	刑部观政，授庶吉士	郭　棻	刑部观政，授庶吉士	张玉书	授庶吉士
方玄成	户部观政，授庶吉士	金　鋐	户部观政，授庶吉士	徐诰武	授庶吉士
庄朝生	吏部观政，授庶吉士	吴弘安	吏部观政，授庶吉士	王豫嘉	授庶吉士
李仪古	都察院观政，授庶吉士	杨士炢	都察院观政，授庶吉士	郑之谌	授庶吉士
何　采	通政司观政，授庶吉士	侯于唐	通政司观政，授庶吉士	郑开极	授庶吉士
于朋举	通政司观政，授庶吉士	史彪古	大理寺观政，授庶吉士	申涵盼	授庶吉士

备注：此表据国家图书馆所藏《顺治六年己丑科会试四百名进士三代履历便览》《顺治九年壬辰科会试四百七名进士三代履历便览》《顺治十八年辛丑科会试四百名进士三代履历便览》[①] 制作而成。

---

① 《顺治十八年辛丑科会试四百名进士三代履历便览》，国家图书馆善本室藏，善本，索书号：03842，无胶片。

顺治六年己丑科、九年壬辰科两科进士先观政，再馆选的方法是沿用明代先观政、再馆选的做法。“先观政，再馆选”，一般是指在观政三月之内，而不是观政结束之后，再进行馆选。顺治十二年（1655）乙未科至康熙年间的履历便览均没有记载先观政后馆选之事。顺治十二年之后是否全部新科进士先观政再馆选，限于我们没有找到相关史料，难以得出结论，具体情况还有待考证。

（二）考试选拔庶吉士

顺康年间是否通过考试选拔庶吉士，各种文献记载不一致，主要有两种说法：一种占主流的说法是顺康年间是殿试后，即选拔庶吉士；另一种说法是顺治初至康熙九年由阁臣对新进士进行考试，然后引见选拔。康熙十二年（1673）始，殿试后直接馆选，停止了对新进士的考试。

我们先来考察关于顺康年间馆选的主流看法。主流看法有一个演变过程，通过考察《大清会典》《大清会典事例》等文献，可以大致梳理出主流观点的形成过程。康熙朝《大清会典》（以下简称《康熙会典》）记载：

> 凡考选庶吉士，吏部移咨本衙门，本衙门题请日期。至期，用黄折书诸进士年齿籍贯，钤翰林院印，设御案上。皇上升座，满汉掌院学士分列御座两旁，满读讲学士引诸进士以次入见，选中者立御座右。选毕，一甲进士三人亦引见，毕，退。次日，本衙门以选中诸进士，并一甲进士籍贯及乡试、会试、殿试名次，与所习本经，开明进呈御览。得旨后交内阁，钦遵上谕，分别读满汉书，具本启奏。①

雍正朝《大清会典》（以下简称《雍正会典》）记载：

> 凡考选庶吉士，吏部移咨本衙门，本衙门题请日期。至期，用黄折书诸进士年齿籍贯，钤翰林院印，设御案上。皇帝升座，满汉掌院学士分列御座两旁，满读讲学士等官，引诸进士以次入见，选中者立御座右。选毕，一甲进士三人亦引见，毕，退。次日，本衙门以选中诸进士，并一甲进士籍贯及乡试、会试、殿试名次，与所习本经，开明进呈御览。得旨后交内阁，钦遵上谕，分别读满汉书，具本启奏。……雍正元年，

---

①［清］伊桑阿、王熙等修：《（康熙）大清会典》卷155《翰林院》，见《近代中国史料丛刊三编》，台北，文海出版社，1993年，第73辑，第7429～7431页。

> 谕：新科进士，于引见之前。朕欲先行考试，知其学问，再行引见选拔，庶人才不致遗漏。……[①]

乾隆朝《钦定大清会典则例》（以下简称《乾隆则例》）记载：

> 馆选授职：顺治三年定，进士殿试毕，即简授庶吉士。先由吏部移咨到院，题请日期。至期，驾御便殿，御座前设案，陈朱笔砚，掌院学士豫以新科进士名单进呈，次第引见，伏候钦选。大学士依次跪御案左，西面，掌院学士在大学士后跪，讲官立殿西，东面。选毕，由院以选中诸进士并一甲进士籍贯及乡试、会试、殿试名次，与所习本经，开明进呈御览，得旨后，交内阁钦遵上谕，分别读清汉书，具本启奏。九年奏准：按直省大小取汉进士四十人，满洲四人，蒙古二人，汉军四人，一同读书。（自此以后，因地取才，递有增减，累科沿之。）雍正元年，谕：新科进士于引见之前，朕欲先行考试，知其学问，再行引见选拔，庶人才不致遗漏。……[②]

通过对照《康熙会典》《雍正会典》《乾隆则例》，我们看到《雍正会典》关于雍正前的馆选是沿用了《康熙会典》的说法，只是变动了几个字。这两部会典均说是"凡考选庶吉士"，而记载馆选方法是引见钦点，没有涉及考试新科进士之事。"本衙门题请日期"，根据上下文的理解是：翰林院题请的是引见选拔庶吉士的日期，而不是考试新进士的日期。到了《乾隆则例》，则说："顺治三年定，进士殿试毕，即简授庶吉士。"《乾隆则例》的这句话来得突然，我们从《清世祖实录》《康熙会典》《雍正会典》中都找不到此话的根据。虽然《康熙会典》《雍正会典》没有记载考试新科进士之事，但也没有否定考试新科进士之事。《乾隆则例》的这一说法来源于哪里？我们现在来考察一下《词林典故》的记载。《词林典故·官制》记载：

> 庶吉士馆选，国初本无定员。世祖顺治九年七月，允科臣高辛允奏，按直省大小取汉进士四十人，直隶、江南、浙江各五人，江西、福

---

① ［清］尹泰、张廷玉等修：《（雍正）大清会典》卷234《翰林院·馆选授职》，见《近代中国史料丛刊三编》第79辑，第15043～15045页。

② 《（乾隆）钦定大清会典则例》卷153《翰林院》，见《文渊阁四库全书》第625册，第49页。

建、湖广、山东、河南各四人，山西、陕西各二人，广东一人，以二十人习国书，二十人习汉书。其满洲进士取四人，蒙古进士二人，汉军进士四人，一体读书。厥后选取各员，因地因才递有增减，历科沿之。世宗雍正三年四月，谕大学士、九卿等曰："前日李钟峩奏称翰林为储材重地，自康熙四十五年至六十年七科每省俱有庶吉士。……朕于雍正元年癸卯科馆选时，试其文义，观其人品，于僻远省分之人亦酌量选取。"……五年五月，令进士殿试后复试论、诏、奏、议、诗各一篇。先是进士殿试毕，即待选庶吉士，自顺治丙戌迄康熙辛丑皆然。雍正元年癸卯，进士对策后复引试于保和殿，并令九卿各举所知。至是遂为定制。时称朝考焉。[①]

《词林典故·仪式》记载：

凡选庶吉士，吏部牒翰林院题请日期。至期，陈黄折于御案上。书诸进士年齿籍贯。上升座，满汉掌院学士左右侍，满读讲学士引诸进士以次入，选中者立御座右。选毕，一甲三人亦引见。次日翰林院进庶吉士名折，交内阁分别读满汉书。谨按：此国初定制也。[②]

我们对照《乾隆则例》与《词林典故》，发现两书关于顺治、康熙殿试后，即馆选的看法是一致的，两书都记载顺治九年按直省大小取汉进士之事。两书记载顺治、康熙时馆选的内容相同，只是用词有所不同。为何出现这种情况？我们来考察一下两书成书的时间等相关问题。

《词林典故》由鄂尔泰、张廷玉等负责纂修，乾隆十二年修成。《乾隆则例》由允祹、傅恒、张廷玉等任总裁官，乾隆十二年开始编纂，乾隆二十九年（1764）修成。也就是说《词林典故》修成的当年才开始编纂《乾隆则例》。张廷玉等人先后参与了《词林典故》《乾隆则例》的纂修工作。根据纂修时间和纂修人员，我们判断《乾隆则例》沿用了《词林典故》的相关内容。《乾隆则例》中的"顺治三年定，进士殿试毕，即简授庶吉士"，应是对《词林典故》中的"先是进士殿试毕，即待选庶吉士，自顺治丙戌迄康熙辛丑皆然"一句话的变通。顺治九年按直省大小馆选

① ［清］鄂尔泰等撰：《词林典故》卷2《官制·庶吉士馆选》，见《文渊阁四库全书》第599册，第462～463页。"科臣高辛允"，《实录》是"吏科给事中高辛允"。

② 《词林典故》卷6《仪式·馆选仪》，见《文渊阁四库全书》第599册，第593页。

之事，《康熙会典》《雍正会典》均没有记载，而《词林典故》作了记载，《乾隆则例》则沿用《词林典故》之说，只是内容更简化。《乾隆则例》中的馆选内容，主要沿用了《词林典故》的观点，当然也参照了《康熙会典》《雍正会典》中的相关内容。这样有必要探讨一下《词林典故》中有关馆选内容的依据。《词林典故》是在查阅了大量的档案材料而修成的，应是一部较有分量的官修史书。至于《词林典故》中的馆选内容，参考了哪些档案资料，我们无从得知，但对照一些相关文献，就可以发现《词林典故》中的馆选内容的来源：

一是《康熙会典》《雍正会典》的相关内容。《词林典故·仪式》的内容明显就是来源于《康熙会典》《雍正会典》，只是将《康熙会典》《雍正会典》中的"凡考选庶吉士"，删掉"考"字，改为"凡选庶吉士"。《康熙会典》《雍正会典》中虽有"凡考选庶吉士，吏部移咨本衙门。本衙门题请日期"之句，但没有具体记载考试选拔庶吉士之事，而是较详细记载引见选拔庶吉士的程序，这可能成为《词林典故》的编纂者将"凡考选庶吉士"改为"凡选庶吉士"的原因之一。

二是《清世祖实录》等档案中的相关内容。《清世祖实录》记载顺治九年七月，顺治帝采纳科臣高辛允的建议，按直省大小来选拔庶吉士之事。

> 内院议覆吏科给事中高辛允疏言：皇上亲政之首科，允宜慎选庶常，以光圣治。臣等参考旧例，斟酌时宜，择其年貌合格、文字雅醇者充其选。名数照己丑科例，取汉进士四十名。查照直省大小及近日人材多寡，直隶、江南、浙江各取五名，江西、福建、湖广、山东、河南各取四名，山西、陕西各取二名，广东取一名。内拔其年青貌秀、声音明爽者二十名，习学清书，余二十名，习学汉书。届期，恭请御赐题目考试。其满洲进士，取四名，蒙古进士取二名，汉军进士取四名，俱选年貌声音合式者，同汉进士一体读书。进馆之后，仍不时稽核敬肆勤惰，以为优劣，用昭朝廷作养人才之意。报可。①

《词林典故·官制》记载："世祖顺治九年七月，允科臣高辛允奏，按直省大小取汉进士四十人。"而《清世祖实录》是内院议覆高辛允所奏时，提议按直省大小选拔庶吉士，至于各省选多少名，则是内院的提议。这一

① 《清世祖实录》卷66，顺治九年七月己丑，第518～519页。

提议被顺治帝采纳。顺治九年是顺治帝亲政后首科馆选。虽然《词林典故》的表述与《清世祖实录》有所不同，但能确知，《词林典故》中顺治九年馆选资料采自于《清世祖实录》，或相关档案文献。《词林典故》的纂修者忽略了原材料中“届期，恭请御赐题目考试”这句话。内院“恭请御赐题目考试”，是指馆选考试，还是其他考试？我们的结论是：这是馆选考试。之所以说是馆选考试，在后面再加以探讨。《词林典故》的纂修人员只注意到顺治九年按直省大小来选拔庶吉士的一面，而忽略了“御赐题目考试”的一面，这可能成为《词林典故》的编纂者将“凡考选庶吉士”改为“凡选庶吉士”的原因之二。

通过以上分析，我们对顺治、康熙年间馆选方法的主流说法的来龙去脉作一简单总结：康熙朝、雍正朝两次修《大清会典》，虽记载顺治、康熙年间“考选庶吉士”，但没有记载考试的内容、考试的方式。《词林典故》据这两部会典的相关资料，再结合顺治九年按照直省大小选拔庶吉士等材料，就判断顺治、康熙两朝“殿试毕，即待选庶吉士”。《乾隆则例》则根据《词林典故》、康雍两朝《大清会典》的记载，主观认为“顺治三年定，进士殿试毕，即简授庶吉士”。嘉庆、光绪两朝修的《大清会典事例》则沿袭这一说法。[①] 嘉庆年间修的《皇朝词林典故》也沿袭《词林典故》等文献的主流说法：

> 顺治三年定制，殿试毕，新进士由内三院题请选庶吉士。届期，上御便殿，内院学士豫以新进士名单进呈，次第引见，恭候钦选，分清汉书。谨按：自专设翰林院后，礼部以新进士移送到院，掌院学士会同大学士，以新进士开列引见，恭候钦定，其以他途用者，移送吏部，馆选者，学士一员朝服至署宣旨。[②]

这样顺治、康熙年间“殿试毕，即简授庶吉士”之说成为主流说法。一些私人笔记也记载顺治、康熙年间殿试后，即选拔庶吉士。

我们所见私人记载最早持此观点的是王士祯的《居易录》。此书记载：

---

① 《（嘉庆）钦定大清会典事例》卷784《翰林院·考选庶吉士》，见《近代中国史料丛刊三编》第70辑，第2293～2296页；《（光绪）钦定大清会典事例》卷1045《翰林院·考选庶吉士》，见《续修四库全书》第812册，第469页。

② ［清］朱珪等纂：《皇朝词林典故》卷19《官制·馆选》，清嘉庆十年武英殿刻本，第13～14页。

本朝选庶常不考试，惟引见，定于顷刻。其由他衙门改入者，则顺治初王文贞崇简、岳映斗、魏天赏等以癸未前进士改庶吉士，后则康熙中杜镇以中书舍人改编修。①

《居易录》一书记载的内容止于康熙四十年（1701），“本朝”应指康熙朝。王士祯认为这段时间选拔庶常不用考试，“惟引见，定于顷刻”。乾隆年间吴鼎雯撰写的《翰詹源流编年》关于顺康年间的馆选方法也与主流说法相同：

是年（注：顺治三年）定制：进士殿试毕，由内三院题请简授庶吉士。届期，上御便殿，内院学士豫以新进士名单进呈，次第引见，候钦选，分读清汉书。②

乾隆之后，一些私人笔记也持此观点。道光九年（1829）己丑科庶吉士，官至工部尚书的王庆云就认为：“国初选庶吉士，专由保举。雍正初设朝考，犹与保举兼行。”③“国初”，指顺治、康熙年间。同治元年（1862）壬戌科庶吉士，官至江西粮道的平步青也认为雍正前馆选“有保举而无考试”。他记载道：“雍正癸卯（《茶余客话》卷二作甲辰）科新进士引见前先行考试（在保和殿考四书文一、诗一，大将军年羹尧阅卷，又命九卿保举），是为朝考之始。故其时有人文入选、文入选、人入选之分。癸卯以前但有保举而无考试。”④

在考察了主流说法之后，我们再来分析第二种观点。从我们掌握的资料来看，明确提出顺治初至康熙九年通过考试来选拔庶吉士的是雍正年间时任吏部尚书的朱轼等人。雍正三年五月二十日，吏部尚书朱轼等人给雍正帝的奏章中说道：“本朝顺治初至康熙九年，亦令阁臣考试，分其等第封卷进呈，引见挑选，至康熙十二年始停考试。”⑤我们先来考察吏部尚书朱

---

① ［清］王士祯：《居易录》卷34，见《文渊阁四库全书》第869册，第752页下栏。

② ［清］吴鼎雯：《翰詹源流编年》卷1，清刻本，第9页。

③ ［清］王庆云著，王湜华点校：《石渠余纪》卷1《纪进士》，北京，北京古籍出版社，1985年，第35页。

④ ［清］平步青：《霞外攟屑》卷1《掌故·沈筠、钱金甫》，见《续修四库全书》第1163册，第374页。

⑤ 《吏部尚书朱轼题为李钟峩所请嗣后各省进士当馆选庶吉士时暂停覆试保举毋庸议本》，见《雍正朝内阁六科史书·吏科》，桂林，广西师范大学出版社，2002年，第20册，第350页。

轼等人提出这一看法的背景。

雍正帝在看了太常寺少卿李钟峩请求馆选，停止覆试、保举，广储才之路的奏折后，于雍正三年四月癸未（十六日），谕大学士、九卿等："尔大学士会同九卿详议具奏。"①

大学士、九卿等接到雍正帝的谕旨，首先是调查雍正之前的馆选是否如李钟峩所说。经过一个多月的调查和会议，于雍正三年五月二十日，回奏雍正帝。可以说吏部尚书朱轼等人是在查阅了有关选拔庶吉士的档案，经过会议之后，才给雍正帝上奏章的。在奏章里，朱轼等说"李钟峩奏称自康熙四十五年至六十年七科每省俱有庶吉士，其亦未尝详考矣"。朱轼等认为李钟峩对馆选的情况"亦未尝详考"，这表明朱轼等人对以往的馆选作了较详细的考察。他们所说的"本朝顺治初至康熙九年，亦令阁臣考试，分其等第封卷进呈，引见挑选，至康熙十二年始停考试"，应该有可靠的依据。从时间上来看，雍正三年离顺治、康熙不久，查找有关原始档案相对容易。我们可以通过其他材料来证明其说法的可靠性。

康熙十六年（1677），给事中徐旭龄上奏道：

> 为图政务求实效，用人贵储真才事。窃惟朝廷会试大典三载一行，旧例于殿试之后即考词林，除考中者特授庶常入馆教习外，其余无分二甲三甲俱拨六部、都察院、通政司、大理寺各衙门观政三月，然后授职。②

这一奏章言及"旧例殿试之后即考词林，除考中者特授庶常入馆教习外"。"考词林"，即考试选拔庶吉士，考中者才能授为庶吉士。这一考试是在殿试之后进行的。这一奏章是徐旭龄在康熙十六年上奏的，离康熙九年仅七年时间。可以说这一奏章有力佐证了吏部尚书朱轼之说。

雍正元年五月初九日，兵科给事中刘祖任上奏道：

> 请更翰林积习，以光文治，以收实效事。窃惟翰林一官，所以典掌文墨，培养公辅，必品行端廉，学养醇粹之儒，方可当之而无愧，非以多取胜也。……国初循有明故事，先由内阁考取，然后引见，每科选者

---

① 《清世宗实录》卷31，雍正三年四月癸未，第1册，第476页。

② ［清］徐旭龄：《实试观政疏》，见［清］贺长龄编：《清经世文编》卷17，北京，中华书局，1992年，上册，第425页。

不过二十人，散馆留者不过十数人。①

刘祖任在奏折中提到“国初”（指清初），遵循明朝选拔庶吉士之方法，先由内阁对新进士考试选拔，然后带领引见，每科选拔不过20人。这份奏折离顺治、康熙朝比较近，可以说，这一奏折在一定程度上反映出清初馆选的真实情况。

当然，朱轼等所说“本朝顺治初至康熙九年，亦令阁臣考试”，需作进一步的考证。

吴振棫对顺治、康熙朝是否在殿试后通过考试来选拔庶吉士作了考证工作。他根据年谱、传记等资料，认为顺治三年、康熙九年是殿试后通过考试来选拔庶吉士。“顺治丙戌科殿试后，选择年貌一百余人，于内院复行考试，如殿试例。题用奏疏、律诗各一，俱钦定。入选者，用庶吉士。（见《魏敏果年谱》）。康熙九年，命内院同吏、礼二部，选新进士六十人，试以文字，分拟上、中、下三等。上亲定二十七人为庶吉士。（见《魏裔介传》）……似今朝考所昉。然先选后试，亦非每科皆行。雍正元年十月，命新科进士于引见前再行考试，一应照殿试预备……”②

魏象枢，顺治三年丙戌科进士，入选庶吉士，官至刑部尚书，谥敏果。《魏敏果年谱》即《魏象枢年谱》。我们查阅到魏象枢的年谱，即《寒松老人年谱》。吴振棫《养吉斋丛录》中有关顺治三年馆选的内容与《寒松老人年谱》相同，只是改动了几个字。③

吴振棫根据《魏裔介传》，认为康熙九年进行了馆选考试。我们查阅了清代的传记资料。多种传记资料有魏裔介传，记载了康熙九年馆选考试之事。从我们掌握的资料来看，最早记载此事的是清国史馆所修的大臣列传：魏裔介，康熙“九年充会试正考官。是年四月，内院承旨，会同吏、礼二部选新进士六十人试以文字，分拟上中下三等，入奏，上亲定二十七

---

① 《兵科给事中刘祖任奏请更翰林积习折》，雍正元年五月初九日，见《雍正朝汉文朱批奏折汇编》，南京，江苏古籍出版社，1991年，第1册，第361页。

② ［清］吴振棫著，童正伦点校：《养吉斋丛录》卷9，北京，中华书局，2005年，第110页。

③ 《寒松老人年谱》：“是科（指顺治三年丙戌科）殿试后，选择年貌一百余人，内院复行考试，亦如殿试例。题目奏疏、律诗各一篇，俱出钦定。余得与选，授内翰林国史院庶吉士。”［清］魏象枢：《寒松老人年谱》，清嘉庆十六年重刻本，第7页；另见魏象枢：《寒松堂全集》，北京，中华书局，1996年，第684页。

人为庶吉士”[①]。我们可以通过李光地年谱来证实康熙九年庚戌科是通过考试来馆选庶吉士的。《文贞公年谱》(即李光地年谱):康熙九年四月,“选翰林院庶吉士。殿试时,大学士冯公溥得公(注:指李光地)卷,摩挲甚谨曰:‘以是冕多士。’已而他读卷者吹求微疵,乃置二甲第二名。冯公既出遇富公鸿基,述其事。富公曰:‘余乡也。是赅赡忠诚君子,质文无害,年尚少,天下才也。’及选馆职,有旨试诏一道,公考第一,选庶吉士,习国书”[②]。《文贞公年谱》,不仅记载通过考试来选拔庶吉士,而且还记载了当时考试的题型,即拟写诏书一道。此次考试,李光地名列第一。

可见,吴振棫对顺治、康熙年间的馆选作了一定的考证,并得出结论:顺治、康熙年间,“先选后试,亦非每科皆行”。吴振棫只明确记载顺治三年、康熙九年两科馆选是“先选后试”,至于还有哪些科馆选也是“先选后试”,则没有进一步说明。

顺治三年丙戌科、康熙九年庚戌科殿试后,再考试来选拔庶吉士,我们还可以通过其他年谱等资料加以证实。

《黄山年略》(即法若真年谱):顺治三年,“真(指法若真)奉特旨改授内翰林国史院试中书舍人,仍准会试,中式,会试第十五名,再行考选,授国史院庶吉士”[③]。年谱中只提到会试第十五名,没有提到殿试名次,“再行考选”,应是指考试选拔庶吉士。

顺治三年丙戌科入选庶吉士的一些官员在京察时自陈的奏折中也提到顺治三年“考选庶吉士”之事。顺治十三年(1656)八月,日讲官内翰林秘书院学士教习庶吉士李霨谨揭为:“遵例自陈不职,仰祈睿鉴罢黜,以肃计典事。窃照京察肇举,先经吏部具题内开学士今已改正三品应自陈。……职由顺治三年进士,蒙恩考选庶吉士,习学满书。”[④]“都察院左都御史臣魏象枢谨奏为:遵例自陈不职,请赐罢斥,以肃察典事。臣等衙门

① 《国朝耆献类征初编》卷3《宰辅三·魏裔介·国史馆本传》,清光绪十年湘阴李氏刊本,第13页。《清史稿》:“(康熙)三年,(魏裔介)拜保和殿大学士。时辅臣柄政,论事辄争执,裔介调和异同,时有所匡正。预修《世祖实录》,充总裁官。九年,典会试。是年内院承旨会吏、礼二部选新进士六十人,试以文字,拟上中下三等人奏,上亲定二十七人为庶吉士。”(赵尔巽等撰:《清史稿》卷262《魏裔介传》,北京,中华书局,1977年,第9890页。)

② [清]李清植编:《文贞公年谱》,见《北京图书馆藏珍本年谱丛刊》,北京,北京图书馆出版社,1999年,第85册,第151页。

③ [清]法若真编,法辉祖校定:《黄山年略》,见《北京图书馆藏珍本年谱丛刊》第72册,第668页。

④ 《内翰林秘书院学士教习庶吉士李霨揭为自陈不职请旨罢斥》,见张伟仁主编:《明清档案》,台北,联经出版事业公司,1986年,第28册,第15983页。

会议，京察定例，三品以上堂官俱令自陈。臣年六十三岁，山西蔚州人，顺治三年进士，本年四月，考选庶吉士。……康熙十八年三月初四日奏。”①这些在京察自陈中提到的“考选庶吉士”，也可以佐证顺治三年通过考试来选拔庶吉士。

康熙九年五月己卯，“湖广道御史李之芳疏言：今年考选庶常，皇上委内院阅卷，京师哄传，谓取中上卷二十四名，系魏裔介使家人报信，闻者无从辨其真伪，幸我皇上亲加遴选，取中庶吉士二十七员。与所传名数姓氏不同。于是人心悦服”②。湖广道御史李之芳在奏疏中提到，康熙九年庚戌科馆选考试，康熙帝令内院阅卷。这也证明：康熙九年庚戌科是通过考试来选拔庶吉士。

顺治三年丙戌科庶吉士，是清代第一科庶吉士。由于是沿袭明制，所以通过考试来选拔庶吉士。明代选拔庶吉士成为定制后，一般是先从新科进士中选拔部分再行考试，由内阁大臣会同吏部、礼部官员一起选拔，再报皇帝批准。皇帝一般认可大臣们的选拔。清沿明制，通过考试来选拔庶吉士，是顺理成章之事。至于顺治年间其他几科是否通过考试来选拔庶吉士，我们想从有关年谱等文献去找，但没有找到。如《北京图书馆藏珍本年谱丛刊》收录的谱主，是顺治年间登第的，但都缺考试选拔庶吉士的资料。《国朝耆献类征初编》收录的顺治、康熙年间入选的庶吉士出身的官员除魏裔介外，均没有找到考试馆选的史料。

吴振棫只是据年谱、传记等资料证实顺治三年丙戌科、康熙九年庚戌科，是殿试后再考试来选拔庶吉士。至于另外哪些科是通过考试来选拔庶吉士，并没有作具体说明。

《实录》上所载顺治年间考选庶吉士的资料有：

顺治六年五月辛酉，“考选庶吉士，成亮……庄朝生等二十人习清书；徐致觉……朱绂等二十人习汉书”③。

顺治十二年四月壬戌（初八日），“上亲选进士董色……韩雄允等俱为庶吉士”④。

顺治十二年四月己卯（二十五日），谕内三院：“考选庶吉士，原欲储养真才，以备任用。必须懋勉学问，时加策励，乃能练习典故，博通文

---

① 《遵例自陈不职等事疏》，见［清］魏象枢撰：《寒松堂全集》卷4，北京，中华书局，1996年，第116～117页。

② 《清圣祖实录》卷33，康熙九年五月己卯，北京，中华书局，1985年，第1册，第446页。

③ 《清世祖实录》卷44，顺治六年五月辛酉，第349页下栏。

④ 《清世祖实录》卷91，顺治十二年四月壬戌，第714页下栏。

章，无负朕亲行简拔之意。”[①]

顺治十五年（1658）四月癸酉（初七日），“上御乾清门，选庶吉士毕。谕诸进士曰：朕屡重试典，严除弊窦者，实欲得真才而用之耳。今朕将尔等详加考试，冀得真才，其中能读书者已选庶吉士”[②]。

顺治十五年四月辛巳（十五日），谕内院：“朕惟庶常之选，所以储养人才，允宜慎重，故详加简阅，亲行考试。兹取马晋允……直隶通州人陈敬三十二人，俱为庶吉士。”[③]

顺治十六年（1659）九月己卯，“谕翰林院：考选庶常，原以作养人才。朕今详加简阅，亲行考试，新科进士朱训诰……周之麟，共四十一名，俱著改为庶吉士”[④]。

顺治十五年戊戌科、十六年己亥科馆选，《实录》均记载顺治帝“详加简阅，亲行考试”。顺治十五年四月谕旨：“朕惟庶常之选，所以储养人才，允宜慎重，故详加简阅，亲行考试。”其大意：由于顺治帝慎重选拔庶吉士，因此，亲自简阅，并亲自考试。此考试应不是殿试，而是选拔庶吉士之考试，即是通过考试新科进士来选拔庶吉士。顺治六年己丑、顺治十二年乙未科，《实录》记载“考选庶吉士”。由于《康熙会典》《雍正会典》均有“凡考选庶吉士”之句，但没有考试新科进士的内容，因此“考选庶吉士”给人就是“选拔庶吉士”之意。基于此，我们不能单凭顺治六年、十二年“考选庶吉士”一句话来断定顺治六年、十二年是通过考试来选拔庶吉士。顺治六年、十二年是否通过考试来选拔庶吉士，还需作进一步的考证。

顺治九年七月癸巳（二十四日），“选授进士白乃贞……为清书庶吉士；周季琬……为汉书庶吉士”[⑤]。此处《实录》没有记载顺治九年是考试来馆选。顺治九年壬辰科是按照直省大小直接选拔，还是既按照直省大小选拔，同时又对新科进士通过考试来选拔？

顺治九年四月初二日，吏科给事中高辛胤上奏道：

> 请酌行馆选旧例，重名器以襄圣治事。臣惟为治之道莫先于用人，用人之重且大者莫过于选庶吉士一事。盖庶吉士一官，原储侍从、讲读、

---

① 《清世祖实录》卷91，顺治十二年四月己卯，第716页下栏。

② 《清世祖实录》卷116，顺治十五年四月癸酉，第904页上栏。

③ 《清世祖实录》卷116，顺治十五年四月辛巳，第905页上栏。

④ 《清世祖实录》卷128，顺治十六年九月己卯，第996页上下栏。

⑤ 《清世祖实录》卷66，顺治九年七月癸巳，第519页上栏。

著述、纂修之用，且见在则为清华近侍之臣，积久则司公辅启沃之任，所关匪小。夫侍从左右不可不观年貌，著述记载不可不考文章，培养公辅之器不可不访品行。历稽旧例，详慎选择有由然也。我朝定鼎以来，求治甚殷，需人甚急，或以年貌取，或以资序取。然此在开创之初，行一时之权可耳。今圣政维新，百事咸举，即在外有司尚必考其才学，访其品行，岂在内清华近侍之臣可不慎选欤？至选学清书庶吉士所以明满汉之义，达上下之情，尤必得端方正直博通古今之士，方有实用。即论年貌亦宜于选择年貌之中再加考试，以明朝廷慎重名器之意。如臣言可采，乞敕部详定考例，庶真品出而名器重，天下仰圣治之隆矣。缘系请酌行馆选旧例，重名器以襄圣治事理，臣未敢擅便，谨题请旨。

顺治帝御览此奏章之后，朱批："著确议具奏，该衙门知道。"[①]

高辛胤（即高辛允）鉴于庶吉士出身人员"见为清华近侍之臣，久则司公辅启沃之任"，建议馆选既看年龄、长相，同时也要通过考试来选拔。顺治帝令大臣合议高辛允的奏章。三个多月后，即顺治九年七月己丑（二十日），内院才奏覆。在奏覆中内院建议按照直省大小选拔庶吉士，同时提到"届期，恭请御赐题目考试"，即恭请对所选"年貌合格、文字雅醇者"赐题考试。顺治帝采纳了这一建议。[②]顺治九年七月癸巳（二十四日），"选授进士白乃贞……王纪为清书庶吉士；周季琬……侯于唐为汉书庶吉士"[③]。我们对顺治九年壬辰科庶吉士按省份统计，入选的人数完全与内院建议的人数相同。这证明顺治帝采纳内院的建议并付诸实施。

根据内院奏本中的"届期，恭请御赐题目考试……进馆之后，仍不时稽核敬肆勤惰以为优劣，用昭朝廷作养人才之意"，我们推断：内院恭请在进馆之前"御赐题目考试"，即馆选考试。再从顺治九年四月初二日，吏科给事中高辛允奏折中建议馆选"即论年貌亦宜于选择年貌之中再加考试，以明朝廷慎重名器之意"来看，内院议覆吏科给事中高辛允所言，向顺治帝建议"届期，恭请御赐题目考试"，应是指新进士考试之时，恭请御赐题目考试之意。汤斌年谱记载了顺治九年御赐题目考选庶吉士之事。顺治九年，汤斌 26 岁，"殿试第三甲第一百六十七名，赐同进士出身。世

① 《吏科给事中高辛胤题请酌行馆选旧例》，顺治九年四月初二日，见《明清档案》，1986 年，第 14 册，第 7693 ～ 7694 页。另参见《清世祖实录》卷 64，顺治九年四月癸卯（初二日），第 499 页上栏。

② 《清世祖实录》卷 66，顺治九年七月己丑，第 518 ～ 519 页。

③ 《清世祖实录》卷 66，顺治九年七月癸巳，第 519 页上栏。

祖章皇帝亲试，拟御制序、诗各一首，改弘文院庶吉士”①。可见，顺治九年是世祖亲自出题考试选拔庶吉士，考试内容是拟御制序、诗各一道。

顺治十二年乙未科也是先考试，后馆选。

曹申吉，“中顺治十二年进士，选内翰林庶吉士……当其应庶常之选，世祖章皇帝方乡（注：应是‘向’）文学，亲阅其卷，擢第一，自庆得人，锡以锦袍，令内侍量其长短等身衣之。每两月一御试，先生仍屡居第一，金帛羊酒之赐无虚日”②。曹申吉是顺治十二年乙未科第二甲第五十五名进士，而在这次选拔庶吉士的考试，顺治帝将其擢为第一名。这一史料反映顺治十二年乙未科是先考试再选拔庶吉士。

顺治四年、顺治十八年（1661）二科是否通过考试来馆选？

顺治十年（1653）三月己巳，谕内三院：“朕稽往制，每科考选庶吉士入馆读书，历升编、检、讲、读及学士等官，不与外任，所以咨求典故，撰拟文章。充是选者，清华宠异，过于常员，然必品行端方、文章卓越，方为称职。”③谕旨中说到“朕稽往制，每科考选庶吉士入馆读书”，也就是说顺治十年前的几科馆选均是通过考试来选拔庶吉士的。

我们考证出顺治三年丙戌科、九年壬辰科、十二年乙未科三科，是通过考试来馆选，再结合谕旨中提到顺治六年考选庶吉士，顺治十年前可能确实是“稽往制”，即按照明代的馆选方法，先考试再选拔。顺治十五年戊戌科、十六年己亥科，《实录》均记载顺治帝“详加简阅，亲行考试”，可推断顺治十五年戊戌科、十六年己亥科应均是通过考试来选拔庶吉士。这样就可以说顺治三年丙戌科至顺治十六年己亥科，可能均是殿试后通过考试来选拔庶吉士。这与吏部尚书朱轼等大臣所说相印证。

顺治十八年辛丑科馆选，康熙帝已即位。康熙九年庚戌科是先考试后选拔庶吉士。康熙九年前的几科馆选，是否均有考试之举？目前，我们没有找到材料来完全佐证吏部尚书朱轼等大臣的观点。按照惯例，康熙九年前的几科馆选有可能对新进士进行了考试，再选拔。康熙三年（1664）是否对新进士进行考试？阮葵生记载：“康熙三年甲辰馆选十五人皆年少，年三十外者概不选。是科熊一潇、劳之辨皆知名。”④

---

① ［清］方苞考订，杨椿重编：《汤文正公年谱定本》，见《北京图书馆藏珍本年谱丛刊》第77册，第133页。

② ［清］张贞：《巡抚贵州工部右侍郎兼督察院右副都御史曹公申吉墓志铭》，见《碑传集》卷63，第1784页。

③《清世祖实录》卷73，顺治十年三月己巳，第578页上栏。

④ ［清］阮葵生：《茶余客话》卷2，见《续修四库全书》第1138册，第57页上栏。

《实录》记载康熙三年馆选是“特加简阅”，没有提到考选。据阮葵生所记，康熙三年入选的庶吉士“皆年少”。从这些材料，目前还难以断定康熙三年甲辰科庶吉士是否通过考试来选拔。

康熙六年（1667）丁未科是否通过考试新进士来馆选？缪彤《胪传纪事》一书，记载了从康熙六年二月初九日会试至五月二十六日“进衙门，午时教习老师方到任”之事。其中记载了选拔庶吉士，但没有提到考试新科进士之事。缪彤就是康熙六年丁未科的一甲一名。他在《胪传纪事》中没有记载考试新进士之事，有两种可能，一是漏记，二是没有考试新进士之事。我们不能凭吏部尚书朱轼等说就能肯定康熙三年、六年均对新进士进行考试。

通过以上考察，我们的结论：清代关于顺康年间馆选的主流说法有不符实际之处，可以肯定从顺治三年丙戌科至康熙九年庚戌科的馆选，其中顺治三年丙戌科、顺治九年壬辰科、顺治十二年乙未科、康熙九年庚戌科四科馆选是先考试，再选拔。至于这期间其他数科馆选是否先考试后选拔，还需进一步考证。也就是说吏部尚书朱轼之说，还需进一步证实。让我们感到不可理解的是王士祯的记载，他在《居易录》中记载“本朝选庶常不考试，惟引见，定于顷刻”。王士祯是顺治十五年戊戌科进士，没有入选庶吉士，在他中进士之前的两科（顺治九年壬辰科、顺治十二年乙未科）馆选均是先考试，后选拔。由于王士祯对顺康年间馆选方法记载不实，因而难以据其所记否定朱轼等大臣的观点。

康熙在位期间的二十二科馆选［从顺治十八年辛丑科至康熙六十年（1721）辛丑科］中除康熙二十四年（1685）乙丑科外，《实录》的记载格式均是：“谕翰林院：选拔庶常，原以作养人材。今科进士，特加简阅，取……为庶吉士。”[①] 如康熙二十四年馆选，《实录》记载：“上御保和殿，选进士张希良……为庶吉士。”[②] 可见，《实录》对康熙在位的22科馆选的记载，均未提到考试选拔之事。

吏部尚书朱轼等说“至康熙十二年始停考试”，也就是说从康熙十二年癸丑科开始，到康熙六十年，均是殿试后没有再针对新进士之考试，而直接选拔庶吉士。是否确如吏部尚书朱轼等大臣所说？这涉及康熙五十四年（1715）乙未科是否通过考试来馆选？

《清圣祖实录》记载：康熙五十四年四月壬午（十七日），“试新选

---

① 《清圣祖实录》卷3，顺治十八年六月丙戌，第1册，第70页下栏。

② 《清圣祖实录》卷121，康熙二十四年五月庚申朔，第2册，第270页下栏。

庶吉士陈仪等四十五人于畅春园内，魏协、韩从王以文理未优，仍归进士班用”[①]。《东华录》也载：康熙五十四年四月，“殿试新选庶吉士陈仪等四十五人于畅春园内，魏协、韩从玉以文理未优，仍归班用”[②]。根据《清圣祖实录》《东华录》所记，可以得出这样的结论：康熙五十四年四月，在畅春园对新入选的庶吉士进行考试，其中魏协、韩从王（《东华录》作“韩从玉”）因文理未优，革去庶吉士的资格，仍归于进士班铨选。简而言之，此次考试是对新入选的庶吉士的考试，而不是选拔庶吉士之考试。加上按照朱轼等大臣所说康熙十二年始停对新科进士的考试，也会加深这种理解。但是根据《清代起居注册・康熙朝》的相关记载，再结合康熙朝馆选时间与宣布庶吉士名单的时间不在同一天的惯例，就会对《清圣祖实录》《东华录》的记载提出质疑。

《清代起居注册・康熙朝》记载：康熙五十四年四月十九日甲申，大学士松柱等“以新选庶吉士陈仪等四十五人试卷等次，缮折呈览。上谓左都御史揆叙曰：‘此内有甚不堪者乎？’揆叙奏曰：‘甚不堪者有二卷，魏协、韩从王文甚劣，又不做诗。会元李锦因错规矩，多写数句，所以列后，诗文还好。’上曰：‘魏协、韩从王著革退，李锦著留馆’”[③]。

如何理解“新选庶吉士陈仪等四十五人试卷等次”这句话？我们理解有两种可能，一是新选拔出来的庶吉士在馆选考试的等次，二是对新选拔出来的庶吉士加以考试的等次。关键是对“揆叙奏曰：‘甚不堪者有二卷，魏协、韩从王文甚劣，又不做诗。会元李锦因错规矩，多写数句，所以列后，诗文还好。’上曰：‘魏协、韩从王著革退，李锦著留馆’”这段话如何理解。这次考试后，魏协、韩从王两人革去庶吉士，而会元李锦这次考试名次列后，钦定留馆，即选为庶吉士。如果新选45名庶吉士中有李锦，那么从这45名中减去魏协、韩从王两人，就应剩下43名庶吉士。《清代起居注册・康熙朝》缺这科庶吉士入选名单及入选人数，《清圣祖实录》《东华录》《国朝馆选录》《词林典故》均记载此科选拔44名庶吉士。《实录》：康熙五十四年四月辛卯（二十六日），“今科进士，特加简阅，取李文锐……德新等四十四人俱著改为庶吉士”[④]。《东华录》：“今科进士，特

---

① 《清圣祖实录》卷263，康熙五十四年四月壬午，第3册，第589页下栏。

② ［清］蒋良骐撰，林树惠、傅贵九校点：《东华录》卷22，北京，中华书局，1980年，第366页。

③ 《清代起居注册・康熙朝》，康熙五十四年四月十九日甲申，北京，中华书局，2009年，第29册，第14395～14396页。

④ 《清圣祖实录》卷263，康熙五十四年四月辛卯，第3册，第591页上栏。

加简阅，取李文锐……德新等四十四人俱改为庶吉士。”[①] 这样，《清圣祖实录》《东华录》的数据就有矛盾。数据矛盾的根源是《实录》的纂修者没有注意到李锦的情况，而《东华录》是摘自《实录》等书，跟着弄错。

从这些资料中我们勾画出当时馆选的情况：康熙五十四年四月壬午（十七日），对新科进士进行馆选考试，而不是考试新入选的庶吉士。四月甲申（十九日），大学士将引见后钦定的四十五名庶吉士的馆选考试等次呈报康熙帝。由于魏协、韩从王两人的诗文太差，康熙帝将他们两人革退，将没有入选的会元李锦补选为庶吉士。这样刚好是 44 名庶吉士。四月辛卯（二十六日），正式宣布钦点的庶吉士名单。

我们再从康熙年间馆选时间与宣布庶吉士名单的时间一般不在同一天的惯例，佐证我们的判断。根据《清代起居注册·康熙朝》所记载的 12 科馆选[②]，结合《清圣祖实录》可以看出：一般是选出庶吉士的第二天或第三天，甚至更长时间才下诏，宣布庶吉士名单。康熙六年丁未科是四月二十八日选拔庶吉士；闰四月癸未（初九日）才宣布庶吉士名单。[③] 康熙五十四年四月辛卯（二十六日）宣布庶吉士名单，在此之前的四月十五日的考试，不可能是对入选的庶吉士进行考试，而只能是选拔庶吉士的考试。在对新进士进行考试后，康熙帝钦定了 45 名庶吉士。后又问所选当中，是否“有甚不堪者乎？”当大学士回奏后，康熙帝革去已经入选的两名庶吉士，另将会元李锦补选为庶吉士。这反映出康熙帝对殿试后的新进士考试不是很重视，即使殿试后对新进士考试，仅供钦点庶吉士时参考，而不是入选庶吉士的主要依据。

康熙三十三年（1694）甲戌科是否通过考试来馆选，还不能确知，但能确知此科进士陈梦球是通过考试而补选为庶吉士的。《居易录》记载本朝选拔庶吉士不用考试，但记载：甲戌年“五月十二日，特谕释原任贵州巡抚右副都御史卫既齐，原任翰林院编修杨瑄放归本籍。……特召二甲进士陈梦球，试‘诚者圣人之本论’一篇，以为庶吉士，同胡任舆等教习读书。梦球同安人，籍旗下。是科甲戌选庶吉士凡四十人，前此未有

① 《东华录》卷 22，第 366 ～ 367 页。

② 《清代起居注册·康熙朝》所记载的十二科馆选为：康熙十二年癸丑科、十五年丙辰科、十八年己未科、二十一年壬戌科、二十四年乙丑科、二十七年戊辰科、三十年辛未科、三十三年甲戌科、三十六年丁丑科、三十九年庚辰科、四十二年癸未科、四十五年丙戌科。

③ 选拔庶吉士的日期，见缪彤：《胪传纪事》，载文清阁编：《历代科举文献集成》，北京，北京燕山出版社，2006 年，第 10 册，第 5503 页；宣布庶吉士的日期，见《清圣祖实录》卷 22，康熙六年闰四月癸未，第 1 册，第 303 页上栏。

也。……五月十六日，以翰林院侍读张榕端为国子监祭酒”[①]。

王士祯在《居易录·自序》中提到成书的情况：“康熙己巳（注：二十八年）冬杪，重入京师。……余备员卿贰，时惴惴有尸素之惧，在公之暇，结习未忘，有所见闻，时复笔记，岁月既积，得数百条，厘为三十四卷。”[②]在《居易录》末尾作者再次提到成书的情况：“《居易录》三十四卷，予康熙己巳冬杪，重入都门，随所闻见而杂记之，岁有纪录，合前所著《池北偶谈》二十六卷，通六十卷，辛巳四月，三十四卷既成，而予随上疏请告，讵非数之前定耶？”[③]可见《居易录》是作者王士祯于康熙己巳年（二十八年）（1689）至康熙辛巳年（四十年）居官京师时，根据自己的见闻撰成的。康熙三十年（1691）二月壬戌，“以大学士张玉书、工部尚书陈廷敬为会试正考官，兵部左侍郎李光地、兵部督捕右侍郎王士正为副考官”[④]。王士正即王士祯。康熙三十年会试，王士祯出任副考官。康熙三十三年王士祯由户部右侍郎转户部左侍郎。[⑤]康熙三十三年甲戌科馆选时，王士祯正在北京，他记载康熙特召陈梦球，并对之进行考试，然后才钦点为庶吉士。可以说是当时人记当时事。

此后也有人记载此事。如《熙朝新语》：“正白旗汉军陈梦球，康熙甲戌进士，未与馆选。上特召试‘圣人之本论’一篇，称旨，补选庶吉士。异数也。”[⑥]《熙朝新语》成书于嘉庆年间，此书“多采诸前人著述，中无一臆撰讹传之语，且又旁蒐轶事，发潜阐幽”[⑦]。也就是说《熙朝新语》是辑录前人的著述而编成的，它记载陈梦球通过考试补选为庶吉士之事，很可能就是来源于《居易录》。但是，此书将考题“诚者圣人之本论”，漏记成“圣人之本论”。

据王士祯《居易录》可知，陈梦球在康熙三十三年五月十二日至五月十六日之间补点为庶吉士。而宣布康熙三十三年甲戌科庶吉士名单的时间是康熙三十三年四月庚辰（十三日）。这也就是说，陈梦球是在馆选一个月之后补点为庶吉士的。

---

① ［清］王士祯：《居易录》卷 23，见《文渊阁四库全书》第 869 册，第 597 ～ 598 页。

② 《居易录·自序》，见《文渊阁四库全书》第 869 册，第 310 ～ 311 页。

③ 《居易录》卷 34，见《文渊阁四库全书》第 869 册，第 754 页。

④ 《清圣祖实录》卷 150，康熙三十年二月壬戌，第 2 册，第 662 页。

⑤ ［清］王士祯编，惠栋注补：《渔洋山人自撰年谱》，见《北京图书馆藏珍本年谱丛刊》第 82 册，第 264 页。

⑥ ［清］余金著，顾静点校：《熙朝新语》卷 7，上海，上海书店出版社，2009 年，第 103 页。

⑦ 《熙朝新语·序》。

康熙三十三年七月丁亥，“上命大学士等于翰林官员内，知有长于文章学问超卓者具奏。大学士等奏曰：‘徐乾学、王鸿绪、高士奇、韩菼，文章、诗赋颇为优长。又进士唐孙华，长于诗赋，文章亦佳。’上召唐孙华考试。谕大学士等：观唐孙华文学实优，但字不甚佳，著额外授为礼部主事，令于翰林院行走”①。

唐孙华，康熙二十七年（1688）进士，康熙三十三年，在大臣的荐举下，被召试。康熙破例授为礼部主事，在翰林院行走。

王士祯记载：康熙三十三年，“召试戊辰科进士唐孙华，特授礼部仪制司主事。孙华，太仓人，予门人，时已铨补朝邑知县”②。唐孙华在召试前，已补授朝邑知县。

特召进士陈梦球考试的背景，难以弄清楚，但从康熙帝召进士唐孙华考试来看，很可能是在大臣的推荐下，康熙帝才召之并进行考试。陈梦球得以补选为庶吉士，而唐孙华虽“文学实优”，但由于书法较差，没有成为翰林。虽然没有入选翰林，但康熙又令其在翰林院行走，这是特例。

可见，在康熙十二年癸丑科之后，仍有殿试后对新进士进行考试，再馆选之例，吏部尚书朱轼等大臣忽略了这一事实。这确实使人感到困惑，雍正三年五月，吏部尚书朱轼等大臣在上奏雍正帝时，谈到康熙年间的馆选，相距甚近，离康熙五十四年乙未科馆选才 10 年的时间。当然，不能因其忽略了这一事实，就否定其关于康熙九年前考试选拔庶吉士的观点。

二　钦点庶吉士方式的确立

顺康年间是如何选拔庶吉士的？是由大臣选出，再由皇帝钦定，还是通过引见，直接由皇帝钦点？《康熙会典》《雍正会典》，均记载考选庶吉士，满读讲学士，“引诸进士以次入见”，由皇帝挑选。吏部尚书朱轼等说道：“本朝顺治初至康熙九年，亦令阁臣考试，分其等第封卷进呈，引见挑选。”这就是说在顺治年间也是通过引见来钦点庶吉士。这样，我们推测在顺治帝亲政前，多尔衮、济尔哈朗辅政，应由他们两人来挑选庶吉士。当摄政王多尔衮一人辅政时，则由他一人来定夺庶吉士人选。在康熙亲政前，也应是由辅政大臣来选拔庶吉士。是否每位新进士均被引见？由于顺治朝缺乏材料，因而难以作出判断。

① 《清圣祖实录》卷 164，康熙三十三年七月丁亥，第 2 册，第 791 ～ 792 页。

② 《居易录》卷 26，见《文渊阁四库全书》第 869 册，第 630 页。

康熙二十七年戊辰科、三十六年（1697）丁丑科、三十九年（1700）庚辰科、四十二年（1703）癸未科等四科的二甲、三甲进士被引见的人数与二甲、三甲总人数均相同，其余四科二甲、三甲进士被引见的人数与二甲、三甲总人数相差一至三人（见表1–3）。可以说这四科的进士原则上全被引见，只是个别新进士因各种原因，没有及时参加引见，但有可能是补行引见，也有可能没有补行引见。

表1–3　康熙年间新进士引见人数、馆选人数表

科名		二甲人数	三甲人数	二甲三甲合计	馆选人数	引见资料出处
康熙二十一年癸丑科	实有人数	40	136	176	32	13/6215(中华书局)
	引见人数			174		
康熙二十四年乙丑科	实有人数	40	121	161	35	18/8927(中华书局)
	引见人数	40	118	158		
康熙二十七年戊辰科（10人一班）	实有人数	40	103	143	34	23/11897～11898（中华书局）
	引见人数	40	103	143		
康熙三十三年甲戌科（10人一班）	实有人数	40	125	165	39	5/2497～2498（联经出版公司）
	引见人数	40	124	164		
康熙三十六年丁丑科（10人一班）	实有人数	40	107	147	31	11/5865～5866（联经出版公司）
	引见人数	40	107	147		
康熙三十九年庚辰科	实有人数	60	242	302	43	14/7969（联经出版公司）
	引见人数			302		
康熙四十二年癸未科（10人一班）	实有人数	50	113	163	52（包括一甲三人）	18/9980～9981（联经出版公司）
	引见人数	50	113	163		
康熙四十五年丙戌科（10人一班）	实有人数	50	237	287	50	26/13157～13158（中华书局）
	引见人数	50	236	286		

备注：① 引见资料全部来自《清代起居注册·康熙朝》。康熙《起居注》分藏于北京、台北两地，2009年，中华书局与台北联经出版事业公司联合影印出版《清代起居注册·康熙朝》，即中华书局出版中国第一历史档案馆所藏部分，台北联经出版事业公司出版台北故宫博物院所藏部分。

② “引见资料出处”栏：“中华书局”指由中华书局出版的《清代起居注册·康熙朝》，“联经出版公司”指由台北联经出版事业公司出版的《清代起居注册·康熙朝》；“/”前，之数表示相对应的册数，“/”后之数表示相对应的页码。

顺康年间馆选，是否需大臣保举推荐？王庆云所说“国初选庶吉士，专由保举”。平步青也说“癸卯以前但有保举而无考试”。虽不尽合乎实际，但在国初，即顺康年间选拔庶吉士时，大臣确有一定的保举权、拣选权。前面提到吴振棫所记“顺治丙戌科（注：三年）殿试后，选择年貌一百余人，于内院复行考试，如殿试例”。这反映出大臣对新进士有一定的挑选权、保举权。如吴苑，“壬戌（注：康熙二十一年），成进士……及馆选，掌翰林院泽州陈公以经济才荐，改庶吉士，授检讨”①。泽州陈公，即陈廷敬，在康熙二十一年（1682）馆选时，他保举进士吴苑。康熙年间馆选时，大学士李光地就多次推荐、保举人才。“公（注：指李光地）留意人才，每遇馆选，于宿学必加推荐。漳浦蔡世远者于经史闽洛诸编无不淹贯，从其父讲学鳌峰书院，粹然一出于正，故公特荐之。”②蔡世远，康熙四十八年（1709）进士，经李光地推荐，入选庶吉士。当然大臣只有保举、推荐权，能否入选庶吉士，取决于皇帝。清代对新进士的推举有保举、拣选之分。拣选也就是挑选、选择之意。保举的对象，是大臣熟悉、了解之新进士。拣选的对象包括所有的新科进士，或者是除被保举外的新进士。明代是先挑选，或者说拣选部分新科进士，进行考试，然后选拔庶吉士。我们确知顺治三年，先挑选新进士100余人，进行考试，然后钦定庶吉士。康熙九年，康熙帝命内院同吏、礼二部，选新进士60人，试以文字，分拟上中下三等，上亲定27人为庶吉士。“康熙辛丑新进士看验，马墨麟维翰人本矮小，挺立不跪。提督隆科多呵之曰：‘不料渺小丈夫风骨如许。’对曰：‘区区不跪尚未见维翰风骨也。’后以给事转建昌道，忤总督，直揭部科被逮，复官常镇道而没。”③马维翰，浙江海盐人，康熙六十年辛丑科三甲进士，在验看新进士时，挺立不跪，遭提督隆科多呵斥。这反映了当时验看新进士的场面。

验看新进士，就是叫大臣挑选、拣选新进士，供皇帝钦点庶吉士之用。虽然对顺康年间每科馆选是否均有保举、拣选之举，难以考证清楚，但通过上面的分析，大致可以说顺康年间大臣对新进士有一定的保举权，甚至皇帝还令大臣拣选新进士，供其钦点。

康熙帝钦点庶吉士时，可能征求侍从左右的大臣意见。王掞，“庚午（注：康熙二十九年），主顺天乡试，超迁内阁学士。甲戌（注：康熙

① ［清］金德嘉：《吴祭酒苑传》，见《碑传集》卷46，第1281页。

② ［清］李清植：《文贞公年谱》（李光地年谱），见《北京图书馆藏珍本年谱丛刊》第85册，第330页。

③ ［清］戴璐：《藤阴杂记》卷2，见《续修四库全书》第1177册，第395页下栏。

三十三年）殿试，充读卷官，音吐闳朗，上倾听不倦。及馆选日，上御保和殿，故事，惟大学士侍殿上，余皆立阶下；特命公与同直学士三人入侍，咨询人才，后遂以为例”[①]。据此可知，康熙在钦点庶吉士时，向身旁的大臣咨询看法。这反映出大臣的意见对进士能否入选庶吉士应有一定的影响。

第三节　定型时期的馆选方式——雍正、乾隆、嘉庆年间的馆选

顺治、康熙时期，确立了每科都馆选的制度。在康熙十二年之前，基本是选拔部分新进士进行考试，皇帝从中钦点庶吉士。康熙十二年之后，基本上是殿试后，即直接钦定庶吉士。到了雍正年间确立了对新科进士进行考试的制度，即朝考制度。这是对馆选方式的一项改革和发展。雍正、乾隆年间是馆选发生较大变化的时期，对此后的馆选产生深远影响。

一　朝考制度的确立

（一）朝考类别

1.“朝考”之称始于何时？

作为考试类的“朝考”（cháokǎo）一词出现于何时？通过检索《中国基本古籍库》[②]，在清代之前文献中有“朝考夕稽”“朝考夕纠”等词。这些词中的“朝考”，念作“zhāokǎo”，“朝”与“夕”相对应。明代有“趋朝考九年满”“来朝考察”“大朝考察”之句，这些句子可以加标点，变成“趋朝，考九年满”“来朝，考察”“大朝，考察”。这是明代考察官员政绩，而不是考试官员。“朝考”（以下均指考试之意）到底什么时候出现？明代是否已有“朝考”一词？《（道光）广东通志》记载：“《周易折要》，四卷，明杨节撰，未见。《广州府志》：节，字叔廉，顺德人，正德丁卯举人，戊辰会试主试王鏊、梁储得节卷，欲元之，以策语直攻厂卫落第。蒋冕、梁储重其文行，延居西席。著《周易折要》（四卷）、《京师八

① ［清］钱大昕：《文渊阁大学士兼礼部尚书王公掞传》，见《碑传集》卷 13，第 341 页。

② 刘俊文总纂：《中国基本古籍库》，北京爱如生数字化技术研究中心研制，电子出版物数据中心、黄山书社出品。

景诗草》。朝考第一，擢官松江府同知。"[①] 这是我们见到的唯一一则明代有"朝考"之事的记载。但《(道光)广东通志》是清代道光年间所修。仅据此孤证，难以得出明代就有朝考之事的结论。明代官员的升迁与罢黜一般与考绩相关，"朝考第一，擢官松江府同知"，很可能就是"入朝，考满第一，因而擢官松江府同知"之意。例如，湛若水，"嘉靖初，趋朝，考九年满，升侍读"[②]。

清代什么时候开始有"朝考"之说？根据我们目前查阅和检索的资料，还难以确定"朝考"一词出现的具体年代，但可以肯定在康熙朝已有"朝考"一类考试。《李恕谷先生年谱》记载：

> 丙寅，二十八岁。……四月，朝考汉军，有武甲怀先生文入考，搜出，刑部诺尚书传问先生往视其文。曰：某某篇生作也，怀则不知。尚书曰：何以为渠作文？曰：生为门人交游作文多矣，岂直武甲，文欲其读非令其怀也。若甲怀生文，问生罪，甲怀论孟，问孔孟罪乎？尚书曰：汝居旁待吾审。已而尚书令回，候问。时诸友危甚，南溟父名世子固力以先生夙品辨雪，不复问。……五月旋里省亲，六月返。……赵泰岩侍郎来会，先生曰：昨朝考一案，闻公在班联正色援予，本当造谢，昔祁奚救叔向，向不见焉，而朝公古人也，故以祁奚相待。[③]

这一史料提到丙寅年[康熙二十五年(1686)]"朝考汉军"之事。由于多数年谱不是自撰，而是后人编写的，所以后人在为谱主编纂年谱时，有可能按后来的名称来称呼以前的事情。光凭这条史料本身，我们还难以断定康熙二十五年就有"朝考"之名称。因此，必须弄清修撰此年谱的背景、资料来源等，才能得出可靠的结论。

编纂《李恕谷先生年谱》的情况是："先生年谱庚寅以前，门人冯辰纂，辛卯以后，门人刘调赞纂。"[④] 此史料提到的"庚寅"，即康熙四十九年(1710)，"辛卯"，即康熙五十年(1711)。"朝考汉军"是康熙二十五年之

---

① [清]陈昌齐等撰：《(道光)广东通志》卷189《艺文略一·经部》，见《续修四库全书》第673册，第182～183页。

② [明]焦竑辑：《国朝献征录》卷42《南京兵部尚书湛公若水传》，见《续修四库全书》第527册，第244页。

③ [清]冯辰编，刘调赞续编：《李恕谷先生年谱》卷2，见《北京图书馆藏珍本年谱丛刊》第88册，第2～4页。《李恕谷先生年谱》中的谱主为李塨。李塨，字刚主，号恕谷。

④ [清]李锴：《恕谷先生年谱总跋》，《李恕谷先生年谱》，见《北京图书馆藏珍本年谱丛刊》第87册，第653页。

事，据此，可知康熙二十五年李塨的年谱内容由其门生冯辰编写。他何时编纂李恕谷先生年谱？冯辰记载道：

> 庚寅岁春二月，先生西游秦，托辰教其子，遂命为之修年谱。辰受命，按先生从颜习斋游，所立日谱辑录，抵是年五十有二岁，成帙若干卷。先生自秦归，订之。或谓先生年方艾，不宜生前修年谱。辰思年谱犹日谱耳，日谱记功过，以策励习行，年谱何独不然？①

康熙四十九年二月，李塨西游陕西前，聘门生冯辰教其子，同时嘱托为其编纂年谱。李塨到家后，对年谱作了审订工作。可以说康熙四十九年之前的年谱内容，得到谱主本人的认可。我们再来看，冯辰编纂李塨年谱依据哪些材料？冯辰自己记载道："先生年谱自庚申七月以后，皆采之日谱，以前则本之辰所素闻于先生者。"②《李恕谷先生年谱》中庚申［康熙十九年（1680）］之后的内容来源于谱主李塨的日谱。日谱是流行于明末清初的一种修身日记。李塨"游习斋之门，仿习斋立日谱，逐日逐时记身心言行得失。……谱中记过多，则习斋喜曰：自治严。记过少，则曰：非无过也，自治疏也。日记必详录，不为隐讳饰"③。习斋，即颜元。从其"逐日逐时记身心言行得失"来看，可以将日谱归入日记类，但与一般的日记有区别。李塨日谱，随时给其老师颜元查看，以知其言行得失。可见，日谱的目的性比日记更明确。因日谱的公开性（指生前就可以示人来说），其记载的真实性比一般的日记更可靠、真实。④《李恕谷先生年谱》中康熙十九年后的内容是根据谱主的日谱编纂的，其中康熙二十五年的年谱是冯辰编纂的。据此可知，康熙二十五年的年谱内容，包括汉军朝考之事，均来源于李塨的日谱。这证明《李恕谷先生年谱》所记康熙二十五年"朝考汉军"的真实性、可靠性。

不仅《李恕谷先生年谱》记载康熙朝有朝考之事，而且《清代起居注册・康熙朝》也记载了朝考之事。《清代起居注册・康熙朝》记载康熙

---

① ［清］冯辰：《李恕谷先生年谱・序》，《李恕谷先生年谱》，见《北京图书馆藏珍本年谱丛刊》第87册，第649页。

② ［清］冯辰：《李恕谷先生年谱・凡例》，《李恕谷先生年谱》，见《北京图书馆藏珍本年谱丛刊》第87册，第651页。

③ ［清］恽鹤生：《李恕谷先生传》，《李恕谷先生年谱》，见《北京图书馆藏珍本年谱丛刊》第87册，第636页。

④ 关于日谱，参见王泛森：《日谱与明末清初思想家——以颜李学派为主的讨论》，见《"中央研究院"历史语言所集刊》第69本，第2分，1998年。

三十九年（1700）五月初五日丁酉朝考之事：

> 齐集各衙门汉军官员未经朝考者及内外候补并监生俊秀，以至三十三年朝考递白卷人员，于乾清门前。上钦命清慎勤论题及既雨晴亦佳诗题，令于二题内随其所长各陈一艺。[①]

此一史料涉及康熙三十三年朝考、三十九年朝考之事。康熙三十九年五月初五日，在乾清门前举行朝考，参加人员有：未经朝考的汉军官员、内外候补官、监生俊秀、康熙三十三年朝考交白卷人员。这反映康熙年间不仅仅有汉军朝考，也有其他人员（如候补官、监生）参加的朝考。《清代起居注册·康熙朝》是第一手资料，其所记朝考之事，是毋庸置疑的。这也进一步证明《李塨谷先生年谱》所记朝考的可信性。在此基础上，我们再来分析《雍正朝汉文朱批奏折汇编》中的一则史料：

> 臣张焘，系正黄旗汉军祖世镕佐领下人，年六十岁，由荫监生于康熙二十四年朝考四等，本年补授正黄旗蒙古都统随印七品笔帖式。康熙二十八年升补太常寺博士……雍正二年议叙，以应得之缺即用，今签掣陕西庆阳府知府缺。钦惟我皇上圣德如天，广咨博采……[②]

张焘的这一谢恩折没有落具体时间，但从张焘在雍正二年（1724）议叙得庆阳府知府之后而上的奏折来看，这一奏折的时间应是雍正二年。在此奏折中，张焘提到康熙二十四年参加荫监生朝考。如仅凭此一史料我们难以肯定康熙二十四年荫监生（至少是汉军荫监生）考职被称作“朝考”，因有用后来的考试名称来称呼前面的考试名称的可能性。但根据《李塨谷先生年谱》所记，康熙二十五年已有“朝考汉军”之试，加上《清代起居注册·康熙朝》的有关记载，我们判断张焘提到自己于康熙二十四年参加荫监生“朝考”的可信性。张焘这一奏折与《李塨谷先生年谱》所记，相互佐证，进一步证实康熙二十四年、二十五年朝考汉军的可靠性。因此，我们得出结论：至迟在康熙二十四年就有“朝考”之称。

---

① 《清代起居注册·康熙朝》，台北，联经出版事业公司，2009年，第14册，第7967～7968页。

② 《陕西庆阳府知府张焘谢恩折》，见《雍正朝汉文朱批奏折汇编》第38册，第510～511页。

“朝考”之称究竟始于何时？乾隆九年（1744）十月辛未，乾隆帝诏谕：

向来乡会试及考试生童，俱在贡院，其余考取中书、笔帖式、誊录、教习，及贡监考职，俱在午门等处朝考。自雍正七年以后，陆续改入贡院者，原为易于防范稽察起见。然文武乡会试，派有内外巡绰员役，防范周密，而今科乡试，尚有怀挟代倩，种种弊端，其余考试又未便照乡会试之例，多派员役搜查。伊等入场，不过各归本号，并无稽察之人，转不若朝考，有护军人等监看，可以除传递代倩等弊也。嗣后除文武乡会试并考试生童仍在贡院外，其余各项考试，著各该部查照从前午门等处朝考旧例办理，仍于取中之后，再行严加覆试。①

乾隆帝在这一谕旨中提到向来考取中书、笔帖式等俱在午门等处朝考，雍正七年（1729）之后，这些类别的朝考改到贡院进行，并诏令乾隆九年十月之后，考取中书、笔帖式等职的各项考试仍旧在午门等处进行。对这一谕旨，关键是要弄清“向来”这一时间概念。从考取中书、笔帖式的地点在午门等处来看，这类考试应在清军入关之后。据《实录》可知，顺治年间就有考取中书、笔帖式之事。

（顺治十三年闰五月乙丑）内弘文院大学士觉罗巴哈纳等奏言：内三院机务繁多，办事、撰文，各有专职。嗣后撰文中书，请于额设员缺外，另考取六员。果能三年称职，即送部选授主事。其额设中书三十员，止令办事于本衙门加衔久任，不复送部选授。至考取之法，撰文者，则于举贡内，择文理优长、学问淹博者选用。办事者，则于贡监生员内，择文理平通、字画端楷者选用，庶供职得人，而阁务无旷矣。从之。②

顺治十四年（1657）正月甲子，谕吏、礼、兵三部：

我国家创兴，全赖治兵有法。今见八旗人民崇尚文学，怠于武事，以披甲为畏途，遂至军旅较前迥别。详究其源，皆由限年定额考取生童，

① 《清高宗实录》卷227，乾隆九年十月辛未，北京，中华书局，1985年，第3册，第935页。

② 《清世祖实录》卷101，顺治十三年闰五月乙丑，第784页。

乡会两试即得升用，及各部院衙门考取他赤哈哈番及笔帖式哈番，徒以文字，由白身优擢六七品官，得邀俸禄。①

可见，顺治朝虽然中书、笔帖式等职不是全通过考试录用，但已有通过考试录用之例。这样，我们可以对乾隆的谕旨作这样的理解：向来（即顺治以来），考取中书、笔帖式等俱在午门等处朝考，雍正七年之后，这些类别的朝考改到贡院朝考。当然这样理解“向来”一词，不一定符合乾隆帝的本意。即使“向来”指顺治以来，也不能说顺治就有朝考之说，因目前我们没有找到顺治朝有“朝考”之例。不过，我们想通过乾隆帝的这一谕旨来推测，在顺治年间可能出现“朝考”之称。当然具体何时开始有“朝考”之名，还需进一步考证。

2. 朝考的类别、地点问题

李世愉对朝考的类别作了探讨，他认为：“如果从字面上理解，朝考指的是在殿廷内进行的考试，故清代文献中又称之为‘廷试’。廷试在清代科举词汇中只是一种泛指，是科举制度中的一般用语，它既可以指朝考，也可以指殿试。而朝考和殿试则作为清代科举制度中一类考试的固定用语，两者是有区别的，也是各有所指的。因此，就朝考的内涵而言，它包括了两个内容。一是选拔庶吉士的考试，即在殿试后由皇帝亲自命题对新科进士再次进行的考试，专为选拔庶吉士而设，入选者亦称‘馆选’。一是对拔贡、优贡到京后的考试。”②

究竟哪些考试可以称作朝考？或者说朝考有哪些类别？朝考的地点有哪些？

朝考的类别有一个变化过程。我们先来考察朝考包括哪些考试？朝考的地点在哪里？弄清这些问题后，有助于对朝考的理解。我们先来看下面几条材料：

（1）考试翻译笔帖式。……（乾隆）四年奏准：考试候补人员，照见任笔帖式例考试。若仅一二旗补用乏人，应考无多，酌量请旨钦点大臣照朝考例，在午门内考试。③

（2）（乾隆）四年奏准：八旗汉军捐纳即用人员朝考后，方准补用（八旗汉军补用后，不论何项出身一同升转无保举之例），未经朝考者，

① 《清世祖实录》卷 106，顺治十四年正月甲子，第 831 页。

② 《试论清代的进士朝考制度》，见《明清论丛》第 4 辑。

③ 《（乾隆）钦定大清会典则例》卷 4《吏部·文选清吏司》，见《文渊阁四库全书》第 620 册，第 114 ～ 115 页。

赴部之日，由部请旨照考试汉中书之例，在午门内考试诗、论，恭候钦点大臣会同本部堂官阅卷，择其汉文通顺、字画端楷者奏闻，交部各按其班次铨选，其文理不通不堪录取者，俟下次考取后再行补用。[①]

（3）（乾隆四年）定咸安宫官学事例。凡选官学生于内府三旗及外八旗各满洲贡监、生员、官学生与闲散人内择其俊秀者充补。其肄业无年限，至成进士及挑取侍卫、考得中书等官，方出学。在学者三年一朝考，清汉文各分三等，一二等带领引见以七品八品笔帖式补用数名外，其余考列一二等者赏缎匹笔墨有差，仍归学肄业。[②]

（4）（乾隆十六年十二月丙午）定拔贡朝考选用例。谕：各省选拔贡生，经朕降旨，以十二年举行一次，计至癸酉年，即届选拔之期。惟是来京朝考，拣选引见，札监读书，或以知县等官试用，或以教职即用，或以教职归班序选，条例屡经更定……所有选拔贡生赴部验到，作何定限，及朝考录用一切规条，俱应详悉酌定，永著为令，大学士九卿集议以闻。寻议：……朝考之法，除前项选拔补考人少，仍照向例在礼部考试外，其新选拔，应照拟定限期，分为三次，由礼部奏请，钦点大臣，于午门内考试，拟定等第进呈，卷分三等。不入等者，本生斥革，发回原学，该学政及督抚、府尹一并议处……从之。[③]

（5）（乾隆二十三年三月甲午）礼部议覆：御史陈大复奏，请定命题考试各省拔、岁贡，并优生到部朝考例，应如所请。嗣后考取拔贡，首场，试书艺一、经艺一。二场，试策一，去论判，改试诗一。朝考，试书艺一，去论判，改试诗一。各省考试岁贡，判亦改诗。优生到部，向不朝考，嗣后俟到有四五名时，由部奏派大臣，试以书艺一、诗一，分等第进呈。明通者，札监肄业，荒疏者，发回原学，学政议处。从之。[④]

（6）（乾隆二十四年四月己卯）兵部侍郎观保、礼部侍郎庄存与奏：臣等奉命阅朝考优生试卷，部臣适议覆御史陈大复条奏，必优生到部四五名，始行奏考。查现在优生已有到京经年者，如必泥以足数，未免守候维艰，请照考试续到拔贡，不拘人数之例，一体办理，或将续到拔贡、优贡同试，各分等第，亦觉简易画一。得旨：如所议行。[⑤]

---

① 《(乾隆)钦定大清会典则例》卷9《吏部·文选清吏司·旗员升补》，见《文渊阁四库全书》第620册，第233页。

② 《钦定皇朝文献通考》卷64《学校二》，见《文渊阁四库全书》第633册，第556页。

③ 《清高宗实录》卷404，乾隆十六年十二月丙午，第6册，第313页。

④ 《清高宗实录》卷558，乾隆二十三年三月甲午，第8册，第71页。

⑤ 《清高宗实录》卷585，乾隆二十四年四月己卯，第8册，第495～496页。

（7）（乾隆三十一年六月丙寅）礼部议准御史积善奏称，向来考取汉教习，只试以书艺二篇。教习职司训课，诗文俱宜娴熟，嗣后应请添试排律，照拔贡朝考例，考试书艺一篇，五言八韵诗一首。从之。[①]

（8）（乾隆四十三年六月戊申）军机大臣等奏，朝考拔贡，向例礼部奏请简派御史二员，点名给卷，稽查弹压。恐耳目难周，请再添派御史四员，俾于至公、聚奎两堂及大门，分头照料。得旨：是。[②]

（9）（乾隆五十五年八月壬申）谕：向来各省选拔贡生，赴京朝考，因省分远近不一，分作三次考试。此次各省选拔贡生，俱已陆续到齐，著在贡院内并作一场考试。嗣后拔贡朝考，统俟各该生等齐集京师后，礼部即行奏请，定期在贡院考试，不必分作三次。……[③]

从上引的材料，我们想解决以下两个问题：

第一个问题，朝考包括哪些类别的考试？或者说哪些考试可以称作朝考？

据乾隆九年十月辛未谕旨（见第60页）可知，考取中书、笔帖式、誊录、教习，及贡监考职，俱在午门等处朝考。

据上引第二条史料可知，八旗汉军捐纳即用人员朝考后，方准补用。

据上引第三条史料可知，乾隆时，咸安宫官学生三年参加一次朝考，皇帝从考取一二等者钦点几名用为笔帖式，其余考取一二等者仍归学肄业。咸安宫官学生在学三年一次朝考，也属考职类考试。

上引第四条至第六条史料中记载有拔贡朝考、优贡（也称“优生”）朝考。在乾隆二十三年（1758）之前，优贡不用朝考，乾隆二十三年之后，优贡必须通过朝考，并分考试等次，“明通者，札监肄业，荒疏者，发回原学”。

据以上史料可知，至迟雍正以来，已经将选拔中书、笔帖式、誊录、教习的考试，及贡监考职的考试等称作“朝考”。除此之外，乾隆朝将优贡到礼部的考试，也称作“朝考”。至于拔贡到礼部的考试何时称作“朝考”，限于我们掌握的史料，不能确知，但至少在乾隆十六年已有拔贡朝考之事。乾隆时还规定咸安宫官学生三年参加一次朝考。此外，新科进士殿试之后的考试，可能从乾隆朝开始才称作“朝考”。

---

① 《清高宗实录》卷763，乾隆三十一年六月丙寅，第10册，第387页。

② 《清高宗实录》卷1059，乾隆四十三年六月戊申，第14册，第155页。

③ 《清高宗实录》卷1361，乾隆五十五年八月壬申，第18册，第250页。

通过以上的考察，我们大致将朝考分为三类：第一类属于考职类考试，包括选用中书、笔帖式、誊录、教习的考试，贡监考职，咸安宫官学生三年一次的朝考，汉军捐纳即用人员的朝考；第二类是拔贡、优贡的朝考；第三类是新进士朝考（此类朝考我们在后面单独考察）。

在此，我们对汉军捐纳即用人员的朝考再作些考察。一般情况下，康熙、雍正、乾隆年间汉军捐纳即用人员需参加朝考。如：

> 臣黄士理，镶白旗汉军冯瀚佐领下人，年四十九岁，于康熙三十九年五月，由监生朝考二等，康熙四十二年二月，景山考试三等，康熙四十三年六月，由吏部补授本旗蒙古都统印务八品笔帖式，康熙四十六年十二月，因裁缺转补礼部笔帖式，康熙五十二年三月，恭逢恩诏加一级，本年十二月，拣选总公库笔帖式，康熙五十七年因裁缺转补国子监笔帖式。雍正二年八月，朝考三等，本年十一月十二日，奉旨：以知县即用。钦此。于本月二十五日，签掣陕西凉州汉军府镇番县知县……①

黄士理在奏折中提到康熙三十九年五月的朝考是监生考职，提到雍正二年八月的朝考很可能是汉军捐纳即用知县之后所参加的考试。

在康熙、雍正年间一些汉军捐纳即用人员，通过捐纳免去朝考。如：

> 奴才张桓，年四十二岁，系正蓝旗汉军张永丞佐领下人，由监生于康熙五十二年五月内，考授州同，于康熙五十五年五月内告降县丞，遵据呈题明事例，在大同捐马，以应升知县即用，并捐免朝考。嗣遵钦奉上谕事例，于康熙六十一年一月内运米至阿尔泰地方两路将军营内，交纳捐，改归单月即用。②

汉军张桓在康熙后期通过捐纳，获得“知县即用”资格，又通过捐纳免去朝考。

康熙、雍正年间汉军捐纳即用人员可以捐免朝考，而乾隆四年（1739）议准：“八旗汉军捐纳即用人员朝考后，方准补用。”（见第61页）

---

① 《镇番县知县黄士理谢恩折》，见《雍正朝汉文朱批奏折汇编》第38册，第45～46页。

② 《汉军张桓谢恩折》，见《雍正朝汉文朱批奏折汇编》第38册，第425页。《雍正朝汉文朱批奏折汇编》收录了多份汉军捐纳即用又捐免朝考内容的奏折，如《汉军李奎元谢恩折》，见《雍正朝汉文朱批奏折汇编》第35册，第504～505页；《汉军郭儒谢恩折》，见《雍正朝汉文朱批奏折汇编》第37册，第456～457页，等等。

这一规定汉军捐纳即用人员参加朝考之后，才能任用。汉军捐纳即用人员朝考是单独举行的，如乾隆六年（1741），任兰枝、刘吴龙、索柱、德龄等上奏：

> 本月初十日，奉旨派出臣等朝考八旗汉军捐纳即用人员，于本月十三日在午门内考试，恭请皇上钦命诗题一道、论题一道。臣等于十三日黎明，祗领考试。谨奏。
>
> （钦赐题目）：秋日悬清光，五言排律；所谓诚其意者毋自欺也。[①]

可见，乾隆六年单独对汉军捐纳即用人员进行朝考。

乾隆之后，朝考的类别有所变化。“（乾隆）五十六年议准：贡监生停止考职。如将来不敷录用，再行酌议奏闻请旨。”[②] 乾隆五十六年（1791）奏准停止贡监考职，从此就没有了贡监朝考。而选录中书、笔帖式、誊录、教习的考试，虽在乾隆之后仍执行，但很可能不再称朝考。我们没有见到在乾隆之后将录用这类人员的考试称作“朝考”之例。乾隆以后，咸安宫官学生是否还是三年参加一次朝考？我们目前也没有找到相关资料来证明。这些问题还有待进一步考证。

可以说，乾隆之后，朝考主要包括拔贡、优贡到礼部的考试，新科进士殿试后的考试两大类。

第二个问题，朝考地点。

据以上史料可知，当时朝考主要在午门、顺天贡院、保和殿（新进士朝考地点）等处。除新进士朝考地点固定在保和殿外，其他类别的朝考地点一般均有变动。

第一类考职类朝考地点：雍正七年前考取中书、笔帖式、誊录、教习及贡监考职，俱在午门等处朝考。自雍正七年以后，这类考试陆续改入贡院举行。乾隆九年十月，又规定此类考试在午门等处进行。乾隆九年之后还有变动。

> 向例：贡、监生考职，在午门。雍正七年以后，改入贡院。是年十

---

① 《任兰枝等奏请钦赐朝考汉军捐纳即用人员考题》，见《宫中朱批奏折》，中国第一历史档案馆档号：04-01-38-0106-007。此奏折没有落具体时间，中国第一历史档案馆注明这一奏折时间是乾隆六年。

② 《（光绪）钦定大清会典事例》卷1100《国子监五·六堂课士规制·考职》，见《续修四库全书》第813册，第285页上栏。

月谕各途考试，俱在午门诸处。嗣于（注：乾隆）三十四年，礼部议准：一切朝内考试，人数在五十名以内，仍照旧例，在午门内考试。过五十名以外，请照吏部考试候补笔帖式之例，于贡院聚奎堂考试。仍请简派满、汉御史各一员，以资弹压。乾隆五十年谕：嗣后人数在二百以内者，仍在午门考试。如逾二百名，即归贡院考试。著为令。[①]

可见，乾隆年间，根据参加朝考的人数，确定朝考的地点。先是朝考人数 50 名以内，在午门内考试；超过 50 名，在贡院考试。后定为朝考人数在 200 名以内，在午门考试；超过 200 名，在贡院考试。

第二类拔贡、优贡的朝考地点：乾隆十六年十二月定拔贡朝考地点在午门内，见上引第四条史料。上引第八条史料记载：乾隆四十三年（1778）六月，军机大臣等奏，朝考拔贡，请再添派御史四员，俾于至公、聚奎两堂及大门，分头照料。至公堂、聚奎堂属于贡院的建筑。也就是说乾隆四十三年戊戌科拔贡朝考在贡院举行。乾隆五十五年（1790）八月，乾隆帝仍定拔贡朝考在贡院进行，见上引第九条材料。

通过对朝考的考试类别、考试地点的考察，难以对朝考作出明确定义，但其基本含义是由朝廷主持的考试，或称“朝内考试”。为何如此理解？奏折中“朝考”与“朝廷”“殿试”等名称一般都抬写。[②] 这反映出“朝考”的“朝”是朝廷之意，不然就不会抬写。

（二）新进士朝考

1. 新进士朝考的产生

本文涉及的“朝考”主要是新进士朝考，以下“朝考”均指新进士朝考。雍正元年癸卯科殿试后对新进士进行考试，这事一般被认为是新进士朝考之始。

乾隆《钦定皇朝通志》：

（雍正元年）敕新科进士于引见之前先行考试，庶人才不至遗漏，将诗文四六各体出题，视其所能，或一篇，或二三篇，或各体俱作，悉听其便。嗣后每科举行，名曰朝考。[③]

---

① ［清］文庆、李宗昉等纂修，郭亚南等校点：《钦定国子监志》卷 13《学志五 · 甄用》，北京，北京古籍出版社，2000 年，第 229 页。

② 如上面引用的黄士理、张桓两人的奏折，均将“朝考”抬写。

③ 《（乾隆）钦定皇朝通志》卷 73《选举略》，见《文渊阁四库全书》第 645 册，第 92 页。

《熙朝新语》：

雍正元年十一月二十九日，奉上谕："新科进士于引见前，朕欲先行考试，再引见。一应仍照殿试预备，朕将诗文、四六各体出题，视其所能，或一篇，或二三篇，或各体俱作，悉听其便。"此进士朝考之始。①

《霞外攟屑》：

以雍正癸卯（《茶余客话》卷二作甲辰）科新进士引见前，先行考试（在保和殿考四书文一、诗一，大将军年羹尧阅卷，又命九卿保举），是为朝考之始。②

从以上官修志书和私人笔记来看，他们均把雍正元年殿试后考试新进士，称作"朝考"，私人笔记甚至认为是"朝考之始"。由于以上官修志书和私人笔记均著于雍正之后，因此，不能据此就断定新进士"朝考"一词始于雍正元年癸卯恩科。不过从朝考的目的、对象、考试内容等来看，雍正元年癸卯恩科殿试后对新进士的考试可称作"朝考"，但是，在当时对新进士在殿试后引见前的考试还没有具体名称。

雍正三年四月癸未（十六日），雍正帝在看了李钟峩请求馆选时，停止覆试、保举，广储才之路的奏折后，谕大学士、九卿等："尔大学士会同九卿详议具奏。"③ 大学士、九卿等接到雍正帝的谕旨后，经过一个多月的调查和会议，于雍正三年五月二十日回奏雍正帝。在题本里，朱轼提到李钟峩"伏祈我皇上溥覆载之仁，广储才之路，请嗣后各省进士当馆选庶吉士时，只静俟天心简任，暂停覆试、保举。庶边僻省分咸得以效忠诚而寸尺微长，胥足以备驱策等语"。接着朱轼称赞道："我皇上振兴文教，储养英才，凡命馆任人，皆随才器使。念翰林为清华之职，庶吉为玉堂之选。殿试之后命题再试，进呈试卷亲加简阅，犹恐或有遗逸，复命九卿各举所知，然后引见选拔。皇上以至公至慎之圣心，立此尽善尽美之良法，诚万世所当遵守者也。……臣等谨公同详议，切谓馆选之法，我皇上所定考试、

① 《熙朝新语》卷 8，第 126 页。此一史料也见震钧《天咫偶闻》卷 1。
② 《霞外攟屑》卷 1，见《续修四库全书》第 1163 册，第 374 页。
③ 《清世宗实录》卷 31，雍正三年四月癸未，第 1 册，第 476 页。

保举，实为万世不可易之成式，馆选之外实更无有遗逸之才。”①

从这条史料中可知，殿试后对新进士之考试，李钟峩称之为“覆试”，吏部尚书朱轼等称之为“再试”。这反映了雍正三年殿试后对新进士的考试还没有“朝考”这一称呼。

我们考察一下雍正八年（1730）庚戌科的情况：

（1）《雍正朝起居注册》所记：

（雍正八年岁次庚戌五月）初四日辛未卯时，上御乾清宫，大学士兼翰林院掌院学士事张廷玉等带领挑选庚戌科进士九十人引见。奉谕旨：“王宗灿、刘元燮、许希孔、李贤经著授为庶吉士。……戴章甫，著将伊试卷查出，另行请旨。”②

雍正八年岁次庚戌六月初一日戊戌，大学士等奏新科进士戴章甫御试卷诗文，虽非佳作亦尚清通，应于何项录用，伏候谕旨。又宋长城于殿试策内有请捐举人、进士等语，甚属妄乱，应发回原籍永不录用一折。大学士马尔赛、张廷玉、蒋廷锡奉谕旨：“戴章甫著内用，余依议。”③

雍正八年五月引见新进士时，雍正帝令：“戴章甫，著将伊试卷查出，另行请旨。”雍正帝令大学士等查戴章甫殿试卷，还是殿试之后考试新进士之试卷？雍正八年六月大学士回奏时说道：“新科进士戴章甫御试卷诗文，虽非佳作亦尚清通。”由于雍正八年庚戌科殿试是考策题，不考诗，因此，可以判断“新科进士戴章甫御试卷诗文”是指殿试之后考试新进士的诗文卷。这就是说，当时称考试新进士为“御试”，还没有称作“朝考”。

（2）《郎潜纪闻三笔》所记：

常熟陶晚闻太常正靖，以自序代年谱中一则，记庚戌会试云：“再试保和殿，名在第十二，上命中堂传讯诸进士，自度材能堪任吏与否。同年倪紫珍先对曰：有志临民。余继言曰：愿就教职。文肃愕然。（按：谓其同乡蒋文肃公。）再询之，余对如初。”太常虽仍以翰林用，可见当时

---

① 《吏部尚书朱轼题为李钟峩所请嗣后各省进士当馆选庶吉士时暂停覆试保举毋庸议本》，见《雍正朝内阁六科史书·吏科》第 20 册，第 348 ～ 353 页。

② 《雍正朝起居注册》第 5 册，第 3617 页。

③ 同上注，第 3662 页。

进士初释褐，竟可自量才地，上达天聪也。[①]

陶正靖，江南常熟人，雍正八年庚戌科二甲第七名。《词林辑略》：陶正靖，号晚闻，散馆授编修；倪国琏，字紫珍，浙江仁和人，散馆授编修。[②] 文肃是大学士蒋廷锡的谥号。

如何理解"再试保和殿，名在第十二"这句话？由于参加会试士子一般在一万人上下，根本不可能在保和殿举行会试，清代从没有在保和殿会试之例，因此，可以断定"再试保和殿"不是会试。"再试保和殿"是会试覆试？经考证，雍正年间没有举行过一次会试覆试（见本文第一章中的会试覆试部分）。"再试保和殿"是殿试？由于陶正靖殿试名次是二甲第七名，而再试是第十二名，因此，可以推断"再试保和殿"也不是殿试。"再试保和殿"既不是会试，也不是会试覆试、殿试，那只能是殿试之后对新进士的考试。之所以作此推断，也因殿试后对新进士的考试在保和殿举行。可见，陶正靖自称雍正八年对新进士的考试为"再试"而不是"朝考"。这反映了当时新进士考试可能还没有正式称作"朝考"。

我们试图从《雍正朝起居注册》《清世宗实录》中查找"朝考"一词，但均未找到"朝考"一词。由于《雍正朝起居注册》缺雍正八年七月至雍正十一年、雍正十三年的起居注，因此，我们不能断定雍正后期是否出现新进士"朝考"一词。

《词林典故》记载："雍正元年癸卯，进士对策后复引试于保和殿，并令九卿各举所知。至是遂为定制，时称朝考焉。"[③] 由于纂修《词林典故》的人员有些在康熙、雍正年间就已中进士，入选庶吉士，他们对雍正年间选拔庶吉士考试的称呼比较熟悉。此书的记载应有一定的根据。综合以上史料，我们推测有两种可能：一是雍正八年以后才将殿试后新进士考试称作"朝考"；二是雍正年间将殿试后新进士考试俗称"朝考"，但由于当时朝考的类别较多，没有将新进士考试正式称作"朝考"。保守地说，雍正初年，还没有将新进士考试称作"朝考"，但雍正后期可能已开始将对新进士的考试称作"朝考"。

① ［清］陈康祺著，晋石点校：《郎潜纪闻三笔》卷3《国初准新进士自陈任吏与否之例》，见《郎潜纪闻初笔　二笔　三笔》，载《清代史料笔记丛刊》，北京，中华书局，1984年，第687～688页。

② ［清］朱汝珍编著：《词林辑略》卷3，见《清代传记丛刊》，台北，明文书局印行，1985年，第132页。

③ 《词林典故》卷2《官制·庶吉士馆选》，见《文渊阁四库全书》第599册，第463页。

究竟何时称殿试后新进士考试为“朝考”？我们再来考察乾隆元年（1736）丙辰科、二年（1737）丁巳恩科、四年己未科三科是否出现新进士“朝考”一词。

（1）乾隆元年丙辰科：

《乾隆帝起居注》记载：

（乾隆元年五月初一日甲午）大学士张廷玉会同翰林院掌院学士福敏等，带领新科进士一甲三人，并文字入选及有保举者一百五十七名引见。奉谕旨：“候降旨。”①

（乾隆元年五月初二日乙未）大学士张廷玉会同翰林院掌院学士福敏等，带领新科进士一百名引见。奉谕旨：“候降旨。”②

（乾隆元年五月初三日丙申）大学士张廷玉会同翰林院掌院学士福敏等，带领新科进士九十名引见。③

从馆选方式来看，“文字入选”即是后来所谓“朝考入选”。可见，《乾隆帝起居注》记载乾隆元年丙辰科馆选时没有用“朝考”一词。

（2）乾隆二年丁巳恩科：

《乾隆朝上谕档》记载：

乾隆二年五月十一日，奉旨：汪潅所奏考试新进士时，应令其将本处当行之事各据所见，明白陈奏。王大臣等议以历科考试进士具有成式，无庸更张。朕思古来帝王为治不弃刍荛，况伊等既成进士，皆系读书之人，于地方利弊或有确见亦未可定。今年考试进士仍照旧例出题，若伊等有愿将地方事件敷陈者，准其据实条奏。阅卷大臣等择其言有可采者进呈朕览。④

清人有时将贡士也称作“进士”，如乾隆五十四年四月戊戌，谕：“新

① 《乾隆帝起居注》，桂林，广西师范大学出版社，2002 年，第 1 册，第 213 页。

② 同上注，第 215 页。

③ 同上注，第 216 页。

④ 中国第一历史档案馆编：《乾隆朝上谕档》，乾隆二年五月十一日，北京，档案出版社，1991 年，第 1 册，第 187 页；另见《清高宗实录》卷 42，乾隆二年五月戊戌，第 1 册，第 754 ～ 755 页。

进士殿试，著在保和殿考试。”[①] 此处的“新进士”即是贡士。仅凭“考试新进士”，还不能确定是殿试后之考试新进士。我们从以下三方面来考察此次考试：第一，从殿试时间来看，乾隆二年五月初一戊子朔，殿试；五月壬辰（初五日），传胪，“赐一甲于敏中、林枝春、任端书三人进士及第，二甲孙宗溥等八十人进士出身，三甲谢庭瑜等二百四十一人同进士出身”[②]；六月乙丑，才馆选。可见，乾隆二年五月十一日下谕旨时，殿试已结束。第二，从考试内容，既可按考题写，又可陈奏地方事务来看，这不是乾隆二年丁巳恩科殿试考试内容。第三，殿试阅卷官称“读卷官”，不能称“阅卷大臣”；而其他考试的阅卷官可称“阅卷大臣”。通过以上三方面分析，可知乾隆二年“考试新进士”应是殿试后对新进士进行考试。这就是说乾隆二年，乾隆帝还没有将殿试后对新进士的考试称作“朝考”。

（3）乾隆四年己未科：

《乾隆朝上谕档》记载：

御史褚泰敬陈储才要务一折。一、据称进士用庶常宜详择老成宿学之士等语。查新科进士选用庶常，例于殿试后复行考试，带领引见，俱蒙皇上量材酌用。有因文采优赡选取者，有因老成宿学选取者，亦有因年力富强可以玉成而选取者。选用后教习三年，至散馆时分别等第，或授编检，或用部属、知县等官。是选取庶吉士原视其才质录用，并非专以年岁为去取也。褚泰此奏应毋庸议……

乾隆四年四月十三日，奉旨：知道了。[③]

据朱批谕旨的时间，可知，在乾隆四年己未科馆选之前，御史褚泰陈奏馆选之事。乾隆帝令大臣（很可能是大学士、九卿等）考察馆选之法。大臣们回奏道：“查新科进士选用庶常，例于殿试后复行考试，带领引见，俱蒙皇上量材酌用。”可见，乾隆四年，大臣将殿试后之考试新进士称作“复行考试”，而没有称作“朝考”。

《乾隆朝上谕档》另一记载：

---

① 《清高宗实录》卷 1326，乾隆五十四年四月戊戌，第 17 册，第 956 页下栏；《乾隆朝上谕档》第 14 册，第 830 上栏。

② 乾隆二年丁巳恩科殿试、传胪、馆选时间出处分别见《清高宗实录》第 1 册，第 746 页、第 749 ～ 750 页、第 776 ～ 777 页。

③ 《乾隆朝上谕档》，乾隆四年四月十三日，第 1 册，第 395 页。

乾隆四年五月初十日，翰林院奉上谕："一甲三人、拣选一等三十人，拣选内文字入选者二十五人，著于十一日带领引见，其余于十二、十三日分作两班引见。"①

从馆选方式来看，上谕中的"文字入选"即是后来所谓"朝考入选"。可见，乾隆帝对乾隆四年殿试后考试新进士之事，没有称作"朝考"。

总之，我们从《乾隆帝起居注》《乾隆朝上谕档》《清高宗实录》等典籍中，没有找到在乾隆元年丙辰科至乾隆四年己未科期间，将殿试后新进士的考试称作"朝考"的史料。当然，不能据此，就断定殿试之后考试新进士还没有称作"朝考"。

乾隆六年二月初六日，刑科给事中卢秉纯奏道：

严核真才，以重馆职事。窃惟翰林为储才之地，秘省备顾问之班，内而草制宣麻，外而衡文试士，胥用词臣，典綦重矣……我皇上稽古右文，慎重馆职，日以读书励多士，日以砥行勖臣工。每科进士殿试之后，复考诗赋，始选庶常，设教习，以课其功，定散馆，以分其等，恩遇优渥，甄别周详，有志之士自宜沉潜汲古，敬谨抒诚，以副圣天子作人之眷矣。乃其间宏通博洽之士固自多人，而虚浮涂饰之流亦复不少，盖缘士习未醇，人心不古，平日不加实学，临时竞艳清班，其在朝考之先，预拟应制诸题，遍觅知交代构，袖藏细稿，怀挟誊抄，侥倖成名，便矜得计……

乾隆帝御览此奏折之后，朱批："大学士会同九卿议奏。"②

乾隆六年三月庚寅，"大学士等议覆给事中卢秉纯奏请，严核真才以重馆职。查新进士朝考、庶吉士散馆，向例巡绰已密，惟坐次按双单名编列，或可豫揣，应令监试王、大臣临期酌派。诗韵不准自带，以武英殿本给发。从之"③。

乾隆六年二月，给事中卢秉纯奏请"严核真才以重馆职"，提到此前新进士朝考中存在的一些问题。乾隆帝令大学士会同九卿议奏。三月庚寅，大学士将讨论结果报告乾隆帝，提到"查新进士朝考、庶吉士散馆，

① 《乾隆朝上谕档》，乾隆四年五月初十日，第1册，第401页。

② 《刑科给事中卢秉纯奏请严核真才以重馆职事》，见《宫中朱批奏折》，乾隆六年二月初六日，中国第一历史档案馆档号：04-01-38-0061-007。

③ 《清高宗实录》卷139，乾隆六年三月庚寅，第2册，第1007页下栏。

向例巡绰已密”。可见，从给事中卢秉纯到大学士均提到新进士“朝考”之事。乾隆六年没有殿试，也就没有新进士考试。这一史料又说明至迟在乾隆四年己未科时已将新进士的考试称作“朝考”，有可能早在乾隆四年前已将新进士的考试称作“朝考”。但为什么上面提到的乾隆四年引见进士时，只说“文字入选”？这可能是乾隆六年前，把新进士考试俗称“朝考”，但还没有正式称作“朝考”。或者说正式场合很少将新进士的考试称作“朝考”，而人们私下一般逐渐已把新进士的考试称作“朝考”。究竟至迟何时已将殿试后对新进士的考试称作“朝考”？我们对方苞的一份奏章进行考察。

方苞上奏《请定庶吉士馆课及散馆则例札子》，言及：

> 臣自有知识，窃见内阁、九卿出于翰林者十常七八，盖因职亲地近，材识志行之美，易达于天听。若散在州县，则或挂于事故，或抑于上官，虽有介节长才，或越趄以终老。故天下士尤以翰林为清华，而恨不得与。本科进士已经朝考，我皇上复命王大臣选择以备引见。此作育人材公溥详慎之至意也。而朝考取备庶常之选者三十有六人。江南、浙江、江西、湖广四省数已三十，其余仅六人耳。岂吴越三楚而外，材识志行可以登清华列侍从者竟无其人与？徒以声律辞章素所不习者多耳。选馆之期，伏乞圣明少为留意……故臣敢冒陈末见，上渎圣聪。谨奏。①

这一奏章收录在方苞《望溪集》中，没有落具折时间。在《雍正朝汉文朱批奏折汇编》《乾隆朝军机处录副奏折》《宫中朱批奏折》《宫中档乾隆奏折》中均没有找到方苞的这一奏章，《乾隆朝军机处随手登记档》也没有收录这一奏章。究竟方苞这一奏章是何时上奏的？

方苞这一奏章透露出一个重要信息：这科进士朝考入选 36 人。这一奏章还透露出一个重要信息：这一奏章是在某科新进士朝考之后，馆选之前上奏的。

《方望溪侍郎事略》中记载：

> 丁巳（注：乾隆二年），迁礼部右侍郎，仍以足疾辞，诏免随班趋走，许数日一赴部，平决大事。公虽不常入部，而时奉独对。一切大除

① ［清］方苞：《望溪先生文集》集外文卷 2《奏札·请定庶吉士馆课及散馆则例札子》，见《续修四库全书》第 1420 册，第 566 ～ 567 页。

授、大政事往往咨公，多所密陈。在廷颇侧目公矣。公复疏请矫除积习，兴起人材，求皇上勤心以察之，依类以求之……是年（注：指乾隆二年）秋，命教习庶吉士……乃请定庶吉士馆课及散馆则例。略言：本科馆选三十有六人，江浙、江西、湖广数已三十，余仅六人耳。岂志识才行之不若哉？以声律词章多未习也。[①]

《方望溪侍郎事略》提及乾隆二年丁巳恩科，“馆选三十有六人，江浙、江西、湖广数已三十，余仅六人耳”。这是说乾隆二年丁巳恩科选拔了36名庶吉士。而据《清高宗实录》等文献可知，此科选拔了59名庶吉士，其中江南6人、浙江5人、江西3人、湖北2人、湖南4人，这些省共入选庶吉士20名而不是30名。此科各省庶吉士人数参见附表一。难道是李元度等人误解了方苞的原意？方苞之意是朝考取录36人，即朝考入选36人，备庶常之选。江南、浙江、江西、湖广四省数朝考入选30人，其余的省份仅6人朝考入选。

《方望溪侍郎事略》不仅将乾隆二年丁巳恩科朝考入选36人误认为馆选36人，而且也将方苞上奏的时间弄错。从方苞的奏章中可知，方苞上奏的时间是在新进士朝考之后，馆选之前上奏的，而不是《方望溪侍郎事略》所说的是方苞担任乾隆二年丁巳恩科庶吉士教习之后上奏的。

虽然《方望溪侍郎事略》将方苞奏章中的朝考入选人数误解为馆选人数，也将方苞上奏的具体时间弄错，但通过它可以初步确定方苞上奏的年份是在乾隆二年。

方苞言“朝考取备庶常之选者三十有六人”，即朝考入选人数36人。这一事是不是乾隆二年丁巳恩科之事？

乾隆二年五月三十日，大学士徐本等上奏：

新科进士试卷作四题者一百五十二卷，作三题者七十六卷，作二题者八十八卷，作一题者二卷。除一甲三名试卷遵照旧例粘贴名签另封进呈外，其三百一十五卷臣等遵旨公同阅看，择其文理明通者三十六卷，酌拟名次，恭呈御览。伏候钦定发出，启视弥封交翰林院缮写名单，候旨引见。[②]

---

① ［清］李元度辑:《国朝先正事略》卷14《方望溪侍郎事略》，见《续修四库全书》第538册，第318页。

② 《大学士徐本等奏酌定新科进士试卷名次》，见《乾隆朝军机处录副奏折》，乾隆二年五月三十日，中国第一历史档案馆档号：03-1163-018。

大学士徐本等从考试新进士试卷中选出36卷。这就是说，乾隆二年丁巳恩科有36人“文字入选”，或者说是“朝考入选”。朝考入选人数与方苞所言一致。

乾隆二年丁巳恩科殿试的时间在乾隆二年五月戊子朔[①]，馆选的时间在乾隆二年六月乙丑（初八日）[②]，“以左都御史福敏、礼部右侍郎方苞，教习庶吉士”的时间在乾隆二年七月壬辰（初六日）[③]。

通过以上考察，可以说，方苞是在乾隆二年五月初一殿试之后，六月初八日馆选之前上奏的，而不是出任庶吉士教习上奏的。他在奏章上言及新进士“朝考”一词，说明至迟到乾隆二年时已将对新进士的考试称作“朝考”。

此后年谱、笔记等著述逐步称新进士考试为“朝考”。如《沈归愚自订年谱》记载：

> （乾隆）四年己未，年六十七……殿试二甲第八，为庄有恭榜进士……朝考第三。看验日诸王大臣六人，大司寇尹公继善云：“第八名为江南老名士，极长于诗。”大学士张文和公云：“文亦好。”因挑选一等内。五月，皇上御勤政殿引见新进士。越日，钦点庶吉士。[④]

《沈归愚自订年谱》是沈德潜自订年谱，此年谱记到乾隆二十七年（1762）止，刻于乾隆二十九年。沈德潜是乾隆四年己未科进士，此年谱记录乾隆四年新进士朝考之事，说明当事人不再把新进士的考试称作殿试后之“覆试”“再试”等，而是称作“朝考”。

通过以上分析，我们推断，殿试后将对新进士的考试称作“朝考”至迟在乾隆二年。在雍正年间虽可能有人把殿试后对新进士的考试也称作“朝考”，但可能还不是正式称呼。到底什么时候开始称对新进士的考试为“朝考”，有待进一步的考证。

2. 新进士朝考的确立

雍正元年五月初九日，兵科给事中刘祖任上奏：“请更翰林积习，以光文治，以收实效事……国初循有明故事，先由内阁考取，然后引见，每科

---

① 《清高宗实录》卷42，乾隆二年五月戊子朔，第1册，第746页。

② 《清高宗实录》卷44，乾隆二年六月乙丑，第1册，第776页。

③ 《清高宗实录》卷46，乾隆二年七月壬辰，第1册，第796页。

④ ［清］沈德潜：《沈归愚自订年谱》，见《北京图书馆藏珍本年谱丛刊》第91册，第177～178页。

选者不过二十人，散馆留者不过十数人”，接着建言皇上“临期先命阁臣依古法考取四五十人，然后引见，不拘名次，不论家世，不分省分，选取二十人”①。

给事中刘祖任建议命阁臣依“古法”考取四五十人，即依照明代和清初馆选之办法，由阁臣从参加馆选考试的进士中选出四五十人，再由皇帝钦定20名庶吉士。明代和清初不是所有的新进士参加馆选考试，刘祖任建言应含有只选部分新进士参加馆选考试之意。

5个月之后，又有官员建议通过考试来选拔庶吉士。雍正元年十月初六日，通政使司左通政钱以垲上奏道：

> 殿试届期，敬陈管见，以备采择事……抑臣更有请者，翰林庶吉士，望其文章华国，上备丝纶黼黻之寄，似应于殿试后，分别考试诗赋、古文，择其学问优长者，皇上亲加简用，选授庶吉士，教习满汉书，庶中秘尽皆得人，而瀛洲妙选超轶前代矣。②

左通政钱以垲奏请殿试后，对新进士分别考试诗赋、古文，择学问优长者为庶吉士。钱以垲没有言及是对所有新进士还是部分新进士进行考试。

康熙六十年辛丑科翰林院庶吉士万绳祜上奏：

> 翰林官员宜先考后选也。查翰林例由选授庶常分习清书、汉书教习，然后散馆授职。其散馆时杂试以诗赋、写字，并清书等项以为优劣，多有未精者常致黜革，而进士中又颇有长于诗赋、写字等项，竟不得与清华之选，未免可惜。臣愚以为殿试后宜许各进士能诗赋、能写字者，自赴礼部报名，不能者听，皇上亲加考试，择其精者拔入翰林。至有能通清书者亦许自行报名，入翰林院一体学习，散馆后即入部院中翻译汉文，庶翰林人才皆系精选而无不得人矣。③

庶吉士万绳祜言及庶吉士散馆时考试诗赋、写字等项，多有未精者常

① 《兵科给事中刘祖任奏请更翰林积习折》，雍正元年五月初九日，见《雍正朝汉文朱批奏折汇编》第1册，第361～362页。

② 《通政使司左通政钱以垲奏陈殿试管见折》，雍正元年十月初六日，见《雍正朝汉文朱批奏折汇编》第2册，第77～78页。

③ 《翰林院庶吉士万绳祜奏陈翰林官员宜先考后选等管见十二款折》，见《雍正朝汉文朱批奏折汇编》第33册，第60页。

致黜革，而进士中擅长诗赋、写字者又没能入选庶吉士，因此，建言令新进士中擅长诗赋、写字者赴礼部报名参加馆选考试。庶吉士万绳祜的奏折没有落具奏时间，但从雍正令庶吉士奏事，以及部分庶吉士具奏落的时间是雍正元年四月初一日、初五日等来看，庶吉士万绳祜上奏的时间应在雍正元年四月。[①]

可见，在雍正元年癸卯恩科殿试之前，多名官员、庶吉士建言对新进士进行考试来选拔庶吉士。虽然这些奏折没有雍正帝的朱批，但雍正帝很可能采纳了他们的建言，开始通过考试新进士来选拔庶吉士。雍正元年十一月二十九日，雍正帝谕大学士等："新科进士，于引见之前，朕欲先行考试，知其学问，再行引见选拔，庶人才不致遗漏。目今天气寒冷，一应仍照殿试预备。考试题目，朕将诗文四六各体出题，视其所能，或一篇，或二三篇，或各体俱作，悉听其便。"[②]

雍正五年（1727）五月辛酉，"谕内阁：'今科选拔庶常，应如何简选考试，务得人材，以济实用，尔等会议具奏。'寻议：进士选拔庶常，原属储才大典，必得学问素优、才品兼著之士，方可选列清华。查雍正元年癸卯科殿试后，集诸进士于保和殿御试，并令九卿各举所知。雍正二年甲辰科照前举行。今科进士亦应详加考试，仍令内阁、九卿确行保举，其考试拟用论、诏、奏议、诗四题，或作一二篇，或诸体全构，听其各展所长，届期钦点。大臣阅卷进呈，其进士内有彼此熟悉为众所推服者，亦令公同举出，伏候皇上亲加选定。从之"[③]。

可见，雍正元年癸卯恩科、雍正二年甲辰科两科馆选，均是对新进士考试后选拔。但是在雍正五年，雍正帝还考虑如何选拔庶吉士，令内阁大

① 翰林院庶吉士俞元祺上奏道："遵旨条奏事。三月二十四日，奉旨命庶吉士各具折条陈，仰见圣怀若渴，下询刍荛，咨访之殷，旷古未有。"（《雍正朝汉文朱批奏折汇编》第32册，第371页。）翰林院庶吉士蒋恭棐上奏："雍正元年三月二十三日，掌院学士臣励廷仪传旨，令臣等有所欲陈实封以进。钦此。仰见皇上取人之广，求言之切。"（《雍正朝汉文朱批奏折汇编》第33册，第579页。）翰林院庶吉士觉罗恩寿上奏："恭承谕旨，令庶吉士各具条陈，汇齐呈奏，辟门吁俊，千载一时之盛也。"（《雍正朝汉文朱批奏折汇编》第32册，第442页。）庶吉士刘嵩龄的具折时间是雍正元年四月初一日（《雍正朝汉文朱批奏折汇编》第1册，第205页）；庶吉士孙见龙具奏时间是雍正元年四月初五日（《雍正朝汉文朱批奏折汇编》第1册，第216页）。据庶吉士俞元祺、蒋恭棐的奏折，可知在雍正元年三月二十三日，或二十四日，传旨令庶吉士奏事。据庶吉士觉罗恩寿的奏折可知，庶吉士的奏折是汇齐后，一同上报雍正帝的，而不是单独上奏的。再据庶吉士刘嵩龄、孙见龙等人具折时间来看，我们推断庶吉士万绳祜上奏的时间应在雍正元年四月。

② 《雍正朝汉文谕旨汇编》，雍正元年十一月二十九日，桂林，广西师范大学出版社，1999年，第6册，第95页；《清世宗实录》卷13，雍正元年十一月乙巳，第1册，第243～244页。

③ 《清世宗实录》卷57，雍正五年五月辛酉，第1册，第868页。

臣等讨论。内阁大臣等合议后，奏请通过考试新进士来选拔庶吉士，雍正帝再次认可。可以说，从此正式确定了通过考试新进士（即“朝考”）来选拔庶吉士的制度。

3. 朝考对象

上文我们已考证雍正年间新进士考试还没有正式称为“朝考”，为了行文的方便，以下我们暂且将雍正朝对新进士的考试称作“朝考”。雍正元年十一月二十九日乙巳，雍正帝谕大学士等：“新科进士于引见之前，朕欲先行考试，知其学问，再行引见选拔，庶人才不至遗漏。”[①]仅凭这一谕旨，难以断定雍正年间，每位新进士必须参加朝考。为了证明每位进士必须参加朝考，我们从以下三方面来考虑：

（1）从雍正初年对殿试后新进士考试的称呼进行考察。雍正三年，太常寺少卿李钟峩、吏部尚书朱轼等先后将殿试后对新进士的考试称作“覆试”“再试”。既然是殿试后之“覆试”“再试”，应该意味着每位新进士均需参加。

（2）从是否需补朝考加以考察。为了能证明每位新进士均需参加朝考，我们要考虑在雍正年间是否有补朝考之事。如有补朝考之事，在某种程度上就能说明，每位进士均需参加朝考。《清实录》中记载最早补朝考的史料是嘉庆年间的。嘉庆七年（1802）五月，“引见新科进士，得旨：一甲三名吴廷琛、李宗昉、朱士彦业经授职外……郑丕钦及补行朝考之彭昌运，著以知县即用，余著归班铨选”[②]。雍正年间是否有补行朝考之事？《词林辑略》中记载雍正朝有补殿试，没有补朝考之事。

表 1–4 《词林辑略》记载雍正年间补殿试人员表

庶吉士科年	姓名	进士科年	出处（《词林辑略》）
雍正五年丁未科	周绍龙	雍正元年癸卯恩科	第 131 页
	周龙官	雍正二年甲辰科	第 131 页
雍正八年庚戌科	王廷鸿	雍正五年丁未科	第 136 页
雍正十一年癸丑科	王以昌	雍正八年庚戌科	第 142 页
	宋楠	雍正八年庚戌科	第 142 页

备注：此表据《词林辑略》《国朝馆选录》《清朝进士题名录》三种文献制作。

① 《雍正朝汉文谕旨汇编》，第 6 册，雍正元年十一月二十九日，第 95 页；《清世宗实录》卷 13，雍正元年十一月乙巳，第 1 册，第 243 ～ 244 页。

② 《清仁宗实录》卷 98，嘉庆七年五月庚午朔，北京，中华书局，1986 年，第 2 册，第 305 ～ 307 页。

表1–4中5人，《词林辑略》认为均属补殿试，而《馆选录》等典籍没有注明是补朝考还是补殿试。经查对《清朝进士题名录》《明清进士题名碑录索引》可知，表中5人均不是补殿试。此5人是否属于补朝考？虽然在道光以后有新科进士参加本科朝考后，补行引见而入选庶吉士，但人数极少。雍正朝的周绍龙等5人不排除当年殿试后就参加朝考，补行引见而入选为庶吉士的可能性。但要说这5位均是补行引见而入选庶吉士，这种可能性很小。这5名庶吉士是补朝考入选的可能性更大。

吴振棫《养吉斋丛录》："雍正元年十月，命新科进士于引见前再行考试，一应照殿试预备，出诗文四六各题，或一篇，或二三篇，或各题俱作，悉听其便。自后则每科行之，人人与试矣。"① 吴振棫认为雍正以来每位进士均需参加朝考，应该是符合实际的。

可以说，雍正朝新科进士没有来得及参加本科朝考，要想进入仕途，均需补行朝考。既然要补行朝考，这说明雍正年间已经是每位进士均需参加朝考。

（3）参照乾隆初年进士是否全部参加朝考的情况。乾隆二年五月三十日，大学士徐本等上奏：

> 新科进士试卷作四题者一百五十二卷，作三题者七十六卷，作二题者八十八卷，作一题者二卷。除一甲三名试卷遵照旧例粘贴名签另封进呈外，其三百一十五卷臣等遵旨公同阅看，择其文理明通者三十六卷，酌拟名次，恭呈御览。②

这一奏本提到乾隆二年丁巳恩科共有318人参加朝考。此科进士324名，由于可能存在乾隆二年丁巳恩科之前进士补朝考的情况，因此至少还有6名新进士没有参加朝考。既然绝大部分进士已参加朝考，连一甲3名均需参加朝考，说明乾隆二年丁巳恩科进士可能均需参加朝考。遵照旧例将一甲3名的朝考试卷"另封进呈"，反映这次朝考是遵照旧例进行的。既然这次可能要求每位新进士均需参加朝考，可以佐证雍正元年癸卯恩科以来，每位新进士均需参加朝考。

总之，根据雍正年间对新进士朝考之称呼、补行朝考之举，再参照乾

---

① 《养吉斋丛录》卷9，第110～111页。

② 《大学士徐本等奏酌定新科进士试卷名次》，见《乾隆朝军机处录副奏折》，乾隆二年五月三十日，中国第一历史档案馆档号：03–1163–018。

隆二年丁巳恩科参加朝考的进士人数，我们推断雍正年间每位新进士均需参加朝考。

（三）朝考内容

1. 朝考题型的变化

朝考题型不是固定不变的，吴振棫对有清一代朝考题型的变化作了概括：

> 雍正元年十月，命新科进士于引见前再行考试。一应照殿试预备，出诗文四六各题，或一篇，或二、三篇，或各题俱作，悉听其便。自后则每科行之，人人与试矣。后来朝考，以论、诏、疏及试帖诗。乾隆辛未朝考，则赋一，状一，论、诗如初。时汤对松于赋、状、论外，作试帖四首，列第一。嘉庆丁丑，以拟古诏皆临时强记，非关学问，遂裁去，惟以论、疏、诗三者而已。①

吴振棫虽对朝考题型的变化作了记载，但变化的过程还是不大清楚。在其记载的基础上，我们对朝考题型和考试情况作一考察。

雍正元年就确定了朝考题型和内容。这年十一月二十九日，诏令新进士考试，诗文四六各体出题，视其所能，或一篇，或二三篇，或各体俱作，悉听其便。②

这道谕旨，规定新进士考试的题型，主要是考试新进士的诗文，很可能是四道题。它还诏令士子根据自己的能力可以作一道题，也可以作二三道题，或各题全作。但从这道谕旨还看不出朝考的具体题型。朝考除“诗”这一题型固定外，其他题型有所变化。

雍正二年甲辰科朝考可能仅两道题。阮葵生记载：“雍正二年甲辰殿试后在保和殿考四书文一篇、诗一首。命大将军年羹尧阅卷，又命九卿保举。后止凭文录用，不用保举，馆选四十人。”③ 由于雍正元年朝考很可能是四道题，至少是三道题，雍正五年朝考是四道题，而阮葵生记载雍正二年朝考只两道题，因此，我们对阮葵生所记有所怀疑，还需进一步考证雍正二年朝考题型。

---

① 《养吉斋丛录》卷 9，第 110 ～ 111 页。

② 《雍正朝汉文谕旨汇编》，雍正元年十一月二十九日，第 6 册，第 95 页。另见《清世宗实录》卷 13，雍正元年十一月乙巳，第 1 册，第 243 ～ 244 页。

③ 《茶余客话》卷 2，见《续修四库全书》第 1138 册，第 57 页下栏。

雍正五年对新进士朝考的题型内容作了明确规定。《清世宗实录》记载，雍正五年五月，大学士等请求：

“今科进士亦应详加考试，仍令内阁、九卿确行保举，其考试拟用论、诏、奏议、诗四题，或作一二篇或诸体全构，听其各展所长，届期钦点大臣阅卷进呈，其进士内有彼此熟悉为众所推服者，亦令公同举出，伏候皇上亲加选定。”从之。①

雍正五年大学士、九卿等议论后，奏请考试新进士出“论、诏、奏议、诗四题”，士子可以作一道、两道题，或各题都作。雍正帝准可。

《钦定大清会典事例》也记载：“（雍正）五年定，试诸进士以诏、论、奏议、诗各一篇。”② 据此，我们推断，雍正五年之前朝考几题没有成定制，雍正元年朝考四题，而雍正二年朝考可能确实只两题，阮葵生所记可能是正确的。

乾隆十六年辛未科朝考的题型，“试诸进士论、奏议、诗、赋各一篇”③。对比雍正五年、乾隆十六年朝考题可知，乾隆十六年朝考去掉“诏题”增加“赋题”。

但不知从哪科开始，又恢复“诏题”，去掉“赋题”。至迟从嘉庆四年（1799）己未科朝考开始，考题是论、诏、疏、诗四道。如嘉庆四年己未科朝考题为“功崇惟志业广惟勤论，拟求直言诏，荡平邪教善后事宜疏，赋得如水如镜（得平字无言八韵）”④ 四题。

嘉庆二十二年（1817）五月，谕内阁：

向来新进士朝考以论、诏、疏、诗四项命题，其诏题多系拟古。朕思士子文艺，试以论、疏、诗三项，其优劣已可概见，拟作古诏，不过临时强记敷衍成篇。况可拟古诏，本属无多，历科命题几遍，嗣后新进

① 《清世宗实录》卷57，雍正五年五月辛酉，第1册，第868页。

② 《（嘉庆）钦定大清会典事例》卷784《翰林院·考选庶吉士》，见《近代中国史料丛刊三编》第70辑，第2300页。

③ 同上注，第2303页。

④ 《嘉庆道光两朝上谕档》，桂林，广西师范大学出版社，2000年，第10册，第155页。此处还记载了嘉庆六年（1801）辛酉恩科、嘉庆七年壬戌科两科朝考四道考题。

士朝考，著裁去诏一道，以论、疏、诗三项命题，著为令。[①]

嘉庆帝是在嘉庆二十二年丁丑科新进士朝考之后，发下这道谕旨。嘉庆二十二年丁丑科朝考还是四道考题，即“慎俭德怀永图论、拟重廉士诏（汉景帝二年）、天津海口宜设营汛疏、赋得梅雨稻田新（得新字五言八韵）”四题[②]。

从嘉庆二十四年（1819）己卯恩科朝考开始裁去“诏题”，只考论、疏、诗三题。嘉庆二十四年己卯恩科朝考题目是：“以义制事以礼制心论、无旷庶官天工人代疏、赋德陈诗观民风（得民字五言八韵）”三题。[③]

清末，受西方军事、经济、文化诸方面的侵略，民族危机进一步加深，清政府为适应形势的需要，讲求实学，因此，对各项考试的内容进行改革。光绪二十七年（1901）七月十六日，谕内阁：

科举为抡才大典，我朝沿用前明旧制以八股文取士，名臣硕儒，多出其中。其时学者皆潜心经史，文艺特其绪余。乃行之二百余年，流弊日深，士子但视为弋取科名之具，剿袭庸滥，于经史大义，无所发明，急宜讲求实学，挽回积习。况近来各国通商，智巧日辟，尤贵博通中外，储为有用之材，所有各项考试，不得不因时变通，以资造就……庶吉士散馆，均用论一篇、策一道，进士朝考论、疏，殿试策问，均以中国政治史事及各国政治艺学命题。以上一切考试，凡四书五经义，均不准用八股文程式，策、论均应切实敷陈，不得仍前空衍剽窃。[④]

在这道谕旨之前，朝考题型仍是论、疏、诗三题，如光绪十八年壬辰科、二十年（1894）甲午恩科、二十一年（1895）乙未科三科朝考题均为论、疏、诗三题。[⑤]《光绪宣统两朝上谕档》中没有收录光绪二十四年（1898）戊戌科朝考题目，但据光绪二十七年七月的这道谕旨，可以推断，

① 《嘉庆道光两朝上谕档》，嘉庆二十二年五月初三日，第22册，第131～132页；另见《清仁宗实录》卷330，嘉庆二十二年五月丙午，第5册，第343～344页。

② 《嘉庆道光两朝上谕档》第24册，第166页。

③ 《嘉庆道光两朝上谕档》第27册，第188页。

④ 《光绪宣统两朝上谕档》，光绪二十七年七月十六日，桂林，广西师范大学出版社，1996年，第27册，第151～152页。另见《清德宗实录》卷485，光绪二十七年七月己卯，第7册，第412页。

⑤ 《光绪宣统两朝上谕档》（第24册，第180～181页）记载了光绪十八年壬辰科、二十年甲午恩科、二十一年乙未科三科朝考题目。

这科朝考题型与光绪二十一年乙未科等科的朝考题型一样。

从光绪二十九年癸卯科开始朝考题型发生变化，考题去掉诗题，保留论、疏二题，并要求以中国政治史事及各国政治艺学命题。这是讲求实学，适应变化之需要。如光绪二十九年癸卯科的朝考题为“农而食之虞而出之工而成之商而通之论、牧民搀官疏”[①]二道。

光绪三十年甲辰恩科朝考题“官所以养民兵所以卫民论、拨去浮文悉敦本实疏”[②]二题。

从清末最后两科（光绪二十九年癸卯科、光绪三十年甲辰恩科）朝考考试内容来看，要求士子适应时代需要，崇尚实学。虽然此时清王朝已走到历史的尽头，但这一探索值得肯定。

2. 新进士做题的情况

雍正元年十一月，考试新进士前，雍正帝降旨：“考试题目，朕将诗文四六各体出题，视其所能，或一篇，或二三篇，或各体俱作，悉听其便。”[③]据这一谕旨，新进士在朝考中，根据自己的能力，可以做一道题，或者两三道题，或者全做。雍正五年五月，再次强调考试新进士，“用论、诏、奏议、诗四题，或作一二篇或诸体全构，听其各展所长”。我们没有找到雍正年间新进士朝考做题的情况，但参照乾隆年间新进士朝考做题情况，可以大致推测雍正年间的考试情况。

乾隆二年五月三十日，大学士徐本等上奏：“新科进士试卷作四题者一百五十二卷，作三题者七十六卷，作二题者八十八卷，作一题者二卷。”[④]

可见，乾隆二年，新进士朝考是根据自己的实际情况做题，做四题者有近一半的进士，做三、四题者达 228 人占总数 318 人的 71%，做一题的仅两人，是极少数。这反映进士可以根据自己的能力做题，不过大多做三题以上。由于乾隆年间朝考是贯彻雍正年间的做法，因此，也可以说，雍正年间可能确实是士子根据自己的情况做题。

乾隆三十六年（1771），御史胡翘元奏请“将未完四艺者，以违式论，

① 《光绪宣统两朝上谕档》第 29 册，第 140 页。《上谕档》中没有明确说这是光绪二十九年癸卯科朝考题，但从这些朝考题放在光绪二十九年癸卯科朝考等次单前面，以及朝考题型来看，我们判断应是光绪二十九年癸卯科朝考题。

② 《光绪宣统两朝上谕档》第 30 册，第 99 页。《上谕档》中同样没有明确说这是光绪三十年甲辰恩科朝考题，但从这些朝考题放在光绪三十年甲辰恩科朝考等次单前面，以及朝考题型来看，我们判断应是光绪三十年甲辰恩科朝考题。

③ 《雍正朝汉文谕旨汇编》，雍正元年十一月二十九日，第 6 册，第 95 页。

④ 《大学士徐本等奏酌定新科进士试卷名次》，见《乾隆朝军机处录副奏折》，乾隆二年五月三十日，中国第一历史档案馆档号：03-1163-018。

不带领引见，不归部铨选”。这一奏请遭到否决。乾隆三十六年，大臣对御史胡翘元奏请进行议驳：

> 御史胡翘元条奏，查旧例进士传胪后，由翰林院带领引见，恭候钦选，雍正元年始有朝考之制。伏读世宗宪皇帝谕旨：新科进士于引见之前，先行考试，知其学问，再行引见选拔，庶人才不致遗漏，考试题目，将诗文四六各体出题，视其所能，或一篇，或二三篇，或各体皆作，悉听其便。钦此。是立法之初，原欲使积学通才无遗选录，并非于短长互见之人，责以众体兼工，缺一不可也。我朝加意作人，自丙辰恩科以来，阅今十五科皆循照办理，仰见圣主慎守成宪，甄录人才，无事求备之至意。
>
> 今据御史胡翘元奏请将未完四艺者以违式论，不带领引见，不归部铨选等语。查乡会试干贴之例，原属一定之功令，而朝考各听其便者，系立法时之特恩不可相提并论，轻议更张，且人于各种文体既有能有不能，而构思成篇，亦复有敏钝之不一……况朝考原为选拔人才而设，进士皆以馆选为荣，与是考者，谁不欲竭能求录，而限于学殖，不能如志，或仅作二艺三艺而止，而其人已成进士，亦不过于馆选无所希冀，究非有心趋避隐寓弊端。又况带领引见之后，自改用庶吉士外，有分部学习与归班铨选等项，其将来果否称职，于文辞优绌更无关涉。若如该御史所奏，必俟下科再行朝考，始准照旧铨用，倘其人下科仍复迟钝不能完篇，则仍不能归班铨用。是虽登两榜，转不如举人之无须考试，尚能按班就选，于事理似未平允。至该御史以未完卷之人，皆系漫不经心，略构数艺以图塞责，此等无志向上之人，诚不能保其必无，但不计其文字之工拙，而徒以兼作四艺为入格，浅学之士仍复草率了事，于实政究无裨益，应将该御史所奏毋庸议。①

在这道驳议中，大臣们指出朝考之目的，“原为选拔人才而设”。朝考既是为选拔庶吉士而设，因此其主要是考进士的文辞，而分部学习、归班铨选人员，将来为官是否称职，与文辞优绌更无关涉。因此，士子仍应根据自己的实际情况选择做几道题，而不应强求四题均做。

御史胡翘元奏请遭到否决，说明在乾隆三十六年之前，新进士朝考

---

① 《（咸丰）钦定科场条例》卷57《朝考·附载驳案》，见《续修四库全书》第830册，第527～528页。另见《（光绪）钦定科场条例》卷57《朝考·驳案》，载《近代中国史料丛刊三编》第48辑，第4343～4347页。

确实是根据自己的能力做题，同时反映此后仍遵循雍正帝所定之原则。

乾隆年间对诗题作多少首进行了明确规定。乾隆三十六年四月癸巳，“御史张霁奏：‘近科新进士，于朝考诗题，有赋二首及三四首不等者，请饬禁止，遵定式止赋一首。此外如庶常散馆、翰林大考以及考试试差，均不得违例多作。’得旨嘉奖，如议行”[①]。可见，朝考诗题本来只作一首，但在乾隆三十六年之前，一些进士朝考时，作二首、三四首不等。御史张霁奏请遵定式止赋一首，乾隆帝认可，从此，诗题仍只准赋一首。

（四）朝考属于科举范畴

朝考是否属于科举范畴?

傅增湘，光绪二十四年戊戌科第二甲第六名，他将殿试视作科举考试的终点，没有将朝考纳入科举范围之中。其观点：

> 明洪武四年，太祖始策问会试中式者于奉天殿，赐一甲三人进士及第，二甲进士出身，三甲同进士出身，以次授官。清顺治三年丙戌开科，即循其制。夫科举考试，为国家抡才大典，一代名臣硕学多出其途，殿试发策为士子考试之终，亦为仕官登进之始。得失升沈，决于一日，毕生不能再试。[②]

商衍鎏，光绪三十年甲辰恩科第一甲第三名，他对清代科举进行了较全面的总结和研究，将清代科举考试系统简化成：县试→府试→院试→乡试·举人→会试·贡士→殿试·进士。他认为“文科进士尚有朝考一项，以科目至进士为止，故朝考授官不列此系统内”[③]。

当代学者大都主张进士朝考属于科举考试的范畴。有代表性的是李世愉的看法。李世愉认为：

> 进士朝考（以下只称朝考）是否作为科举制度中的一项内容。有学者认为，朝考是在学校考试和科举考试之外的一种考试。这不能说没有一定的道理。但是，我们认为，朝考尽管是殿试后进行的，但仍应视为清代科举制度中的一项重要内容，而不同于一般的吏员考试、教育考试

---

① 《清高宗实录》卷 883，乾隆三十六年四月癸巳，第 11 册，第 832 页。

② 傅增湘:《清代殿试考略》，天津《大公报》社铅印本，1938 年，第 1 页 B 面。

③ 《清代科举考试述录》，第 39 ～ 40 页。

等。其原因有二。其一，在清代的官方文献及私人著述中，无一例外地将朝考列入科举内容之中。其二，科举制度即选官制度，而朝考正是在选官考试系列之中的考试，完全不同于官员考试。因此，只有把朝考看作科举考试制度的内容之一，才能看出清代科举考试制度的发展与变化。而清代朝考制度的推行，集中反映了清政府在选拔庶吉士上的慎重，以及操作程序上的规范化。①

邸永君认为：

研究明清科举制度者，多只囿于以往之定论，即秀才、举人、进士三级结构，以考中进士即认作是科举之路的终结；而研究教育制度者则从府、州、县学、八旗官学，以至国子监，即认为概括了所有的教育机构。这样就不约而同地将翰林院制度中的庶吉士制度摈斥于研究范围之外。其实，明清两代尤其是清代，由进士馆选而庶常，庶常而留馆，加之清代特创之翰林大考、考差，无不是科举制度的延伸和发展。悄然又于三级结构之上又多出一个层次——翰林。②

将翰林大考、考差也纳入科举制度的范围，我们认为不一定恰当。我们认同李世愉的看法，也主张朝考应属科举考试系统，至少应是科举考试系统的延伸。我们的根据是：

第一，从雍正朝的官员对殿试后新进士考试的称呼加以考察。上面我们已经考证朝考（指新进士朝考，以下均同）始于雍正元年，但朝考之名不始于雍正初年。当时把殿试后举行选拔庶吉士的考试不是称作“朝考”，而是称作“覆试”“再试”等。

雍正帝在看了李钟峩关于馆选停止覆试、保举的奏折后，于雍正三年四月癸未（十六日），令大学士、九卿等合议回奏。吏部尚书朱轼等会议后，于雍正三年五月二十日奏报。奏章中先提到太常寺少卿李钟峩的请求，即“伏祈我皇上溥覆载之仁，广储人才之路，请嗣后各省进士当馆选庶吉士时，只静俟天心简任，暂停覆试、保举，庶边僻省分咸得以效忠诚而寸尺微长，胥足以备驱策等语”。接着朱轼在奏章中把会议的情况报告雍正帝：

① 《试论清代的进士朝考制度》，见《明清论丛》第4辑。

② 《清代翰林院制度》，第10页。

我皇上振兴文教，储养英才，凡命馆任人，皆随才器使。念翰林为清华之职，庶吉为玉堂之选。殿试之后命题再试，进呈试卷，亲加简阅，犹恐或有遗逸，复命九卿各举所知，然后引见选拔。皇上以至公至慎之圣心，立此尽善尽美之良法，诚万世所当遵守者也……且御试之卷皆糊名呈览，苟有入彀之作，必为圣明赏拔。初未赏（注：应是“尝”之义）以省分区别也。又九卿荐举亦非定举本省之人，果有怀材实学者，声名昭著，必入在廷之荐剡，岂以边远而遗之。乃李钟峩奏请暂停覆试、保举。在李钟峩之意，以远省之人断不能覆试，断无人保举，故为此请……臣等谨公同详议，切谓馆选之法，我皇上所定考试、保举，实为万世不可易之成式，馆选之外实更无有遗逸之才。[①]

这一奏章，大学士、九卿均肯定雍正帝的馆选办法，同时他们把殿试后对新进士的考试称作“覆试”“再试”。清代科举考试系统中，有乡试覆试、会试覆试。虽然雍正时乡试覆试、会试覆试制度没有确立，但是雍正朝官员把殿试后对新进士的考试称为“覆试”“再试”，这反映出他们把殿试后新进士的考试放在科举考试系统之内，即殿试后新进士考试（即朝考）与乡试覆试、会试覆试同属科举考试系统。

前文考证陶正靖将殿试后新进士考试（即朝考）称作“再试保和殿”，可以说陶正靖等人也将殿试后新进士考试（即朝考）纳入了科举考试范围。

第二，从殿试后新进士考试（即朝考）的目的加以考察。

雍正帝多次表白殿试后考试新进士的目的。雍正元年十一月二十九日，雍正帝诏谕：

新科进士于引见之前，朕欲先行考试，知其学问，再行引见选拔，庶人才不至遗漏。目今天时寒冷，考试之日一应仍照殿试预备，考试题目，朕将诗文四六各体出题，视其所能，或一篇，或二三篇，或各体俱作，悉听其便，特谕。[②]

雍正三年四月十六日癸未，雍正帝谕大学士、九卿等：

---

① 《吏部尚书朱轼题为李钟峩所请嗣后各省进士当馆选庶吉士时暂停覆试保举毋庸议本》，见《雍正朝内阁六科史书·吏科》第 20 册，第 348 ～ 353 页。

② 《雍正朝起居注册》，雍正元年十一月二十九日乙巳，第 1 册，第 141 页；参见《清世宗实录》卷 13，雍正元年十一月乙巳，第 1 册，第 243 ～ 244 页。

前日李钟峩奏称翰林为储才重地，自康熙四十五年至康熙六十年会试七科，不分省分大小远近，每省俱有庶吉士……朕即位之后，以培养人材最重翰林，故加意详慎，舅舅隆科多曾奏称圣祖时馆选每省俱有庶吉士，所以朕于雍正元年癸卯科馆选时，试其文义，观其人品，于僻远省分之人亦酌量选取。[①]

从这两道谕旨中，我们可以认识雍正帝对新进士进行考试的原因和目的。由于殿试只考试策题一道，难以看出士子们的诗文水平，而选拔庶吉士的目的是为翰林院储养人才，如没有一定的诗文水平，难以胜任翰林之任。正由于补殿试之不足，雍正帝才令考试新进士，考试内容为诗文、四六各体。可以简单地说殿试主要是看士子的见识、应对问题的能力，而朝考则主要考士子的文学水平，即通过对新进士考试来达到“知其学问”之目的。朝考是对殿试的补充，难怪雍正朝官员将其称作“覆试”“再试”。

第三，从负责朝考的衙门加以考察。[②] 清人帅方蔚记载：“(道光六年四月)二十八日，入保和殿朝考。按：会试、覆试、殿试，皆礼部掌之；朝考，翰林院掌之。”[③]

有清一代，会试、覆试、殿试，“皆礼部掌之”，这一点应该没有疑问。道光前后，朝考，“翰林院掌之”，应是事实。至于有清一代，特别是雍正年间，朝考是否皆由“翰林院掌之”？对此，我们不能断定。不过，我们从以下材料来考察翰林院负责朝考的事实：

奏请朝考日期，一般是翰林院的职责。《科场条例》：“保和殿朝考，翰林院奏定日期，知照到部，行光禄寺备考案，工部备黄案及黄案衣，鸿胪寺会同陈设，銮仪卫派校尉，领侍卫内大臣、护军统领派侍卫护军，太监经管茶水等事，均与殿试事宜同。”[④] 不过也有礼部奏请朝考日期之例。光绪二十一年四月，“礼部奏请钦定朝考日期折”，四月十五日奉旨：“新进士著于本月二十八日在保和殿朝考。”[⑤]《上谕档》一般不具体记载由哪个部门

---

① 《雍正朝起居注册》，雍正三年四月十六日癸未，第1册，第482～483页。

② 笔者与导师常建华老师讨论朝考是否属于科举考试之事。常老师建议考察朝考是由礼部，还是由吏部负责。如由吏部负责，朝考则不属于科举系统。

③ ［清］帅方蔚：《词垣日记》，见《续修四库全书》第559册，第732页上栏。

④ 《(咸丰)钦定科场条例》卷57《朝考·现行事例》，见《续修四库全书》第830册，第525页。另见《(光绪)钦定科场条例》卷57《朝考·现行事例》，见《近代中国史料丛刊三编》第48辑，第4331页。

⑤ 《光绪宣统两朝上谕档》，光绪二十一年四月十五日，第21册，第113页下栏。

题请朝考日期，而只记载上谕朝考的日期。在清代所有的《上谕档》中，我们只看到这一次是由礼部题请朝考日期，至于是否还有礼部题请朝考日期之事，还有待考证。

开列朝考阅卷大臣，一般由翰林院负责。目前我们找到的最早一条关于翰林院开列朝考阅卷大臣的是在嘉庆十九年（1814）。“遵旨将翰林院送到应行开列阅看朝考卷大臣名单先行进呈，恭候钦派，谨奏。（嘉庆十九年）四月二十七日。”[①] 可见，朝考阅卷大臣由翰林院负责开列，然后由军机大臣，或内阁大臣上报皇帝，由皇帝钦定阅卷大臣。《上谕档》所记载的每次朝考阅卷大臣名单，均由翰林院负责开列。至于嘉庆之前的朝考阅卷大臣，由什么部门开列，我们还没有找到相关材料。

通过对翰林院题请朝考考试日期、开列朝考阅卷大臣等方面的考察，可以大致上说，朝考由翰林院负责，同时礼部也参与朝考之事。除有礼部奏请朝考日期之例外，朝考的试卷也由礼部准备。“贡士覆试、殿试、进士朝考，各卷俱由礼部预备。”[②]《康熙会典》《雍正会典》记载：“凡考选庶吉士，吏部移咨本衙门，本衙门题请日期。至期，用黄折书诸进士年齿籍贯，钤翰林院印，设御案上。”“本衙门”是指翰林院。这一史料可以佐证是翰林院而不是吏部参与选拔庶吉士。总之，朝考不是吏部的职责。这说明朝考不是任官制度，而是选士制度。

第四，从进士引见单的内容加以考察。同治、光绪两朝进士引见单均写明新进士的省份、年龄、殿试名次、会试覆试名次、朝考名次。虽然朝考名次在很大程度上决定能否入选庶吉士，但是，皇帝决定新进士的去向时，除了考虑进士的省份、年龄外，不仅看朝考名次，同时也要看其殿试、覆试名次。这说明朝考与覆试、殿试共同成为影响进士去向的因素。这也反映从大臣到皇帝均把朝考放到科举考试系统之中。

第五，我们再来分析商衍鎏“文科进士尚有朝考一项，以科目至进士为止，故朝考授官不列此系统内”的观点。这涉及对科举制度的定义。从严格意义上讲，科举制度，是选拔人才的制度，而不是选官制度。士子通过科举考试，获得举人、进士资格，即获得出身，获得做官的资格。选官已经不是科举制度的内容。朝考同样是选拔人才的制度，因为通过朝考只是获得一种资格，而不是获得官职。朝考与明代馆选考试不一样。明代馆选是先选拔部分进士，然后对这部分人进行考试。也就是说，明

---

① 《嘉庆道光两朝上谕档》，嘉庆十九年四月二十七日，第 19 册，第 362 ～ 363 页。

② 《清代科举考试述录》，第 106 页。

代不是每一位进士都有资格参加馆选考试，何况明代不是每科都馆选。明代的馆选考试，从严格意义上说还不是科举考试，最多算是对科举制度的一种补充。而清代朝考制度确立后，每一位进士要想做官（步入仕途）的话，都得参加朝考。根据掌握的资料，我们推断雍正时就有补行朝考之事。很可能从雍正时每位进士要想进入仕途，都得参加朝考。从道光后期，每位进士都要排朝考等第名次，朝考与会试覆试等第名次、殿试等第名次均成为进入仕途的重要依据。科举制度是选拔人才的制度，即人们常说的“科举取士”。商衍鎏说“朝考授官”，这与朝考的目的不符。当然从广义上讲，科举制度是选官制度，因科举制度的目的就是选拔官员。

总之，通过以上五方面分析，我们认为朝考属于科举考试系统。

（五）朝考在馆选中的功能

雍正元年癸卯恩科，创立新进士朝考，朝考的成绩对入选庶吉士起多大作用？《茶余客话》记载：

> 癸卯本科殿试后于保和殿朝考，命九卿保举所知。内有文有保二十一名点十九人；有文无保十九名俱点用；有保无文三十九名点十六人；文保俱无一百六十七名点四人。引见即以此分先后不照原甲第。是科清书止派五人，张廷珩传胪后即授检讨，与一甲三人同于未引见前入南书房。馆选后又补点帅念祖一人。①

“有文有保”“有文无保”“文保俱无”中的“文”应是“文字入选”或“朝考入选”之意。据此史料可知，雍正元年癸卯恩科“文字入选”者有 40 人，其中 38 人钦点为庶吉士，仅 2 人没有入选。可见，雍正元年癸卯恩科，“文字入选”对能否入选庶吉士起很大作用。这反映雍正帝在钦点庶吉士时，参照大臣的保举，但更看重朝考成绩。这与他考试新进士的目的相符。

乾隆年间可能既看朝考成绩，又要权衡各省庶吉士的人数。前文考证方苞上奏《请定庶吉士馆课及散馆则例札子》的时间在乾隆二年。根据方苞这一奏章可知，乾隆二年丁巳恩科，朝考入选 36 人，其中江南、浙江、江西、湖广四省朝考入选 30 人，其余的省份仅 6 人朝考入选。这科庶吉士是 59 人，其中江南、浙江、江西、湖广四省入选的庶吉士是 20 人（参

① 《茶余客话》卷 2，见《续修四库全书》第 1138 册，第 57 页下栏。

见附表一）。这四省还有 10 名朝考入选者没有钦点为庶吉士。其余各省 39 名庶吉士中，最多有 6 人是朝考入选者。朝考未入选而钦点为庶吉士的至少有 33 人，占 56%。这就说明乾隆二年丁巳恩科至少有 56% 的庶吉士朝考没有入选。

《乾隆朝上谕档》收录了乾隆五十五年庚戌恩科、五十八年癸丑科两科朝考入选单。我们对这两科的馆选进行分析。

乾隆五十五年庚戌恩科朝考入选 27 人[①]，此科钦点了 24 名庶吉士（见附表一）。据表 1–5 可知，朝考入选者仅 11 人被钦点为庶吉士，另有 16 人没有钦点为庶吉士，而有 13 人朝考没有入选又钦点为庶吉士。这科 54% 的庶吉士朝考没有入选，59% 的朝考入选者没有钦点为庶吉士。

表 1–5　乾隆五十五年庚戌恩科各省朝考入选人数及庶吉士人数表

省（旗）	进士人数	朝考入选人数	庶吉士人数	朝考入选成为庶吉士	朝考未入选成为庶吉士
满洲	3	0	3		3 人：德文、延弼、盛安
蒙古	1	0	1		1 人：恩普
汉军	0	0			
奉天	1	0			
直隶	10	1	1	1 人：陈预	
江南	26	10	4	4 人：顾玉霖、王苏、郭淳、洪梧	
江西	7	5	1	1 人：辛从益	
浙江	7	3	2	1 人：张师诚	1 人：钱福胙
福建	3	0	1		1 人：叶大观
山东	10	0	2		2 人：牟昌裕、赵未彤
山西	6	3	1	1 人：庞士冠	
河南	4	0	1		1 人：祝曾
陕西	2	0	1		1 人：秦维岳
湖北	3	3	1	1 人：蒋祥墀	
湖南	2	0	1		1 人：罗廷彦

① 《乾隆五十五年庚戌恩科朝考入选单》，见《乾隆朝上谕档》第 15 册，第 639 ～ 640 页。

（续表）

省（旗）	进士人数	朝考入选人数	庶吉士人数	朝考入选成为庶吉士	朝考未入选成为庶吉士
四川	3	1	1	1 人：张问陶	
广东	3	0	0		
广西	2	0	1		1 人：熊方受
云南	1	1	1	1 人：钱学彬	
贵州	3	0	1		1 人：卞云龙
合计	97	27	24	11	13

备注：此表据《乾隆五十五年庚戌恩科朝考入选单》(《乾隆朝上谕档》第 15 册，第 639 ～ 640 页)、《词林辑略》《清朝进士题名录》制作。《上谕档》中无《乾隆五十五年庚戌恩科新进士引见单》。此科各省进士人数据《清朝进士题名录》统计。各省进士人数与引见人数一般相同，但由于个别进士可能补朝考，因此，引见人数与本科进士人数可能会有一点差异。

乾隆五十五年庚戌恩科，江南、江西、浙江、湖北四省朝考入选人数达 21 人，其余省份才 6 人朝考入选。其中江南朝考入选 10 人，钦点庶吉士 4 名；江西朝考入选 5 人，钦点庶吉士 1 名；湖北朝考入选 3 人，钦点庶吉士 1 名。

表 1-6　乾隆五十八年癸丑科各省朝考入选人数及庶吉士人数表

省（旗）	进士人数	朝考入选人数	庶吉士人数	朝考入选成为庶吉士	朝考未入选成为庶吉士
满洲	1	1	1	1 人：英和	
蒙古	0	0	0		
汉军	0	0	0		
奉天	0	0	0		
直隶	11	1	2	1 人：魏元煜	1 人：王麟书
江南	19	6	4	4 人：张燮、吴云、狄梦松、吴贻咏	
江西	9	2	2	2 人：谭光祥、李宗瀚	
浙江	12	8	3	3 人：叶绍楏、蔡之定，戴敦元	
福建	4	0	1		1 人：谢淑元
山东	7	0	1		1 人：周麟元
山西	5	0	1		1 人：黄洽
河南	4	0	1		1 人：李师舒

（续表）

省（旗）	进士人数	朝考入选人数	庶吉士人数	朝考入选成为庶吉士	朝考未入选成为庶吉士
陕西	0	0	0		
湖北	1	0	0		
湖南	4	1	1	1人：周系英	
四川	1	0	1		1人：甘家斌
广东	1	0	0		
广西	1	0	1		1人：朱桓
云南	0	0	0		
贵州	1	0	1		1人：何学林
合计	81	19	20	12	8

备注：此表据《乾隆五十八年癸丑科朝考入选单》（《乾隆朝上谕档》第17册，第329～330页）、《词林辑略》《清朝进士题名录》制作。《上谕档》中无《乾隆五十八年癸丑科新进士引见单》。此科各省进士人数据《清朝进士题名录》统计。各省进士人数与引见人数一般相同，但由于个别进士可能补朝考，因此，引见人数与本科进士人数可能会有一点差异。

乾隆五十八年癸丑科朝考入选19人①，此科钦点了20名庶吉士（见附表一）。据表1–6可知，朝考入选者有12人被钦点为庶吉士，另有7人没有钦点为庶吉士，而有8人朝考没有入选又钦点为庶吉士。这科40%的庶吉士朝考没有入选，35%的朝考入选者没有钦点为庶吉士。

江南、江西、浙江三省朝考入选人数达16人，其他省仅3人朝考入选。其中江南朝考入选6人，钦点庶吉士4名；江西朝考入选2人，钦点庶吉士2名；浙江朝考入选8人，钦点庶吉士3名。

通过对乾隆二年丁巳恩科、五十五年庚戌恩科、五十八年癸丑科三科馆选情况的分析，可以看出，乾隆帝在钦点庶吉士时，确实是既看朝考是否入选，同时也顾及各省庶吉士的均衡性。对江南、浙江等文化相对发达的省份来说，朝考入选者不一定进入翰林院，而对文化相对落后的省来说，只要朝考入选，几乎均能入选庶吉士。为了照顾各省均有庶吉士，乾隆帝对没有朝考入选的省份，也钦点庶吉士，这与雍正年间看重朝考成绩有所区别。乾隆帝还照顾八旗在翰林中的职位，如乾隆五十五年庚戌恩科八旗4名进士，没有一位朝考入选，但均钦点为庶吉士。

① 《乾隆五十八年癸丑科朝考入选单》，见《乾隆朝上谕档》第17册，第329～330页。

由于江浙等大省，朝考入选名次在前者可能入选为庶吉士，而名次在后者难以进入翰林，因此，一些士子可能会通过一些不正当途径争取进入朝考的前列。乾隆三十四年（1769）五月初十日，上谕：

昨派阅朝考卷之大臣，以拟取各卷进呈。朕阅前列数卷，并拆看弥封，则拟列第一之严本卷，论冒云："人心本浑然也，而要必严办（注：《清实录》是'辨'）于动静之殊"两句内姓名显然并见。复阅拟第二之王世维卷，则云"维皇降衷"……若谓此非关节，亦不解复有何等字样为关节者。或云朝考止论去取，不问前后，此在小省人少者则然，若江浙中式进士较多，设朝考即入选，而名次在后，恐已难邀馆选。是前列实为势所必争，即不能保无播弄笔墨，希图巧作夤缘之计……将此明白宣示，俾嗣后衡文诸臣及应试士子各自猛省，倍加警惕。①

从这道谕旨可知，乾隆帝认为乾隆三十四年朝考拟取第一名的严本、第二名的王世维是通过关节获得前二名。严本是江南人，王世维是浙江人，他们二人不仅没有入选庶吉士，而且没有分部学习，很可能是归班铨选。② 新进士优先录用为庶吉士，其次分部学习，最后归班铨选。

当然江浙等大省进入翰林的也有特例，如乾隆五十五年庚戌恩科，浙江朝考入选三人，从中钦点朝考第一名张师诚（二甲进士）为庶吉士，再从朝考未入选者中钦点钱福胙（二甲进士）一人为庶吉士，而朝考入选第十三名的陈登泰分部学习，朝考入选第二十六名的陈庆槐以内阁中书用。③ 陈登泰、陈庆槐也均是二甲进士，而且名次比较靠前。

在乾隆年间，即使朝考入选第一名也没有钦点为庶吉士的。乾隆十三年（1748）戊辰科朝考第一名方懋禄，五十四年己酉科朝考第一名贵征。④ 这两人均没有钦点为庶吉士。方懋禄，江南元和人，乾隆十三年戊辰科二甲第三名，其殿试等第名次靠前，不知什么原因没能入选庶吉士。这科江南共有九名庶吉士（见附表一），而方懋禄却为即用知县。⑤ 贵征，江南仪征人，乾隆五十四年己酉科二甲第十名，其殿试等

---

① 《乾隆朝上谕档》第5册，乾隆三十四年五月初十日，第779～780页。另见《清高宗实录》卷834，乾隆三十四年五月辛卯，第11册，第135～136页。

② 《清高宗实录》卷835，乾隆三十四年五月丁酉，第11册，第143页。

③ 《清高宗实录》卷1354，乾隆五十五年五月癸未，第18册，第136页。

④ ［清］法式善：《槐厅载笔》卷8《掌故》，见《续修四库全书》第1178册，第412页。

⑤ 《清高宗实录》卷315，乾隆十三年五月乙巳，第5册，第175页。

第名次也靠前，也不知什么原因没能入选庶吉士。这科江南共三名庶吉士，而贵征分部学习。[①] 这反映了在乾隆朝朝考名次在前者不一定能入选庶吉士。

通过以上分析，我们推断：除照顾各省有庶吉士外，乾隆帝在钦点庶吉士时，不仅看朝考成绩，同时很可能看个人的表现等。如觉得有培养前途，即使朝考未入选也钦点为庶吉士。

嘉庆年间基本仍遵照乾隆帝的这一馆选原则，既考虑朝考成绩，又顾及各省均有进士入选庶吉士的做法。我们以较具代表性的嘉庆十年乙丑科馆选加以说明。

表 1–7　嘉庆十年乙丑科各省朝考入选人数及庶吉士人数表

省（旗）	进士人数	朝考入选人数	庶吉士人数	朝考入选成为庶吉士	朝考未入选成为庶吉士
宗室	2	0	1		1 人：崇弼
满洲	8	2	4	2 人：穆彰阿、觉罗宝兴	2 人：和桂、崇绥
蒙古	2	0	1		1 人：色卜星额
汉军	3	0	0		
奉天	2	0	0		
直隶	27	6	7	6 人：张志廉、周寿椿、徐松、邵葆锺、徐铨、刘谦	1 人：徐鉴
江苏	20	13	11	11 人：李兆洛、孙尔准、王珙、汪全德、孙源湘、潘际云、费卿庭、顾寅、程元吉、龚元鼎、邹植行	
安徽	14	9	9	9 人：石葆元、张聪贤、姚元之、谢崧、董桂敷、马瑞辰、姚原绂、陈俊千、胡承珙	
江西	18	3	7	3 人：曹芸缃、徐学晋、萧朗峰	4 人：彭邦畴、周尚莲、鲁垂绅、裘元淦
浙江	21	13	10	10 人：盛唐、章汝金、童璜、胡敬、苏绎、蒋诗、吴遇坤、陈鸿墀、钱人杰、张光熹	
福建	12	2	3	2 人：陈宗畴、叶申万	1 人：陈玉铭
山东	21	3	4	3 人：史谱、于克襄、孙升长	1 人：葛宗昶
山西	13	2	2	2 人：郭承恩、黄步堂	

① 《清高宗实录》卷 1328，乾隆五十四年五月癸亥，第 17 册，第 982 页。

（续表）

省（旗）	进士人数	朝考入选人数	庶吉士人数	朝考入选成为庶吉士	朝考未入选成为庶吉士
河南	12	3	3	3 人：程家督、汪汝弼、张濂堂	
陕西	7	0	2		2 人：李建北、许绳先
甘肃	3	1	1	1 人：何承先	
湖北	11	3	3	3 人：程德楷、张锡谦、帅承瀚	
湖南	8	0	1		1 人：聂铣敏
四川	7	0	2		2 人：程伯銮、何增元
广东	7	1	2	1 人：李黼平	1 人：李可琼
广西	7	2	2	2 人：何彤然、秦基	
云南	11	1	3	1 人：倪思莲	2 人：平志、严烺
贵州	9	1	3	1 人：邱煌	2 人：王德本、翟锦观
合计	243	65	81	60	21

备注：此表据《嘉庆十年乙丑科朝考入选单》(《嘉庆道光两朝上谕档》第 10 册，第 201 ～ 203 页)、《词林辑略》《清朝进士题名录》制作。《上谕档》中无《嘉庆十年乙丑科新进士引见单》。此科各省进士人数据《清朝进士题名录》统计。各省进士人数与引见人数一般相同，但由于个别进士可能补朝考，因此，引见人数与本科进士人数可能会有一点差异。

据表 1–7 可知，嘉庆十年乙丑科朝考入选 65 人，钦点了 81 名庶吉士，其中朝考入选者有 60 人成为庶吉士，5 人（其中江苏 2 人、浙江 3 人）没有入选庶吉士，有 21 人朝考没有入选而成为庶吉士。这 21 人朝考没有入选而钦点为庶吉士的情况是：宗室 1 人、满洲 2 人、蒙古 1 人、直隶 1 人、江西 4 人、山东 1 人、福建 1 人、湖南 1 人、陕西 2 人、四川 2 人、广东 1 人、云南 2 人、贵州 2 人。可见，这科江浙朝考入选者不一定入选为庶吉士，而其他省份朝考入选者均钦点为庶吉士。为了平衡各省庶吉士人数，嘉庆帝将一些没有朝考入选的进士也钦点为庶吉士。这反映了嘉庆帝仍执行乾隆帝的馆选原则。

总之，在雍正、乾隆、嘉庆时期，朝考成为钦点庶吉士时最重要的参考成绩。一般来说，文化相对发达的江南（江苏、安徽）、浙江等省的士子朝考入选才可能入选庶吉士。当然，皇帝对文化相对落后的小省给予一定的照顾、倾斜，即一些小省没有朝考入选者也钦点一两名庶吉士。

二　从大臣保举向分省引见新进士过渡

（一）大臣保举

雍正朝之馆选，是否均需保举？《词林典故》记载：“圣祖康熙间，进士于馆选时，奏乞读中秘书，或称家世多任馆阁，或称边远地素少词臣，间荷俞允。世宗加意朝考，复令大臣以所知荐，用相参核。”①

清代不少人就认为雍正时，进士需大臣保举才可能入选为庶吉士。“君姓武氏，讳绍周，字梦卜……康熙丁酉举于乡。雍正癸卯成进士，出兴县孙文定公门。文定一见奇之，曰：‘若矫矫，可试馆职也。’时例，进士引见改庶吉士，必用大臣面荐，非是不得充馆选。礼部侍郎登封景日昣故知君，从客寄语君，请以乡后进礼往见而后荐之，君谢不可。以是归进士班，隶选司。久之选为汾西知县。”②

陈宏谋，雍正元年，“殿试三甲第九名，成进士。时新进士须九卿密举方与馆选。府君相知绝少，适诸城王公沛檀以粤藩擢少宰，识府君名，遵例密荐。府君不知也”③。

雍正元年癸卯恩科进士武绍周、陈宏谋两人，一人没有保举而未能入选庶吉士，一人有保举则入选庶吉士。

陈大受年谱记载：雍正十一年，“协办大学士户部尚书彭公讳维新（康熙丙戌进士，湖南茶陵州人），遵例荐举，钦点翰林院庶吉士”④。陈大受，雍正十一年癸丑科进士，经协办大学士户部尚书彭维新荐举，钦点为庶吉士。

雍正年间，大臣的保举在馆选中具有很重要的作用。“雍正二年甲辰殿试后在保和殿考四书文一篇、诗一首。命大将军年羹尧阅卷，又命九卿保举。”⑤

雷鋐，雍正十一年，“成进士，朝考第一，大臣多荐者，改翰林院庶吉士。今上即位，诏起公于家，侍读皇子，赐第内城，特旨授编修”⑥。

可以说，一般情况下，在雍正朝，进士要入选庶吉士，需大臣保举，

---

①《词林典故》卷6《仪式上·馆选仪》，见《文渊阁四库全书》第599册，第593页。

②［清］朱筠：《吏部验封司郎中武君绍周神道碑》，见《碑传集》卷102，第2883页。

③［清］陈锺珂：《先文恭公年谱》（陈宏谋年谱），见《北京图书馆藏珍本年谱丛刊》第95册，第482页。

④［清］陈辉祖：《可斋府君年谱》（陈大受年谱），见《北京图书馆藏珍本年谱丛刊》第97册，第347～348页。

⑤《茶余客话》卷2，见《续修四库全书》第1138册，第57页下栏。

⑥［清］朱仕琇：《都察院左副都御史雷公墓志铭》，见《碑传集》卷30，第964页。

但也有部分没有被保举的进士入选庶吉士。雍正元年癸卯科，“殿试后于保和殿朝考，命九卿保举所知。内有文有保二十一名点十九人，有文无保十九名俱点用，有保无文三十九名点十六人，文保俱无一百六十七名点四人”①。据此统计，雍正癸卯科 58 名庶吉士，其中 35 人经保举入选庶吉士，23 人没有保举也入选为庶吉士。

雍正元年之后，仍有没被保举的进士钦点为庶吉士。“府君姓阮氏讳学浩……庚戌成进士，出编修奉新帅公兰皋之门……先是进士与馆选者，由大臣先期保举，府君名未登荐牍。会进朝考卷，钦定第四名，引见，改庶吉士，盖异数也。”②新进士阮学浩没有被保举而钦点为庶吉士，被视为异数。这反映了保举在雍正年间馆选中的重要性。

总之，在雍正年间，保举在馆选中起到较大作用，但仍有部分进士并没有保举而入选庶吉士。

（二）由大臣保举到王、大臣验看过渡

乾隆帝即位之后，于乾隆元年三月二十六日降旨：“今科新进士选拔庶常，悉照从前之例行，著大学士张廷玉会同掌院学士办理。”③这就意味着继续推行新进士朝考制度和大臣保举新进士的办法。

乾隆元年丙辰科遵照雍正年间的做法，大臣的保举对新进士入选庶吉士起到一定作用。乾隆元年五月初一日，“大学士张廷玉会同翰林院掌院学士福敏等带领新科进士一甲三人，并文字入选及有保举者共一百五十七名引见。奉谕旨：‘候降旨。’”④乾隆元年五月初二日，“大学士张廷玉会同翰林院掌院学士福敏等带领新科进士一百名引见。奉谕旨：‘候降旨。’”⑤乾隆元年五月初三日，“大学士张廷玉会同翰林院掌院学士福敏等带领新科进士九十名引见。奉谕旨：‘金德瑛、黄孙懋、秦蕙田已经授职，蔡新……陆仪等六十四员，著以翰林院庶吉士用。’”⑥

乾隆元年丙辰科进士分三日引见，第一日引见的是一甲三人，文字入选（指朝考入选）和有保举的 157 人。文字入选者可能被保举，也可能没有被保举；被保举者可能文字入选，也可能文字没有入选。从已知的朝考

---

① 《茶余客话》卷 2，见《续修四库全书》第 1138 册，第 57 页下栏。

② ［清］阮葵生:《七录斋文钞》卷 6《显考缓堂府君行述》，见《续修四库全书》第 1446 册，第 139～140 页。

③ 《乾隆帝起居注》，乾隆元年三月二十六日，第 1 册，第 144 页。

④ 《乾隆帝起居注》，乾隆元年五月初一日，第 1 册，第 213 页。

⑤ 《乾隆帝起居注》，乾隆元年五月初二日，第 1 册，第 215 页。

⑥ 《乾隆帝起居注》，乾隆元年五月初三日，第 1 册，第 216 页。

入选人数来看，乾隆年间一般每科朝考入选三四十人（见表 1-9）。据此我们推测，乾隆元年丙辰科至少有 120 名进士（包括朝考入选者）被保举。此科馆选 64 人。这就是说，只是部分被保举的进士入选庶吉士。但不能说此科入选的庶吉士都有保举。究竟此科馆选，保举所起的作用多大，需进一步考察。

大臣虽有保举新进士的权力，但对其保举的人数有限制，也不能指使别人保举新进士，否则遭议处。乾隆元年五月初七日庚子，降旨：

> 朕因李绂保举新进士过多，又闻伊在朝班将新进士派令九卿保举，特降谕旨询问。今据李绂奏称，同在朝房有咨询拟议者从旁劝助，臣实有之，且曾向赵之垣言及新进士原承猷文艺颇工，劝其保举等语。是李绂将伊私人派令九卿保举之处已自认不讳。伊又称凛承训诲，惟有永绝妄言等语。朕即位以来，并未有因臣工多言即加以处分者，今李绂明系妄举，乃自谓妄言，避重就轻希图蒙混，著交部严察议奏。[①]

可见，户部侍郎李绂保举新进士过多，而且劝其他大臣代为保举，遭到乾隆帝的处罚。

保举新进士的本意是供皇帝钦点庶吉士参考，但这一举措也带来诸如大臣从私人关系而不是从公正的角度保举新进士等弊端，因此，有官员上奏停止保举新进士。乾隆二年二月庚申，“总理事务王大臣议覆四川道监察御史程盛修奏请，停庶吉士保举之例，以端始进，应如所请。从之”[②]。在程盛修的奏请下，停止在馆选时保举新进士。

停止保举新进士之后，乾隆变通馆选方法，即在新进士朝考之后，令王、大臣验看，分别等次，再由皇帝钦点庶吉士。乾隆二年五月乙卯，上御乾清门听政，谕：“新科进士，著总理事务王、大臣验看，分别三等具奏，候朕亲加拣选。”[③]《词林典故》记载：“皇上（注：指乾隆帝）御极，尤慎校艺文，朝考后复令亲王大臣集诸进士，观其仪品，核其年岁，分为三等，程材论选，悉由圣主亲定焉。”[④]

乾隆二年六月初六日，“大学士兼管翰林院掌院学士事张廷玉等带领新科进士一甲三人，并验看列一等者十七人，二等者一百一人引见。奉

---

① 《乾隆帝起居注》，乾隆元年五月初七日，第 1 册，第 224 页。

② 《清高宗实录》卷 36，乾隆二年二月庚申，第 1 册，第 662 页。

③ 《清高宗实录》卷 43，乾隆二年五月乙卯，第 1 册，第 766 页。

④ 《词林典故》卷 6《仪式上・馆选仪》，见《文渊阁四库全书》第 599 册，第 593 页。

旨：候降旨”[①]。

乾隆二年六月初七日，“大学士兼管翰林院掌院学士事张廷玉等带领新科进士验看列三等者一百人引见。奉旨：候降旨”[②]。

乾隆二年六月初八日，“大学士兼管翰林院掌院学士事张廷玉等带领新科进士验看列三等者九十七人引见。奉谕旨：新科一甲进士于敏中、林枝春、任端书已经授职，其二甲三甲进士孙宗溥……觉罗德成格，著以庶吉士用”[③]。

可见，乾隆二年丁巳恩科新进士除一甲3名外，经验看，被分为三等，其中一等17人，二等101人，三等197人。

经验看，一般是将新进士分为三等，但也有的科年将新进士分为三等和不列等。乾隆十三年五月二十日，“大学士张廷玉等带领新科进士一甲三人及验看一等十二人，二等五十一人引见”[④]。

乾隆十三年五月二十二日，“大学士张廷玉等带领新科进士拣选三等者四十四人，又未列等第者五人引见”[⑤]。可见，乾隆十三年戊辰科新进士，经验看之后，除分为三等外，还有不列等者5人。（参见表1-8）

乾隆帝每科派多少名王、大臣验看新进士？《澄怀主人自订年谱》（张廷玉年谱）记载：

> （乾隆四年）四月二十一日奉旨：新科进士著庄亲王、和亲王、平郡王、张廷玉、讷亲、尹继善照上科例分别拣选具奏。[⑥]
>
> （乾隆七年）五月初四日奉旨：新科进士著庄亲王、和亲王、怡亲王，大学士鄂尔泰、张廷玉，尚书讷亲验看，分别等次具奏。[⑦]
>
> （乾隆十年五月）二十八日拣选新科进士，奉旨派出庄亲王、和亲王、平亲王，大学士讷亲、张廷玉，尚书来保分别等次具奏。[⑧]
>
> （乾隆十三年）五月十八日奉旨：庄亲王、和亲王、大学士张廷玉、

① 《乾隆帝起居注》，乾隆二年六月初六日，第2册，第244页。

② 《乾隆帝起居注》，乾隆二年六月初七日，第2册，第245页。

③ 《乾隆帝起居注》，乾隆二年六月初八日，第2册，第246～247页。

④ 《乾隆帝起居注》，乾隆十三年五月二十日，第7册，第135页。

⑤ 《乾隆帝起居注》，乾隆十三年五月二十二日，第7册，第138页。

⑥ ［清］张廷玉：《澄怀主人自订年谱》（张廷玉年谱），见《北京图书馆藏珍本年谱丛刊》第90册，第650页。

⑦ 同上注，第664页。

⑧ 同上注，第679～680页。

协办大学士傅恒、刑部尚书达尔党阿拣选新科进士，分别等次引见。[①]

大学士张廷玉在自订年谱记载自己四次参加验看新进士，其中乾隆四年己未科、乾隆七年（1742）壬戌科、乾隆十年乙丑科三科均派出六名王、大臣验看新进士，乾隆十三年戊辰科派出五名王、大臣。庶吉士出身的沈德潜在自撰的年谱记载：乾隆四年，殿试二甲第八，朝考第三，“看验日诸王大臣六人”[②]。沈德潜所记与张廷玉所记相互印证。因此，可以说乾隆年间一般每科派出五六名王、大臣验看新进士。

据张廷玉所记，验看新进士的王、大臣一般由二三名亲郡王、三名大臣组成。三名大臣一般由两名大学士、一名尚书组成。这三名大臣除张廷玉一人是汉人，其余均是满洲人。五六名验看王、大臣除张廷玉之外，其余均为满洲人（包括亲郡王）。乾隆帝之所以如此派出验看新进士的王、大臣，可能是考虑到新进士是以汉人士子为主体，为避免汉大臣结党，因而验看新进士的大臣多用满洲人少用汉人，以保证验看的相对公正性。乾隆元年丙辰科户部侍郎李绂保举新进士过多，而且劝其他大臣代为保举，这一行为遭到乾隆帝的惩处。这可能是乾隆帝验看大臣少用汉人的原因之一。

（三）由王、大臣验看向分省引见过渡

虽然由王、大臣验看新进士，会出现一些问题，但毕竟是经多人验看，将新进士分为三等，有一定的公正性。随着封建皇权的进一步加强，清朝皇帝不断削弱大臣在选人、用人上的权力。明代一般由内阁会同礼部、吏部选拔庶吉士，报皇帝认可；而在清代，随着君主专制进一步发展，在选拔庶吉士时，大臣的保举权、拣选权（验看新进士）先后被剥夺，最终由皇帝一人来钦定庶吉士。吴振棫记载：“高宗时，既慎校艺文，朝考后复令亲王大臣集诸进士，观其仪度，核其年岁，分为三等，程材论选。三十年停止王大臣拣选，命于引见时按省分，依甲第，分班带领，并将上届某省用几人开单呈览。引见时，于名折上丹圈者，以庶吉士用；尖者，以额外主事用；连点者，以知县用。由是直省人才，皆得邀馆阁之选。”[③] 吴振棫的记载是乾隆三十年（1765）停止王、大臣拣选，而实际是

---

① ［清］张廷玉：《澄怀主人自订年谱》（张廷玉年谱），见《北京图书馆藏珍本年谱丛刊》第 90 册，第 716 页。

② ［清］沈德潜：《沈归愚自订年谱》，见《北京图书馆藏珍本年谱丛刊》第 91 册，第 178 页。

③ 《养吉斋丛录》卷 9，第 112 页。

在乾隆三十一年停止王、大臣拣选。

乾隆三十一年四月壬子，谕：

> 向来新进士殿试、朝考后复派王、大臣验看，分别等第，原因人文并重，且使边方远省名次在后者，亦得均与馆选也。但思进士原系通行引见，其人可造与否，朕皆临时甄别录用，自可无庸豫为拣选。嗣后新进士引见时，著各按省分，仍依甲第前后，分班带领，并将上次每省录用人数详晰开单呈览。如有朝考录取者并于绿头牌及排单内注明。其如何分省分日引见之处，该衙门临时酌办奏闻。①

乾隆三十一年五月十二日庚辰，“大学士傅恒等带领丙戌科进士满洲、汉军、直隶、江南、江西、浙江等省共一百八人引见于乾清宫”②。

乾隆三十一年五月十三日辛巳，“大学士傅等带领丙戌科进士福建、湖北、湖南、河南、山东、山西、陕西、四川、广东、广西、云南、贵州等省共一百四人引见于乾清宫。大学士傅、刘又奉谕旨：新科进士一甲三名张书勋、姚颐、刘跃云，已经授职，陆费墀……林时蕃，俱著改为庶吉士”③。大学士傅、刘是指大学士傅恒、刘统勋。

可见，乾隆三十一年丙戌科进士开始按省份来引见选拔庶吉士。从此，新进士按省份来引见选拔，成为有清一代定制。

---

① 《清高宗实录》卷 758，乾隆三十一年四月壬子，第 10 册，第 352 ～ 353 页。

② 《乾隆帝起居注》，乾隆三十一年五月十二日，第 25 册，第 231 页。

③ 《乾隆帝起居注》，乾隆三十一年五月十三日，第 25 册，第 232 页。

表 1-8　乾隆朝新进士引见表

科年	第一次引见日期、人数	第二次引见日期、人数	第三次引见日期、人数	资料来源
乾隆元年丙辰科	五月初一日，一甲三人并文字入选及有保举者共一百五十七人引见。	五月初二日，新科进士一百人引见。	五月初三日，新科进士九十人引见。	A：1/213；A：1/215；A：1/216
乾隆二年丁巳恩科	六月初六日，新科一甲三人并验看列一等者十七人，二等者一百一人引见。	六月初七日，新科进士验看列三等者一百人引见。	六月初八日，新科进士验看列三等者九十七人引见。	A：2/244；A：2/245；A：2/246
乾隆四年己未科	五月初十日，谕：一甲三人，拣选一等三十人，拣选内文字入选者二十五人，著于十一日带领引见，其余于十二、十三日分作两班引见。	五月十二日（缺引见资料）。	五月十三日（缺引见资料）。	B：1/401
乾隆七年壬戌科	五月壬申（十四日），内阁、翰林院带领新进士引见。			C：3/107
乾隆十年乙丑科	《上谕档》：六月初三日，内阁奉旨：新科进士著于初六、初七、初八三日带领引见。	六月初七（缺引见资料）。	《实录》：六月己酉（初八日），内阁、翰林院带领新进士引见。	B：2/45；C：4/123
乾隆十三年戊辰科	五月二十日，大学士张廷玉等带领新科进士一甲三人及验看一等十二人，二等五十一人引见。	五月二十一（缺引见资料）。	五月二十二日乙巳，大学士张廷玉等带领新科进士拣选三等者四十四人，又未列等第者五人引见。	A：7/135；A：7/138
乾隆十六年辛未科	《起居注》：闰五月初七日壬申，大学士傅恒、史贻直奉谕旨：新科进士除一甲三名授职外，吴鸿……范思皇俱著改为庶吉士。《实录》：闰五月壬申（初七日），内阁、翰林院带领新进士引见。			A：10/150；C：6/122

（续表）

科年	第一次引见日期、人数	第二次引见日期、人数	第三次引见日期、人数	资料来源
乾隆十七年壬申恩科	《起居注》：十月十二日己亥，大学士傅恒、史贻直奉谕旨：新科进士除一甲三名授职外，钱载……贾煜俱授为庶吉士。《实录》：十月己亥（十二日），内阁、翰林院带领新科进士引见。			A：11/270；C：6/553
乾隆十九年甲戌科	闰四月戊辰（十九日），内阁、翰林院带领新进士引见。			C：6/1006
乾隆二十二年丁丑科	《起居注》：五月三十日庚申，大学士傅、陈奉谕旨：新科进士除一甲三名授职外，李汪度……郑鸿撰俱著改为庶吉士。《实录》：五月庚申（三十日），内阁、翰林院带领新进士引见。			A：16/236；C：7/821
乾隆二十五年庚辰科	《起居注》：六月初二日甲戌大学士傅、史奉谕旨：新科进士除一甲三名授职外，曹文埴……张廷桂俱著改为庶吉士。《实录》：六月甲戌（初二日），内阁、翰林院带领新进士引见。			A：19/259；C：8/902
乾隆二十六年辛巳恩科	五月十七日乙卯，翰林院带领王、大臣等拣选一二等之新科进士引见。	五月十八日丙辰，翰林院带领王、大臣等拣选三等之新科进士引见。		A：20/154；A：20/155
乾隆二十八年癸未科	《起居注》：五月初十日丙寅，大学士傅、刘奉谕旨：新科进士除一甲三名授职外，董诰……龚骖文俱著改为庶吉士。《实录》：五月丙寅（初十日），内阁、翰林院带领新进士引见。			A：22/170；C：9/683
乾隆三十一年丙戌科	五月十二日，大学士傅恒等带领丙戌科进士满洲、汉军、直隶、江南、江西、浙江等省共一百八人引见于乾清宫。	五月十三日，大学士傅（恒）等带领丙戌科进士福建、湖北、湖南、河南、山东、山西、陕西、四川、广东、广西、云南、贵州等省共一百四人引见于乾清宫。		A：25/231；A：25/232

（续表）

科年	第一次引见日期、人数	第二次引见日期、人数	第三次引见日期、人数	资料来源
乾隆三十四年己丑科	《上谕档》：四月初二日，奉旨：著于五月十五、十六日带领新进士引见。《起居注》缺十五日引见新进士资料。	《起居注》：五月十六日，上御乾清宫。大学士尹（继善）、刘（统勋）等带领江西、福建、河南、山东、山西、湖北、湖南、广东、广西、四川、云南、贵州等省新进士引见。		A：28/237； B：5/744
乾隆三十六年辛卯恩科	五月己酉（初九日），内阁、翰林院带领新进士引见。			C：11/847
乾隆三十七年壬辰科	五月壬子（十八日），内阁、翰林院带领新进士引见。			C：12/168
乾隆四十年乙未科	《上谕档》：五月十四、十五日引见。《实录》：五月庚申（十四日），内阁翰林院带领新进士引见。			B：10/458； C：13/115
乾隆四十三年戊戌科	《上谕档》：五月十四、十五日引见。《实录》：五月癸酉（十四日），内阁、翰林院带领新进士引见。			B：10/458； C：14/121
乾隆四十五年庚子恩科	《上谕档》：五月十七、十八日引见。	《起居注》：五月十八日丙申，内阁奉谕旨：新科进士除一甲三名授职外，关槐……徐准俱著改为翰林院庶吉士。《实录》：五月丙申（十八日），内阁、翰林院带领新进士引见。		A：30/110； B：10/459； C：14/812

（续表）

科年	第一次引见日期、人数	第二次引见日期、人数	第三次引见日期、人数	资料来源
乾隆四十六年辛丑科	《上谕档》：五月初六、初七日带领引见。《实录》：五月戊寅（初六日），内阁、翰林院带领新进士引见。			B：10/463； C：15/107
乾隆四十九年甲辰科	五月丙辰（初二日），内阁、翰林院带领新进士引见。			C：16/133
乾隆五十二年丁未科	五月庚午（初四日），内阁、翰林院带领新进士引见。			C：17/148
乾隆五十四年己酉科	五月癸亥（初七日），内阁、翰林院带领新进士引见。			C：17/982
乾隆五十五年庚戌恩科	《上谕档》：五月初二、初三两日带领新进士引见。《实录》五月癸未（初三日），内阁翰林院带领新进士引见。			B：15/606 C：18/136
乾隆五十八年癸丑科	五月戊戌（初七日），内阁、翰林院带领新进士引见。			C：19/99
乾隆六十年乙卯恩科	《起居注》：四月二十七日丁未，翰林院带领新进士王以衔等一百一十四名引见。《实录》四月丁未（二十七日），内阁、翰林院带领新进士引见。			A：42/150 C：19/736

备注："资料出处"栏中，A——表示《乾隆帝起居注》，B——表示《乾隆朝上谕档》，C——表示《清高宗实录》；"/"前之数表示相对应的册数，"/"后之数表示相对应的页码。

乾隆三十一年之后，乾隆帝停止大臣拣选新进士，但在乾隆后期，馆选时乾隆帝可能采纳了宠臣和珅的建议。

“初公（指黄钺）之为诸生也，即有名。乾隆癸巳，高宗五巡江、浙，公献赋行在，列二等，文誉日起。和珅思罗致之，公不应。迨庚戌成进士，未殿试，和又使人招之，公笑而不答。和衔甚，遂未与馆选。公试卷实前十本云。官部曹，未几即假归，主讲书院，课徒自给。家无储粟，晏如也。曾有句云：‘藏身人海日憧憧，沈谢何刘亦难记。驰驱九陌逐下风，不肯轻投一人刺。’其孤标如此。嘉庆己未，和相伏法，睿皇帝亲政，召公入都，赐对便殿。谕曰：‘朕在藩邸，即知汝名。’旋以主事在懋勤殿行走。甲子，特旨授赞善，入直南斋。”[①]

勤敏，是黄钺的谥号。黄钺，乾隆五十五年庚戌恩科二甲第六名，朝考入选第十名。[②]从殿试甲第名次和朝考入选名次来看，黄钺很有可能入选为庶吉士，但是，由于不依附大学士和珅，遭其忌恨，而没能入选为庶吉士。

“陈秋水，字冶峰，会稽人，乾隆癸丑二甲一名进士，官内阁中书……孙德祖曰：先生成进士日，名满都下，和珅欲罗致之，属所亲风旨劝往见，先生毅然不赴，遂不与馆选。至今郡邑士犹艳称其风骨。”[③]

陈秋水，浙江会稽人，乾隆五十八年癸丑科二甲第一名，朝考入选第十九名。[④]从殿试甲第名次和朝考入选名次来看，陈秋水很有可能入选为庶吉士，但是，由于不依附大学士和珅，同样遭其忌恨，也没能入选为庶吉士。

从黄钺、陈秋水遭大学士和珅的忌恨而没能入选为庶吉士来看，乾隆年间，一些大臣的意见，在一定程度上影响皇帝在馆选上的取舍。

“馆选日，上御保和殿。故事惟大学士侍殿上，余皆立阶下。”[⑤]大学士和珅可能是利用钦点庶吉士时，侍立乾隆帝身旁，对新进士加以评论，从而影响乾隆帝在馆选上的取舍。

---

① ［清］方濬师撰，盛冬铃点校：《蕉轩随录》卷7《黄勤敏公》，见《清代史料笔记丛刊》，北京，中华书局，1995年，第280页。

② 黄钺的朝考入选名次见《乾隆五十五年庚戌恩科新进士朝考入选名次单》，见《乾隆朝上谕档》第15册，第639页。

③ ［清］潘衍桐：《两浙輶轩续录》卷16，见《续修四库全书》第1685册，第415页。

④ 陈秋水的朝考入选名次见《乾隆五十八年癸丑科新进士朝考入选名次单》，见《乾隆朝上谕档》第17册，第330页。

⑤ ［清］钱大昕：《文渊阁大学士兼礼部尚书王公掞传》，见《碑传集》卷13，第341页。

第四节　完善时期的馆选方式——道光至光绪年间的馆选

道光以来，馆选方法基本上遵循雍乾嘉时的定制。这一时期朝考在馆选中仍占有重要地位，同时会试覆试成绩在馆选中逐渐起到一定的作用。

一　朝考制度的发展

（一）从朝考入选发展到朝考分等

吴振棫记载："向时朝考卷，阅卷者仅分取与不取，取者谓之朝考入选。其取卷分别等第，自道光甲辰科始。又朝考一等第一名，谓之朝元。"①

从雍正元年癸卯恩科朝考至道光二十一年辛丑科朝考，每科取中几十人，这几十人就是朝考入选之人。在本文第一章第三部分，我们据《茶余客话》，计算雍正元年癸卯恩科朝考入选 40 人（见第 91 页），参照乾隆年间一般每科朝考入选三四十人，《茶余客话》所记应符合实际。乾隆后期两科、嘉庆初年一科朝考入选仅十几人，其中乾隆六十年乙卯恩科朝考入选人数仅 12 人（见表 1-9）。这应是朝考入选人数最少的一科。乾隆六十年乙卯恩科、嘉庆元年丙辰科两科的朝考第一阅卷大臣均是大学士和珅。②

---

① 《养吉斋丛录》卷 9，第 111 页。

② 《乾隆朝上谕档》第 18 册第 566 页：乾隆六十年四月二十三日："臣和珅等谨奏：臣等奉旨派出阅看新进士朝考试卷，公同校阅，除一甲三名之卷，臣等校阅，俱属妥顺，另束进呈外，余共一百零八本，择其文理较优者入选十二本，恭呈御览，伏候钦定。"《嘉庆道光两朝上谕档》第 1 册第 118 ～ 119 页：嘉庆元年四月二十八日："臣和珅等谨奏：臣等奉旨派出阅看新进士朝考试卷，公同校阅，除一甲三名之卷，臣等校阅，虽乏警策，尚属平妥，另束进呈外，余共一百四十一本，择其文理较优者入选十五本，恭呈御览，伏候钦定。"据此可知，乾隆六十年乙卯恩科、嘉庆元年丙辰科两科的朝考阅卷由和珅负责。

表 1–9 乾隆至道光部分朝考入选人数表

科年	进士 / 朝考人数	拟选 / 钦定	朝考入选人数	一甲①	庶吉士人数	资料来源
乾隆二年丁巳恩科②			36		59	[清]方苞撰《望溪集》集外文卷 2《奏札·请定庶吉士馆课及散馆则例札子》，见《续修四库全书》第 1420 册，第 566 页
乾隆七年壬戌科			36		54	[清]王昶《太子太保东阁大学士梁文庄公诗正行状》，见《碑传集》卷 27，第 886 ～ 888 页
乾隆十年乙丑科			41		51	
乾隆十三年戊辰科			38		51	
乾隆三十四年己丑科③			30 人以上		26	《乾隆朝上谕档》第 5 册，第 779 ～ 780 页;《清高宗实录》卷 834，第 11 册，第 135 ～ 136 页
乾隆五十二年丁未科	137/137		30	单独	29	《乾隆朝上谕档》第 13 册，第 788 页
乾隆五十四年己酉科④	98/98		25	并入	21	《乾隆朝上谕档》第 14 册，第 857 页
乾隆五十五年庚戌恩科	97/97		27	单独	24	《乾隆朝上谕档》第 15 册，第 639 ～ 640 页
乾隆五十八年癸丑科	81/81		19	单独	20	《乾隆朝上谕档》第 17 册，第 329 ～ 330 页
乾隆六十年乙卯恩科	111/111		12	单独	15	《乾隆朝上谕档》第 18 册，第 566 页
嘉庆元年丙辰科	144/144		15	单独	25	《嘉庆道光两朝上谕档》第 1 册，第 118 ～ 119 页
嘉庆四年己未科			缺		70	
嘉庆六年辛酉恩科			缺		76	

（续表）

科年	进士 / 朝考人数	拟选 / 钦定	朝考入选人数	一甲①	庶吉士人数	资料来源
嘉庆七年壬戌科⑤			60		91	［清］陶澍撰《陶文毅公全集》卷58《诗集·洪守愚同年重订壬戌齿录告成赋五言六十韵纪之》
嘉庆十年乙丑科	243/244		65	单独	81	《嘉庆道光两朝上谕档》第10册，第201～203页
嘉庆十三年戊辰科			缺		76	
嘉庆十四年己巳恩科	241/241		80	单独	66	《嘉庆道光两朝上谕档》第14册，第256～259页
嘉庆十六年辛未科			缺		69	
嘉庆十九年甲戌科	226/226		76	单独	67	《嘉庆道光两朝上谕档》第19册，第364～366页
嘉庆二十二年丁丑科	255/255		76	单独	71	《嘉庆道光两朝上谕档》第22册，第132～134页
嘉庆二十四年己卯恩科	224/224		72	单独	63	《嘉庆道光两朝上谕档》第24册，第174～176页
嘉庆二十五年庚辰科	246/246		84	单独	76	《嘉庆道光两朝上谕档》第25册，第195～197页
道光二年壬午恩科	222/222	拟选	65	单独	38	《嘉庆道光两朝上谕档》第27册，第213～215页
		钦定	72			
道光三年癸未科	246/245	拟选	74	单独	45	《嘉庆道光两朝上谕档》第28册，第174～176页
		钦定	69			
道光六年丙戌科	265/265		68	单独	47	《嘉庆道光两朝上谕档》第31册，第145～147页
道光九年己丑科	221/221		73	单独	52	《嘉庆道光两朝上谕档》第34册，第175～177页
道光十二年壬辰恩科⑥	206/205		64	单独	54	《嘉庆道光两朝上谕档》第37册，第187～189页

（续表）

科年	进士 / 朝考人数	拟选 / 钦定	朝考入选人数	一甲①	庶吉士人数	资料来源
道光十三年癸巳科⑦	220/220	拟选	64	并入	59	《嘉庆道光两朝上谕档》第 38 册，第 278 ～ 280 页
		钦定	65			
道光十五年乙未科⑧	272/272		74	并入	54	《嘉庆道光两朝上谕档》第 40 册，第 170 ～ 172 页
道光十六年丙申恩科⑨	172/173	拟选	60	单独	39	《嘉庆道光两朝上谕档》第 41 册，第 187 ～ 188 页
		钦定	59			
道光十八年戊戌科⑩	194/195		62	单独	50	《嘉庆道光两朝上谕档》第 43 册，第 135 ～ 137 页
道光二十年庚子科	180/179		58	单独	55	《嘉庆道光两朝上谕档》第 45 册，第 209 ～ 211 页
道光二十一年辛丑恩科	202/203		64	单独	66	《嘉庆道光两朝上谕档》第 46 册，第 149 ～ 151 页

备注：①“一甲”栏：指一甲进士的朝考卷是单独阅卷，或者是并入二三甲进士的朝考卷中一同阅卷，然后取中朝考入选人数。

②我们考证乾隆二年朝考入选 36 人，见第一章第三节中的《新进士朝考》部分（第 73 ～ 75 页）。

③乾隆三十四年五月初十日，乾隆帝降旨：“昨派阅朝考卷之大臣，以拟取各卷进呈，朕阅前列数卷，并拆看弥封，则拟列第一之严本卷。论冒云：‘人心本浑然也，而要必严办（《清高宗实录》是‘辨’）于动静之殊’两句内姓名显然并见。复阅拟第二之王世维卷，则云‘维皇降衷’……虽此各卷文义原属可取，而其字迹可疑，且不止一卷，岂得尽谓偶然适合，似此隐藏字样，非关节而何？若谓此非关节，亦不解复有何等字样为关节者？……诸臣皆朕所信任派出，不值因此遽兴大狱。今为一一举出，应有内愧于心者耳，此事姑从宽免究，但如此拟取，不足以昭公道而服人心。因令军机大臣、会同原看官，将各卷通行覆阅。据奏请将原拟之前四卷，抑置取卷之末，并将所取各卷，酌改前后次序，另签进呈，均如所拟更定。至原拟第三十一名之卷，诏既不切，诗复不工，亦如所请斥去不取，以示平允，原派阅卷之大臣，将此不应入选之卷，滥取充数，咎无可辞，著交部议处，并将此明白宣示，俾嗣后衡文诸臣及应试士子各自猛省，倍加警惕。”（《乾隆朝上谕档》，乾隆三十四年五月初十日，第 5 册，第 779 ～ 780 页。另见《清高宗实录》卷 834，乾隆三十四年五月辛卯，第 11 册，第 135 ～ 136 页。）从这道谕旨可知，乾隆帝认为乾隆三十四年己丑科朝考拟入选的前四卷“文义原属可取”，但是通过关节进入前四名。乾隆帝没因此“兴大狱”，但令军机大臣和原阅卷大臣对朝考卷“通行覆阅”。覆阅之后，军机大臣等奏请将原拟前四名降到最后四名，并将其他朝考卷的名次进行变更，乾隆帝表示认可，即“均如所拟更定”。军机大臣等还奏请将原拟第 31 名“斥去不取”，乾隆帝也表示认可。可见，这科朝考仅去掉拟入选的第 31 名，其他朝考入选均予保留，只是变动了名次。这道

谕旨没有提到三十四年己丑科原拟多少人朝考入选，但可知这科至少还有30人朝考入选。

④乾隆五十四年朝考阅卷大臣和珅等奏："臣等奉旨派出阅看新进士朝考试卷，公同校阅，共九十八卷，择其文理较优者录取二十五卷，恭呈御览，伏候钦定。"（《乾隆朝上谕档》第14册，第857页。）乾隆五十四年己酉科进士98人，朝考从98卷中选取25卷，这就意味着，一甲三名的朝考卷是并入其他进士朝考卷之中。清人吴振棫记载："一甲进士朝考卷，另封进呈，不由阅卷大臣定拟。惟乾隆己酉（注：五十四年）朝考一体弥封阅定。一甲一名胡长龄，名在第三；一甲二名汪廷珍，名在第二；一甲三名刘凤诰，名在第五。"（《养吉斋丛录》卷9，第111页。）

⑤［清］陶澍撰《陶文毅公全集》卷58《诗集・洪守愚同年重订壬戌齿录告成赋五言六十韵纪之》（清道光刻本，第25页）中"拔十材惟美"之句下注有"朝考入选六十人"。

⑥朝考阅卷大臣拟选64人，道光帝钦定也是此64人，只是将拟选的第1名至第29名的名次作了变动，第30名至第64名的名次没有变动。

⑦道光十三年（1833）癸巳科，朝考阅卷大臣拟选64人，道光帝在拟选64人的基础上，增加1人，朝考入选共65人。道光帝对拟选的第1名至第15名的名次没有变动，而对拟选第16名至第64名的名次作了变动。此科一甲3人的朝考卷与二甲、三甲进士的朝考卷一同评阅，一甲3人中仅蒋元溥（一甲3名）朝考入选第20名。

⑧据"臣潘世恩、穆彰阿……谨奏：蒙发下朝考试卷二百七十二本，臣等公同详阅，择其文理清妥、字画端楷者，拟取七十四卷，粘贴次序，恭呈御览，伏候钦定，俟发下拆去弥封，再行缮写名单进呈"（《嘉庆道光两朝上谕档》第40册，第170页）。道光十五年（1835）乙未科共取进士272人（包括一甲3人），再结合道光朝朝考大臣奏请的惯例，大致推断一甲3名的朝考卷并入二甲、三甲进士的朝考卷中，此科一甲3人均没有朝考入选。

⑨ 道光十六年（1836）丙申恩科，朝考阅卷大臣拟朝考入选60人，道光帝认可拟取的前57人的名次，将原拟第59名、第60名的分别钦定为第58名、第59名。据此我们推断道光帝去掉拟朝考入选第58名，钦定朝考入选59人。

⑩ 道光十八年（1838）戊戌科，道光帝对朝考大臣拟选的朝考名次进行了改动，即除朝元的名次没有变动外，其余61人的名次均作了变动。

乾隆六十年四月，和珅奉旨阅看新进士朝考试卷，择文理较优者入选仅12人。[①]

大学士和珅出于压制人才之用心，减少朝考入选人数。虽然乾隆五十八年癸丑科朝考第一阅卷大臣是阿桂，但这次朝考入选人数很可能受和珅操纵。乾隆后期至嘉庆初年几科钦点庶吉士人数较少，可能与朝考入选人数不多有一定的关系。

朝考入选人数最多时期是嘉庆道光年间。这一时期朝考入选人数从60人到80人不等，嘉庆二十五年庚辰科朝考人选人数多达84人（见表

① 《乾隆朝上谕档》第18册，第566页。嘉庆元年丙辰科朝考第一阅卷大臣也是和珅，见《嘉庆道光两朝上谕档》第1册，第118～119页。

1-9）。大致是朝考入选人数多，则钦点庶吉士的人数相对多一些。其中乾隆年间钦点庶吉士人数一般超过朝考入选人数，而道光年间钦点的庶吉士人数基本少于朝考入选人数。

道光后期，道光帝诏令参照会试覆试分等的情况，将朝考也分等。道光二十一年五月初五日，道光帝降旨："嗣后新进士朝考阅卷，著照覆试之例，拟定一二三等进呈。"①

遵照此谕旨，道光二十四年（1844）甲辰科朝考开始分等。从此，每位新进士都有朝考等第名次，而此前新进士中只有朝考入选者排名次，而其他新进士均是朝考不入选，不排名次。从道光二十四年甲辰科至同治二年（1863）癸亥恩科的 11 科，朝考均分四等；从同治四年（1865）乙丑科至光绪三十年甲辰恩科的 17 科，朝考基本是分为三等（见表 1-10）。

光绪十六年（1890）庚寅恩科，朝考阅卷大臣拟一人不列等，而光绪帝将不列等者钦定为第四等。光绪十六年四月二十九日，朝考阅卷大臣徐桐、翁同龢等上奏：

> 蒙发下试卷三百二十三本，臣等公同校阅，除一甲三名外，谨拟一等八十名，二等一百二十名，三等一百十九名，不列等一名。黏贴黄签进呈，恭候钦定。②

光绪御览朝考名次单时，认可前三等的名次，只是将不列等的侯维鹏一人升为四等。③

据表 1-10 可知，朝考等次主要分为三等，即使分为四等，第四等的人数是少数，甚至只有个别列为第四等者。前三等基本是依次递增。朝考一等的人数与道光二十一年辛丑恩科之前的朝考入选人数大致相等。在道光咸丰年间，朝考一等者均在 35 人以下，而同治光绪年间则增加朝考一等的人数，大致 60 至 80 人不等。皇帝主要从朝考一等中钦点庶吉士，少部分从二等中选取。

---

① 《嘉庆道光两朝上谕档》，道光二十一年五月初五日，第 46 册，第 152 页；另见《清宣宗实录》卷 352，道光二十一年五月戊午，北京，中华书局，1986 年，第 6 册，第 354 页。

② 《光绪宣统两朝上谕档》第 16 册，第 141 页。

③ 同上注，第 150 页。

表 1-10 道光二十四年至光绪年间朝考等第名次表

科名	朝考总人数	朝考等第名次人数						一甲三名①	资料出处②
		拟定 / 钦定	一等	二等	三等	四等	不列等		
道光二十四年甲辰科	208		27	59	107	12		不排名次	49/153 ~ 158
道光二十五年乙巳恩科	216		28	55	121	9		不排名次	50/209 ~ 215
道光二十七年丁未科	231		29	57	134	8		不排名次	52/130 ~ 137
道光三十年庚戌科	211		30	50	126	5		排名次	55/206 ~ 212
咸丰二年壬子恩科	241		35	65	138	3		排名次	2/178 ~ 185
咸丰三年癸丑科	221	拟定	35	66	114	6		排名次	3/182 ~ 189
		钦定	34	67	107	13			
咸丰六年丙辰科	215		35	64	108	5		不排名次	6/114 ~ 120
咸丰九年己未科	181	拟定	32	55	89	5		排名次	9/237 ~ 242
		钦定	32	55	84	10			
咸丰十年庚申恩科	187		34	50	98	5		排名次	10/290 ~ 296
同治元年壬戌科	194		32	56	100	6		排名次	12/226 ~ 231
同治二年癸亥恩科	200		36	56	106	2		排名次	13/193 ~ 199
同治四年乙丑科	265		60	80	122			不排名次	15/211 ~ 219
同治七年戊辰科③	268		50	80	134	4		不排名次	18/168 ~ 178
同治十年辛未科	323		72	100	148			不排名次	21/129 ~ 138
同治十三年甲戌科	337		80	100	154			不排名次	24/124 ~ 134

（续表）

科名	朝考总人数	朝考等第名次人数						一甲三名①	资料出处②
		拟定 / 钦定	一等	二等	三等	四等	不列等		
光绪二年丙子恩科	321		88	109	119	2		不排名次	2/147 ～ 156
光绪三年丁丑科	329		60	120	145	1		不排名次	3/128 ～ 137
光绪六年庚辰科	331		74	126	128			不排名次	6/119 ～ 128
光绪九年癸未科	306		60	110	133			不排名次	9/146 ～ 155
光绪十二年丙戌科	318		84	110	120	1		不排名次	12/162 ～ 171
光绪十五年己丑科	299		80	106	110			不排名次	15/192 ～ 200
光绪十六年庚寅恩科	323	拟定	80	120	119		1	不排名次	16/141 ～ 150
		钦定	80	120	119	1			
光绪十八年壬辰科	320		82	120	115			不排名次	18/140 ～ 149
光绪二十年甲午科④	311		60	120	128			不排名次	20/255 ～ 264
光绪二十一年乙未科	296		60	108	125			不排名次	21/145 ～ 153
光绪二十四年戊戌科⑤	342		72	120	150			排名次	24/189 ～ 198
光绪二十九年癸卯科	317		60	120	137			排名次	29/140 ～ 149
光绪三十年甲辰恩科	274		60	96	118			排名次	30/101 ～ 108

备注：①“一甲三名”栏：指一甲三名是否与二三甲进士一同排朝考等第名次。

②“资料出处”栏：此表资料来自《嘉庆道光两朝上谕档》《咸丰同治两朝上谕档》《光绪宣统两朝上谕档》。为使表格简洁，省略了上谕档的具体名称。“/”前之数表示相对应的册数，“/”后之数表示相对应的页码。

③《上谕档》缺同治七年（1868）戊辰科朝考等第名次单，此科朝考等第名次人数据同治七年《新进士引见单》统计。

④光绪二十年（1894）甲午科发下朝考卷308本（60+120+128=308），不包括一甲三名朝考卷，加上一甲三名的朝考卷共311本。

⑤“臣昆冈、许应骙、徐郙、廖寿恒、裕德、唐景崇、杨颐、凤鸣、梁仲衡、寿耆、阔普通武、准良跪奏：蒙发下试卷三百四十二本，臣等公同校阅，除一甲三名外，谨拟一等七十二名，二等一百二十名，三等一百五十名。”（《光绪宣统两朝上谕档》第24册，第189页。）但据朝考名单与《新进士引见单》，一甲三名与二甲、三甲进士一起排朝考名次。

在查阅《上谕档》之前，我们先阅读《清代朱卷集成》。当时见到《清代朱卷集成》中一些道光二十四年以后的进士，也说“朝考入选”，颇感困惑，甚至无奈。当查阅了《上谕档》之后，才弄明白“朝考入选”之意。《清代朱卷集成》中大部分进士记载朝考的等第名次，只是少部分进士记载为“朝考入选”。为了弄明白“朝考入选”之含义，我们将《清代朱卷集成》中所载朝考分等之后仍称“朝考入选”者，制成表1–11。

表1–11　朝考分等之后部分进士仍称朝考入选表

科年	姓名	自称	朝考等第	去向	资料出处①
道光二十五年	刘书年	朝考入选	二等10名	庶吉士	A：14/50；B：50/210
道光二十七年	曹登庸	朝考入选二等6名	二等6名	庶吉士	A：15/252；B：52/132
	辛本栴	朝考入选	二等51名	即用知县	A：15/308；B：52/133
道光三十年	何福咸	朝考入选一等1名	一等1名	庶吉士	A：17/12；B：55/207
咸丰六年	谭锺麟	朝考入选	二等30名	庶吉士	A：20/276；B：6/116
咸丰九年	唐启荫	朝考入选二等31名	二等25名	知府	A：22/140；B：9/239
咸丰十年	李师濂	朝考入选	三等64名	即用知县	A：22/404；B：10/295
	林彭年	朝考入选	二等15名	一甲二名	A：23/94；B：10/292
同治二年	汪彦增	朝考入选	三等56名	即用知县	A：24/214；B：13/198
	邢守道	朝考入选	三等75名	即用知县	A：25/8；B：13/198
	黄基	朝考入选	二等54名	分部学习	A：25/302；B：13/196
	曾国霖	朝考入选	三等18名	分部学习	A：25/330；B：13/197
	张瑞麟	朝考入选	三等104名	即用知县	A：25/420；B：13/199
同治四年	吴峋	朝考入选	三等49名	分部学习	A：26/144；B：15/217

（续表）

科年	姓名	自称	朝考等第	去向	资料出处①
同治七年	刘履安	朝考入选	三等 105 名	即用知县	A：29/200；B：18/174
	金兆基	朝考入选	三等 63 名	即用知县	A：29/278；B：18/172
	岑傅霖	朝考入选	三等 2 名	即用知县	A：30/6；B：18/173
	薛振钰	朝考入选	三等 72 名	即用知县	A：30/16；B：18/172
	丁云翰	朝考入选	三等 26 名	分部学习	A：30/104；B：18/174
	严霨文	朝考入选	三等 117 名	即用知县	A：30/148；B：18/172
	罗德綍	朝考入选	三等 112 名	内阁中书	A：30/242；B：18/171
	崔国榜	朝考入选	三等 70 名	即用知县	A：30/348；B：18/170
	汤铭新	朝考入选	三等 101 名	即用知县	A：30/354；B：18/172
	夏玉瑚	朝考入选	三等 32 名	分部学习	A：30/362；B：18/174
	徐家鼎	朝考入选	三等 74 名	分部学习	A：31/80；B：18/170
	王裕嵘	朝考入选	三等 15 名	分部学习	A：31/142；B：18/175
	徐作梅	朝考入选	三等 68 名	即用知县	A：31/236；B：18/172
	陈钦铭	朝考入选	三等 44 名	即用知县	A：31/386；B：18/172
	于万川	朝考三等入选	三等 86 名	即用知县	A：30/326；B：18/169
同治十年	张海鹏	朝考入选	三等 126 名	分部学习	A：32/174；B：21/138
	张佩纶	朝考入选	二等 67 名	庶吉士	A：32/298；B：21/133
	张祖谟	朝考入选	三等 15 名	内阁中书	A：33/162；B：21/135
	刘敦纪	朝考入选	三等 30 名	分部学习	A：33/334；B：21/135
	汪昌	朝考入选	三等 47 名	即用知县	A：33/402；B：21/135
	潘宗寿	朝考入选	二等 78 名	分部学习	A：34/10；B：21/134
	朱庆镛	朝考入选	三等 36 名	即用知县	A：34/128；B：21/135
	李曾珂	朝考入选	三等 25 名	即用知县	A：34/314；B：21/135
	瞿鸿禨	朝考入选	二等 3 名	庶吉士	A：35/42；B：21/131
	刘齐浔	朝考入选	三等 52 名	分部学习	A：35/129；B：21/136
	高岳崧	朝考入选	不排名次	一甲 2 名	A：35/422；B：21/129
	石裕绅	朝考入选二等 74 名	二等 74 名	即用知县	A：36/8；B：21/133

（续表）

科年	姓名	自称	朝考等第	去向	资料出处①
同治十三年	楼杏春	朝考入选	三等 89 名	即用知县	A：36/244；B：24/132
	陆宗郑	朝考入选	三等 83 名	即用知县	A：36/318；B：24/132
	常文敏	朝考入选	三等 137 名	即用知县	A：37/240；B：24/132
	沈汝奎	朝考入选	三等 73 名	即用知县	A：37/438；B：24/131
	程开运	朝考入选	三等 107 名	即用知县	A：38/12；B：24/132
	胡廷玉	朝考入选	三等 4 名	内阁中书	A：38/376；B：24/130
光绪二年	周华林	朝考入选	三等 75 名	即用知县	A：39/150；B：2/154
	顾璜	朝考入选	二等 80 名	庶吉士	A：39/206；B：2/152
	刘锋	朝考入选	三等 107 名	即用知县	A：39/272；B：2/155
	周景曾	朝考入选	三等 82 名	分部学习	A：40/180；B：2/155
光绪三年	何式璜	朝考入选	三等 10 名	即用知县	A：43/412；B：3/133
	陈炳奎	朝考入选	二等 64 名	庶吉士	A：44/206；B：3/131
	田怡	朝考入选	三等 84 名	内阁中书	A：44/334；B：3/135
	左挺生	朝考入选	三等 2 名	即用知县	A：44/344；B：3/133
	沈维诚	朝考入选	三等 126 名	分部学习	A：45/86；B：3/136
	王寿枏	朝考入选	三等 121 名	即用知县	A：45/118；B：3/136
	王保建	朝考入选	三等 107 名	内阁中书	A：45/150；B：3/135
光绪六年	顾绍成	朝考入选	三等 99 名	即用知县	A：45/390；B：6/127
	萨廉	朝考入选	二等 91 名	庶吉士	A：47/204；B：6/123
	马存朴	朝考入选	三等 2 名	即用知县	A：47/258；B：6/124
	查荫元	朝考入选	三等 95 名	即用知县	A：48/80；B：6/127
	裔步鸾	朝考入选	三等 32 名	分部学习	A：48/172；B：6/125
	丁芳	朝考入选	三等 49 名	即用知县	A：48/424；B：6/126
	卜文焕	朝考入选	三等 111 名	即用知县	A：49/346；B：6/127
	曹作舟	朝考入选	三等 74 名	即用知县	A：50/172；B：6/126
光绪九年	顾儒基	朝考入选	三等 91 名	内阁中书	A：52/8；B：9/154
	陈咸庆	朝考入选	三等 87 名	分部学习	A：52/384；B：9/154
	田恂	朝考入选	三等 82 名	即用知县	A：54/94；B：9/153
	江廷燮	朝考入选	三等 24 名	即用知县	A：55/28；B：9/152

（续表）

科年	姓名	自称	朝考等第	去向	资料出处①
光绪九年	庞桂庭	朝考入选	三等 15 名	即用知县	A：56/188；B：9/152
	汤曜	朝考入选	三等 122 名	即用知县	A：56/208；B：9/155
光绪十二年	张阜成	朝考入选	三等 4 名	即用知县	A：59/422；B：12/168
	张尧淦	朝考入选	三等 60 名	即用知县	A：60/40；B：12/170
	蒋傅燮	朝考入选	三等 78 名	即用知县	A：60/310；B：12/170
	曹子昂	朝考入选	三等 117 名	即用知县	A：60/408；B：12/171
	薛秉壬	朝考入选	三等 88 名	分部学习	A：61/40；B：12/170
光绪十五年	李滋然	朝考入选	三等 85 名	即用知县	A：61/360；B：15/199
	郁保章	朝考入选	三等 101 名	即用知县	A：62/394；B：15/200
	刘荫椿	朝考入选	三等 67 名	即用知县	A：63/260；B：15/199
	柯劭憼	朝考入选	三等 25 名	即用知县	A：63/390；B：15/198
	王岳崧	朝考入选	三等 105 名	即用知县	A：64/252；B：15/200
	李子方	朝考入选	三等 96 名	即用知县	A：65/218；B：15/200
	汤汝和	朝考入选	三等 94 名	即用知县	A：65/270；B：15/200
	王绍勋	朝考入选	三等 84 名	即用知县	A：65/308；B：15/199
	袁用宾	朝考入选	三等 77 名	分部学习	A：65/386；B：15/199
	萨嘉乐	朝考入选一等 46 名	一等 46 名	庶吉士	A：67/96；B：15/193
光绪十六年	宋企适	朝考入选	三等 25 名	即用知县	A：67/344；B：18/146
	耿济瀛	朝考入选	三等 108 名	即用知县	A：68/54；B：16/150
	植尧兰	朝考入选	三等 43 名	内阁中书	A：73/106；B：16/148
光绪十八年	贵诚	朝考入选	三等 103 名	分部学习	A：73/338；B：18/148
	王仁俊	朝考入选	二等 93 名	庶吉士	A：74/40；B：18/145
	陈伟勋	朝考入选	三等 75 名	即用知县	A：76/38；B：18/148
	李祖寿	朝考入选	三等 62 名	即用知县	A：76/142；B：18/147
	王家骥	朝考入选	三等 91 名	即用知县	A：78/314；B：18/148
	龚心鉴	朝考入选	三等 99 名	即用知县	A：78/392；B：18/148

（续表）

科年	姓名	自称	朝考等第	去向	资料出处①
光绪二十年	续緐	朝考入选	二等 50 名	分部学习	A：79/170；B：20/259
	金文翰	朝考入选	三等 71 名	内阁中书	A：79/252；B：20/262
	陈瑞玉	朝考入选	三等 121 名	即用知县	A：81/136；B：20/264
光绪二十一年	吴纬炳	朝考入选	三等 120 名	庶吉士	A：83/26；B：21/153
	赵炳麟	朝考入选	二等 99 名	庶吉士	A：83/416；B：21/150
光绪二十四年	魏家骅	朝考入选	三等 45 名	庶吉士	A：86/180；B：24/195
	陆春官	朝考入选	三等 128 名	即用知县	A：86/364；B：24/198
	王芹芳	朝考入选	三等 134 名	即用知县	A：87/190；B：24/198
光绪二十九年	田毓璠	朝考入选	三等 69 名	即用知县	A：88/354；B：29/147
	李德星	朝考入选	三等 38 名	分部学习	A：88/416；B：29/146
	孔昭晋	朝考入选	三等 88 名	分部学习	A：89/108；B：29/148
	班吉本	朝考入选	二等 117 名	庶吉士	A：89/244；B：29/145
光绪三十年	王季烈	朝考入选	三等 60 名	分部学习	A：90/398；B：30/107
	楼思诰	朝考入选	三等 14 名	分部学习	A：90/470；B：30/105
	忻江明	朝考入选	三等 23 名	即用知县	A：91/178；B：30/106

备注：①“资料出处”栏：此表资料来自《清代朱卷集成》和《嘉庆道光两朝上谕档》《咸丰同治两朝上谕档》《光绪宣统两朝上谕档》。A——表示《清代朱卷集成》资料，“自称”栏的资料出处来自此；B——表示《上谕档》资料，“朝考等第”栏的资料出处来自此。为使表格简洁，省略了《上谕档》的具体名称。“/”前之数表示《清代朱卷集成》，或《上谕档》的册数，“/”后之数表示相对应的页码。

据表 1-11 可知，称“朝考入选”者，有朝考一等者，也有朝考二等、三等者，没有朝考四等者称“朝考入选”的个案。其中朝考一等者称“朝考入选”时，讲明等第名次的；朝考二等者称“朝考入选”时，有写明等第名次，也有不写等第名次的；而朝考三等者称“朝考入选”时，没有一例写明等第名次的。从表中还可看出，称“朝考入选”者，其中朝考一等者是个别，朝考二等者是少数，朝考三等者占绝大多数。据此，我们得出两个结论：一是道光二十四年甲辰科之后，只要朝考三等以上者，可称作“朝考入选”，此“朝考入选”之含义与道光二十四年甲辰科之前的“朝考入选”含义已有所不同，即道光二十四年甲辰科之前的“朝考入选”，意味朝考成绩优秀而入选，之后的含义是朝考成绩合格均可称为朝考入选；二是朝考三等者在刻朱卷，展示自己中式考卷之时，碍于面子，不直接写朝考等第名次，笼统称作“朝考入选”。道光二十四年甲辰科之后的《会试同年齿录》中也有少部分进士称“朝考入选”，可能大多是朝考不理想，不愿透露真实的朝考等第名次的缘故。

（二）一甲进士朝考问题

一甲进士是否要参加朝考？李润强认为：“清例，一甲三名，于放榜后授状元翰林院修撰，榜眼、探花翰林院编修，不再朝考。”①

目前我们没看到有关雍正年间一甲进士参加朝考的材料。前文我们推测雍正年间，一甲进士需参加朝考，但需作进一步的考证。至迟在乾隆年间，一甲进士需参加朝考。乾隆二年五月三十日，大学士徐本等上奏：

> 新科进士试卷作四题者一百五十二卷，作三题者七十六卷，作二题者八十八卷，作一题者二卷。除一甲三名试卷遵照旧例粘贴名签另封进呈外，其三百一十五卷臣等遵旨公同阅看，择其文理明通者三十六卷，酌拟名次，恭呈御览，伏候钦定发出。②

乾隆二年丁巳恩科朝考，“一甲三名试卷遵照旧例粘贴名签另封进呈”，说明乾隆二年前，一甲 3 名的朝考卷是“另封进呈”的。据此可知，至迟从乾隆元年丙辰科以来，一甲进士要参加朝考。乾隆二年离雍正元年才 15 年，既然是遵照旧例，这反映了从雍正元年以来，一甲 3 名很可能就需参加朝考。

袁枚记载：“秦涧泉修撰，将朝考题是求签，得句云‘静来好把此心扪’，不解所谓。朝考题是‘松柏有心赋’，通篇忘押心字韵。总裁列之高等，被上看出，乃各谢罪，上笑曰：‘状元有无心之赋，试官无有眼之人。’”③

---

① 李润强：《清代进士群体与学术文化》，北京，中国社会科学出版社，2007 年，第 78 页。

② 《大学士徐本等奏酌定新科进士试卷名次》，见《乾隆朝军机处录副奏折》，乾隆二年五月三十日，中国第一历史档案馆档号：03-1163-018。

③ ［清］袁枚：《随园诗话》卷 7，见《续修四库全书》第 1701 册，第 351 页。“将朝考题是求签”，这句话不知怎样断句，大概之意是求签朝考题。清末史梦兰可能转载袁枚所载此事：“秦涧泉修撰将朝考，关庙求签，得句云‘静来好把此心扪’，不解所谓。朝考题是‘松柏有心赋’，通篇忘押心字韵。总裁列之高等，被上看出，乃各谢罪。上笑曰：‘状元有无心之赋，试官无有眼之人。’”（史梦兰：《止园笔谈》卷 1，见《续修四库全书》第 1141 册，第 132 页。）

涧泉是乾隆十七年（1752）壬申恩科一甲第一名秦大士的字。[①]乾隆十七年壬申恩科状元秦大士为了在朝考中考出好成绩，朝考前求签考题。这反映一甲进士也看重朝考成绩。

一甲进士的朝考成绩单独排列，还是与二三甲一同排列？帅方蔚认为："朝考谓之考庶常，鼎甲姓名例不入榜。"[②]帅方蔚之意是一甲进士朝考卷不与二三甲进士朝考卷一同排定名次。

吴振棫记载："一甲进士朝考卷，另封进呈，不由阅卷大臣定拟。惟乾隆己酉（注：五十四年）朝考，一体弥封阅定。一甲一名胡长龄，名在第三；一甲二名汪廷珍，名在第二；一甲三名刘凤诰，名在第五。"[③]

一般情况下，一甲进士的朝考卷与二三甲进士的朝考卷是分开评阅的，不排名次，但也有些科年将一甲进士朝考卷与其他进士的朝考卷一起阅卷，一同排名次（见表1-9、表1-10）。除乾隆五十四年己酉科外，至少还有道光十三年癸巳科、道光十五年乙未科、道光三十年（1850）庚戌科、咸丰二年（1852）壬子恩科、咸丰三年（1853）癸丑科、咸丰九年己未科、咸丰十年（1860）庚申恩科、同治元年壬戌科、同治二年癸亥恩科、光绪二十四年戊戌科、光绪二十九年癸卯科、光绪三十年甲辰恩科12科，也是一甲朝考卷并入二三甲进士朝考卷中一同评定等第名次。由于缺雍正年间的全部，缺乾隆年间绝大多数科年的，缺嘉庆年间部分科年的朝考入选单，因此，还不能排除其中有一甲朝考卷与二三甲进士朝考卷一同阅定的可能性。

当一同评阅一甲进士与二甲、三甲进士朝考卷时，一甲进士不一定能朝考入选或均排在前列，如道光十三年癸巳科，一甲3人仅1人朝考入选，两人朝考没有入选。此年，朝考阅卷大臣潘世恩、穆彰阿等上奏：

> 蒙发下朝考试卷二百二十本，臣等公同详阅，择其文理清妥字画端楷者，拟选六十四卷，粘贴次序，恭呈御览，伏候钦定。[④]

道光十三年癸巳科共取进士220人（包括一甲3人），全部参加朝考。

---

① ［清］吕燕昭修：《（嘉庆）新修江宁府志》卷40《文苑》，嘉庆刻本，第17页："秦大士，字涧泉，一字鲁一，江宁人，乾隆壬申恩科殿试一甲第一名进士。"《皇朝词林典故》卷54《题名》第9页：乾隆十七年壬申，"秦大士，字涧泉，江苏江宁人。"

② 《词垣日记》，见《续修四库全书》第559册，第732页。

③ 《养吉斋丛录》卷9，第111页。

④ 《嘉庆道光两朝上谕档》第38册，第278页。

此科阅卷大臣拟朝考入选 64 人，而钦定朝考入选 65 人，一甲进士 3 人仅第 3 名蒋元溥朝考入选第 20 名[①]，而一甲第 1 名汪鸣相、第 2 名曹履泰两人则朝考没有入选。

道光十五年乙未科一甲 3 人可能均朝考没有入选（见表 1–9 备注⑧之分析）。这确实使一甲 3 名感到尴尬。可能因这一缘故，道光帝没有再令将一甲进士朝考卷与二三甲进士朝考卷一同评阅。

咸丰帝即位之初的道光三十年庚戌科一甲进士朝考卷与二三甲进士一同阅定等第名次。咸丰帝在位的 6 科朝考，除咸丰六年丙辰科外，其余 5 科一甲 3 名朝考卷均与二三甲进士朝考卷一同排等第名次（见表 1–10）。

表 1–12　朝考分等之后一甲三名排名次的情况表

科年	一甲第 1 名		一甲第 2 名		一甲第 3 名		资料出处
	姓名	朝考名次	姓名	朝考名次	姓名	朝考名次	
道光三十年	陆增祥	一等 3 名	许其光	二等 9 名	谢增	二等 24 名	55/207 ～ 208
咸丰二年	章鋆	一等 1 名	杨泗孙	一等 8 名	潘祖荫	一等 4 名	2/178
咸丰三年	孙如仅	一等 17 名	吴凤藻	二等 28 名	吕朝瑞	二等 58 名	3/183 ～ 185
咸丰九年	孙家鼐	二等 38 名	孙念祖	一等 20 名	李文田	二等 31 名	9/237 ～ 239
咸丰十年	锺骏声	一等 19 名	林彭年	二等 15 名	欧阳保极	二等 4 名	10/291 ～ 292
同治元年	徐郙	一等 1 名	何金寿	三等 32 名	温忠翰	一等 2 名	12/226 ～ 231
同治二年	翁曾源	一等 22 名	龚承钧	三等 44 名	张之洞	一等 2 名	13/194 ～ 196
光绪二十四年	夏同龢	一等 29 名	夏寿田	一等 3 名	俞陛云	一等 28 名	24/189 ～ 190
光绪二十九年	王寿彭	一等 18 名	左霈	一等 50 名	杨兆麟	三等 81 名	29/141 ～ 148
光绪三十年	刘春霖	一等 6 名	朱汝珍	一等 18 名	商衍鎏	一等 19 名	30/101
合计		一等 9 人 二等 1 人		一等 5 人 二等 4 人 三等 1 人		一等 5 人 二等 4 人 三等 1 人	

备注：此表据《嘉庆道光两朝上谕档》《咸丰同治两朝上谕档》《光绪宣统两朝上谕档》制作。“资料出处”栏省略了《上谕档》的名称，“/”前之数表示相对应《上谕档》的册数，“/”后之数表示相对应的页码。

① 《嘉庆道光两朝上谕档》第 38 册，第 279 页。朝考阅卷大臣将蒋元溥拟为朝考入选第 21 名，而道光帝钦定为朝考入选第 20 名。

从表1–12中的10科朝考可以看出，30名一甲进士，其中朝考一等19人，二等9人，三等2人。这反映出一甲进士一般在朝考中仍表现不俗，只是个别考得较差。由于不定期将一甲进士朝考卷与二甲、三甲进士朝考卷一同阅定，这给一甲进士一定的压力，他们不得不认真对待朝考。

二　会试覆试

在清中后期，皇帝在钦点庶吉士时，会参照会试覆试的等第名次。正因此，商衍鎏认为：

> 道光二十一年辛丑科并定朝考卷分一、二、三等，自是庶吉士皆试而后选矣。选用之法，合覆试、殿试、朝考、等第之高下统计，等第中尤以朝考为重，三试高列者用庶吉士，此通例也。唯馆选分配，受分省之限制，高列统计，不能不有所伸缩。因覆试、殿试、朝考，试卷弥封不分省分，阅卷者凭文去取，各省文风高下不同，文风较优者自然多居前列。除考四数者必得馆选外（殿试二甲，覆试、朝考皆一等，合之为四数者是），其余如该省用馆选四名，在文风较优之省分，考四数者已满，则虽五数而不能以庶吉士用（殿试二甲、覆试一等、朝考二等之类），若该省馆选二名，在文风较差之省分，无考四、五数之人，则虽六、七数亦可得之（殿试三甲，覆试、朝考皆二等之类），于取士之中，寓权衡之意，为使馆选普及于各省，是又不能相提而并论者。①

此处的“覆试”是指会试覆试，而不是别的覆试。商衍鎏认为会试覆试的等第成为选拔庶吉士的一个要件。由于会试覆试的等第名次对能否入选庶吉士有一定的作用，因此，有必要对会试覆试制度作一探讨。

（一）会试覆试制度的确立

1. 会试覆试偶尔举行阶段

顺治朝仅对顺治十四年丁酉科顺天乡试、江南乡试中式举人进行了覆试，还没有会试覆试之举。康熙五十一年（1712）壬辰科会试覆试，开清代会试覆试之先例。

康熙五十一年三月戊戌（十五日），“谕大学士等：去年顺天解元，以科场事发脱逃，朕心甚疑。今中式进士内或有不能作文，令人顶替者亦未

① 《清代科举考试述录》，第126页。

可定，著于二十日，齐备试卷，令赴畅春园，朕亲加覆试”①。

据此可知，覆试康熙五十一年壬辰科会试中式贡士的直接原因是康熙五十年辛卯科顺天乡试解元，“科场事发脱逃”。因此事，康熙怀疑壬辰科中式进士中有不能作文，甚至有顶替考试者。

康熙五十一年三月庚子（十七日），“谕大学士等曰：赵申乔题请云南、贵州、广西三省中额，量增数名。今覆试中式进士，可令赵申乔将所取三省备卷举人，亦带来考试”②。

康熙五十一年三月癸卯（二十日），“覆试会试中式举人卜俊民等及赵申乔所荐云南、贵州、广西三省备卷举人于畅春园，并谕九卿搜阅遗卷”③。同日，礼部等衙门覆都察院左都御史赵申乔请增云南、贵州、广西进士额数一疏。康熙帝降旨：“朕先因此三省路远人少，每至脱科，念边陲穷士，跋涉山川，曾谕该部，酌量增额，以示劝兴。故今三省文风日盛，士子俱各黾勉肄业，考试者渐多，但取中额数尚少，宜更加增，尔等会议具奏。再此番覆试不到者，作何区处，亦著议奏。试卷内有不通者，若革去进士，不另行补取则进士数缺矣，于某省革去者，即将某省未中卷内择其佳者取补。”④

据以上两条史料可知，此次会试覆试对象包括康熙五十一年壬辰科中式贡士和云南、贵州、广西三省备卷举人。云南、贵州、广西三省备卷举人应指从这三省会试荐卷中挑选出的举人。

康熙五十一年三月戊申（二十五日），“大学士九卿等遵旨会议，云南、贵州、广西三省应各增进士一名，即将赵申乔所荐三卷作新增之数。又覆试不到中式举人二十六名，行文各该抚速行咨送，到日请旨覆试。又今科取中进士内文字不堪者已革退，所缺额数，伏乞皇上将各省考试不中落卷内选择取中。从之”。同日，谕大学士等：“传谕主考官赵申乔、徐元梦于落卷中有可中者，著选百卷呈览。又各馆修书举人落卷亦著查出，一并呈览。殿试为期甚迫，覆试卷不及再分等第，俱准其殿试。其不通五卷，革去进士，仍留举人，下科会试。”⑤

据此条史料可知，云南、贵州、广西三省 3 名备卷举人准作进士；此次覆试有 26 名贡士未到，诏令另行覆试；此次覆试不分等第，有 5 人因

① 《清圣祖实录》卷 249，康熙五十一年三月戊戌，第 3 册，第 470 页下栏。

② 《清圣祖实录》卷 249，康熙五十一年三月庚子，第 3 册，第 470 页下栏。

③ 《清圣祖实录》卷 249，康熙五十一年三月癸卯，第 3 册，第 471 页上栏。

④ 同上注，第 470 页下栏。

⑤ 《清圣祖实录》卷 249，康熙五十一年三月戊申，第 3 册，第 471 页下栏。

文理不通革去进士资格，但保留举人资格。

康熙后期，科场舞弊时有发生。鉴于此，内阁学士蔡升元请求将乡会试覆试制度化，其上奏道：

> 为仰体圣主慎重取士，务得真才之盛心，敬抒管见，伏祈睿鉴事……顾科场之弊，有在内帘者，有在外帘者。内帘之最不肖者，第一贿赂，次则情面，再次则采名，而其弊总在关节，或主司通同房考，或房考蒙蔽主司。其弊虽隐，而究之文理之通与不通，显然可见，只在衡文者公私之别耳。至于外帘则有代倩、连号、换卷子、割卷面及夹带文字，种种弊端，固由于诸生之行险侥倖，而勾通作弊者，则有书办与誊录生等项，改头换面，顷刻神通，不特内帘之主考、房官无从觉察，即外帘之监试、提调亦一时难以防范。
>
> 臣请嗣后乡会两闱皆于撤棘后令主司请旨，定期将新中诸生传集公所，许主司自加覆试，其题目令九卿公拟，拈阄，而文字则仍令主司看阅，使责有攸归，不得他诿。其中若有与原卷字迹不对，或文理不通者，许主司自行察出，将本生革去举人、进士，严讯根株，从重治罪。若覆试时有字迹不对，文理不通诸弊，主司仍不将本生黜革，或被九卿勘出，将考官及本生一并严讯，从重治罪。如此则内帘有弊不得卸过于外帘，自不敢冒险营私；若外帘有弊，亦恐覆试之发觉，自不敢舞文弄法，而诸生亦知事必败露，何苦舍身以行险，则夤缘奔竞之风或可息矣。至于应试诸生，场前未必皆闭户潜修，而榜发之后，一不得志，辄大闹科场，相习成风，竟为故套，其意欲将来考官望风畏惧，使下科有不敢不中彼之势，此等积习亦请严禁，以正士风，以光文运。臣蒙皇上深恩，历官侍从三十余年，日聆圣训，凡内外臣工，皆宜安静。臣何敢多言生事，又伏念皇上求才之意甚殷，除弊之心甚切。臣偶有管见，不敢隐藏，冒昧陈奏，伏候圣裁。

康熙帝对这份奏折的朱批是："这奏折既是密才好。"[①]

在这份奏折中，蔡升元首先肯定康熙帝完善科举考试的办法，同时向康熙帝陈述科场舞弊的方法、手段，请求将乡会试覆试制度化，以杜绝

① 《学士蔡升元奏陈科场防弊覆试之法折》，见中国第一历史档案馆编：《康熙朝汉文朱批奏折汇编》，北京，档案出版社，1985 年，第 8 册，第 1130 ～ 1135 页。另见《宫中档康熙朝奏折》，台北故宫博物院印行，1976 年，第 7 辑，第 924 ～ 929 页。

科场舞弊之事的发生。这一奏折没有上奏时的具体时间。但我们从蔡升元奏折中提到的历官时间，可以大致推断上奏的时间。奏折中提到“臣蒙皇上深恩，历官侍从三十余年”。蔡升元是康熙二十一年壬戌科第一甲第一名，当年授为翰林院修撰。按历官三十余年来算，这份奏折的时间应在康熙五十一年之后。《清圣祖实录》记载：康熙五十一年十一月癸丑，以原任内阁学士蔡升元为内阁学士兼礼部侍郎。康熙五十六年（1717）十月丁未，升内阁学士蔡升元为都察院左都御史。据此，我们推断蔡升元是在康熙五十一年十一月至康熙五十六年十月任内阁学士期间，上奏请求推行乡会试覆试。

康熙帝对蔡升元所上的奏折，仅朱批：“这奏折既是密才好。”没有说是否要将乡会试覆试作为定制，但从科举举行的情况来看，康熙帝并没有采纳蔡升元的建议。

康熙后期没有再举行会试覆试，雍正年间也没有举行会试覆试。这表明最高统治者还没有认识到会试覆试的重要性。

2. 会试覆试制度确定及推行阶段

乾隆年间是会试覆试制度确定阶段。乾隆五十三年（1788）九月甲戌，谕：

> 前因诸臣条奏科场弊窦者纷纷，特降旨严定覆试之例。其时军机大臣拟写谕旨，乡会试榜后，特派亲信大臣，严行覆试，措语本未明晰，朕亦未经看出。今岁顺天乡试榜发，届期应照新例举行覆试，第思各省乡试，中式人数众多，顺天取中各生，尚不难调集覆试，若各直省道里殷遥，省分甚多，安能简派如许大员，于榜发后遍行覆试？嗣后乡试榜后覆试一节，著不必行。至明岁会试，各省举子云集京师，除未经中式者，听其各回本籍外，其中式举子，著于会榜揭晓之后，未经殿试之前，该部奏请拣派大臣，将中式举子严行覆试。届期除实有事故者，豫行报明该部外，倘有心怀规避，托故不到者，即将该举子立行斥革。如覆试之卷，较取中原卷悬殊，必即从严究办，一惟该主考、房官是问。至明岁举行覆试后，亦不必著为常例，著该部每届会试榜发，将应否覆试之处，奏请定夺，候朕临时降旨。士子等尚其勉务实学，凛遵功令，以副朕剔弊抡才至意。[①]

① 《清高宗实录》卷1313，乾隆五十三年九月甲戌，第17册，第717页。

在官员奏请举行乡会试覆试的背景下，乾隆帝发出这道谕旨。乾隆帝否决各省各自举行乡试覆试，但诏令对乾隆五十四年己酉科会试中式贡士进行覆试。乾隆帝还没有将会试覆试定为制度，此后是否要进行会试覆试，由礼部奏请，临时降旨。

乾隆五十四年己酉科会试覆试，发现中式士子中有舞弊之嫌。这使乾隆帝认识到有必要对中式贡士加以覆试，因此，于乾隆五十四年四月十二日，降旨：

> 昨覆试新进士，文义均属清顺，惟单可虹一名，诗句平仄不调，错误较多，考不入等，因令军机大臣覆加严试，所作诗句，仍复失拈，且有属对未工，用字讹舛之处。及调查闱中朱墨原卷，字句平妥，尚系堪以取中之卷，与覆试之诗，前后如出两手。可见单可虹学问本属平常，会试之卷，或有传递代倩情弊，或系同号举子代为润色，均未可定。本应拿交刑部，彻底根究，朕向来不为已甚，姑念此次甫经举行覆试，单可虹尚系初犯，著即全行斥革，从宽免其究办。看来会试后，必须严行覆试，方可甄拔真才，创惩倖进，是覆试一事，竟不可少。嗣后如有诗文荒谬，与中式原卷迥殊者，即行严切审讯，究出舞弊情节，将代倩传递之人，俱立寘重典，以示惩儆，断不能再邀宽宥也。①

乾隆五十三年降旨，乾隆五十四年己酉科会试覆试属临时举行，会试覆试没有作为定制。乾隆五十四年己酉科会试覆试，新进士单可虹覆试之诗与中式原卷，前后如出两人。乾隆帝认为属于舞弊中式，但鉴于是乾隆年间初次举行会试覆试，就没有深究。通过这次会试覆试，乾隆帝认识到“是覆试一事，竟不可少”。从此乾隆后期几科会试，均进行覆试，会试覆试制度化。

嘉庆年间曾有官员上奏请求停止会试覆试，遭否决。

> 嘉庆四年，大学士王杰等议驳御史沈琨条奏。查该御史原奏内称乡会试内外场规，层层防弊，立法本至严至密，榜发后复加覆试，禁地森严，士子一日作二艺一诗，因字句疵类，即致停科，未免情轻法重，且阅卷诸臣与会试考官，同出钦简，亦无可信不可信之别。覆试并不易书，

① 《乾隆朝上谕档》，乾隆五十四年四月十二日，第14册，第829页。另见《清高宗实录》卷1326，乾隆五十四年四月戊戌，第17册，第956页。

转易于识认，实无关轻重等语。查会试为抡才大典，士子动盈数千，其间良莠不齐，难保必无作奸犯科之事，且一经中式，榜下即可得官，与乡试中式，尚有会试考核者不同，惟覆试于殿廷之内，监视巡防，万难作弊，庶侥倖者，知所畏惮。若再停此例，恐不法之徒，竟无所忌，应将该御史所奏毋庸议。①

由于会试覆试，“万难作弊，庶侥倖者，知所畏惮”，因此，大学士王杰等议驳御史沈琨停止覆试的条奏。这反映了会试覆试之重要性，会试覆试已构成科举考试中重要的一环。

嘉庆之后，至光绪帝废除科举之前，一直推行会试覆试（参见附表三《清代会试覆试等第名次表》）。

（二）覆试目的、内容和地点

1. 会试覆试目的

会试覆试的目的“惩倖进，拔真才”。正如乾隆五十四年四月十二日，乾隆帝所诏谕：“看来会试后，必须严行覆试，方可甄拔真才，创惩倖进。是覆试一事，竟不可少。”② 通过会试覆试，惩处作弊中式者。因此，会试覆试具有一定的震慑作用。正如嘉庆四年，大学士王杰等议驳御史沈琨条奏时指出：“（会试）覆试于殿廷之内，监视巡防，万难作弊，庶侥倖者，知所畏惮。若再停此例，恐不法之徒，竟无所忌。”③

可以说，会试覆试制度对应试士子起了很大的震慑作用，在一定程度上防止舞弊行为的发生，基本上达到了“惩倖进，拔真才”的目的。

当然会试覆试也有其不足的一面。士子仅因误写皇帝之御名等，就会罚停殿试数科。道光六年（1826）四月十五日，奉旨：“本科贡士罗天衡覆试卷内，误写御名，实属违式，著照乡会试之例，罚停殿试三科。”④ 罗天衡，因覆试时误写御名，就置于覆试三等最后一名，罚停殿试三科。进士

---

① 《（咸丰）钦定科场条例》卷48《覆试·附载驳案》，见《续修四库全书》第830册，第371页。另见《（光绪）钦定科场条例》卷49《覆试·驳案》，见《近代中国史料丛刊三编》第48辑，第3441～3442页。

② 《乾隆朝上谕档》，乾隆五十四年四月十二日，第14册，第829页。另见《清高宗实录》卷1326，乾隆五十四年四月戊戌，第17册，第956页。

③ 《（咸丰）钦定科场条例》卷48《覆试·附载驳案》，见《续修四库全书》第830册，第371页。另见《（光绪）钦定科场条例》卷49《覆试·驳案》，载《近代中国史料丛刊三编》第48辑，第3442页。

④ 《嘉庆道光两朝上谕档》，道光六年四月十五日，第31册，第127页。

题名录中无罗天衡，表明他后来没有参加殿试。

道光十三年四月十六日奉旨："本科贡士萧腾汉，覆试卷内于庙讳未敬谨缺笔，实属违式，著照乡会试之例，罚停殿试三科。"[①] 萧腾汉，因覆试时皇帝庙讳没有缺笔，就置于覆试三等最后一名，罚停殿试三科。进士题名录中无萧腾汉，表明他后来没有参加殿试。

罗天衡、萧腾汉两人罚停殿试三科，均没有参加殿试，成为进士。为什么两人停殿试三科之后没有参加殿试？有两种可能：一是不想参加，这种可能性小；二是在准许参加殿试前已去世，这种可能性大。

虽然会试覆试存在一些问题，但总的来说，这一制度是值得肯定的制度，它在一定程度上促进了科举的公正性，维护了科举的严肃性。

2. 覆试内容

覆试内容前后有所变化。乾隆五十四年会试覆试是钦命四书题二道、诗题一道，即四书题：（1）君子疾夫舍曰欲之而必为之辞；（2）其进锐者其退速。诗题：赋得规圆矩方（得循字五言八韵）。[②] 此后会试覆试考题均是二道四书题，一道诗题，直到嘉庆四年才将会试覆试考题改为四书题、诗题各一道。

> 嘉庆四年奏准，榜后覆试，但取比对文理字迹，一文一诗，尽可辨别真伪。向例两文一诗，为时太迫，应改为一文一诗，以昭简易。至阅看覆试卷，如果文理荒谬与原卷大相径庭，自应从此跟究，其正场如何代倩舞弊，按律问拟，以正侥倖科名之罪。若字句偶尔失检，文章一日之短长，原属无关弊窦。近科以来，或指诗文一句之疵，或因一时缮写违式，罚停一科至二三科不等，每次榜发，必有被议多人，亦与政体未协，自应略其小节，无庸更议停科。又向例凡覆试士子停科，并将考官按名议处，但考官闱中校阅，只凭现在之文，安能保所取士子中式后所作诗文尽成佳构。况榜发磨勘原卷，如有疵类，将主考、房官议处，有降级革职等条，定例已不为不严，若因覆试又将原取之考官牵连议处，实非情理之平，应均予宽免，以昭公允。[③]

---

① 《嘉庆道光两朝上谕档》，道光十三年四月十六日，第 38 册，第 206 页。

② 《乾隆朝上谕档》第 17 册，第 41 页。

③ 《(嘉庆）钦定大清会典事例》卷 282《礼部 · 贡举 · 覆试》，见《近代中国史料丛刊三编》第 67 辑，第 2286 ～ 2287 页。

由于会试覆试主要是看中式者的文理笔迹是否相符，覆试“两文一诗，为时太迫”，因此，官员奏请改为一文一诗，获得嘉庆帝的准可。嘉庆四年之后，会试覆试考题均是一道四书题、一道诗题。如：“据礼部知照会试中式贡士于本月（注：同治十三年四月）十六日在保和殿覆试，应请钦命四书题一道、诗题一道，于十六日清晨发下，交监试王大臣传示。”[①]“据礼部知照会试中式贡士于本月（注：光绪二十一年四月）十六日在保和殿覆试，应请钦命四书题一道、诗题一道，于十六日清晨发下，交监试王大臣传示。”[②]可见，嘉庆四年己未科以来，会试覆试均是四书题、诗题各一道。

3. 覆试地点

蒋金星《清代会试复试地点考补》[③]一文，对商衍鎏关于会试覆试地点的记载作了补充考证。蒋金星根据《清代朱卷集成》的相关资料对嘉庆十六年（1811）会试覆试及此后的会试覆试地点进行考证，其结论为：“会试复试地点从圆明园正大光明殿回到保和殿，是从同治元年（1862）壬戌科开始的，直到清末科举制度废除，会试复试都在保和殿举行。”这一结论是可信的。不过还可以据《嘉庆道光两朝上谕档》《咸丰同治两朝上谕档》《光绪宣统两朝上谕档》等档案文献进一步弄清嘉庆以来的会试覆试地点（参见附表三《清代会试覆试等第名次表》）。

（三）宗室会试覆试

清朝推行“国语骑射”的基本国策，宗室人员是“国语骑射”国策的忠实执行者。在清前期，统治者基本不允许宗室人员参加科举，仅康熙帝和乾隆帝曾诏令宗室人员参加科举，但很快又诏令停止。

为了解决闲散宗室的出路问题，康熙帝令宗室参加科举，但宗室人员仅参加了一科乡试，就停止宗室科举。康熙三十九年六月丁亥，诏谕：“今科乡场，曾令宗室考试。宗室朕素加恩，何患无官，嗣后停其考试。”[④]

乾隆年间也曾允许宗室人员参加科举考试。乾隆帝曾特准个别宗室士子越过乡会试，直接参加殿试，而此后，又停止宗室人员参加科举。但是随着宗室人员的不断增加，如何拓展宗室人员“登进之路”成为摆在皇帝面前的问题。在此背景下，嘉庆帝准许宗室人员参加科举，宗室人员参加

① 《咸丰同治两朝上谕档》，桂林，广西师范大学出版社，1998 年，第 24 册，第 92 页。
② 《光绪宣统两朝上谕档》第 21 册，第 111 页。
③ 蒋金星：《清代会试复试地点考补》，《史学月刊》2008 年第 3 期。
④ 《清圣祖实录》卷 199，康熙三十九年六月丁亥，第 3 册，第 29 页下。

科举考试逐渐成为定制。

（嘉庆四年二月乙巳）定准宗室乡会试例……谕内阁：宗室向有会试之例，后经停止。敬惟皇考圣意，原因宗室当娴习骑射，以存满洲旧俗，恐其专攻文艺，沾染汉人习气，转致弓马生疏，然自停止考试以后，骑射亦未能精熟。天潢支派繁衍，自当仍准应试，广其登进之路，兼可使读书变化气质，不致无所执业，别生事端。且应试之前，例应阅射马步箭，方准入场，于骑射原不至偏废。旧制宗室俱不由乡举，径赴会试，未免过优。嗣后宗室应考者，自辛酉科为始，与生监一体乡试。①

嘉庆帝说“宗室向有会试之例”，这是不准确的。乾隆年间曾经是宗学中考取一二等者准作进士（即贡士），直接参加殿试。

（乾隆八年三月丙辰）先是宗人府议请合试左右两翼宗学生，拔取佳卷，准作进士。至是钦命大臣考取一二等佳卷进呈，宗人府带领引见，得旨：“考取之宗室玉鼎柱、达麟图、福喜，俱准作进士，与乙丑科会试中式之人，一体殿试引见，或选入翰林，或以部属等官补用，候朕临时降旨，嗣后俱照此例行。”②

可见，乾隆八年（1743）曾经将少部分宗室学生中考取一二等者，免其参加乡会试，直接参加乾隆十年乙丑科殿试。乾隆年间宗室人员参加了两科殿试，一是乾隆十年乙未科殿试，1 名宗室士子中式进士；二是乾隆十三年戊辰科殿试，2 名宗室士子中式进士（参见附表二）。乾隆年间宗室进士共 3 人。

遵照嘉庆四年的这一谕旨，宗室士子不是越过乡会试直接参加殿试，而是必须参加乡会试，不过宗室乡会试是单独举行的。嘉庆六年（1801）辛酉科举行首科宗室乡试。此科宗室乡试，63 名宗室士子参加，取中 7 名。③ 嘉庆七年三月宗室会试，取中 3 名。④

会试覆试从乾隆后期已成为定制，而在嘉庆十九年之前的五科宗室会试均不进行覆试。嘉庆帝觉得过于优待宗室士子，并担心宗室士子凭其身

---

① 《清仁宗实录》卷 39，嘉庆四年二月乙巳，第 1 册，第 459 ～ 460 页。

② 《清高宗实录》卷 186，乾隆八年三月丙辰，第 3 册，第 396 页。

③ 《清仁宗实录》卷 87，嘉庆六年九月己卯，第 2 册，第 149 页上栏。

④ 《清仁宗实录》卷 95，嘉庆七年三月甲申，第 2 册，第 273 页下栏。

份，舞弊中式。为了杜绝宗室士子在会试中作弊，于是，也推行宗室会试覆试制度。嘉庆十九年三月初八日，诏谕：

> 宗室乡会试取中，用一文一诗，已属优异，若不加以覆试，无以鉴别真才，著自本科为始，宗室会试中式者，传集在圆明园正大光明殿覆试。届时礼部奏明，另定试期，毋庸与本科中式贡士同日，其试题仍用一文一诗。著管理宗人府之王公等先期传示应试各宗室举子，俾共闻知。①

这道谕旨诏令宗室中式贡士也得进行覆试。嘉庆十九年甲戌科宗室会试中式贡士覆试，是宗室会试覆试之始。

宗室会试是单独举行的，宗室会试覆试也是单独举行的，但也有例外，即个别宗室贡士参加满汉贡士的会试覆试。宗室贡士是在补行覆试的情况下，才参加满汉贡士的会试覆试。

同治元年壬戌科宗室贡士昆冈参加宗室会试覆试，因“缮卷错误”，违例更换试卷，没有完卷，诏谕昆冈补行覆试。同治元年三月二十九日，内阁奉上谕：“宗室贡士昆冈当因撤卷未完，无凭与原中之卷核对，著于满汉贡士覆试时，随同补行覆试，以符定制。至殿廷考试另备试卷，若遇士子书写错误，应否更换，著该部明定章程，以免歧误。”②

遵照此谕旨，昆冈补行覆试，参加同治元年四月举行的满汉贡士覆试，成绩是二等 11 名③。

光绪三年（1877）奏准：“宗室新中贡士，患病不克覆试，病痊，准其于满汉贡士覆试时随同补行覆试。”④此后，宗室贡士如因病等缘故没能参加宗室会试覆试，允许参加满汉贡士覆试。

《光绪六年庚辰科新进士引见单》记录：宗室溥崐，33 岁，二甲 79 名，丁丑覆试三等 43 名，朝考二等 48 名。⑤宗室溥崐，丁丑（光绪三年）覆试三等 43 名。《光绪三年丁丑科会试覆试单》记录：贡士覆试三等 43 名是溥崐。⑥从覆试名次来看，可以说，光绪六年引见的新进士宗室溥崐与

---

① 《嘉庆道光两朝上谕档》，嘉庆十九年三月初八日，第 19 册，第 199 页。另见《清仁宗实录》卷 287，嘉庆十九年三月己亥，第 4 册，第 926 页。

② 《咸丰同治两朝上谕档》第 12 册，第 146 页。

③ 《同治元年壬戌科会试覆试单》，见《咸丰同治两朝上谕档》第 12 册，第 178 页。

④ 《(光绪)钦定大清会典事例》卷 329《礼部・贡举・宗室乡会试》，见《续修四库全书》第 803 册，第 270 页。

⑤ 《光绪六年庚辰科新进士引见单》，见《光绪宣统两朝上谕档》第 6 册，第 135 页。

⑥ 《光绪三年丁丑科会试覆试单》，见《光绪宣统两朝上谕档》第 3 册，第 107 页。

光绪三年会试覆试三等43名的溥岷是同一人。这就说明宗室溥岷参加了满汉贡士覆试。

光绪三年是否举行了宗室会试覆试？《光绪三年丁丑科新进士引见单》记录：宗室盛昱，镶白旗人，28岁，二甲10名进士，覆试一等1名，朝考一等2名。[①]《光绪三年丁丑科会试覆试单》记录：覆试一等1名是周銮诒。[②]经比对可知，宗室盛昱是光绪三年宗室会试覆试一等1名，而不是满汉贡士覆试第1名。可见，光绪三年举行了宗室会试覆试（参见表1-13）。这也证实了宗室溥岷没有来得及参加光绪三年宗室会试覆试，而是参加了光绪三年满汉贡士覆试。

宗室会试考题用一文一诗，覆试也是用一文一诗。以同治十三年（1874）甲戌科宗室会试覆试为例："据礼部知照宗室中式贡士于本月（注：同治十三年三月）二十八日在保和殿覆试，应请钦命四书题一道、诗题一道，于二十八日清晨发下，交监试王大臣传示。谨奏。"[③]可见，宗室会试覆试考试内容均是一道四书题、一道诗题。

表1-13　宗室会试覆试表

科年	覆试时间（月/日）	覆试地点	覆试人数	覆试等次、人数			资料出处①
				一等	二等	三等	
嘉庆十九年	3/？	圆明园正大光明殿	3	1	2		A：19/199；B：19/268～269
嘉庆二十二年	3/27	同上	3	1	2		A：22/71；B：22/79～80
嘉庆二十四年	4/4	同上	4	1	2	1	A：24/128；B：24/146
嘉庆二十五年	缺	缺	缺				参见28/111（嘉庆二十五年庚辰科宗室覆试考题）
道光二年	3/27	乾清宫	4	2	2		A：27/125；B：27/139
道光三年	3/29	圆明园正大光明殿	4	1	2	1	A：28/108；B：28/120～121

① 《光绪三年新进士引见单》，见《光绪宣统两朝上谕档》第3册，第145页。
② 《光绪三年丁丑科会试覆试单》，见《光绪宣统两朝上谕档》第3册，第101页。
③ 《咸丰同治两朝上谕档》第24册，第77页。

（续表）

科年	覆试时间（月 / 日）	覆试地点	覆试人数	覆试等次、人数			资料出处①
				一等	二等	三等	
道光六年	3/26	同上	4	1	3		A：31/88； B：31/95 ～ 96
道光九年	3/26	同上	4	1	3		A：34/101； B：34/111
道光十二年	3/26	同上	3	1	2		A：37/111； B：37/118
道光十三年	3/26	同上	3	1	2		A：38/159； B：38/170
道光十五年	3/26	同上	3	1	1	1	A：40/102； B：40/111 ～ 112
道光十六年	3/24	同上	2		2		A：41/104； B：41/111
道光十八年	4/2	同上	2	1	1		A：43/84； B：43/96
道光二十年	3/24	同上	2		2		A：45/134； B：45/142
道光二十一年	3/27	同上	2		2		A：46/77； B：46/82 ～ 83
道光二十四年	3/24	同上	2	拟 0	2		A：49/95； B：49/101
				定 0	1	1	
道光二十五年	3/24	同上	2		2		A：50/109； B：50/128
道光二十七年	3/25	同上					A：52/81
道光三十年	3/25	缺	缺				a：55/135
咸丰二年	3/25	缺	缺				a：2/110
咸丰三年	3/26	缺	2		2		a：3/131； B：3/133 ～ 134
咸丰六年	3/26	缺	缺				a：6/80
咸丰九年	3/25	缺	2		2		a：9/145； B：9/149

（续表）

科年	覆试时间（月/日）	覆试地点	覆试人数	覆试等次、人数			资料出处①
				一等	二等	三等	
咸丰十年	3/26	缺	2		2		a：10/149； B：10/150
同治元年	3/26	缺	2		1	1	a：12/141； b：12/301
同治二年	3/28	缺	2		1	1	a：13/137； b：13/209
同治四年	3/28	缺	2		2		a：15/144； b：15/226
同治七年②	3/26	缺	2		2		a：18/120； b：18/168
同治十年	3/27	缺	2			2	a：21/91； B：21/92
同治十三年	3/28	保和殿	2	1	1		A：24/77； b：24/141
光绪二年	3/25	缺	2	1	1		a：2/101； b：2/165、3/145
光绪三年	3/25	缺	2	1		1	a：3/86； b：3/145、6/135
光绪六年	3/25	缺	2	1	1		a：6/83；b：6/135
光绪九年	3/25	缺	2		2		a：9/104； b：9/158
光绪十二年	3/26	缺	2	1	1		a：12/123； b：12/184
光绪十五年	3/27	保和殿	3	1	1	1	A：15/136； B：15/139 ～ 140
光绪十六年	3/26	保和殿	3	1	2		A：16/102； b：16/157
光绪十八年	3/28	保和殿	3	1	2		A：18/88； B：18/90 ～ 91
光绪二十年	3/28	保和殿	3	1	2		A：20/159； b：20/310

（续表）

科年	覆试时间（月 / 日）	覆试地点	覆试人数	覆试等次、人数			资料出处①
				一等	二等	三等	
光绪二十一年	3/28	保和殿	3	1	2		A：21/103； b：21/169
光绪二十四年	3/28	保和殿	3	2	1		A：24/107； B：24/124
光绪二十九年③							
光绪三十年④							

备注：①“资料出处”栏：资料全部来自《嘉庆道光两朝上谕档》《咸丰同治两朝上谕档》《光绪宣统两朝上谕档》。A——表示据《上谕档》记载的覆试时间、地点；a——表示据覆试阅卷大臣阅卷之日推算出之日期（一般是覆试之次日阅卷）；B——表示据《上谕档》记载的覆试等第名次单；b——表示据《新进士引见单》统计的宗室覆试人数及等第名次。“/”前之数表示相对应的《上谕档》册数，“/”后之数表示相对应的页码。

②《同治七年戊辰科新进士引见单》中宗室宝廷、恩景二人，均只列有覆试第 1 名、覆试第 2 名，没有注明覆试等次（《咸丰同治两朝上谕档》第 18 册，第 168 页）。据此前宗室覆试等次大多为二等，因此，此表姑且将其放在二等。

③《光绪二十九癸卯科年新进士引见单》（《光绪宣统两朝上谕档》第 29 册，第 157 ～ 167 页）中没有宗室进士。据此推测，光绪二十九年可能没有宗室会试，也没有宗室贡士覆试。

④《光绪三十年甲辰恩科新进士引见单》（《光绪宣统两朝上谕档》第 30 册，第 116 ～ 124 页）中没有宗室进士。据此推测，光绪三十年可能没有宗室会试，也没有宗室贡士覆试。

宗室会试中式人数不多，每次覆试人数在二至四人。覆试等次以二等为主，少部分列为一等、三等，没有列为四等者，更没有罚停殿试之例（见表 1–13）。

三　朝考和会试覆试在馆选中的功用

道光之后，至迟在同治之后，在钦点庶吉士之时，不仅要看朝考成绩，同时也要参看会试覆试成绩。究竟朝考、覆试两者在馆选中的功用如何？

会试覆试最初是为了惩处舞弊中式者，并没有成为馆选中的一个参考要素。商衍鎏认为：“道光二十一年辛丑科并定朝考卷分一、二、三等，自是庶吉士皆试而后选矣。选用之法，合覆试、殿试、朝考等第之高下统计，等第中尤以朝考为重，三试高列者用庶吉士，此通例也。”①

我们对商衍鎏看法的理解是，在道光二十一年之后，馆选时考虑覆试的等次。成书于1917年的《祖庭闻见录》（即张世英年谱）也记载：光绪六年，张世英，37岁，中进士，馆选。“初贡士覆试，先日，同乡同年生曰：明日试卷篇增页股，均整齐无添注涂改，可前列也。祖父依说为之，余均未尔。榜发，祖父二等第四名，余均三等，殿试二甲，朝考二等五名，共六等且前列，遂获馆选。”②《光绪六年庚辰科新进士引见单》记录：张世英，甘肃人,31岁，二甲129名，覆试二等4名，朝考二等5名③。张世英，覆试、殿试、朝考，合之为六等（按商衍鎏所说，此六等即是六数），入选为庶吉士。可见，在一些人眼里，覆试的等次也构成馆选的一个入选要素。

不过，我们根据《上谕档》中的《新进士引见单》来看，很可能从同治元年壬戌科开始，馆选才参照覆试的等第名次。《上谕档》中的各科《新进士引见单》以同治元年壬戌科为界，此前的《新进士引见单》，在进士姓名之下没有覆试、殿试、朝考的等第名次，如咸丰十年庚申恩科《新进士引见单》。④从同治元年壬戌科开始⑤，至光绪三十年甲辰恩科，《新进士引见单》上每名进士姓名下面均列有覆试、殿试、朝考的等第名次。据此，我们推测从同治元年壬戌科开始，覆试才与殿试、朝考的等第名次一样，成为馆选的一个要素。我们之所以有此推测，还鉴于乾嘉年间有数名会试覆试不入等者也钦点为庶吉士（见表1-14）。当然还需进一步考证在同治之前，《新进士引见单》是否列有进士的会试覆试名次。如果列有覆试等第名次，就说明钦点庶吉士考虑覆试的成绩，如没有列覆试等第名次，说明钦点庶吉士不考虑覆试的成绩。

表1-14　会试覆试不入等而入选庶吉士名单表

姓名	会试覆试		朝考科年及名次	入选庶吉士的科年	资料出处①
	覆试科年	罚殿科数			
吴云②	乾隆五十五年	罚停殿试一科	乾隆五十八年朝考入选第五名	乾隆五十八年	A：15/614～615；B：17/330

① 《清代科举考试述录》，第126页。

② ［清］张绍蕃：《祖庭闻见录》（张世英年谱），见《北京图书馆藏珍本年谱丛刊》第180册，第441页。

③ 《光绪六年庚辰科新进士引见单》，见《光绪宣统两朝上谕档》第6册，第141页。

④ 《咸丰十年庚申恩科新进士引见单》，见《咸丰同治两朝上谕档》第10册，第305～311页。

⑤ 《同治元年壬戌科新进士引见单》，见《咸丰同治两朝上谕档》第12册，第301～307页。

（续表）

姓名	会试覆试		朝考科年及名次	入选庶吉士的科年	资料出处①
	覆试科年	罚殿科数			
严烺③	乾隆五十八年	罚停殿试二科	《上谕档》无嘉庆元年朝考入选单	嘉庆元年	A：17/229 ~ 300
张文凤④	乾隆六十年	罚停殿试三科	《上谕档》无嘉庆六年朝考入选单	嘉庆六年	A：18/555
饶向荣⑤	嘉庆六年	罚停殿试一科	《上谕档》无嘉庆七年朝考入选单	嘉庆七年	A：6/140

备注：①表中的资料全部来自《乾隆朝上谕档》《嘉庆道光两朝上谕档》。A——表示会试覆试科年及罚停殿试科数的出处；B——表示朝考科年及入选名次的出处。“/”前之数表示相对应的《上谕档》册数，“/”后之数表示相对应的页码。

②查乾隆五十五年庚戌恩科之后的乾隆五十八年癸丑科一科会试覆试名单中没有“吴云”之人，因此，可以推断乾隆五十八年朝考入选第5名，并入选为庶吉士的吴云，应是乾隆五十五年会试覆试不入等罚停殿试一科的吴云。“吴云，字润之，乾隆庚戌进士，选庶吉士，授编修”（李铭皖等修、冯桂芬等纂《苏州府志》卷89《人物十六》，见《中国方志丛书》华中地方第5号，台北，成文出版社，1970年，第2149页）。这一史料提及入选庶吉士的吴云是“乾隆庚戌进士”。清代有时将贡士也称作“进士”。据《苏州府志》和《国朝进士题名碑录》《清高宗实录》《词林辑略》等文献，可以得出结论：吴云，乾隆庚戌（五十五年）会试中式贡士，乾隆五十八年癸丑科进士，入选庶吉士。这样进一步证明乾隆五十八年入选庶吉士的吴云是乾隆五十五年会试覆试不入等，罚停殿试一科的吴云。

③查乾隆五十八年癸丑科之后的乾隆六十年乙卯恩科、嘉庆元年丙辰科两科会试覆试单中均无“严烺”之人；清代进士名叫严烺的仅一人。据此，我们推断在嘉庆元年入选庶吉士的严烺应是乾隆五十八年会试覆试不入等，罚停殿试两科的严烺。

④查乾隆六十年乙卯恩科之后的嘉庆元年丙辰科、嘉庆四年己未科、嘉庆六年辛酉恩科三科会试覆试单中均无“张文凤”之人；清代进士名叫张文凤的仅一人。据此，我们推断在嘉庆六年入选庶吉士的张文凤应是乾隆六十年会试覆试不入等，罚停殿试三科的张文凤。

⑤查嘉庆六年辛酉恩科之后的嘉庆七年壬戌科一科会试覆试单中无“饶向荣”之人；清代进士名叫饶向荣的仅一人。据此，我们推断嘉庆七年入选庶吉士的饶向荣应是嘉庆六年会试覆试不入等，罚停殿试一科的饶向荣。《（江西）东乡县志》记载：“嘉庆七年壬戌吴廷琛榜：饶向荣，辛酉会试中式，壬戌补殿试，以二甲入翰林，改兵部主事，升郎中。”（李士棻等修、胡业恒等纂《（江西）东乡县志》卷11《选举志一·进士》，见《中国方志丛书》华中地方第793号，台北，成文出版社，1989年，第405页。）可见，饶向荣，辛酉（嘉庆六年）会试中式，因覆试不入等，罚停殿试一科，嘉庆七年参加殿试、朝考，入选庶吉士。

由于我们不清楚嘉庆道光咸丰年间引见新进士的排单（可能是我们所谓《新进士引见单》）上列有哪些信息，因此难以判断皇帝在钦点庶吉士时，要参照哪些因素。为了对排单有所理解，我们来考察一下乾隆朝的引见新进士的排单。

乾隆三十一年按省引见新进士时，朝考入选者，在排单和绿头牌内注明。乾隆三十一年四月壬子，谕：

> 嗣后新进士引见时著各按省分，仍依甲第前后，分班带领，并将上次每省录用人数详晰开单呈览。如有朝考录取者并于绿头牌及排单内注明。①

“朝考入选”者，在引见新进士的绿头牌及排单内注明，便于钦点庶吉士之用。乾隆三十四年五月十六日，大学士尹继善等奏报：

> 查本日应行带领引见之江西、福建、湖北、湖南、河南、山东、山西、陕西、四川、广东、广西、云南、贵州等省新进士共七十七名，臣等谨遵旨按其省分并甲第前后开写排单，并将上次分别录用人数夹单恭呈御览。其有朝考文字入选者于排单及绿头牌内注明，仍按其甲第名次带领引见。谨奏。②

可见，在引见新进士时，在排单上将“朝考入选”者注明，供钦点庶吉士时参考。会试覆试是为了惩处舞弊中式者，也是为了杜绝舞弊行为的发生，至少在覆试初期不会作为钦点庶吉士的一个参照因素。到底何时将覆试等第名次写入引见新进士的排单，供钦点庶吉士之用？或者说，何时在钦点庶吉士时，参看覆试成绩？

表 1–15　嘉庆二十五庚辰科庶吉士及部分进士殿试、覆试、朝考入选表①

省（旗）	进士人数	庶吉士人数	姓名	殿试甲第②	覆试等次③	朝考是否入选	去向
宗室	4	1	宗室桂森	3/93	缺④	入选	庶吉士

---

① 《清高宗实录》卷 758，乾隆三十一年四月壬子，第 10 册，第 352 ～ 353 页。《(嘉庆)钦定大清会典事例》也记载：“(乾隆三十一年)奏定，新进士引见，除一甲三名业经授职，另为一班外，其满洲汉军及各直省新进士有朝考文字入选者，除于排单及绿头签内注明，并将此项入选人员，归于各该省之前，仍按其甲第名次带领引见。”(《(嘉庆)钦定大清会典事例》卷 784《翰林院・考选庶吉士》，见《近代中国史料丛刊三编》第 70 辑，第 2304 ～ 2305 页。)

② 《大学士尹继善等奏报带领引见各省新进士事》，见《乾隆朝军机处录副奏折》，乾隆三十四年五月十六日，中国第一历史档案馆档号：03-0128-019。

（续表）

省（旗）	进士人数	庶吉士人数	姓名	殿试甲第②	覆试等次③	朝考是否入选	去向
满洲	8	2	鄂木顺额	2/75	2/80	入选	庶吉士
			文蔚	3/39	2/130	入选	庶吉士
蒙古	2	1	明训	2/94	2/77	入选	庶吉士
汉军	4	1	韦德成	2/53	2/92	入选	庶吉士
			英魁	3/107	3/29	入选	分部学习
奉天	2	1	尚连城	3/132	1/15	未入选	庶吉士
直隶	22	4	邵曰诚	2/44	2/76	入选	庶吉士
			陈增印	2/68	2/100	入选	庶吉士
			张万年	3/19	2/124	入选	庶吉士
			张扩廷	2/55	3/4	入选	庶吉士
			范承祖	3/61	2/104	入选	分部学习
			董瀛山	3/64	2/123	入选	分部学习
江苏	21	9	何桂馨	2/2	2/142	入选	庶吉士
			唐惇培	2/25	2/83	入选	庶吉士
			侯桐	2/41	2/113	入选	庶吉士
			章沅	2/47	2/70	入选	庶吉士
			吴庆祺	2/49	1/4	入选	庶吉士
			吴继昌	2/60	2/86	入选	庶吉士
			费开绶	2/71	2/66	入选	庶吉士
			张曾	2/86	3/60	入选	庶吉士
			张德凤	3/137	1/5	入选	庶吉士
			卢毓嵩	3/22	2/19	入选	分部学习
			何其兴	3/18	2/5	入选	分部学习
			金澂	3/72	2/13	入选	知县即用
安徽	14	3	宫思晋	2/96	2/30	入选	庶吉士
			张森	3/11	2/31	入选	分部学习
			鲍崇兰	3/10	2/40	入选	分部学习
			徐宝善	2/52	1/14	未入选	庶吉士
			朱襄（朱一贯）	2/74	1/12	未入选	庶吉士

（续表）

省（旗）	进士人数	庶吉士人数	姓名	殿试甲第②	覆试等次③	朝考是否入选	去向
江西	15	5	周作楫	2/4	2/71	入选	庶吉士
			刘俊德	2/10	2/2	入选	庶吉士
			万辕	2/48	2/33	入选	庶吉士
			邢福山	2/89	2/24	入选	庶吉士
			罗宜诰	3/75	2/140	入选	知县即用
			吕溶	3/43	2/101	入选	分部学习
			程焕采	2/80	1/17	未入选	庶吉士
浙江	24	10	陆炯	2/29	2/82	入选	庶吉士
			冯登府	2/38	1/8	入选	庶吉士
			陆沅	2/40	1/1	入选	庶吉士
			俞焜	2/43	1/6	入选	庶吉士
			陈荣燮	2/69	2/129	入选	庶吉士
			金石声	2/77	2/15	入选	庶吉士
			胡鉴	2/85	3/25	入选	庶吉士
			潘文辂	2/93	2/121	入选	庶吉士
			来学醇	3/7	2/28	入选	庶吉士
			韩凤修	3/55	2/61	入选	知县即用
			陈修鼎	3/32	2/50	入选	分部学习
			吴光镐	3/119	3/36	入选	内阁中书
			劳逢源	3/1	2/75	入选	知县即用
			金更生	2/18	1/3	未入选	庶吉士
福建	11	4	龚文辉	2/1	3/70	入选	庶吉士
			许有韬	2/19	3/71	入选	庶吉士
			龚文龄	2/62	3/38	入选	庶吉士
			莫树椿	2/78	2/96	入选	庶吉士
			林士俊	3/108	2/51	入选	分部学习

（续表）

省（旗）	进士人数	庶吉士人数	姓名	殿试甲第②	覆试等次③	朝考是否入选	去向
山东	19	4	吴式敏	2/13	2/18	入选	庶吉士
			梁萼涵	2/24	2/9	入选	庶吉士
			刘耀椿	2/87	3/31	入选	庶吉士
			周兆锦	2/95	2/72	入选	庶吉士
山西	12	4	田嵩年	2/5	2/87	入选	庶吉士
			贾克慎	2/9	2/27	入选	庶吉士
			刘师陆	2/37	2/115	入选	庶吉士
			葛天柱	2/100	2/118	入选	庶吉士
			张秉德	3/41	2/48	入选	分部学习
河南	11	4	吴其泰	2/15	2/1	入选	庶吉士
			徐广缙	2/17	1/9	入选	庶吉士
			周锜	3/33	2/36	入选	庶吉士
			许汝恪	3/142	2/84	入选	庶吉士
			陈震东	3/2	2/44	入选	分部学习
陕西	5	2	张日章	2/22	1/13	入选	庶吉士
			程仪凤	3/112	3/61	入选	分部学习
			马疏	3/25	1/7	未入选	庶吉士
甘肃	6	2	张兆衡	3/8	2/116	入选	庶吉士
			褚裕仁	3/20	2/25	入选	知县即用
			刘之蔼	3/14	1/10	未入选	庶吉士
湖北	12	3	金光杰	2/14	2/45	入选	庶吉士
			陈辉甲	2/69	3/72	入选	庶吉士
			朱材哲	2/99	2/110	入选	庶吉士
湖南	8	2	王德宽	2/3	2/10	入选	庶吉士
			张星焕	2/21	3/15	入选	庶吉士
四川	9	2	戴谦	3/71	3/27	入选	庶吉士
			陈昉（陈锟）	3/127	2/69	入选	庶吉士

（续表）

省（旗）	进士人数	庶吉士人数	姓名	殿试甲第②	覆试等次③	朝考是否入选	去向
广东	9	2	刘万程	3/44	2/120	入选	庶吉士
			吴家懋	2/36	3/63	未入选	庶吉士
广西	7	2	李嵀	3/77	3/37	入选	庶吉士
			冯赞勋	2/76	2/78	未入选	庶吉士
云南	12	4	罗士菁	2/6	2/6	入选	庶吉士
			许应藻	2/11	2/65	入选	庶吉士
			赵光	2/32	2/67	入选	庶吉士
			李重轮	3/29	3/75	入选	庶吉士
			寇宁	3/46	3/42	入选	分部学习
贵州	9	4	刘荫棠	3/24	3/23	入选	庶吉士
			周项（周景）	2/82	2/34	未入选	庶吉士
			李泰交	2/90	2/109	未入选	庶吉士
			袁文祥	3/58	1/11	未入选	庶吉士
合计	246	76					

备注：①此表根据《嘉庆二十五年庚辰科会试覆试单》(《嘉庆道光两朝上谕档》第 25 册，第 153 ～ 160 页)、《嘉庆二十五年庚辰科朝考入选单》(《嘉庆道光两朝上谕档》第 25 册，第 195 ～ 197 页)、《明清进士题名碑录索引》《词林辑略》制成。

②“殿试甲第”栏：“/”前之数表示殿试甲第，“/”后之数表示名次。

③“覆试等次”栏：“/”前之数表示覆试等次，“/”后之数表示覆试名次。

④《嘉庆道光两朝上谕档》缺嘉庆二十五年宗室会试覆试单。

综合嘉庆二十五年庚辰科会试覆试单、嘉庆二十五年庚辰科朝考入选单、嘉庆二十五年庚辰科庶吉士名单，可知：嘉庆二十五年庚辰科覆试一等 17 人，除第 2 名许乃普是一甲进士，第 16 名许融分部学习外，其余 15 人入选庶吉士。其中有 8 人覆试一等，朝考未入选，钦点为庶吉士。从这一点来看，钦点庶吉士可能参看了覆试成绩。

从表 1-15 中，我们获得以下信息：

安徽宫思晋、张森、鲍崇兰三人朝考入选，其中宫思晋一人钦点为庶吉士，而张森、鲍崇兰二人分部学习；徐宝善、朱襄二人朝考未入选而钦点为庶吉士。这可能是徐宝善、朱襄二人的殿试、覆试等次优于张森、鲍崇兰的缘故。

江西朝考入选六人，其中罗宜诰、吕溶二人未钦点为庶吉士，而朝考未入选的程焕采钦点为庶吉士。这也可能是程焕采的殿试、覆试等次优于罗宜诰、吕溶二人的缘故。

甘肃朝考入选二人，其中褚裕仁一人未钦点为庶吉士，而朝考未入选的刘之蔼钦点为庶吉士。褚裕仁、刘之蔼均是三甲进士，褚裕仁覆试二等，刘之蔼覆试一等。褚裕仁落选而刘之蔼入选庶吉士这也可能是参看了覆试的等次。

安徽、江西、甘肃三省均有朝考入选者未能钦点为庶吉士，而朝考未入选者钦点为庶吉士。出现这种情况的原因，可能是嘉庆帝在钦点庶吉士时参看了会试覆试成绩。但是，在嘉庆二十四年已卯恩科，看不到覆试在馆选中的作用。

据表 2–5《嘉庆二十四年已卯恩科庶吉士及朝考入选者的朝考名次、殿试等第、覆试等次 、年龄表》（第 177 ～ 180 页）可知，江西进士王曷朝考入选第 62 名，殿试三甲第 121 名，覆试三等第 58 名；江西进士周彦朝考入选第 56 名，殿试三甲第 66 名，覆试二等第 6 名。周彦的朝考、殿试、覆试成绩均优于王曷，而且周彦比王曷还小一岁。结果王曷钦点为庶吉士，而周彦分部学习。这反映出覆试在这次馆选中可能还没有成为一个参照要素。

据表 2–5 可知，四川进士刘宇昌朝考入选第 13 名，殿试二甲第 40 名，覆试三等第 25 名；四川进士李彬然朝考入选第 15 名，殿试二甲第 27 名，覆试二等第 3 名。两人年龄相当。李彬然朝考名次仅落后刘宇昌两名，但殿试、覆试名次优于刘宇昌，特别是李彬然覆试成绩更有优势。结果是刘宇昌钦点为庶吉士，而李彬然分部学习。这也反映覆试在这次馆选中可能还没有成为一个参照要素。

总之，经分析，我们认为在嘉庆二十四年已卯恩科馆选中，覆试可能还没有成为馆选时的一个参照要素。

《（康熙）大清会典》《（雍正）大清会典》均记载：考选庶吉士之日，将写有诸进士年齿籍贯的黄折摆放在御案上。馆选结束的次日，再开列选中的进士（即庶吉士）的乡试、会试、殿试名次进呈御览。[①] 这就是说，顺治康熙年间钦点庶吉士之时参看新进士的年龄籍贯，不参看新进士的会试、殿试名次。

何时在引见新进士的排单（或绿头牌）上注明新进士的覆试名次，有待

① 《（康熙）大清会典》《（雍正）大清会典》中的这一史料已在第一章第二节的第一部分引用。

考证。通过对乾隆嘉庆年间馆选的考察，我们推测在嘉庆后期，钦点庶吉士时，可能参看了覆试的成绩。但据《上谕档》中的《新进士引见单》，我们推断：至迟到同治年间已将覆试等次写入排单，作为钦点庶吉士的一个参照因素。

虽然，会试覆试的等第名次后来也成为馆选的参照因素，但确实如商衍鎏所认为的，“等第中尤以朝考为重”。据同治、光绪两朝《新进士引见单》可知，不管是二甲进士，还是三甲进士，只要是覆试、朝考均是一等，年龄在 50 岁之下，一般能入选庶吉士。江浙等大省一般要朝考一等者才能入选庶吉士，但有少数朝考二等者，甚至三等者也入选为庶吉士。[①]一些小省视其朝考成绩，先选用朝考一等者，再选用朝考二等者，甚至选用朝考三等者。当然，朝考三等者入选庶吉士占极少数。不管是大省，还是小省，新进士覆试三等、朝考一等，均有可能入选庶吉士。如果是覆试一等，朝考三等，不管对大省还是对小省来说，很难入选为庶吉士。这反映朝考在馆选中的重要作用。

表 1–16　光绪十六年庚寅恩科庶吉士及部分进士殿试、覆试、朝考等次表①

省（旗）	进士人数	庶吉士人数	姓名	年龄	殿试甲第②	覆试等次③	朝考等次④	进士去向
宗室	3	1	载昌	24	2/26	1/1	1/63	庶吉士
满洲	6	1	启绥	32	2/66	1/13	1/53	庶吉士
蒙古	1	0	锳珍	32	3/123	2/47	2/35	分部学习
汉军	5	2	黄曾元	32	2/122	2/40	1/72	庶吉士
			郑文钦	28	3/118	1/55	2/9	庶吉士
直隶	24	6	孟庆荣	34	2/5	1/34	1/30	庶吉士
			华俊声	41	2/62	1/38	1/79	庶吉士
			何锡禔	27	3/2	2/34	1/61	庶吉士
			俞明震	30	3/62	3/50	1/17	庶吉士
			阎志廉	28	3/64	1/7	1/78	庶吉士
			高润生	31	3/107	己丑 3/75	1/69	庶吉士
奉天	5	1	孙百斛	27	2/100	2/81	2/73	庶吉士

---

① 如道光二十七年丁未科江苏三甲进士丁寿昌，覆试三等 77 名（《嘉庆道光两朝上谕档》第 52 册，第 112 页），朝考三等 2 名（《嘉庆道光两朝上谕档》第 52 册，第 133 页），被钦点为庶吉士。

（续表）

省（旗）	进士人数	庶吉士人数	姓名	年龄	殿试甲第②	覆试等次③	朝考等次④	进士去向
江苏	28	11	李安	32	2/18	1/29	2/96	分部学习
			陈光宇	31	2/31	己丑 3/35	1/4	庶吉士
			汪凤梁	32	2/39	1/3	1/11	庶吉士
			王庆平	36	2/42	1/35	1/20	庶吉士
			徐兆玮	21	2/46	1/51	2/1	庶吉士
			王全纲	38	2/59	2/19	1/43	庶吉士
			夏寅官	20	2/63	2/54	1/6	庶吉士
			于受庆	24	2/64	1/50	1/27	庶吉士
			王保奭	23	2/89	1/72	2/7	分部学习
			刘树屏	34	3/7	1/10	1/68	庶吉士
			吴庆祥	33	3/16	1/44	1/75	庶吉士
			叶文铨	38	3/39	2/86	1/13	庶吉士
			董康	22	3/42	己丑 3/116	1/28	分部学习
			王贻典	27	3/49	1/5	2/12	分部学习
			宋子联	30	3/80	2/7	1/22	庶吉士
安徽	14	6	何声灏	26	2/6	2/13	1/25	庶吉士
			程秉钊	40	2/8	3/27	1/2	庶吉士
			李经畬	33	2/20	1/16	1/73	庶吉士
			江云龙	33	2/25	1/15	1/47	庶吉士
			田庚	33	2/113	1/42	1/65	庶吉士
			郑恭	37	3/33	2/93	1/66	分部学习
			方霆	29	3/37	3/15	1/55	庶吉士
江西	22	6	朱益藩	25	2/9	1/24	1/42	庶吉士
			谢佩贤	30	2/10	1/69	2/33	庶吉士
			黄家杰	31	2/50	2/83	1/56	庶吉士
			黄澍菶	28	2/51	2/31	1/59	庶吉士
			洪嘉兴	27	2/53	1/41	1/23	庶吉士
			赵惟熙	28	2/56	1/62	1/9	庶吉士
			颜肇鼎	33	3/161	3/55	1/76	分部学习

（续表）

省（旗）	进士人数	庶吉士人数	姓名	年龄	殿试甲第②	覆试等次③	朝考等次④	进士去向
浙江	22	7	黄绍第	35	2/2	1/49	2/74	庶吉士
			刘崇照	25	2/15	2/49	1/37	庶吉士
			王修植	21	2/34	1/54	1/10	庶吉士
			杨家骥	20	2/37	1/67	1/5	庶吉士
			夏之森	25	2/48	2/35	1/21	庶吉士
浙江	22	7	王履咸	30	2/57	1/18	2/37	分部学习
			夏曾佑	28	2/87	1/32	1/15	庶吉士
			姚文倬	32	3/23	1/8	1/8	庶吉士
			翁焘	37	3/38	1/70	3/67	知县即用
福建	24	6	刘成杰	26	2/47	己丑 3/100	1/14	庶吉士
			郑锡光	36	2/60	2/51	1/26	庶吉士
			宋瞻泉	32	2/96	2/90	1/64	庶吉士
			郑叔忱	28	2/117	2/65	1/7	庶吉士
			陈宝璐	34	2/122	3/37	1/38	庶吉士
			邱聿征	27	3/41	3/7	1/29	庶吉士
			黄国琛	30	3/162	3/13	1/41	分部学习
山东	22	6	徐继孺	32	2/4	1/21	1/34	庶吉士
			蔡曾源	35	2/44	1/22	1/54	庶吉士
			管象颐	24	2/55	2/59	2/45	庶吉士
			李寅龄	29	2/61	1/58	3/83	分部学习
			王景禧	20	2/88	2/4	1/51	庶吉士
			王塾	39	3/90	1/45	1/36	庶吉士
			崔广沅	35	3/135	1/11	1/57	庶吉士
山西	11	2	李晋魁	32	2/32	1/57	2/55	分部学习
			米毓瑞	30	2/135	1/43	1/31	庶吉士
			孙笴经	25	3/87	2/67	1/39	庶吉士

（续表）

省（旗）	进士人数	庶吉士人数	姓名	年龄	殿试甲第②	覆试等次③	朝考等次④	进士去向
河南	16	4	王沛棻	24	2/11	2/62	1/16	庶吉士
			焦锡龄	30	2/27	1/27	2/120	分部学习
			王安澜	34	2/35	2/110	1/80	庶吉士
			杨捷三	27	2/94	1/23	1/44	庶吉士
			范仲垚	34	2/118	3/40	1/45	庶吉士
陕西	15	3	吴怀清	28	2/30	2/10	1/19	庶吉士
			霍勤燡	20	2/75	2/52	1/58	庶吉士
			晁鸿年	37	3/59	3/78	1/74	庶吉士
甘肃	9	1	王海涵	33	2/109	2/92	1/11	庶吉士
湖北	13	3	石振鋆	37	2/16	3/62	1/24	庶吉士
			朱祥晖	34	2/33	2/48	1/32	庶吉士
			杨承禧	32	2/43	1/25	1/35	庶吉士
			刘元弼	27	2/78	1/37	3/20	分部学习
湖南	13	3	王以慜	36	2/36	2/75	1/70	庶吉士
			杨觐圭	29	2/120	1/61	3/81	分部学习
			陆承宗	42	2/133	1/28	2/61	庶吉士
			黄履初	31	3/30	1/36	1/33	庶吉士
四川	14	4	余堃	28	2/17	1/14	1/62	庶吉士
			王公辅	31	2/52	2/56	2/15	庶吉士
			王乃征	29	2/58	1/30	1/1	庶吉士
			胡安铨	41	2/110	1/39	1/60	庶吉士
			秦家穆	27	2/125	1/47	3/37	分部学习
广东	17	4	任文灿	21	2/14	2/44	2/101	庶吉士
			潘宝琳	35	2/29	2/91	1/67	庶吉士
			李晋熙	34	2/115	1/64	2/49	庶吉士
			张学华	27	3/8	2/68	1/48	庶吉士
			李瀚鋆	41	3/18	1/32	3/28	知县即用

（续表）

省（旗）	进士人数	庶吉士人数	姓名	年龄	殿试甲第②	覆试等次③	朝考等次④	进士去向
广西	13	4	王敩成	32	2/19	1/52	1/77	庶吉士
			许晋祁	28	2/24	1/40	1/18	庶吉士
			李骥年	32	2/80	1/12	1/50	庶吉士
			李孝先	25	2/82	1/6	1/3	庶吉士
云南	13	3	朱景轼	25	2/38	2/11	1/46	庶吉士
			吴煦	31	2/74	2/8	1/41	庶吉士
			韦履洁	23	2/98	2/25	1/52	庶吉士
			杨金铠	25	3/5	1/48	2/6	分部学习
贵州	12	2	李立元	29	2/3	3/47	2/5	庶吉士
			陈启绪	37	2/131	1/53	1/71	庶吉士
合计	322	86						

备注：①此表根据《光绪十六年庚寅恩科新进士引见单》(《光绪宣统两朝上谕档》第16册，第157～168页)、《词林辑略》制成。

②“殿试甲第”栏：“/”前之数表示殿试甲第，“/”后之数表示名次。

③“覆试等次”栏：“/”前之数表示覆试等次，“/”后之数表示覆试名次；“已丑”指光绪十五年（1889）己丑科。

④“朝考等次”栏：“/”前之数表示朝考等次，“/”后之数表示朝考名次。

据表1-16可知，李安，江苏人，32岁，殿试二甲、覆试一等、朝考二等；王保奭，江苏人，23岁，殿试二甲、覆试一等、朝考二等；陈光宇，也是江苏人，31岁，殿试二甲、覆试三等、朝考一等。此三人的殿试、覆试、朝考等次相加分别是五数、五数、六数。按商衍鎏之说，相加五数的李安、王保奭两人比相加六数的陈光宇更有可能入选庶吉士，而实际是李安、王保奭分部学习，陈光宇则入选庶吉士。关键可能是陈光宇朝考一等，而李安、王保奭朝考二等。这在一定程度上反映了朝考在馆选中的作用要超过覆试。

据表1-16统计，得出以下数据：

（1）覆试三等、朝考一等入选庶吉士的有俞明震、高润生、陈光宇、程秉钊、方霆、刘成杰、陈宝璐、邱聿征、范仲垚、晁鸿年、石振鋆11人；

（2）覆试三等、朝考一等分部学习者有：董康、颜肇鼎、黄国琛3人；

（3）覆试一等、朝考三等，分部学习者有李寅龄、刘元弼、杨觐圭、秦家穆 4 人，以知县即用者有翁焘、李瀚鋆 2 人；

（4）没有覆试一等、朝考三等入选庶吉士之例。

据以上数据分析可知，虽然覆试等次成为进士去向的一个参照因素，但朝考的等次在决定进士的去向中起更大的作用。正如庶吉士出身、为官于嘉庆道光两朝的姚元之所说："新进士殿甲后，朝考最重。"[①]

四　馆选人数增多

在清前期，每科馆选人数一般不多，大致每科馆选在三四十人左右，仅几科只选拔十来名庶吉士，如顺治十八年辛丑科馆选 10 人，康熙六年丁未科拔取 12 人，康熙三年甲辰科、乾隆六十年乙卯科钦点 15 人（见附表一）。

从嘉庆七年开始每科庶吉士人数大增。其原因是进士用为部属、中书等官的仕途壅滞。嘉庆帝为了疏通进士仕途，增加进士用为庶吉士和知县两途的人数。嘉庆七年四月初五日，内阁奉上谕：

> 御史王祖武奏部属、中书、学正等官员缺壅滞，请将新进士多用庶吉士及知县一折。朕因近科以来中式进士分部学习及用中书、学正、学录者较多，一时补缺不无壅挤，思欲量为疏通，近日召见廷臣，询问及此，大臣中多有以此为言。朕并将本科新进士欲多用庶常、知县，酌加调剂之处，向廷臣面为宣露，而本日御史王祖武即以此条奏，必系廷臣中宣布于外，伊有所探闻，得知朕有此意，因作为己见，形之章奏。既可仰邀允准，又可为士子见好地步，殊属取巧邀誉，且向来科场年分，例不准条陈科场事宜，该御史于本科会试榜发届期，辄陈请疏通仕路，显违例禁，王祖武著交部察议。[②]

在这道谕旨中，嘉庆帝表明增加馆选人数的原因。正是鉴于进士仕途不畅，嘉庆七年壬戌科才增加馆选人数。此科钦点了 91 名庶吉士（参见附表一），创下历科以来馆选人数最多的纪录。

嘉庆之后，馆选人数时多时少，少者馆选三四十人，多者馆选八九十

① ［清］姚元之撰，李解民点校：《竹叶亭杂记》卷 2，见《清代史料笔记丛刊》，北京，中华书局，1982 年，第 31 页。

② 《嘉庆道光两朝上谕档》，嘉庆七年四月初五日，第 7 册，第 84 ～ 85 页；《清仁宗实录》卷 97，嘉庆七年四月乙巳，第 2 册，第 290 页。

人，光绪十八年壬辰科选拔了95名庶吉士，是钦点庶吉士最多的一科。总的趋势是馆选人数在增多。有清一代112科馆选，平均每科馆选人数为51人。从每科馆选人数的平均数来看，以嘉庆朝为界，此前各朝每科馆选人数除雍正朝达52人外，其余各朝基本平均在51人以内；嘉庆以来，各朝每科馆选人数在51人之上，特别是同治、光绪两朝，分别达75人、81人（见表1-17）。

表1-17　清代各朝庶吉士总数和各朝每科馆选平均人数表

各朝	科数	庶吉士总数	平均各科庶吉士人数
顺治朝	8	275	34
康熙朝	21	842	40
雍正朝	5	260	52
乾隆朝	27	972	36
嘉庆朝	12	831	69
道光朝	15	762	51
咸丰朝	5	283	57
同治朝	6	447	75
光绪朝	13	1051	81
总计	112	5723	51

嘉庆以来馆选人数增多，确实迎合了士子入翰林的愿望，但这属于不得已而为之。由于进士出路仅是为官一途，而官缺有限，清后期又因军功人员、捐纳人员挤占有限的官缺，使进士补缺遥遥无期，而将进士留在翰林，一方面满足了士子的心愿，另一方面可以缓解补缺之压力。

五　馆选标准逐渐趋于一致

道光之后，虽然各省入选的人数不一，但馆选的标准逐渐趋于一致。我们先来对道光六年丙戌科、道光二十五年乙巳恩科、光绪二年（1876）丙子恩科的馆选情况作一分析。

表 1–18　道光六年丙戌科各省朝考入选人数及庶吉士人数表

省（旗）	进士人数	朝考入选人数	庶吉士人数	朝考入选成为庶吉士	朝考未入选成为庶吉士
宗室	4	2	2	2 人：德诚、奕书	
满洲	10	2	3	2 人：麟魁、书英	1 人：鄂恒
蒙古	4	1	1	1 人：柏葰	
汉军	6	3	2	1 人：玉藻	1 人：李恩继
奉天	2	0	0		
直隶	24	6	2	2 人：朱成烈、许尚德	
江苏	21	13	5	5 人：成观宣、任泰、吴廷鉁、顾夔、程应权	
安徽	15	6	3	3 人：许前轸、孙日萱、方宝庆	
江西	20	4	2	2 人：赵镛、卢鸿翔	
浙江	25	10	4	4 人：朱成谷、汪怀、高枚、朱应元	
福建	13	2	2	1 人：曾维桢	1 人：龚维琳
山东	19	2	2	1 人：陈熙曾	1 人：陈驷门
山西	13	1	1	1 人：徐继畬	
河南	12	0	2		2 人：赵兴周、吴仪澄
陕甘	10	2	3	2 人：史宝征、殷增	1 人：王笃
湖北	11	4	2	2 人：郭道闾、陈光亨	
湖南	11	3	2	2 人：俞东枝、李嗣棠	
四川	8	1	1	1 人：洪锡璜	
广东	12	1	2	1 人：仇效忠	1 人：温承悌
广西	7	1	2	1 人：邓锡畴	1 人：周启运
云南	11	2	2	2 人：黄琮、辛联玮	
贵州	7	2	2	2 人：王玥、谌厚光	
合计	265	68	47	38	9

备注：此表据《道光六年丙戌科朝考入选单》（《嘉庆道光两朝上谕档》第 31 册，第 145 ～ 147 页）、《词林辑略》《清朝进士题名录》制作。《上谕档》中无《道光六年丙戌科新进士引见单》。此科各省进士人参见附表二。各省引见人数与进士人数一般相同，但由于个别进士可能补朝考，因此，引见人数与本科进士人数可能会有一点差异。

从表 1–18 我们可以得出以下数据：道光六年丙戌科朝考入选 68 人，钦点了 47 名庶吉士，其中有 38 名朝考入选者被钦点为庶吉士；有 9 人朝考未入选被钦点为庶吉士。河南、广东、广西等省或由于没有朝考入选人员，或由于朝考入选人员过少，而钦点朝考没有入选者为庶吉士。30 人朝考入选没有被钦点为庶吉士，分别是江苏 8 人、安徽 3 人、浙江 6 人、福建 1 人、直隶 4 人、湖北 2 人、湖南 1 人、江西 2 人、山东 1 人、汉军 2 人。

从钦点庶吉士的情况来看，道光前期仍遵照乾嘉时期的做法，既考虑朝考是否入选，又顾及各省是否有进士入选庶吉士。

道光后期，馆选原则有所变化，表现在更加看重朝考成绩，打破以往每科各省均钦点庶吉士的成例。

表 1–19　道光二十五年乙巳恩科各省庶吉士人数表

省（旗）	进士人数	庶吉士人数	朝考各等入选庶吉士人数		
			朝考一等入选者	朝考二等入选者	朝考三等入选者
宗室	1	0			
满洲	6	1		1 人：皂保	
蒙古	2	1		1 人：奎章	
汉军	5	1	1 人：宜振		
直隶	21	7	2 人：杨翰、罗嘉福	5 人：童福承、刘书年、恽世临、陈泰初、包炜	
奉天	2	1		1 人：李鹤年	
江苏	16	6	3 人：何桂芬、潘遵祁、曹骅	2 人：沈锡庆、徐鼒	1 人：曹炳燮
安徽	7	2	1 人：李国棠	1 人：何廷谦	
江西	15	6	3 人：锺启峋、李联琇、章光斗	2 人：萧玉铨、徐德周	1 人：蒋志淳
浙江	16	7	4 人：徐元勋、贡璜、沈炳垣、周士炳	3 人：黄廷绶、罗宝森、丁士元	
福建	12	0			
山东	17	4	2 人：陈介祺、张守岱	2 人：王荣第、阎翥鹏	
山西	10	1	1 人：郭骥远		

（续表）

省（旗）	进士人数	庶吉士人数	朝考各等入选庶吉士人数		
			朝考一等入选者	朝考二等入选者	朝考三等入选者
河南	15	5	4人：冯琛、吕序程、李梦周、毛昶熙	1人：徐嵩生	
湖北	9	3	2人：左瑛、孟培桢	1人：胡瑞澜	
湖南	8	3	3人：周寿昌、孙鼎臣、袁芳瑛		
陕甘	13	2		2人：阎敬铭、岳云衢	
四川	7	1	1人：张正椿		
广东	11	0			
广西	6	0			
云南	8	0			
贵州	7	0			
合计	214	51	27	22	2

备注：①此表据《道光二十五年乙巳恩科朝考等第名次单》(《嘉庆道光两朝上谕档》第50册，第209～215页)、《道光二十五年乙巳恩科新进士引见单》(《嘉庆道光两朝上谕档》第50册，第222～228页)、《词林辑略》制作。

②此科朝考一等28人，二等55人。朝考一等者仅顾骏（直隶，朝考一等第25名）未入选。

从道光二十四年甲辰科开始，朝考开始分等，即每位进士都排朝考等第名次。从此，皇帝结合朝考等第名次钦点庶吉士。据表1–19可知，钦点庶吉士主要看朝考成绩。福建、广东、广西、云南、贵州5省，由于朝考成绩不理想，均没有钦点庶吉士。如福建12名进士，除华定祁一人朝考二等第52名外，其余11人朝考三等。从这科馆选中可以看出，个别进士可能给道光帝较好的印象，即使朝考成绩不理想，也钦点为庶吉士。如江苏朝考一等、二等者有5人入选庶吉士，另有曹炳燮一人朝考三等也入选庶吉士；江西朝考一等、二等者也有5人入选庶吉士，另有蒋志淳一人朝考三等入选庶吉士。不过总的来看，道光帝主要还是凭朝考成绩来钦点庶吉士。从道光二十四年甲辰恩科、二十七年丁未科、三十年庚戌科也有些省份没有庶吉士（见附表一、附表二）来看，道光后期馆选原则是有所变通，不再顾及每科各省均钦点庶吉士的成例，而看重朝考成绩，馆选标准趋于一致。道光帝的后继者大致也遵循这一原则，如光绪二年丙子恩科、十六年庚寅恩科的馆选就遵循这一原则。

表 1-20　光绪二年丙子恩科各省庶吉士人数表

省（旗）	进士人数	庶吉士人数	朝考一等入选庶吉士名单	朝考二等入选庶吉士名单
宗室	1	1	1 人：会章	
满洲	8	2	2 人：裕德、常山	
蒙古	2	1	1 人：春溥	
汉军	6	0		
直隶	23	5	3 人：李桂林、徐致靖、高赓恩	2 人：谢祖源、贾联堂
奉天	4	1		1 人：袁镇南
江苏	25	12	12 人：章志坚、殷李尧、庞鸿文、徐玮文、茅景容、黄群杰、闻福增、吴福保、陆宝忠、赵树禾、缪荃孙、涂廉锷	
安徽	17	3	1 人：郑绍成	2 人：崔登、郑衍熙
江西	18	4	4 人：况桂馨、魏起鹏、曾长治、陶搢绶	
浙江	23	9	9 人：金星桂、朱一新、冯金鉴、曹昌燮、陶方琦、杨鸿元、朱镜清、朱善祥、冯崧生	
福建	23	5	4 人：陈翥、陈懋侯、林启、张端	1 人：陈琇莹
山东	20	5	5 人：吴树梅、刘中策、王锡蕃、管廷鹗、杨际清	
山西	11	2	2 人：陈履亨、黄汝香	
河南	19	5	4 人：高钊中、冯汝骐、张世恩、黄彝年	1 人：顾璜
陕西	13	4	4 人：高维岳、党蒙、汤子坤、陈毓麟	
甘肃	9	1		1 人：张继
湖北	15	5	5 人：吴兆泰、张炳琳、刘心源、邓倬堂、陈德薰	
湖南	14	4	4 人：朱卓英、陈兆文、黄显瓒、黄均隆	
四川	13	5	4 人：罗经学、周盛典、胡瀛涛、施典章	1 人：黄绍谋
广东	15	5	4 人：戴鸿慈、廖廷相、潘宝鐄、金学献	1 人：黎荣翰
广西	13	4	3 人：刘宗标、锺德祥、龙朝言	1 人：唐椿森

（续表）

省（旗）	进士人数	庶吉士人数	朝考一等入选庶吉士名单	朝考二等入选庶吉士名单
云南	15	3	2 人：周材芳、陈思相	1 人：倪恩龄
贵州	12	3	3 人：黄国瑾、路朝霖、周照	
合计	320	89	77	12

备注：此表据《光绪二年丙子恩科朝考等第名次单》(《光绪宣统两朝上谕档》第2册，第147～156页)、《光绪二年丙子恩科新进士引见单》(《光绪宣统两朝上谕档》第2册，第165～177页)、《词林辑略》制作。

据表1-20可知，光绪二年丙子恩科朝考入选看重朝考成绩。89名庶吉士中有77人朝考一等，仅12人朝考二等。陕西、广东、广西、云南、贵州等文化以前相对落后的省份入选庶吉士者也是以朝考一等者为主。此科朝考一等88人，只有11人没有钦点为庶吉士，他们是满洲那桂1人，浙江叶庆增、林嵩尧、李濂3人，福建杨兆麒、林元赓、丁毓琛3人，山东张懋澄、艾庆澜2人，山西曹榕1人，广西蒋元杰1人。这反映了江浙等大省不再如以前那样在朝考中占绝对优势，而一些以前文化相对落后的省份，朝考成绩表现不俗，说明这些省份的文化得到发展，与江浙等省的差距缩小。光绪十六年庚寅恩科的馆选也反映出这一趋势（见表1-16《光绪十六年庚寅恩科庶吉士及部分进士殿试、覆试、朝考等次表》）。

总之，通过对道光、光绪几科馆选情况的分析，我们的结论是馆选的标准已趋于一致，即钦点庶吉士更加看重朝考成绩。

第二章　清代馆选诸问题

第一节　分省馆选

馆选的目的是为翰苑选拔人才，为国家储才，这就决定了以文辞优长作为馆选标准。雍正五年五月辛酉，“谕内阁：‘今科选拔庶常，应如何简选考试，务得人材，以济实用，尔等会议具奏。’寻议：进士选拔庶常，原属储才大典，必得学问素优、才品兼著之士，方可选列清华”①。可见，馆选既重视品德，也强调学问。由于各省文化水平不同，如完全以文辞、学问为标准，文化相对落后之省就很难有进士入选为庶吉士。是否分省馆选，成为清前期多次争议的问题。

一　分省馆选的确立

（一）顺康雍时期：从不分省馆选向分省馆选过渡

顺治年间，没有确定分省选拔的原则，只是顺治九年壬辰科馆选分省选拔。

《翰詹源流编年》记载：

> （顺治九年）秋七月，定按省遴选庶吉士。给事中高辛允奏准按直省大小，直隶、江南、浙江各五人，江西、福建、湖广、山东、河南各四人，山西、陕西各二人，广东一人，以二十人习清书，二十人习汉书。满洲四人，蒙古二人，汉军四人，一体读书。②

《明清档案》记载：

---

① 《清世宗实录》卷57，雍正五年五月辛酉，第1册，第868页。

② 《翰詹源流编年》卷1，第15页。

（顺治九年四月初二日）吏科给事中高辛胤谨题为：

请酌行馆选旧例，重名器以襄圣治事。臣惟为治之道莫先于用人，用人之重且大者莫过于选庶吉士一事……缘系请酌行馆选旧例，重名器以襄圣治事理，臣未敢擅便，谨题请旨。①

《清世祖实录》记载：

（顺治九年七月）己丑，内院议覆吏科给事中高辛允疏言：皇上亲政之首科，允宜慎选庶常，以光圣治。臣等参考旧例，斟酌时宜，择其年貌合格、文字雅醇者充其选。名数照己丑科例，取汉进士四十名。查照直省大小及近日人材多寡，直隶、江南、浙江各取五名，江西、福建、湖广、山东、河南各取四名，山西、陕西各取二名，广东取一名。……报可。②

《翰詹源流编年》一书认为顺治九年馆选分省选拔，是由于高辛允（即高辛胤）奏请。《明清档案》记载，顺治九年四月，高辛胤题请“酌行馆选旧例”，并没有题请分省馆选之事。结合高辛胤题奏和《清世祖实录》可知，是内院议覆吏科给事中高辛允题奏后，建议分省选拔，并提出各省庶吉士的名额。顺治帝同意了内院的议覆，并按其提议的各省名额来选拔庶吉士（参见附表一）。

顺治九年壬辰科馆选是分省选拔，但此后并没有执行分省选拔之原则。顺治十二年乙未科，江西、河南、四川、广东等省均没有庶吉士，其中河南 30 名进士也没有一名庶吉士。从顺治十二年乙未科至康熙十二年癸丑科的 8 科馆选，不是每省均有庶吉士；从康熙十五年（1676）丙辰科至康熙六十年辛丑科的 17 科基本上每省都有庶吉士（参见附表二）。

康熙十五年丙辰科之后，康熙帝在钦点庶吉士时，可能照顾各省均有庶吉士，但又视各省人才之多寡而定。

雍正年间改变每省均钦点庶吉士的做法。雍正初年有官员建言馆选不分省份。雍正元年五月初九日，兵科给事中刘祖任上奏：

请更翰林积习，以光文治，以收实效事。窃惟翰林一官，所以典掌

① 《吏科给事中高辛胤题请酌行馆选旧例》，见《明清档案》第 14 册，第 7963 ～ 7964 页。这一史料在第一章第二节已引用，此处从简。

② 《清世祖实录》卷 66，顺治九年七月己丑，第 518 ～ 519 页。

文墨，培养公辅，必品行端廉，学养醇粹之儒，方可当之而无愧，非以多取胜也……国初循有明故事，先由内阁考取，然后引见，每科选者不过二十人……祈皇上……临期先命阁臣依古法考取四五十人，然后引见，不拘名次，不论家世，不分省分，选取二十人，厚其养廉，严加教习，散馆仍作三等分用，则官无倖位，人无弃才，行见文治，日以光华，太平基于万年矣。①

刘祖任建言馆选不分省份，是否被雍正帝采纳？

从雍正元年癸卯恩科、二年甲辰科两科馆选来看，雍正帝可能采纳了刘祖任的建言。由于这两科馆选，有些省份没有庶吉士，引起议论，因此，太常寺少卿李钟峩上奏：

钦惟我皇上圣神御宇，更复加意人才。臣臆斯时英奇定宜蔚起，不谓九省地方乃无一中材堪以入翰林备作养也。此在九省不无稍隘其效力之途，顾于圣朝似适掩文明之盛。伏祈我皇上溥覆载之仁，广储才之路，请嗣后各省进士当馆选庶吉士时，只静俟天心简任，暂停覆试、保举。庶边僻省分咸得以效忠诚而寸尺微长，胥足以备驱策。②

针对李钟峩的奏请，雍正帝令大学士、九卿讨论，提出看法。雍正三年四月癸未，雍正帝谕大学士、九卿等：

前日李钟峩奏称：翰林为储材重地，自康熙四十五年至六十年七科，每省俱有庶吉士。查雍正元年癸卯科，汉军及河南、四川进士无馆选者。雍正二年甲辰科，蒙古及山西、河南、陕西、四川、广东、湖南、广西、云南、贵州进士，俱无馆选者，请广储才之路等语。朕即位之后，以培养人材，最重翰林，故加意详慎。隆科多曾奏称：圣祖时馆选，每省俱有庶吉士。所以朕于雍正元年癸卯科馆选时，试其文义，观其人品，于僻远省分之人，亦酌量选取……雍正二年甲辰科馆选，亦详加考试。朕因以文义优者，选为庶吉士，于是山西、河南等省进士，遂多不得与选……嗣后馆选庶吉士，或应考试文义选取，或应每省额选几人，或应

① 《兵科给事中刘祖任奏请更翰林积习折》，雍正元年五月初九日，见《雍正朝汉文朱批奏折汇编》第1册，第361～362页。

② 《吏部尚书朱轼题为李钟峩所请嗣后各省进士当馆选庶吉士时暂停覆试保举毋庸议本》，见《雍正朝内阁六科史书·吏科》第20册，第348～349页。

> 分为南北两院？向来教习止派满汉各一员，今若按省分各选庶吉士，或亦按省分各设教习，可乎？至各省未得馆选之进士中，或有文义可充翰林之选者，尔等确有所知，即行举出，毋使人有逸才之论。尔大学士会同九卿详议具奏。①

大学士、九卿等遵旨讨论，然后奏报："皇上振兴文教，储养英才，因人器使，馆选之法，尽善尽美，更无遗逸之才。李钟峩条奏应无庸议。"②雍正帝从之。可见，雍正帝认可了大学士、九卿的题报。这表明雍正帝否定了李钟峩建议每省皆馆选庶吉士的奏请。

《熙朝新语》记载：

> 向例馆选不分省，以致边省多缺。通江李雪原钟峩官太常寺少卿，雍正四年疏言："康熙四十五年至六十年七科，不分大小省俱有庶吉士。至元年癸卯，汉军及河南、四川进士无馆选者；二年甲辰，蒙古及山西……贵州诸省进士俱无馆选之人，请广储才之路。"上交部议，准行。今各省皆有馆选，自钟峩疏奏始。③

《熙朝新语》将李钟峩上奏的时间错记为雍正四年（1726）。《熙朝新语》给人错觉：雍正帝认可李钟峩之题奏，各省开始皆有庶吉士。

虽否决了李钟峩每省皆馆选的建言，但在实际执行时，雍正帝可能尽量照顾各省皆有庶吉士。雍正五年丁未科除浙江没有进士外④，其余各省均有庶吉士，雍正八年庚戌科仅广西没有庶吉士，雍正十一年癸丑科仅直隶没有庶吉士。

总之，通过对顺康雍时期的馆选进行考察，可以说，选拔庶吉士由不按省份选拔，到逐渐向每省皆有庶吉士阶段过渡。

---

① 《清世宗实录》卷31，雍正三年四月癸未，第1册，第476页。另见《雍正朝汉文谕旨汇编》，雍正三年四月十六日，第6册，第204～205页。

② 《清世宗实录》卷31，雍正三年四月癸未，第1册，第476页。

③ 《熙朝新语》卷9，第147页。

④ "雍正四年，世宗以浙人查嗣庭、汪景祺诗文悖逆，风气恶薄，停止浙江士子乡会试。六年，经李卫、王国栋、王兰生等奏称：两浙人士，省愆悔过，士风丕变，谕准照旧应试。前后三年，浇漓尽革，况今涵濡圣泽几二百年，宜风气蒸蒸日上也。"（[清]陈康祺著，晋石点校：《郎潜纪闻初笔》卷13《世宗停止浙江乡会试》，见《郎潜纪闻初笔 二笔 三笔》，载《清代史料笔记丛刊》，第277～278页。）雍正因浙人查嗣庭、汪景祺诗文悖逆之事，诏令停止浙江士子乡会试。实际只停了浙江士子雍正五年丁未科会试。因此，此科没有浙江进士、庶吉士。

（二）乾隆时期：分省馆选原则的确定

从雍正元年癸卯恩科至乾隆元年丙辰科，引见新进士是按文字入选（即朝考入选）、有保举、无保举的顺序引见；从乾隆二年丁巳恩科至乾隆二十八年（1736）癸未科，引见新进士是按朝考文字入选、拣选等次先后引见。按这一顺序引见，在钦点庶吉士时难免有些省份漏点庶吉士。乾隆十七年壬申恩科河南九名进士，无一名庶吉士，乾隆二十八年癸未科河南十名进士，也无一名庶吉士，可能与不是分省引见相关。

针对验看、拣选新进士产生的问题，乾隆三十一年四月壬子，谕：

> 向来新进士殿试、朝考后复派王、大臣验看，分别等第，原因人文并重，且使边方远省名次在后者，亦得均与馆选也。但思进士原系通行引见，其人可造与否，朕皆临时甄别录用，自可无庸豫为拣选。嗣后新进士引见时，著各按省分，仍依甲第前后，分班带领，并将上次每省录用人数详晰开单呈览。如有朝考录取者并于绿头牌及排单内注明。其如何分省分日引见之处，该衙门临时酌办奏闻。①

乾隆帝降旨停止王、大臣验看、拣选，改为按省份来引见选拔庶吉士。从此，新进士按省份来引见选拔，便于顾及各省庶吉士的人数。可以说乾隆三十一年确立分省引见制度，标志着分省馆选的原则正式确定。《养吉斋丛录》一书记载：

> （乾隆）三十年停止大臣拣选，命于引见时按省分，依甲第，分班带领，并将上届某省用几人开单呈览。引见时，于名折上丹圈者，以庶吉士用；尖者，以额外主事用；连点者，以知县用。由是直省人才，皆得邀馆阁之选。②

《养吉斋丛录》一书记载是乾隆三十年停止大臣拣选，实际是乾隆三十一年停止大臣拣选。从此，一般情况下每科各省均有进士钦点为庶吉士。

（三）嘉庆至光绪时期：推行分省馆选原则

乾隆年间确定分省馆选原则，此后历朝遵循这一馆选原则，但分省

---

① 《清高宗实录》卷758，乾隆三十一年四月壬子，第10册，第352～353页。

② 《养吉斋丛录》卷9，第112页。

馆选不是说每省每科均要钦点庶吉士。乾隆最后三科个别省份就没有钦点庶吉士，其中乾隆五十五年庚戌恩科广东没有庶吉士，五十八年癸丑科湖北、广东两省没有庶吉士，六十年乙卯恩科福建、陕西、湖南、广西等省没有庶吉士（见附表一、附表二）。

道光后期以来，随着馆选标准趋于一致，一些科年也不再是每省均钦点庶吉士。道光二十一年辛丑科至道光三十年庚戌科五科均有数省没有钦点庶吉士（见附表二）。文廷式记载："道光庚戌科馆选五十八人，吾江西无一人与选。是时文宗甫登极，不拘分省之常格也。是科福建、广西、云南皆无馆选，而广东用至七人，亦向所罕见。"① 文廷式所言道光庚戌科馆选 58 人。这 58 人中包括一甲 3 名，庶吉士只有 55 人。在钦点庶吉士时，一般遵循常格，顾及各省有庶吉士，但也有不拘常格之例。道光后期，道光帝寻找一种更加合理的馆选标准，其将朝考分等，并打破每省钦点庶吉士的做法。道光帝的这种做法使馆选更加理性化。道光三十年庚戌科只是咸丰帝遵循其父不拘常格之选法，不是每省均钦点庶吉士。文廷式没有注意到打破常格的应是道光帝而不是咸丰帝。

二　分省馆选的不平衡性

馆选一般是选拔文辞优异者为庶吉士。相对来说，江南士子更擅长文辞，因此，江浙士子入选庶吉士的人数就较多。雍正帝的一道谕旨说明清代为何庶吉士中多选江浙士子的原因。雍正三年四月癸未，雍正帝谕大学士九卿等：

> 朕即位之后，以培养人材，最重翰林，故加意详慎。隆科多曾奏称："圣祖时馆选，每省俱有庶吉士。"所以朕于雍正元年癸卯科馆选时，试其文义、观其人品，于僻远省分之人，亦酌量选取。又每谕教习之臣尽心训迪。迨后历经简择及考试文章，其中惟江浙人文义，实较各省为优。因将各省人员分用于内外各衙门，而江浙人留馆独多。雍正二年甲辰科馆选，亦详加考试。朕因以文义优者，选为庶吉士，于是山西、河南等省进士，遂多不得与选。盖翰林职司文章，若以文义不及者处之，则用违其才，而其人或有他长，反无以自见矣。朕凡于用人行政，无不审慎筹画，务求当理。而选择翰林，更为留意，实欲使人人勿枉其材，各效

① ［清］文廷式：《纯常子枝语》卷 5，见《续修四库全书》第 1165 册，第 86 页。

所长，庶国家得收器使之效，岂计及于各省翰林之多寡有无也。[1]

正是由于“以文义优者，选为庶吉士”，而江浙人文义，实较各省为优，因此，江浙士子入选庶吉士的为多。这种状况在分省馆选前尤其明显。

表 2-1　分省馆选前江浙云贵等省庶吉士人数及所占比例表

科年	全国庶吉士人数	江南、浙江		广东、广西、云南、贵州	
		庶吉士人数	所占比例	庶吉士人数	所占比例
顺治三年丙戌科	46	5	10.9%	0	0
顺治四年丁亥科	20	8	40%	0	0
顺治六年己丑科	40	14	35%	1	2.5%
顺治九年壬辰科	50	10	20%	1	2%
顺治十二年乙未科	36	14	38.9%	0	0
顺治十五年戊戌科	32	8	25%	0	0
顺治十六年己亥科	41	15	36.6%	0	0
顺治十八年辛丑科	10	3	30%	0	0
小计	275	77	28%	2	0.7%
康熙三年甲辰科	15	10	66.7%	2	13.3%
康熙六年丁未科	12	6	50%	0	0
康熙九年庚戌科	28	8	28.6%	0	0
康熙十二年癸丑科	32	15	46.9%	1	3.1%
康熙十五年丙辰科	32	12	37.5%	2	6.3%
康熙十八年己未科	32	14	43.8%	2	6.3%
康熙二十一年壬戌科	32	16	50%	0	0
康熙二十四年乙丑科	35	11	31.4%	3	8.6%
康熙二十七年戊辰科	34	14	41%	2	5.9%
康熙三十年辛未科	33	14	42.4%	1	3%
康熙三十三年甲戌科	40	11	27.5%	4	10%

① 《清世宗实录》卷 31，雍正三年四月癸未，第 1 册，第 476 页。

（续表）

科年	全国庶吉士人数	江南、浙江		广东、广西、云南、贵州	
		庶吉士人数	所占比例	庶吉士人数	所占比例
康熙三十六年丁丑科	31	5	16.1%	3	9.7%
康熙三十九年庚辰科	43	12	27.9%	5	11.6%
康熙四十二年癸未科	49	20	40.8%	4	8.2%
康熙四十五年丙戌科	50	21	42%	5	10%
康熙四十八年己丑科	64	27	42.2%	8	12.5%
康熙五十一年壬辰科	66	34	51.5%	6	9.1%
康熙五十二年癸巳恩科	53	17	32.1%	8	15.1%
康熙五十四年乙未科	44	16	36.4%	6	13.6%
康熙五十七年戊辰科	55	22	40%	6	10.9%
康熙六十年辛丑科	62	23	37.1%	6	9.7%
小计	842	328	39%	74	8.8%
雍正元年癸卯恩科	58	27	46.6%	6	10.3%
雍正二年甲辰科	40	26	65%	0	0
雍正五年丁未科	37	9	24.3%	6	16.2%
雍正八年庚戌科	55	32	58.2%	3	5.5%
雍正十一年癸丑科	70	31	44.3%	8	11.4%
小计	260	125	48.1%	23	8.8%
乾隆元年丙辰科	64	24	37.5%	8	12.5%
乾隆二年丁巳恩科	59	11	18.6%	12	20.3%
乾隆四年己未科	63	20	31.7%	7	11.1%
乾隆七年壬戌科	54	14	25.9%	7	13%
乾隆十年乙丑科	51	16	31.4%	6	11.8%
乾隆十三年戊辰科	51	17	33.3%	6	11.8%
乾隆十六年辛未科	42	14	33.3%	6	14.3%
乾隆十七年壬申恩科	38	12	31.6%	7	18.4%
乾隆十九年甲戌科	35	9	25.7%	5	14.3%

（续表）

科年	全国庶吉士人数	江南、浙江		广东、广西、云南、贵州	
		庶吉士人数	所占比例	庶吉士人数	所占比例
乾隆二十二年丁丑科	34	11	32.4%	5	14.7%
乾隆二十五年庚辰科	34	10	29.4%	3	8.8%
乾隆二十六年辛巳恩科	35	13	37.1%	5	14.3%
乾隆二十八年癸未科	29	10	34.5%	5	17.2%
小计	589	181	30.7%	82	13.9%
合计	1966	711	36.2%	181	9.2%

备注：此表根据附表一《清代分省庶吉士人数统计表》制成。

顺治年间，北方的士子和江浙士子中式较多，入选庶吉士的人数相对较多，而西南几省中式进士少，入选庶吉士的人数则更少。顺治年间，进士和庶吉士主要分布在直隶、山东、江南、浙江、河南等大省；而西南的广西、云南、贵州三省仅 3 名进士、1 名庶吉士。（参见附表二）这一时期进士、庶吉士的分布极不均衡。造成这一局面的原因主要有二：一是当时全国还处在统一的进程中，一些省的士子参加科举考试受影响；二是当时会试不是按省取士，而是按南、北、中卷取士，文化相对落后省份的士子中式进士的难度大，以致往往脱科。

康熙年间，随着国家统一、社会稳定，文化大省在科举上的优势进一步显现出来，文化落后的小省在科举上也取得一定的进展。据表 2-1 可知，在康熙年间的 842 名庶吉士中江南、浙江两省有 328 名庶吉士，占总数的 39%。康熙年间 21 科馆选，其中康熙三年甲辰科、六年丁未科、二十一年壬戌科、五十一年壬辰科 4 科江浙两省[①]的庶吉士均占 50% 或以上的份额，特别是康熙三年甲辰科高达 66.7% 的份额。虽然广东、广西、云南、贵州四省在康熙年间只有 74 名庶吉士，占总数的 8.8%，但相对顺治时期来说，这一区域科举有了一定的发展。

雍正帝钦点庶吉士，看重“文义”，这正是江浙士子的优势。因此，雍正年间，馆选的不平衡性就很明显。雍正帝共钦点了 260 名庶吉士，江浙就多达 125 名，占总数的 48.1%，特别是雍正二年甲辰科，江浙庶吉士高达 65% 的比例。

① 江浙：本文指江南、浙江二省。康熙时江南省分成江苏、安徽两省。为行文方便，本文康熙后的江浙包括江苏、安徽、浙江三省。

与江浙形成明显的对比，广东、广西、云南、贵州四省处于劣势，甚至在雍正二年甲辰科四省一名庶吉士也没有。这四省在雍正年间只有 23 名庶吉士，仅占总数的 8.8%。

表 2–2　分省馆选后江浙云贵等省庶吉士人数及所占比例表

科年	全国庶吉士人数	江苏、安徽、浙江		广东、广西、云南、贵州	
		庶吉士人数	所占比例	庶吉士人数	所占比例
乾隆三十一年丙戌科	31	12	38.7%	4	12.9%
乾隆三十四年己丑科	26	9	34.6%	3	11.5%
乾隆三十六年辛卯恩科	32	10	31.3%	4	12.5%
乾隆三十七年壬辰科	33	11	33.3%	4	12.1%
乾隆四十年乙未科	41	15	36.6%	4	9.8%
乾隆四十三年戊戌科	32	10	31.3%	4	12.5%
乾隆四十五年庚子恩科	26	8	30.8%	4	15.4%
乾隆四十六年辛丑科	32	10	31.3%	4	12.5%
乾隆四十九年甲辰科	21	6	28.6%	4	19%
乾隆五十二年丁未科	29	9	31%	4	13.8%
乾隆五十四年己酉科	21	5	23.8%	4	19%
乾隆五十五年庚戌恩科	24	6	25%	3	12.5%
乾隆五十八年癸丑科	20	7	35%	2	10%
乾隆六十年乙卯恩科	15	4	26.7%	3	20%
小计	383	122	31.9%	51	13.3%
嘉庆元年丙辰科	25	8	32%	3	12%
嘉庆四年己未科	70	21	30%	9	12.9%
嘉庆六年辛酉恩科	76	19	25%	12	15.8%
嘉庆七年壬戌科	91	26	28.6%	11	12.1%
嘉庆十年乙丑科	81	30	37%	10	12.3%
嘉庆十三年戊辰科	76	26	34.2%	11	14.5%
嘉庆十四年己巳恩科	66	22	33.3%	8	12.1%
嘉庆十六年辛未科	69	25	36.2%	9	13%
嘉庆十九年甲戌科	67	21	31.3%	9	13.4%

（续表）

科年	全国庶吉士人数	江苏、安徽、浙江		广东、广西、云南、贵州	
		庶吉士人数	所占比例	庶吉士人数	所占比例
嘉庆二十二年丁丑科	71	19	26.8%	10	14.1%
嘉庆二十四年己卯恩科	63	22	34.9%	9	14.3%
嘉庆二十五年庚辰科	76	22	28.9%	12	15.8%
小计	831	261	31.4%	113	13.6%
道光二年壬午恩科	38	10	26.3%	4	10.5%
道光三年癸未科	45	8	17.8%	7	15.6%
道光六年丙戌科	47	12	25.5%	8	17%
道光九年己丑科	52	16	30.8%	6	11.5%
道光十二年壬辰恩科	54	13	24.1%	7	13%
道光十三年癸巳科	59	14	23.7%	9	15.3%
道光十五年乙未科	54	15	27.8%	7	13%
道光十六年丙申恩科	39	11	28.2%	5	12.8%
道光十八年戊戌科	50	13	26%	5	10%
道光二十年庚子科	55	12	21.8%	8	14.5%
道光二十一年辛丑恩科	66	23	34.8%	8	12.1%
道光二十四年甲辰科	44	14	31.8%	6	13.6%
道光二十五年乙巳恩科	51	15	29.4%	0	0
道光二十七年丁未科	53	20	37.7%	5	9.4%
道光三十年庚戌科	55	17	30.9%	8	14.5%
小计	762	213	28%	93	12.2%
咸丰二年壬子恩科	82	21	25.6%	9	11%
咸丰三年癸丑科	65	18	27.7%	11	16.9%
咸丰六年丙辰科	60	20	33.3%	3	5%
咸丰九年己未科	39	9	23.1%	5	12.8%
咸丰十年庚申恩科	37	6	16.2%	4	10.8%
小计	283	74	26.1%	32	11.3%
同治元年壬戌科	50	11	22%	8	16%

（续表）

科年	全国庶吉士人数	江苏、安徽、浙江		广东、广西、云南、贵州	
		庶吉士人数	所占比例	庶吉士人数	所占比例
同治二年癸亥恩科	56	12	21.4%	9	16.1%
同治四年乙丑科	77	16	20.8%	10	13%
同治七年戊辰科	84	22	26.2%	11	13.1%
同治十年辛未科	90	29	32.2%	15	16.7%
同治十三年甲戌科	90	23	25.6%	14	15.6%
小计	447	113	25.3%	67	15%
光绪二年丙子恩科	89	24	27%	15	16.9%
光绪三年丁丑科	78	24	30.8%	10	12.8%
光绪六年庚辰科	89	23	25.8%	14	15.7%
光绪九年癸未科	78	21	26.9%	10	12.8%
光绪十二年丙戌科	87	23	26.4%	10	11.5%
光绪十五年己丑科	87	21	24.1%	12	13.8%
光绪十六年庚寅恩科	86	24	27.9%	13	15.1%
光绪十八年壬辰科	95	22	23.2%	12	12.6%
光绪二十年甲午恩科	79	22	27.8%	12	15.2%
光绪二十一年乙未科	66	9	13.6%	10	15.2%
光绪二十四年戊戌科	82	21	25.6%	11	13.4%
光绪二十九年癸卯科	74	19	25.7%	14	18.9%
光绪三十年甲辰恩科	61	17	27.9%	10	16.4%
小计	1051	270	25.7%	153	14.6%
合计	3757	1053	28%	509	13.5%

备注：此表根据附表一《清代分省庶吉士人数统计表》制成。

乾隆三十一年确定了分省引见新进士、钦点庶吉士的方法。这便于在钦点庶吉士时，既能选拔优秀的人才，又能顾及小省庶吉士占一定名额。从此，在馆选人数上，文化大省与边疆小省的差距缩小。据表 2–1 和表 2–2 可知，江浙庶吉士人数在分省馆选前占的比例高，分省馆选之后所占的份额下降。雍正年间，江浙庶吉士人数占总数的 48.1%，接近 50%。分省馆选之后，江浙的庶吉士份额减少，从乾隆时的31.9%逐渐下降，到同治年间的25.3%，光绪年间的25.7%。随着江浙的份额减少，其他省份的份额随之增加，其中广东、广西、云南、贵州四省由雍正时的8.8%，上升到乾隆时的13.9%（乾隆后期13.3%），同治年间的15%，光绪年间的14.6%。

虽然广东、广西、云南、贵州等省庶吉士的份额增加，江浙的份额减少，但馆选的不平衡性并没有从根本上改变，江浙的优势依然还在。这是由馆选之目的决定的。由于江浙两省相对其他省，文化相对发达，因此，入选庶吉士的人数就比较多。当然，我们要看到，乾隆之后，江浙庶吉士所占份额减少，这固然有皇帝权衡各省庶吉士人数的缘故，同时也是其他省份（以广西为典型代表）文化得到不断发展，与江浙的文化差距不断缩小的结果。

第二节　年龄与馆选的关系

一　官年、假年、实年

古代士子、官员的年龄问题是一个复杂的问题，也是学界关注的问题之一。[①] 什么是官年？张剑认为："官年指填报在官方朱卷、档案、履历等官册上的年龄，它与一个人的实际年龄（简称'实年'）常常存在不相一致的现象。"[②] 这一定义强调官年是填报在官册上的年龄。但什么才算官册？

制作官册是政府行为，但刊刻乡会试同年齿录、士子朱卷，不属于政府行为，而是士子们的团体行为、民间行为。正是属于团体行为、民间行为，刊刻乡会试同年齿录和朱卷时有部分士子就没有收录进去。我们认为严格意义上的官年，应是官册中官员、士子的年龄，主要包括士子参加科举考试和官员升迁时填报履历的年龄。由于乡会试同年齿录和朱卷上士子的年龄大多与实际年龄不符，而与官册上的年龄大致相同或相近，因此，

---

① 关于官年、实年研究的论文主要有：郗志群《封建科举、职官中的"官年"》（《历史研究》2003年第4期）、陈长文《明代科举中的官年现象》（《史学月刊》2006年第11期）、李世愉《试论清代科场中的谎报年龄现象》（《清史论丛》2011年号）、鲁小俊《清代官年问题再检讨》（《清史研究》2015年第1期）、张剑《清代科举文人官年现象及其规律》（《华南师范大学学报》（社会科学版）2017年第4期）等。

② 张剑：《清代科举文人官年现象及其规律》，《华南师范大学学报》（社会科学版）2017年第4期。

我们暂且将这些文献中士子的年龄也称为“官年”。

学界一般将官年与实年相对立。如鲁小俊认为:“清代的官年现象，以减岁为主导趋向，追求‘年轻化’”;“官年与实年的岁差，多在数岁至十数岁。其中 3 至 6 年，最为常见。”[①]通过考察，可知部分士子的官年与实年是一致的，因此，我们认为不应将官年和实年相对立。张剑注意到部分士子的官年和实年一致的问题。[②]

由于官年与假年不是对等的，因此，我们认为清代官员士子、官员的年龄应有官年、假年、实年之分。官年是假年和实年的混合体，官年中以假年为主，但也有部分属于实年。

表 2-3　晚清进士年龄个案表

科年	姓名	《年谱》	《上谕档》	《会试同年齿录》	《朱卷》	资料出处①
道光二年壬午恩科	张维屏	乾隆四十五年庚子九月（43 岁）	缺	乾隆庚子年九月（43 岁）	缺	A：136/565
	徐栋	乾隆五十七年壬子十一月二十六日（31 岁）	缺	乾隆壬子（五十七年）年十一月二十六日（31 岁）	乾隆癸丑年（五十八年）十一月二十六日（30 岁）	A：146/501；C：6/375
道光六年丙戌科	周启运	乾隆五十七年壬子十一月癸卯（35 岁）	缺	乾隆乙卯年（六十年）十一月初八日（32 岁）	缺	A：145/603
咸丰二年壬子恩科	潘祖荫	嘉庆十五年五月初六日（43 岁）	缺	道光庚寅年（十年）十月初六日（23 岁）	道光庚寅年（十年）十月初六日（23 岁）	A：156/613；C：17/129
同治二年癸亥恩科	张之洞	道光十七年丁酉八月初三日（27 岁）	26 岁		缺	A：173/636；B：13/209

① 鲁小俊:《清代官年问题再检讨》,《清史研究》2015 年第 1 期。

② 张剑:《清代科举文人官年现象及其规律》,《华南师范大学学报》（社会科学版）2017 年第 4 期。

（续表）

科年	姓名	《年谱》	《上谕档》	《会试同年齿录》	《朱卷》	资料出处①
同治四年乙丑科	李士彬	道光十六年丙申正月初六日（30岁）	27岁	道光丙申年（十六年）正月初六日（30岁）	缺	A：178/469；B：15/233
	王先谦	道光二十二年壬寅七月初一日（24岁）	22岁	道光壬寅年（二十二年）七月初一日（24岁）	缺	A：179/170；B：15/233
同治十年辛未科	劳乃宣	道光二十三年癸卯（29岁）	29岁	道光癸卯年九月二十三日（29岁）	道光癸卯年九月二十三日（29岁）	A：180/309；B：21/148；C：33/255
光绪二年丙子恩科	缪荃孙	道光二十四年八月九日（33岁）	27岁	道光庚戌年（三十年）八月初九日（27岁）	道光庚戌年八月初九日（27岁）	A：180/669；B：2/168；C：39/119
光绪三年丁丑科	吕凤岐	道光十七年丁酉九月十二日（41岁）	31岁	道光丁未年（二十七年）九月十二日（31岁）	道光丁未年九月十二日（31岁）	A：173/361；B：3/148；C：44/297
光绪六年庚辰科	张世英	道光二十四年七月己丑（37岁）	31岁	道光庚戌年（三十年）七月二十四日（31岁）	缺	A：180/421；B：6/141
	沈曾植②	道光三十年庚戌二月二十九日（31岁）	29岁	咸丰壬子年（二年）二月二十九日（29岁）	咸丰壬子（二年）（29岁）	B：6/138；C：46/247
光绪十六年庚寅恩科	张学华	同治二年癸亥十一月初十日（28岁）	27岁		同治癸亥年十一月初十日（28岁）	A：187/207；B：16/167；C：71/183

（续表）

科年	姓名	《年谱》	《上谕档》	《会试同年齿录》	《朱卷》	资料出处①
光绪十八年壬辰科	吴士鉴	同治七年戊辰（七年）七月十七日（25岁）	24岁	同治戊辰年（七年）七月十七日（25岁）	同治戊辰（七年）七月十七日（25岁）	A：192/139；B：18/155；C：74/197
	蔡元培③	同治六年十二月十七日（26岁）	26岁	同治六年十二月十七日（26岁）	同治六年十二月十七日（26岁）	B：18/159；C：69/397
光绪二十九年癸卯科	钮泽晟	同治丙寅（五年）正月三十日（38岁）	38岁	同治丙寅年（五年）正月三十日（38岁）	同治丙寅年正月三十日（38岁）	A：191/729；B：29/161；C：88/373

备注：①“资料出处”栏：A——表示来自年谱资料。此表的年谱资料来自《北京图书馆藏珍本年谱丛刊》本，为了使表格简洁，不列年谱的具体名称，只列《北京图书馆藏珍本年谱丛刊》本的册数、页码。“/”前之数表示相应的册数，“/”后之数表示相应的页码；B——表示来自《咸丰同治两朝上谕档》《光绪宣统两朝上谕档》的《新进士引见单》所载的年龄资料；C——表示来自顾廷龙主编的《清代朱卷集成》上所载的年龄资料；会试同年齿录没有总页码，每位士子的文献单独排页码，因此，不注明其具体出处。

② 沈曾植年谱上的年龄资料来自徐全胜撰《沈曾植年谱长编》，北京，中华书局，2007年，第19页。

③蔡元培年谱上的年龄来自高平叔编著的《蔡元培年谱》，北京，中华书局，1980年，第1页。另见《蔡元培文录》中的《传略》（上），北京，商务印书馆，2019年，第2页。

年谱、墓志铭中所记谱主、墓主年龄一般是实年；《上谕档》中《新进士引见单》记载进士的年龄，是典型的官年。《上谕档》中的《新进士引见单》，从同治元年壬戌科开始记录新进士的年龄。这成为探讨士子年龄的重要文献。

《会试同年齿录》《清代朱卷集成》，一般只记载出生年月，其具体年龄是我们根据其出生年月计算出来的。

表2-3收录了16位进士的年龄个案，其中官年比实年小的有徐栋、周启运、潘祖荫、李士彬、王先谦、缪荃孙、吕凤岐、张世英、沈曾植9人；官年与实年一致的有张维屏、张之洞、劳乃宣、张学华、吴士鉴、蔡元培、钮泽晟7人。

年谱记载，同治二年张之洞是27岁，而《新进士引见单》记录张之洞的年龄是26岁。引见同治二年癸亥恩科新进士是在五月甲寅（初九日）[①]，而张之洞的生日在农历八月。据此可知，在引见新进士时，张之洞还没有年满26岁，虚岁是27岁。因此，我们判断张之洞官年与实年一致。张学华、吴士鉴两人也是这种情况。

目前清代绝大多数士子、官员的实年难以弄清，因此，难以探明官年中实年的比例。但通过这些个案可知：官年并不是全部是假年，其中有部分是实年。

在考察的基础上，再参考其他学者的研究成果，我们初步判断：官年与实年相差的岁数往往与士子、官员的实际年龄相关，一般是年轻者官年与实年相差的岁数相对小一些，而年长者官年与实年相差的岁数相对大一些。当然这一判断还需作进一步的考察、论证。据表2–3可知，官年比实年小10岁的吕凤岐、官年比实年小20岁的潘祖荫，两人实年都在40岁以上，属于年长进士。不过官年比实年小20岁是一个极端个案。

在探讨士子、官员的官年、假年、实年问题的基础上，我们来考察年龄与馆选的关系。

二　年龄与馆选的关系

有清一代对庶吉士的年龄没有具体规定，可能仅康熙三年规定30岁以内者才能入选庶吉士。"康熙三年甲辰馆选十五人，皆年少，年三十外者概不选。"[②]入选庶吉士年龄最小者可能年仅16岁[③]，年龄最大者超过80岁，如刘起振[④]。这只是特例。庶吉士基本以40岁以下者为主体，只有少部分庶吉士年过40岁。

由于官员、士子的年龄存在官年、实年的问题，往往官年比实际年龄要小几岁。道光年间曾有过在钦点庶吉士时看是否有胡须之事，当然这是一种极端的做法。道光二年（1822）壬午恩科，"朝考入选而年轻者授庶

---

① 《清穆宗实录》卷66，同治二年五月甲寅，第2册，第330页。

② 《茶余客话》，见《续修四库全书》第1138册，第57页上栏。

③ "林炳章，福建人，年十六岁，二甲九十名进士，覆试一等五十四名，朝考一等四十三名。"（《光绪二十年甲午恩科新进士引见单》，见《光绪宣统两朝上谕档》第20册，第314页。）《光绪二十年甲午恩科会试同年齿录》记载：林炳章出生于光绪己卯年，即光绪五年（1879）。据此推算，光绪二十年（1894）中式进士，入选庶吉士时，年仅16岁。光绪二十年，林炳章仅16岁，这可能是官年，实际年龄可能不止16岁。

④ 乾隆三年九月辛酉，乾隆帝降旨："广东庶吉士刘起振年届九十，远来京师，著授为翰林院检讨，准其回籍，仍著大学士张廷玉带领引见。"（《清高宗实录》卷76，第2册，第206页。）刘起振是乾隆元年丙辰科庶吉士。据此可知，刘起振入选庶吉士时已过80岁。

吉士，其有须者俱即用知县，盖以其岁长可外任也。此榜庶常三十九人，只张少寇映汉之侄一人有须耳。其朝考不入选而年最幼者以部属用……壬午科广东朝考入选者惟张进士维屏一人。张素善诗，殿试得二甲，朝考入选，自幸可冀庶吉士，及引见，张以知县用。曾君望颜殿试三甲，朝考未入选，乃得庶常。是固有幸有不幸也。张盖亦为须累矣”①。

虽然难以弄清庶吉士的真实年龄，但据相关文献可以推算出大致年龄。通过对同治、光绪两朝一些科年的《新进士引见单》《会试同年齿录》比对，可知不少进士在这两种文献中的年龄一致，但也有部分进士在《新进士引见单》中的年龄比《会试同年齿录》小 1 岁到 10 岁不等，甚至有小十几岁的。由于《新进士引见单》上的年龄是引见新进士时，皇帝要参看的一个因素，在一定程度上年龄成为改变士子命运的一个因素，因此，不少士子为了在钦点庶吉士或分部学习时占有一定的优势，就隐瞒真实年龄，将年龄减小。《会试同年齿录》与士子的升迁、去向没有关系，一般每科进士按年龄大小进行排序，论长幼。因此，士子就可能填报自己的实年。当然这是相对而言，一些士子照样在《会试同年齿录》上隐瞒实年，填报官年（假年），如光绪六年庚辰科甘肃进士张世英，《新进士引见单》和《会试同年齿录》上的年龄均是 31 岁，而实年是 37 岁，相差 6 岁（参见表 2-3）。虽然部分士子在《会试同年齿录》中会隐瞒真实年龄，但也有部分士子填写了真实年龄（参见表 2-3）。可以说，《会试同年齿录》中的进士年龄比《新进士引见单》中的进士年龄更接近实年。

经比对，《清代朱卷集成》中进士的年龄与《会试同年齿录》中进士的年龄基本一致，但也有不同的，如咸丰三年癸丑科庶吉士王澎，据《会试同年齿录》计算，18 岁，而据《清代朱卷集成》计算，28 岁②；光绪二十年甲午恩科庶吉士王会厘，据《会试同年齿录》计算，38 岁，而据《清代朱卷集成》计算，42 岁③。《清代朱卷集成》中进士的年龄可能更接近实年，但由于《清代朱卷集成》只收录到部分进士的信息，如咸丰三年癸丑科 222 名进士，《清代朱卷集成》仅收录到 14 名进士的相关信息。鉴于此，我们制作表 2-5、表 2-6、表 2-7、表 2-8 四个表格时没有列出《清代朱卷集成》中的年龄信息，只是将其当作参照对象。

《上谕档》从嘉庆朝开始收录《新进士引见单》（其中嘉庆朝仅收录

---

① 《竹叶亭杂记》卷 2，第 32 页。

② 《清代朱卷集成》第 18 册，第 283 页：王澎，道光六年丙戌（1826）年五月出生。

③ 《清代朱卷集成》第 80 册，第 249 页：王会厘，咸丰三年癸丑（1853）年五月出生。

了嘉庆十三年戊辰科一科《新进士引见单》)，但嘉庆、道光、咸丰三朝的《新进士引见单》没有年龄资料，而《会试同年齿录》所载进士的年龄相对集中，也便于统计，因此，我选择嘉庆、道光、咸丰三朝《会试同年齿录》的年龄资料作些分析。

表 2-4　嘉庆、道光、咸丰部分科年翰林院庶吉士年龄统计表

科年	庶吉士人数	25 岁及以下	26 ～ 35 岁	36 ～ 40 岁	41 ～ 45 岁	46 ～ 50 岁	51 ～ 55 岁	备注
嘉庆二十四年己卯恩科	63	3	35	17	7		1	
道光二年壬午恩科	38	8	24	5	1			
道光六年丙戌科	47	2	14	5	5			21 人缺年龄资料
道光十二年壬辰恩科	54	4	29	13	3	1		4 人缺年龄资料
道光十三年癸巳科	59	8	34	11	4	2		
道光十五年乙未科	54	4	32	10	5	2	1	
道光二十一年辛丑恩科	66	8	42	8	4	2		2 人缺年龄资料
道光二十五年乙巳恩科	51	8	29	9		1		4 人缺年龄资料
咸丰二年壬子恩科	82	9	45	13	6	1		8 人缺年龄资料
咸丰三年癸丑科	65	7	32	6				20 人缺年龄资料
咸丰六年丙辰科	60	11	32	10	1	2		4 人缺年龄资料
咸丰九年己未科	39	10	19	9	1			

备注：此表的年龄资料据国家图书馆所藏清代《会试同年齿录》统计。

据表 2-4 可知，嘉庆二十四年（1819）己卯恩科 63 名庶吉士中有 55 名年龄在 40 岁以下，占 87%，仅一人年过 50 岁。道光二年壬午恩科 38 名庶吉士，仅一人年龄过 40 岁。其他几科庶吉士的年龄大多在 40 岁以下，而且又以35岁以下的庶吉士为主。道光二年壬午恩科38名庶吉士，35岁以下者占32人，达84.2%；道光十三年癸巳科59名庶吉士，35岁以下者占42人，达71.2%；咸丰九年（1859）己未科39名庶吉士，35岁以下者29人，占74.4%。当然据此统计出来的年龄数据与实际年龄有所差别。

年龄只是馆选的一个参考因素。为了进一步考察年龄与馆选的关系，我们选择嘉庆二十四年己卯恩科、道光二年壬午恩科、同治十年辛未科、光绪六年庚辰科四科庶吉士制成四个表格。[①]

表2–5　嘉庆二十四年己卯恩科庶吉士及朝考入选者的朝考名次、殿试等第、覆试等次、年龄表①

省（旗）	进士人数	庶吉士人数	姓名	朝考入选名次②	殿试等第③	覆试等次④	年龄	进士去向
宗室	4	1	宗室铁麟	54	3/43	1/1	34	庶吉士
满洲	9	2	松峻	70	3/23	3/10	37	庶吉士
			德春	未入选	2/68	3/13	27	庶吉士
蒙古	1	0						
汉军	3	0						
奉天	2	0						
直隶	23	5	邵甲名	16	2/3	2/11	32	庶吉士
			周濂	32	2/90	2/76	30	庶吉士
			程澐	47	2/51	1/17	37	庶吉士
			韩大信	50	2/13	2/5	29	庶吉士
			周曰炳	51	2/16	3/26	36	庶吉士
			戴本义	19	2/64	3/41	30	内阁中书
			李廷幹	36	3/70	3/16	46	分部学习
			王思义	44	3/73	3/127⑤	37	内阁中书
			马洲	49	2/36	2/17	31	分部学习

① 嘉庆二十四年己卯恩科、道光二年壬午恩科两科进士的年龄来自《会试同年齿录》,《会试同年齿录》中的年龄虽不是严格意义上的官年，暂且算作官年；同治十年辛未科、光绪六年庚辰科两科进士的年龄来自《上谕档》中的《新进士引见单》,《新进士引见单》上的年龄是典型的官年。官年与实年一般相差几岁，但相差不会太大，因此,《会试同年齿录》和《新进士引见单》的年龄资料仍可用作分析庶吉士年龄的重要数据。

（续表）

省（旗）	进士人数	庶吉士人数	姓名	朝考入选名次②	殿试等第③	覆试等次④	年龄	进士去向
江苏	20	7	钱宝琛	18	2/19	3/4	35	庶吉士
			徐述虔	23	2/74	1/6	28	庶吉士
			裴 鉴	43	2/42	2/23	43	庶吉士
			吴文镕	45	2/24	1/14	28	庶吉士
			陈兆熊	48	2/55	1/18	28	庶吉士
			杨景曾	52	2/44	1/13	31	庶吉士
			姜 坚	58	2/66	3/72	24	庶吉士
			蒋廷恩	2	3/94	2/1	68	内阁中书
			费庚吉	25	2/28	3/117	29	分部学习
			沈福清	28	2/57	3/43	41	分部学习
			陈维垣	38	2/97	3/18	27	内阁中书
安徽	15	7	汪 淦	20	3/52	2/60	30	庶吉士
			郭应辰	40	3/5	2/81	34	庶吉士
			孙起端	41	2/1	2/4	38	庶吉士
			方长庚（方复临）	61	2/38	2/20	29	庶吉士
			俞诵芬	72	2/4	1/19	36	庶吉士
			方传穆	未入选	2/71	？⑥	39	庶吉士
			盛增	未入选	2/84	1/9	37	庶吉士
			翟发宗	27	3/78	3/30	40	分部学习
江西	17	5	蔡家玕	22	2/32	2/53	29	庶吉士
			李昭美	37	2/61	3/79	31	庶吉士
			阮灿辉	39	2/20	1/10	36	庶吉士
			吕梦飞	60	3/104	2/79	36	庶吉士
			王 昺	62	3/121	3/58	41	庶吉士
			周 彦	56	3/66	2/6	40	分部学习

（续表）

省（旗）	进士人数	庶吉士人数	姓名	朝考入选名次②	殿试等第③	覆试等次④	年龄	进士去向
浙江	19	8	朱 澜	3	2/82	2/9	25	庶吉士
			邵正笏	5	2/14	1/3	30	庶吉士
			赵存洵	8	3/59	3/76	42	庶吉士
			徐士芬	11	2/18	2/30	27	庶吉士
			朱国淳	26	2/46	3/57	34	庶吉士
			胡 湜	57	3/29	3/68	31	庶吉士
			王宝华	69	3/37	3/54	35	庶吉士
			沈鏶彪	未入选	2/5	1/8	42	庶吉士
福建	14	4	叶敏昌	17	2/86	3/19	29	庶吉士
			巫宜福	24	2/53	2/7	52	庶吉士
			魏建中	35	2/6	2/31	38	庶吉士
			龚文焕	65	3/2	2/38 ⑦	36	庶吉士
			郭鸣高	10	3/55	2/57	40	分部学习
山东	14	3	王文骧	4	2/7	2/10	43	庶吉士
			王云岫	34	2/96	1/11	35	庶吉士
			慕维德	未入选	2/10	1/16	41	庶吉士
山西	11	3	焦维棫	21	3/83	2/22	37	庶吉士
			何辉绶	30	3/44	3/36	37	庶吉士
			李印万	59	3/113	3/84	40	庶吉士
河南	8	2	周祖培	55	2/52	2/62	27	庶吉士
			尚开模	68	2/54	3/74	29	庶吉士
陕西	5	1	蒋立诚	未入选	2/95	2/50	34	庶吉士
甘肃	4	0						
湖北	9	2	戴修道	33	3/7	2/42	42	庶吉士
			胡美彦	71	2/70	3/96	33	庶吉士
湖南	8	2	谢兴峣	1	2/62	1/12	39	庶吉士
			刘梦兰	46	2/23	1/2	32	庶吉士
			尹荣组	14	2/76	3/56	39	分部学习

（续表）

省（旗）	进士人数	庶吉士人数	姓名	朝考入选名次②	殿试等第③	覆试等次④	年龄	进士去向
四川	8	2	郑瑞玉	9	2/92	2/51	30	庶吉士
			刘宇昌	13	2/40	3/25	27	庶吉士
			李彬然	15	2/27	2/3	31	分部学习
			梁 炳	53	3/68	3/73	37	内阁中书
广东	6	1	蔡如蘅	63	3/117	3/21	36	庶吉士
广西	6	2	朱德华	31	2/35	2/8	30	庶吉士
			李绍昉	42	2/30	1/1	33	庶吉士
云南	9	3	朱 嶟	6	3/10	2/68	29	庶吉士
			杨 峻	12	2/9	2/14	32	庶吉士
			陆荫奎	67	2/17	2/80	27	庶吉士
			赵 琇	64	3/15	2/48	31	分部学习
贵州	9	3	花咏春	7	2/56	2/2	22	庶吉士
			但明伦	29	2/49	2/15	37	庶吉士
			刘荣熙	66	2/34	1/20	31	庶吉士
合计	224	63						

备注：① 此表根据《嘉庆二十四年己卯恩科新进士朝考入选名单》(《嘉庆道光两朝上谕档》第 24 册，第 174 ～ 175 页)、《嘉庆二十四年己卯恩科会试覆试名单》(《嘉庆道光两朝上谕档》第 24 册，第 152 ～ 158 页)、《嘉庆二十四年己卯恩科会试同年齿录》(清刻本)、《明清进士题名碑录索引》等文献制作而成，其中年龄是根据《嘉庆二十四年己卯恩科会试同年齿录》计算出来的。

②“朝考入选名次”栏，各省庶吉士名单按朝考入选名次排列，朝考入选没有钦点为庶吉士者也按朝考入选名次排列。

③“殿试等第”栏，“/”前之数是等第（二甲、三甲），“/”后之数是名次。

④“覆试等次”栏，“/”前之数是覆试等次，“/”后之数是覆试名次。

⑤ 王思义参加嘉庆二十二年丁丑科会试覆试，三等第 127 名（《嘉庆二十二年丁丑科会试覆试名单》(《嘉庆道光两朝上谕档》第 22 册，第 105 页)。

⑥ 我们查了嘉庆十九年甲戌科、二十二年丁丑科、二十四年己卯恩科三科会试覆试单，都没有方传穆。

⑦ 龚文焕参加嘉庆二十二年丁丑科会试覆试，二等第 38 名（《嘉庆二十二年丁丑科会试覆试名单》(《嘉庆道光两朝上谕档》第 22 册，第 100 页)。

嘉庆二十四年己卯恩科新进士朝考前 13 名是：“谢兴峣、蒋廷恩、朱澜、王文骧、邵正笏、朱嶟、花咏春、赵存询、郑瑞玉、郭鸣高、徐士芬、杨峻、刘宇昌。"[①] 这 13 人中，仅朝考入选第 2 名蒋廷恩、第 10 名郭鸣高两人没有入选为庶吉士。

对庶吉士的年龄一般有所限制。五六十岁者即使朝考名次靠前，一般也难以入选庶吉士。"长洲蒋香杜舍人名廷恩，初名棠，字萼辉……至嘉庆庚申，始中顺天乡榜，旋充正黄旗觉罗官学教习。屡试礼部不第……己卯恩科果中进士，朝考列第二，授内阁中书，时年已六十八矣。"[②] 蒋廷恩，嘉庆二十四年己卯恩科进士，虽然朝考入选第 2 名，但因已 68 岁，未能入选庶吉士。这反映出朝考入选第 2 名的蒋廷恩未能钦点为庶吉士，应与其年老相关。

年老者难以入选庶吉士，朝考入选的年轻者虽有年龄的优势，也不一定入选为庶吉士。如郭鸣高，福建德化人，乾隆四十五年（1780）庚子出生[③]，嘉庆二十四年中式进士时年龄 40 岁，朝考入选第 10 名。按年龄，郭鸣高不算老，而且朝考成绩优异，不知为何没有被钦点为庶吉士。而此科同是福建人的巫宜福，朝考入选第 24 名，年龄 52 岁，却钦点为庶吉士。（见表 2–5）可见嘉庆年间年轻者朝考入选不一定钦点为庶吉士，年长者朝考入选也有钦点为庶吉士的可能。当然，嘉庆二十四年己卯恩科庶吉士以年轻者为主体，40 岁及以下的高达 87%。（见表 2–4）

表 2–6　道光二年壬午恩科庶吉士及朝考入选者的朝考名次、殿试等第、覆试等次 、年龄表①

省（旗）	进士人数	庶吉士人数	姓名	朝考入选名次②	殿试等第③	覆试等次④	年龄	进士去向
宗室	4	2	受庆	27	3/50	1/2	28	庶吉士
			恩桂	28	2/66	2/2	23	庶吉士
满洲	8	3	继志	18	2/78	2/76	28	庶吉士
			文庆	40	2/27	2/52	27	庶吉士
			赫特赫讷	70	3/45	2/23	25	庶吉士
			吉达善	23	3/91	？⑤	32	知县即用

① 《嘉庆二十四年己卯恩科新进士朝考入选名次单》，见《嘉庆道光两朝上谕档》第 24 册，第 174 页。

② ［清］钱泳撰，张伟点校：《履园丛话》卷 6《耆旧・香杜舍人》，见《清代史料笔记丛刊》，北京，中华书局，2006 年，第 161 页。《嘉庆二十四年己卯恩科会试同年齿录》记录蒋廷恩出生于壬申年（乾隆十七年，即 1752 年）。据此计算，嘉庆二十四年（1819），蒋廷恩 68 岁。

③ 郭鸣高的年龄资料来自《嘉庆二十四年己卯恩科会试同年齿录》，清刻本。

（续表）

省（旗）	进士人数	庶吉士人数	姓名	朝考入选名次②	殿试等第③	覆试等次④	年龄	进士去向
蒙古	3	0						
汉军	5	1	豫益	65	2/86	1/10	27	庶吉士
			李希曾	60	2/34	2/4	23	知县即用
奉天	2	0						
直隶	22	2	李菡	32	2/60	2/89	27	庶吉士
			汪于泗	50	2/33	2/103	31	庶吉士
			王汝弼	37	2/32	2/102	26	知县即用
			徐栋	59	2/71	3/93	31	分部学习
			史积新	68	2/11	3/87 ⑥	41	知县即用
			徐青照	71	2/100	2/5	33	归班铨选
江苏	19	5	翁心存	4	2/3	1/16	32	庶吉士
			顾元恺	9	2/59	2/62	31	庶吉士
			王 藻	38	2/81	2/14	34	庶吉士
			陈嘉树	49	2/1	1/5	37	庶吉士
			温葆淳（温肇洋）	64	3/3	2/25	23	庶吉士
			陆我嵩	33	2/55	2/67	33	知县即用
			毛绣虎	52	2/13	1/17	31	分部学习
			曹 森	58	2/96	2/40	33	知县即用
安徽	13	2	王煜	3	2/40	1/1	28	庶吉士
			陶士霖（陶青芝）	45	2/73	2/69	28	庶吉士
			姚柬之	53	2/53	3/46	38	知县即用

（续表）

省（旗）	进士人数	庶吉士人数	姓名	朝考入选名次②	殿试等第③	覆试等次④	年龄	进士去向
江西	18	3	徐思庄	7	3/15	2/1	30	庶吉士
			李儒郊	42	2/6	2/87	33	庶吉士
			舒恭受	55	2/28	2/103 ⑦	31	庶吉士
			彭龄	14	2/70	2/90	34	知县即用
			赖以立	25	2/54	2/32	36	知县即用
			刘斯增	26	2/38	2/95	39	知县即用
			何逢青	47	3/25	2/17	47	知县即用
			阮文藻	67	2/17	3/28	36	知县即用
浙江	20	3	蔡赓扬	39	2/37	1/12	27	庶吉士
			沈丹槐	69	2/26	2/65	19	庶吉士
			陈宪曾	72	2/12	1/6	25	庶吉士
			沈鉴	20	3/2	1/15	38	知县即用
			孙家棪	34	2/25	1/19	32	知县即用
			胡维祺	44	3/70	2/9	35	知县即用
			诸豫宗	48	2/52	3/92	30	知县即用
福建	11	2	许冠瀛	1	3/35	2/57	39	庶吉士
			曾元海	5	2/2	1/9	24	庶吉士
			徐云骧	16	3/26	2/59	35	知县即用
			何鹏霄	61	3/71	2/49	37	知县即用
山东	18	3	岳镇南	19	2/5	2/13	36	庶吉士
			张 洵	29	2/97	1/14	43	庶吉士
			滕子玉	66	2/44	2/51	37	庶吉士
			谢体仁	43	3/43	2/72	39	知县即用
山西	9	1	黄宅中	22	2/24	2/96	27	庶吉士
			何耿绳	10	2/20	2/2	35	知县即用
河南	10	2	马方钰	6	3/30	3/5	32	庶吉士
			李棠阶	54	2/63	3/78	25	庶吉士

（续表）

省（旗）	进士人数	庶吉士人数	姓名	朝考入选名次②	殿试等第③	覆试等次④	年龄	进士去向
陕西	7	1	王治	24	2/62	1/11	31	庶吉士
			史念征	13	2/57	1/18	33	知县即用
甘肃	1	1	叶桂	56	2/67	2/78	35	庶吉士
湖北	10	1	陆建瀛	15	2/7	3/44	31	庶吉士
			李廷锡	11	2/23	3/76	25	知县即用
			邹尧廷	21	2/16	3/47	34	知县即用
			蔡绍洛	36	3/14	2/86	20	知县即用
			黄 埙	41	2/9	2/37	36	知县即用
			刘 诗	46	3/23	2/19	36	知县即用
湖南	5	1	舒梦龄	8	3/8	3/68	34	庶吉士
			杨上容	2	3/22	3/71	39	知县即用
			周树棠	51	3/47	2/48	38	知县即用
			吴登选	63	2/99	3/79	36	知县即用
四川	6	1	陈熙健	31	3/78	3/53	29	庶吉士
广东	9	1	曾望颜	未入选	2/10	1/4	33	庶吉士
			张维屏	12	2/90	1/13	43	知县即用
广西	5	1	况澄	35	2/91	2/63	22	庶吉士
			蒋启敭	57	2/93	2/12	25	知县即用
			马步蟾	62	2/76	2/43	31	知县即用
云南	9	1	胡霖苍	30	2/61	1/3	39	庶吉士
贵州	8	1	彭宗岱	未入选	2/8	2/68	28	庶吉士
合计	222	38						

备注：① 此表根据《道光二年壬午恩科新进士朝考入选名单》(《嘉庆道光两朝上谕档》第27册，第213～215页)、《道光二年壬午恩科宗室会试覆试名单》(《嘉庆道光两朝上谕档》第27册，第139页)、《道光二年壬午恩科会试覆试名单》(《嘉庆道光两朝上谕档》第27册，第169～176页)、《重订道光二年壬午恩科会试同年齿录》(清刻本)、《明清进士题名碑录索引》等文献制作而成，其中年龄是根据《重订道光二年壬午恩科会试同年齿录》计算出来的。

②“朝考入选名次”栏，各省庶吉士名单按朝考入选名次排列，朝考入选没有钦点为庶吉士者也按朝考入选名次排列。

③“殿试等第”栏，“/”前之数是等第（二甲、三甲），“/”后之数是名次。

④“覆试等次”栏，“/”前之数是覆试等次，“/”后之数是覆试名次。

⑤我们查了嘉庆十九年甲戌科、二十二年丁丑科、二十四年己卯恩科、二十五年庚辰科、道光二年壬午恩科五科会试覆试单，都没有吉达善。

⑥史积新参加嘉庆二十四年己卯恩科会试覆试，二等第 87 名（《嘉庆二十四年己卯恩科会试覆试名单》(《嘉庆道光两朝上谕档》第 24 册，第 158 页)。

⑦舒恭受参加嘉庆二十五年庚辰科会试覆试，二等第 103 名（《嘉庆二十五年庚辰科会试覆试名单》(《嘉庆道光两朝上谕档》第 25 册，第 156 页)。

据表 2–6 可知：

道光帝在钦点道光二年壬午恩科庶吉士时，比较看重年龄。江苏进士陆我嵩、毛绣虎、曹森三人的朝考名次均在温葆淳之前，陆我嵩、毛绣虎、曹森三人均是二甲进士，温葆淳是三甲进士。结果是：道光帝钦点温葆淳为庶吉士，而陆我嵩、毛绣虎、曹森三人或分部学习，或以知县即用。之所以出现这种情况，很可能是因为温葆淳更年轻，年仅 23 岁，而陆我嵩等三人均已 30 多岁。

浙江进士孙家棪的朝考、殿试、覆试成绩均在沈丹槐之前，结果是沈丹槐入选庶吉士，而孙家棪以知县即用。出现这种情况，很可能是沈丹槐更年轻，年仅 19 岁的缘故。

山西进士何耿绳的朝考、殿试、覆试成绩均在黄宅中之前，结果是黄宅中钦点为庶吉士，何耿绳却以知县即用。陕西进士史念征的朝考、殿试成绩均在王治之前，结果是王治钦点为庶吉士，史念征则以知县即用。出现这种情况也很可能是黄宅中比何耿绳年轻，王治比史念征年轻的缘故。

道光二年壬午恩科钦点庶吉士看重年龄更反映在钦点广东进士上面。广东进士张维屏朝考入选，曾望颜朝考未入选。结果是曾望颜入选为庶吉士，而张维屏却以知县即用。这明显是曾望颜在年龄上占优势，他 33 岁，而张维屏 43 岁。[①] 这科仅两人朝考未入选钦点为庶吉士，另一人是贵州的彭宗岱。彭宗岱之所以入选，一是因为贵州没有朝考入选者，二是由于殿试名次靠前，是二甲第 8 名。

可以说，道光帝在钦点壬午恩科庶吉士时，看重朝考成绩的同时，也关注年龄。这科庶吉士整体比较年轻，仅山东进士张洵一人年过四十，其余均在 40 岁以下，当然这是指官年。但这可能只是一个特例。在道光之前馆选一般没有严格的年龄限制，即使在道光时期，一般情况下，钦点庶

①　清人姚元之认为张维屏没能入选庶吉士，是“为须累矣”(《竹叶亭杂记》卷 2，第 32 页)。即张维屏因有胡须，显得年老，未能入选庶吉士。

吉士以40岁以下者为主体，也钦点部分年长成绩优异者为庶吉士。如道光十三年癸巳科，安徽进士翟惟善和何家驹分别为46岁、45岁，属年长进士，但由于朝考成绩优异，分别朝考入选第12名、第52名，被钦点为庶吉士[①]；道光十五年乙未科，安徽进士崇祀林、山东进士袁溥分别为52岁、46岁，属年长进士，同样由于朝考成绩优异，分别朝考入选第17名、第53名，被钦点为庶吉士。[②]

表2-7 同治十年辛未科庶吉士和部分进士殿试等第、朝考等次、覆试等次、年龄表①

省（旗）	进士人数	庶吉士人数	姓名	殿试等第②	朝考等次③	覆试等次④	年龄	进士去向
宗室	2	0	硕济	3/2	3/130	3/2	37	分部学习
			多泰	3/132	3/46	3/1	42	分部学习
满洲	9	3	承翰	2/55	2/35	2/53	24	庶吉士
			英煦	3/6	1/6	2/27	27	庶吉士
			贵恒	3/57	1/61	1/39	31	庶吉士
蒙古	3	0						
汉军	5	2	朱文镜	2/31	1/58	1/33	35	庶吉士
			曾培祺	2/75	2/58	1/41	29	庶吉士
直隶	22	6	李铁林	2/3	1/16	2/44	39	庶吉士
			王祖光	2/12	1/13	1/5	25	庶吉士
			张佩纶	2/19	2/67	1/37	20	庶吉士
			王文锦	2/53	2/1	2/40	36	庶吉士
			张曾敭	2/84	2/52	2/62	22	庶吉士
			王玉森	2/104	1/27	1/49	35	庶吉士
奉天	3	1	韩文钧	2/81	1/29	2/64	30	庶吉士

① 翟惟善和何家驹两人的年龄根据《道光十三年癸巳科会试同年齿录》（清道光刻本）记载计算出来，其朝考入选名次来自《道光十三年癸巳科新进士朝考入选名单》（《嘉庆道光两朝上谕档》第38册，第279～280页）。

② 崇祀林、袁溥两人的年龄根据《道光十五年乙未科会试同年齿录》（清道光刻本）记载计算出来，其朝考入选名次来自《道光十五年乙未科新进士朝考入选名单》（《嘉庆道光两朝上谕档》第40册，第170～172页）。

（续表）

省（旗）	进士人数	庶吉士人数	姓名	殿试等第②	朝考等次③	覆试等次④	年龄	进士去向
江苏	26	13	恽彦彬	2/1	1/40	1/2	34	庶吉士
			陆继辉	2/4	1/19	1/11	30	庶吉士
			袁善	2/11	1/71	2/11	28	庶吉士
			朱成熙	2/49	1/2	2/51	46	庶吉士
			丁立瀛	2/56	1/72	1/20	26	庶吉士
			卢崟	2/59	1/64	2/42	36	庶吉士
			季邦桢	2/60	2/5	1/24	29	分部学习
			廖寿丰	2/67	1/55	2/6	36	庶吉士
			王贻清	2/91	1/47	1/22	37	庶吉士
			朱元治	2/94	2/100	1/1	36	庶吉士
			丁立幹	2/112	1/30	3/95	32	庶吉士
			成占春	3/18	2/68	2/26	24	庶吉士
			周晋堃	3/29	1/69	1/32	45	庶吉士
			陈宝	3/104	1/24	2/76	35	庶吉士
安徽	17	5	崔国因	2/27	1/15	1/28	29	庶吉士
			洪镔	2/28	1/51	3/35	38	庶吉士
			郑成章	2/97	1/49	2/88	30	庶吉士
			黄崇惺	2/107	1/57	2/90	27	庶吉士
			汪运钥	3/24	1/68	3/46	40	庶吉士
江西	23	5	陈卿云	2/33	1/44	2/17	44	庶吉士
			朱琛	2/39	1/28	2/63	26	庶吉士
			彭垚曦	2/70	1/52	3/13	26	庶吉士
			漆墉	2/80	2/4	2/8	30	庶吉士
			李长岭	3/25	2/16	1/25	28	庶吉士

（续表）

省（旗）	进士人数	庶吉士人数	姓名	殿试等第②	朝考等次③	覆试等次④	年龄	进士去向
浙江	25	11	金保泰	2/20	1/7	1/40	21	庶吉士
			陆廷黻	2/21	1/14	1/15	29	庶吉士
			吴观礼	2/24	1/26	1/12	40	庶吉士
			孙汝赞	2/26	1/34	2/46	34	庶吉士
			陈梦麟	2/29	1/70	1/21	29	庶吉士
			樊恭煦	2/30	1/9	1/48	27	庶吉士
			余弼	2/44	1/56	1/42	39	庶吉士
			陈钦	2/65	1/35	1/23	32	庶吉士
			林国柱	2/69	1/18	2/71	22	庶吉士
			钱振常	2/99	1/20	3/11	36	分部学习
			吴浚宣	3/4	1/63	1/26	33	庶吉士
			周福清	3/15	1/41	2/19	28	庶吉士
福建	22	5	龚履中	2/35	2/7	1/36	41	庶吉士
			潘炳年	2/43	1/32	1/38	27	庶吉士
			王崧辰	2/45	1/37	1/27	47	庶吉士
			陈庆禧	2/58	1/46	1/44	29	庶吉士
			曾瑞春	3/73	1/36	3/98	40	庶吉士
山东	21	4	杨成爻	2/77	1/22	2/79	30	庶吉士
			臧济臣	2/90	2/62	2/57	26	庶吉士
			陈秉和	3/31	2/30	2/32	32	庶吉士
			孔继钰	3/86	2/22	2/14	31	庶吉士
山西	11	2	李殿林	2/18	1/5	2/4	24	庶吉士
			赵履道	2/34	2/2	2/56	38	庶吉士
河南	20	4	黄利观	2/2	2/51	2/39	32	庶吉士
			丁振铎	2/25	1/3	3/65	26	庶吉士
			田我霖	2/41	2/21	1/46	24	分部学习
			王廉	2/57	1/21	1/3	28	庶吉士
			周衍恩	2/105	1/48	2/81	25	庶吉士

（续表）

省（旗）	进士人数	庶吉士人数	姓名	殿试等第②	朝考等次③	覆试等次④	年龄	进士去向
陕西	16	2	雷钟德	2/16	1/50	1/9	24	庶吉士
			李联芳	2/85	1/45	1/47	20	庶吉士
甘肃	4	1	吴西川	2/9	2/36	2/12	34	庶吉士
湖北	14	4	左璹	2/15	1/60	1/17	28	庶吉士
			张楷	2/42	1/10	2/65	26	庶吉士
			毛五和	2/54	1/1	2/24	34	庶吉士
			李绂藻	3/1	1/67	2/7	27	庶吉士
湖南	14	4	毛松年	2/37	1/59	2/45	31	庶吉士
			陈理泰	2/51	1/17	1/18	28	庶吉士
			瞿鸿禨	2/66	2/3	1/10	19	庶吉士
			曹昌祺	2/73	1/39	2/36	26	庶吉士
四川	15	3	李岷琛	2/6	1/23	1/6	31	庶吉士
			王履亨	2/38	2/8	2/16	36	庶吉士
			张星锷	2/62	2/11	2/25	28	庶吉士
广东	16	5	吕绍端	2/3	1/8	2/86	19	庶吉士
			陈序球	2/79	1/43	3/17	31	庶吉士
			邓蓉镜	2/96	1/4	1/13	27	庶吉士
			区谔良	2/108	1/54	2/48	19	庶吉士
			潘仕钊	3/85	1/38	2/69	32	庶吉士
广西	14	4	谢元福	2/8	1/31	3/51	31	庶吉士
			曹驯	2/14	1/11	1/43	32	庶吉士
			欧德芳	2/48	1/53	2/33	26	庶吉士
			唐景崇	2/63	1/66	2/15	25	庶吉士
云南	11	2	赵时俊	2/5	1/12	2/2	29	庶吉士
			李肇南	2/98	2/20	2/60	23	庶吉士

（续表）

省（旗）	进士人数	庶吉士人数	姓名	殿试等第②	朝考等次③	覆试等次④	年龄	进士去向
贵州	10	4	刘韫良	2/7	1/42	2/55	23	庶吉士
			熊景钊	2/32	1/33	2/49	37	庶吉士
			罗文彬	2/36	2/18	1/30	23	分部学习
			寇本瑊	2/46	1/62	2/3	30	庶吉士
			李端	2/115	1/25	1/16	51	庶吉士

备注：① 此表主要根据《同治十年辛未科新进士引见单》(《咸丰同治两朝上谕档》第 21 册，第 143 ～ 155 页）制作，同时参照《同治十年辛未科新进士朝考等次单》(《咸丰同治两朝上谕档》第 21 册，第 129 ～ 138 页)、《同治十年辛未科宗室会试覆试名次单》(《咸丰同治两朝上谕档》第 21 册，第 92 ～ 93 页)、《同治十年辛未科会试覆试名次单》(《咸丰同治两朝上谕档》第 21 册，第 105 ～ 114 页)、《明清进士题名碑录索引》等文献。年龄直接来自《同治十年辛未科新进士引见单》。

② “殿试等第”栏，“/”前之数是等第（二甲、三甲)，“/”后之数是名次。

③ “朝考等次”栏，“/”前之数是朝考等次，“/”后之数是朝考名次。

④ “覆试等次”栏，“/”前之数是覆试等次，“/”后之数是覆试名次。

同治十年辛未科共 90 名庶吉士。根据表 2-7 统计，此科庶吉士，19 ～ 25 岁 17 人（其中 19 岁 3 人、20 岁 2 人)、26 ～ 30 岁 33 人、31 ～ 35 岁 20 人、36 ～ 40 岁 14 人、41 ～ 45 岁 3 人、46 ～ 50 岁 2 人、51 ～ 55 岁 1 人。30 岁以内 50 人，占 55.6%；35 岁以内 70 人，占 77.8%；40 岁以内 84 人，占 93.3%。由于官年大多比实年小几岁，我们假定官年比实年平均小 5 岁，这科庶吉士实年 40 岁（官年 35 岁）以下 70 人，占 77.8%。可以说 40 岁以内的庶吉士成为这科庶吉士的主体。这显示年轻进士在馆选时的优势。当然，这与他们朝考成绩密切相关，我们通过以下几省加以分析：

同治十年辛未科江苏 26 名进士，其中 13 人入选庶吉士；江苏 13 名庶吉士，其中 11 人朝考一等、2 人朝考二等。46 岁的二甲进士朱成熙朝考一等第 2 名、45 岁的三甲进士周晋堃朝考一等第 69 名，两人属于年长进士，但由于朝考成绩优秀，而钦点为庶吉士。29 岁的季邦桢由于朝考是二等第 5 名，虽有年龄优势，但没能入选庶吉士，而是分部学习。可见，钦点江苏庶吉士，主要看朝考成绩，没有参看年龄因素。

同治十年辛未科浙江 25 名进士，其中 11 人入选庶吉士；此科浙江有 12 名进士朝考一等，仅 36 岁朝考一等第 20 名的钱振常一人没有钦点为庶吉士，而是分部学习；40 岁朝考一等第 26 名的吴观礼、39 岁朝考一等第 56 名的余弼两人入选为庶吉士。钱振常与吴观礼、余弼同是朝考一等，而且朝考名次在前、年龄还可能有一定的优势（由于是官年，钱振常、吴观礼、余弼同三人的实年可能相近），却没有入选庶吉士。可见，在钦点浙江庶吉士时，基本没有参看年龄因素。

同治十年辛未科山东 21 名进士，仅杨成炎 1 人朝考一等。在钦点山东庶吉士时，除钦点杨成炎外，另钦点臧济臣、陈秉和、孔继钰 3 人朝考、覆试均二等者为庶吉士。这 4 名庶吉士算年轻的。在钦点庶吉士时，不仅看朝考成绩，而且也权衡各省庶吉士人数，因此，才将山东 3 名朝考二等者也钦点为庶吉士。江西、山西、河南、甘肃、湖南、四川、云南等省也是这种情况。

同治十年辛未科贵州 10 名进士，其中 4 人入选庶吉士。51 岁朝考一等第 25 名的李端入选庶吉士，年仅 23 岁朝考二等第 18 名的罗文彬没有钦点为庶吉士，而是分部学习。罗文彬比李端有明显的年龄优势，而且朝考成绩也不错，却没能入选庶吉士。可见在钦点贵州庶吉士时，没有参看年龄因素。

同治十年辛未科进士朝考一等 72 人、二等 100 人、三等 148 人。根据表 2–7 统计：朝考一等者，71 人入选庶吉士，仅 1 人分部学习；会试覆试一等者，37 人入选庶吉士；会试覆试三等者，8 人入选庶吉士，这 8 人均是朝考一等；朝考和覆试均一等者，29 人入选庶吉士；没有朝考三等者入选庶吉士。

可见，钦点同治十年辛未科庶吉士主要依据朝考成绩，基本不考虑年龄因素。

表 2–8　光绪六年庚辰科庶吉士和部分进士殿试等第、朝考等次、覆试等次、年龄表①

省（旗）	进士人数	庶吉士人数	姓名	殿试等第②	朝考等次③	覆试等次④	年龄⑤	进士去向
宗室	3	2	崇宽	2/25	2/7	2/1	39/39	庶吉士
			溥良	2/37	2/14	1/1	27/27	庶吉士
满洲	7	3	志锐	2/20	1/52	1/10	28/28	庶吉士
			萨廉	2/96	2/91	3/43	37/37	庶吉士
			钟灵	2/100	2/56	1/3	20/?	庶吉士
蒙古	3	1	福楙	2/52	1/12	2/120	21/24	庶吉士
汉军	5	1	崔永安	2/16	1/47	2/66	23/23	庶吉士

（续表）

省（旗）	进士人数	庶吉士人数	姓名	殿试等第②	朝考等次③	覆试等次④	年龄⑤	进士去向
直隶	24	7	戴彬元	2/1	1/49	2/49	44/45	庶吉士
			刘沛然	2/5	1/6	1/20	33/33	庶吉士
			沈士鑅	2/38	1/35	1/34	27/27	庶吉士
			李士鈖	2/43	2/15	2/75	25/?	庶吉士
			高凌霄	2/64	1/53	1/47	31/?	庶吉士
			王濂	2/68	2/47	1/41	26/29	庶吉士
			张正堉	2/87	2/12	2/55	19/19	分部学习
			陈应禧	3/17	1/48	1/52	35/35	庶吉士
			王毓芝	3/95	1/61	3/62	24/31	分部学习
奉天	2	1	陆善格	2/53	2/87	2/3	30/32	庶吉士
江苏	26	8	庞鸿书	2/2	1/26	1/7	31/31	庶吉士
			丁立钧	2/14	1/29	1/60	26/27	庶吉士
			吴保龄	2/15	1/34	2/64	29/?	庶吉士
			杨崇伊	2/45	1/25	1/16	29/29	庶吉士
			顾莲	2/50	1/56	3/51	38/38	庶吉士
			邓嘉纯	2/65	1/70	2/119	44/44	分发省份补用知府
			王颂蔚	2/75	2/120	1/26	31/31	庶吉士
			吴同甲	2/123	2/16	2/9	17/19	庶吉士
			杨福臻	3/15	1/13	1/28	35/48	庶吉士
			李沛深	3/21	2/3	2/50	36/45	分部学习
安徽	19	5	吕佩芬	2/3	1/43	1/33	26/26	庶吉士
			吴维藩	2/9	1/54	2/25	34/34	庶吉士
			李经世	2/36	1/71	2/96	25/25	庶吉士
			赵曾重	2/80	1/62	3/109	30/?	庶吉士
			余文蔚	3/7	2/106	1/50	35/25	庶吉士

（续表）

省（旗）	进士人数	庶吉士人数	姓名	殿试等第②	朝考等次③	覆试等次④	年龄⑤	进士去向
江西	21	5	彭士芳	2/8	1/45	1/44	23/33	庶吉士
			刘焕	2/28	2/1	1/59	30/30	庶吉士
			郭赓平	2/33	2/99	2/8	39/39	庶吉士
			吴成熙	2/55	1/4	1/9	28/30	庶吉士
			连培基	3/13	1/23	2/24	29/30	庶吉士
浙江	29	10	黄绍箕	2/6	1/1	2/14	26/26	庶吉士
			朱福诜	2/7	1/39	1/36	32/32	庶吉士
			盛炳纬	2/18	1/24	1/4	22/22	庶吉士
			汤绳和	2/32	1/30	2/34	38/38	庶吉士
			蔡世佐	2/46	1/21	2/48	31/31	庶吉士
			王兰	2/60	1/64	2/27	43/43	庶吉士
			徐琪	2/62	1/18	1/38	22/23	庶吉士
			褚成博	2/70	1/28	2/79	27/27	庶吉士
			袁鹏图	3/4	1/41	3/37	34/34	庶吉士
			汪受礽	3/10	1/63	2/32	40/39	庶吉士
福建	21	3	郭曾炘	2/12	2/34	1/56	23/23	庶吉士
			陈与冏	2/23	1/2	1/1	30/32	庶吉士
			叶大遒	2/24	2/54	1/14	32/32	庶吉士
山东	22	7	王懿荣	2/17	1/3	1/35	37/36	庶吉士
			吴树棻	2/30	1/67	1/22	24/27	庶吉士
			王乘燮	2/34	1/33	1/37	42/42	庶吉士
			柏锦林	2/47	1/68	2/122	19/22	庶吉士
			梁锦奎	2/63	1/72	2/26	44/44	庶吉士
			谢隽杭	2/72	1/59	1/5	40/40	庶吉士
			林元葵	2/91	1/15	1/53	36/38	庶吉士

（续表）

省（旗）	进士人数	庶吉士人数	姓名	殿试等第②	朝考等次③	覆试等次④	年龄⑤	进士去向
山西	10	2	冯应荣	2/61	1/37	2/5	44/44	庶吉士
			何乃莹	2/77	1/7	1/6	26/25	庶吉士
			王儆	2/85	1/46	2/116	40/?	主事即用
			仇汝显	3/36	1/73	3/42	35/35	分部学习
河南	18	4	张星炳	2/4	1/8	1/45	28/31	庶吉士
			蒋艮	2/26	1/17	1/32	24/?	庶吉士
			裴维侒	2/76	1/14	2/20	25/25	庶吉士
			丁象震	2/82	1/36	1/54	19/20	庶吉士
陕西	15	2	强鹏飞	2/35	2/6	1/23	27/35	庶吉士
			李佩铭	2/92	1/19	2/17	37/37	庶吉士
甘肃	9	2	安维峻	2/29	1/31	2/87	24/25	庶吉士
			张世英	2/129	2/5	2/4	31/31	庶吉士
湖北	13	4	王丕厘	2/41	1/22	1/58	34/34	庶吉士
			左绍佐	2/48	1/11	2/95	33/28	庶吉士
			范德镕	2/105	2/17	2/62	27/27	庶吉士
			周遂良	2/131	2/8	2/10	36/36	庶吉士
湖南	14	3	杨澍先	2/13	1/5	1/12	28/28	庶吉士
			汪概	2/27	1/65	1/13	31/31	庶吉士
			陈鼎	2/39	1/27	2/57	27/27	庶吉士
四川	15	5	汪致炳	2/51	1/44	3/21	35/38	庶吉士
			胡锡祜	2/74	1/40	2/82	43/45	庶吉士
			曾炳麟	2/114	2/4	2/2	34/30	分部学习
			刘桂文	2/117	1/16	2/105	38/?	庶吉士
			毛澂	3/19	1/57	3/97	30/37	庶吉士
			陈光明	3/43	1/42	2/11	33/32	庶吉士

（续表）

省（旗）	进士人数	庶吉士人数	姓名	殿试等第②	朝考等次③	覆试等次④	年龄⑤	进士去向
广东	16	5	梁鼎芬	2/31	1/20	1/25	20/20	庶吉士
			吴国镇	2/44	1/9	2/53	27/27	庶吉士
			张嘉澍	2/71	2/11	1/31	35/35	分部学习
			姜自驹	2/73	1/60	2/6	28/28	庶吉士
			陈景鎏	2/81	1/55	2/92	32/32	庶吉士
			柳芳	2/90	1/38	1/39	25/25	庶吉士
			陈庆桂	3/5	1/51	2/83	25/30	分部学习
广西	14	5	胡连	2/40	1/69	2/91	36/?	庶吉士
			于式枚	2/49	1/50	2/39	23/25	庶吉士
			黄俊熙	2/56	1/58	2/16	24/24	庶吉士
			刘名誉	2/78	1/32	2/85	20/20	庶吉士
			蔡揆忠	2/122	2/2	2/43	28/32	分部学习
			石鸿韶	3/9	1/66	1/30	27/27	庶吉士
云南	14	1	段树蕃	3/6	2/94	2/78	28/40	庶吉士
			谢文翘	3/27	2/74	2/36	30/33	分部学习
贵州	10	3	陈夔麟	2/11	1/10	1/15	26/26	庶吉士
			杜庆元	2/66	2/97	2/41	24/27	庶吉士
			余熙春	3/3	1/74	3/74	35/36	庶吉士

备注：① 此表主要根据《光绪六年庚辰科新进士引见单》(《光绪宣统两朝上谕档》第6册，第135～144页）制作，同时参照《光绪六年庚辰科新进士朝考等次单》(《光绪宣统两朝上谕档》第6册，第119～128页)、《光绪六年庚辰科会试覆试名次单》(《光绪宣统两朝上谕档》第6册，第98～107页)、《明清进士题名碑录索引》等文献。年龄直接来自《光绪六年庚辰科新进士引见单》。《光绪宣统两朝上谕档》缺《光绪六年庚辰科宗室会试覆试名次单》，两名宗室进士的会试覆试等次根据《光绪六年庚辰科新进士引见单》补录。

② "殿试等第"栏，"/"前之数是等第（二甲、三甲），"/"后之数是名次。

③ "朝考等次"栏，"/"前之数是朝考等次，"/"后之数是朝考名次。

④ "覆试等次"栏，"/"前之数是覆试等次，"/"后之数是覆试名次。

⑤ "年龄"栏，"/"前之数是《光绪六年庚辰科新进士引见单》上的年龄，"/"后之数是根据《光绪六年庚辰科会试同年齿录》计算出的年龄。

表2-8共列出100名进士（其中89名庶吉士）的相关信息，有9人

（其中8名庶吉士）在《光绪六年庚辰科会试同年齿录》中没有找到出生年月。两种文献53人年龄相同，38人年龄不同。38人年龄不同的情况是：11人相差1岁，7人相差2岁，8人相差3岁，2人相差4岁，2人相差5岁，2人相差7岁，1人相差8岁，1人相差9岁，2人相差10岁，1人相差12岁，1人相差13岁。年龄不同的38人，只有7人的年龄是《新进士引见单》大于《会试同年齿录》的，其中4人大1岁，1人大4岁，1人大5岁，1人大10岁。年龄不同的38人，其中26人相差1～3岁，占68%。通过对这些数据的分析，我们认为《光绪六年庚辰科会试同年齿录》中进士的年龄比《光绪六年庚辰科新进士引见单》中的年龄接近实年。

光绪六年庚辰科共89名庶吉士。此科庶吉士的年龄我们以《新进士引见单》中的年龄来统计，17～25岁23人（其中17岁1人、19岁2人、20岁2人）、26～30岁28人、31～35岁21人、36～40岁12人、41～45岁5人。30岁以内51人，占57.3%；35岁以内72人，占80.9%；40岁以内84人，占94.4%；超过40岁的仅5人，占5.6%。

光绪六年庚辰科89名庶吉士除8名在《会试同年齿录》中没有找到相关信息外，其余81名庶吉士的年龄情况是：25岁以下18人（其中19岁1人、20岁3人）、26～30岁22人、31～35岁19人、36～40岁15人、41～45岁7人。30岁以内40人，占这81名庶吉士的49.4%；35岁以内59人，占72.8%；40岁以内74人，占91.4%；超过40岁的7人，占8.6%。

将《新进士引见单》和《会试同年齿录》两种文献比对，可知光绪六年庚辰科庶吉士同一年龄段的人数、比例有所变化，即《新进士引见单》40岁以内的比例稍高一些，占94.4%，《会试同年齿录》则低一些，占91.4%；《新进士引见单》40岁以上的比例就低一些，占5.6%，《会试同年齿录》则高一些，占8.6%。

由于官年大多比实年小几岁，我们假定官年比实年平均小五岁，按《新进士引见单》的数据，这科89名庶吉士实年40岁（官年35岁）以下72人，占80.9%。可以说，与同治十年辛未科一样，40岁以内的庶吉士成为这科庶吉士的主体。这体现出年轻进士在馆选时的优势。当然，这也与入选庶吉士的朝考成绩密切相关，我们通过以下几省加以分析：

光绪六年庚辰科直隶24名进士，其中7人入选庶吉士。直隶7名庶吉士，当中6人朝考一等，1人朝考二等。此科直隶进士王毓芝朝考一等第61名，没有入选庶吉士，而朝考二等15名的李士鉁钦点为庶吉士。李士鉁25岁、王毓芝24岁。与王毓芝相比，在年龄上李士鉁并没有优势，而且朝考成绩是二等。为何钦点李士鉁，而没有钦点王毓芝？这应该与年龄没有关系，很可能在引见时给光绪帝、慈禧太后的印象有一定关系。

光绪六年庚辰科江苏 26 名进士，其中 8 人入选庶吉士。江苏 8 名庶吉士，当中 6 人朝考一等，2 人朝考二等。此科江苏进士邓嘉纯朝考一等第 70 名，没有入选庶吉士，而朝考二等的王颂蔚、吴同甲二人钦点为庶吉士。邓嘉纯 44 岁、王颂蔚 31 岁、吴同甲 17 岁，在年龄上，王颂蔚、吴同甲两人有明显的优势。邓嘉纯没有钦点为庶吉士似乎与年龄相关，但从邓嘉纯授职去向分发省份补用知府来看，与年龄关系不大，何况此科直隶进士戴彬元、山东进士梁锦奎两人均是 44 岁，入选为庶吉士。再从授职来看，邓嘉纯以知府补用，而部分庶吉士散馆之后，仅以知县即用，邓嘉纯授职官品高于庶吉士散馆授职。可以说，朝考一等的邓嘉纯没有入选庶吉士，与年龄关系不大。

光绪六年庚辰科山西 10 名进士，其中 2 人入选为庶吉士。此科山西 4 名进士朝考一等，仅冯应荣、何乃莹两人钦点为庶吉士，而王儆、仇汝显 2 人，1 人主事即用，1 人分部学习。王儆 40 岁、仇汝显 35 岁、冯应荣 44 岁。在年龄上，至少仇汝显比冯应荣有明显的优势，但冯应荣入选为庶吉士，而同是朝考一等的王儆、仇汝显没有入选庶吉士。

湖北进士与山西进士形成对比。此科湖北 13 名进士，其中 4 人入选为庶吉士。入选庶吉士的王丕厘、左绍佐两人朝考一等，而范德镕、周遂良两人朝考二等。范德镕 27 岁、周遂良 36 岁。朝考二等的范德镕、周遂良两人入选庶吉士，可能与年龄相关，特别是范德镕年龄为 27 岁。

光绪六年庚辰科云南 14 名进士，其中 1 人入选庶吉士。此科云南进士没有朝考一等者，就钦点朝考、覆试均二等的段树蕃 1 人为庶吉士。段树蕃在《新进士引见单》上的年龄是 28 岁，因此在年龄上就有一定的优势。同样是朝考、覆试二等的云南进士谢文翘，在《新进士引见单》上的年龄是 30 岁，没有入选庶吉士。实际上段树蕃至少 40 岁。按《会试同年齿录》出生年月计算，段树蕃 40 岁。由于《会试同年齿录》中的年龄也有不少假年，段树蕃有可能年过四十。皇帝在引见新进士时，要看《新进士引见单》上的年龄，促使不少士子隐瞒真实年龄。

光绪六年庚辰科朝考一等 74 人、二等 126 人、三等 128 人。根据表 2-8 统计：朝考一等 69 人入选庶吉士，其余 5 人或主事即用，或分部学习，或补用知府；会试覆试一等者，41 人入选庶吉士；覆试三等者，5 人入选庶吉士，除满洲萨廉是朝考二等外，其余 4 人朝考均是一等；朝考和覆试均一等者，32 人入选庶吉士；没有朝考三等者入选庶吉士。

可见，钦点光绪六年庚辰科庶吉士主要依据朝考成绩，也是基本不考虑年龄。从实质上看，选拔庶吉士是为国家选才、储才，一般选拔年轻的进士为庶吉士加以培养，正因此，年龄成为馆选的一个基本要素。但给我们钦点庶吉士一般不看年龄的印象。这是由于入选庶吉士的进士一般在殿试、朝考、覆试均有好的名次，他们的年龄基本在40岁以内，年龄似乎没有成为馆选的一个要素。

通过对嘉庆、道光、同治、光绪年间馆选个案的分析，可知：钦点庶吉士主要依据朝考成绩，同时参看年龄，甚至可以说年龄构成馆选的一个基本要素。当然，不是说朝考入选的年轻者都能钦点为庶吉士，也不是说年长者就不能入选。

清代有年老入选庶吉士的特例。除八十几岁的刘起振被当作“人瑞”钦点为庶吉士外，还有个别庶吉士年龄超过六十岁。沈德潜，乾隆四年（1739）中式进士，年已67岁，因有才名，经大臣荐举，入选为庶吉士。沈德潜对自己入选庶吉士的情况记载道：“（乾隆）四年己未六十七岁。……殿试二甲第八，为庄有恭榜进士……朝考第三。看验日，诸王大臣六人。大司寇尹公继善云：‘第八名为江南老名士，极长于诗。’大学士张文和公云：‘文亦好。’因挑选一等内。五月，皇上御勤政殿引见新进士。越日，钦点庶吉士。”①

道光二十七年丁未科，64岁的万良，因朝考一等第三名②，被钦点为庶吉士。“道光丁未科新进士朝考，诗题‘喜雨志乎民’，语本《公羊》。惟江西万良点明出处，有‘勤民志鲁僖’句，以一等三名入词林，年已六十四。”③

也有七十岁入选庶吉士之例。裘琏，“困场屋者五十余年，迨成进士，官庶常，年已七十许矣，未几致仕归。”④裘琏，康熙五十四年乙未科进士，入选庶吉士，年已七十，未散馆而归。

通过以上分析，我们得出一个初步结论：馆选时，年龄只是一个参照因素，但也可以说，年龄是馆选的一个基本要素，体现在庶吉士以40岁以下者为主体，其中35岁以下者占多数，个别年老文采优异的进士也有可能入选庶吉士，但毕竟是极少数。皇帝在钦点庶吉士时综合了各种因

---

① ［清］沈德潜：《沈归愚自订年谱》（沈德潜年谱），见《北京图书馆藏珍本年谱丛刊》第91册，第177～178页。

② 《道光二十七年丁未科新进士朝考等第名次单》，见《嘉庆道光两朝上谕档》第52册，第131页。

③ ［清］陆以湉撰，崔凡芝点校：《冷庐杂识》卷4《喜雨志乎民》，见《清代史料笔记丛刊》，北京，中华书局，1984年，第202页。

④ ［清］阮元：《两浙輶轩录》卷12，见《续修四库全书》第1683册，第464页。

素，既考虑进士的年龄，又考虑朝考名次、殿试名次，至清后期还参照覆试成绩。甚至可以说，钦点庶吉士时，给皇帝的印象起了一定的作用。这样才能解释一些看起来有明显的优势的进士没有入选庶吉士，而一些看似没有优势的进士入选庶吉士的原因。

第三节　二甲、三甲进士入选庶吉士的比例

这部分主要考察庶吉士的结构问题，即庶吉士中二三甲进士的构成问题。清代馆选对象是二甲、三甲进士，各甲进士入选庶吉士人数的情况如何？

表 2-9　清代历朝二甲、三甲进士入选庶吉士人数统计表

序号	科名	庶吉士人数	二甲进士 / 所占比例	三甲进士 / 所占比例	钦赐进士
1	顺治三年丙戌科	46	20	26	
2	顺治四年丁亥科	20	10	10	
3	顺治六年己丑科	40	26	14	
4	顺治九年壬辰科	44	13	31	
5	顺治九年壬辰科满洲榜	6		6	
6	顺治十二年乙未科	30	16	14	
7	顺治十二年乙未科满洲榜	6	3	3	
8	顺治十五年戊戌科	32	16	16	
9	顺治十六年己亥科	41	23	18	
10	顺治十八年辛丑科	10	4	6	
小计	8 科	275	131/47.6%	144/52.4%	
11	康熙三年甲辰科	15	4	11	
12	康熙六年丁未科	12	7	5	
13	康熙九年庚戌科	28	13	15	
14	康熙十二年癸丑科	32	15	17	
15	康熙十五年丙辰科	32	21	11	
16	康熙十八年己未科	32	17	15	
17	康熙二十一年壬戌科	32	16	16	

（续表）

序号	科名	庶吉士人数	二甲进士/所占比例	三甲进士/所占比例	钦赐进士
18	康熙二十四年乙丑科	35	20	15	
19	康熙二十七年戊辰科	34	18	16	
20	康熙三十年辛未科	33	15	18	
21	康熙三十三年甲戌科	40	20	20	
22	康熙三十六年丁丑科	31	13	18	
23	康熙三十九年庚辰科	43	16	27	
24	康熙四十二年癸未科	49	25	24	
25	康熙四十五年丙戌科	50	23	27	
26	康熙四十八年己丑科	64	26	38	
27	康熙五十一年壬辰科	66	35	31	
28	康熙五十二年癸巳恩科	53	25	28	
29	康熙五十四年乙未科	44	26	18	
30	康熙五十七年戊戌科	55	29	26	
31	康熙六十年辛丑科	62	28	34	
小计	21 科	842	412/48.9%	430/51.1%	
32	雍正元年癸卯恩科	58	34	24	
33	雍正二年甲辰科	40	30	9	1
34	雍正五年丁未科	37	16	21	
35	雍正八年庚戌科	55	38	17	
36	雍正十一年癸丑科	70	50	20	
小计	5 科	260	168/64.6%	91/35%	1/0.4%
37	乾隆元年丙辰科	64	33	31	
38	乾隆二年丁巳恩科	59	32	27	
39	乾隆四年己未科	63	42	21	
40	乾隆七年壬戌科	54	34	20	
41	乾隆十年乙丑科	51	40	11	
42	乾隆十三年戊辰科	51	34	17	
43	乾隆十六年辛未科	42	28	14	

（续表）

序号	科名	庶吉士人数	二甲进士 / 所占比例	三甲进士 / 所占比例	钦赐进士
44	乾隆十七年壬申恩科	38	26	12	
45	乾隆十九年甲戌科	35	17	18	
46	乾隆二十二年丁丑科	34	25	9	
47	乾隆二十五年庚辰科	34	19	15	
48	乾隆二十六年辛巳恩科	35	19	16	
49	乾隆二十八年癸未科	29	18	11	
50	乾隆三十一年丙戌科	31	24	7	
51	乾隆三十四年己丑科	26	16	10	
52	乾隆三十六年辛卯恩科	32	22	10	
53	乾隆三十七年壬辰科	33	22	11	
54	乾隆四十年乙未科	41	30	11	
55	乾隆四十三年戊戌科	32	23	9	
56	乾隆四十五年庚子恩科	26	14	12	
57	乾隆四十六年辛丑科	32	16	16	
58	乾隆四十九年甲辰科	21	14	7	
59	乾隆五十二年丁未科	29	19	10	
60	乾隆五十四年己酉科	21	12	9	
61	乾隆五十五年庚戌恩科	24	12	12	
62	乾隆五十八年癸丑科	20	12	8	
63	乾隆六十年乙卯恩科	15	7	8	
小计	27 科	972	610/62.8%	362/37.2%	
64	嘉庆元年丙辰科	25	17	8	
65	嘉庆四年己未科	70	46	24	
66	嘉庆六年辛酉恩科	76	56	20	
67	嘉庆七年壬戌科	91	62	29	
68	嘉庆十年乙丑科	81	64	17	
69	嘉庆十三年戊辰科	76	65	11	
70	嘉庆十四年己巳恩科	66	50	16	

（续表）

序号	科名	庶吉士人数	二甲进士 / 所占比例	三甲进士 / 所占比例	钦赐进士
71	嘉庆十六年辛未科	69	54	15	
72	嘉庆十九年甲戌科	67	61	6	
73	嘉庆二十二年丁丑科	71	62	9	
74	嘉庆二十四年己卯恩科	63	47	16	
75	嘉庆二十五年庚辰科	76	58	18	
小计	12 科	831	642/77.3%	189/22.7%	
76	道光二年壬午恩科	38	30	8	
77	道光三年癸未科	45	31	14	
78	道光六年丙戌科	47	36	11	
79	道光九年己丑科	52	44	8	
80	道光十二年壬辰恩科	54	50	4	
81	道光十三年癸巳科	59	43	16	
82	道光十五年乙未科	54	49	5	
83	道光十六年丙申恩科	39	32	7	
84	道光十八年戊戌科	50	39	11	
85	道光二十年庚子科	55	49	6	
86	道光二十一年辛丑科	66	52	14	
87	道光二十四年甲辰科	44	37	7	
88	道光二十五年乙巳恩科	51	42	9	
89	道光二十七年丁未科	53	48	5	
90	道光三十年庚戌科	55	49	6	
小计	15 科	762	631/82.8%	131/17.2%	
91	咸丰二年壬子恩科	82	68	14	
92	咸丰三年癸丑科	65	54	11	
93	咸丰六年丙辰科	60	47	13	
94	咸丰九年己未科	39	32	7	
95	咸丰十年庚申恩科	37	25	12	
小计	5 科	283	226/79.9%	57/20.1%	

（续表）

序号	科名	庶吉士人数	二甲进士 / 所占比例	三甲进士 / 所占比例	钦赐进士
96	同治元年壬戌科	50	44	6	
97	同治二年癸亥恩科	56	46	10	
98	同治四年乙丑科	77	66	11	
99	同治七年戊辰科	84	75	9	
100	同治十年辛未科	90	76	14	
101	同治十三年甲戌科	90	77	13	
小计	6 科	447	384/85.9%	63/14.1%	
102	光绪二年丙子恩科	89	82	7	
103	光绪三年丁丑科	78	67	11	
104	光绪六年庚辰科	89	78	11	
105	光绪九年癸未科	78	67	11	
106	光绪十二年丙戌科	87	76	11	
107	光绪十五年己丑科	87	70	17	
108	光绪十六年庚寅恩科	86	68	18	
109	光绪十八年壬辰科	95	82	13	
110	光绪二十年甲午恩科	79	68	11	
111	光绪二十一年乙未科	66	55	11	
112	光绪二十四年戊戌科	82	69	13	
113	光绪二十九年癸卯科	74	63	11	
114	光绪三十年甲辰恩科	61	49	12	
小计	13 科	1051	894/85.1%	157/14.9%	
总计	112 科	5723	4098/71.6%	1624/28.4%	1

备注：此表据《词林辑略》统计。

据表 2–9 可知，顺治年间 275 名庶吉士，其中二甲进士 131 名，占总数的 47.6%，三甲进士达 144 名，占总数的 52.4%；康熙年间 842 名庶吉士，其中二甲进士 412 名，占总数的 48.9%，三甲进士 430 名，占总数的 51.1%；雍正年间 260 名庶吉士，其中二甲进士 168 人，占总数的 64.6%，三甲进士 91 人，占总数的 35%；乾隆年间 972 名庶吉士，其中二甲进士 610 名，占总数的 62.8%，三甲进士 362 名，占总数的 37.2%；嘉庆年间 831 名庶吉士，其中二甲进士 642 人，占总数的 77.3%，三甲进士 189 人，占总数的 22.7%；道光年间庶吉士 762 人，其中二甲进士 631 人，占总数的 82.8%，三甲进士 131 人，占总数的 17.2%；咸丰年间 283 名庶吉士，其中二甲进士 226 名，占总数的 79.9%，三甲进士 57 名，占总数的 20.1%；同治年间 447 名庶吉士，其中二甲进士 384 人，占总数的 85.9%，三甲进士 63 人，占总数的 14.1%；光绪年间 1051 名庶吉士，其中二甲进士 894 人，占总数的 85.1%，三甲进士 157 人，占总数的 14.9%。有清一代 5723 名庶吉士中，二甲进士 4098 名，占总数的 71.6%，三甲进士 1624 名，占总数的 28.4%。可见，庶吉士以二甲进士为主体。

在顺康年间，庶吉士中三甲进士所占比例超过 50%，而雍正之后，其所占的份额越来越少，同治年间所占份额最少，才 14.1%。为何会出现这一趋势？由于顺康年间或对部分进士进行考试，加以选拔，或殿试之后，直接钦点庶吉士，二三甲进士在入选庶吉士时机会均等，因此，出现三甲进士入选庶吉士的人数较多的局面。当雍正年间开始推行新进士朝考制度时，朝考成绩成为入选庶吉士的重要条件，其重要性超过殿试的甲第。即使殿试名次在前列，而朝考成绩不好，也难以入选庶吉士；殿试名次虽然靠后，而朝考成绩名在前列，入选庶吉士的概率就很大。我们对雍正之后朝考入选者（或道光二十四年之后朝考一等者）的殿试甲第进行比对，可知朝考入选者中二甲进士远远多于三甲进士，朝考一等中，二甲进士仍占绝大多数。这在一定程度上反映了科举取士的标准有一定的合理性和科学性。我们选择以道光九年己丑科、光绪六年庚辰两科朝考入选者（或朝考一等者）中二甲、三甲进士的比例为个案，作进一步的探讨。

表 2-10　道光九年己丑科二甲、三甲进士朝考入选名单、比例表

殿试甲第	朝考入选名单	人数	比例
二甲进士	易长桢、庆勋、罗绕典、彭舒萼、朱其镇、李嘉端、张宝璿、王庆云、李国杞、姚振启、张集馨、桂文耀、干廷奭、金炽福、徐广绂、易棠、潘楷、全庆、张修育、袁彦龄、苏孟旸、朱淳、穆通阿、杨景、方锴、贾允谐、王桂、陶澐、张沆度、胡文柏、邓瀛、王楗、林扬祖、李攀龙、王寅、丁彦俦、王巽、白燕卿、潘绍烈、陈兰祥、司徒照、程德麟、夏恒、朱式璟、张亨衢、李从图、崔焘、步际桐、金安澜、徐云瑞、马福安、潘丽襄、倭仁、崔绂、何荣章、徐启山、奎绶、刘良驹、朱逢辛、郭景僖	60	82.2%

（续表）

殿试甲第	朝考入选名单	人数	比例
三甲进士	严保庸、锡麟、徐有壬、吴文林、何俊、刘澐、倪杰、袁玉麟、江鸿升、孙葆元、马沅、彭斗山、况澍	13	17.8%
合计		73	100%

备注：此表据《道光九年己丑科朝考入选名单》（《嘉庆道光两朝上谕档》第34册，第175～177页）和《清朝进士题名录》统计制作。由于《道光九年己丑科新进士引见单》（《嘉庆道光两朝上谕档》第34册，第191～197页）没有进士的殿试甲第名次，因此，制作此表就没有利用此引见单。

道光年间的庶吉士，其中二甲进士占82.8%，三甲进士占17.2%。据表2-10可知，道光九年己丑科朝考入选共73人，其中二甲进士60人，占82.2%，三甲进士13人，占17.8%。两相对照，可以说道光年间，二三甲进士朝考入选的比例与庶吉士中二三甲进士的比例成正比。

表2-11　光绪六年庚辰科二甲、三甲进士朝考一等名单、比例表

殿试甲第	朝考一等名单	人数	比例
二甲进士	黄绍箕、陈与冏、王懿荣、吴成熙、杨澍先、刘沛然、何乃莹、张星炳、吴国镇、陈夔麟、左绍佐、福楙、裴维侒、林元荚、刘桂文、蒋艮、徐琪、李佩铭、梁鼎芬、蔡世佐、王丕厘、盛炳纬、杨崇伊、庞鸿书、陈鼎、褚成博、丁立钧、汤绳和、安维俊、刘名誉、王乘燮、吴保龄、沈士鑅、丁象震、冯应荣、柳芳、朱福诜、胡锡祜、吕佩芬、汪致炳、彭士芳、王儆、崔永安、戴彬元、于式枚、志锐、高凌霄、吴维藩、陈景鋆、顾莲、黄俊熙、谢隽杭、姜自驹、赵曾重、王兰、汪概、吴树棻、柏锦林、胡连、邓嘉纯、李经世、梁锦奎	62	83.8%
三甲进士	杨福臻、连培基、袁鹏图、陈光明、陈应禧、陈庆桂、毛澂、王毓芝、汪受礽、石鸿韶、仇汝显、余熙春	12	16.2%
合计		74	100%

备注：此表据《光绪六年庚辰科朝考等第名次单》（《光绪宣统两朝上谕档》第6册，第119～128页）、《光绪六年庚辰科新进士引见单》（《光绪宣统两朝上谕档》第6册，135～144页）制作，并参照《清朝进士题名录》一书。

光绪年间的庶吉士，其中二甲进士占85.1%，三甲进士仅占14.9%。据表2-11可知，光绪六年庚辰科朝考一等74人，其中二甲进士62人，占83.8%，三甲进士12人，占16.2%。两相对照，也可以说光绪年间，二三甲进士朝考一等的比例与庶吉士中二三甲进士的比例成正比。

通过以道光九年己丑科和光绪六年庚辰科两科朝考作为个案进行分析，可以看出，二甲进士在朝考中占明显优势。因此，出现庶吉士中二甲进士占大多数，甚至绝大多数的局面。

当然三甲进士占庶吉士一定的比例，不仅每科庶吉士中，均有三甲进士，而且每省也均有三甲进士入选庶吉士的。据附表六《清代翰林院庶吉士散馆授职统计表》可知，各省（旗）均有散馆授职编修、检讨的。庶吉士散馆授职定制是：留馆者，二甲进士授编修，三甲进士授检讨。从每省均有授职编修、检讨的，可以判断每省不仅有二甲进士入选庶吉士，也有三甲进士入选庶吉士。

清人认为在康熙年间江南非二甲进士不能入选庶吉士。庶吉士出身的袁枚就认为："康熙时江南翰林非二甲前勿与，公（注：指杨名时）独以三甲得。故事，直隶学政非宫坊不与，公独以检讨往。至是天子命公教习庶吉士，时未馆选而诏先下。公受恩三朝，异数皆此类也。"[①] 杨名时，康熙三十年辛未科三甲进士，入选庶吉士，被袁枚等人视为"异数"。其实此说不符合实际。康熙年间江南不仅仅杨名时一名三甲进士钦点为庶吉士，在其前后，均有一部分江南三甲进士钦点为庶吉士。（见表2–11）

表 2–12　康熙年间江南三甲进士入选庶吉士名单人数表

科年	全国庶吉士人数	江南庶吉士人数	江南三甲进士入选庶吉士姓名人数
康熙三年	15	4	2 人：胡上著、程文彝
康熙六年	12	4	1 人：储振
康熙九年	28	5	2 人：朱典、吴本立
康熙十二年	32	8	3 人：缪锦宣、董闿、李枏
康熙十五年	32	6	1 人：王瑞
康熙十八年	32	8	1 人：汪晋征
康熙二十一年	32	11	3 人：吴苑、潘麒生、许嗣隆

① ［清］袁枚：《小仓山房文集》卷2《礼部尚书太子太傅杨公神道碑》，见《续修四库全书》第1431册，第730页。清人李元度采纳了袁枚的看法，他也认为："康熙时江南翰林非二甲不与，公独以三甲入选。日讲官及直隶学政均非宫坊不与，公以检讨膺特擢不由阶资。其后高宗命教习庶吉士，未馆选而诏先下。皆异数也。"（［清］李元度辑：《国朝先正事略》卷12《杨文定公事略》，见《续修四库全书》第538册，第263页。）

（续表）

科年	全国庶吉士人数	江南庶吉士人数	江南三甲进士入选庶吉士姓名人数
康熙二十四年	35	7	无
康熙二十七年	34	9	3 人：施震铨、叶淳、潘宗洛
康熙三十年	33	10	1 人：杨名时
康熙三十三年	40	7	无
康熙三十六年	31	4	无
康熙三十九年	43	8	5 人：史贻直、韩孝基、刘师恕、盛度、张廷玉
康熙四十二年	49	13	1 人：赵征介
康熙四十五年	50	12	3 人：贾兆凤、陈均、钱荣世
康熙四十八年	64	20	6 人：汪倬、张照、王时宪、黄越、黄音、张大受
康熙五十一年	66	28	9 人：董宏、郭孙顺、杨湝、夏慎枢、陈王谟、徐依、汤大辂、王遵扆、王晦
康熙五十二年	53	10	无
康熙五十四年	44	7	1 人：徐学柄
康熙五十七年	55	11	3 人：杨椿、严文在、刘运鲋
康熙六十年	62	12	4 人：杨梦琰、吴栻、唐继祖、张符骧
合计	842	204	49

备注：此表据《词林辑略》和《清朝进士题名录》制作。

据表 2-12 统计可知，康熙年间，在杨名时入选庶吉士之前，江南庶吉士中有 16 人是三甲进士，而且康熙十二年癸丑科、二十一年壬戌科、二十七年戊辰科三科庶吉士，江南均有 3 名三甲进士。康熙年间江南庶吉士 204 人，而其中三甲进士出身的是 49 人，占 24% 接近 1/4。可见，江南庶吉士中，三甲进士并不少。

袁枚是乾隆四年己未科庶吉士，他在清代文坛上有非常大的影响力，其关于康熙年间江南非二甲进士不入选的观点，也影响别人，如李元度等人就接受了其观点。

第四节　宗室和八旗庶吉士的选拔

一　宗室庶吉士的选拔

（一）清代宗室科举制度的确立

随着宗室人员的不断增多，如何解决宗室人员的出路，摆在历代帝王的面前。是否通过科举来增开宗室（主要是闲散宗室人员）的出路，成为嘉庆之前争论的一个问题。

康熙年间曾有令宗室参加科举之举。康熙三十六年（1697）十月己酉，康熙帝谕宗人府、礼部：

> 国家乐育人材，振兴文教，将使海内英隽之士靡不蒸蒸蔚起，矧宗室子弟系托天潢，岂无卓越之姿，足称令器，允宜甄陶奖励，俾克有成。考诸前史，以公族应制举入仕者，代不乏人，今属籍所载，日益繁衍，除已授爵秩人员外，闲散子姓，素无职业，诚恐进取之途未辟，致向学之意渐隳。嗣后八旗宗室子弟，有能力学属文，奋志科目，应令与满洲诸生一体应试，编号取中。如此则赋质英异者咸服习于诗书，而学业成就者，不阻抑于仕进。①

可见，随着宗室人员的增加，如何解决闲散宗室人员的出路，成为康熙帝考虑的一个问题。为了解决闲散宗室的出路问题，康熙帝令宗室参加科举，但宗室人员仅参加了一科乡试，就停止宗室科举。康熙三十九年六月丁亥，诏谕："今科乡场，曾令宗室考试。宗室朕素加恩，何患无官，嗣后停其考试。"②

乾隆年间宗室科举没有乡会试，而是从宗学中拔取佳卷准作贡士。"（乾隆）九年议准：五年一次钦命大臣，合试左右翼学生，凡本年考取一二等及往年考取一等，并在家肄业愿观光者，咸准与考，拔取佳卷，进呈御览，恭候钦定名次，由宗人府引见，以会试中式注册，俟礼部会试之年，习翻译者与八旗翻译贡士同引见，赐进士，以府属额外主事用；习汉

① 《清圣祖实录》卷185，康熙三十六年十月己酉，第2册，第978页上。

② 《清圣祖实录》卷199，康熙三十九年六月丁亥，第3册，第29页下。

文者与天下贡士同殿试，赐进士甲第有差。”[①] 习汉文者与天下贡士一同殿试，乾隆朝共有3名宗室文进士。而习翻译者，与翻译贡士不用殿试，经引见，赐翻译进士资格，乾隆朝共赐2名宗室为翻译进士。

乾隆十年乙丑科取中1名宗室文进士、1名宗室翻译进士；乾隆十三年戊辰科取中2名宗室文进士、1名宗室翻译进士。乾隆十七年降旨停止宗室科举。

乾隆十七年降旨："宗室等不应乡会试，皇祖、皇考均有明旨，后因条奏，复令宗室等应乡会试，彼时宗人府总理事务王大臣并未声明，草率照覆，实属错误，嗣后仍遵皇祖、皇考原降谕旨，将宗室等乡会试及选庶吉士之例，永行停止，再不可条陈考试，宗室内如果有学问优长者，自施恩录用也。”[②]

乾隆皇帝再次否定宗室人员参加科举的必要性。但随着宗室人员的日益增大，如何解决宗室的出路？几经争议与探索，嘉庆朝正式确立宗室参加科举。

从此，确定了宗室科举制度。推行宗室科举制度的目的既是拓展宗室的出路，也是通过科举，使宗室人员接受儒家文化的熏陶，通书达礼，少生事端。

（二）宗室庶吉士的选拔

清代宗室进士入选庶吉士始于乾隆年间。乾隆十年乙丑科有1名宗室进士、乾隆十三年戊辰科有2名宗室进士，共3名进士，均钦点为庶吉士，开清代宗室进士入选庶吉士的先例。嘉庆七年壬戌科，3名宗室进士全部钦点为庶吉士。从此，钦点宗室庶吉士成为定制。

从嘉庆七年壬戌科到光绪二十四年戊戌科的46科中，仅道光二十五年乙巳恩科、同治十年（1871）辛未科两科没有钦点宗室庶吉士。（参见附表二）

道光二十五年乙巳恩科有宗室定纶、崇光2名进士。其中宗室定纶，二甲进士，朝考三等第90名，分派到六部衙门学习，这很可能由于他朝考成绩比较差，没能钦点为庶吉士；宗室崇光，没有参加本科进士朝考，于道光二十七年补朝考，朝考名次是三等第97名，也是分派到六部衙门学习。

---

① 《（嘉庆）钦定大清会典事例》卷264《礼部・贡举・宗室乡会试》，见《近代中国史料丛刊三编》第67辑，第1573～1574页。

② 同上注，第1574～1575页。

同治十年辛未科宗室进士 2 名：

硕济，37 岁，三甲第 2 名进士，覆试三等第 2 名，朝考三等第 130 名。

多泰，42 岁，三甲第 132 名进士，覆试三等第 1 名，朝考三等第 46 名。

这两名宗室进士均是三甲进士，覆试三等，朝考三等，成绩不理想，因而没有钦点为庶吉士。

有清一代，宗室文进士共 123 人，其中 60 人钦点为庶吉士，几乎是每 2 人钦点 1 人为庶吉士。而各省进士平均 4.7 人取中 1 名为庶吉士。可见，宗室入选庶吉士的比例更高。这与宗室进士规模小、皇帝的偏爱相关。

二 八旗庶吉士的选拔

（一）八旗士子参加科举的制度化

随着清朝的统治逐渐巩固，如何扩大八旗子弟的出路问题，成为统治者需解决的问题。

顺治八年（1651）三月丙午，吏部奏言：

> “各旗子弟率多英才，可备循良之选，但学校未兴，制科未行耳。先帝在盛京，爱养人才，开科已有成例，今日正当举行。臣等酌议，满洲、蒙古、汉军各旗子弟有通文义者，提学御史考试，取入顺天府学，乡试作文一篇，会试作文二篇，优者准其中式，照甲第除授官职，则人知向学，进取有阶矣。”报可。[①]

在吏部的奏请下，顺治帝同意八旗子弟参加乡试、会试考试，并优待八期子弟，表现在单独为满洲、蒙古士子举行乡会试，即所谓满洲榜。第二年（顺治九年）举行了首科满洲会试、殿试，取中 35 名满洲进士、15 名蒙古进士。顺治十二年乙未科满洲榜取中 35 名满洲进士、15 名蒙古进士。汉军八旗士子不许与满洲、蒙古士子一同参加科举，而是与汉人士子一同参加科举。

由于清朝是靠八旗夺取天下，同时也依靠八旗统治天下，因此，八旗的实力成为关系清朝统治的重大问题。为此，清朝强调“国语骑射”为其国策，尤其在清初，满汉矛盾较大的情况下，最高统治者高度重视八旗的战斗力。八旗子弟中出现重文轻武的趋势，这令统治者极其担忧，因此，

---

① 《清世祖实录》卷 55，顺治八年三月丙午，第 441 页。

停止八旗士子参加科举。顺治十四年正月甲子，谕吏、礼、兵三部：

> 我国家创兴，全赖治兵有法。今见八旗人民崇尚文学，怠于武事，以披甲为畏途，遂至军旅较前迥别，详究其源，皆由限年定额考取生童，乡会两试即得升用，及各部院衙门考取他赤哈哈番及笔帖式哈番，徒以文字，由白身优擢六七品官，得邀俸禄。未几又升副理事、主事等官，得免从军之役，各部院衙门一事数官，以致员缺居多无不乐于部用。今后限年定额考取生童，乡会两试俱著停止。①

从此，停止了八旗士子的科举考试。直到康熙八年（1669）才准许八旗士子参加科举考试。康熙八年题准："八旗复行乡试，满洲蒙古编满字号，取中十名，汉军编合字号，取中十名。"② 康熙九年题准："八旗复行会试，满洲蒙古另编满字号取中进士四名，汉军另编合字号取中进士四名。"③ 这次恢复八旗士子参加科举考试，但不再设置满洲榜，而是令八旗士子与汉人士子一同考试。

康熙十二年爆发了三藩之乱，给清朝的统治带来极大冲击。由于八旗是维护清朝统治的命根子，正如康熙帝谕户部时所言："八旗甲兵，国家根本。"④ 在康熙八年到康熙十五年期间，八旗士子先后参加了三科乡会试之后，诏令"停止八旗考试"⑤。这是加强八旗武功，巩固清朝统治的需要。

平定三藩之乱后，清朝的统治得到巩固，清朝开始步入盛世。康熙二十三年（1684）首次南巡，康熙二十八年（1689）第二次南巡，康熙先后六次南巡。

盛世之年，康熙帝充满自信，强调文治武功。康熙二十六年（1687）诏令："八旗准同汉人一体乡试，遵旨议定，于直隶举人额外，照旧例满洲、蒙古取中举人十名，汉军应减五名，止取中五名。"⑥ 遵照康熙帝的谕

---

① 《清世祖实录》卷106，顺治十四年正月甲子，第831～832页。

② 《（康熙）大清会典》卷53《礼部·贡举二·乡试·凡八旗乡试》，见《中国近代史料丛刊》第72辑，第2586页。

③ 《（康熙）大清会典》卷53《礼部·贡举二·会试·凡八旗会试》，见《中国近代史料丛刊》第72辑，第2598页。

④ 《清圣祖实录》卷150，康熙三十年二月癸酉，第2册，第664页。

⑤ 《（雍正）大清会典》卷73《礼部·贡举二·乡试通例·凡八旗乡试》，见《中国近代史料丛刊》77辑，第4543页。

⑥ 同上。

旨，八旗士子先后参加康熙二十九年（1690）乡试、康熙三十年辛未科会试。从此，八旗士子参加科举考试才成为定制。

（二）八旗庶吉士的选拔

翰林院官员的设置：翰林院掌院学士，满汉各1人。侍读学士、侍讲学士，满洲各2人，汉各3人。侍读、侍讲，满洲各3人，汉各4人。修撰、编修、检讨、庶吉士，俱无定员。①

由于翰林院的官员从掌院学士到侍读、侍讲是满汉复职。为了解决满洲翰林官的来源，这就需要从满洲进士中选拔庶吉士。

在康熙三十年辛未科之前，八旗士子偶尔参加科举考试，八旗士子参加科举考试还没有定制化，钦点的八旗庶吉士人数较少，在满洲、蒙古64名进士中，钦点了16名庶吉士。其中康熙十五年丙辰科虽取中8名满洲进士，但没有钦点一名庶吉士。

从康熙三十年辛未科开始，八旗士子参加科举制度化。从此每科都有八旗士子参加，一般每科均钦点八旗庶吉士。八旗进士、庶吉士以满洲进士、庶吉士为主体。从康熙三十年辛未科至光绪三十年甲辰恩科的95科每科均有满洲进士，其中有25科没有蒙古进士。从嘉庆年间开始，每科才均有蒙古进士，其中仅有38科钦点了蒙古庶吉士。这95科中仅乾隆四十五年庚子恩科和道光十八年戊戌科没有满洲庶吉士（参见附表二），其中道光十八年戊辰科是由于皇帝的疏忽，漏点满洲庶吉士。“宝鋆戊戌朝考列一等，宣宗漏未圈出。故事凡馆选者御笔加○，分部者加△，知县即用者加、（点），其呈请归原班及名次极低归班选用者则不加笔。及召见军机时，宣宗问曰：‘此次满洲进士竟未有应馆选者？’穆彰阿对曰：‘宝鋆一等。’宣宗复取原单阅之良久，曰：‘既未经圈出，即其命矣。’因以主事用。”②

康熙再次恢复八旗士子参加科举考试之后，鉴于翰林院中满洲士子较少，因此，将大部分满洲进士钦点为庶吉士。从康熙三十年辛未科至康熙五十七年（1718）戊戌科11科，共有满洲进士68人，其中40人入选庶吉士。康熙三十三年甲戌科的7名满洲进士和康熙五十四年乙未科的3名满洲进士全部钦点为庶吉士。康熙之后，满洲进士入选庶吉士的比例仍较高。有清一代，满洲文进士共732人，其中246人入选庶吉士，平均每3

① 赵尔巽等撰：《清史稿》卷115《职官二·翰林院》，北京，中华书局，1977年，第3309页。

② 《纯常子枝语》卷2，见《续修四库全书》第1165册，第27页。此一记载有误，翰林分等始于道光二十四年甲辰科。道光十八年宝鋆朝考入选第55名。（《嘉庆道光两朝上谕档》第43册，第137页。）

名进士就有 1 名庶吉士。虽然入选比例高，但由于满洲进士人数少，满洲庶吉士规模也相对小。

汉军士子虽属八旗系统，但清朝统治者将汉军八旗士子与满洲八旗士子是分别对待的。顺治年间的两科满洲榜，只允许满洲、蒙古士子参加，而汉军士子只能与汉人士子一同参加科举，甚至停止汉军士子入选庶吉士。顺治十二年四月丁巳，“停选汉军庶吉士”[①]。顺治十二年乙未科 35 名汉军进士，无一人入选庶吉士，而 35 名满洲进士，除一甲 3 名外，还钦点了 6 名庶吉士。

康熙之后，随着政局的稳定，汉军士子参加科举正常化，但还不是每科均有汉军进士；从嘉庆朝开始，每科均有汉军进士，但还不是每科均有汉军庶吉士，如咸丰年间有 3 科就没有汉军庶吉士，光绪二年丙子恩科 6 名汉军进士也没有一名入选庶吉士。有清一代，共 370 名汉军进士，108 人钦点为庶吉士。（参见附表二）

表 2–13　咸丰二年、三年、六年与光绪二年汉军进士殿试、覆试、朝考名次

科年	姓名	年龄	殿试名次	会试覆试名次	朝考名次
咸丰二年壬子恩科	豫师		二甲 83 名	三等 59 名	三等 2 名
	何毓福		三甲 43 名	三等 2 名	二等 57 名
	李昌瑞		三甲 73 名	三等 115 名	三等 12 名
咸丰三年癸丑科	李慎		二甲 11 名	三等 29 名	一等 21 名
	李淇（镶蓝旗）		二甲 90 名	三等 41 名	三等 3 名
	李淇（镶黄旗）		三甲 30 名	三等 101 名	三等 67 名
咸丰六年丙辰科	于宗绶		二甲 54 名	一等 14 名	一等 7 名
	守正		三甲 3 名	三等 81 名	二等 31 名
光绪二年丙子恩科	李鹤亭	35	三甲 8 名	二等 104 名	三等 115 名
	贵贤	24	三甲 21 名	一等 60 名	三等 36 名
	庄福	51	三甲 86 名	三等 68 名	三等 44 名
	胡俊章	40	三甲 107 名	三等 51 名	二等 62 名
	景瀛	42	三甲 134 名	三等 22 名	三等 47 名
	承荫	35	三甲 150 名	三等 40 名	三等 79 名

备注：此表根据《咸丰二年壬子恩科会试覆试名次单》(《咸丰同治两朝上谕档》

① 《清世祖实录》卷 91，顺治十二年四月丁巳，第 713 页下栏。

第2册，第138～146页）、《咸丰二年壬子恩科朝考名次单》（《咸丰同治两朝上谕档》第2册，第178～185页）、《咸丰二年壬子恩科新进士引见单》（《咸丰同治两朝上谕档》第2册，第196～203页）、《咸丰三年癸丑科会试覆试名次单》（《咸丰同治两朝上谕档》第3册，第151～157页）、《咸丰三年癸丑科朝考名次单》（《咸丰同治两朝上谕档》第3册，第183～189页）、《咸丰三年癸丑科新进士引见单》（《咸丰同治两朝上谕档》第3册，第200～207页）、《咸丰六年丙辰科会试覆试名次单》（《咸丰同治两朝上谕档》第6册，第91～97页）、《咸丰六年丙辰科朝考名次单》（《咸丰同治两朝上谕档》第6册，第114～120页）、《咸丰六年丙辰科新进士引见单》（《咸丰同治两朝上谕档》第6册，第126～132页）、《光绪二年丙子恩科会试覆试名次单》（《光绪宣统两朝上谕档》第2册，第124～133页）、《光绪二年丙子恩科朝考名次单》（《光绪宣统两朝上谕档》第2册，第147～156页）、《光绪二年丙子恩科新进士引见单》（《光绪宣统两朝上谕档》第2册，第165～177页）等文献制作。

咸丰二年壬子恩科82名庶吉士，没有一名汉军庶吉士。此科朝考一等有31名入选庶吉士，二等有48名入选，三等有3名入选。①

咸丰三年癸丑科朝考一等34人，除李慎（汉军）、欧阳云（江西，二甲第13名，覆试三等80名，朝考一等30名）两人没有入选庶吉士外，其余32人均钦点为庶吉士。此科馆选65人，其中朝考二等者25人入选庶吉士，朝考三等者8人入选庶吉士。②汉军进士李慎朝考一等21名，殿试是二甲第11名。李慎的殿试、朝考成绩均在前列，很有希望入选庶吉士，而结果是分部学习。

咸丰六年丙辰科朝考一等35人，除朝考一等第7名的汉军进士于宗绶没有入选庶吉士，分部学习外，其余34人均入选庶吉士。这科馆选60人，其中朝考二等者25人入选庶吉士，朝考三等者陈蒸1人入选庶吉士。③

光绪二年丙子恩科汉军6名进士，没有1人入选庶吉士。这应与这科汉军进士朝考均是三等相关。这科入选的庶吉士均是朝考一二等者。④

① 这一数据根据《咸丰二年壬子恩科朝考名次单》（《咸丰同治两朝上谕档》第2册，第178～185页）、《咸丰二年壬子恩科新进士引见单》（《咸丰同治两朝上谕档》第2册，第196～203页）、《词林辑略》等文献统计出来。

② 这一数据根据《咸丰三年癸丑科朝考名次单》（《咸丰同治两朝上谕档》第3册，第183～189页）、《咸丰三年癸丑科新进士引见单》（《咸丰同治两朝上谕档》第3册，第200～207页）、《词林辑略》等文献统计出来。

③ 这一数据根据《咸丰六年丙辰科朝考名次单》（《咸丰同治两朝上谕档》第6册，第114～120页）、《咸丰六年丙辰科新进士引见单》（《咸丰同治两朝上谕档》第6册，第126～132页）、《词林辑略》等文献统计出来。

④ 这一结论根据《光绪二年丙子恩科朝考名次单》（《光绪宣统两朝上谕档》第2册，第147～156页）、《光绪二年丙子恩科新进士引见单》（《光绪宣统两朝上谕档》第2册，第165～177页）、《词林辑略》等文献得出。

表 2-14　咸丰二年、三年、六年与光绪二年朝考三等者入选庶吉士表

科年	省份及庶吉士人数	姓名	殿试名次	覆试名次	朝考名次
咸丰二年壬子恩科	山东：6 名	孙楫	二甲 20 名	二等 45 名	三等 37 名
	陕西：3 名	许岦	二甲 101 名	二等 39 名	三等 1 名
	广西：2 名	陆仁恬	二甲 62 名	三等 102 名	三等 4 名
咸丰三年癸丑科	江苏：5 名	汪承元	二甲 6 名	一等 4 名	三等 12 名
		蔡兆槐	二甲 35 名	一等 22 名	三等 106 名
	江西：5 名	任廷槐	二甲 40 名	一等 9 名	三等 15 名
		曾椿寿	二甲 99 名	一等 23 名	三等 59 名
	广东：5 名	陈兰彬	二甲 7 名	一等 19 名	三等 96 名
		蒋理祥	二甲 91 名	一等 25 名	三等 13 名
	云南：1 名	马恩溥	二甲 103 名	三等 35 名	三等 28 名
	贵州：4 名	王作孚	三甲 71 名	一等 18 名	三等 50 名
咸丰六年丙辰科	福建：2 名	陈蒸	二甲 56 名	二等 6 名	三等 39 名
光绪二年丙子恩科	无一名朝考三等者入选庶吉士				

备注：表所根据的资料与表 2-13 相同。

结合表 2-13 和表 2-14 可知：

（1）咸丰二年壬子恩科有 3 名朝考三等者入选庶吉士，而汉军 3 名进士没有 1 人入选，其中何毓福朝考二等 57 名。

（2）咸丰三年癸丑科汉军进士李慎二甲第 11 名，朝考一等第 21 名，殿试、朝考成绩均靠前，没能入选庶吉士，而江苏、江西、广东三省各有 5 名庶吉士，这三省各有 2 人朝考三等者入选庶吉士。一般情况下，江苏进士朝考一等者才有望入选，而这科竟有 2 名朝考三等者入选，更不可思议的是蔡兆槐朝考三等第 106 名，在朝考三等中排名倒数第 2。

（3）咸丰六年丙辰科汉军进士于宗绶二甲第 54 名，覆试一等第 14 名，朝考一等第 7 名。于宗绶不仅朝考成绩名列前茅，而且殿试、覆试名次也靠前，但没能入选庶吉士，而福建进士陈蒸朝考三等第 39 名，覆试二等第 6 名，殿试二甲第 56 名，不仅朝考名次在于宗绶之后，殿试、覆试名次均在于宗绶之后。

从咸丰二年壬子恩科、三年癸丑科、六年丙辰科三科来看，汉军进士没能入选庶吉士不仅仅是因为朝考成绩，可能还有其他原因。为什么这些科年没有钦点汉军庶吉士还需进一步探讨。

八旗（包括满洲、蒙古、汉军）共有进士1281名，庶吉士399名。清代共26849名进士，八旗进士仅占4.8%；清代共有5723名庶吉士，八旗庶吉士仅占6.9%。可见，在整个清代进士群体中，八旗进士占少数；在整个清代庶吉士群体中，八旗庶吉士同样是少数。

第五节 翰林院庶吉士人数

一 问题的提出及统计的依据

有关清代翰林院庶吉士人数，至今没有统一答案。目前主要有以下几种统计数据：

1. 吴建华的统计数据："清代庶吉士是经过正常馆选和非常改选的两条途径产生的"，"统计清代正常馆选的庶吉士从1646～1904年共6052人"。[①]

2. 吴仁安的统计数据："根据先师钱实甫教授编著的《清代职官年表》四册（中华书局，1980年）统计分析，清代庶吉士总数是6216人。"[②]

3. 李润强《清代庶吉士历朝统计表》中庶吉士总数是6065人。其资料来源是："清代历科《进士题名碑录》《进士题名碑》拓片、清历朝《实录》《清史稿》《清文献通考》及其《续考》。《实录》中明显有误的数据，本人作了补正。"李润强对其统计数据作了进一步说明："清代庶吉士总人数，为6065人，其中非进士出身的，如博学鸿儒、翻译进士等，共约200人，庶吉士实际由进士出身者，为5865人。"[③]

4. 邸永君的统计数据："从顺治三年（1646）至光绪三十年（1904），清代共行会试112科，馆选人数最多的一次是光绪十八年，为99人，最少的一次是顺治十八年，为10人。兹据统计，清朝一代共考选庶吉士5742人（其他途径所授庶吉士不计在内）。"[④] 邸永君是根据朱汝珍《词林辑略》统计。

以上4位学者，除吴建华外，均说明了统计庶吉士的资料来源。可见，他们根据不同的文献来统计庶吉士之总数，得出的数据自然就产生了

---

① 吴建华：《清代庶吉士群体简析》，《社会科学辑刊》1994年第4期。

② 吴仁安：《明清庶吉士制度述论》，《史林》1997年第4期。

③ 《清代进士群体与学术文化》，第80页、第93页。

④ 《清代翰林院制度》，第97页。

差异。因此，很有必要探讨以什么文献来统计庶吉士人数比较可靠这一问题。

首先要探明专门记载清代庶吉士名录文献的情况。大致可以说清代馆选名录分官方记载、私家记载两类。官方记载有《词林典故》《皇朝词林典故》（又称《续纂词林典故》）两种，前者记载到乾隆十年，后者记载到嘉庆十年。据这两部官修史书无法统计有清一代庶吉士之总数。在清代，私家记载分两个系列：一是《馆选录》系列；二是《国朝馆选爵里谥法考》系列。沈廷芳编纂的《馆选录》，庶吉士题名记载到乾隆十年止。此后多次续修，直到宣统年间。这一系列记载的馆选名单相对完整。《馆选录》系列仅记姓名、籍贯，不记散馆授职等情况。由于我们不仅要统计庶吉士总数，而且要统计散馆授职情况，因此，我们不以此文献为统计的底本，而只作为参照本。这一系列还漏了一名庶吉士，待考的有一名。俞陈琛，是康熙九年庚戌科庶吉士。[①] 沈廷芳编纂的《馆选录·特授改补馆职》中有“俞陈琛”，而续修的《馆选录》，康熙九年庚戌科、特授馆职中均无“俞陈琛”。可以说《馆选录》系列，康熙九年庚戌科中漏了庶吉士“俞陈琛”。殷元福，是康熙三十三年甲戌科庶吉士。[②] 沈廷芳编纂的《馆选录》：康熙三十三年甲戌科最后一人是“殷元福，河南新乡人”，而续修的《馆选录》在康熙三十三年甲戌科中加按语：“是科选庶吉士自汪倓至法海止三十九人，旧录末尚有殷元福，河南新乡人，今姑从阙疑。”不知因何缘故，续修的《馆选录》出现这一失误。

吴鼎雯编纂的《国朝馆选爵里谥法考》，庶吉士题名止于乾隆五十八年癸丑科，此后有多种续修本。据国家图书馆、北京大学图书馆所藏的多种版本的《国朝馆选爵里谥法考》可知，其中最晚的版本是庶吉士题名

---

① 康熙九年馆选名单中有“陈琛”，无“俞陈琛”（见《清圣祖实录》卷 33，康熙九年四月乙卯，中华书局，1985 年，第 1 册，第 443 页）。康熙九年进士题名碑中有“陈琛”，无“俞陈琛”。庶吉士散馆授职名单中有“俞陈琛”，而无“陈琛”（见《清圣祖实录》卷 56，康熙十四年七月戊戌，第 1 册，第 729 页）。《国朝历科题名碑录》康熙九年进士中有“俞陈琛”，无“陈琛”。［清］裘琏等纂修：《钱塘县志》卷 10，在康熙八年举人陈琛之下，作注：“本姓俞。”结合《清圣祖实录》《康熙九年进士题名碑》《国朝历科题名碑录》《（康熙）钱塘县志》等文献、碑刻所载，我们得出结论：康熙九年庚戌科进士陈琛，在入选庶吉士之后复姓“俞”，因此，散馆时，其姓名已是“俞陈琛”。江庆柏对“陈琛”改名“俞陈琛”作了考证（见《清朝进士题名录》，中华书局，2007 年，第 176 页）。总之，俞陈琛（原名陈琛）是康熙九年庚戌科庶吉士。

② 《清圣祖实录》卷 163（康熙三十三年四月庚辰，第 2 册，第 780 页）、《词林典故》卷 8（见《文渊阁四库全书》第 599 册第 643 页）、《皇朝词林典故》卷 50《题名》第 16 页、《国朝馆选爵里谥法考》卷 3 第 46 页（乾隆刻本）等处记载康熙三十三年甲戌科庶吉士中均有殷元福。因此，可以说殷元福是康熙三十三年甲戌科庶吉士。

止于咸丰九年己未科。这一系列嘉庆七年壬戌科漏了“陈声遹”一人。可见，《国朝馆选爵里谥法考》也不便于统计清代庶吉士总数，只能用作统计庶吉士总数的参照对象。

清末民初朱汝珍编纂的《词林辑略》，是各种官修、私家编纂的庶吉士题名的集大成者。《词林辑略·启》对编纂的缘由和内容作了交代：

> 自有科目以来，世以词林为华选。明清两朝宰辅大半由此登庸，而一代人文亦以此为渊薮。清代膺是选者具载仁和沈氏所辑《馆选录》(自有沈辑，厥后逐科增入)，顾仅载庶常姓名籍贯，不及其他。固始吴氏据《词林典故》辑《馆选爵里谥法考》，较沈辑为详。仁和许氏及同馆诸人又有续辑，然仅载至道光辛丑科止，以后未有续者。清远朱隘园太史虑年久无征，锐意辑补，姓名、人数悉根据实录、政纪，字号、官阶则询访故家，旁搜志乘，数阅寒暑，始成是编。自道光甲辰迄科举停止，并游学毕业考试得馆选者，悉载靡遗，且于历官下增载著作，尤足补诸书所未备。[①]

可见，《词林辑略》一书是在吸收和借鉴《馆选录》《词林典故》《国朝馆选爵里谥法考》等文献的体例和内容基础上，编纂成书。该书记载有清一代庶吉士的姓名、籍贯、散馆授职、官职等情况。正是由于此书成为庶吉士题名的集大成者，所以我们以此书作为统计庶吉士人数的底本。

能否以《清实录》来统计庶吉士总数？由于清代存在补点庶吉士的情况，而清前期补点庶吉士之事，《实录》没有记载，因此仅依据《清实录》统计不出清代庶吉士之总数。

吴仁安以《清代职官年表》来统计清代庶吉士总数。《清代职官年表》中的《会试考官年表》列了各科庶吉士人数，但此书有些科年的庶吉士人数与《清实录》《词林辑略》等文献有出入，如同治元年壬戌科庶吉士人数。同治元年六月，引见新进士，钦点了 49 名庶吉士。同治三年（1864）十一月甲辰，“补行引见壬戌科进士朱逌然，得旨：著改为翰林院庶吉士”[②]。加上补点为庶吉士的朱逌然，同治元年壬戌科共选拔 50 名庶吉士。《词林辑略》记载也是 50 名庶吉士（包括朱逌然），而《清代职官年表》此科仅 49 名庶吉士。另如《清代职官年表》明显将光绪二十九年癸卯科

---

① 中央刻经院：《启》，《词林辑略》，见《清代传记丛刊》，第 3 页。

② 《清穆宗实录》卷 120，同治三年十一月甲辰，北京，中华书局，1987 年，第 3 册，第 657 页上栏。

74 名庶吉士，错为 24 人。总之，由于《清代职官年表》中的有些科年的庶吉士人数有误，因而也不能用来统计庶吉士总数。

通过对各种记载庶吉士名录的文献考察，可以说单凭一种文献无法统计出准确的清代庶吉士总数。

我们统计庶吉士总数的方法是：以《词林辑略》为底本，结合《清实录》，参照《国朝馆选爵里谥法考》《馆选录》《词林典故》《皇朝词林典故》等文献进行考证统计，同时根据《清代起居注册 · 康熙朝》《雍正朝起居注册》以及清代笔记、文集等材料来考证补点庶吉士之人数。

邸永君是以《词林辑略》来统计庶吉士总数。“清朝一代共考选庶吉士 5742 人（其他途径所授庶吉士不计在内）。”这一数据与我们统计的有出入。《有清一代历科馆选留馆人数表》(《清代翰林院制度》，2002 年，第 226 ～ 227 页）列了清代各科馆选人数。

此表漏了以下 4 次馆选人数：1. 顺治九年壬辰科满洲榜 6 人；2. 顺治十二年乙未科满洲榜 6 人；3. 康熙三十年辛未科 33 人；4. 乾隆二十八年癸未科 29 人。共漏 74 名庶吉士。

表 2–15 《清代翰林院制度》馆选人数有误表

科名	《词林辑略》所记	《清代翰林院制度》的数据
顺治十五年戊戌科	32 人	22 人
乾隆三十一年丙戌科	31 人	19 人
嘉庆十三年戊辰科	76 人	66 人
道光二十四年甲辰科	44 人	43 人
道光三十年庚戌科	55 人 +3 名翻译庶吉士	57 人 +3 名翻译庶吉士
光绪三年丁丑科	78 人	77 人
光绪十八年壬辰科	95 人 +3 名翻译庶吉士	96 人 +3 名翻译庶吉士

备注：此表的数据来源于《词林辑略》和《清代翰林院制度》一书的附表三《有清一代历科馆选留馆人数表》。

据表 2–15 统计，表中所列 7 科馆选，《清代翰林院制度》（2002 年版）共少记了 31 名庶吉士，加上漏载的 4 次馆选，比实际数共少了 105 名（74+31）庶吉士。《清代翰林院制度》（2007 年版）只是将附表三的科年顺序梳理清楚，并没有对弄错的数据加以纠正。

表 2-16 《词林辑略》《清代翰林院制度》馆选人数（包括钦赐庶吉士人数）对比表

科名	《词林辑略》所记	《清代翰林院制度》的数据
乾隆三十七年壬辰科	33 人 +3 名钦赐庶吉士	36 人
乾隆四十年乙未科	41 人 +2 名钦赐庶吉士	43 人
乾隆四十三年戊戌科	32 人 +3 名钦赐庶吉士	35 人
乾隆四十九年甲辰科	21 人 +1 名钦赐庶吉士	22 人

备注：此表的数据来源于《词林辑略》和《清代翰林院制度》一书的附表三《有清一代历科馆选留馆人数表》。

据表 2-16 可知，邸永君将因修《四库全书》、校对《四库全书》而被钦赐庶吉士的 9 人也列入正常入选庶吉士之列。

据《清代翰林院制度》的附表三《有清一代历科馆选留馆人数表》统计正常馆选庶吉士人数仅 5627 人（包括 9 名因修《四库全书》、校对《四库全书》而被钦赐庶吉士的），加上翻译庶吉士 43 人，共 5670 人。这与其"清朝一代共考选庶吉士 5742 人（其他途径所授庶吉士不计在内）"之数不符。从"清代共行会试 112 科，馆选人数最多的一次是光绪十八年，为 99 人，最少的一次是顺治十八年，为 10 人。兹据统计，清朝一代共考选庶吉士 5742 人（其他途径所授庶吉士不计在内）"及附表三《有清一代历科馆选留馆人数表》中光绪十八年馆选 96 人 +3 名翻译庶吉士来看，其正常馆选人数包括翻译庶吉士。也就是说邸永君统计的 5742 名庶吉士中应该包括翻译庶吉士在内。

我们据《词林辑略》统计的庶吉士总数（包括 9 名因修《四库全书》、或校对《四库全书》而钦赐为庶吉士的，不包括翻译庶吉士）为 5732 名，刚好等于据《清代翰林院制度》的附表三《有清一代历科馆选留馆人数表》统计正常馆选庶吉士 5627 人加上漏掉的 105 人。

据《词林辑略》统计从顺治三年丙戌科至光绪三十年甲辰恩科共馆选了 5723 名庶吉士（不包括 9 人因修《四库全书》、校对《四库全书》而被钦赐庶吉士和 43 名翻译庶吉士）。顺治三年丙戌科至光绪三十年甲辰恩科实际并没有 5723 名庶吉士。

二 对有争议庶吉士的考察

（一）王彦是《馆选录》等文献没有收录的庶吉士？

康熙八年六月戊辰（初七日），康熙帝谕吏部、兵部、刑部：

> 近审鳌拜家人罪案，据洪善、尼满供出总督白秉贞、原任巡抚张自德、尚书龚鼎孳、庶吉士王彦、阿达哈哈番金鼎、骁骑校高胡子、正红旗姓高之官，伊等俱曾嘱托行贿，本当严究，从重治罪，但思此等嘱托行贿者尚多，非止伊等，朕已有谕旨，将内外各官苟图侥进作弊者，俱从宽免，今供出各官，亦俱从宽免罪。以后务须洗心改过、恪守法纪，副朕宽宥之意。如不改过恶，仍前作弊，定行加等从重治罪，决不轻恕。尔部即行晓谕。[①]

这一史料提到庶吉士王彦，而《馆选录》等文献均没有收录王彦。难道是《馆选录》等文献漏收庶吉士王彦？

庶吉士制度确立于明代，清朝一直推行。明清两代从二甲、三甲进士中选拔庶吉士，一般没有非进士入选庶吉士之例。在废科举之前，唯一例外是乾隆元年举行博学鸿词、二年补试博学鸿词，先后将仅有拔贡、监生、附生等身份的 7 人授为庶吉士。在废科举之后，清朝将游学毕业生、大学堂毕业生优等者赏给进士出身，再经廷试，或授职编修、检讨，或选为庶吉士等，其中有 46 人授以庶吉士名分。据此，我们断定庶吉士王彦应是从进士中选拔出来，但从《进士题名碑》《国朝历科题名碑录》《明清进士题名碑录索引》等进士题名资料中均找不到“王彦”此人。因此，我们推断王彦应是某庶吉士之改名。

结合《清实录》、朱珪等修《皇朝词林典故》、吴鼎雯著《国朝馆选爵里谥法考》、朱汝珍辑《词林辑略》等文献，可知：

第一，顺治十八年之前姓王的庶吉士全部散馆授职；

第二，康熙三年甲辰科未散馆的仅黄彦博一人；

第三，康熙六年丁未科庶吉士全部散馆授职。

正是通过这一考察，我们推测王彦可能就是黄彦博之改名。

《皇朝词林典故》《国朝馆选爵里谥法考》《词林辑略》等文献记载：黄机，浙江钱塘人，散馆授编修，官至文华殿大学士。黄彦博，黄机子，浙江仁和人。

根据这一线索，我们查找了康熙《钱塘县志》、乾隆《杭州府志》等地方志中有关黄机、黄彦博的史料，但没有找到黄彦博改名王彦的材料。我们从清国史馆所修的《黄机传》中找到一些线索。

清国史馆所修《黄机传》：黄机，顺治十七年（1660），擢礼部右侍郎；康熙五年（1666），转礼部左侍郎；六年三月，擢礼部尚书；七年

---

① 《清圣祖实录》卷 30，康熙八年六月戊辰，第 1 册，第 405 ～ 406 页。

（1668），转户部尚书；八年四月，转吏部尚书。十年（1671）四月，"给事中王曰温疏言：'已故庶吉士王彦实系机子黄彦博，抱病卧邸，即选庶常，机为大臣并未检举请罪，应黜罢，以为徇私者戒。'机以其子黄彦博与庶吉士王彦姓名既不相同，且彦博病故已久，何敢以姓名不符之人妄认己子，而请罪乎？具疏辨释。十一年二月，以迁葬乞假归。十二月，御史宁尔讲劾机自知清议不容，乞假归里，今假满在即，势必腼颜赴补，请将科臣王曰温所劾黄彦博事穷诘实情，明正其罪。疏下吏部，以事已结案，寝议"[①]。

王曰温，康熙六年丁未科进士，入选庶吉士，康熙八年六月己丑（二十八日），散馆，授职给事中，而因行贿鳌拜的尚书龚鼎孳、庶吉士王彦被降旨宽免的时间是康熙八年六月戊辰（初七日）。这表明庶吉士王彦有可能与庶吉士王曰温一同散馆，但王彦在病故前没有散馆授职。王曰温可能没有见过王彦（或黄彦博），但也不排除见过面，甚至还有曾一起学习的可能性。[②]即使王曰温没有见过王彦（或黄彦博），但由于黄彦博和王曰温分别是康熙三年甲辰科、康熙六年丁未科庶吉士，是上下科庶吉士之关系，因此，作为下一科的庶吉士王曰温对上一科的庶吉士黄彦博应有所了解。何况康熙三年甲辰科、康熙六年丁未科庶吉士分别只有 15 人、12 人，人数少。因此，康熙六年丁未科庶吉士更容易了解、熟知康熙三年甲辰科庶吉士的情况。总之，王曰温参奏黄机，指出"已故庶吉士王彦实系机子黄彦博"，应是有一定根据，而不是捕风捉影，但黄机却矢口否认此事。黄机在否认王彦是其子黄彦博时，提到黄彦博已经病故，但回避了庶吉士王彦是谁的问题。王曰温参奏中提到已故庶吉士王彦实系机子黄彦博。从王曰温的参奏和黄机的辩解可知，同一时期的庶吉士王彦、庶吉士黄彦博均已病故。难道是巧合？可能是黄机为保住官位而否认王彦是黄彦博这一事实。

宁尔讲，顺治十六年进士，庶吉士，顺治十八年散馆授监察御史。宁尔讲接着参奏也暗含王彦是黄彦博之意。当然这种推断也有不足之处。顺

---

① ［清］李桓辑：《国朝耆献类征》卷 3《宰辅三·黄机传·国史馆本传》，扬州：江苏广陵古籍刻印社影印，1990 年，第 4 册，第 93 ～ 95 页。《清史列传》卷 5《黄机传》，也是辑自清国史馆所修《黄机传》；蔡冠洛编纂《清代七百名人传》卷 5《黄机传》的内容也主要来自清国史馆所修《黄机传》。对这一史料中的"抱病卧邸，即选庶常，机为大臣并未检举请罪，应黜罢"如何理解？据王曰温之参奏，我们理解为：王彦（或黄彦博）入选为庶吉士，但长期抱病在家，不赴翰林院学习，有违庶吉士之职责。作为大臣的黄机没有检举自己的儿子王彦，应罢官去职。

② 清代翰林院庶吉士有留馆再学习三年之例，也有因请假来不及参加本科庶吉士散馆的，而与下科庶吉士一起学习、散馆。

治十七年，黄机升任礼部右侍郎，康熙五年转本部左侍郎，六年三月擢礼部尚书。从这一角度看，黄机已官至侍郎、尚书，其子黄彦博再改名王彦，有点不可思议。按常理，一些人在中进士之后改归本姓归宗，即所谓“复姓归宗”；作为大臣之子的黄彦博，如改名王彦，是否属于复姓归宗？这一推测目前难以证实。

总之，根据以上史料，推断王彦很可能就是黄彦博，但由于缺少直接的证据，加上作为大臣之子改为他姓，就不合常情，因此，王彦是不是黄彦博有待于进一步考证。①

（二）康熙九年庚戌科庶吉士中有无“陈瑄”？

《国朝馆选录》《词林典故》《词林辑略》三书的康熙九年庚戌科庶吉士名录中均记载：陈瑄，四川大竹人。而《清圣祖实录》《国朝馆选爵里谥法考》《皇朝词林典故》三书的康熙九年庚戌科庶吉士名单中均无“陈瑄”，《清圣祖实录》的散馆名单中也无“陈瑄”。

陈瑄是不是庶吉士？

沈廷芳所辑《国朝馆选录》，是清代最早的庶吉士题名录。《词林典故》中的庶吉士题名完全来自《国朝馆选录》。这两书所载康熙九年庚戌科庶吉士中有“陈瑄”，《词林辑略》据此也记载康熙九年庚戌科庶吉士中有“陈瑄”。

《国朝馆选爵里谥法考》最早的版本庶吉士题名止于乾隆五十八年，《皇朝词林典故》庶吉士题名止于嘉庆十年乙丑科。《国朝馆选爵里谥法考》所载康熙九年庚戌科庶吉士中无“陈瑄”，《皇朝词林典故》很可能参照了《国朝馆选爵里谥法考》，因此，所载康熙九年庚戌科庶吉士中也无“陈瑄”。由于在清代有补点庶吉士之举，加上有少部分庶吉士没有散馆授职，也有个别庶吉士没有参加散馆考试授职的特例，因此，我们不能凭《清圣祖实录》中的馆选名单和散馆名单，就断定康熙九年庚戌科庶吉士中无“陈瑄”。

可见，据以上6种文献难以断定康熙九年庚戌科庶吉士中有无“陈瑄”。我们再来考察地方志所载：

《（道光）大竹县志·选举志》记载：康熙九年庚戌科：“陈瑄，翰林院编修。”②

---

① 我们想找黄机的家谱或族谱来加以证实，但目前未找到。希望有学者能加以证实。

② ［清］蔡以修等纂修：《（道光）大竹县志》卷27《选举志·进士》，道光壬午刻本，第2页。

《(道光)大竹县志·垄墓志》:"(清代)进士陈瑄墓在石仓嘴。"[①]

《(民国)大竹县志·选举志》:"陈瑄,康熙庚戌科,钦点翰林院,授职编修。"[②]

《(民国)大竹县志·舆地志》:"(清代)进士陈瑄墓在月华场石仓嘴。"[③]

查阅《国朝历科题名碑录》《明清进士题名碑录索引》等文献可知,清代四川名叫陈瑄的进士仅一人,因此,可以断定道光、民国两部地方志提到的翰林院编修陈瑄与进士陈瑄应是同一人。

道光《大竹县志》没有提到陈瑄是庶吉士,而民国《大竹县志》则记载:"陈瑄,康熙庚戌科,钦点翰林院,授职编修。"

清代翰林院庶吉士由皇帝钦点,因此,俗称选拔庶吉士为"点翰林"。《清代典章制度辞典》:"点翰林:科举用语。殿试朝考后,新进士之入选翰林院庶吉士者,称为点翰林。"[④]"钦点翰林院"应是"点翰林"之意。这就是说民国《大竹县志》一书认为陈瑄是翰林院庶吉士。

道光《大竹县志》没有说陈瑄是庶吉士,而民国《大竹县志》则说陈瑄点为翰林(即钦点为庶吉士),不知其根据何在?可能修志者是在参照了道光本《大竹县志》,并翻检了《词林典故》等文献后,才认为陈瑄钦点为翰林。

由于民国《大竹县志》这一观点可疑,因此,不能据其所记就能断定陈瑄是庶吉士。我们推测有几种可能:

(1)属于补点庶吉士,没有散馆授职。康熙、雍正年间补点为庶吉士的陈梦球、帅念祖两人在《清实录》馆选名录中缺,但散馆授职中有。我们推测陈瑄有可能属于补点庶吉士。但这一推测的不足是,《馆选录》的最初版本把补点庶吉士的名单放在特授馆职中,续修的版本则将补点庶吉士放到相应的各科庶吉士名录中,而《馆选录》各种版本则一直将陈瑄放在康熙九年的庶吉士名录中。

(2)从《(道光)大竹县志》《(民国)大竹县志》两部地方志的《垄墓志》(或《舆地志》)记载进士陈瑄墓在石仓嘴来看,陈瑄可能是年老进

---

① 《(道光)大竹县志》卷36《垄墓志》,道光壬午刻本,第4页。

② 陈步武、江三乘等纂修:《(民国)大竹县志》卷8《选举志·进士》,见《中国方志丛书》华中地方第380号,台北,成文出版社影印本,1976年,第615页。

③ 《(民国)大竹县志》卷1《舆地志·垄墓》,见《中国方志丛书》华中地方第380号,第163页。

④ 朱金甫、张书才主编:《清代典章制度辞典》,北京,中国人民大学出版社,2011年,第474页。

士，没有授职，赏以翰林职衔。

（3）将陈瑄错记为庶吉士。

究竟这三种可能哪种更接近真实？

我们在《（乾隆）兴业县志》中找到两条重要史料。《（乾隆）兴业县志·官师·知县》记载：

> 赵之琦，奉天锦州人，康熙二十二年任。
>
> 陈瑄，字艳水，四川大竹县进士，康熙二十五年任。
>
> 李滋春，直隶通州举人，康熙二十八年任。①

《（乾隆）兴业县志·建置》记载：

> 养济院：康熙二十五年知县陈瑄建。②

据《（乾隆）兴业县志》可知，康熙九年庚戌科进士陈瑄在康熙二十五年出任广西兴业县知县。虽然我们没有找到陈瑄在康熙九年至康熙二十五年之间的履历，但据此可判断陈瑄应不是年老进士。如果是年老中式进士，不可能十六年之后还出任知县。

如果陈瑄是庶吉士，是否未散馆授职？

康熙年间虽有庶吉士没有参加散馆考试而授职，但一般有特殊原因。据我们所掌握的史料，可知康熙年间仅有 2 位庶吉士没有参加散馆考试授职，而且均授翰林官。康熙四十二年（1703）四月乙未，“未散馆之庶吉士沈宗敬、励廷仪亦著授为编修，励廷仪俟服阕再令行走”③。

沈宗敬是康熙二十七年戊辰科庶吉士，其父是詹事府詹事沈荃。康熙三十八年（1699）四月二十二日，康熙帝在南巡途中，“追念已故尚书徐乾学、詹事沈荃，御书‘爱清景’三大字赐徐乾学子原任御史徐树穀，书‘落纸云烟’四大字赐沈荃子原任庶吉士沈宗敬”④。据此可知：沈宗敬以庶

---

① ［清］王巡泰主修：《（乾隆）兴业县志》卷 2《官师·知县》，乾隆四十六年刻本，第 7 页 A 面。

② 《（乾隆）兴业县志》卷 1《建置》，乾隆四十六年刻本，第 27 页 B 面。

③ 《清圣祖实录》卷 212，康熙四十二年四月乙未，第 3 册，第 149 页。

④ 《清代起居注册·康熙朝》，联经出版事业公司，第 13 册，第 7121 ～ 7122 页。

吉士的身份长期赋闲在江苏老家。很可能看在其父曾效力的缘故[①]，因而未参加散馆考试而康熙特授其编修。

励廷仪，康熙三十九年庚辰科庶吉士，康熙四十一年（1702），“特命直南书房”[②]。康熙四十二年四月，康熙帝下诏：“励廷仪俟服阕再令行走”。康熙帝令庶吉士励廷仪服阕之后继续在南书房行走。庶吉士励廷仪能在南书房行走，表明得到康熙帝的信任。励廷仪之父励杜讷曾在南书房效力二十余年。[③]正是由于其父曾在南书房行走，加上励廷仪本人也曾在南书房行走，因此，在他丁忧期间，未参加散馆考试特授编修。

可以说，庶吉士沈宗敬、励廷仪二人是在加恩的情况下，特授翰林官。

在康熙朝未散馆授职属于加恩行为，是特例。如果陈瑄是庶吉士，未散馆授职，也应属于加恩行为，理应授职翰林官，而不是授职知县。庶吉士授知县是散馆考试成绩差的缘故。当时人将授职知县的庶吉士视为“谪仙”。康熙朝庶吉士授职知县的是极少数，其中康熙三年甲辰科至康熙二十四年乙丑科八科庶吉士无一人授职知县（参见附表六《清代翰林院庶吉士散馆授职统计表》）。

总之，经考察，我们判断陈瑄应不是庶吉士。

三　直接授职翰林的二甲进士

（一）雍正元年癸卯恩科：张廷珩

雍正元年十一月戊戌，雍正帝谕内阁：“第一甲第一名于振著即授翰林院修撰，第二名戴瀚、第三名杨炳，即授编修；二甲第一名张廷珩，即授检讨，俱著在南书房行走。”[④]

张廷玉记载：“（雍正元年）十月，殿试开列读卷官。廷玉以子弟应试例不列名。上曰：‘尔公正无私，不必引嫌回避，仍著读卷。’随与诸大臣秉公校阅，取定甲乙，照例以前十卷进呈御览。上阅至第五卷大为嘉赏

---

① 康熙二十三年十二月十八日，“原任詹事沈荃应否给与谥号请旨。上问曰：‘尔等之意若何？’明珠等奏曰：‘沈荃效力皇上之处甚多，似应给与谥号。’上曰：‘不必加祭，著给与谥号。’”《清代起居注册·康熙朝》，中华书局，第17册，第8573～8574页。

② 《清史稿》卷266《励廷仪传》，第9947页。

③ 康熙四十四年二月辛巳，谕大学士等：“原任刑部右侍郎励杜讷向在南书房效力二十余年，为人敬慎，积有勤劳，并无过谴，其品级虽不及予谥之例，曩者原任侍郎沈荃曾经予谥，今励杜讷亦著赐谥。”（《清圣祖实录》卷219，第3册，第211页。）

④ 《清世宗实录》卷13，雍正元年十一月戊戌，第1册，第238～239页。

曰：‘此卷应置一甲，奈何拟为第五。’廷玉奏曰：‘此臣弟张廷珩卷也。’上遂开视弥封，意欲拔置一甲。廷玉奏曰：‘张廷珩乃从回避官生中续取中式者，正榜无名不应居一甲。’上点首，命置二甲第一。次日，廷珩奉特旨授翰林院检讨，入直南书房。”①

张廷珩，张廷玉堂弟，于雍正元年由考官子弟回避卷会试中式，殿试后，雍正帝欲拔置一甲进士，在张廷玉的请求下降为二甲第 1 名。雍正帝在授一甲进士官职时，特赐张廷珩检讨职，并令在南书房行走。

（二）雍正八年庚戌科：顾成天、胡宗绪二人

《雍正朝起居注册》记载：雍正八年五月初一戊辰，大学士兼管翰林掌院学士事张廷玉等带领庚戌科一甲进士及考取、保举者，共 97 人引见。奉旨：“周澍、沈昌宇、梁诗正已经授职，其顾成天、胡宗绪学问素优，且有年纪，亦著即授为编修，免其教习，钟衡……色通额等四十七人，俱著授为庶吉士。”②

《清世宗实录》记载：雍正八年五月戊辰，雍正帝谕翰林院：“选拔庶常，原以作养人材，今科进士，特加考试，并命诸臣保举。除顾成天、胡宗绪，即授编修外，选取钟衡……色通额等五十三人，俱著改为庶吉士。”③

可见，顾成天、胡宗绪由于学问素优，加上年纪较大，雍正帝没有将他们钦点为庶吉士，而是特授编修，并免其进馆学习。这是雍正帝对他们的优待。

（三）雍正十一年癸丑科：张若霭、任启运二人

1. 张若霭

张若霭，张廷玉之子，雍正十一年癸丑科进士，雍正帝将其钦定为一甲进士，并传谕张廷玉。张廷玉得知后，一再请求不要取录其子为一甲进士，雍正帝才将张若霭降为二甲第一名，并按榜眼、探花例，特授张若霭编修。“（雍正十一年）五月初二日，新科进士选拔庶吉士引见于圆明园之正大光明殿。上见若霭即降旨：‘张若霭原取中鼎甲，著照榜眼、探花例授

① 《澄怀主人自订年谱》（张廷玉年谱），见《北京图书馆藏珍本年谱丛刊》第 90 册，第 489 ～ 490 页。

② 《雍正朝起居注册》，雍正八年五月初一戊辰，第 5 册，第 3614 页。

③ 《清世宗实录》卷 94，雍正八年五月戊辰，第 2 册，第 255 ～ 256 页。《清世宗实录》雍正八年五月戊辰所记是雍正八年馆选人数 53 人，而《雍正朝起居注册》雍正八年五月戊辰所记是这一天引见馆选的人数 47 人，五月初二、初四日从引见的进士中又钦点了 6 名庶吉士（见《雍正朝起居注册》第 5 册，第 3615 页、第 3617 页），共 53 名庶吉士。

为翰林院编修。'" ①

雍正十一年五月壬午（初二日），谕翰林院："选拔庶常，原以作养人材，今科进士陈倓、田志勤、沈文镐已经授职，二甲第一名张若霭，著授为编修，张映辰……六十八员，俱改为庶吉士，分别清汉书教习。"② 可见，张若霭不是庶吉士，而是由进士直接授职编修。

2. 任启运

《国朝馆选爵里谥法考》《皇朝词林典故》《词林辑略》三书均记载：任启运，江南（江苏）荆溪人，散馆授编修，官至宗人府府丞。这三种文献均将任启运放在庶吉士序列之中。

《馆选录》的初刻本在雍正十一年癸丑科张若霭、任启运二人的姓名上均加"编修"二字，而此科的庶吉士姓名上则均没有"编修""检讨"等字。可见，《馆选录》的初刻本认为任启运与张若霭一样，直接授职编修。《馆选录》续修本在张若霭、任启运二人的姓名上均无"编修"二字，这给人张若霭、任启运是庶吉士之印象。

实际任启运并没有被钦点为庶吉士，而是直接授职翰林官。"荆溪任钓台宗丞，以雍正癸丑通籍，年六十四矣。殿试之明日，以能通性理八人引见，世宗皇帝反复下询，奏对详尽，蒙恩奖'人甚聪明'，即授检讨，上书房行走。" ③

雍正十一年四月壬子朔，"谕内阁：今日诸臣进殿试卷，朕阅至第五本……又谕：任启运，授为翰林，在阿哥书房行走" ④。

雍正十一年五月壬午（初二日），钦定翰林院庶吉士。⑤ 可见，任启运在选拔雍正十一年癸丑科庶吉士之前已授职翰林官。

任启运，雍正十一年癸丑科第二甲第 47 名进士。清制，二甲进士入选庶吉士，散馆授编修，三甲进士入选庶吉士，散馆授检讨。究竟雍正帝特授任启运为编修还是检讨？

雍正十一年九月十三日，大学士兼管吏部户部尚书事张廷玉等题请："补充日讲起居注官事。……计开：侍读刘统勋、侍讲习寯……检讨任

---

① 《澄怀主人自订年谱》（张廷玉年谱），见《北京图书馆藏珍本年谱丛刊》第 90 册，第 538 ～ 539 页。

② 《清世宗实录》卷 131，雍正十一年五月壬午，第 2 册，第 698 ～ 699 页。

③ ［清］陈康祺著，晋石点校：《郎潜纪闻二笔》卷 9《任启运受两朝礼遇》，见《郎潜纪闻初笔　二笔　三笔》（《清代史料笔记丛刊》本），第 493 页。

④ 《清世宗实录》卷 130，雍正十一年四月壬子朔，第 2 册，第 686 ～ 687 页。

⑤ 《清世宗实录》卷 131，雍正十一年五月壬午，第 2 册，第 699 页。

启运……”①

雍正十三年十一月十五日，大学士兼管吏部户部尚书事张廷玉等题请：

> 补授中允事。该臣等议得右春坊右中允薄海补授司经局洗马员缺，准詹事府会同翰林院通共论俸将应升人员咨送前来，应照咨送开列具题，恭候皇上简用，臣等未敢擅便，谨题请旨。计开应升人员：编修李文锐，江南进士；编修李锦，江南进士；……检讨任启运，江南进士；编修张灏，顺天进士……

雍正帝御览此份题本之后，于雍正十三年十一月十七日降旨："任启运补授右春坊右中允。"②

除以上两条史料外，《雍正内阁六科史书·吏科》还有多处记载"检讨任启运"③，因此，可以说雍正十一年，特授任启运为检讨，而不是编修。任启运在雍正十一年癸丑科散馆的前一年就升职为右春坊右中允。④总之，任启运是在中式进士后，于馆选之前，就直接授职检讨，并没有被钦点为庶吉士。

雍正年间，顾成天、胡宗绪、任启运三人没有钦点为庶吉士，而直接授职翰林，这既与他们学问好有关，也与他们的年龄相关。顾成天、胡宗绪中式进士时，已有年纪；任启运年已 64 岁。

（四）嘉庆十三年戊辰科：王服经一人

《词林辑略》卷 5：王服经，"山东陵县人，免散馆，特授检讨"。《词林辑略》将王服经放在庶吉士行列。实际上王服经并没有被钦点为庶吉士，而是因中式进士时年高，特授检讨。据《词林辑略》统计，嘉庆十三年戊辰科有 76 名庶吉士，而据《实录》统计只 75 名庶吉士，其中就没有王服经。

《清仁宗实录》：嘉庆十三年五月己亥，"引见新科进士，得旨：一甲

---

① 《大学士兼管吏部户部尚书事张廷玉题请补充日讲起居注官本》，见《雍正朝内阁六科史书·吏科》第 73 册，第 126 ～ 128 页。

② 《大学士兼管吏部户部尚书事张廷玉题请补授右春坊右中允本》，见《雍正朝内阁六科史书·吏科》第 83 册，第 364 ～ 365 页。

③ 《雍正朝内阁六科史书·吏科》一书多处提到"检讨任启运"，见该书第 74 册第 260 页、第 75 册第 42 页、第 81 册第 115 页、第 82 册第 599 页等处。

④ 雍正十一年癸丑科庶吉士于乾隆元年四月癸未散馆授职。（见《清高宗实录》卷 17，第 1 册，第 441 页。）

三名吴信中、谢阶树、石承藻业经授职外，朱棨、陈官俊……王锡蒲著改为翰林院庶吉士”[①]。据这一史料统计，嘉庆帝钦点的十三年戊辰科庶吉士共 75 名，其中就没有王服经。

嘉庆帝在引见新进士时就特授王服经为检讨。嘉庆十三年五月初四日，谕：

> 本科会试中式新进士王服经，年八十五岁，殿试三甲，文理清通。引见时看其精力尚健，洵为熙朝人瑞，伊即未经中式，亦例得邀恩赏给翰林院检讨衔，今若改用庶吉士，令其在馆学习，伊年已耄耋，词赋之学或非所长，且散馆授职转需时日。王服经，著加恩即授为翰林院检讨，以示嘉惠耆儒至意。嗣后如有中式进士年在八旬以外者，均著照此例行。[②]

嘉庆帝之意：王服经年 85 岁，即使会试没有中式，按例赏检讨衔；王服经中式三甲进士，为熙朝人瑞，加恩即授为翰林院检讨，免其在馆学习。王服经不是庶吉士。

总之，有清一代，二甲、三甲进士中没有被钦点为庶吉士，而直接授职编修、检讨的有：雍正元年癸卯恩科的张廷珩，雍正八年庚戌科的顾成天、胡宗绪，雍正十一年癸丑科的张若霭、任启运，嘉庆十三年戊辰科的王服经，共 6 人。

四　其他途径入为庶吉士的人数

（一）因修书赏赐庶吉士的人数

乾隆年间因参与修《四库全书》，或校《四库全书》而被钦赐庶吉士的是 9 人还是 10 人？

《皇朝词林典故》卷五五：乾隆四十（1775）年乙未科庶吉士最后一名是何思钧，将杨昌霖与其他修《四库全书》钦赐庶吉士的邵晋涵等 9 人，一同放在卷六四《题名 · 特授改补官职》（注：原文是“特授改补官职”，应是“特授改补馆职”）中。

续修《馆选录》将邵晋涵、周永年、余集 3 人放在乾隆三十七年（1772）壬辰科庶吉士之后；将杨昌霖、侍朝、张能照 3 人放在乾隆四十年乙未科庶吉士之后；将胡荣、朱钤、吴绍灿 3 人放在乾隆四十三年戊戌

① 《清仁宗实录》卷 195，嘉庆十三年五月己亥，第 3 册，第 573 ～ 574 页。

② 《嘉庆道光两朝上谕档》第 13 册，第 220 页。

科庶吉士之后；将程嘉谟 1 人放在乾隆四十九年（1784）甲辰科庶吉士之后。《馆选录》（庶吉士名录止于咸丰六年、光绪十八年、光绪三十年等版本）在这 10 人的姓名上均加“钦赐”二字。

《馆选爵里谥法考》卷四：乾隆四十年乙未科最后一名是杨昌霖。这里只将修（或校）《四库全书》钦赐庶吉士的邵晋涵等 9 人放在《国朝馆职补选爵里谥法考》中。

《词林辑略》卷四：乾隆四十年乙未科最后一名是杨昌霖。邵晋涵、周永年、余集、侍朝、张能照、胡荣、朱钤、吴绍灿、程嘉谟 9 名钦赐庶吉士分别附在乾隆三十七年壬辰科、乾隆四十年乙未科、乾隆四十三年戊戌科、乾隆四十九年甲辰科庶吉士名录之后。

可见，《皇朝词林典故》、续修的《馆选录》认为参与修（或校）《四库全书》被钦赐庶吉士的有邵晋涵、周永年、余集、杨昌霖、侍朝、张能照、胡荣、朱钤、吴绍灿、程嘉谟 10 人，而《馆选爵里谥法考》《词林辑略》则认为参与修（或校）《四库全书》被钦赐庶吉士的有邵晋涵、周永年、余集、侍朝、张能照、胡荣、朱钤、吴绍灿、程嘉谟 9 人。这涉及杨昌霖是否因修《四库全书》而被钦赐（特赏）庶吉士一事。

乾隆三十八年（1773）七月戊辰（十一日），谕：

> 前据办理《四库全书》总裁奏请，将进士邵晋涵、周永年、余集，举人戴震、杨昌霖，调取来京，同司校勘，业经降旨允行。但念伊等，现在尚无职任，自当予以登进之途，以示鼓励。著该总裁等，留心试看年余，如果行走勤勉，实于办书有益，其进士出身者，准其与壬辰科庶吉士，一体散馆，举人则准其与下科新进士，一体殿试，候朕酌量降旨录用。①

乾隆四十年四月，“内阁翰林院带领壬辰科散馆修撰、编修、庶吉士引见”，乾隆帝对散馆的庶吉士授职，其中邵晋涵、周永年、余集 3 人均授职编修。②

据上可知，邵晋涵、周永年、余集 3 人是以进士的身份而不是庶吉士的身份参加修书。由于“行走勤勉，实于办书有益”，特准他们 3 人参加

① 《乾隆朝上谕档》，乾隆三十八年七月十一日，第 7 册，第 408 页。另见《清高宗实录》卷 938，乾隆三十八年七月戊辰，第 12 册，第 654 页。

② 《清高宗实录》卷 981，乾隆四十年四月乙巳，第 13 册，第 101 页。另见《乾隆朝上谕档》，乾隆四十年四月二十八日，第 7 册，第 861 页。

乾隆三十七年壬辰科庶吉士散馆，授职编修。因此，清人认为他们3人是钦赐庶吉士。严格地说，乾隆帝并没有特赐邵晋涵、周永年、余集3人为庶吉士，只是特准他们与乾隆三十七年壬辰科庶吉士一同散馆授职。

乾隆四十年十二月壬子，大学士于敏中等"奏请设四库全书荟要处总校官二员，将国子监监丞侍朝、候选内阁中书张能照充补，可否给与庶吉士衔，以示鼓励。从之"[①]。可见，侍朝、张能照2人因校《四库全书》而被钦赐（特赏）庶吉士。据《清高宗实录》《词林辑略》等文献可知，胡荣、朱钤、吴绍灿、程嘉谟等4人也是因校《四库全书》而被钦赐（特赏）庶吉士。他们分别参加乾隆四十年乙未科、四十三年戊戌科、四十九年甲辰科庶吉士散馆。

杨昌霖被授予庶吉士，虽与修《四库全书》有关，但他与邵晋涵等9人被特赏庶吉士有别。

乾隆四十年五月庚申（十四日），"内阁、翰林院带领新进士引见，得旨：新科进士一甲三名吴锡龄、汪镛、沈清藻已经授职，王春煦……何思钧，俱著改为翰林院庶吉士"[②]。

乾隆四十年五月庚午（二十四日），诏谕：

> 杨昌霖因在《四库全书》馆纂校书籍，是以钦赐进士，准其一体殿试。昨进士引见，该员甲第在后，而江苏省馆选者已多，是以未经录用。兹阅馆中所进，由散篇裒辑各书内《春秋经解》一种，编校颇见实心，即系杨昌霖所办，是其学问尚优。杨昌霖，著加恩授为翰林院庶吉士。[③]

可见，在乾隆四十年乙未科馆选10天之后，杨昌霖被补点为庶吉士。他与邵晋涵等被钦赐（特赏）庶吉士有别。正因此，《词林辑略》等书对邵晋涵等9人均说明是因修（或校）《四库全书》钦赐庶吉士，而对杨昌霖的记载则是"江南人，散馆改刑部主事"，将其与其他庶吉士一同对待。

总之，我们认为因修（或校）《四库全书》而被钦赐庶吉士的人数是9人而不是10人。严格意义上来说，因修（或校）《四库全书》而被钦赐庶吉士包括钦赐与庶吉士一同散馆授职的进士和赏给庶吉士衔的进士两类。

---

① 《清高宗实录》卷998，乾隆四十年十二月壬子，第13册，第354页上栏。

② 《清高宗实录》卷982，乾隆四十年五月庚申，第13册，第115页。

③ 《乾隆朝上谕档》，乾隆四十年五月二十四日，第7册，第886页上栏。另见《清高宗实录》卷983，乾隆四十年五月庚午，第13册，第125～126页。

（二）由博学鸿词改为庶吉士的人数

有清一代共举行了两科博学鸿词，即康熙十八年己未博学鸿词、乾隆元年丙辰博学鸿词。康熙十八年己未博学鸿词取中人员均直接授职翰林官。乾隆元年丙辰博学鸿词，在乾隆元年考试取中的一等5人授职翰林官；二等10人，其中陈兆仑、刘藻、夏之容、周长发、程恂5人授职翰林官，杨度汪、沈廷芳、汪士锽、陈士璠、齐召南5人改为庶吉士，他们分别由拔贡、监生、副贡、附生、副贡改为庶吉士。[①] 乾隆二年补试取中4人，万松龄、张汉2人授职翰林官，朱荃、洪世泽2人改为庶吉士，这两人均是由附生改为庶吉士。[②]

总之，由博学鸿词改为庶吉士的人数是7人。李润强统计："清代庶吉士总人数，为6065人，其中非进士出身的，如博学鸿儒、翻译进士等，共约200人。"[③] 而实际由博学鸿词和翻译进士改为庶吉士的仅50人。可见，李润强的统计与实际情况相差甚远。

（三）由进士出身的官员改为庶吉士的人数

明代没有官员改为庶吉士之例，清代由进士出身的官员改为庶吉士的仅一例。

雍正四年十一月初五日，"户部堂官带领汉司官引见，奉旨：赵鸿猷、王式琬、孙见行、钱沨、程亮祖、王梦旭、章焞、胡振维、李湜、赵如升、屈模、袁志洁俱以原品休致，廖必琦改庶吉士，王麟瑞以御史用……"[④]

《词林辑略》：廖必琦，福建莆田人，"雍正甲辰（注：二年）进士，由额外主事改庶吉士"[⑤]。

《国朝馆选爵里谥法考》：廖必琦，福建莆田人，"甲辰进士，户部主事改庶吉士，授检讨，改监察御史"[⑥]。

据上可知，廖必琦，雍正二年甲辰科进士，授为户部额外主事，雍正四年十一月，户部堂官带领汉司官引见，雍正帝令其中的一些官员休致，一些官员改职，而廖必琦改为庶吉士。对廖必琦来说，这是很幸运的事。有清一代，由进士出身的官员改为庶吉士的仅廖必琦一人。

---

① 《词林辑略》卷4，第149～150页。

② 同上注，第155～156页。

③ 《清代进士群体与学术文化》，第93页。

④ 《雍正朝起居注册》，雍正四年十一月初五日，第1册，第848页。

⑤ 《词林辑略》卷10《特授改补馆职》，第556页。

⑥ 《国朝馆选爵里谥法考》卷5《国朝馆职补选爵里谥法考》，第4页。

（四）废科举之后授庶吉士资格的人数

废科举后，清朝将游学毕业生、大学堂毕业生优等者赏给进士出身，再经廷试，或授职编修、检讨，或改为庶吉士等。

光绪三十三年（1907）九月甲辰，“验放学部考验游学毕业生，得旨：章宗元等七名均著赏给进士，叶基桢等三十名均著赏给举人”①。

光绪三十四年四月乙亥，“验看廷试游学毕业生，得旨：进士章宗元、程明超均著授为翰林院编修，陆梦熊、王建祖均著授为翰林院检讨，嵇芩孙著改为翰林院庶吉士，熊崇志著以主事按照所学科目分部补用；举人高种、钱应清、施呼本、孙海环、邱中馨均著以主事按照所学科目分部补用，廖世纶……均著以内阁中书补用”②。

据以上两条史料可知，在学部考试游学毕业生之后，经验看，对考试优等者赏给进士出身，次等者赏给举人出身。再对游学毕业生进行廷试，其中赏进士出身者或授职编修、检讨，或改为庶吉士，或以部属用。

废科举之后，对游学毕业生、大学堂毕业生赏进士出身的人数需进一步考证，而对庶吉士人数的记载，《词林辑略》与《清实录》有所出入。据《词林辑略》统计，对赏进士出身者进行廷试之后，直接授职编修的36人、检讨的29人，改为庶吉士的是49人。而据《清实录》统计，对赏进士出身者进行廷试之后，直接授职编修的38人、检讨的30人，改为庶吉士的是46人。

废科举之后，改为庶吉士的人数究竟是多少？《词林辑略》和《清实录》均记载光绪三十四年、宣统元年、宣统二年（1910）选拔庶吉士的人数分别是2人、4人、8人。而宣统三年（1911），《词林辑略》记载选为庶吉士的人数是35人，《宣统政纪》（《清实录》本）记载选为庶吉士的人数是32人。这涉及胡振禔、李成章、何炳麟3人是不是庶吉士的问题。《词林辑略》记载胡振禔、李成章、何炳麟3人，宣统三年选为庶吉士，而《宣统政纪》记载：宣统三年八月甲子，“引见北洋大学毕业生，得旨：胡振禔、李成章均著赏给进士出身，并授职翰林院编修，何炳麟著赏给进士出身，并授职翰林院检讨，张务滋、苏企由均著赏给进士出身，改为翰林院庶吉士，张寿祺著赏给进士出身，以主事分部尽先补用”③。可见，《词林辑略》记载有误，胡振禔、李成章、何炳麟3人不是选为庶吉士，而是分

---

① 《清德宗实录》卷580，光绪三十三年九月甲辰，北京，中华书局，1987年，第8册，第672页。

② 《清德宗实录》卷590，光绪三十四年四月乙亥，第8册，第804～805页。

③ 《宣统政纪》卷61，宣统三年八月甲子，见《清实录》第60册，第1124页。

别直接授职编修、检讨。宣统三年，改为庶吉士的人数是32人，而不是35人。废科举之后，改为庶吉士的人数共46人。

附表一统计的庶吉士人数是5769人，包括废科举之后，改为庶吉士的46人，不包括43名翻译庶吉士。去掉废科举之后，改为庶吉士的46人，庶吉士人数是5723人。这一数据与附表二庶吉士人数5723人一致。

据附表一和附表二可知，顺治三年丙戌科至光绪三十年甲辰恩科共5723名庶吉士（不包括43名翻译庶吉士）。经前面考证，在这5723名庶吉士中，有6名新进士在引见时（或之前）就直接授职编修、检讨等翰林官，加上康熙九年庚戌科的陈瑄1人，共7人并没有钦点为庶吉士。这样顺治三年丙戌科至光绪三十年甲辰恩科实际钦点庶吉士5716名（包括补点为庶吉士的，不包括翻译庶吉士）。

清代庶吉士总数是5822人（不包括明崇祯十六年癸未科进士在顺治初年改为庶吉士的人数），其中直接从进士中选拔5759名庶吉士（5716+43名翻译庶吉士），由博学鸿词改为庶吉士的7人，由进士出身官员改庶吉士的1人，因修（或校）《四库全书》而钦赐（特赏）庶吉士的9人，清末废科举后授以庶吉士资格的46人。

第三章　清代翰林院庶吉士的培养

清代基本沿袭明代确立的庶吉士培养方式，并加以完善。为了明了清代翰林院庶吉士的培养内容，我们先对明代庶吉士的培养内容作一探讨。

第一节　明代庶吉士的培养

明太祖以到近侍衙门观政的方式培养庶吉士。明太宗永乐年间不仅确立了以进学的方式来培养庶吉士，而且确立了庶吉士进学的地点。

永乐时期确立了以进学的方式培养庶吉士，有明一代沿用这一培养方式。但也有例外，宣德八年十一月，宣宗命大学士杨士奇、杨荣等对知县、进士等 68 人进行考试，其中进士胡端祯、廖庄、宋琏 3 人改为庶吉士，他们“与知县、教谕俱历事六以备用”[①]。《明宣宗实录》在“历事六”之后漏了“科”字，此处应是“六科”。不过永乐以后庶吉士历事六科，只有这一特例，更没有庶吉士到其他衙门观政历事的。

进学地点在永乐时就确立为翰林院，不在翰林院进学的情况是很少的。永乐以来，在他处进学的只有 3 次，一次是永乐三年正月选庶吉士入文渊阁进学，另一次是宣德九年八月，也送庶吉士进文渊阁学习。再一次是景泰二年（1451）辛未科庶吉士在东阁进学，景帝之所以选庶吉士到东阁进学，是由于“景帝兴自藩邸，议者谓与太宗同，故在御，恒思复太宗之旧”。景泰二年，“诏选庶吉士并首甲柯潜等二十八人，命进学于东阁，赐居第，给大官酒馔及膏烛纸费，命内阁大臣典领之，盖不别立师，不出就外公署，一如永乐初科故事”[②]。景泰五年（1454）选庶吉士到翰林院进学。从此庶吉士一律在翰林院进学。

庶吉士往往与一甲进士一同进学。永乐三年正月，选庶吉士和一甲进

---

① 《明宣宗实录》卷 107，宣德八年十一月己酉，第 2392 页。

② 《翰林记》卷 4《东阁进学》，见《文渊阁四库全书》第 596 册，第 891 页。

士曾棨等入文渊阁进学。此后大多沿用此例庶吉士与一甲进士一同进学。《翰林记·考选庶吉士》载："天顺以前，一甲三人与庶吉士同读书。成化后久废，至弘治丙辰（注：九年）始复旧规，自后皆因之。"

弘治九年恢复旧规，但此后还有废而不用的。"自嘉靖丙戌（注：五年）后，进士及第者不复入馆肄业，至是（指隆庆五年）始复故事云。"①隆庆五年（1571）庶吉士与一甲进士张元忭等俱送翰林院读书。从此，沿用故事，一甲进士继续与庶吉士进学。如万历五年（1577）辛未科一甲进士沈懋学等与庶吉士一同入翰林院读书②，天启五年（1625）乙丑科一甲进士余煌等与庶吉士入翰林院进学③。

庶吉士进学，需要有人指导，永乐时命阁臣解缙等教习庶吉士。在永乐初年，太宗也亲自过问庶吉士的学习。"上时步至阁中，亲阅其劳，且视其所治无弗称旨者，乃喜，必有厚赉。或时至阁，阅诸学士暨庶吉士应制诗文，诘问评论以为乐。"④后来太宗忙于北征等事务。就不再亲自过问庶吉士的学习。"后上尝亲征巡狩，虽有庶吉士之选，诏如甲申例，车驾不及亲莅焉。"⑤

宣德以后，阁臣不再教习庶吉士，而由翰林院等衙门的官员教习庶吉士。这是由于阁臣侍左右，备顾问，教习庶吉士有很多不便之处，因此，才起用翰林院等衙门官员教习庶吉士。宣德五年选庶吉士进翰林院学习，宣宗对杨士奇等阁臣说："后生进学必得前辈老成开导之，卿等日侍左右，无余闲，其令学士王直为之师，尝提督教训，所作文字亦为开发改窜，卿等或一两月或三月一考阅之。"⑥这就是说，以翰林学士王直为馆师，教习庶吉士，而阁臣杨士奇等则负责考阅庶吉士。从此以后，每科庶吉士都有馆师，只是景泰二年辛未科例外。这是由于景泰二年庶吉士到东阁进学，由内阁大臣负责庶吉士的学习。景帝"命内阁大臣典领之，盖不别立师，不出就外公署，一如永乐初科故事"⑦。

宣德年间只有一位馆师教习庶吉士，正统时确立了由两位馆师教习庶吉士的制度。正统以来每任馆师一般不少于两个或多于两个，只有嘉靖

---

① 《明穆宗实录》卷 58，隆庆五年六月壬寅，台北，"中研院"历史语言研究所，1962 年，第 1420 页。

② 《明神宗实录》卷 62，万历五年五月壬寅，第 1398 页。

③ 《明熹宗实录》卷 60，天启五年六月庚子，第 2848 ～ 2849 页。

④ 《翰林记》卷 16《车驾幸馆阁》，见《文渊阁四库全书》第 596 册，第 1029 页。

⑤ 《翰林记》卷 4 见《文渊阁进学》，见《文渊阁四库全书》第 596 册，第 891 页。

⑥ 《明宣宗实录》卷 64，宣德五年三月己巳，第 1524 页。

⑦ 《翰林记》卷 4《东阁进学》，见《文渊阁四库全书》第 596 册，第 891 页。

十一年壬辰科、嘉靖十四年乙未科、万历十一年癸未科等几科是仅任命一员为馆师，正统十三年戊辰科任命3人为馆师。馆师是从翰林院、詹事府、太常寺等衙门择资望深者选用。如天顺四年（1460）三月，任命翰林院学士刘定之、侍读学士钱溥为天顺四年庚辰科庶吉士馆师[①]；成化二年三月，任命翰林院学士刘定之、翰林院学士柯潜为成化二年丙戌科庶吉士馆师[②]；成化二十三年（1487）三月，任命右春坊右庶子汪谐、左春坊左谕德兼翰林院检讨傅瀚为成化二十三年丁未科庶吉士馆师[③]。一般是翰林院学士、侍读学士、侍讲学士才有资格担任馆师，但也有史官担任馆师的特殊情况。"教习庶吉士多用学士以上官，亦间有及讲读者。惟正统乙丑，初用编修赵恢，后用修撰王振。"[④]据《明英宗实录》可知，用史官担任馆师的是正统十三年戊辰科，而不是正统乙丑科，何况正统乙丑科没有馆选。

正德之后，大多以吏、礼二部侍郎兼翰林院学士者为庶吉士馆师，甚至以礼部尚书兼翰林院学士者为馆师。如正德六年（1511）三月，任命吏部右侍郎兼翰林院学士靳贵、翰林院侍读学士蒋冕为正德六年辛未科庶吉士馆师[⑤]；正德十二年（1517）三月，任命詹事府詹事礼部尚书兼翰林院学士毛纪、少詹事兼翰林院学士顾清为正德十二年丁丑科庶吉士馆师[⑥]；嘉靖十四年四月，任命礼部尚书兼翰林院学士顾鼎臣为嘉靖十四年乙未科庶吉士馆师[⑦]；万历十一年六月，任命詹事府掌府事吏部左侍郎兼翰林院侍读学士陈经邦、礼部左侍郎兼翰林院侍读学士周子义为万历十一年癸未科庶吉士馆师[⑧]。

馆师除了教习庶吉士外，还另有任务，或掌院事、协理院事，或掌詹事府事、协理詹事府事等。也就是说，馆师并不是专门教习庶吉士。但也有例外，如嘉靖十一年十月甲申，升礼部右侍郎顾鼎臣为吏部左侍郎兼翰

---

① 《明英宗实录》卷313，天顺四年三月丙戌，第6561页。

② 《明宪宗实录》卷27，成化二年三月乙卯，第535页。

③ 《明宪宗实录》卷288，成化二十三年三月丁卯，第4875页。《明宪宗实录》将这一"丁卯日"安排在甲子日和丙寅日之间，实际这丁卯日应是乙丑日。

④ 《弇山堂别集》卷8《皇明异典述三·史官教庶吉士》，第151页。

⑤ 《明武宗实录》卷73，正德六年三月丁丑，台北，"中研院"历史语言研究所，1962年第1624页。

⑥ 《明武宗实录》卷147，正德十二年三月甲辰，第2880页。

⑦ 《明世宗实录》卷174，嘉靖十四年四月戊申，第3787页。

⑧ 《明神宗实录》卷138，万历十一年六月己未，第2574页。

林院学士，“专管教习”[①]。万历十一年八月丁卯，命礼部左侍郎兼翰林院侍读学士周子义“解部务，专管教习庶吉士”[②]。

馆师一般是三年一任，但中途有另换馆师的情况，另换馆师主要有以下几种情况：

第一，馆师升官，另任馆师。如隆庆五年六月，命太子少保礼部尚书兼翰林院学士高仪、詹事府掌府事吏部左侍郎兼翰林院学士吕调阳为馆师，教习庶吉士。[③]隆庆六年（1572）四月，升馆师高仪为文渊阁大学士，入阁办事[④]，升吕调阳为礼部尚书仍兼学士[⑤]。接着，命吏部左侍郎兼翰林院学士张四维、詹事兼侍读学士马自强教习庶吉士[⑥]。

但是，这不是说馆师一升官，就解除馆师之职。有些馆师虽升职，仍旧教习庶吉士，如天启三年（1623）六月，“升礼部右侍郎兼翰林院侍读学士教习庶吉士周如磐为礼部左侍郎，掌翰林院兼管教习如故”[⑦]。

第二，馆师致仕或罢官，而另任馆师。如嘉靖四十四年（1565）乙丑科庶吉士馆师罢官而另派馆师。嘉靖四十四年八月，任命嘉靖四十四年乙丑科庶吉士馆师，“改礼部左侍郎高仪为吏部左侍郎兼翰林院学士教习庶吉士”[⑧]。嘉靖四十五年（1566）四月，“命詹事府掌府事吏部左侍郎兼翰林院学士秦鸣雷教习庶吉士”[⑨]。馆师秦鸣雷因“卑污不职”，于嘉靖四十五年五月庚子（初十日）诏令致仕[⑩]，同年五月丙午（十六日），以吏部左侍郎兼翰林学士掌詹事府事陈以勤兼教习庶吉士[⑪]。

在馆师的指导下，庶吉士学习经世治国的本领，学习内容主要包括研读经史、学习朝章国故、学作应制诗文等，同时需参加“馆试”和“阁试”等考试。

庶吉士学习的内容，嘉靖年间大学士徐阶在《示新庶吉士条约》作出明确规定。《大学士徐阶示新庶吉士条约》：

---

① 《明世宗实录》卷 143，嘉靖十一年十月甲申，第 3326 页。
② 《明神宗实录》卷 140，万历十一年八月丁卯，第 2615 页。
③ 《明穆宗实录》卷 58，隆庆五年六月甲寅，第 1428 页。
④ 《明穆宗实录》卷 69，隆庆六年四月戊辰（十三日），第 1664 页。
⑤ 《明穆宗实录》卷 69，隆庆六年四月壬申（十七日），第 1665 页。
⑥ 《明穆宗实录》卷 69，隆庆六年四月己卯（二十四日），第 1668 页。
⑦ 《明熹宗实录》卷 35，天启三年六月庚申朔，第 1783 ～ 1784 页。
⑧ 《明世宗实录》卷 549，嘉靖四十四年八月丁丑，第 8848 页。
⑨ 《明世宗实录》卷 557，嘉靖四十五年四月癸酉，第 8956 页。
⑩ 《明世宗实录》卷 558，嘉靖四十五年五月庚子，第 8969 页。
⑪ 《明世宗实录》卷 558，嘉靖四十五年五月丙午，第 8972 页。

一、君子之道，必本诸身。今朝廷作养诸士，固将责以治平之业。使非卓然，以古圣贤为师，修身以立其本，他日何由措诸政事，光佐治平？故诸士宜致力于此，辨义利，审好恶，使此心纯乎天理之公，庶几他日事业有可观者。

一、文章贵于经世，若不能经世，纵有奇作已不足称，况近年来浮诞鄙庸之辞乎？故诸士宜讲习四书、六经，以明义理；专观史传，评骘古今，以识时务；而读文章正宗、唐音李杜诗，以法其体制；并听馆师日逐授书、稽考，庶所学为有用；其晋唐法帖，亦须日临一二副，以习字学。

一、每月馆师出题六道，内文三篇、诗三首，月终呈稿斤正，不许过期。初二日、十六日仍各赴内阁考试一次。

一、入馆之后，宜各谢绝人事，专心学问，以求进益。[①]

庶吉士在进学的过程中，还得参加考试，以验其所学，他们所参加的考试有“阁试”和“馆试”两类。“阁试”是由阁臣对庶吉士进行的考试。永乐时阁臣不仅教习庶吉士，而且常常对庶吉士进行考试。如阁臣解缙“尝以‘钟山龙蟠’诗试诸人，甚称彭汝器所作”[②]。阁臣解缙等对庶吉士进行考试，能否称“阁试”？由于“阁试”是相对于“馆试”而言，永乐年间还没有“馆试”，应还没有“阁试”之称。“阁试”之称始于何时？

（宣德五年三月己巳）命大学士杨士奇、杨荣、金幼孜曰：“新进士多年少，其间岂无有志于古人者？朕欲循皇祖时例，选择俊秀十数人就翰林教育之，俾进学励行，工于文章，以备他日之用，卿等可察其人及选其文词之优者以闻。”于是士奇等选萨琦、逯端、叶锡、陈玑、林补、王振、许南杰、江渊八人以闻。上命行在吏部俱改为庶吉士，送翰林进学，给酒馔房舍，月赐灯油钞，悉如永乐之例，复命兵部各与皂隶。上又顾士奇等曰：“后生进学必得前辈老成开导之，卿等日侍左右，无余闲，其令学士王直为之师，尝提督教训，所作文字亦为开发改窜，卿等或一两月，或三月一考阅之，使有进益。如一二年怠隋无成，则黜之。”[③]

① 《春明梦余录》卷32《翰林院·庶吉士》，见《文渊阁四库全书》第868册，第424页。

② 《国朝典汇》卷65《翰林记·庶吉士》，第4078页。

③ 《明宣宗实录》卷64，宣德五年三月己巳，第1523～1524页。

宣宗令阁臣不再直接教习庶吉士，只负责对庶吉士进行考试，此类考试一二个月或三个月进行一次。这应就是所谓“阁试”，很可能是“阁试”之始。由阁臣考试庶吉士为后代所沿用，到后来每月两次“阁试”。“正统以来，在公署读书者，大都从事词章，内阁所谓按月考试，则诗文各一篇，第其高下，俱揭帖开列名氏，发本院立案，以为去留之地。”①

“馆试”相对于“阁试”而言，是由馆师对庶吉士进行的考试。“馆试”应大致始于宣德五年。这年宣宗令翰林学士王直为馆师，负责培养庶吉士，也就意味着对庶吉士时常进行考试。

嘉靖时大学士徐阶在《示新庶吉士条约》中对馆试、阁试作出规定：“每月馆师出题六道，内文三篇，诗三首，月终呈稿斤正，不许过期。初二日、十六日仍各赴内阁考试一次。”②

“阁试”和“馆试”的考试内容大多涉及政治、经济等问题，要求庶吉士分析问题产生的原因，并提出解决的方略。据《皇明馆课经世宏辞》《皇明馆课经世宏辞续集》可知当时考试的一些内容。如嘉靖乙丑阁试考题有：“兵食议”“治漕河议”“拟处内外官久任之法疏”等。隆庆辛未阁试考题有：“弭盗议”“春和赈贷议”等。万历癸未馆试考题有：“三途并用议”“立朝正直忠厚论”等，万历癸未阁试考题有：“云南镇臣约束土司檄”“任贤勿贰，去邪勿疑论”等。可见，考试内容大多涉及政治、军事、经济等方面的问题。不过，庶吉士在考试中也作一些应制诗文，这也是为官之需。

庶吉士在阁试、馆试中所作的政论性文章，有一些是虚拟的奏疏，是不上奏的，但也有例外。万历丁丑科的一次阁试，庶吉士何洛书作的《议处京操班军疏》，对班军之弊揭露得很深刻，并提出铲除班军之弊的方法。张阁师太岳公（即首辅张居正）大加欣赏，并写上评语：“国家军政之弊极矣，子灼见班军弊习历历如指诸掌，而三议尤确，是抱忧天之志者也，吾当转而闻之上。”③这就是说，张阁师要把庶吉士何洛书阁试之作《议处京操班军疏》上奏给皇上。

也有部分庶吉士因丁忧、患病而中断馆课的。在正德三年以前丁忧服阕、病痊庶吉士不再入翰林院学习，而是直接授职入仕。在正德三年后，部分服阕、病痊庶吉士再次入翰林院进学。正德三年七月，“翰林院庶吉

① 《翰林记》卷4《公署教习》，见《文渊阁四库全书》第596册，第892页。

② 《春明梦余录》卷32《翰林院·庶吉士》，见《文渊阁四库全书》第868册，第424页。

③ ［明］王锡爵、陆翀之辑：《皇明馆课经世宏辞续集》，集部第92册卷1，见《四库禁毁书丛刊》，北京，北京出版社，2000年，第585页。

士孙绍先服阕，仍入院肄业。前此服阕俱改科道、主事。绍先冀还翰林，托同年检讨段炅言于焦芳，创留之。后遂为例”[①]。这样，孙绍先开服阕、病痊庶吉士再次入翰林院学习的先例。万历三十三年（1605）四月，“庶吉士钱象坤服阕，命入馆就学”[②]。万历三十七年正月，“庶吉士来宗道、张鼐、梅之焕以服阕、病可，仍送馆读书”[③]。

当然，在正德三年后，不是所有的服阕、病痊庶吉士都能再次入馆学习，其中大多数不再入馆学习，而是入仕为官。《明实录》记录了服阕、病痊庶吉士的去向，他们或是再进入翰林院进学，或是直接授职的情况。我们通过几个案例加以探讨。

1. 嘉靖二十年辛丑科部分服阕庶吉士直接授职之例

嘉靖二十二年（1543）十一月，嘉靖二十年辛丑科庶吉士散馆授职。[④]嘉靖二十三年十一月，“授服阕庶吉士王显忠为户科给事中”[⑤]。嘉靖二十四年（1545）十二月壬辰，“授服阕庶吉士林树声为翰林院编修”[⑥]。王显忠、林树声两人均是嘉靖二十年辛丑科庶吉士，他们在服阕前来不及参加嘉靖二十二年十一月的散馆授职。当他们服阕之后，先后来到京师，就没有再进翰林院学习而是直接授职。

2. 隆庆二年（1568）戊辰科部分服阕庶吉士直接授职之例

隆庆四年（1570）三月，隆庆二年戊辰科庶吉士散馆授职。[⑦]隆庆六年二月，“授服阕庶吉士沈懋孝为翰林院编修、张道明为工科给事中”[⑧]。隆庆六年四月，“服除阕翰林院庶吉士李熙为兵科给事中”[⑨]。隆庆六年五月，“授服阕翰林院庶吉士李长春为编修”[⑩]。沈懋孝、张道明、李熙、李长春四人均是隆庆二年戊辰科庶吉士，隆庆二年戊辰科庶吉士在隆庆四年散馆授职，他们四人还在丁忧期间，没能参加散馆授职。按惯例也没有令他们四人与隆庆五年辛未科庶吉士一同散馆授职，隆庆五年辛未科庶吉士在万

---

① 《国榷》卷 47，正德三年七月乙丑，第 2924 页。
② 《明神宗实录》卷 408，万历三十三年四月甲子，第 7616 页。
③ 《明神宗实录》卷 454，万历三十七年正月辛亥，第 8575 页。
④ 《明世宗实录》卷 280，嘉靖二十二年十一月壬寅，第 5450 页。
⑤ 《明世宗实录》卷 292，嘉靖二十三年十一月壬子，第 5604 页。
⑥ 《明世宗实录》卷 306，嘉靖二十四年十二月壬辰，第 5775 页。
⑦ 《明穆宗实录》卷 43，隆庆四年三月丙子，第 1082 ～ 1083 页。
⑧ 《明穆宗实录》卷 66，隆庆六年二月辛亥，第 1599 页。
⑨ 《明穆宗实录》卷 69，隆庆六年四月庚辰，第 1670 页。
⑩ 《明穆宗实录》卷 70，隆庆六年五月戊申，第 1692 页。

历元年（1573）五月散馆授职。[①] 他们四人服阕到京师，也不是一同授职，而是先后在隆庆六年二月、四月、五月授职。

3. 万历二十年（1592）壬辰科庶吉士服阕直接授职之例

万历二十二年（1594）九月，万历二十年壬辰科庶吉士散馆授职。[②] 万历二十五年（1597）二月，“除授服阕起复庶吉士林应元为吏科给事中”[③]。万历二十五年六月，“除授服阕起复庶吉士朱国桢为翰林院检讨”[④]。林应元是万历二十年壬辰科庶吉士，朱国桢是万历十七年（1589）己丑科庶吉士，他们因丁忧没能按时参加散馆授职。按惯例也没有令他们与万历二十三年（1595）乙未科庶吉士一同散馆授职，万历二十三年乙未科庶吉士在万历二十五年八月，散馆授职。[⑤] 林应元、朱国桢两人服阕之后，先后到达京师，也不是一同授职，分别在二十五年二月、六月授职。特别是朱国桢授职仅在万历二十三年乙未科庶吉士散馆授职的两个月前。这表明林应元、朱国桢两人也是服阕没有再进翰林院学习而是直接授职。

庶吉士在翰林院期间，大多能认真学习，“日讨求国家典故”，为学成“治国平天下”的本领。但是，也有部分庶吉士，不听馆师的教导，放任自己。弘治六年癸丑，学士李东阳、程敏政教习庶吉士。“至院阅会薄，悉注病假而去，乃赋一绝云：‘回廊寂寂锁斋居，白日都消病历余。窃食大官无寸补，绿阴庭上看医书。’”[⑥] 万历中后期，政治腐败，对庶吉士督教更加不严。万历三十六年二月，大学士叶向高指出：今日“作养之庶常经年旷业”[⑦]。

甚至有些庶吉士在馆期间，不好好学习“治国平天下”的本领，反而谄媚权贵。如倪进贤，“徽州人，以进士改翰林庶吉士，昵事当道，无复廉耻，为缙绅所鄙笑，及为御史，巡按四川赃秽狼籍，道天津以仪度不饬，亦尝为群卒所驱云”[⑧]。倪进贤是成化十四年戊戌科进士，庶吉士。嘉靖三十一年（1608）六月，礼科给事中袁洪愈“劾奏翰林院检讨梁绍儒，自为庶吉士日，奔走权要，交通贿遣，时人有不读书，管闲事之诮”[⑨]。梁绍儒是嘉靖二十年辛丑科进士，庶吉士。陈演，天启二年中进士，入选为庶吉士，“庸

---

① 《明神宗实录》卷 13，万历元年五月戊子，第 419 页。
② 《明神宗实录》卷 277，万历二十二年九月丙子朔，第 5119 页。
③ 《明神宗实录》卷 307，万历二十五年二月丁亥，第 5747 页。
④ 《明神宗实录》卷 311，万历二十五年六月丙寅，第 5806 页。
⑤ 《明神宗实录》卷 313，万历二十五年八月庚申，第 5853 页。
⑥ 《翰林记》卷 4《公署教习》，见《文渊阁四库全书》第 596 册，第 892 页。
⑦ 《明神宗实录》卷 443，万历三十六年二月癸亥，第 8414 ～ 8415 页。
⑧ 《明宪宗实录》卷 264，成化二十一年四月辛未，第 4480 ～ 4481 页。
⑨ 《明世宗实录》卷 386，嘉靖三十一年六月丁丑，第 6806 页。

才寡学，工结纳。初入馆，即与内侍通”[①]。不过这类庶吉士是极少数。

第二节 清代庶吉士的隶属关系及培养场所

一 清代庶吉士的隶属关系

清朝初年，庶吉士隶属哪一部门？“国初，设文馆于盛京。太宗天聪十年三月，改建内三院，曰内国史院、内秘书院、内弘文院。”[②]顺治初年，“并翰林院于内三院”[③]。内三院因此被称作“内翰林国史院”“内翰林秘书院”“内翰林弘文院”。清初庶吉士是仅隶属于内翰林弘文院（简称“内弘文院”；“内弘文院”也写作“内宏文院”），还是分隶于内三院？商衍鎏认为：“清初以翰林官与庶吉士分隶内三院，称内翰林国史院、内翰林秘书院、内翰林宏文院。”[④]邸永君也认为：

> 清初设三院，各官通三院以为升转。庶吉士亦分隶于内三院。查《清实录》即可发现庶吉士所冠院名三院皆有。而吴振棫《养吉斋丛录》却云“国初庶常隶内弘文院”者，误。按：顺治十四年（1657）改内三院为内阁，别设翰林院，康熙初又复旧制，九年又复翰林院，自是庶吉士专隶于翰林院矣。[⑤]

可见，邸永君认为清初庶吉士不是仅隶属于内弘文院，而是分隶于内三院。他说“查《清实录》即可发现庶吉士所冠院名三院皆有”，而我们从《清世祖实录》《清圣祖实录》中只见到庶吉士散馆授职内三院编修、检讨等官之史料[⑥]，却没有找到内三院均有庶吉士之史料，其他朝的《清实录》也没有提到清初庶吉士分隶内三院之事。《清世祖实录》《清圣祖实

① 《明史》卷253《陈演传》，第6547页。

② 《词林典故》卷2《官制》，见《文渊阁四库全书》第599册，第457～458页。

③ 《词林典故》卷6下《廨署》，见《文渊阁四库全书》第599册，第603页。

④ 《清代科举考试述录》，第128页。

⑤ 《清代翰林院制度》，第127～128页。

⑥ 如《清世祖实录》卷86，第678页：顺治十一年九月丁未，授庶吉士汪炼南、曹尔堪、陈彩、金铉，俱为内翰林秘书院编修，杨绍先为内翰林国史院编修，范承谟、张应桂，俱为内翰林弘文院编修，丁思孔、叶先登、郭棻、耿介、卢高，俱为内翰林秘书院检讨，张瑞征、薛澐、方猷、余恂、汤斌，俱为内翰林国史院检讨。

录》等《清实录》对清初庶吉士的隶属关系大多不记载，仅四处提到庶吉士的隶属关系。这四处记载庶吉士均隶属于内国史院，而没有隶属于内弘文院、内秘书院的（见表 3-1）。其中三处是记载顺治三年、四年，先后将明末崇祯十六年癸未科进士、庶吉士，或选为、或改为内翰林国史院庶吉士，而记载清代顺康年间中式进士，入选庶吉士，隶属于内翰林国史院仅一处，即顺治六年六月壬子，"改原任内翰林国史院庶吉士王公选为礼科给事中"[①]。王公选是顺治三年丙戌科庶吉士。可以说，仅凭《实录》难以理清清初庶吉士的隶属关系。

表 3-1　清初庶吉士隶属关系表

科年	清初庶吉士隶属关系资料	资料出处
崇祯十六年癸未科	顺治三年正月乙亥，以"(故明）庶吉士魏天赏为内翰林国史院庶吉士"。	《清世祖实录》卷 23，第 202 页上栏。
	顺治三年二月戊寅朔，"以故明进士王崇简、张丕吉、杜芳、周爰访、乔廷桂、岳映斗，为内翰林国史院庶吉士"。	《清世祖实录》卷 24，第 203 页下栏。
	顺治四年九月辛丑，"以故明庶吉士姚文然、刘余谟、杨栖鹗、张悬锡、李化麟，为内翰林国史院庶吉士"。	《清世祖实录》卷 34，第 277 页下栏。
顺治三年丙戌科	顺治六年六月壬子，"改原任内翰林国史院庶吉士王公选为礼科给事中"。王公选是顺治三年丙戌科庶吉士。	《清世祖实录》卷 44，第 357 页上栏。
	法若真，顺治三年，"会试第十五名，再行考选，授国史院庶吉士"。	[清］法若真编：《黄山年略》(法若真年谱)，见《北京图书馆藏珍本年谱丛刊》第 72 册，第 668 页。
	顺治三年，"殿试后，选择年貌一百余人，内院复行考试……余（注：指魏象枢）得与选，授内翰林国史院庶吉士"。据此可知，顺治三年丙戌科进士魏象枢入选内翰林国史院庶吉士。	[清］魏象枢口授，魏学诚等录：《寒松老人年谱》(魏象枢年谱)，见《北京图书馆藏珍本年谱丛刊》第 73 册，第 378 页。
	傅维鳞自陈："臣年三十九岁，以畿辅陋儒叨中龙飞首科进士，于顺治三年四月内，考改内翰林国史院庶吉士，四年五月内，授内翰林秘书编修。"	[清］傅维鳞撰：《四思堂文集》卷 1《遵例自陈疏》，见《四库全书存目丛书》集部第 213 册，第 721 页下栏。

① 《清世祖实录》卷 44，顺治六年六月壬子，第 357 页上栏。

（续表）

科年	清初庶吉士隶属关系资料	资料出处
顺治三年丙戌科	傅维鳞，“顺治三年成进士，选庶吉士，入内翰林国史院，明年授编修，改内翰林秘书院”。	徐世昌撰:《大清畿辅先哲传》卷2《名臣传·傅维鳞》，台北，台湾大通书局，1968年，第190～191页。
	“国史院等衙门庶吉士等官黄志遴等为闽省捷音在即，设官绥辑宜先事。……”据此可知，顺治三年丙戌科进士黄志遴入选国史院庶吉士。	《国史院庶吉士黄志遴揭请敕令督臣入闽并推任抚按监司视事》，见张伟仁主编:《明清档案》，1986年，第5册，第2225页。
	“张嘉，浙江归安人，顺治丙戌进士，由国史院庶吉士改江南道御史。”	[清]黄叔璥撰:《国朝御史题名》，见《续修四库全书》第751册，第300页上栏。
	顺治三年丙戌:“张嘉，崇祯壬午举人，国史院庶吉士，御史。”	[清]李昱修:《(光绪)归安县志》卷31《选举录一·进士》，光绪八年刊本，第11页。
	“多象谦……顺治丙戌进士，授翰林国史院庶吉士。”	[清]陆福宜主修:《(雍正)阜城县志》卷19《人物》，光绪三十四年铅字重印本，第10页。
顺治四年丁亥科	王熙，“顺治三年，年十九，举京兆试。明年，举礼部，成进士，改国史院庶吉士。六年，授国史院检讨”。可见，顺治四年丁亥科进士王熙入选国史院庶吉士。	[清]王士祯撰:《带经堂集》卷82《大学士礼部尚书谥文靖王公神道碑铭》，见《续修四库全书》第1415册，第93页。另见韩菼:《保和殿大学士兼礼部尚书谥文靖王公熙行状》，见《碑传集》卷12，第275页。
	冯右京，“顺治丁亥进士，由国史院庶吉士改福建道御史”；杜果，“顺治丁亥进士，由国史院庶吉士改江南道御史”。	[清]黄叔璥撰:《国朝御史题名》，见《续修四库全书》第751册，第300页上栏。
	“朱士冲，任国史院庶吉士，封刑部郎宗望孙，知府之玉、训导之瑚侄。”朱士冲，顺治四年进士，入选国史院庶吉士。	[清]刘焕修:《(康熙)潜江县志》卷13《选举志·进士》，康熙刻本，第7页。

（续表）

科年	清初庶吉士隶属关系资料	资料出处
顺治六年己丑科	吴正治，“举顺治戊子乡试。己丑，成进士，选内翰林国史院庶吉士，授编修”。	［清］彭定求《武英殿大学士吴文僖公正治墓志铭》，见《碑传集》卷12，第292页。
	“唐梦赉，字济武，淄川人，官国史院庶吉士，秘书院检讨。”据此可知，唐梦赉顺治六年己丑科进士，入选国史院庶吉士。	［清］成瓘纂修:《(道光)济南府志》卷42《选举四·国朝进士》，道光二十年刻本，第6页。
	姜图南、焦毓瑞、朱绂、杨旬瑛、刘嗣美五人，由国史院庶吉士授职监察御史。注：姜图南等五人均是顺治六年己丑科进士。	［清］黄叔璥撰:《国朝御史题名》，见《续修四库全书》第751册，第300页。
	焦毓瑞，“登顺治丁亥会试，己丑殿试，刘子壮榜，于国史院庶吉士，改监察御史”。	［清］钟运泰修:《(康熙)章丘县志》卷5《选举志·进士》，康熙三十年刻本，第4页。
	《贵池县志·序》:“整饬池太等处兵备兼理钱粮驿传江南提刑按察使司副使、前吏科左给事中户科右给事中内翰林国史院庶吉士周体观序。”周体观，顺治六年己丑科进士，入选翰林国史院庶吉士。	［清］李愈昌修:《(康熙)贵池县志·序》，康熙三十一年刊本，第7页。
顺治九年壬辰科	“张溍，磁州人，前大司马镜心之子，顺治己丑进士，授内弘文院庶吉士。”张溍不是顺治六年己丑科进士，而是顺治九年壬辰科进士，入选内弘文院庶吉士。①	［清］李卫修:《(雍正)畿辅通志》卷81，见《文渊阁四库全书》第505册，第911页下栏。另参见陈廷敬撰《午亭文编》卷47《故明前兵部尚书张公墓碑铭》(《文渊阁四库全书》第1316册，第691页上栏)。
	“公讳镜心，字孝仲，号湛虚……子六：沅，官生；溯，岁贡生，秦淑人出；(张)溍，壬辰进士，内翰林弘文院庶吉士，赠文林郎翰林院编修……”据此可知，张溍是顺治九年壬辰科进士，入选弘文院庶吉士。	［清］汤斌撰:《汤子遗书》卷7《前兵部尚书湛虚张公墓志铭》，见《文渊阁四库全书》第1312册，第569～571页。

（续表）

科年	清初庶吉士隶属关系资料	资料出处
顺治九年壬辰科	汤斌，顺治九年，“成进士，改宏文院庶吉士”。可见，汤斌是顺治九年壬辰科进士，入选宏文院庶吉士。	[清]徐乾学:《工部尚书汤公神道碑》，见《碑传集》卷16，第452页。另见王廷灿撰:《潜庵先生年谱》，见《北京图书馆藏珍本年谱丛刊》第77册，第100页。
	韩庭芑，顺治九年，“举礼部，改内翰林宏文院庶吉士，授工科给事中”。	[清]王士祯:《整饬天津海防道山东按察司副使韩公庭芑墓志铭》，见《碑传集》卷80，第2285页。
	“陈彩，字美公，南海人，顺治壬辰进士，选宏文院庶吉士，转秘书院编修。”	[清]陈昌齐修:《(道光)广东通志》卷286《列传·陈彩》，见《续修四库全书》第675册，第35～36页。
	“程邑，内翰林宏文院庶吉士，改江苏苏州府教授。”程邑，江南上元人，顺治九年壬辰科进士。	[清]何应松修《(道光)休宁县志》卷11《仕宦》，道光刊本。
顺治十二年乙未科	邱象升，“甲午，举于乡，明年（顺治十二年乙未）成进士，选内翰林宏文院庶吉士”。	[清]李澄中:《侍讲邱公象升传》，见《碑传集》卷44，第1210页。
	陈鼓永，“顺治乙未年进士，授内翰林宏文院庶吉士”。可见，顺治十二年乙未科进士陈鼓永入选内翰林宏文院庶吉士。	[清]郑沄修:《(乾隆)杭州府志》卷82《人物一·名臣》，乾隆刻本，第5页。
	“余同年友学士沈君东田……己未成进士，与余同入史馆……君讳朝初，字洪生，东田其别号……显考讳世奕，顺治乙未进士，由翰林国史院庶吉士授编修。”据此判断，沈朝初之父沈世奕，顺治十二年乙未科进士，入选翰林国史院庶吉士。	[清]李绂撰:《穆堂初稿》卷25《墓志铭·翰林院侍读学士沈公墓志铭》，见《续修四库全书》第1421册，第505页。

（续表）

科年	清初庶吉士隶属关系资料	资料出处
顺治十五年戊戌科	桐城张英撰《给谏王先生传》："先生名曰高，……辛卯举乡荐，成顺治乙未进士，不及殿策而孺慕情殷，先拜慰于堂下矣。越三年戊戌擢二甲，授内弘文吉士。"弘文吉士是弘文院庶吉士的简称。王曰高，顺治十五年戊戌科进士，入选弘文院庶吉士。	[清]王世臣修：《(康熙)茌平县志》卷5《艺文》，清康熙四十九年刻本，第3页。
	吕显祖……顺治十五年登进士第，改宏文院庶吉士，以母病假归，以念母得疾。又闻世祖章皇帝宾天，大恸，显祖遂不起……	[清]徐宗幹修：《(道光)济宁直隶州志》卷8之3《人物志三》，咸丰九年刻本，第27～28页。
	吴本植，"丁酉举于乡，戊戌成进士，选内弘文院庶吉士，己亥充同考官"。吴本植，顺治十五年戊戌科进士，入选弘文院庶吉士。	[清]吴汝纶撰：《深州风土记》卷11下之下，光绪二十六年刻本，第32～33页。
顺治十六年己亥科	郑日奎，"登徐元文榜进士，初授国史院庶吉士"；"顺治己亥进士，选国史院清书庶吉士，改工部屯田司主事"。	[清]周镗元修：《(康熙)广信府志》卷18《人物志·宦业》，康熙五十二年刻本，第102～103页。[清]胡宗简修：《(道光)贵溪县志》卷22《人物·宦业》，道光四年刻本，第45页；另见[清]杨长杰修：《(同治)贵溪县志》卷8《人物志》，同治十年刻本，第30页。
	"杨氏之先……吾祖生吾世父讳大鲲……世父顺治十六年进士，选内宏文院庶吉士，累迁嘉议大夫山东按察使司按察使。"据此可知：杨大鲲，顺治十六年己亥科进士，入选内宏文院庶吉士。	[清]杨椿撰《孟邻堂文钞》卷15《杨氏家传》，见《续修四库全书》第1423册，第189～192页。
顺治十八年辛丑科	"赐进士出身承德郎右春坊中允兼翰林院编修、庚戌己未两充殿试受卷官、纂修玉牒内国史院编修、内弘文院庶吉士、己酉云南正主考治年家眷侍生郑开极顿首拜撰文。"据此可知，顺治十八年辛丑科进士郑开极，入选内弘文院庶吉士。	[清]范承谟撰：《范忠贞集》卷1《谕祭文·忠贞范公祠堂碑记》，见《文渊阁四库全书》第1314册，第14页。

（续表）

科年	清初庶吉士隶属关系资料	资料出处
康熙三年甲辰科	陈论，字谢浮，号丙斋，“顺治丁酉举人，辛丑进士，康熙甲辰（三年）授内弘文院庶吉士，改检讨”。据此可知，陈论，顺治十八年会试中式，康熙三年补殿试，成进士，入选内弘文院庶吉士。	［清］陈确撰：《乾初先生遗集》诗集卷4《七言古诗・赠论弟髫年采芹》，见《续修四库全书》第1395册，第370页。
	劳之辨，“康熙癸卯登贤书，甲辰成进士，释褐，选宏文院庶吉士。丙午，散馆改部属”。	［清］杨瑄：《督察院左副都御史诰授中宪大夫劳公之辨墓志铭》，见《碑传集》卷20，第660页。
	卫既齐，康熙三年，“成进士，选内宏文院庶吉士，授翰林院检讨”。	［清］李振裕：《巡抚贵州右副都御史猗氏卫公既齐墓志铭》，见《碑传集》卷66，第1894页。
	“君讳澄，字蓉川……祖考讳元龙，（康熙）甲辰进士，弘文院庶吉士，累迁工部都水司郎中……”据此可知，康熙三年甲辰科进士吴元龙，入选弘文院庶吉士。	［清］沈大成撰：《学福斋集》文集卷16《正四品荫生蔗田吴君合葬墓志铭》，清乾隆刻本，第14页。
	“邵远平……登康熙甲辰科进士，选内宏文院庶吉士，散馆改户部主事。”	［清］郑沄修：《（乾隆）杭州府志》卷82《人物一・名臣》，乾隆刻本，第8页。
	“忠孝祠：偏沅巡抚李乾德、巡抚何腾蛟于崇祯末建于爱莲池之左仓隙地，祀殉难河南新郑县知县乡绅刘孔晖……弘文院庶吉士车万育记。”车万育是康熙三年甲辰科进士，入选弘文院庶吉士。	［清］梁碧海主修：《（康熙）宝庆府志》卷16《秩祀志》，康熙二十四年刻本，第6～7页。
康熙六年丁未科	“不孝英（‘英’指‘张英’），中康熙丁未科进士，钦授内弘文院庶吉士。”据此可知，康熙六年丁未科进士张英入选内弘文院庶吉士。	［清］张英撰：《文端集》卷43《先考诰赠光禄大夫文华殿大学士加二级前敕封文林郎内弘文院庶吉士拙庵府君行述》，见《文渊阁四库全书》第1319册，第696～699页。
	“余念自先文端（注：‘文端’指‘张英’）以弘文院庶吉士洊登相位，掌院事者十二年。廷玉无似，继文端后亦起家庶常，迄于今职掌院事者又二十四年矣。”	［清］张廷玉：《序》，见沈廷芳编著：《国朝馆选录》，清刻本。

（续表）

科年	清初庶吉士隶属关系资料	资料出处
康熙六年丁未科	康熙六年，“子厚选弘文院庶吉士，慨然有志于经世之学。己酉，授兵科给事中”。子厚是庶吉士王曰温的字。	［清］汤斌：《翰林院提督四译馆太常寺少卿王公曰温墓志铭》，见《碑传集》卷53，第1514页。
	唐朝彝，“福建平和人，康熙丁未进士，由弘文院庶吉士改广西道御史”。	［清］黄叔璥撰：《国朝御史题名》，见《续修四库全书》第751册，第307页下栏。
	“唐朝彝……铜山人，领康熙丙午乡荐，丁未成进士，选内弘文院庶吉士，习满书，散馆授广西道御史。”	［清］林登虎等纂修：《（康熙）漳浦县志》卷15《人物志》，康熙刻本，第69页。
	“谢兆昌……康熙六年成进士，授宏文院庶吉士，八年迁广东道监察御史。”	［清］于万川修：《（光绪）镇海县志》卷23《人物传》，光绪五年刻本，第11～12页。
康熙九年庚戌科	康熙九年，“公（注：指张鹏翮）二十二岁。会试中式，赐进士出身，授内宏文院庶吉士”。	［清］张知铨撰：《遂宁张文端公年谱》（张鹏翮年谱），见《北京图书馆藏珍本年谱丛刊》第86册，第272～273页。
	许汝霖《礼部尚书李醒斋公墓志铭》：“公讳振裕……顺治庚子年十九举于乡，康熙庚戌捷南宫，选内宏文院庶吉士。……戊午授翰林院检讨。”据墓志铭所记，康熙九年庚戌科进士李振裕入选宏文院庶吉士。	［清］彭际盛等总修：《（光绪）吉水县志》卷58《艺文志》，光绪三年刻本，第36～37页。
	“赐进士出身光禄大夫经筵讲官户部尚书加三级前刑工两部尚书吏部左右侍郎兼翰林院学士……甲子陕西正主考、右春坊右中允兼翰林院编修翰林院检讨、己未会试同考、翰林院内宏文院庶吉士水门生李振裕顿首拜撰文。”这一史料也提及康熙九年庚戌科进士李振裕曾是宏文院庶吉士。	［清］卫既齐：《廉立堂文集》之《附》《诰授通奉大夫巡抚贵州都察院右副都御史卫公墓志铭》（附在卷12《祭文》之后），乾隆刻本，第1页。
	孔兴釪，“山东曲阜人，康熙庚戌进士，由弘文院庶吉士改江南道御史”。	［清］黄叔璥撰：《国朝御史题名》，见《续修四库全书》第751册，第307页下栏。

（续表）

科年	清初庶吉士隶属关系资料	资料出处
康熙九年庚戌科	"（康熙）庚戌九年春，授进士孔兴釪内弘文院庶吉士。"	［清］潘相修:《（乾隆）曲阜县志》卷32《通编第三》，乾隆三十九年刻本，第2页。
	"刘恒祥……庚戌进士，初授内宏文院庶吉士，散馆任户部广东司主事。"	［清］韩志超总修:《（光绪）蠡县志》卷6《人物志》，光绪二年刊本，第21页。

备注：①《（雍正）畿辅通志》《午亭文编》均记载：张溍，顺治六年己丑进士；《汤子遗书》则记载：张溍，顺治九年壬辰进士。据《明清进士题名碑录索引》可知：张溍，河南磁州人，顺治九年壬辰科二甲第21名。《（雍正）畿辅通志》《午亭文编》弄错张溍中式进士的时间。清代有将中式贡士者，称作"中式进士"。因此，我们推测张溍可能是顺治六年会试中式贡士，顺治九年补殿试，入选庶吉士。

我们所见的典籍中，最早记载清初庶吉士隶属于弘文院的是王士正《居易续谈》。王士正记载道：

> 本朝新进士传胪后，自鼎甲授翰林修撰、编修外，余皆引见，钦选庶吉士，分清汉书，与鼎甲三人一体教习……三院者，国史、秘书、宏文院也。庶吉士则专隶宏文。既设内阁，遂罢三院不设，而别立翰林院，以学士掌之。①

此后，一些官私著述也记载清初庶吉士隶属内弘文院。如《皇朝词林典故》记载：顺治"九年七月给事中高辛允奏准，按直省大小，选汉庶吉士……谨按：庶常，国初隶内弘文院，本无定员，自是年后，历科因地才，递有增减"②。

《养吉斋丛录》转载："国初，庶常隶内弘文院，专设翰林院后，乃隶翰林。雍正十二年（1734），拨给官房为庶常馆。"③

《清史稿》也记载："庶吉士旧隶内弘文院，后设本院，始来属。雍正十三年，建庶常馆。"④

王士正，初名士禛，改名士祯，顺治十五年戊戌科进士，长期在京为

① ［清］王士正:《居易录谈·居易续谈》，见《丛书集成初编》，中华书局，1985年，第2824册，第37～38页。

② 《皇朝词林典故》卷19《官制·馆选》，第14～15页。

③ 《养吉斋丛录》卷2，第24页。

④ 《清史稿》卷115《职官二·翰林院》，第3311页。

官。其对顺治至康熙初年庶吉士隶属关系的记载，应有一定的可靠性。只是此处王士正所记庶吉士的隶属关系，可能是清初定制时期的隶属关系，没有包括顺治初年三科庶吉士隶属内翰林国史院的事实。否则，王士正所记就相矛盾。王士正记载：王熙，顺治四年丁亥科进士，改国史院庶吉士（见表 3–1）。这与其所记清初“庶吉士则专隶宏文”相矛盾。其实只有明了清初庶吉士隶属关系之变化，才能看出问题之症结。依据王士正等人的记载，参照表 3–1 所列庶吉士隶属个案，我们推断：庶吉士不是分隶于内三院，而是先隶属内翰林国史院，后改为隶属内翰林弘文院。具体而言，顺治初的三科庶吉士以及明末崇祯十六年癸未科部分进士、庶吉士归入清代庶吉士行列的，均隶属内翰林国史院。从顺治九年壬辰科开始，至康熙九年庚戌科[①]，庶吉士则改为隶属内翰林弘文院。之所以有此推断，是由于我们在查找相关文集、传记、年谱等文献资料时，没有看到顺治初年三科庶吉士有隶属于秘书院、弘文院的个案，也没有看到顺治九年至康熙九年有庶吉士隶属秘书院的个案。顺治九年壬辰科以来，我们见到两例隶属翰林国史院的个案：（一）沈朝初之父沈世奕，“顺治乙未进士，由翰林国史院庶吉士授编修”；（二）郑日奎，顺治十六年己亥科进士，“入选国史院庶吉士”（见表 3–1）。

虽然王士正记载有误，但他说在内三院时期，“庶吉士则专隶宏文”，反映庶吉士并没有分隶内三院。

我们查阅的文献，没有见到庶吉士分隶内三院的个案；通过检索《中国基本古籍库》《方志库》[②]，也没有找到庶吉士隶属内翰林秘书院之例，也没有找到顺治三年丙戌科、四年丁亥科、六年己丑科 3 科有庶吉士隶属于内翰林弘文院的个案。因此，我们认为李绂弄错了庶吉士沈世奕的隶属关系。《（康熙）广信府志》记载的郑日奎，“初授国史院庶吉士”，也是弄错了庶吉士郑日奎的隶属关系。清代贵溪县隶属广信府，《（道光）贵溪县志》《（同治）贵溪县志》记载的郑日奎，“选国史院清书庶吉士”，应主要根据《（康熙）广信府志》。

总之，根据官私著述的记载，再结合清初（具体而言，指顺治三年至康熙九年）10 科庶吉士隶属个案，我们推断清初庶吉士不是同时分隶于内

---

① 康熙九年四月馆选（见《清圣祖实录》卷 33，康熙九年四月乙卯，第 1 册，第 443 页）。康熙九年八月撤内三院，复设内阁、翰林院。根据张鹏翮年谱等文献资料，我们推断：康熙九年庚戌科庶吉士，在康熙九年八月前仍隶属内弘文院，而康熙九年八月之后归入翰林院。

② 刘俊文总纂：《中国基本古籍库》《方志库》，北京爱如生数字化技术研究中心研制，电子出版物数据中心、黄山书社出品。

三院，而是仅隶属一院，只是隶属的衙门发生变化，先隶属于内翰林国史院，后改为隶属于内翰林弘文院，即顺治初年三科庶吉士隶属于内翰林国史院，顺治九年壬辰科就将庶吉士改为隶属于内翰林弘文院。

由于清初十科庶吉士，仅前3科庶吉士隶属于内翰林国史院，而后7科庶吉士隶属于内翰林弘文院，因此，王士正等人在记载清初庶吉士的隶属关系时，可能就只记载清初定型时的庶吉士的隶属关系，而忽略了清初前3科庶吉士的隶属关系。《皇朝词林典故》可能沿用了王士正等人的观点，而《养吉斋丛录》《清史稿》则很可能沿用了《皇朝词林典故》的观点。

二　培养场所：由翰林院到庶常馆

（一）培养场所：翰林院

康熙九年八月，“复改内三院为内阁，置翰林院”[①]。从此，一直至清末，沿袭明朝定制，庶吉士均隶属翰林院。因此，庶吉士的正式称呼为翰林院庶吉士。

庶吉士隶属翰林院之后，就在翰林院院署内培养、学习。“往时教习庶吉士未有专馆，就院中闲旷屋宇及大堂廊庑居之，以为肄业之所。”[②]“往时”指雍正十一年之前。当时，没有培养庶吉士的专用场所，而是利用翰林院的“闲旷屋宇”作为教习场所。一些经济条件差，租不起住房的庶吉士，就住在翰林院院署内。如周起渭，康熙三十三年，“殿试三甲，改翰林院庶吉士。贫不能赁屋，与同年生吴宣臣、朱若瞻、殷梦五同寓院署”[③]。

（二）培养场所：由翰林院到庶常馆

1. 庶常馆的设立

明代确立庶吉士制度以来，庶吉士一般在翰林院进学。清代康熙年间沿袭这一做法。雍正帝也强调庶吉士在翰林院进学，雍正十一年五月初二日，谕内阁（实录是“谕翰林院”）：

> 教习庶吉士，所以造就人材，使之沉潜经籍，涵泳艺林，可以典制诰之文，鸣国家之盛也。从前庶吉士皆就翰林院读书，教习大臣不时策励，是以身心约束，学殖易增，馆阁之间，蔚然称盛。朕意今科选拔庶常，仍令在翰林院衙门读书，俾教习诸臣得以朝夕训课，兼厚给廪饩，

---

① 《词林典故》卷2《官制》，见《文渊阁四库全书》第599册，第458页。

② 《词林典故》卷6下《廨署·教习馆》，见《文渊阁四库全书》第599册，第606页。

③ ［清］陈田：《周渔潢先生年谱》，见《北京图书馆藏珍本年谱丛刊》第89册，第11页。

资其膏火，庶几枕经葄史，文藻可观，克称词臣珥笔之职。其应查照前例，及如何加与廪给之处，著酌议具奏。[①]

雍正帝仍令庶吉士在翰林院读书，便于教习和培养，同时令内阁讨论庶吉士廪饩之事。

雍正十一年八月，“大学士管翰林院掌院事张廷玉等遵旨议奏：‘新科庶吉士，蒙恩议给廪饩，谨酌每月各给银四两五钱，其器用什物，向工部支取，并拨给官房一所，为教习馆，令庶吉士等肄业其中。新刊上谕，每人各赐一部，内府所刊经史诗文，每种颁发三部，永远存贮馆内，以资课习。’从之”[②]。

大学士管翰林院事张廷玉遵照雍正帝的谕旨，与翰林院等衙门官员讨论庶吉士的廪饩之事，同时奏请“拨给官房一所，为教习馆，令庶吉士等肄业其中”。这一建议获得雍正的认可。从此，庶吉士的培养场所从翰林院独立出来，另辟专用场所，即庶常馆。《词林典故》记载：

往时教习庶吉士未有专馆，就院中闲旷屋宇及大堂廊庑居之，以为肄业之所。世宗雍正十一年特赐官房一区，于正阳门内迤东，当翰林院之西南，相去不一里，面城南向。门再重，外门三楹，榜曰“恩赐教习庶常馆”。二门内左右为厢，各三楹；堂三楹西向，堂之侧东西屋各一楹；堂后左右厢各三楹，东楹为学掌厅，其西楹吏人居之；后为堂复五楹，堂侧东西屋如外制，东西厢各有楼，上下各三楹；后堂之内复有楼，凡五楹，以贮赐书。自中后堂为教习庶吉士之大臣讲课之所，余东西从房，皆庶吉士居之。[③]

《词林典故》记载了庶常馆的位置及内部结构等。庶常馆位于正阳门内的东面，在翰林院的西南面，距翰林院仅一里的路程。这就是说，培养庶吉士的场所独立出来，但离翰林院比较近，便于教习、培养。

2. 庶常馆的变迁

庶常馆作为培养庶吉士的专用场所，历来受到朝廷的重视，但也有年

① 《世宗宪皇帝上谕内阁》卷 131，雍正十一年五月初二日，见《文渊阁四库全书》第 415 册，第 662 页。另见《清世宗实录》卷 131，雍正十一年五月癸未，第 2 册，第 699 页。

② 《清世宗实录》卷 134，雍正十一年八月丙辰，第 2 册，第 727 页上栏。

③ 《词林典故》卷 6 下《廨署・教习馆》，见《文渊阁四库全书》第 599 册，第 606 页。

久失修之时。乾隆三十二年（1767）六月十七日，庶吉士教习钟音、王际华奏请：

> 请旨事。伏查从前各科庶吉士俱在翰林院读书，雍正十一年荷蒙世宗宪皇帝垂念馆选人数众多，赏给官房一所，为教习庶常馆，俾皆就馆肄业。在多士藏修有地，且得互相砥砺，功力易专，而司教者随时考稽，亦便于课习，甚为有益。近科以来，因馆舍渐就损坏，难以居住，庶常各皆散处。屋宇闲旷，势将日就倾圮……
>
> 今庶常馆为培养人材之地，似宜及时修葺，复完旧制，以广乐育而翊休明。臣等伏查馆舍原系一百六十间，阅今三十余年，未经修葺，中间复因回禄，现存仅一百一十三间，内惟厅堂及供奉先师孔子后楼共三十余间为会课齐集，朔望行礼之地，尚称完好，止须粘补外，其余东西住屋实皆破漏难居。合无仰恳皇上天恩敕下总理工程大臣，将损坏及回禄处所一律确估兴修，俾多士仍得敬业乐群，益勉就将，而臣等亦得时亲启迪，以仰副我皇上造就人材之至意。再查馆后一层地临东江米巷，近接市廛，应请改为铺面取租，为每岁零星粘补之费。至该馆向无专司之员，此次重修之后，应即交与提调经理，一应房间门窗及铺面收租之处，设立清档。凡庶常居住，提调更换，俱公同交代，庶可杜作践因循之弊，以垂永久。是否有当，伏祈皇上训示遵行。为此谨奏。

乾隆御览此份奏折之后，朱批："交傅恒、三和等查办。"[①]

据相关资料可知，在庶吉士教习钟音、王际华的奏请下，乾隆帝诏令修缮庶常馆。修缮后的庶常馆焕然一新。戴璐记载："庶常馆久不修葺，吉士恒不进馆，乾隆丙戌王文庄公充大教习，奏请重修，焕然一新。"[②]

此后，对庶常馆不定期进行修葺。如光绪二年（1876），"重修翰林院及庶常馆"[③]。

庶常馆是培养庶吉士的地方，同时也为庶吉士提供住宿。初设庶常馆时，可能有不少庶吉士住宿在庶常馆，但没过几年，庶吉士一般不愿住在庶常馆。乾隆五年（1740）闰六月的一份奏单就反映了这一情况。这一奏

---

① 《教习庶吉士钟音、王际华奏请修葺庶常馆》，见《乾隆朝军机处录副奏折》，乾隆三十二年六月十七日，中国第一历史档案馆档号：03-1125-023。

② ［清］戴璐：《藤阴杂记》卷2，见《续修四库全书》第1177册，第400页。

③ ［清］缪荃孙：《艺风老人年谱》，见《北京图书馆藏珍本年谱丛刊》第180册，第690页。

单的内容是：

> 前门内有庶吉士教习馆系奉世宗宪皇帝特旨将官房修葺，令诸庶吉士肄业其中，房屋宽大洁净，既可省赁房之费，又恩给每人膏火之资。原欲伊等读书讲学，犹百工居肆之意，乃今在内居住者止四五人，其余另有书馆者原不必居此，而或有领支膏火银两，竟在外结朋饮酒。逢教习馆课之日，有倩人代作者，不特虚靡钱粮，亦大负世宗宪皇帝教育之恩意矣。今年正月间，内中房屋因失火烧坏数间，未经修理，今住者既少，渐至坍毁，人共惜之。[①]

庶常馆设立于雍正十一年，乾隆五年在庶常馆居住的庶吉士才四五人，这四五人应是乾隆四年己未科庶吉士。乾隆四年己未科选拔了63名庶吉士。可见，离庶常馆设立才7年时间，绝大多数庶吉士就没有住在庶常馆了。

蒋元益自撰年谱记载：乾隆十年四月，殿试二甲，入选翰林院庶吉士。八月假归，十月抵家。十一年（1746）三月，挈眷由水路赴京。五月，“抵京师，僦屋以居。馆课之外，与同年六七人另结诗社，十日一举，作诗赋各一”。十三年五月，散馆，授职编修。[②]据蒋元益自撰年谱可知，其在庶吉士期间，没有住在庶常馆，而是另租房居住。

张问陶年谱记载：乾隆五十五年四月，张问陶中式进士，改庶吉士。乾隆五十六年二月，乞假，出都；五月归四川遂宁。乾隆五十七年（1792）十一月，携带眷属赴京，乾隆五十八年二月，“抵都，寓居官菜园上街”；四月，参加散馆考试，授职检讨。[③]据张问陶年谱可知，张问陶在庶吉士期间，在京不足一年，大部分时间在归省途中和四川老家。他直到散馆前才回到京城。由于携带眷属，回到京城，不是住在庶常馆，而是寓居官菜园上街。

钱大昕年谱记载：乾隆十九年（1754），“殿试第二甲四十名，保和殿御试，钦取一名。圆明园引见，特改翰林院庶吉士……是岁，移寓横街，

---

① 《呈前门内庶吉士教习馆现在情形单》，乾隆五年闰六月，见《宫中朱批奏折》，中国第一历史档案馆档号：04-01-38-0181-007。

② ［清］蒋元益：《时庵自撰年谱》（蒋元益年谱），见《北京图书馆藏珍本年谱丛刊》第98册，第388～393页。

③ ［清］蔡坤：《张船山先生年谱》（张问陶年谱），见《北京图书馆藏珍本年谱丛刊》第127册，579～583页。

读汉书”[1]。钱大昕入选庶吉士之后，也没有住在庶常馆，而是移居横街。

乾隆三十二年教习钟音、王际华在奏请修缮庶常馆时提及：“近科以来，因馆舍渐就损坏，难以居住，庶常各皆散处。”其意是：初设庶常馆时，不少庶吉士住在庶常馆。由于庶常馆失修，难以居住，庶吉士才自找住所。这可能与事实不一定相符。因乾隆五年时，离庶常馆设立才几年，庶吉士就大多在外居住。当然，不能据乾隆五年在庶常馆居住的人数，就得出此后在庶常馆居住的人数不多的结论。因为，此后也有居住增多的可能性。

乾隆三十二年对庶常馆进行了大的修整，可能又有不少庶吉士住进庶常馆。如乾隆五十五年庚戌恩科状元石韫玉记载：

> 教习大臣每月聚庶常之士而课之，同堂而食，列舍而居。如是者三年，然后散馆，或留或去，悉出上裁。[2]

石韫玉提到“列舍而居”，反映了乾隆后期在庶常馆住宿的庶吉士还不少。乾隆后期有些庶吉士是临近散馆才住进庶常馆。乾隆之后，庶吉士大多可能不住在庶常馆，只有少部分庶吉士入住，而且往往是临近散馆才住进庶常馆。[3]

道光元年十月，监察御史牟惇儒上奏：“请申明庶吉士大课之例……定例每月在馆大课一次……乃行之日久，渐就废弛。每遇课期并不在馆考试，仅由大教习发给题目，庶吉士各在寓所缮就课卷，令馆役送大教习宅内听候批发。”[4]从牟惇儒的这一奏折可知，嘉道年间，由于庶吉士不在庶常馆居住，连大课也不在庶常馆进行。大课时，将考题送到庶吉士的寓所。

阮元，乾隆五十四年，“殿试二甲第三名，赐进士出身。朝考钦取第九名，引见，改翰林院庶吉士……旋充《万寿盛典》纂修官、国史馆、武英殿纂修官。冬十二月，散馆期近，入宿庶常馆读书”。乾隆五十五年四

---

① ［清］钱大昕：《钱辛楣先生年谱》（钱大昕年谱），见《北京图书馆藏珍本年谱丛刊》第105册，第477～478页。

② ［清］石韫玉：《独学庐四稿》卷4《乾隆癸丑同馆图跋》，见《续修四库全书》第1466册，第717页。

③ 《监察御史牟惇儒奏请申明庶吉士大课之例以励人才事折》，见《道光朝军机处录副奏折》，道光元年十月二十七日，中国第一历史档案馆档号：03-3650-071。

④ 同上。

月散馆，“钦取一等第一名，授职编修。迁寓外城扬州会馆”[①]。阮元是在散馆前几个月入住庶常馆，准备散馆考试。

嘉庆年间，一些庶吉士也是临近散馆才入住庶常馆。如汤金钊在《陈恭甫同年乞假南归见示留别诗隐然有高蹈之志报章赠行兼以箴之》一诗中就反映了这种情况：

> 雅材膺懋简（是年散馆改部，复留者君居其一），士论翕然乎。鼎养方烹雉，衡栖忍食鲈。南陔诚眷恋，北阙亦踟躇。归读书千卷，匡时著远谟。经年芸馆聚（散馆前同寓庶常馆），昕夕喜追随。问字无人并，谈心许我知。悠悠千载意，落落两情期。挥手挂帆去，秋风何限思。[②]

恭甫，是陈寿祺之字。汤金钊与陈寿祺，是嘉庆四年己未科进士、庶吉士，嘉庆六年散馆均授职编修。这首诗是汤金钊为陈寿祺赠行之作。诗中提到“经年芸馆聚（散馆前同寓庶常馆）”，反映了汤金钊与陈寿祺等人在散馆前同寓庶常馆。

一般情况下，只是少部分庶吉士居住在庶常馆，大多自己则租赁住房。嘉庆十九年甲戌科庶吉士祁寯藻后来追记道：

> 嘉庆戊寅（注：二十三年）之岁，同居庶常馆者六安沈舜卿巍皆、贵筑张晓瞻日晸、桂林周蔼余贻徽、平度陈小瀛肇、泾阳徐熙莽法绩、清苑王晓林植及余凡七人，其六人皆丁丑（注：二十二年）同年，余则甲戌（注：十九年）庶常补散馆者也。明年己卯七人者皆以优等授职编修，且考列名次亦相联属，于是同馆传为佳话，谓近科所罕见。自是聚散不常，宦迹亦异。余既承乏内廷，蔼余、小瀛先后转侍御，舜卿服阕亦补侍御，晓林、熙莽连年忧居，困阨相似，顷乃次第来都，而蔼余又先以忧去官。今年晓瞻以京察例得外任，念曩者聚首之乐，诚不可忘，爰为芸馆读书图，属同人赋诗纪事。窃思之七人者东西南北生不同居，幸际休明，盍簪词馆。情谊之厚，有如弟昆，即今相忆，已感离索，他日披图能不怀哉？道光七年岁在丁亥四月十五日记。[③]

---

① ［清］张鉴等编：《雷塘庵主弟子记》（阮元年谱）卷1，见《北京图书馆藏珍本年谱丛刊》第128册，第477～478页。

② 《两浙輶轩续录》卷20，见《续修四库全书》第1685册，第519页。

③ ［清］祁寯藻：《䜩䜣亭集》卷12《古今体诗·芸馆读书图并序》，见《续修四库全书》第1521册，第648页。

可见，嘉庆二十三年（1818）在庶常馆居住的庶吉士才祁寯藻等7人，而参加第二年散馆的庶吉士有64人（参见附表四　清代散馆等第名次及授职表）。祁寯藻是在丁忧之后，于嘉庆二十三年六月，“入都，寓庶常馆，习诗赋”[①]。与祁寯藻同寓庶常馆的陈肇也是嘉庆二十三年住进庶常馆，他也追记：

> （嘉庆二十二年）殿试二甲，朝考入选，引见钦点翰林院庶吉士。八月告假回里……（嘉庆二十三年正月），进京，寓庶常馆。每五更起，拈题课诗赋，甫明，即脱稿。敝裘不耐夜寒，则以羊皮褥覆膝焉。与前辈祁春浦，同年沈舜卿、王晓林、张晓瞻、周霭余、徐熙盦会课，学益进，绘为芸馆读书图。[②]

陈肇提到的祁春浦，是祁寯藻。可见，祁寯藻、陈肇等7人同寓庶常馆，习作诗赋，不时“会课”，学业日进，散馆成绩优等，均留在翰林院为官。

光绪年间仍有部分庶吉士在散馆前住进庶常馆，准备散馆考试。吕凤岐记载自己在庶常馆的情况：

> （光绪三年）殿试卷初拟一甲，读卷官别有注意，改置二甲二十二名，拟即请归本班，宝师止之，朝考钦取一等第一名……改翰林院庶吉士。六月充国史馆协修官。九月在本衙门告假，回籍营葬……（五年十二月）十三日，抵京，寓醋章胡同，本衙门销假……（六年）正月，约严礼卿同年（名家让，含山人），居庶常馆。四月，散馆一等第六名。五月朔，引见，与礼卿同授编修。[③]

光绪三年丁丑科庶吉士吕凤岐与严家让直到散馆前的光绪六年正月，才住进庶常馆，四月参加散馆考试。

据以上这些个案，我们推测，乾隆之后，庶吉士一般不在庶常馆居

---

① ［清］祁寯藻编，祁世长续编：《观斋行年自记》（祁寯藻年谱），见《北京图书馆藏珍本年谱丛刊》第146册，第542页。

② ［清］陈肇：《四留山人自记》（陈肇年谱），见《北京图书馆藏珍本年谱丛刊》第146册，第134～135页。

③ ［清］吕凤岐：《石柱山农行年录》（吕凤岐年谱），见《北京图书馆藏珍本年谱丛刊》第173册，第393～398页。

住，部分庶吉士直到散馆前的一年或几个月，才住进庶常馆。他们住进庶常馆之后，努力攻读，习作诗赋，以求在散馆时取得好的名次。当然一些经济比较拮据的庶吉士有可能从入选到散馆一直住在庶常馆。

（三）培养场所：由庶常馆到进士馆

光绪二十七年签订的《辛丑条约》将庶常馆划入使馆界，庶常馆失去地基。光绪二十八年（1902）三月，大学士翰林院掌院学士教习庶吉士宗室昆冈等上奏言及此事：

> 庶吉士散馆今年应否举行具奏请旨事。查庶吉士散馆向由翰林院办理，每逢会试之年于四月十八日考试，历经遵办，今年补行辛丑科会试，已奉上谕改至明年举行，其庶吉士散馆或并改至明年，抑今年先行举办，尚未奉明诏。庚子年（注：光绪二十六年）后教习庶常馆划在扩充各国使馆界内，该馆已无地基，庶吉士多告假回籍措资，现在京食俸者不过十数员，余具未回京销假。如今年举行散馆应请于何日考试之处，先期明降谕旨，庶告假各员早行回京，不误试期。所有庶吉士散馆应于明年或今年举行之处，谨合词缮折具奏请旨，伏乞皇太后、皇上圣鉴训示，谨奏。[①]

这一文献中的庚子年是光绪二十六年（1900）。《辛丑条约》签订，庶常馆失去地基，可能将庶常馆移到宣武门内头发胡同。王德昭记载：

> 清代翰林院原在御（玉）河桥西岸，当东交民巷中靠北一段。庶吉士肄业之所，庶常馆亦在东交民巷，近正阳门（前门）。其地在庚子拳变时曾有战事，翰林院被毁。辛丑和约后，东交民巷划入使馆界，清政府因移翰林院于西长安门三座门，而在宣武门内头发胡同设庶常馆。[②]

由于光绪二十八年之后的清末最后两科庶吉士是送进士馆学习，因而是否如王德昭所记，庶常馆改设在宣武门内头发胡同，还有待进一步考证。即使在宣武门内头发胡同设庶常馆，庶吉士也没有入庶常馆学习，而是在进士馆学习。

光绪二十八年十一月戊午，谕内阁：

---

① 《掌院学士昆冈奏请庶吉士散馆应否举行请旨折》，见《光绪宣统两朝军机处录副奏折》，光绪二十八年三月初五日，中国第一历史档案馆档号：03-7204-013。

② 王德昭：《清代科举制度研究》，北京，中华书局，1984 年，第 261 页。

储才为当今急务，叠经明降谕旨，创办学堂，变通科举。现在学堂初设，成材尚需时日。科举改试策论，固异帖括空疏，惟以言取人，仅能得其大凡，莫由察其精诣。进士为入官之始，尤应加意陶成，用资器使，著自明年会试为始，凡一甲之授职修撰、编修，二三甲之改庶吉士，用部属、中书者，皆令入京师大学堂，分门肄业。①

这道谕旨诏令从光绪二十九年癸卯科开始，一甲进士与庶吉士入京师大学堂学习。实际是一甲进士与庶吉士没有入京师大学堂学习，而是到进士馆学习。刘锦藻记载："光绪壬寅，谕新进士皆令入京师大学堂肄业。嗣于太仆寺街别立进士馆，不隶于大学堂。癸卯、甲辰两科进士入焉。"②

第三节　清代翰林院庶吉士分清汉书培养

满洲人作为清朝的统治者，要实现对全中国的有效统治，必须得到汉人士子的支持和配合。开科取士是获得汉人士子支持和配合的最好办法，因此，满汉官员的合作和沟通就显得非常重要。由于绝大多数的满洲人不懂汉语，满汉文武官员难以沟通和合作。要实现有效沟通和合作，必须解决语言问题。因此，语言问题成为清统治者考虑的一个重要问题。作为统治者，既要不忘"清语骑射"（也称"国语骑射"）为其根本，又要获得汉人士子的支持，必然不会大力提倡满洲人习汉语，而只能令部分汉人士子学习清书。清书（清语），即满文（满语），当时称为"国语"。在此背景下，清统治者令部分最优秀的汉人士子——庶吉士，学习清书，为其统治服务。顺治六年四月丁未，礼科右给事中姚文然上奏："臣读制策，首以满汉同心合力为念。窃思满汉一家，咸思报主，止因语言文字间隔难通，未免彼此有异同之见。前此两科馆选，虽有清书，但选员无多，故未有改授别衙门者，臣请于新进士内广选庶吉士，察其品行端方，年力强壮者，俾肄习清书精熟，授以科道等官。内而召对，可省转译之烦，即出而巡方，亦便与满洲镇抚诸臣言语相通，可收同寅协恭之效。"③这一奏章反映了分派汉人庶吉士习清书的必要性。

---

① 《清德宗实录》卷 507，光绪二十八年十一月戊午，第 7 册，第 694 页。

② ［清］刘锦藻：《皇朝续文献通考》卷 107《学校十四》，见《续修四库全书》第 817 册，第 211 页。

③ 《清世祖实录》卷 43，顺治六年四月丁未，第 348 页。

学术界对清书庶吉士有一定的研究，如李宗侗《清代对于年轻翰林习满文的办法》一文基本以《清实录》为主，对清代清书庶吉士作了考察。王敬雅《清代的清书庶吉士》一文也主要以《清实录》为主，结合清代笔记，对清代清书庶吉士作了进一步的探讨。[①] 但是，他们使用的史料有限，因此仍有必要作进一步的探讨。本部分主要探讨清代翰林院庶吉士分习清汉书的演变，即考察清朝从什么时候分派庶吉士习清书，到什么时候结束分派汉人庶吉士习清书等。通过这一考察，一方面认识清代翰林院庶吉士培养的特色，另一方面认识清代帝王对清语的重视程度。

一　习清书庶吉士的对象及年龄要求

（一）习清书庶吉士的对象

顺治朝至康熙前期习清书庶吉士的对象是全体庶吉士，康熙后期逐渐演变成汉人庶吉士。雍正、乾隆时期基本沿用这一成例，最终规定清书庶吉士的对象只是汉人庶吉士，而八旗庶吉士不再以习清书的方式培养。

习清书庶吉士的主体是汉人庶吉士。从顺治三年丙戌科开始，分派汉人庶吉士或习清书，或习汉书。八旗庶吉士一般习汉书，但在清前期也有少数八旗庶吉士习清书。

顺治三年丙戌科庶吉士开始分清汉书培养以来，没有限定八旗庶吉士习清书还是习汉书，但至少在康熙中期之前部分八旗庶吉士，甚至一些科年的全部八旗庶吉士，习清书。康熙九年庚戌科满汉庶吉士全部习清书。[②] 此科 8 名八旗庶吉士，其中 3 名满洲人、5 名汉军，均习清书。

康熙三十年辛未科，八旗庶吉士也是习清书的。康熙三十三年三月二十日，康熙三十年辛未科散馆，其满文粗通者喀尔喀、阿金等 16 人与习汉书的张曾庆等 4 人授职编修、检讨；胡麟征等 8 人“满文甚劣，俱照原甲第以知县用”[③]。其中喀尔喀、阿金 2 人是满洲人，胡麟征是汉军。据《词林典故》《词林辑略》等文献可知，康熙三十年辛未科满洲庶吉士仅喀尔喀、阿金 2 人，汉军庶吉士仅胡麟征 1 人。此科没有蒙古庶吉士。也就是说此科八旗庶吉士全部习满文。

康熙中后期（本文指康熙三十三年之后）是否还分派八旗庶吉士习

① 涉及清书庶吉士的论文主要有：李宗侗：《清代对于年轻翰林习满文的办法》，见《李宗侗文史论集》，北京，中华书局，2011 年（此文原发表在 1972 年 11 月的《中华文化复兴月刊》）；王敬雅：《清代的清书庶吉士》，《史学月刊》2015 年第 4 期。

② 《清圣祖实录》卷 33，康熙九年四月乙卯，第 1 册，第 443 页。

③ 《清圣祖实录》卷 162，康熙三十三年三月戊午，第 2 册，第 777 页。

清书?

《清实录》一般仅记散馆授职编修、检讨等人员是习清书还是习汉书，而对授职科道、部属等官的则一般不记习清汉书之事。康熙三十三年甲戌科至康熙六十年辛丑科共有11科庶吉士。其中康熙三十三年甲戌科、四十八年己丑科、五十一年壬辰科、五十二年癸巳恩科、五十七年戊戌科5科庶吉士散馆授职,《清实录》没有记录授职翰林官的庶吉士是习清书还是习汉书，而对其余6科授职翰林官的庶吉士记录习清书或习汉书。将《清实录》所载此6科散馆授职情况与《国朝馆选爵里谥法考》《皇朝词林典故》《词林辑略》等书所载的此6科八旗庶吉士相比对，可知八旗庶吉士散馆授职编修、检讨的均是习汉书者，而没有习清书者。但不能据此断定康熙后期八旗庶吉士中没有分习清书者。我们所见的史料，没有看到康熙诏令八旗庶吉士停止习清书的史料。不过，即使八旗庶吉士有习清书者，可能只是少数，而绝大多数的八旗庶吉士应是习汉书。

雍正二年十一月二十三日，翰林院掌院学士阿克敦等题请雍正二年甲辰科满洲、汉军庶吉士开泰等4人，“仍照历科满洲、汉军庶吉士读汉书之例，俱拟读汉书”[①]。虽然阿克敦所言历科满洲、汉军庶吉士读汉书与事实不符，但至少可以说，雍正二年甲辰科之前的几科满洲、汉军庶吉士俱读汉书。也就是说，康熙后期的几科满洲、汉军庶吉士应是照惯例习汉书，而不习清书。当然康熙之后仍有八旗庶吉士习清书之例，即在雍正至乾隆初期仍有八旗庶吉士习清书的情况。

雍正五年六月十六日，大学士兼管翰林院事张廷玉等题奏：

> 钦奉上谕事……今科庶吉士臣等酌量分别议得：庶吉士富魁、世臣、常保住三员，仍照历科满洲庶吉士侍读汉书之例，俱拟读汉书外……又汉军庶吉士周祖荣旧例应读汉书。据周祖荣称：祖荣系旗人，应当通晓清书，因年幼应试未曾学习翻译，今情愿学习清书等语，相应将周祖荣亦派读清书可也。谨题请旨。

雍正帝御览此份奏章之后，于五年六月十八日降旨：“依议。”[②]可见，

① 《翰林院掌院学士阿克敦题新科庶吉士开泰、程恂等分别拟读满汉书本》，见《雍正朝内阁六科史书·吏科》第16册，第382～383页。

② 《大学士管翰林院事张廷玉题请将今科庶吉士周祖荣等派读清书本》，见《雍正朝内阁六科史书·吏科》第36册，第97～98页。

汉军庶吉士周祖荣本应读汉书，而情愿习清书，雍正帝准可其请求。

乾隆初年仍有满洲庶吉士习清书之事。乾隆二年五月二十三日，谕总理事务王、大臣：

> 满洲进士选授庶常，向例俱学习汉书，去年因徐元梦条奏，满庶吉士复令分习清书。朕思满语系满洲自幼所习，只须汉文通顺，人人皆能翻译，且授职之后，自可令办翻译之事，清文亦不致荒废，何必于选馆之时，专令学习乎？嗣后满洲庶吉士习清书之例，著停止。①

乾隆二年五月二十七日，内阁、翰林院带领乾隆元年丙辰科散馆修撰编修庶吉士引见，得旨：

> 清书庶吉士彭树葵、邓时敏俱著授编修；兴泰、邵铎、胡中藻、陈其崙、鹤年、李兆钰俱著授为检讨。汉书修撰金德瑛、编修黄孙懋已经授职，庶吉士董邦达……万年茂俱著授为编修；钟音、唐进贤……洪汝绩俱著授为检讨。②

据以上两道谕旨，再结合《词林典故》《词林辑略》等文献可知，乾隆元年丙辰科满洲庶吉士兴泰、鹤年等习清书，满洲庶吉士钟音等习汉书。在教习庶吉士徐元梦的奏请下，乾隆帝令元年丙辰科部分满洲庶吉士也习清书。乾隆意识到满语为满洲人自幼所习，满洲庶吉士不必再以习清书的形式来培养，而应习汉书，因此，于乾隆二年五月，降旨："嗣后满洲庶吉士习清书之例，著停止。"

从此，八旗庶吉士不再以习清书的方式来培养。

（二）对习清书庶吉士的年龄要求

虽然顺治帝曾对习清书庶吉士的年龄有要求，但顺治、康熙前期对习清书庶吉士的年龄没有明确规定。顺治十年二月丙辰，谕吏部："国家设翰林院衙门原为储养人才，以充侍从之选，故特选教习满书官员，令伊等兼习满语满文，以资奏对讲读。选授之时，惟择少年，以其易于学习也。"③

---

① 《乾隆朝上谕档》，乾隆二年五月二十三日，第 1 册，第 190 页上栏。另见《清高宗实录》卷 43，乾隆二年五月庚戌，第 1 册，第 762 页。

② 《清高宗实录》卷 43，乾隆二年五月甲寅，第 1 册，第 766 页。另见《乾隆朝上谕档》，乾隆二年五月二十七日，第 1 册，第 191 页。

③ 《清世祖实录》卷 72，顺治十年二月丙辰，第 572 页。

这道谕旨要求分派年轻的庶吉士习清书。

由于顺治、康熙前期对习清书的庶吉士的年龄没有明确规定，以致也有年长的庶吉士习清书。雍正时期对习清书的庶吉士有年龄的要求，大致是分派45岁以下的庶吉士习清书。

雍正十一年四月二十日，雍正帝谕内阁：

> 翰林官员学习国书，原以备翻译编纂之任，必须专心熟习，辨析精微，积学功深，与年俱进，始为无忝厥职。查从前选馆之例，庶吉士年四十五岁以下者悉皆分读清书，朕御极以来，只令择年少资敏者，每科不过十余人，俾其学习，盖冀其年富力强可收记诵翻译之功也。[①]

这是雍正帝言及从前选馆之例，庶吉士年45岁以下者皆习清书。雍正这一说法被官私著述所引用。如：

《词林典故》记载：

> 一甲进士虽授修撰、编修并同庶吉士教习，以待散馆，其庶吉士年四十五以下者，旧制皆教习国书。至雍正间，每科只选庶吉士年少资敏者十余人，令其教习。[②]

《养吉斋丛录》记载：

> 康熙时例，庶常年四十五岁以下者，读清书。又甲辰、丁未、庚戌三科庶吉士皆习清书。癸丑始分习清、汉书。其时盖甚重此选。雍正以来习清书者渐少，然每科尚有十四五人，十七八人……（高宗）率以三十岁以下者充之。[③]

《熙朝新语》也记载：

> 康熙年间馆选之例，庶吉士年四十五岁以下者悉皆分读清书，世宗御极以来，只择年少资敏者，每科不过十余人……[④]

---

① 《雍正朝汉文谕旨汇编》第8册，第281页。

② 《词林典故》卷3《职掌·教习庶吉士》，见《文渊阁四库全书》第599册，第486页。

③ 《养吉斋丛录》卷2，第27页。

④ 《熙朝新语》卷9，第147页。

可见，雍正帝所言“从前选馆之例”，庶吉士年 45 岁以下者派习清书之观点，被官私著述沿用。除顺康时期数科庶吉士不论年龄大小全部习清书外（见下文），其余各科派习清书的庶吉士是否以 45 岁为界？据有关史料记载，这一说法不一定符合实际。如康熙六十年辛丑科庶吉士是 40 岁以内者习清书。此科庶吉士出身的沈起元记载：“蒙恩点庶吉士。是年（注：指康熙六十年）二甲二十名以前皆挑选，盖异数也。庶常多老宿，四十岁以内皆派清书，余遂得清书。”[①] 沈起元入选康熙六十年辛丑科庶吉士时，年 37 岁，因在 40 岁以内，而派习清书。

顺康时期有数科庶吉士全部习清书，就意味着数科庶吉士不分年龄大小均习清书。郑梁年谱记载：康熙二十七年，郑梁 52 岁，中式进士，入选庶吉士。康熙三十年“以清书散馆，改户部湖广司主事”[②]。郑梁入选康熙二十七年戊辰科庶吉士时已经 52 岁，由于此科庶吉士全部习清书（见下文），郑梁也得习清书。

雍正年间，减少习清书庶吉士的人数，每科习清书者从五六人到十几人不等。由于习清书的人数大减，因此，对习清书的年龄要求作了进一步的限制，“只令择年少资敏者”习清书。

乾隆年间则对庶吉士习清书者的年龄作了进一步的规定，除边远省份、八旗庶吉士外，选派 30 岁以下的庶吉士习清书。

乾隆十六年闰五月初九日，诏谕：

> 庶吉士分习清书，例由翰林院掌院学士分派，惟量其年力，不拘省分……翰苑中江浙人员较多，而远省或致竟无一人者，非所以均教育而广储才也。嗣后云南、贵州、四川、广东、广西等省庶吉士不必令习清书，直隶、山东、河南、山西、陕西等省，亦视其人数，若在三四员以上，酌派年力少壮者一二人，其江浙等省人数在五六员以上者，酌派二三人。率以三十岁以下者充之，每科通计在十人内外，宁缺无滥。[③]

---

① ［清］沈起元编，沈宗约补编：《敬亭公年谱》（沈起元年谱），见《北京图书馆藏珍本年谱丛刊》第 92 册，第 548 ～ 549 页。

② ［清］郑勋：《先寒村公年谱》（郑梁年谱），见《北京图书馆藏珍本年谱丛刊》第 84 册，第 515 ～ 519 页。

③ 《乾隆朝上谕档》，乾隆十六年闰五月初九日，第 2 册，第 545 页上栏。另见《清高宗实录》卷 390，乾隆十六年闰五月甲戌，第 6 册，第 125 页。

从雍正年间以来，不仅习清书人数减少，而且习清书者更加年轻化。到乾隆年间明确规定选派30岁以下者才习清书，而不是所有年30岁以下者均学清书。如道光二年壬午科庶吉士温葆淳，江苏上元人，年仅23岁，习汉书而没有习清书。[①] 此科江苏有5名庶吉士，没有一人习清书。

表3–2　嘉庆二十四年己卯恩科习清书者省份、年龄表

姓名	省份	入选年龄	散馆时间	散馆等次	资料出处
姜坚	江苏	24	嘉庆二十五年	一等1名	《嘉庆二十四年己卯恩科会试同年齿录》《嘉庆道光两朝上谕档》第25册、第27册。
韩大信	直隶	29	嘉庆二十五年	一等2名	
胡美彦	湖北	33	嘉庆二十五年	二等1名	
方长庚	安徽	29	嘉庆二十五年	二等2名	
朱澜	浙江	25	嘉庆二十五年	三等1名	
陈兆熊	江苏	28	道光二年	二等2名	

备注：①我们没有见到雍正之后习清书之庶吉士名单，因此难以知道各科具体有多少庶吉士习清书。将嘉庆二十四年己卯恩科庶吉士名单与嘉庆二十五年散馆等次单（《嘉庆道光两朝上谕档》第25册，第170～172页）、道光二年散馆等次等（《嘉庆道光两朝上谕档》第27册，第154～156页）相比对，可知嘉庆二十四年己卯恩科参加散馆的习清书人数。

②习清书庶吉士的年龄，据《嘉庆二十四年己卯恩科会试同年齿录》所载出生年月计算出来。

表3–3　道光二年壬午恩科习清书者省份、年龄表

姓名	省份	入选年龄	散馆时间	散馆等次	资料出处
蔡赓飏	浙江	27	道光三年	一等1名	《重订（道光二年）壬午恩科会试同年齿录》《嘉庆道光两朝上谕档》第28册。
李菡	直隶	27	道光三年	二等1名	
黄宅中	山西	27	道光三年	二等2名	
曾元海	福建	24	道光三年	二等3名	

备注：①将道光二年壬午恩科庶吉士名单与道光三年散馆等次单（《嘉庆道光两朝上谕档》第28册，第155～157页）相比对，可知道光二年壬午恩科参加散馆的习清书人数。

②习清书庶吉士的年龄，据《重订（道光二年）壬午恩科会试同年齿录》所载出生年月计算出来。

---

① 据《重订（道光二年）壬午恩科会试同年齿录》（清刻本）可知：温葆淳出生于嘉庆庚申年（1800），道光壬午年（1822）中式进士。据此计算出温葆淳中式进士，入选庶吉士的年龄是23岁。

据表 3–2 可知，嘉庆二十四年己卯恩科习清书者基本在 30 岁以下，仅胡美彦一人 33 岁。据表 3–3 可知，道光二年壬午科庶吉士习清书者年龄均在 30 岁以内。据此，我们初步判断，嘉道年间习清书者一般年龄在 30 岁以下。

二　顺治年间：习清汉书人数由大致各半到全部习清书阶段

（一）顺治初年有没有习汉书者？

《茶余客话》记载："顺治六年己丑馆选，始分清汉书，前此俱习清书。"[①] 其所记是否符合实际？顺治六年之前共进行了顺治三年丙戌科、四年丁亥科两科馆选。这两科的庶吉士是否全部习清书？

《清世祖实录》：顺治四年二月甲戌，"赐习满书庶吉士刘泽芳、张文明、韦成贤、王紫绶、夏敷九、沙澄、胡兆龙、陆嵩、李霨、艾元征等貂帽、凉帽各一顶，皮镶朝衣、缎朝衣各一袭、靴各一双"[②]。

《寒松老人年谱》："是科（注：指顺治三年丙戌科）殿试后，选择年貌一百余人，内院复行考试，亦如殿试例。题目奏疏、律诗各一篇，俱出钦定。余得与选，授内翰林国史院庶吉士……余习汉书，改读《书经》，再读《易经》。"[③]

从《清世祖实录》中我们知道顺治丙戌科中部分习清书人员，如刘泽芳、张文明等人，但不知哪些人习汉书。据年谱等资料可知，顺治三年丙戌科庶吉士魏象枢习汉书。这就是说，顺治三年丙戌科庶吉士也有习汉书者，并不全是习清书。

《槐厅载笔》辑录："顺治三年丙戌科，命宏文院学士查布海、国史院学士蒋赫德、侍读陈具庆教习庶吉士，分习清汉书。四年丁亥科，命宏文院学士查布海、国史院学士蒋赫德、秘书院学士陈具庆教习庶吉士。六年己丑科，命宏文院学士查布海、国史院学士蒋赫德、秘书院学士胡统虞、国史院学士刘肇国教习庶吉士。"[④]

顺治四年四月甲申，"内院大学士范文程等奏言：'新庶吉士周启寯等二十员应同前科庶吉士，分别读满汉书。'命学士查布海、蒋赫德等一并

---

① 《茶余客话》卷 2，见《续修四库全书》第 1138 册，第 57 页上栏。

② 《清世祖实录》卷 30，顺治四年二月甲戌，第 249 页上栏。

③ ［清］魏象枢口授，魏学诚等录：《寒松老人年谱》（魏象枢年谱），见《北京图书馆藏珍本年谱丛刊》第 73 册，第 378 页。另见魏象枢：《寒松堂全集》，中华书局，1996 年，第 684 页。

④ 《槐厅载笔》卷 9，见《续修四库全书》第 1178 册，第 424 页。

教习”[①]。周启嶲是顺治四年丁亥科庶吉士，“前科庶吉士，分别读满汉书”指顺治三年丙戌科庶吉士，分别读满汉书。这出自大学士范文程之口，属当时人言当时事。此事反映了当时庶吉士分习清汉书之情况。这一材料与魏象枢的年谱资料相互印证，说明顺治三年丙戌科庶吉士是分别习清汉书的。大学士范文程等请照顺治三年丙戌科之例，顺治四年丁亥科也分清汉书来培养。

从大学士范文程等人的奏请来看，顺治四年丁亥科庶吉士应是分习清汉书。

顺治六年四月十九日，礼科右给事中姚文然上奏：

> 请储选清书言官，以通满汉之情事。臣备员殿试执事，伏读制策，首以满汉同心合力为念，臣思满汉一家，感恩报主无不同心合力之理，止因语言文字各殊，遂有间隔难通之处。前此两科馆选皆有清书，已见圣明远虑矣，但以选员无多，仅充编纂，故未有改授别衙门者。臣请于新进士内广选庶吉士，其读清书与读汉书者一体严加遴选，察其品行之端方，相其年力之强壮，考其学业之优长，务得真才以储国用，待教习既成，亦与汉书庶吉士一体改授科道等官，或备不时召对，据情直启，可省转译之烦，或出而巡方，亦便与满洲驻防抚镇诸臣言语相通，以收同心合力之效。[②]

姚文然言：顺治三年丙戌科、四年丁亥科两科馆选，皆有习清书者，“但以选员无多，仅充编纂，故未有改授别衙门者”，并请求广选庶吉士，将习清书庶吉士与习汉书庶吉士一体改授科道等官。这就是说顺治初年两科习清书之庶吉士散馆授职翰林官，没有授职科道官，而庶吉士授职科道官者则应习汉书。姚文然是上奏给皇帝，其所说应符合实际，不至于在皇帝面前说没有根据之事。

顺治四年七月辛亥，“以庶吉士董笃行、杭齐苏为吏科给事中，魏象枢为刑科给事中，魏裔介为工科给事中，李若琛为福建道监察御史，王士骥为江南道监察御史，石维昆为陕西道监察御史”[③]。董笃行、杭齐苏、魏象枢等七人皆顺治三年丙戌科庶吉士。据《寒松老人年谱》可知，魏象枢

---

① 《清世祖实录》卷 31，顺治四年四月甲申，第 259 页下栏。

② ［清］姚文然：《姚端恪公集》卷 1，清康熙二十二年刻本，第 5 页。

③ 《清世祖实录》卷 33，顺治四年七月辛亥，第 270 页下栏。

习汉书。这在一定程度上佐证姚文然所说之正确性。

顺治六年四月己亥，“授庶吉士梁清标、冯溥、李昌垣、黄机，为内翰林弘文院编修……胡之骏为吏科给事中，常若柱为户科给事中，冯右京为福建道监察御史，杜果为江南道监察御史”①。授科道官的胡之骏是顺治三年丙戌科庶吉士，常若柱、冯右京、杜果三人则均为顺治四年丁亥科庶吉士。

可见，顺治三年、四年两科庶吉士均有授为科道官的。据姚文然所奏，这些授为科道官的应是习汉书的。

总之，结合大学士范文程和姚文然所奏，可以判断顺治三年丙戌科、四年丁亥科两科庶吉士分习清汉书。此两科习清汉书各有多少人，有待进一步考证。

（二）习清汉书者各半阶段

嘉庆十六年五月二十日，嘉庆帝在谕内阁时言及：“国初，时庶吉士分习清书，系与汉书各半，雍正年间每科派十四五员、十七八员不等。”② 从嘉庆帝的谕旨来看，“国初”应指顺康年间。据相关记载还难以判断顺治初年两科庶吉士是否习清汉书者各半。

顺治六年五月辛酉，“考选庶吉士，成亮……庄朝生等二十人习清书。徐致觉……朱绂等二十人习汉书。命内院学士查布海、蒋赫德、胡统虞、刘肇国教习”③。

顺治九年七月癸巳，选授进士白乃贞等二十人为清书庶吉士；周季琬等二十人为汉书庶吉士。④

顺治六年己丑科和九年壬辰科两科习清汉书者各半。顺治年间分习清汉书者各半可能仅此二科。

（三）由习清书者占大半到全部习清书的转变阶段

顺治九年壬辰科之后，习清书的庶吉士人数增加。据表 3-4 可知，顺治十二年乙未科习清书的庶吉士多于习汉书的庶吉士即习清书的 18 人，而习汉书的才 12 人。

---

① 《清世祖实录》卷 43，顺治六年四月己亥，第 347 页上栏。

② 《嘉庆道光两朝上谕档》，嘉庆十六年五月二十日，第 16 册，第 285 页。另见《清仁宗实录》卷 243，嘉庆十六年五月丁酉，第 4 册，第 283 ～ 284 页。

③ 《清世祖实录》卷 44，顺治六年五月辛酉，第 349 页下栏。

④ 《清世祖实录》卷 66，顺治九年七月癸巳，第 519 页上栏。

表 3-4　顺治十二年乙未科庶吉士习清汉书姓名、人数表

类别	姓名	人数
习清书	曹申吉、刘芳躅、宋德宜、陈敱永、沈世奕、綦汝楫、田种玉、冯源济、邓种麟（实录：邓钟麟）、范廷魁、吴贞度、胡简敬、党以让、王泽弘（实录：王泽宏）、田逢吉、邱象升、秦松龄、韩雄胤（实录：韩雄允）	18
习汉书	王命岳、徐元桀、张松龄、刘祚远、孙光祀、严沆、周宸藻、李立、伊辟、王益朋、梁鋐、项景襄	12

备注：①此表据《顺治十二年乙未科会试三百八十五名进士三代履历便览》（国家图书馆善本室藏，胶片号：0101）制作。

②人名下有"＝＝"线的表示《顺治十二年乙未科会试三百八十五名进士三代履历便览》和《清世祖实录》均记载习清书之庶吉士。《清世祖实录》卷 98 第 762 页：顺治十三年二月甲子，"谕内三院：翰林为储才之地，鼎甲、庶常皆使兼习满汉文字，以俟将来大用，期待甚殷。乃今习满书者将及一年，顷经亲试，语句生疏，皆因不肯专心，工夫怠惰。若不分别劝惩，何以激励？此次考试陈敱永、胡简敬、田逢吉、党以让、邓钟麟、冯源济、史大成、田种玉、綦汝楫、王泽宏十名，俱加赏赉。后四名程邑、吴贞度、范廷魁、韩雄允各罚俸三个月。嗣后俱当精勤策励，无负朕惓惓作养、谆谆教诲至意"。将此道谕旨与顺治十二年乙未科庶吉士名单相对照，可知此道谕旨提到了顺治乙未科 12 名习清书之庶吉士。此道谕旨提到 14 名习清书人员，其中史大成是顺治乙未科一甲进士，程邑是顺治九年壬辰科庶吉士。

顺治十二年乙未科之后习清汉书的人数各占多少？是否全部习清书？顺治十五年戊戌科庶吉士是否全部习清书？

我们先解读以下两条史料：

（1）（顺治十六年十月癸巳，顺治十五年戊戌科散馆授职）谕吏部：朕亲考试翰林庶吉士熊赐履、谭篆、富鸿业（注：改名富鸿基）、萧惟豫、张贞生、熊赐玙、邹度珙、陆懋廷、马晋允、崔蔚林，俱著照例授为编修、检讨；王遵训、田麟、彭之凤、俞之琰、王封溁、郭谏、陈廷敬、王曰高、吴本植、宋德宜、王飏昌、杨正中、王钟灵、孙一致、李天馥、王吉人、吕显祖、吴珂鸣，俱著照旧教习；陈敬、殷观光习学清书日久，文义荒疏，足见平日全不用心，殊不称职，俱著革退，永不叙用。①

（2）世祖皇帝最重庶吉士，每亲自考较。……戊戌（注：十五年）馆选，己亥（注：十六年）御试于南海子，特先授清书庶吉士马晋允、富鸿业（后改鸿基）等十人为编修、检讨，而陈敬（北通州人，与今说岩礼侍同名，

① 《清世祖实录》卷 129，顺治十六年十月癸巳，第 998 页。

皆同馆也。说岩寻奉旨加廷字）、殷观光二人革职。皆非散馆故事。[①]

据第二条史料，可知第一条史料提到顺治十六年十月散馆授职编修、检讨的熊赐履、谭篆、富鸿业等10人均习清书。同时根据第二条史料，作如下理解：顺治十五年戊戌科庶吉士散馆授职，“特先授清书庶吉士马晋允”等，此后再授汉书庶吉士官职。

究竟顺治十五年戊戌科有没有习汉书的庶吉士？

顺治十五年十二月己巳（初七日），谕翰林院：

> 庶吉士孙承恩等俱经简拔，特命习学清书，以备任用，自当尽心肄业。今加考试，熊赐玙、萧惟豫、王于玉、孙承恩、邹度珙、张贞生、殷观光、陈敬、熊赐履、宋德宜，清书俱未习熟，若不罚惩何以励其将来，著各罚俸一年。[②]

这道谕旨提到习清书者，除孙承恩是顺治十五年戊戌科一甲1名、宋德宜是顺治十二年乙未科庶吉士外，其余8人是顺治十五年戊戌科庶吉士。“庶吉士孙承恩等俱经简拔，特命习学清书”之意，可能就是特命顺治十五年戊戌科庶吉士全部习学清书。

我们再来分析顺治帝的另一道谕旨。顺治十六年十月丙辰（二十九日），顺治帝谕翰林院：

> 自乙未科以后，所选翰林庶吉士令习清书，俱期有裨实用。恐其自谓已熟，将向来所习或致遗忘，朕今先加考试一次，以后翰林院堂官，仍不时考课，务令纯熟，副朕简拔之意。[③]

庶吉士习清书始于顺治三年丙戌科，而这道谕旨只言及顺治十二年乙未科以后，“所选翰林庶吉士令习清书”。顺治十六年己亥科馆选时间在顺治十六年九月[④]，这道谕旨的时间在顺治十六年十月。这道谕旨反映顺治十二年乙未科之后，可能就是令顺治十五年戊戌科、顺治十六年己亥科两

① ［清］王士祯：《池北偶谈》卷3《先授编检科道》，见《清代史料笔记丛刊》，北京，中华书局，1982年，第64～65页。

② 《清世祖实录》卷122，顺治十五年十二月己巳，第944页上栏。

③ 《清世祖实录》卷129，顺治十六年十月丙辰，第1003页。

④ 《清世祖实录》卷128，顺治十六年九月己卯，第996页。

科的所有庶吉士习清书。

总之，通过对顺治十五年十二月己巳（初七日）、顺治十六年十月癸巳（初六日）、顺治十六年十月丙辰（二十九日）先后下的三道谕旨的分析，我们推断顺治十五年戊戌科庶吉士（包括一甲进士）全部习清书。《池北偶谈》可能给我们一种错觉：顺治十五年戊戌科庶吉士散馆授职，"特先授清书庶吉士马晋允"等，此后再授汉书庶吉士官职。

在推断顺治十五年戊戌科庶吉士全部习清书的基础上，进而再根据顺治十六年十月丙辰的谕旨，推断顺治十六年己亥科庶吉士也全部习清书。

顺治十八年辛丑科庶吉士全部习清书。顺治十八年六月丙戌，谕翰林院：

> 选拔庶常，原以作养人材。今科进士，特加简阅，取叶映榴、郑之谌、申涵芬、张玉书、朱世熙、刘芳喆、郑开极、田喜霱、王豫嘉、徐诰武等十员俱著改为庶吉士，教习满书。①

我们再考察顺治年间的进士履历便览对习清汉书记载的情况。国家图书馆善本室藏有《顺治六年己丑科会试四百名进士三代履历便览》《顺治九年壬辰科会试四百七名进士三代履历便览》《顺治十二年乙未科会试三百八十五名进士三代履历便览》《顺治十五年戊戌科会试四百一名进士三代履历便览》《顺治十六年己亥科会试三百五十名进士三代履历便览》《顺治十八年辛丑科会试四百名进士三代履历便览》等顺治年间六科进士履历便览。其中顺治六年己丑科、九年壬辰科、十二年乙未科三科进士履历便览均记载庶吉士习清汉书之情况，而顺治十五年戊戌科、十六年己亥科、十八年辛丑科三科进士履历便览均不记载庶吉士习清汉书之情况。据顺治十八年辛丑科庶吉士全部习清书，我们推测顺治十五年戊戌科、十六年己亥科两科庶吉士也可能全部习清书。可能由于这三科庶吉士全部习清书，因此，履历便览就没有必要再说明庶吉士习清书之情况。

总之，经以上分析，我们推断顺治年间的庶吉士从十二年乙未科之后，可能全部习清书，至少顺治十八年辛丑科庶吉士全部习清书。

三　康熙年间：习清书者占多数阶段

我们根据康熙年间习清书庶吉士人数的变化，将康熙时期分为康熙前

---

①《清圣祖实录》卷3，顺治十八年六月丙戌，第1册，第70页下栏。

期（康熙元年到康熙十二年）、康熙中期（康熙十二年到康熙三十三年）、康熙后期（康熙三十三年到康熙六十一年）三个阶段。这一分期仅为了便于阐述康熙时期习清书人数的发展变化过程。

康熙年间习清书庶吉士人数处在一个变动阶段。乾隆十六年闰五月初九日，诏谕：

> 庶吉士分习清书，例由翰林院掌院学士分派，惟量其年力，不拘省分。旧时清汉各半。自雍正年间以来，分习清书者渐少，每科尚有十四五员、十七八员不等。[①]

这道谕旨之意："旧时"，即顺康时期，庶吉士习清汉书的人数各半。上面我们已探讨了顺治年间确知仅六年己丑科、九年壬辰科两科的庶吉士习清汉书各半。康熙年间是否各科庶吉士习清汉书者各半？

（一）康熙前期：庶吉士全部习清书阶段

《国朝馆选爵里谥法考》记载：康熙三年甲辰科庶吉士，命秘书院学士麻勒吉、章云鹭教习庶吉士。"是科至庚戌俱习清书，癸丑复分习清汉书。"[②]《皇朝词林典故》在康熙三年甲辰科庶吉士题名中也加按语："是科至庚戌俱习清书，癸丑复分习清汉书。"[③]《养吉斋丛录》也记载："（康熙）甲辰、丁未、庚戌三科庶吉士皆习清书，癸丑始分习清、汉书。"[④]这就是说《国朝馆选爵里谥法考》《皇朝词林典故》《养吉斋丛录》等书均认为从康熙三年甲辰科至康熙九年庚戌科的庶吉士全部习清书。

康熙三年五月丙子，谕吏部：

> 选拔庶常，原以作养人才，今科进士，特加简阅，取中严曾榘、吴元龙……卫既齐等十五员，俱著改庶吉士，教习满书。[⑤]

康熙六年闰四月癸未，谕吏部：

---

① 《乾隆朝上谕档》，乾隆十六年闰五月初九日，第2册，第545页上栏。另见《清高宗实录》卷390，乾隆十六年闰五月甲戌，第6册，第125页。

② 《国朝馆选爵里谥法考》卷3，第21页。

③ 《皇朝词林典故》卷49《题名・馆选》，第29～30页。

④ 《养吉斋丛录》卷2，第27页。

⑤ 《清圣祖实录》卷12，康熙三年五月丙子，第1册，第183页上栏。

选拔庶常，原以作养人材，今科进士，特加简阅，取夏沅、张英……王曰温等十二员，著改为庶吉士，教习满书。①

康熙九年四月乙卯，谕吏部：

选拔庶常，原以作养人才，今科进士，特加简阅，取中李光地、耿愿鲁……沈独立等二十七员，俱著改为庶吉士，教习满书。②

可见，从康熙三年甲辰科至九年庚戌科的庶吉士全部习清书。当然《国朝馆选爵里谥法考》《皇朝词林典故》所记不全符合实际，有遗漏之处，因这两部文献至少忽略了顺治十八年辛丑科庶吉士全部习清书之事。据上文考证，我们推断：可能从顺治十五年戊戌科至康熙九年庚戌科共六科庶吉士全部习清书。

不仅康熙前期庶吉士全部习清书，即使到了康熙中期仍有庶吉士全部习清书之例，如二十七年戊辰科庶吉士全部习清书。康熙二十七年五月壬午（十一日），谕翰林院：

选拔庶常，原以作养人才，今科进士，特加简阅，取范光阳、邱升、吴世焘、沈宗敬、汤右曾……范光宗、高人龙等三十四员，俱著改为庶吉士；并修撰沈廷文、编修查嗣韩、张豫章，分别满汉书教习。③

遵照康熙帝这一谕旨，翰林院于康熙二十七年五月十六日，“题庶吉士丘昇等二十五人习满书，范光阳等十二人习汉书。上曰：‘俱著读满书，交与翰林院考试时，令其番清并作汉文可也。’”④

康熙二十七年五月十一日壬辰，康熙诏令庶吉士与一甲 3 名分读清汉书。遵照康熙帝的谕旨，五月十六日丁亥，翰林院将分派习清汉书的名单题报，其中 25 人习清书、12 人习汉书，而康熙却改变主意，令 34 名庶吉士和一甲 3 名，共 37 人全部习清书。

---

① 《清圣祖实录》卷 22，康熙六年闰四月癸未，第 1 册，第 303 页上栏。

② 《清圣祖实录》卷 33，康熙九年四月乙卯，第 1 册，第 443 页下栏。

③ 《清圣祖实录》卷 135，康熙二十七年五月壬午，第 2 册，第 467 页下栏。

④ 《清代起居注册・康熙朝》，康熙二十七年五月十六日丁亥，中华书局，第 23 册，第 11909 页。

（二）康熙中期：由全部习清书向大多数习清书转变阶段

康熙十二年癸丑科又诏令庶吉士分习清汉书。康熙十二年五月己卯，谕翰林院：

> 选拔庶常，原以作养人材，今科进士，特加简阅，取顾汧、黄士埙……唐四表等三十二员俱著改为庶吉士；并修撰韩菼，编修王鸿绪、徐秉义分别满汉书教习。①

虽然庶吉士分习清汉书，但在康熙前期、中期习清书的庶吉士可能仍占大多数。据表3–5可知，康熙十八年己未科庶吉士习清书的达25人，占这科庶吉士的78%；而习汉书的仅7人，占这科庶吉士的22%。据表3–6可知，康熙二十四年乙丑科确知习清书的23人，另张明先一人疑习清书，习清书的人数可能达24人，占这科庶吉士的68.5%；确知习汉书的仅10人，另宋如辰一人疑习汉书，习汉书的人数可能是11人，仅占这科庶吉士的31.5%。

表3–5　康熙十八年己未科庶吉士习清汉书姓名、人数表

类别	姓名	人数
习清书	吴震方、张廷瓒、田需、赵执信、曹鉴伦、刘果实、沈朝初、杨大鹤、陆祖修、方伸、陆舆（改名史陆舆）、李孚青、王沛思、丁晔、汪晋征、王承祜、宋敏求、潘应宾、顾镡、梁弓、张克嶷、张光豸、卢熙、任璇（任璿）、杨雍	25
习汉书	秦宗游、陈捷、马教思、佘艳雪（改名佘志贞）、庄延裕、陈紫芝、赵作舟	7

备注：①此表据《康熙十八年己未科会试进士三代履历便览》（国家图书馆善本室藏，索书号：A03844）制作。

②名下有“══”线的表示《康熙十八年己未科会试进士三代履历便览》和《清圣祖实录》均记载习清书之庶吉士。《清圣祖实录》卷96（第1册，第1220～1221页）：康熙二十年七月己卯，谕吏部：“庶吉士田需等教习已久，今加考试，应分别授职。除归允肃、孙卓已授修撰编修外，清书庶吉士田需、张廷瓒、顾藻、丁晔、赵执信、沈朝初、潘应宾、杨雍、杨大鹤、卢熙、王沛思、曹鉴伦，汉书庶吉士陈捷、方韩、秦宗游、马教思、佘艳雪、庄延裕，俱著授为翰林院编修、检讨。汪晋征、王承祜、吴震方、陈紫芝、杨尔淑，俱以科道用。张克嶷、张光豸、沈一揆、高联、赵作舟，俱以部属用。尔部即遵谕行。”将此道谕旨与康熙十八年己未科庶吉士名单相对照，可知此道谕旨提到了康熙十八年己未科11名习清书的庶吉士。

① 《清圣祖实录》卷42，康熙十二年五月己卯，第1册，第559页下栏。

表 3–6　康熙二十四年乙丑科庶吉士习清汉书姓名、人数表

类别	姓名	人数
习清书	沈辰垣、宋大业、徐元正、汪灏、谢陈常、宋衡、高曜、许贺来、郑昆瑛、李懋、吴之瑜、俞长城、安箴、樊泽达、王之枢、吴垣、鲁瑗、李朝鼎、邓咸齐、刘坤、梅之珩、刘涵、孙勷，张明先（？）	23+1？
习汉书	张希良、宁世簪、许承家、仇兆鳌、李殿邦、冯瑞、汪薇、陈迁鹤、魏男、刘伟，宋如辰（？）	10+1？

备注：①此表据《康熙二十四年乙丑科会试一百五十名进士三代履历便览》（国家图书馆善本室藏，索书号：A03845）制作。

②据履历便览统计35名庶吉士中除宋如辰、张明先两人不能确定习清书还是习汉书外，其余33人中23人习清书、10人习汉书。张明先，从履历中的文字看有点像习清书；宋如辰，从履历中的文字看有点像习汉书。这样很可能习清书的人数是24人，习汉书的人数是11人。

《清实录》一般仅记散馆授职编修、检讨的习清汉书的情况。我们再据《清圣祖实录》记载散馆情况来推测一下康熙中期习清汉书的人数。

康熙十四年（1675）七月戊戌，康熙十二年癸丑科散馆，康熙帝谕吏部：

> 庶吉士董闾等教习已久，今加考试，应分别授职，除韩菼、王鸿绪、徐秉义已授修撰、编修外，满书庶吉士董闾、李叶、顾祖荣、韩竹、韩士修、缪锦宣、龚章、田成玉、丁廷揵、王尹方、王鼎冕、顾汧、徐潮，汉书庶吉士徐倬、黄士埙、马鸣銮、沈印城、颜光猷，俱授翰林院编修、检讨；蒋伊、宫梦仁、张志栋、罗秉伦、曾寅、陆印蕃，俱著以科道用；徐元梦、谢于道、李基和、俞陈琛、周昌，俱著以部属用。[①]

此次散馆，有13名习清书的授编修、检讨，仅5名习汉书的授编修、检讨；散馆授职科道、部属的11人，这11人不知谁习清书、谁习汉书。虽然从散馆授职去向不能确定习清汉书的人数，但据康熙十二年癸丑科散馆授职编修、检讨的习清书者占大半之事实，参照康熙十八年己未科、康熙二十四年乙丑科、康熙二十七年戊辰科3科习清汉书人数，再考虑康熙前期庶吉士全部习清书之情况，我们推断，康熙十二年癸丑科庶吉士应是大半习清书。

① 《清圣祖实录》卷56，康熙十四年七月戊戌，第1册，第728～729页。

康熙十七年（1678）七月辛亥，康熙十五年丙辰科散馆，康熙帝谕吏部：

> 庶吉士张榕端等教习已久，今加考试，应分别授职，除彭定求、胡会恩、翁叔元已授修撰、编修外，清书庶吉士张榕端、李涛、王化鹤、高裔、冯云骕、李应鹰、沈涵、沈三曾、杨瑄、王瑞、沈旭初、彭会淇、李振裕、杨作桢、郑际泰、费之逵，汉书庶吉士熊赐瓒、闫世绳、陈锡嘏，俱著授为翰林院编修、检讨；许承宣，以科道用；李云龙、高管、卞永宁、徐必遴，俱著以部员用。尔部即遵谕行。[①]

康熙十七年散馆时，仅习清书的李振裕一人是康熙九年庚戌科庶吉士，其余均是康熙十五年丙辰科庶吉士。康熙十五年丙辰科习清书的顾藻、习汉书的方韩在康熙二十年七月散馆授职翰林官。[②] 据以上文献统计，康熙十五年丙辰科有 16 名习清书的庶吉士授职编修、检讨，4 名习汉书的庶吉士授职为编修、检讨。康熙十五年丙辰科 32 名庶吉士，仅习清书授职编修、检讨的就占这科庶吉士的 50%，而习汉书授职编修、检讨的才占 12.5%，可以说康熙十五年丙辰科庶吉士习清书的占大多数。

康熙三十三年三月戊午，康熙三十年辛未科散馆，康熙帝谕吏部：

> 选拔庶常，原以教养人材储备任用。张禹玉等教习已久，今加考试，满文不堪者甚多，皆由教习督课不严，庶吉士等肄业不勤所致，不加处分，无以警戒将来。学士傅继祖等已经议处外，其满文粗通者王传、杨中讷、喀尔喀、阿金、杨名时、张瑗、窦克勤、李象元、刘琰、胡润、王者臣、姚弘绪、王奕清、姜承爀、徐日晅、文志鲸，并汉书庶吉士张曾庆、藩从律、冉觐祖、戴绂，俱照例授翰林院编修、检讨，仍著用心学习；黄叔琳满文荒疏，狄亿学满书未久，俱著再教习三年；张翔凤、毛鹍、惠周惕、金潮、张孝时、胡麟征、陈緈、陈汝咸满文甚劣，俱照原甲第以知县用；张禹玉满文全未学习，竟不通晓，著革职。[③]

此次散馆人数是 31 人，其中习清书的多达 27 人，而习汉书的仅 4

---

① 《清圣祖实录》卷 75，康熙十七年七月辛亥，第 1 册，第 961 页下栏。

② 《清圣祖实录》卷 96，康熙二十年七月己卯，第 1 册，第 1220 页下栏。

③ 《清圣祖实录》卷 162，康熙三十三年三月戊午，第 2 册，第 777 页。

人。除窦克勤、徐日暄、陈綍3人是康熙二十七年戊辰科庶吉士，张禹玉是康熙二十一年壬戌科庶吉士外，其余习清书的23人均是康熙三十年辛未科进士，其中22名庶吉士，1名一甲进士黄叔琳。康熙三十年辛未科庶吉士与一甲进士共36人，其中27人参加此次散馆，27人中有23人习清书，仅4人习汉书，因此，可以说，康熙三十年辛未科习清书者仍占绝大多数。

总之，通过以上之分析，可以说康熙中期，习清书的仍占大多数，甚至二十七年戊辰科庶吉士全部习清书。

（三）康熙后期：习清汉书人数大致各半阶段

康熙后期习清汉书的人数各占多少？

康熙五十一年四月二十日壬申，大学士温达、李光地等“覆请翰林院所题以庶吉士李钟侨等二十六员读清书，卜俊民等四十员读汉书，请旨一疏。上曰：‘读清书庶吉士少，将本发还，著再添入具奏。’”[①] 翰林院拟分康熙五十一年壬辰科庶吉士与一甲3人习清汉书，拟分习清书26人、习汉书40人。这反映了不少庶吉士已不愿习清书。但是康熙帝看了这份拟分习清汉书名单之后，强令增添习清书的人数。《清代起居注册·康熙朝》缺这科习清汉书的人数。据顾嗣立的《闾邱先生自订年谱》可知这科习清汉书的人数。

顾嗣立记载：康熙五十一年四月十三日，“澹宁居引见，钦点翰林院庶吉士。同馆除三鼎甲外，共六十六人……十七日，起居注馆宣旨，命掌院学士揆公、汤公右曾教习庶吉士。派清书三十五人，汉书三十四人，余派得汉书”[②]。

可见，遵照康熙帝的旨意，增添五十一年壬辰科习清书庶吉士人数。最终此科习清书的是35人、习汉书的是34人。这样康熙五十一年壬辰科习清汉书的人数大致持平。

康熙五十七年十月戊午，康熙五十四年乙未科庶吉士散馆，康熙帝谕吏部：

> 庶吉士白子云等教习已久，今加考试，应分别授职，除徐陶璋、傅王露已经授职外，满书庶吉士杨超曾、凌如焕、陈邦直、胡彦颖、赵城、

---

① 《清代起居注册·康熙朝》，联经出版事业公司，第20册，第11363～11364页。

② ［清］顾嗣立：《闾邱先生自订年谱》（顾嗣立年谱），见《北京图书馆藏珍本年谱丛刊》第89册，第92页。

吴应棻、张鳞甲、吴传觐、杨凤冈、蒋林、汪受祺、侯度、萨纶锡，汉书庶吉士怀渊中、曹友夏、陈仪、李天宠、厉煌、成文、张应造、杨克茂、屠洵、冀棟、德龄、沈竹、白子云，俱照例授翰林院编修、检讨；潘淳、张鸣钧、徐学柄、王承烈、窦启瑛、德新，著教习三年；庄论书法不堪，著革职。[1]

康熙五十七年十月，33人散馆授职，其中26人授职编修、检讨。习清书授职编修、检讨的13人均是康熙五十四年乙未科庶吉士；习汉书授职编修、检讨的13人中，除康熙五十一年壬辰科庶吉士白子云1人、康熙五十二年癸巳恩科庶吉士厉煌、屠洵2人外，其余10人均是康熙五十四年乙未科庶吉士。可见，康熙五十四年乙未科习清汉书散馆授职翰林的人数相近。据此，我们推断康熙五十四年乙未科庶吉士习清汉书的人数可能大致各半。

雍正元年十二月丙辰，康熙六十年辛丑科庶吉士散馆，雍正帝谕吏部：

庶吉士邵泰等教习已久，今加考试，应分别授职。满书俞元祺、励宗万、邵泰、钱陈群、谢道承、曹涵、乔世臣、蒋恭棐，汉书刘嵩龄、吴启昆、姚之骃、王兰生、李光墺、杨廷选、陆奎勋、黄秀、冯谦、唐继祖、唐绍祖、觉罗恩寿、留保，俱照例授为翰林院编修、检讨。王克宏、李同声著以部员对品用。杨魁甲、姜任修、李应绶俱著以外官对品用。[2]

雍正元年十二月，26人散馆授职，其中21人散馆授职编修、检讨。习清书授职编修、检讨的8人均是康熙六十年辛丑科庶吉士；习汉书授职编修、检讨的13人中，除唐绍祖是康熙四十八年己丑科庶吉士、刘嵩龄是康熙五十二年癸巳恩科庶吉士外，其余11人是康熙六十年辛丑科庶吉士。可见，康熙六十年辛丑科习清汉书散馆授职翰林的人数相近。据此，我们推断康熙六十年辛丑科庶吉士习清汉书的人数也可能大致各半，即使不等，也相差不多。

总之，据康熙五十一年壬辰科习清汉书人数，再对康熙五十四年乙未科、六十年辛丑科习清汉书人数比例的推断，可以说，康熙后期习清书人

---

① 《清圣祖实录》卷281，康熙五十七年十月戊午，第3册，第750页上栏。

② 《清世宗实录》卷14，雍正元年十二月丙辰，第1册，第248页。

数不再占大多数，而是分习清汉书的庶吉士大致各半。

四　雍乾年间：习清书人数占少数阶段

与康熙年间习清书人数相比，雍正初年习清书人数明显减少。雍正十一年四月二十日，雍正帝诏谕：

> 翰林官员学习国书，原以备翻译编纂之任，必须专心熟习，辨析精微，积学功深，与年俱进，始为无忝厥职。查从前选馆之例，庶吉士年四十五岁以下者悉皆分读清书，朕御极以来，只令择年少资敏者，每科不过十余人，俾其学习，盖冀其年富力强可收记诵翻译之功也。①

乾隆十六年闰五月甲戌，一道谕旨中言及："庶吉士分习清书，例由翰林院掌院学士分派，惟量其年力，不拘省分，旧时清汉各半。自雍正年间以来，分习清书者渐少，每科尚有十四五员、十七八员不等。"②

雍正十一年，雍正帝说其在位年间是每科有十余名庶吉士习清书；乾隆帝则说，雍正年间每科习清书的十四五员、十七八员不等。这是否符合事实？

雍正二年十一月二十三日，翰林院掌院学士阿克敦等题奏：

> 钦奉上谕事。该臣等查得雍正元年十一月二十九日奉上谕："今年新科进士选拔庶常，朕意学习清书者少派数人，令其尽心学习，务期通晓，或在翰林或用部曹，即令与满官一同翻译，如此方日实有裨益。"钦此钦遵在案。臣等分别得黄元铎等五员拟读满书，沈淑等四十四员拟读汉书在案。今科庶吉士臣等酌量分别议得庶吉士开泰、恒德、舒明、张圣训等四员仍照历科满洲、汉军庶吉士读汉书之例，俱拟读汉书外，庶吉士程恂、陈浩、赵晃、刘统勋等四员俱应读满书；庶吉士汪由敦……熊晖吉，并修撰陈德华、编修王安国、汪德容共三十五员俱应读汉书可也。臣等未敢擅便，为此具本谨题请旨。

雍正帝御览此份题本之后，于二年十一月二十七日降旨："谢朋庚、严

---

① 《雍正朝汉文谕旨汇编》第8册，第281页。另见《世宗宪皇帝上谕内阁》卷130，见《文渊阁四库全书》第415册，第658页。

② 《清高宗实录》卷390，乾隆十六年闰五月甲戌，第6册，第125页。

源焘著改读满书；张泰基、金相年齿俱长，学问亦好，不必教习三年，著掌院学士会同教习庶吉士将此二人与元年庶吉士一体散馆，余依议。”[①]

据这一史料可知：

（1）雍正元年翰林院掌院学士遵照“学习清书者少派数人”之谕旨，雍正元年癸卯恩科仅拟派5人学习清书、44人学习汉书。雍正认可翰林院掌院学士分派学习清汉书的人数。雍正元年癸卯恩科58名庶吉士，而这一史料提到习清汉书的只有49人。

（2）雍正二年十一月翰林院掌院学士阿克敦等拟派雍正二年甲辰科庶吉士程恂、陈浩、赵晃、刘统勋4人读满书。雍正帝觉得过少，又增添2人，即令谢朋庚、严源焘改读满书。雍正二年甲辰科40名庶吉士，其中6人习清书、37人（包括一甲3人）习汉书。

《茶余客话》也记载：雍正元年癸卯恩科“清书止派五人”；雍正二年甲辰科“清书派六人”[②]。

雍正五年六月十六日，大学士兼户部尚书管翰林院事张廷玉等题奏：

> 钦奉上谕事……今科庶吉士臣等酌量分别议得：庶吉士富魁、世臣、常保住三员，仍照历科满洲庶吉士侍读汉书之例，俱拟读汉书外，编修邓启元，庶吉士李实蕡、金相、刘东宁、李直、王兴吾、陈其嵩、隋人鹏等八员俱应读清书；修撰彭启丰，编修马宏琦，庶吉士钱本诚、庄柱……张乾元等二十八员俱应读汉书。又汉军庶吉士周祖荣旧例应读汉书。据周祖荣称：祖荣系旗人，应当通晓清书，因年幼应试未曾学习翻译，今情愿学习清书等语，相应将周祖荣亦派读清书可也。谨题请旨。

雍正御览此题本之后，于六月十八日降旨：“依议。”[③] 据此题本可知，雍正五年丁未科37名庶吉士，其中9人（包括一甲1人、汉军庶吉士周祖荣）习清书，31人（包括一甲2人、八旗庶吉士）习汉书。

总之，雍正元年癸卯恩科、雍正二年甲辰科、雍正五年丁未科3科习清书庶吉士的人数分别仅5人、6人、9人，而习汉书的人数分别是49人、37人、31人。可见，习清书者只是少数，而习汉书者占大多数。这3科

---

① 《翰林院掌院学士阿克敦题新科庶吉士开泰、程恂等分别拟读满汉书本》，见《雍正朝内阁六科史书·吏科》第16册，第382～383页。

② 《茶余客话》卷2，见《续修四库全书》第1138册，第57页下栏。

③ 《大学士管翰林院事张廷玉题请将今科庶吉士周祖荣等派读清书本》，见《雍正朝内阁六科史书·吏科》第36册，第97～98页。

习清书的人数，与雍正帝和乾隆帝所说不一致。可能仅雍正八年庚戌科、十一年癸丑科两科习清书人数在10人以上。

雍正十一年四月辛未，雍正八年庚戌科散馆，谕吏部：

庶吉士裘肇煦等教习已久，今加考试，应分别授职，除梁诗正已授编修外，其清书庶吉士裘肇煦、王宗灿、林蒲封、沈慰祖、嵇璜、商盘、徐以烜俱著授为编修，阮学浩著授为检讨；汉书庶吉士钟衡、毛之玉、沈荣仁、吴华孙、鄂敏、栢谦、刘元燮、吴士珣、陶正靖、包祚永、任应烈、杨廷栋、张灏、曹一士、倪国琏、周范莲、程盛修、林令旭、王文璇、陈其凝、吴履泰俱著授为编修，高璇、韩彦曾、敷文、孙倪城、严树基、杨秀、卢秉纯、许希孔、周龙官、裘思录俱著授为检讨；额尔登额、福魁著留馆，再教习三年。[①]

这一谕旨提到的庶吉士，除沈荣仁是雍正元年癸卯恩科庶吉士，包祚永、张灏、周龙官、福魁4人是雍正五年丁未科庶吉士外，其余36人均是雍正八年庚戌科庶吉士。雍正八年庚戌科共53名庶吉士，其中36人在雍正十一年散馆，还有17人没有参加这次散馆。这次散馆习清书的8人都是雍正八年庚戌科庶吉士，没有参加这次散馆的17人中可能还有习清书者。再据雍正十一年四月，雍正帝言及每科馆选，“择年少资敏者，每科不过十余人”这一史料，我们判断雍正八年庚戌科习清书的庶吉士可能有10余人。

乾隆元年四月癸未，内阁、翰林院带领雍正十一年癸丑科散馆修撰、编修、庶吉士引见，得旨：

清书庶吉士梁文山、周正思、王检、汪师韩、张映辰、赵瓒为编修，陈中荣、刘元炳、杜谧、王芥园为检讨；汉书编修张若霭、修撰陈倓、编修沈昌宇已经授职，庶吉士朱续晫……罗源汉为编修，宋楠……辛昌五为检讨；李敏第……吴士功俱以部属用；吴祖修……王廷鸿俱以知县即用；于开泰、李天秀，著归进士原班铨选。[②]

据这一谕旨可知，这次散馆，雍正十一年癸丑科有10名习清书的庶

① 《清世宗实录》卷130，雍正十一年四月辛未，第2册，第693～694页。

② 《清高宗实录》卷17，乾隆元年四月癸未，第1册，第441页。

吉士授职编修、检讨。此外授职部属、知县的可能有习清书的庶吉士。这样应如雍正所说，有10余人习清书。

乾隆年间习清书的人数不多。乾隆十六年闰五月，诏令习清书者，“每科通计在十人内外”①。从分派清汉书小教习的人数来看，乾隆中期，习清书庶吉士明显是少数。乾隆三十四年六月，蒋元益“被命教习已丑科庶吉士……于翰林院到任，奏派分教汉书翰詹衙门官六员，分教清书一员”②。乾隆三十四年己丑科分派7名小教习，其中6名负责分教汉书，仅1名负责分教清书。这反映了习清书的庶吉士是少数（小教习之事，见本章中的《翰林院庶吉士教习》部分）。

参照附表四《清代散馆等第名次及授职表》，我们考察乾隆年间习清书的人数。从乾隆十九年甲戌科至乾隆五十八年癸丑科的18科，我们以乾隆四十六年（1781）辛丑科为界，此前（包括乾隆四十六年辛丑科）大致每科散馆习清书者有七八人，最多达10人，而此后，每科散馆均在5人以下。这反映了习清书的人数乾隆前期还有十来人，而乾隆后期大致在5人。

乾隆五十四年己酉科散馆习清书者只5人，反映了此科习清书者人数并不多。而乾隆帝却认为此科习清书的人数较多，将翰林院掌院学士分派习清书的人数减少。如阮元，乾隆五十四年，26岁，“殿试二甲第三名，赐进士出身。朝考钦取第九名，引见，改翰林院庶吉士。时掌院学士锡山嵇文恭公奏派先生习国书，以先生在江苏吉士中年最少也。后奉旨：以清书人数多，特改习汉书”③。

总之，雍乾年间习清书的庶吉士已是少数，绝大多数习汉书。雍乾年间习清书人数呈倒“V”字形变化，即雍正初年几科和乾隆后期几科庶吉士，习清书的人数在5人左右，而这之间的科年，每科习清书的人数有十来人。

五　嘉道年间：从习清书占少数到停止习清书阶段

嘉道年间，庶吉士习清书的人数进一步减少。嘉庆十六年五月二十

---

① 《乾隆朝上谕档》，乾隆十六年闰五月初九日，第2册，第545页上栏。另见《清高宗实录》卷390，乾隆十六年闰五月甲戌，第6册，第125页。

② 《时庵自撰年谱》（蒋元益年谱），见《北京图书馆藏珍本年谱丛刊》第98册，第439～440页。

③ ［清］张鉴等编：《雷塘庵主弟子记》（阮元年谱）卷1，见《北京图书馆藏珍本年谱丛刊》第128册，第477～478页。

日，内阁奉上谕：

> 昨据掌院学士曹振镛、桂芳奏，新科庶吉士内派习清书者三人，未免过少。国初，庶吉士分习清书，系与汉书各半，雍正年间，每科派十四五员、十七八员不等……嗣后每科清书庶吉士，著遵奉乾隆十六年谕旨，仍酌派在十人内外，勿致过少。①

嘉庆十六年辛未科，掌院学士仅分派 3 名庶吉士习清书，嘉庆帝认为习清书人数过少，但认可此次所派习清书人数，只是要求此后每科分派 10 人左右习清书。

参照嘉庆十六年辛未科散馆名次单，习清书者仅 3 人，即清书二等 2 人：林则徐、杨希铨；三等 1 人：凌铨。② 由于有补行散馆的情况，因此，我们查阅了嘉庆十九年甲戌科、嘉庆二十二年丁丑科等科散馆等第名次单，均不见有嘉庆十六年辛未科习清书补行散馆者。据此，可以大致判断，嘉庆十六年辛未科实际习清书只 3 人。

嘉庆十六年辛未科之后，虽然分派习清书的人数有所增加，但可能每科分派习清书者均在 10 人之内。据附表四《清代散馆等第名次及授职表》可知，从乾隆十九年甲戌科之后，仅乾隆四十六年辛丑科散馆时，习清书者有 10 人，其余各科均在 10 人以下。嘉道年间散馆时，习清书者进一步减少，从嘉庆元年丙辰科到道光十六年丙申恩科（这是最后一科散馆有习清书庶吉士）共 20 科，参加散馆的清书庶吉士共 90 人，平均每科散馆习清书者 4.5 人，其中最多一科散馆是嘉庆二十五年庚辰科 8 人，最少一科散馆是嘉庆十年乙丑科，仅 1 人习清书。

虽然有补行散馆的情况，但总体来看，从乾隆十九年甲戌科至道光十六年丙申恩科的 39 科，乾隆年间每科习清书者在 10 人上下，而在嘉道年间，每科习清书者进一步减少，每科习清书者均在 10 人以下，甚至仅二三人。

我们来考察嘉庆二十四年己卯恩科习清书的人数。嘉庆二十五年散馆，嘉庆二十四年己卯恩科有 54 名庶吉士参加，其中习清书有：姜坚、韩大信、胡美彦、方长庚、朱澜 5 人。③ 此科先后补行散馆的有 7 人，即

---

① 《嘉庆道光两朝上谕档》，嘉庆十六年五月二十日，第 16 册，第 285 页。另见《清仁宗实录》卷 243，嘉庆十六年五月丁酉，第 4 册，第 283 ～ 284 页。

② 《嘉庆十六年辛未科散馆等次单》，见《嘉庆道光两朝上谕档》第 19 册，第 304 页。

③ 《嘉庆二十四年己卯恩科散馆等次单》，见《嘉庆道光两朝上谕档》第 25 册，第 170 页。

在道光二年散馆的有陈兆熊、邵甲名 2 人，在道光三年散馆的有徐述虔、方传穆、龚文焕、王昺 4 人，在道光六年散馆的有盛增 1 人。据《散馆等次单》可知，补行散馆的 7 人中，仅陈兆熊 1 人习清书。① 此科共 63 名庶吉士，而准时散馆与补行散馆的 61 人，未散馆的 2 人是胡湜、赵存洵。这二人均是浙江人。据《会试同年齿录》所载出生年月计算可知，胡湜，入选庶吉士时，31 岁；赵存洵，入选庶吉士时，42 岁。② 乾隆以来明确规定 30 岁以下者习清书，这样，可以排除赵存洵习清书的可能性，因其已 42 岁。据上文可知（见习清书年龄部分），此科习清书的姜坚等 6 人，除胡美彦 33 岁外，其余 5 人均在 30 岁以下。据此我们判断胡湜有可能习清书，但从此科浙江庶吉士邵正笏，30 岁，习汉书来看，胡湜习清书的可能性不大。这就是说嘉庆二十四年己卯恩科最多有 7 人习清书，而最可能仅 6 人习清书。

我们再考察道光二年壬午恩科习清书的人数。道光三年散馆，道光二年壬午恩科有 34 名庶吉士参加，其中习清书的有：蔡赓飏、李菡、黄宅中、曾元海 4 人。此科先后补行散馆的有 3 人，即在道光六年补行散馆的有张洵 1 人，在道光九年补行散馆的有舒恭受、徐思庄 2 人。据《散馆等次单》可知，补行散馆的 3 人均习汉书。此科共 38 名庶吉士，其中正常散馆与补行散馆的有 37 人，未散馆的仅沈丹槐 1 人。沈丹槐，浙江嘉善人，入选庶吉士时年仅 19 岁③，是此科年龄最小的庶吉士。从地域、年龄角度来看，沈丹槐很可能派习清书。但从分派习清书名额的原则来看，乾隆十六年诏令江浙等省庶吉士人数在五六员以上者，酌派二三人习清书，道光二年壬午科浙江只有 3 名庶吉士，分派 2 人习清书的可能性不大。再参照此科江苏 5 名庶吉士全习汉书，其中温葆淳年仅 23 岁。此科浙江人蔡赓飏已习清书，因此我们判断沈丹槐习清书的可能性不大。通过分析，得出结论：道光二年壬午科习清书的人数很可能仅 4 人，最多是 5 人。

可见，从雍正以来，习清书的人数减少。庶吉士不愿习清书，其原因主要有三：

其一，入选庶吉士者，大多文章优长，而习清书非其所长。庶吉士不仅希望成为翰林官，也希望获得文名。而习清书，则进入一个陌生领域，

---

① 《嘉庆二十五年庚辰科散馆及补行散馆等次单》，见《嘉庆道光两朝上谕档》第 27 册，第 154 页。

② 《嘉庆二十四年己卯恩科会试同年齿录》，清刻本。

③ 《重订壬午（道光二年）恩科会试同年齿录》（清刻本）记载：沈丹槐，浙江嘉善人，出生于嘉庆甲子年（1804）。据此可知沈丹槐道光壬午年（1822）中式进士时，年 19 岁。

难以发挥自己的特长，甚至仕途渺茫。如很有文名、很有发展前途的袁枚，派习清书，非其所愿，清书没有学好，出为知县，一生仕途坎坷；甚至有清书没有学好，散馆革职的。

顺治十六年十月癸巳，庶吉士散馆授职，顺治帝诏令："陈敬、殷观光习学清书日久，文义荒疏，足见平日全不用心，殊不称职，俱著革退，永不叙用。"① 这是习清书庶吉士被革职之始。

康熙年间仍有少数习清书庶吉士被革职。康熙三十三年三月戊午，庶吉士散馆授职，康熙帝诏令：

> 黄叔琳满文荒疏，狄亿学满书未久，俱著再教习三年；张翔凤、毛鷴、惠周惕、金潮、张孝时、胡麟征、陈綍、陈汝咸满文甚劣，俱照原甲第以知县用；张禹玉，满文全未学习，竟不通晓，著革职。②

可见，顺康年间对没有学好清书的庶吉士轻则外用，重则革职，惩处很重。这令庶吉士习清书有一种畏惧心理。

其二，学非所用，用途不广。在清朝定鼎之初，非常需要懂清语的汉官，但随着满洲的不断汉化，不少满洲官员已懂汉语。这就使得习清书的庶吉士用途很有限，甚至是学非所用。正如雍正元年十一月雍正帝所谕：

> 向来庶吉士学习清书，散馆之后，每至荒废，殊为可惜。嗣后清书散馆之翰林，不可令其荒废。今年新科进士，选拔庶常，朕意学习清书者少派数人，令其尽心学习，务其通晓。散馆后，亦不可荒废，或在翰林，或在部曹，即令与满员一同翻译，如此方实有裨益。③

雍正帝试图解决习清书的庶吉士授职之后，不致荒废清书这一问题。但这一努力，效果并不佳，以致乾隆帝再次强调。乾隆十年五月十二日，乾隆帝谕内阁：

> 每科学习清书之庶吉士，于散馆授职后，遂不留心清文，以致日久荒弃，历来习气如此。昔我皇考曾经训饬，今当散馆之期，朕再行申谕，

---

① 《清世祖实录》卷129，顺治十六年十月癸巳，第998页。

② 《清圣祖实录》卷162，康熙三十三年三月戊午，第2册，第777页。

③ 《清世宗实录》卷13，雍正元年十一月乙巳，第1册，第243页下栏。

所有清书留馆各员，既用三年之功，仍应随时温习，不使遗忘弃置，数年之后，朕当考试，以分勤惰，毋谓朕不戒视成也。①

可见，习清书者，散馆授职之后，荒废清书是一种普遍现象。这说明，随着清朝统治的巩固，满汉不断融合，习清书的用途有限。

大考对翰詹官员来说，是一大考验。虽然一些翰詹官员经大考获得升迁，但不少翰詹官员则经大考降职、休致，甚至革职。习清书的庶吉士散馆成为翰林官，但遇大考不是考清书，而是与习汉书的翰林官一同考诗赋。大考对原习清书的翰詹官员来说，更是一大难关。正如乾隆帝在一道谕旨中所言：

朕思边省之人，选馆本少。声律亦素所未娴，既习国书，自必专意殚精，惟清文是务，非天分优而学业勤者，不能兼顾，汉文益致日就荒落。迨散馆时，或以清书优等授职，而留馆后遇通行考试，往往绌于诗赋，列入下等，改令别用。究其所肄清文，自散馆一试外，别无职分应用之处。②

乾隆帝所言的“通行考试”指大考。大考时，原习清书的翰詹官，“往往绌于诗赋，列入下等，改令别用”。可以说，大考是促使庶吉士不愿习清书的一个重要原因。乾隆帝在这道谕旨中也讲到“所肄清文，自散馆一试外，别无职分应用之处”。这表明乾隆帝已认识到习清书的用途有限，因此，才诏令减少习清书的人数。

其三，不愿习清书的根本原因是随着清朝统治的巩固，满洲的不断汉化。满洲的一些士子汉文水平不断提高，庶吉士习清书的功用已逐渐消失。清初，由于语言成为满汉沟通的一大难关，清帝强迫不少庶吉士习清书。随着满洲不断汉化，语言不再成为满汉沟通的障碍。

随着满洲的不断汉化，不仅汉人庶吉士不愿习清书，就是满洲人学清书的人数也不断减少。至乾隆年间，一些满洲人都不会清语。乾隆四十年五月丙寅，乾隆帝降旨：

---

①《乾隆朝上谕档》，乾隆十年五月十二日，第2册，第41页。另见《清高宗实录》卷240，乾隆十年五月癸未，第4册，第97页。

②《乾隆朝上谕档》，乾隆十六年闰五月初九日，第2册，第545页。另见《清高宗实录》卷390，乾隆十六年闰五月甲戌，第6册，第125页。

今日吏部带领引见之盛京兵部送到指缺补放户部笔帖式果尔敏，除履历外，询以清语，全然不能。果尔敏，系考取笔帖式，又系盛京本地之人，清语自当熟练，乃至全然不能，实出意外。盛京乃满洲根本之地，风气日下，至于此极，尚可问乎？况盛京设立官学，原有教习，果尔敏又系考取翻译之人，伊等平素如何教训，考取时又如何取中，著传询伯兴，将果尔敏系如何考送之处令其明白回奏。盛京将军，亦系专司教养之人，如果以此为事，严行所属，何至如此。此事所关甚大，并著传谕弘晌，嗣后务须加意训饬，令满洲等学习清语，以复满洲本业。若仍任其如此，日就废弛，断不姑贷。①

乾隆帝这道谕旨，表明盛京（满洲根本之地）旗人也有不会清语者。虽然，乾隆帝想扭转这一局面，但已经难以阻挡满洲不断汉化之趋势。

乾隆之后，满洲不断汉化的突出表现之一是应试翻译科的人数也不断减少。翻译科是贯彻“清语骑射”这一国策的产物，创立于雍正年间，其对象是八旗士子，鼓励满洲士子既懂清语，又懂汉语。在设置翻译科之初，即在雍乾年间，参加翻译科的人数较多，而嘉庆之后参加翻译科的人数大减。其中参加翻译乡试的人数，乾隆年间每科有五六百人，而嘉庆之后，应试人数在一百人上下，甚至仅几十人。翻译乡试规模大减，翻译会试的规模也随之缩小。八旗士子愿意参加文科举，而不愿参加翻译科（参见第五章《清代翻译庶吉士》）。

正是由于满洲不断汉化，加上庶吉士不愿习清书，终于在道光十八年戊戌科停止分派庶吉士习清书。《清史稿》记载：

先是，顺治九年，选庶常四十人，择年青貌秀者二十人习清书，嗣每科派习十数人不等，散馆试之。乾隆十三年，修撰钱维城考列清书三等，命再试汉书，始留馆。其专精国书者，汉文或日就荒落。十六年，高宗以清书应用殊少，而边省馆选无多，命云南、贵州、四川、广东、广西等省庶吉士不必派习清书，他省视人数酌派年力少壮者一二员或二三员，但循举旧章，备国朝典制已足。其因告假、丁忧、年齿已长者，例准改习汉书。于是习者日少。道光间例停。②

---

① 《清高宗实录》卷983，乾隆四十年五月丙寅，第13册，第122～123页。

② 《清史稿》卷108《选举三》，第3166页。

《清史稿》记载，由于“清书应用殊少”，习清书的人数不断减少，因此，道光年间停止分派庶吉士习清书。《清史稿》没有说明具体哪一科停止分派习清书。《（光绪）顺天府志》明确记载：“道光以前每科馆选后掌院学士择庶吉士八九员分习国书，时谓之清书翰林，自道光戊戌年（十八年）裁。”[①]《养吉斋丛录》也记载：“道光戊戌科以后，不复派清书矣。”[②]《（光绪）顺天府志》《养吉斋丛录》均记载道光十八年戊戌科停止分派清书庶吉士。

《嘉庆道光两朝上谕档》《清宣宗实录》等文献没有收录停止分派习清书的谕旨。《（光绪）顺天府志》则记载从道光十八年戊戌科开始，停止分派庶吉士习清书。从道光十八年戊戌科散馆没有习清书者，我们推断，从道光十八年戊戌科始，停止分派庶吉士习清书。

通过考察清代分派庶吉士习清书的演变，可以看出，尽管清朝历代皇帝一再强调“国语骑射”为其根本，但是，满洲不断汉化，而且汉化的速度加快成为不可阻挡之势。正是随着满洲汉化的加深，语言不再是满汉官员沟通的障碍，才最终停止了汉人庶吉士习清书的政策。

第四节　清代翰林院庶吉士培养内容

在探讨清代庶吉士分习清汉书发展变化的基础上，再对庶吉士培养内容进行考察。有清一代对庶吉士的培养内容不是一成不变，也有其发展变化的过程。清前期在培养庶吉士方面与明代最大的不同是庶吉士分习清书、汉书，但庶吉士学习内容主要还是遵循明代庶吉士之做法。顺治年间对庶吉士学习内容作了规定，制定了《庶吉士进学规条》，其内容如下：

> 内三院以作养人才事照得本科庶吉士：尔等乃皇上面试钦选，可谓不世遭逢，若菲黾勉策励，何以仰答隆恩？且奉有上谕，每逢双月必御试一次，学行进退，所关尤巨；惜阴敬业，谅有同心。今将进学规条开列于后：
>
> 一、圣贤之道具在六经。旧例诸士入馆后，本经之外别治一经，必须熟读背诵。与同经者讲究，务求实有心得。俟一经既明，乃再治一经，

① ［清］李鸿章修：《（光绪）顺天府志》卷7《京师志七·恩赐教习庶常馆》，光绪十二年刻本，第10页。

② 《养吉斋丛录》卷2，第27页。

期以三年，五经皆遍。外加古文、唐诗，悉听馆师掣签背诵；次则博观史传，考究古今得失，其他邪僻冗杂之书无益身心者，切勿入目。

一、满洲学习汉字自有经史等书，诸士必专心听教，熟读背诵，解文义以求日进。又须明悉礼义，收敛心性，乃见进德修业功夫。其修满书诸士务悉心审问，强记以期精熟，尤须朝夕学习满语，庶它日有裨翻译。

一、馆师奉简命教习，凡有训诲，满汉诸士必恭敬听受。批改诗文必遵奉省改，其有慢师自是，屡诲不悛者，听馆师开送内院。

一、每日定以清晨入馆，申时乃散，毋得偷安私寓，隳志废业。如过期不到馆中，及不候申时辄先出馆，或屡次托故给假不进馆者，听馆师记过登簿，每月开名送览。

一、汉书诸士每月作课四篇，文二、诗二。满书诸士半之，愿全作者听。务令馆师当面看作，即日交卷，呈馆师批改。仍遵题准事理，至次月初二日将批改原稿呈送内院验看，如有作课不完及草率完篇者，记过登簿，每月开名到院。

一、每月赴内院考试，照例举行。大寒大暑暂免。汉文诸士考文一篇、诗一首；满书诸士考满字文一篇，或一文一诗，愿全作者听。

一、翰林以文章为职，古文、诗赋俱当举法前代大家。务须典雅醇正，勿为险怪纤巧……①

邸永君在一档找到了这份《庶吉士进学规条》重要档案，并加说明："可惜以下部分散佚，无从查找，但可分析出可能是对不守规章，自作主张者的处罚。"他认为："从《规条》中所定庶常学习内容上看，并非以往所认为的仅以诗赋，而是对经史更为重视，只是要求更高，须能背诵而少笔答，因而未留下考卷。后人认为是仅以诗赋为内容，则不足为怪矣。"②

对照嘉靖年间的《大学士徐阶示新庶吉士条约》（见第240页），可知，顺治年间的这一《庶吉士进学规条》，明显参照了明代庶吉士培养章程。这一《规条》对庶吉士的学习内容、考课、考勤均作了明确规定。可以说这是清初培养庶吉士的纲领性章程。这一章程（规条）制定于何时？

---

① 《庶吉士进学规条》，藏于中国第一历史档案馆。转自于《清代翰林院制度》，第130～131页。邸永君没有注明录自何宗档案。2007年，我在中国第一历史档案馆查阅《翰林院全宗》，没有找到此一文献；2021年9月再去中国第一历史档案馆查阅也没有找到这一文献。感谢邸先生找到这一重要文献。

② 《清代翰林院制度》，第131页。

《清世祖实录》记载：顺治十二年四月己卯，顺治帝谕内院："考选庶吉士，原欲储养真才，以备任用……今后满汉庶吉士，同读书一甲翰林，每二月朕必面试一次，以辨勤惰高下。每岁六试，永著为令。"[①] 规条中提到"奉有上谕，每逢双月必御试一次"，很可能是"每二月朕必面试一次"之变通，因此，我们大致判断，此规条（章程）可能制定于顺治十二年。

此规条提到"每月赴内院考试"，表明此规条是顺治至康熙初年培养庶吉士的章程。清入关前的天聪十年（1636），清太宗皇太极改文馆为内三院（即内院），至康熙九年再改内三院为内阁。康熙九年之后，可能多次对这一章程进行修改和补充。如康熙年间熊赐履出任庶吉士之教习，就重新制定培养庶吉士的条例，即所谓规条、章程。徐乾学追记：

> 忆予之初入翰林也，馆师孝感公痛辟异端，昌明考亭之绝学于既晦之后，斯文赖以无坠，乃本其意撰为条例十余则，进庶吉士而告之。大抵以立志希圣，力崇正学为第一义。季有程，月有课，所以磨砺而董率之者，不敢蹈常习故，苟且塞责也。务使其见于言者，一以六经四子为归，而立德立功，皆足以储为天下国家之用，以无负皇上惓惓作人之意而已。而数年以来，予所见一馆之人才，亦彬彬足观矣。[②]

徐乾学是康熙九年庚戌科一甲第2名进士，"馆师孝感公"是指熊赐履。熊赐履出任康熙九年庚戌科庶吉士之教习的时间在康熙十一年（1672）正月。[③] 庚戌科庶吉士散馆在康熙十一年闰七月。[④] 可见，熊赐履制定庶吉士条例的时间应在康熙十一年。熊赐履所定的庶吉士条例，应是参照顺治年间的《庶吉士进学规条》而制定。虽然我们不知道熊赐履所制定条例的具体内容，但可知这一条例仍强调学习经史的重要性，即学习内容"一以六经四子为归"。在熊赐履之后，仍有可能多次修改庶吉士之培养章程。

可以说，邸永君只是静态地看待顺治年间所制定的《规条》，而没有从动态上探讨有清一代庶吉士培养内容的变化。

在培养内容上，清初重视经史的程度超过诗赋，但雍正以来，至迟从

---

① 《清世祖实录》卷91，顺治十二年四月己卯，第716页。

② 《词林典故》卷5《艺文・翰林院教习堂题名碑记》，见《文渊阁四库全书》第599册，第575～576页。

③ 《清圣祖实录》卷38，康熙十一年正月辛酉，第1册，第504页。

④ 《清圣祖实录》卷39，康熙十一年闰七月丁酉，第1册，第527页。

乾隆以来，这一培养内容已发生变化。

首先，从选拔的角度来看，朝考重诗赋，轻经史。乾隆三年（1738），御史程盛修请求在朝考时，对淹贯经史者另题考试。这就反映出朝考的考试内容重在诗赋。

乾隆三年十一月，四川道监察御史程盛修上奏：

> 选拔庶常之宜兼试经史也。我皇上教育人才，敦崇实学，国子监经史诸书既颁发帑金，校雠刊刻，复敕谕直省督抚将御纂经史广为流布，并许坊间翻刻，俾诵习者易于购觅，兼命学臣谆切训勉，因地制宜，不徒视为具文。闻风之下踊跃奋兴，伫见枕经葄史之儒蒸蒸辈出矣。夫三年大比，萃天下之英华而等诸贤书，复拔其尤者而成进士，其中岂无根深实遂，不愧通才者，特以悃愊无华不求闻誉，工诗染翰，或有未优而根柢既深，亦可徐及。况承明著作之廷，古称大手笔，果能湛深经术，通达政体，则文章尔雅，训词深厚，以之论思献纳翊赞升平，顾不重耶？臣请嗣后进士朝考，其曩时旧例，照常命题外，于中有淹贯经史，许预期声明，另题考试，如元元本本，该洽精详，确有心得非同剿袭者，著带领引见，一体馆选。如是则留心实学之士，不致以声韵见遗，而山陬海隅，知上之务实不务名，莫不日积月累，沉潜问学，以仰副圣天子化导甄陶之至益矣。

乾隆帝御览此奏折后，朱批："大学士等议奏。"①

从朝考考题来看，乾隆帝并没有采纳程盛修之请求，朝考仍然是四道题，且看重诗赋，并没有对淹贯经史者另题考试。可见，从选拔上已不重视进士的经史水平。

其次，从馆课、散馆的内容来看，顺康时期，可能确实在馆课、散馆时，摘问经史。但可能从雍正以来，至迟从乾隆以来，馆课、散馆时就不再摘问经史。

乾隆四年四月，御史褚泰奏请馆课、散馆俱宜摘问经史。乾隆帝令大臣们讨论褚泰这一奏请。经讨论，奏覆：

> 御史褚泰敬陈储才要务一折。一据称进士用庶常，宜详择老成宿学

① 《四川道监察御史程盛修奏请选拔庶常宜兼试经史酌量变通选才之法事折》，见《宫中朱批奏折》，乾隆三年十一月十六日，中国第一历史档案馆档号：04-01-01-0024-034。

之士等语……又据称馆课、散馆，俱宜摘问经史等语。查经史原属士子所宜究心，但博涉群书贯穿经史，亦非旦夕所能骤致。庶吉士考校诗赋，原以备馆阁之用，旧例遵行已久，不必更张。至教习庶吉士之大臣于一切经籍原可随时教导，不必著为成例。该御史所奏，亦毋庸议。

乾隆四年四月十三日，奉旨："知道了。"[①]

可见，御史褚泰奏请馆课、散馆俱宜摘问经史，遭到否决，大臣请求培养庶吉士仍以诗赋为主，这是旧例，遵行已久，"不必更张"。这反映在乾隆之前，庶吉士已经以学习诗赋为主。当然，在原则上庶吉士之教习（馆师）要督促庶吉士学习经史。

《大清会典事例》记载：

乾隆元年教习庶吉士尚书任兰枝、侍郎方苞奏准，向例庶吉士散馆，只试五言排律八韵或十韵，及论一篇，不出论题则用时文。雍正元年命诗、赋、时文、论四题，听群士或作两篇，或作三篇四篇。本年尚有以两篇列高等者，其后群士皆勉强并完四篇，风檐寸晷，转多草率，不若止命诗赋二题，有裨实学。[②]

据《会典事例》可知，雍正元年散馆，"命诗、赋、时文、论四题"，没有摘问经史之内容。

雍乾以来，习汉书庶吉士的学习内容以诗赋为主，这也与大考相关。大考对翰林来说是一大难关。大考，少数翰林得以升迁，部分改用他职，甚至休致。而大考主要是考诗赋。可以说，大考在一定程度上决定了庶吉士的培养内容。

顺康时期，习清书的庶吉士，除主要精力花在学习清书上，也得学习经史、诗赋。雍乾以来，习清书庶吉士，首先得学好清书，然后花一定的精力学诗赋，而经史已经难以顾及。因为习清书者在馆期间必须学好清书，才能散馆留在翰林，而留在翰林之后，会不会清书不重要，重要的是诗赋的水平。

在现实的压力面前，习经史变成士子个人的事情，庶吉士更愿把主要

---

① 《乾隆朝上谕档》第1册，第395页。

② 《（嘉庆）钦定大清会典事例》卷791《翰林院·考试·散馆》，见《近代中国史料丛刊三编》第70辑，第2542页。另见《（光绪）钦定大清会典事例》卷1053《翰林院·考试·散馆》，见《续修四库全书》第812册，第542页。

精力花在习作诗赋上面。如乾隆二年一甲进士于敏中就记载："庶吉士无定员，每科馆选后，掌院学士择其年三十以上者八九员分习国书，余俱习诗赋。"①

总之，我们判断从雍正以来，至迟从乾隆以来，对庶吉士来说，学习诗赋的重要性已超过学习经史的重要性。一般情况下，庶吉士可以不学习经史，但诗赋不得不学。庶吉士的主要精力花在习作诗赋上面。邸永君认为"对经史更为重视，只是要求更高，须能背诵而少笔答，因而未留下考卷"。这一观点与历史事实不符，至少是与乾隆以来的事实不符。

清代培养庶吉士从经史、诗赋并重，发展到只重诗赋，确实与培养目标有所不符。清代一些官员已看出培养内容有不足之处，先后提出改进方法。

雍正年间，监察御史汤倓上奏：

> 敬陈管见事。切臣一介庸愚，官翰林一十四年，毫无报效，雍正六年蒙皇上天恩，特简修《圣主仁皇帝圣训》。今年正月，又蒙恩拔置台班，报称无地。今值轮班条奏，辄敢冒昧具陈。窃惟培养人才，首重馆阁，学习政务不尚虚文，屡蒙皇上面谕翰林官当留心国计民生，以备任使。仰见我皇上教育殷殷，崇尚实学之意，乃历来教习庶吉士者，诗赋辞章之外，更无别事，似属未合。臣以为自后庶吉士宜令学《大学衍义》《文献通考》，而本朝制度莫详于新修《会典》一书，尤宜令其熟习。学翻译者，亦翻译此三书，甚为有益。②

这一奏折没有落具体时间。从奏折内容"今年正月，又蒙恩拔置台班"可知，上奏时间是汤倓升任御史之年。《国朝御史题名》记载，汤倓，雍正七年升任御史。③因此，可以断定这一奏折的时间是雍正七年。

汤倓在奏折中提到"历来教习庶吉士者，诗赋辞章之外，更无别事，似属未合"，因此，建议增加学习典章制度的内容。这一奏折反映雍正以来培养庶吉士，重诗赋，而忽略经史等方面的内容。从此后的培养内容来

---

①［清］于敏中：《日下旧闻考》卷64《官署》，北京，北京古籍出版社，1981年，第1068页。

②《协理山东道监察御史汤倓奏陈饬令庶吉士读大学衍义、文献通考、与新修之会典三部书折》，见《宫中档雍正朝奏折》，台北，故宫博物院印行，1980年，第27辑，第207～208页。

③［清］黄叔璥撰、戴璐等续补：《国朝御史题名》，见《续修四库全书》第751册，第323页。

看，汤倓的这一奏请并没有被采纳。

雍正年间，礼部尚书张伯行奏请改革庶吉士的培养内容。礼部尚书张伯行上奏：

> 请严庶常课程，以广文教，以培人材事。窃惟经明行修，乃称儒者，文章尔雅斯号通才。是以圣贤之道具在六经，而宋儒性理诸书，则皆羽翼经传，阐明道学者也。圣贤之道发为文章，而古文诗赋之作，亦皆黼黻太平辉煌治理者也。我皇上天纵生知，道全德备，大小臣工幸被光华，无不踊跃奋励，求为有体有用之学。臣请钦定为例，嗣后新选翰林入馆，除习清书之外，其余即分经学、文学二途，愿习经学者即以经书性理教其诵读，而凡馆课及散馆皆以经书性理命题。愿习文学者，即以古文诗赋教其诵读，而凡馆课及散馆皆以古文诗赋为试，则诸臣得专心诵习，而通经学道之彦济济奋兴，博学能文之英翩翩蔚起矣。臣蒙皇上天恩至深至厚，夙夜兢兢，虑难报称，敬陈管见，睿鉴施行。谨奏。①

张伯行强调六经的重要性，建议除习清书的庶吉士外，其余习汉书的庶吉士“分经学、文学二途”来培养。习经学者以六经为培养内容，而习文学者以古文、诗赋并重。从执行情况来看，张伯行的建议也没有被采纳。

乾隆二年，庶吉士教习方苞也奏请：

> 至于教习庶常，臣请嗣后江南、浙江、江西、湖广、福建仍课以诗赋，其余各省则专治本经义疏及《资治通鉴纲目》所载政事之体要。散馆之日，试以所专课各二篇，其兼通者亦得自著所长，而不相强。如此则东南之士益留心于经济之实用，而河北五路以及边方之士亦不至困于声律之未谙，可以陶冶群材，使争自淬砺。盖政事文学皆人臣所以自效，而政事之所关尤重，使海内昭然知我皇上取人不专以文辞，而必求其实济，则有志之士当益思自奋于圣明之世矣。天下之事苟有偏重，则积重积轻之势以渐而成，而弊亦随之，惟圣主能见其微，故臣敢冒陈末见，上渎圣聪。谨奏。②

---

① 《礼部尚书张伯行奏陈庶常课程以培人材折》，见《宫中档雍正朝奏折》第27辑，第486页。

② ［清］方苞：《望溪先生文集》集外文卷2《奏札·请定庶吉士馆课及散馆则例札子》，见《续修四库全书》第1420册，第566～567页。

方苞奏请改变以统一的模式来培养庶吉士，建议根据各省士子的特长加以培养，江南、浙江、江西、湖广、福建5省庶吉士仍课以诗赋，而其余省份的士子则专治本经及相关内容，使士子扬长避短。

乾隆帝将方苞的这一奏疏，令大臣讨论，结果是“格不行”[①]。虽然，这一建议遭到否定，但方苞在教习任上，试图改进培养内容，不注重诗赋，而强调实学。“先生馆课不尚诗赋工丽，务觇人学识根柢，经刮目者多克以名节自立，祁阳陈可斋相国名大受，字占咸，其一也。”[②]

可见，雍乾年间多位官员上奏请求改进庶吉士的培养内容，但受体制的限制，这些建议并没有被采用。乾隆之后，在培养内容上因循守旧，也没有进行改变。直到清末，外患增加，清朝统治者才考虑改变庶吉士的培养内容。

同治元年十二月十三日，内阁奉上谕：

> 翰林院为储才之地，膺斯选者，必须经术淹通，于古圣贤性理精义，讲明而切究之，确有心得。将来敭历中外，本其平日所身体而力行者，发为经济，著为事功，方能名实相副。至诗赋一事，亦系古雅颂之流，庶吉士从事于此，原以备鼓吹休明之用，非谓此外遂无实学也。乃近来积习相沿，专以此为揣摩进身之阶，敝精劳神，无裨实用，将经史性理等书，束之高阁，殊非我国家芸馆培英造就人材之意。自应将庶常馆课程及散馆考试（注:《清穆宗实录》无“考试”二字）旧章，量为变通，以求实济。著自明年癸亥科起，新进士引见分别录用后，教习庶吉士，务当课以实学，治经治史治事及濂洛关闽诸儒等书，随时赴馆，与庶吉士次第讲求，辨别义利，期于精研力践，总归为己之学，其有余力及于诗古文词者听之。除课期照旧举行外，其课题及散馆，改诗赋为论策。论用经史性理等书，策用时事，皆准直摅所见，畅所欲言。教习及阅卷大臣，其各破除积习，毋避忌讳，毋以小疵而累大体，俾士风（注:《清穆宗实录》:“士气”）蒸蒸日上，贤才辈出，共济时艰，有厚望焉。[③]

清统治者在国难当头之际，才对培养庶吉士的内容进行改革，强调实

---

① ［清］苏惇元:《方望溪先生年谱》，见《北京图书馆藏珍本年谱丛刊》第89册，第583页。

② 《方望溪先生年谱》，见《北京图书馆藏珍本年谱丛刊》第89册，第583页。

③ 《咸丰同治两朝上谕档》，同治元年十二月十三日，第12册，第691页。另见《清穆宗实录》卷52，同治元年十二月庚寅，第1册，第1423页。

学的重要性。诏令馆课、散馆均改考诗赋为考论策。这道谕旨反映出庶吉士专事诗赋，将经史性理等书，束之高阁。可以说，从雍乾以来庶吉士学习的内容一直是以诗赋为主。

第五节　清代翰林院庶吉士教习及馆课

一　翰林院庶吉士教习

（一）大教习

由于选拔、培养庶吉士是“培馆阁之材，储公辅之器”[①]，因此，清朝重视庶吉士教习之选派。

吴鼎雯对清前期委派庶吉士教习的情况作了总结：

> （顺治三年）命宏文院学士查布海、蒋赫德、侍读陈具庆教习庶吉士，由内三院奏派。初以内三院学士掌教习，侍读等亦与。康熙九年定，以掌院学士或内阁学士领其事。六十一年，定大学士、尚书、侍郎之不兼掌院者并得与。[②]

吴鼎雯的这一概括，大致反映了清前期任命教习的情况，但是否完全与实际相符？

《词林典故》记载：

> 国初多以内院学士为之，侍读等亦间有预者。自圣祖康熙九年后，专设翰林院，历科皆以掌院学士领其事，而内阁学士时参用焉。至六十一年辛丑科始以工部尚书陈元龙领教习事。厥后尚书、侍郎之不兼掌院事者亦得为之。[③]

《钦定皇朝通典》记载：

---

① 雍正元年十月乙丑，雍正帝谕大学士等：“国家建官分职，于翰林之选，尤为慎重，必人品端方、学问醇粹，始为无忝厥职，所以培馆阁之材，储公辅之器也。”（《清世宗实录》卷12，第1册，第223页。）

② 《翰詹源流编年》卷1，第10页。

③ 《词林典故》卷3《职掌·教习庶吉士》，见《文渊阁四库全书》第599册，第485页。

> 国初教习多以内院学士为之，侍读等亦间有预者。自康熙九年后皆以掌院学士领其事，而内阁学士时参用焉。六十一年辛丑科始以工部尚书陈元龙领教习事。嗣后尚书、侍郎之不兼院事者均得为之，皆由特简，无常制。①

《词林典故》初刻于乾隆十二年、《钦定皇朝通典》乾隆三十二年敕撰，《翰詹源流编年》初刻于乾隆六十年前后。《翰詹源流编年》比《词林典故》《钦定皇朝通典》成书晚。

经比对，成书早的《词林典故》《钦定皇朝通典》关于清前期教习的任用相同，即均是：康熙九年之后，皆以翰林院掌院学士领教习之事，内阁学士时参用；康熙六十一年始以工部尚书陈元龙领教习事，此后尚书、侍郎之不兼院事者均得为之。

成书晚的《翰詹源流编年》则变成：康熙九年定，以掌院学士或内阁学士领其事；康熙六十一年，定大学士、尚书、侍郎之不兼掌院者并得与。

《翰詹源流编年》一书至少参照了《词林典故》，也可能参照了《钦定皇朝通典》，但其关于清前期任命教习之事，根据不足，多少与实际有些不符。具体而言：

（1）在康熙九年之后，即在康熙十一年正月，“命翰林院掌院学士傅达礼、熊赐履教习庶吉士”②，此后一般由掌院学士领教习事（见表3–7），而不是在康熙九年就定掌院学士或内阁学士领教习事。

（2）康熙六十一年，始以工部尚书陈元龙领教习事，此后按例，尚书、侍郎之不兼掌院事者也可任教习。吴鼎雯认为康熙六十一年，定大学士、尚书、侍郎之不兼掌院者并得与教习事。这与实际就有所出入。

总之，关于清前期教习之事，《词林典故》《钦定皇朝通典》记载比较准确，而《翰詹源流编年》所载多少有点出入。

据表3–7可知，从顺治三年丙戌科至康熙九年庚戌科（包括中途任命的教习），除顺治三年丙戌科教习陈具庆、顺治九年壬辰科教习薛所蕴分别是侍读、侍读学士职衔外，其余均是内三院学士。从康熙十一年至康熙六十年基本是以掌院学士为庶吉士教习，内阁学士为教习是少数。康熙六十一年正月，工部尚书陈元龙任教习，此后不兼掌院学士的尚书、侍郎也钦派教

① 《钦定皇朝通典》（乾隆三十二年敕撰）卷23《职官》，见《文渊阁四库全书》第642册，第313页。

② 《清圣祖实录》卷38，康熙十一年正月辛酉，第1册，第504页。

习。大学士领教习始于乾隆七年壬戌科。乾隆七年六月戊申，“命大学士陈世倌、工部右侍郎德龄教习庶吉士”①。此后，常委派大学士担任教习。

表 3-7 顺治至乾隆年间教习名单表①

科名	教习人数	任命教习时间、名单	资料出处②
顺治三年丙辰科	3	三年四月乙酉，命学士查布海、蒋赫德、侍读陈具庆教习庶吉士。	卷 25
顺治四年丁亥科	2	四年四月甲申，命学士查布海、蒋赫德教习庶吉士。	卷 31
顺治六年己丑科	4	六年五月辛酉，命内院学士查布海、蒋赫德、胡统虞、刘肇国教习庶吉士。	卷 44
顺治九年壬辰科	4	九年九月丁丑，命学士能图、刘清泰、刘正宗、詹事府少詹事兼侍读学士薛所蕴教习庶吉士。十年七月乙卯，命内翰林国史院学士傅以渐教习庶吉士。	卷 68、卷 77
顺治十二年乙未科	4	十二年四月壬戌，命学士禅代、麻勒吉、胡兆龙、李霨为教习庶吉士。十五年九月壬子，命学士艾元征教习庶吉士。	卷 91
顺治十五年戊戌科	4	十五年四月辛巳，命学士折库讷、常鼐、李霨、王熙教习庶吉士。十五年九月壬子，命学士艾元征教习庶吉士。	卷 116
顺治十六年己亥科	4	十六年九月癸未，命学士折库讷、胡兆龙、王熙、艾元征教习庶吉士。	卷 128
康熙三年甲辰科	2	三年五月乙酉，以内秘书院学士麻勒吉、章云鹭教习庶吉士。	卷 12
康熙六年丁未科	2	六年闰四月癸巳，命内国史院学士帅颜保、内秘书院学士范承谟教习庶吉士。	卷 22
康熙九年庚戌科	2	九年五月己卯，命内国史院学士折库纳、内秘书院学士董国兴教习庶吉士。	卷 33
		十一年正月，命翰林院掌院学士傅达礼、熊赐履教习庶吉士。	卷 38
康熙十二年癸丑科	2	命掌院学士傅达礼、熊赐履教习庶吉士。	《槐厅载笔》卷 9
		十四年五月丙寅，命翰林院掌院学士徐元文教习庶吉士。	卷 55

① 《清高宗实录》卷 169，乾隆七年六月戊申，第 3 册，第 144 页。

（续表）

科名	教习人数	任命教习时间、名单	资料出处②
康熙十五年丙辰科	2	十五年五月壬辰，命翰林院掌院学士喇沙里、徐元文教习庶吉士。	卷61
康熙十八年己未科	2	十八年五月丁巳，命翰林院掌院学士喇沙里、叶方蔼教习庶吉士。	卷81
康熙二十一年壬戌科	2	二十一年十月庚子，以内阁学士兼礼部侍郎阿兰泰、张玉书教习庶吉士。	卷105
康熙二十四年乙丑科	2	二十四年五月乙酉，命翰林院掌院学士常书、内阁学士徐乾学教习庶吉士。	卷121
康熙二十七年戊辰科	2	二十七年六月癸卯，命礼部左侍郎管翰林院掌院学士事库勒纳、内阁学士彭孙遹教习庶吉士。	卷135
康熙三十年辛未科	2	三十年六月辛未，命礼部左侍郎管翰林院掌院学士事库勒纳、翰林院掌院学士兼管詹事府詹事事张英教习庶吉士。	卷152
康熙三十三年甲戌科	2	三十三年四月壬辰，以仓场侍郎兼翰林院掌院学士常书、礼部尚书兼翰林院掌院学士张英教习庶吉士。	卷163
康熙三十六年丁丑科	1	三十六年九月丁未，以礼部侍郎兼翰林院掌院学士阿山教习庶吉士。	卷185
康熙三十九年庚辰科	2	三十九年五月戊午，以内阁学士兼翰林院掌院学士法良、吏部右侍郎兼翰林院掌院学士韩菼教习庶吉士。	卷199
康熙四十二年癸未科	2	四十二年四月己亥，命翰林院掌院学士揆叙、吏部右侍郎兼管翰林院掌院学士事吴涵教习庶吉士。	卷212
康熙四十五年丙戌科	2	四十五年五月庚午，命内阁学士二鬲、户部尚书徐潮教习庶吉士。	卷225
康熙四十八年己丑科	2	四十八年五月丙子，以内阁学士噶敏图、顾悦履教习庶吉士。	卷238
康熙五十一年壬辰科	2	五十一年四月壬申，以工部侍郎兼翰林院掌院学士揆叙、通政使司通政使汤右曾教习庶吉士。	卷250
康熙五十二年癸巳恩科	2	五十二年十一月丁巳，命都察院左都御史兼翰林院掌院学士揆叙、吏部右侍郎兼翰林院掌院学士汤右曾教习庶吉士。	卷257

（续表）

科名	教习人数	任命教习时间、名单	资料出处②
康熙五十四年乙未科	2	五十四年五月丙午，命都察院左都御史兼翰林院掌院学士揆叙、吏部右侍郎兼翰林院掌院学士汤右曾教习庶吉士。	卷263
康熙五十七年戊戌科	1	五十七年十月庚午，以工部尚书兼翰林院掌院学士徐元梦教习庶吉士。	卷281
康熙六十年辛丑科	2	六十年五月壬申，命工部尚书兼翰林院掌院学士徐元梦、吏部右侍郎兼翰林院掌院学士汤右曾教习庶吉士。	卷292
		六十一年正月乙酉，命礼部尚书陈元龙教习庶吉士。	卷296
雍正元年癸卯恩科	1	雍正二年正月戊戌，以翰林院侍读学士吴隆元教习庶吉士。	卷15
雍正二年甲辰科	2	二年十二月乙未，以内阁学士福敏、吴士玉教习庶吉士。	卷27
雍正五年丁未科	2	五年六月甲午，以都察院左都御史沈近思、工部左侍郎鄂尔奇教习庶吉士。	卷58
雍正八年庚戌科	3	八年六月癸亥，以工部右侍郎鄂尔奇、内阁学士任兰枝、署户部侍郎阿山教习庶吉士。	卷95
雍正十一年癸丑科	4+1	十一年六月己未，以兵部尚书鄂尔奇、吏部右侍郎阿山、吏部左侍郎任兰枝、内阁学士方苞教习庶吉士，翰林院侍讲学士陈万策协同教习。	卷132
乾隆元年丙辰科	2	元年五月辛亥，命礼部侍郎徐元梦、礼部尚书杨名时教习庶吉士。	卷19
乾隆二年丁巳恩科	2	二年七月壬辰，以左都御史福敏、礼部右侍郎方苞教习庶吉士。	卷46
乾隆四年己未科	2	四年五月庚午，命刑部尚书尹继善、刑部左侍郎刘统勋教习庶吉士。	卷93
乾隆七年壬戌科	2	七年六月戊申，命大学士陈世倌、工部右侍郎德龄教习庶吉士。	卷169
乾隆十年乙丑科	2	十年七月乙亥，以吏部侍郎宗室德沛、刑部尚书汪由敦教习庶吉士。	卷244

（续表）

科名	教习人数	任命教习时间、名单	资料出处②
乾隆十三年戊辰科	2	十三年六月丙子，以大学士来保、协办大学士吏部尚书陈大受教习庶吉士。	卷 317
乾隆十六年辛未科	2	十六年六月甲辰，以协办大学士阿克敦、工部尚书孙嘉淦教习庶吉士。	卷 392
乾隆十七年壬申恩科	2	命礼部侍郎介福、刑部尚书刘统勋教习庶吉士。	《槐厅载笔》卷 9
乾隆十九年甲戌科	2	十九年五月丙申，命礼部左侍郎介福、内阁学士钱维城教习庶吉士。	卷 465
乾隆二十二年丁丑科	2	二十二年六月甲申，命兵部侍郎观保、户部侍郎刘纶教习庶吉士。	卷 541
乾隆二十五年庚辰科	2	二十五年七月癸卯，命兵部尚书梁诗正、兵部左侍郎观保教习庶吉士。	卷 616
乾隆二十六年辛巳恩科	2	二十六年六月戊子，命礼部左侍郎兼管翰林院掌院事务介福、兵部尚书刘纶教习庶吉士。	卷 639
乾隆二十八年癸未科	2	二十八年五月丙戌，命吏部左侍郎德保、协办大学士户部尚书刘纶教习庶吉士。	卷 687
乾隆三十一年丙戌科	2	三十一年六月辛亥，命兵部侍郎钟音、户部侍郎王际华教习庶吉士。	卷 762
乾隆三十四年己丑科	2	三十四年六月辛酉，命内阁学士全魁、蒋元益教习庶吉士。	卷 836
乾隆三十六年辛卯恩科	2	三十六年六月壬申，命兵部侍郎觉罗奉宽、内阁学士王杰教习庶吉士。	卷 886
乾隆三十七年壬辰科	2	三十七年六月辛未，命兵部侍郎觉罗奉宽、内阁学士庄存与教习庶吉士。	卷 910
乾隆四十年乙未科	2	四十年五月丙寅，命大学士舒赫德、协办大学士吏部尚书程景伊教习庶吉士。	卷 983
乾隆四十三年戊戌科	2	四十三年六月甲午，命协办大学士英廉、内阁学士钱载教习庶吉士。	卷 1058
乾隆四十五年庚子恩科	2	四十五年六月辛酉，命大学士阿桂、协办大学士吏部尚书嵇璜，教习庶吉士。	卷 1108
乾隆四十六年辛丑科	2	四十六年闰五月乙巳，命大学士英廉、户部尚书梁国治教习庶吉士。	卷 1132

（续表）

科名	教习人数	任命教习时间、名单	资料出处②
乾隆四十九年甲辰科	2	四十九年六月甲辰，命大学士阿桂、嵇璜教习庶吉士。	卷 1209
乾隆五十二年丁未科	2	五十二年六月丁未，命大学士阿桂、王杰教习庶吉士。	卷 1282
乾隆五十四年己酉科	2	五十四年五月己卯，命大学士和珅、吏部尚书彭元瑞教习庶吉士。	卷 1329
乾隆五十五年庚戌恩科	2	五十五年五月乙未，命大学士和珅、吏部尚书彭元瑞教习庶吉士。	卷 1354
乾隆五十八年癸丑科	2	五十八年五月壬寅，命大学士和珅、工部尚书彭元瑞教习庶吉士。	卷 1428
乾隆六十年乙卯恩科	2	六十年四月戊申，命大学士和珅、工部尚书彭元瑞教习庶吉士。	卷 1477

备注：① 由于制作此表的目的一是明了庶吉士教习人数之变化，二是揭示庶吉士教习人员的官职结构，因此，此表一般只列每科首次任命之庶吉士教习名单，中途更换的教习名单一般不开列。由于乾隆之后，每科庶吉士的教习人数、教习人员官职结构没有什么变化，因此，此表就只列到乾隆六十年乙卯恩科为止。

② “资料出处”栏：除《实录》中缺两科教习名单，用《槐厅载笔》作补充外，其余均来自《清实录》。为了使表格简洁，省略了《清实录》的具体名称。

据表 3–7 可知，庶吉士之教习在顺治年间基本是四位，而从康熙三年甲辰科开始基本每科是两位。雍正年间，五科庶吉士，其中三科是两位教习，一科（雍正元年癸卯恩科）仅一位教习，一科（雍正十一年癸丑科），除派出四位教习外，还派一人协同教习。这反映了雍正帝探索培养庶吉士的方式，因此，在任用教习上不拘常格。乾隆以来每科庶吉士派出两位教习成为定制。

这些由皇帝直接任命的教习，又可称作“大教习”。严格意义上说，从康熙三十三年开始分派“小教习”以来，直接由皇帝任命的教习，才可称作“大教习”。一般大臣只任一两科庶吉士之大教习，个别出任五科大教习的，如彭元瑞五任大教习。彭元瑞记载道：

予自丁丑改庶吉士，逾年丁忧旋里，至癸未始授编修，在馆凡七年，所作馆课诗赋为多，越三年即忝小教习。是科御书“芸馆培英”额，赐

教习庶常馆。自己酉至丙辰五为大教习……[①]

彭元瑞先后出任乾隆五十四年己酉科、五十五庚戌恩科、五十八年癸丑科、六十年乙卯恩科、嘉庆元年丙辰科五科庶吉士大教习。

（二）小教习

除了派出大教习之外，还选派小教习。这是清代培养庶吉士的一大特点，也是清代重视庶吉士培养的突出表现。明代一般每科派出两名教习外，不再分派小教习。

小教习始于康熙三十三年。如何选派小教习？《翰詹源流编年》记载：康熙三十三年七月，"敕选小教习，令教习学士等选讲读以下官资深学优者，分课庶吉士，名小教习。是年选侍读张榕端等八人"[②]。

《钦定皇朝通典》则记载："小教习始置于康熙三十三年，雍正八年停罢，乾隆十年复置，如庚戌以前定例，皆教习大臣会同掌院学士抡选奏充焉。"[③]

《钦定八旗通志》也记载："小教习始置于康熙三十三年，雍正八年停，乾隆十年复置，皆由教习大臣会同掌院学士抡选奏充，无额缺。"[④]

乾隆十年正月初十日，江西学政金德瑛上奏时言及："臣闻旧日有分教之例，以俸深之翰林为之，但由掌院分派，是以时设时止。"[⑤]

《翰詹源流编年》记载小教习由教习学士（即教习大臣）选派，其原意可能仅指康熙三十三年选派小教习之事。《钦定皇朝通典》《钦定八旗通志》则记载小教习由教习大臣会同掌院学士抡选，这可能是乾隆所定之制。

在康熙、雍正期间，基本是掌院学士出任大教习。因此，这期间的小教习既可说是由掌院学士分派，也可以说是由教习大臣选派。金德瑛所说旧日小教习"由掌院分派"比较符合实际。

乾隆十年七月，乾隆帝诏令："今科庶吉士著掌院张廷玉、阿克敦，教

---

① ［清］彭元瑞：《恩余堂辑稿》卷1《馆课培英集自序》，见《续修四库全书》第1447册，第448页。

② 《翰詹源流编年》卷1，第41页。

③ 《钦定皇朝通典》卷23《职官》，见《文渊阁四库全书》第642册，第313页。

④ 《钦定八旗通志》（乾隆五十一年敕撰）卷42《职官志一・翰林院》，见《文渊阁四库全书》第665册，第5页。

⑤ 《江西学政金德瑛奏请每科庶吉士之教习请于翰詹中简学优资深者派充之》，见《宫中朱批奏折》，乾隆十年正月初十日，中国第一历史档案馆档号：04-01-12-0044-064。

习庶吉士之大臣德沛、汪由敦于现任讲读、修撰、编、检内，选派数员为小教习。”[①] 乾隆十年乙丑科是重设小教习之始，乾隆帝诏令由掌院学士会同教习大臣（即大教习）选派。此后很可能就遵从这一做法。当然也有由掌院学士分派之例。如《翁同龢日记》记载：同治元年七月初六日，“闻掌院仍奏派余分教庶吉士”[②]。

为何选派小教习？《（雍正）大清会典》记载：

> 康熙三十三年，谕：满洲、汉军庶吉士，著教习学士于侍读、侍讲、修撰、编修、检讨内，择学问优长者，派为小教习，教习诗文、四六。五十三年，奏准：汉庶吉士学习汉书者，亦于侍读、侍讲、修撰、编修、检讨内，择学问优长者，派为小教习，教习诗文、四六。[③]

为了提高满洲、汉军庶吉士诗文水平，康熙三十三年，康熙帝诏令给满洲、汉军庶吉士分派小教习。出于同样的目的，即为了提高习汉书的汉人庶吉士的诗文水平，在康熙五十三年（1714）奏准，也派小教习。可见，派出小教习的目的均是提高庶吉士的诗文水平，而对习清书的庶吉士可能没有分派小教习。

康熙三十三年甲戌科派出 8 名小教习。王士祯记载：

> （康熙三十三年）命户部总督仓场侍郎兼翰林院掌院学士常书、礼部尚书兼翰林院掌院学士张英教习庶吉士。又命侍读张榕端等八人，教满洲、汉军庶吉士诗赋、古文。[④]

王士祯记载此科分派 8 名小教习，吴鼎雯也记载是 8 名小教习（见前面）。而此科满洲、汉军共 9 名庶吉士。这就是说这 9 名庶吉士差不多每人分派 1 名小教习。

雍正八年停止分派小教习。乾隆十年，在江西学政金德瑛的奏请下，复派小教习。乾隆十年正月初十日，江西学政金德瑛上奏：

---

① 《清高宗实录》卷 244，乾隆十年七月丁丑，第 4 册，第 153 页。

② ［清］翁同龢著，陈义杰整理:《翁同龢日记》，同治元年七月初六日，北京，中华书局，2006 年，第 217 页。

③ 《（雍正）大清会典》卷 234《翰林院·馆选授职》，见《近代中国史料丛刊三编》第 79 辑，第 15047 ～ 15048 页。

④ 《居易录》卷 23，见《文渊阁四库全书》第 869 册，第 594 页。

敬陈教习庶常事宜，仰祈睿鉴事。窃惟翰林为储才之地，庶常乃清华之阶，务期学问根柢器识明达，经济、文章两擅其美，庶毋负圣朝之教养，可备将来之任使。是以每科庶吉士必钦命满汉大臣以教习之，其典至隆，其任至重，然庶常五六十员，人数颇众，而内阁、部院大臣政务殷繁，但能总其大纲，难以朝夕提撕，且尊卑悬殊，新进者或有畏而不亲。臣闻旧日有分教之例，以俸深之翰林为之，但由掌院分派，是以时设时止。今年乃馆选之期，伏乞皇上点大臣教习之时，更命大学士、掌院于翰詹中品学优赡而资俸深者拣选十员、八员带领引见，恭请圣裁简畀分教，仍归大臣督率，使亲切相资观摩，易见功效，而教学相长，彼此俱加懋勉。愚臣管见未知可采与否，仰祈皇上睿鉴施行。谨奏。

乾隆帝御览此奏折后，于乾隆十年二月初一日，朱批："知道了。"[①]

江西学政金德瑛提出再派小教习的原因：由于庶吉士人数众多，而担任教习的内阁、部院大臣，"政务殷繁，但能总其大纲，难以朝夕提撕，且尊卑悬殊，新进者或有畏而不亲"，不利于培养庶吉士，因此，请照旧例，分派小教习。

乾隆帝采纳了金德瑛之建议，在乾隆十年六月钦点庶吉士之后，诏令选派小教习。乾隆十年七月丁丑，乾隆帝诏谕：

《会典》开载，康熙年间，选拔庶常后，有选派讲读、修撰、编、检数员，为小教习之例，教习汉庶吉士诗文四六。今科庶吉士著掌院张廷玉、阿克敦，教习庶吉士之大臣德沛、汪由敦于现任讲读、修撰、编、检内，选派数员为小教习。[②]

乾隆十年丁丑科分派9名小教习（见表3-8）。从此，分派小教习成为定制，一直推行到清末。

康熙年间是分派小教习督促习汉书的庶吉士学习诗文。乾隆十年重新分派小教习，是否仅给习清书的庶吉士分派小教习？从金德瑛所言大教习"政务殷繁，但能总其大纲"来看，大教习没有时间教习习清书，因此，不仅习汉书者，而且习清书者也很可能分派小教习。我们找到乾

① 《江西学政金德瑛奏请每科庶吉士之教习请于翰詹中简学优资深者派充之》，见《宫中朱批奏折》，乾隆十年正月初十日，中国第一历史档案馆档号：04-01-12-0044-064。

② 《清高宗实录》卷244，乾隆十年七月丁丑，第4册，第153页。

隆年间习清书庶吉士也分派小教习之例。《时庵自撰年谱》记载：乾隆三十四年六月，蒋元益“被命教习己丑科庶吉士，同事为阁学全穆斋。随往香山谢恩。于翰林院到任，奏派分教汉书翰詹衙门官六员，分教清书一员”[①]。据此可知，乾隆三十四年己丑科有一名小教习分教清书庶吉士。

祁韵士年谱也记录：

> （乾隆）四十三年戊戌二十八岁……殿试二甲第四十七名，赐进士出身，朝考论一、诏一、疏一、诗一，钦取第二十一名，引见改翰林院庶吉士，寻派习清书。大教习：其一初为大宗伯德文庄公讳德保，满洲镶白旗人，乾隆丁巳进士；继为相国阿文成公讳阿桂，满洲正白旗人，乾隆戊午举人；其一为钱萚石先生，讳载，浙江秀水籍，乾隆壬申进士，官少宗伯。小教习为富竹轩先生，讳富炎泰，满洲镶黄旗人，乾隆丁丑进士，官翰林侍讲学士。[②]

可见，习清书庶吉士祁韵士的小教习为富炎泰。

因此，我们判断从乾隆十年乙丑科以来，不仅习汉书庶吉士，而且习清书庶吉士，均分派小教习。

乾隆十乙丑科之后，一甲进士是否也分派小教习？阮葵生记载：“戊辰，翰林派教习庶吉士，府君与焉，得庄公存与，与邵公树本、冯公浩、陈公长镇、杨公方立、敬公华南、邵公祖节、晏公玿等八人。”[③]

阮葵生之府君是阮学浩。阮学浩，雍正八年庚戌科进士，入选庶吉士。选派为乾隆十三年戊辰科庶吉士小教习，负责 8 名庶吉士（包括一甲进士）的学习，其中庄存与，是乾隆十年乙丑科一甲 2 名，其余 7 人均是乾隆十三年戊辰科庶吉士。

庄存与，是乾隆十年乙丑科一甲进士，为何与乾隆十三年戊辰科庶吉士一同在庶常馆学习？

乾隆十三年五月庚子，“内阁、翰林院带领乙丑科散馆之修撰、编修、

---

① ［清］蒋元益：《时庵自撰年谱》（蒋元益年谱），见《北京图书馆藏珍本年谱丛刊》第 98 册，第 440 页。《皇朝词林典故》卷 58《题名・小教习》（第 8 页）记载乾隆三十四年己丑科 6 名小教习。

② ［清］祁韵士：《鹤皋年谱》（祁韵士年谱），见《北京图书馆藏珍本年谱丛刊》第 118 册，第 287 ～ 288 页。

③ 《七录斋文钞》卷 6《显考缓堂府君行述》，见《续修四库全书》第 1446 册，第 142 页。

庶吉士等引见，得旨：‘清书修撰钱维城，已经授职。庶吉士李友棠……俱著授为编修……庄存与，此次散馆考试，诗赋虽属平常，闻其平时尚留心经学，著再教习三年，下次散馆，再行考试。’”①

乾隆十三年五月，散馆考试，庄存与成绩不理想，乾隆帝考虑其留心经学，诏令再留馆教习三年。因此，庄存与被分派到小教习阮学浩名下。

这一个案表明，从乾隆十年乙丑科重新分派小教习以来，一甲进士也有小教习。这一制度可能一直被遵行。

《翁同龢日记》记载：同治二年七月初八日，“庶常馆开馆，大教习瑞芝生、朱桐轩两先生，源侄分小教习瑞睦莽处”②。“源侄”是指翁同龢侄子翁曾源。翁曾源，同治二年一甲一名。睦莽，是宗室瑞联之字号。③翁曾源之小教习是宗室瑞联。可见，同治二年癸亥恩科的一甲进士也分派小教习。

同治年间一甲进士仍分派小教习，这说明，乾隆十年所定一甲进士分派小教习，一直被推行。

每科小教习人数是多少？乾隆年间修的《钦定皇朝通典》记载：“庶常馆教习大臣满洲汉人各一人，小教习翰林官六人，庶吉士无定员。”④这一记载不完全符合实际。据表3-8可知，乾嘉年间选派小教习的人数大致与馆选人数成正比，庶吉士人数多，小教习的人数也增加，最多达11名小教习，最少才5名小教习。《钦定皇朝通典》是乾隆三十二年敕撰，而乾隆十九年甲戌科至乾隆三十四年己丑科的7科庶吉士小教习均是6人，因此，《钦定皇朝通典》可能就把这一时期小教习人数当作定制。

表3-8　乾嘉年间庶吉士小教习人数表①

科名	馆选人数②	小教习人数	科名	馆选人数	小教习人数
乾隆十年乙丑科	54	9	乾隆四十三年戊戌科	35	7
乾隆十三年戊辰科	54	8	乾隆四十五年庚子恩科	29	6
乾隆十六年辛未科	45	8	乾隆四十六年辛丑科	35	9

① 《清高宗实录》卷315，乾隆十三年五月庚子，第5册，第166～167页。

② 《翁同龢日记》，第285页。

③ 杨廷福、杨同甫编:《清人室名别称字号索引》（增补本，上海古籍出版社，2001年）下册第772页记载：瑞联，字睦庵，号珠垣。据此，可知“瑞睦莽”即是宗室瑞联。

④ 《钦定皇朝通典》（乾隆三十二年敕撰）卷23《职官》，见《文渊阁四库全书》第642册，第312页。

（续表）

科名	馆选人数②	小教习人数	科名	馆选人数	小教习人数
乾隆十七年壬申恩科	41	7	乾隆四十九年甲辰科	24	6
乾隆十九年甲戌科	38	6	乾隆五十二年丁未科	32	6
乾隆二十二年丁丑科	37	6	乾隆五十四年己酉科	24	6
乾隆二十五年庚辰科	37	6	乾隆五十五年庚戌恩科	27	5
乾隆二十六年辛巳恩科	38	6	乾隆五十八年癸丑科	23	5
乾隆二十八年癸未科	32	6	乾隆六十年乙卯恩科	18	5
乾隆三十一年丙戌科	34	6	嘉庆元年丙辰科	28	6
乾隆三十四年己丑科	29	6	嘉庆四年己未科	73	11
乾隆三十六年辛卯恩科	35	7	嘉庆六年辛酉恩科	79	7
乾隆三十七年壬辰科	36	7	嘉庆七年壬戌科	94	10
乾隆四十年乙未科	44	7	嘉庆十年乙丑科	84	10

备注：①此表据《皇朝词林典故》卷 58《题名·小教习》和《词林辑略》制作。
②馆选人数包括一甲进士和庶吉士的人数。

据表 3-8 可知，乾嘉年间，一般平均每位小教习分派五六名庶吉士，分派最多的是嘉庆七年壬戌科，平均每位小教习负责近 10 名庶吉士的学习；分派最少的是乾隆六十年乙卯恩科，平均每位小教习负责的庶吉士不足 4 名。

小教习是否均匀分配庶吉士？

蒋元益自记：乾隆十三年戊辰，“五月，散馆，列一等四名，授职编修……七月，分派教习庶吉士，得李延宾等五人，皆知名之士，不烦启迪。一时英髦从游者众”[①]。

蒋元益分派教习乾隆十三年戊辰科李延宾等 5 名庶吉士。阮学浩也是乾隆十三年戊辰科小教习，分派 8 名庶吉士。可见，乾隆十三年戊辰科小教习负责的庶吉士有多有少，不是平均分摊。此后是否均摊，还有待进一步考证。

嘉庆十年之后，每科派多少名小教习难以弄清，但从一些个案，可以大致了解小教习人数。《翁同龢日记》记载：咸丰十年六月初七日，“杜芸

① 《时庵自撰年谱》（蒋元益年谱），见《北京图书馆藏珍本年谱丛刊》第 98 册，第 393 ～ 394 页。

阁来，以余派小教习也”。六月十六日卯刻，“到翰林院，贾筠师、瑞芝师到教习任，余派分教……小教习：许彭寿、冯誉骥、杨泗孙、钟启峋、孙如仅、汪承元、周恒祺。庶吉士分余名下者五人：崔穆之、陆懋宗、杜庭琛、徐致祥、吴镇”①。

据翁同龢记载，咸丰十年庚申恩科庶吉士分派8名小教习，其中小教习翁同龢分派5名庶吉士。此科馆选40人（包括一甲3名），可能是每位小教习负责5名庶吉士的学习。

同治元年壬戌科，翁同龢再次出任小教习。《翁同龢日记》记载：同治元年七月初六日，“闻掌院仍奏派余分教庶吉士。吴鸿恩、张家骧、龙湛霖、黄彬、潘家钰、仇炳台”②。

同治元年壬戌科，小教习翁同龢负责吴鸿恩等6名庶吉士的学习。

《翁同龢日记》记载：光绪九年（1883）七月初一日，诣庶常馆开课。实到78人，丁仁长报感冒。翻译2人。分教：王文锦、屠仁守、郑嵩龄、陈文騄、谭宗浚、鲍临、黄国瑾、吴树梅8人。翻译分教：长麟1人。③

可见，光绪九年癸未科派出8名小教习，翻译庶吉士派1名小教习。

咸丰十年庚申恩科馆选40人，分派8名小教习，光绪九年癸未科馆选81人，也是派出8名小教习。据此，我们推测，清后期，每科小教习可能在8名左右。

不仅大教习因丁忧、病假等原因，中途更换，小教习可能因丁忧、病假等原因，中途也更换。

光绪九年癸未科初派王文锦、屠仁守、郑嵩龄、陈文騄、谭宗浚、鲍临、黄国瑾、吴树梅8名小教习，而到光绪十二年三月散馆前的大课时，8名小教习，大多已换人。

《翁同龢日记》记载光绪十二年三月十五日，到庶常馆的光绪九年癸未科小教习是：梁耀枢、恽彦彬、王文锦、陈梦麟、陈履亨、缪荃孙、吴树梅、黄国瑾8人，翻译小教习长麟1人。④

经对照可知，光绪九年癸未科庶吉士8名小教习，仅王文锦、黄国瑾、吴树梅3人没有更换，而另5名小教习已更换。

总之，乾隆以来，坚持分派小教习之制，每位小教习负责数名庶吉士学习。分派小教习的目的是更好地督促庶吉士学习，加强对庶吉士的

① 《翁同龢日记》，咸丰十年六月初七日、十六日，第58～59页。

② 《翁同龢日记》，同治元年七月初六日，第217页。

③ 《翁同龢日记》，光绪九年七月初一日，第1757页。

④ 《翁同龢日记》，光绪十二年三月十五日，第2008页。

培养。

二　馆课

庶吉士进学期间的考试称作“馆课”，他们在庶常馆期间所作的诗文同样称作“馆课”，书院学生的考试还称作“馆课”。[①] 此处的馆课指对庶吉士的考试、考课。

本部分对馆课的形式进行考察。

（一）由“馆试”“院试（阁试）”向“馆课”的变化

明代庶吉士的馆课分“馆试”与“阁试”。“馆试”是由馆师出题对庶吉士进行考试，而“阁试”则是庶吉士赴内阁考试。明嘉靖年间大学士徐阶在《示新庶吉士条约》中就对馆试与阁试作了规定：“每月馆师出题六道，内文三篇、诗三首，月终呈稿斤正，不许过期。初二日、十六日仍各赴内阁考试一次。”[②] 清初馆课分“馆试”与“院试”。顺治时期所定《庶吉士进学规条》规定：

> 一、汉书诸士每月作课四篇，文二、诗二。满书诸士半之，愿全作者听。务令馆师当面看作，即日交卷，呈馆师批改。仍遵题准事理，至次月初二日将批改原稿呈送内院验看，如有作课不完及草率完篇者，记过登簿，每月开名到院。
>
> 一、每月赴内院考试，照例举行。大寒大暑暂免。汉文诸士考文一篇、诗一首；满书诸士考满字文一篇，或一文一诗，愿全作者听。[③]

据上我们推断，顺治年间的“馆试”应是馆师出题的考试，而“院试”应是庶吉士赴内院的考试。由于顺治年间不设内阁，而设内三院。因此，庶吉士除馆试外，赴内院考试，这应就是“院试”。可以说顺治年间

---

① 如：雍正十二年，“奉旨直省设立书院。吾粤粤秀书院延大埔杨紫峰太史为山长。先生（注：指冯成修）承甘大方伯考取第一名，拨送入院肄业，每遇馆课，辙冠其侪偶”（劳潼：《冯潜斋先生年谱》，见《北京图书馆藏珍本年谱丛刊》第97册，第499页）。“严课规。鲁秋塍先生原定规条云：书院提衡全在会课，课期不肃，多有代倩怀挟传递换卷等弊。今无论官课、馆课务必扃门锁试，各人上堂领卷，不许潜入私室，限昏黑时交卷，不得给烛，毋得笑语喧哗，妄行走动。”（陈寿祺：《左海文集》卷10《鳌峰崇正讲堂规约八则》，见《续修四库全书》第1496册，第423页。）

② 《春明梦余录》卷32《翰林院·庶吉士》，见《文渊阁四库全书》第868册，第424页。

③ 《庶吉士进学规条》，藏于中国第一历史档案馆，转自于《清代翰林院制度》，第130～131页。

遵从明代的做法。

为了加强对庶吉士的培养，顺治帝规定庶吉士照旧参加馆试、院试外，还诏令每两月面试庶吉士一次，即每两月御试一次。顺治十二年四月己卯，顺治帝谕内三院：

> 考选庶吉士，原欲储养真才，以备任用，必须懋勉学问，时加策励，乃能练习典故，博通文章，无负朕亲行简拔之意。除照旧教习馆试、院试外，今后满汉庶吉士，同读书一甲翰林，每二月朕必面试一次，以辨勤惰高下，每岁六试，永著为令。尔等即行传知。①

这道谕旨反映了顺治帝重视庶吉士的培养。

顺治年间可能按这一谕旨，加强对庶吉士的考课和培养。如王遵训，“顺治甲午，登贤书。乙未，成进士。越三岁戊戌，殿试传胪，授翰林庶常。公念先帝知遇之恩，选馆而后，磨砺益力，六经子史，靡不渔猎。而风节凛然，尤以匡维世道、康济斯民为己任。历事两朝，所在体国恤民……公初读中秘书，至国书、国语，尤精研力索，故御试及馆阁诸试，每以公为眉目。章皇帝雅重文学，眷公特甚，乘舆所幸，必令珥笔以从”②。

王遵训，顺治十二年乙未科会试中式，顺治十五年补殿试，入选庶吉士。在馆期间刻苦攻读，因此，“御试及馆阁诸试，每以公为眉目”。可见，顺治帝亲自御试庶吉士。“馆阁诸试”应指“馆试”“阁试（即院试）”。

顺治之后，是否还有“馆试”“院试（阁试）”之分？限于史料，我们难以弄清。据相关史料，我们推测康熙初年，可能仍有“馆试”“院试（阁试）”之称；康熙中后期虽然可能仍由馆师、大学士分别对庶吉士进行考试，但已没有“馆试”“阁试”之称。

康熙二十五年五月二十一日，大学士明珠等“以日讲起居注官郭棻员缺，将鼎甲陆肯堂等三人及庶吉士张希良开列折子呈览。上曰：‘此内孰可者？’明珠等奏曰：‘张英、徐乾学云每次馆课，陈元龙第一，学问颇优。’上曰：‘张希良何如？’明珠等奏曰：‘张英等云，张希良品行虽优，尚须教习。’”③

---

① 《清世祖实录》卷 91，顺治十二年四月己卯，第 716 页。

② ［清］李天馥：《少司农王公遵训墓志铭》，见《碑传集》卷 18，第 586 页。

③ 《清代起居注册·康熙朝》，中华书局，第 20 册，第 10040 ～ 10041 页。

陈元龙，康熙二十四年乙丑科一甲二名。张希良是康熙二十四年乙丑科庶吉士。康熙二十四年五月，“命翰林院掌院学士常书、内阁学士徐乾学教习庶吉士”①。康熙二十五年四月，“命翰林院掌院学士张英教习庶吉士”②。

康熙年间每科庶吉士基本是两位教习，一位满教习大臣，一位汉教习大臣。康熙二十四年乙丑科汉教习大臣先是内阁学士徐乾学，后是翰林院掌院学士张英。这两位教习大臣都说“每次馆课，陈元龙第一”。他们所说的“馆课”，即是由教习大臣对庶吉士的“馆试”。但是为何不称“馆试”而称“馆课”？我们推测，可能是没有馆试、阁试之分，而对庶吉士的考试统称的缘故。

是否因没有了“阁试”之称，才取消了“馆试”之称？我们弄不清什么时候没有“阁试”之称，但在康熙年间仍有内阁大学士考课庶吉士之事。康熙二十八年五月二十二日，康熙帝“谕大学士徐元文曰：‘尔既兼管翰林院事，可将庶吉士严课读书，不时考试。’徐元文奏曰：‘臣当只遵圣谕，时加考课，以副皇上造就人才至意。’上曰：‘善。’”③

康熙二十七年戊辰科庶吉士教习大臣是礼部左侍郎管翰林院掌院学士事库勒纳、内阁学士彭孙遹。④康熙二十八年是康熙二十七年戊辰科庶吉士在馆学习的第二年，大学士兼管翰林院事徐元文遵旨考试庶吉士。这是不是“阁试”？由于“阁试（院试）”是令庶吉士赴内阁（内院）考试，而大学士兼管翰林院事徐元文遵旨考试庶吉士的地点可能就在翰林院，因此，徐元文对庶吉士的考试可能不是“阁试”，或者说是“阁试”的变通，即仍保留了明代“阁试”的遗意。

我们不能据康熙二十八年，康熙帝令大学士徐元文考课庶吉士之事，断定此前大学士也常常考课庶吉士，也不能据此推断康熙后期仍令大学士考课庶吉士。但从对庶吉士的考试称呼来看，康熙年间（具体而言可能在康熙中后期），可能已经没有“馆试”“阁试”之称。之所以有此推测，也是根据当事人的年谱资料所载。

顾嗣立，康熙五十一年壬辰科进士，入选为庶吉士。他在自编年谱中记载：康熙五十一年十月二十一日，“两院长到教习任”。五十二年夏，

---

① 《清圣祖实录》卷121，康熙二十四年五月乙酉，第2册，第273页。

② 《清圣祖实录》卷125，康熙二十五年四月己亥，第2册，第332页。

③ 《清代起居注册·康熙朝》，中华书局，第25册，第12562～12563页。

④ 《清圣祖实录》卷135，康熙二十七年六月癸卯，第2册，第469页。

“院长西崖先生五日一馆课，笔墨之事殆无虚日也”①。

康熙五十一年四月壬申，“以工部侍郎兼翰林院掌院学士揆叙、通政使司通政使汤右曾教习庶吉士”②。康熙五十一年四月己卯，“升通政使汤右曾为翰林院掌院学士，仍教习庶吉士”③。

可见，康熙五十一年壬申科两位教习均是翰林院掌院学士（又称“院长”）。“院长西崖先生”即是汤右曾。④

顾嗣立在自编年谱中，只提到“馆课”，没有提到“馆试”“阁试”，也没有提到大学士考试庶吉士之事。

当然，康熙年间可能已经没有“馆试”“阁试”之称的推测，有待进一步的考证。

雍正年间，礼部尚书张伯行上奏请“严庶常课程”，只提到“馆课及散馆”（见前文），这表明对庶吉士的考试已经没有“馆试”“阁试”之称。可以说，至迟从雍正开始，庶吉士不再赴内阁考试。

既然没有“馆试”“阁试”之称，那么，对庶吉士的考课就可能统称为“馆课”。如乾隆初年教习大臣对庶吉士的考试称“馆课”。“史文靖公馆课庶常，出‘春日即事’题，管水初一清诗中有一联云：‘两三点雨逢寒食，廿四番风到杏花。’文靖叹赏，拔置第一，时人以‘管杏花’呼之。”⑤

管一清，是乾隆四年己未科进士，入选庶吉士。“文靖”史贻直是之谥号。乾隆五年九月，乾隆帝“命兵部尚书史贻直教习庶吉士”⑥。可见是教习大臣史贻直馆课庶常。

总之，在顺康雍年间，对庶吉士的考试由“馆试”“院试（阁试）”发展到只有“馆课”（原来之“馆试”），庶吉士已不再赴内阁考试。

（二）大课制度的确立

庶吉士的大课制度何时确立？目前难以弄清何时将对庶吉士的考试称为大课，但至少可以说是在乾隆年间确立了大课之制。

《时庵自撰年谱》（蒋元益年谱）记载：

---

① 《闾邱先生自订年谱》（顾嗣立年谱），见《北京图书馆藏珍本年谱丛刊》第89册，第92～93页。

② 《清圣祖实录》卷250，康熙五十一年四月壬申，第3册，第475页。

③ 《清圣祖实录》卷250，康熙五十一年四月己卯，第3册，第476页。

④ 《词林辑略》卷2，第61页：康熙二十七年戊辰科：汤右曾，字西崖，浙江仁和人，散馆授编修，官至吏部侍郎。

⑤ 《熙朝新语》卷11，第169页。

⑥ 《清高宗实录》卷126，乾隆五年九月戊寅，第2册，第848页。

（乾隆三十四年）六月，被命教习己丑科庶吉士，同事为阁学全穆斋，随往香山谢恩。于翰林院到任，奏派分教汉书翰詹衙门官六员，分教清书一员。故事教习大课于二八月举行二次，余月则分教者面课。课日诸吉士暨在馆员役教习俱供应茶饭，一日所费二十余金。余以散馆期较近一年，业精于勤，欲间月大课一次，于事为得商诸全公，亦以为然，议遂定。是差为词臣荣遇，不应斤斤于费用之多寡。试日至庶常馆出题，俟交卷后始归。数十年前考课俱列等第，后此但有前后，不复列等。余亦仍之，悉心校阅，不少宽假，复面加训饬。得暇与之讲论诗古及词林掌故，俾通知世务，诸吉士颇服教焉。①

乾隆三十四年六月，“命内阁学士全魁、蒋元益，教习庶吉士”②。“穆斋”是全魁之号。③在全魁、蒋元益出任大教习之前，“大课于二八月举行二次”。这表明在乾隆三十四年之前，馆师（教习大臣）对庶吉士的考课已称作“大课”。

《苏州府志》也记载：蒋元益，乾隆三十四年“己丑，奉命教习庶吉士。向例庶常每月分课，惟二八两月大课。元益改为间月大课，是科留馆者多，遂为玉堂故事”④。

将《时庵自撰年谱》与《苏州府志》相对照，可知，“向例庶常每月分课”应是“余月则分教者面课”之意。这表明，在大课之外的月份，小教习需分课庶吉士，即小教习对分派的庶吉士进行考试。

这是目前我们所见到的最早的庶吉士“大课”资料。到底什么时候开始称考课庶吉士为“大课”，有待进一步考证。不过据《时庵自撰年谱》《苏州府志》可以作出推测。年谱和府志提供了两条依据：一、在全魁、蒋元益出任大教习之前，已有“大课”；二、“大课”是相对“分课”而言。乾隆十年乙丑科重新分派小教习开始，应有“分课”。因此，我们推测“大课”很可能始于乾隆十年乙丑科或之后。

乾隆五年闰六月的一份奏单中言及：

---

① 《时庵自撰年谱》（蒋元益年谱），见《北京图书馆藏珍本年谱丛刊》第98册，第439～441页。

② 《清高宗实录》卷836，乾隆三十四年六月辛酉，第11册，第164页。

③ 《清人室名别称字号索引》（增补本）下册第113页记载：全魁，满洲镶白旗人，字斗南，号穆斋。据此可知全穆斋即是全魁。

④ ［清］李铭皖等修，冯桂芬等纂：《（光绪）苏州府志》卷89，见《中国方志丛书》，台北，成文出版社，1970年，华中地方第5号第2142页。《（光绪）苏州府志》注明此一史料转自《（道光）苏州府志》。

前门内有庶吉士教习馆，系奉世宗宪皇帝特旨将官房修葺，令诸庶吉士肄业其中……逢教习馆课之日，有倩人代作者，不特虚靡钱粮，亦大负世宗宪皇帝教育之恩意矣。①

乾隆六年的这一奏单中对庶吉士的考课还是称“馆课”，没有称“大课”。这也加强了我们对“大课”始于乾隆十年乙丑科的推测。

大教习对庶吉士的考课称“大课”，小教习对庶吉士的考课称“分课”。“分课”可能也称作“小课”。《辛筠谷年谱》记载：乾隆五十五年，辛从益，“殿试二甲第一，朝考入选，选用庶吉士……教习师余秋室先生集。初学诗赋，用功甚苦，虽严冬坐常达旦，始大、小课或居后，后继乃屡取第一”②。

乾隆五十五年庚戌恩科的教习大臣是大学士和珅、吏部尚书彭元瑞。③余集是辛从益之小教习。辛从益记载的“大、小课”，应是大课、小课之意。从其提到小教习（教习师）来看，大课、小课应是对应大教习（教习大臣）、小教习所主持的考课。

乾隆以来，重视对庶吉士的大课，并制定了较隆重的大课仪式。《皇朝词林典故》记载：

凡大课日，一甲三人暨诸庶吉士，咸黎明齐集馆中，俟教习庶吉士入门停舆，群补褂，迎于二门内。教习升堂，咸趋进揖，教习答揖。既纳卷，教习出，一甲三人及庶吉士，仍送于堂檐下，如初至仪。凡大课之日，分教庶吉士翰林官，及庶常馆提调各官，亦齐集馆中。④

大课日，一甲三名与庶吉士均要参加，小教习与庶常馆提调官也要齐集馆中。

大课由每年“二、八月举行二次”，甚至每月一次或间月一次，发展到每科庶吉士仅大课两次。

吴省钦赋诗《重至教习庶常馆》：

---

①《皇前门内庶吉士教习馆现在情形单》，见《宫中朱批奏折》，乾隆五年闰六月，中国第一历史档案馆档号：04-01-38-0181-007。

②［清］辛从益：《辛筠谷年谱》（辛从益年谱），见《北京图书馆藏珍本年谱丛刊》第122册，第30～31页。

③《清高宗实录》卷1354，乾隆五十五年五月乙未，第18册，第146页。

④《皇朝词林典故》卷46《仪式·大课仪》，第20～21页。

> 玉殿亲窥选俊班，六年芸馆旷跻扳。论师偏愧逾涯分，造士先求痛改删……重向麟台增故事，弟兄举进自枫宸（大教习、小教习月各一课）。[①]

吴省钦，乾隆二十八年癸未科进士、庶吉士，其在《重至教习庶常馆》一诗中提到“大教习、小教习月各一课”。由于蒋元益提到在乾隆三十四年之前已有大课，我们推测乾隆二十八年癸未科庶吉士，“大教习、小教习月各一课”应是每月各大课、小课一次。

乾隆五十五年庚戌恩科状元石韫玉也记载：

> 翰林故事，凡状元归第，历科鼎甲皆在宾席相陪。是年十月，修士相见之礼，后进投谒于先进之门，先进报谒于庶常馆，行交拜礼。教习大臣每月聚庶常之士而课之，同堂而食，列舍而居。如是者三年，然后散馆，或留或去，悉出上裁。[②]

石韫玉记载乾隆五十五年庚戌恩科，“教习大臣每月聚庶常之士而课之，同堂而食”。吴省钦记载乾隆二十八年癸未科，每月大课一次。可见乾隆年间有些科是每月大课一次，有些科是一年大课两次，蒋元益任大教习于散馆前的一年里是间月大课一次。总的来说，大课次数不算少。

大课之所以在乾隆年间次数多，这可能在推行之初，与大教习的重视相关。但由于每次大课教习大臣要解决庶吉士以及小教习、庶常馆提调官的午餐。这一花费不算小，从而成为教习大臣不愿多举行大课的主要原因。

蒋元益提到任教习大臣时，“课日，诸吉士暨在馆员役教习俱供应茶饭，一日所费二十余金”。由于乾隆年间庶吉士人数不多，可能物价相对便宜一些，大课日花费不算很大。嘉庆年间庶吉士人数增加，如嘉庆七年壬戌科高达 91 人。由于人数增加，大课的花费也随之增多，因此，大课在某种程度上成为教习大臣的负担。至迟到嘉庆后期，每科庶吉士，满汉教习大臣仅各大课两次。

鉴于嘉庆年间大课次数减少，道光元年（1821）十月二十七日，监察御史牟惇儒上奏：

---

① ［清］吴省钦:《白华前稿》卷 54《古今体诗朝天集一・重至教习庶常馆》，见《续修四库全书》第 1448 册，第 320 页。

② ［清］石韫玉:《独学庐四稿》卷 4《跋・乾隆癸丑同馆图跋》，见《续修四库全书》第 1466 册，第 717 页。

请申明庶吉士大课之例，以励人才事。窃照每科会试钦点庶吉士数十员以备翰林之选，设立庶常馆以为诵读考课之地，有小教习若干人分教之，复有大教习二人总课之。定例每月在馆大课一次，试诗、赋各一，由大教习逐卷加批，定其甲乙，所以分优劣示激劝也，乃行之日久，渐就废弛。每遇课期并不在馆考试，仅由大教习发给题目，庶吉士各在寓所缮就课卷，令馆役送大教习宅内听候批发。惟庶吉士初进馆之头两月，满汉大教习各课一次，及散馆之前两月又各课一次，此四课尚俱照例到馆，然亦仅于辰刻在馆，各交诗片，巳刻用饭后即各散归，其赋仍俟回寓后作成，另日交卷。核其废弛之由，则历来大课之日，所有庶吉士俱由大教习预备桌饭，每次费银数十两，因不能逐月备饭，故不能逐月在馆考试，即偶尔到馆考试，亦不免视为具文，有名无实。并闻近年以来，庶吉士所交课卷，大教习有并不发出者，其甲乙不得而知，盖以其诗赋即未经在馆面试，未必出自各人实学，遂无庸定其甲乙耳。伏思诗赋不经面试，则无以（辨？）优劣，课卷不分甲乙，则无以示激劝，甚非所以造就人才之意也。

应请旨申明定例，嗣后大教习按月大课，勿庸预备桌饭，庶吉士各带果饼赴馆，务于当日在馆交卷，大教习加批后，详定等第名次发交本人阅看，庶可收考课之益，而人才日盛矣。再查庶吉士所领月费较多，每月课期，尽可自备食物。惟近来馆中扣项甚多，如馆役工食、馆役冬衣及馆中零费，胥役等藉端浮开，滥行坐扣，计每月仅可剩制钱一千余文而已。应请饬下掌院学士转饬该馆提调严禁胥役（坐？）扣，以除陋习。臣愚昧之见，是否有当，伏乞皇上圣鉴。谨奏。

道光帝御览此奏折后，于道光元年十月二十八日，朱批："此条似可行，亦难概准。"①

牟惇儒在奏折中首先指出"定例每月在馆大课一次"，行之日久，渐就废弛，以致仅有庶吉士初进馆之头两月，满汉大教习各课一次，及散馆之前两月又各课一次。他认为大课减少的原因是"历来大课之日，所有庶吉士俱由大教习预备桌饭，每次费银数十两，因不能逐月备饭，故不能逐月在馆考试"。因此，建议"嗣后大教习按月大课，勿庸预备桌饭，庶吉士各带果饼赴馆"。

---

① 《监察御史牟惇儒奏请申明庶吉士大课之例以励人才事折》，见《道光朝军机处录副奏折》，道光元年十月二十七日，中国第一历史档案馆档号：03-3650-071。

从道光帝的朱批来看，牟惇儒的建议并没有完全被采纳。道光帝在朱批牟惇儒奏折的当日诏谕内阁：

> 御史牟惇儒奏请申明庶吉士大课定例一折。庶常馆为培养人才之地，自应勤于考课以励讲习，但祁寒盛暑，责令人人在馆扃试，亦势有所难。嗣后大教习到馆考课之期，该庶吉士等俱当在馆将诗赋写作全完，大教习评定甲乙以昭核实。至该御史所称庶吉士所领月费，多被馆中藉端克扣一节，著掌院学士会同大教习查明，责成该提调严行禁止，毋得仍前冒滥。①

从这道谕旨来看，除“祁寒盛暑”之外，道光帝要求大教习勤于考课，也就是说不要求每月大课。这道谕旨回避了“大课，勿庸预备桌饭，庶吉士各带果饼赴馆”之请求。此后，大课之日，大教习一般仍要预备桌饭，解决吃饭问题。

清后期，每科庶吉士可能仅大课两次，一次在庶吉士入馆之初，一次在散馆之前。如光绪九年癸未科仅大课两次。《翁同龢日记》记载：

（1）光绪九年七月初一日，“诣庶常馆开课，睦莽出题，史有三长赋；川广同源，川。……饭两桌，其余约十余桌，共六十金，交堂馆李姓承办。此次睦莽出，他日关门课乃余作主。从前皆五十金，近来添”②。

（2）光绪十二年三月十四日，“出拜客，晤乌达峰，定明日到庶常馆时刻”。

十五日，“辰初到庶常馆，乌公甫到，庶常到者才十余人，分教诸君、庶常馆提调陆续来，最后到者恽、缪两君也。余出题……午初二刻饭……是日共到七十三人，七人告假。……凡两桌，燕菜。堂馆李……办，共银六十两。连庶常各席在内”③。

从乾隆以来，每科庶吉士两位大教习，一位满大臣，一位汉大臣。如中途教习因事离任，就另换大臣。光绪九年癸未科汉人大教习一直是翁同龢，而满人大教习中途更换了三次。

光绪九年四月丙子，“命兵部尚书瑞联、工部尚书翁同龢，教习庶吉

① 《清宣宗实录》卷25，道光元年十月乙巳（二十八日），第1册，第450页。

② 《翁同龢日记》，光绪九年七月初一日，第1757～1758页。

③ 《翁同龢日记》，光绪十二年三月十四、十五日，第2007～2008页。

士”[①]。九年十一月丙申，命大学士宝鋆教习庶吉士。[②] 十年三月辛卯，命大学士灵桂教习庶吉士。[③] 十一年九月壬寅，命兵部尚书乌拉喜崇阿教习庶吉士。[④]

可见，光绪九年癸未科满教习大臣，先后是兵部尚书瑞联、大学士宝鋆、大学士灵桂、兵部尚书乌拉喜崇阿。

“睦莽”是瑞联之号，“达峰”是乌拉喜崇阿之号。[⑤] 从《翁同龢日记》所记的第一条史料可知，光绪九年七月初一日，大教习兵部尚书瑞联、工部尚书翁同龢到庶常馆对癸未科庶吉士进行第一次大课（开课）。这次大课由瑞联出题，也由其出钱解决大课日的午餐。这次大课，还约定“关门课”（大课）的午餐由翁同龢负责。这表明光绪九年癸未科，在第一次大课时就定下两次大课，即一次“开课”，一次“关门课”。

从《翁同龢日记》所记的第二条史料可知，照第一次大课时的约定，第二次大课（关门课）由翁同龢出考题，并负责当日之开销。

据《翁同龢日记》所记，参照道光年间监察御史牟惇儒所奏，我们推断清后期每科庶吉士可能一般情况下大课两次。

大课之所以减少，主要是由于大课之日，大教习要解决吃饭问题。据蒋元益所说，乾隆年间一次大课，大教习要花费二十余金（二十几两银子）。据翁同龢所记，在光绪九年之前，每次大课要花五十金，而光绪九年癸未科两次大课均花去六十金。大课之日，教习大臣的支出不少。这成为教习大臣不愿多次举行大课的主要原因。

一甲进士、庶吉士一般要参加第一次大课（开门课）之后，才准许请假回籍。但也有个别庶吉士因病等没有参加第一次大课。

《翁同龢日记》记载：光绪九年七月初一日，“诣庶常馆开课，睦莽出题，史有三长赋；川广同源，川。自辰正抵未正始毕，实到七十八人，丁仁长报感冒。翻译二人。”[⑥]

光绪九年七月初一日的“庶常馆开课”，是指九年癸未科第一次大

---

① 《清德宗实录》卷162，光绪九年四月丙子，第3册，第285页。

② 《清德宗实录》卷174，光绪九年十一月丙申，第3册，第427页。

③ 《清德实录》卷180，光绪十年三月辛卯，第3册，第503页。

④ 《清德宗实录》卷215，光绪十一年九月壬寅，第3册，第1026页。

⑤ 《词林辑略·特授改补馆职》第563页：“乌拉喜崇阿，字月溪，号达峰，镶黄旗满洲人，咸丰丙辰进士，由刑部主事迁右庶子，官至兵部尚书。”［清］法式善等撰，张伟点校的《清秘述闻三种》（《清代史料笔记丛刊》，北京，中华书局，1982年，第749页）记载：“浙江考官兵部侍郎乌拉喜崇阿，字达峰，满洲镶黄旗人，丙辰进士。”

⑥ 《翁同龢日记》，光绪九年七月初一日，第1757页。

课。此科馆选共81人，而实到78人，缺3人，其中庶吉士丁仁长因感冒请假。可见，第一次大课仍有个别庶吉士由于生病等原因请假没有参加。

一甲进士、庶吉士一般要参加散馆前之大课，才能参加散馆考试。但个别没有参加散馆前之大课，也准许参加散馆考试。

《翁同龢日记》记载：

> （同治元年三月初四日）辰初到庶常馆，贾、瑞两师先到，吴蓉圃、钱辛伯、杨滨石、瑞睦庵、延树南、杨澧南、孙松坪皆到。赋题“镜清砥平赋”，以“寰海镜清为方隅砥平”为韵。诗题“一片冰心在玉壶”，得“心”字。庶吉士合前两科共二十九人而已，各赋一诗，以钱来商为最，有“冷语抵千金”之句。何亮清次之，写作均佳。饭后到三兄处。①

同治元年三月初四日，咸丰十年庚申恩科庶吉士大教习“贾、瑞两师”来到庶常馆，考课庶吉士。贾、瑞两师是指大教习贾桢、瑞常②。此次考试应是咸丰十年庚申恩科散馆之前的大课。29人参加此次大课。

咸丰十年庚申恩科庶吉士散馆考试在同治元年四月十八日。③这次散馆考试共有31人，其中一等10名、二等19名、三等2名。④《翁同龢日记》记载此次“散馆者共三十二人”⑤。该日记也记载了此次散馆各等次的人数，也是一等10名、二等19名、三等2名。⑥可见，“散馆者共三十二人”属于笔误，所记人数比实际参加者多出1人。

咸丰十年庚申恩科散馆前的大课是29人参加，而散馆考试有31人参加。表明有两人没有参加散馆之前的大课，就直接参加散馆考试。

同治二年癸亥恩科也存在个别人员没有参加散馆前之大课，就直接参加散馆考试的情况。

《翁同龢日记》记载：同治四年三月初四日，“庶常馆关门课，源侄因

---

① 《翁同龢日记》，同治元年三月初四日，第189页。

② 《清文宗实录》缺咸丰十年庚申恩科大教习名单。《翁同龢日记》记载此科的大教习是贾筠师、瑞芝师（《翁同龢日记》第59页）。贾桢，号筠堂；瑞常，字芝生。因此，翁同龢尊称贾桢为贾筠师，瑞常为瑞芝师。

③ 同治元年三月二十七日，内阁奉上谕：“庶吉士散馆，著于四月十八日在保和殿考试。”（《咸丰同治两朝上谕档》第12册，第143页。）

④ 《咸丰十年庚申恩科散馆等次单》，见《咸丰同治两朝上谕档》第12册，第193页。

⑤ 《翁同龢日记》，同治元年四月十八日，第202页。

⑥ 《翁同龢日记》，同治元年四月十九日，第202～203页。

昨日两次发病不能去，入春来从无十日不发者，累事也”[①]。

“庶常馆关门课”，是指散馆前之大课。“源侄”是指翁同龢之侄翁曾源。翁曾源，同治二年一甲1名，因病未能参加同治二年癸亥恩科散馆前之大课，但参加了此科散馆考试，成绩是二等14名。[②]

光绪十二年三月十五日，九年癸未科散馆前之大课，也有7人告假。《翁同龢日记》记载：“告诸庶常今日交卷，如来不及，明日午初交齐，亦有先呈诗片者，凡五六人。是日共到七十三人，七人告假。”[③]

光绪九年癸未科散馆考试共有78人参加，其中散馆一等32人，二等42人，三等4人。[④]对照《翁同龢日记》所记可知，请假没有参加九年癸未科散馆前大课的7人，其中应有5人参加了散馆考试。

可见，确实有个别一甲进士、庶吉士没有参加散馆前之大课，也准许参加散馆考试。可能因某种特殊原因，对没能参加散馆前的大课，准许（或奏准）参加散馆考试。早在道光朝，个别八旗士子因守孝，来不及参加散馆之前的大课，而特准参加散馆考试。

道光二十七年四月初九日，大学士翰林院掌院学士觉罗宝兴等上奏：

> 请旨事。查庶吉士散馆奉有日期，向于前数日具奏人数。遇有丁忧而百日孝满之旗员应否一体散馆，亦于前数日请旨办理，历届遵办在案。查道光辛丑科庶吉士青麐于乙巳年散馆以前百日孝满，经臣等具奏奉旨：“翰林院庶吉士青麐百日孝满应否散馆一折，青麐著准其一体散馆。”钦此。今乙巳科庶吉士阜保系百日孝满之员，应否一体散馆之处，臣等未敢擅便，谨恭折具奏，请旨遵行。谨奏。[⑤]

阜保是满洲镶蓝旗人，道光二十五年乙巳恩科庶吉士，此科庶吉士散馆考试前，阜保刚好百日孝满。大学士翰林院掌院学士觉罗宝兴等奏请是否准许阜保参加散馆考试的时间是道光二十七年四月初九日，而散馆时间

① 《翁同龢日记》，同治四年三月初四日，第378页。

② 《同治二年癸亥恩科散馆引见单》，见《咸丰同治两朝上谕档》第15册，第203～205页。

③ 《翁同龢日记》，光绪十二年三月十五日，第2008页。

④ 《光绪九年癸未科散馆等第名次单》，见《光绪宣统两朝上谕档》第12册，第151～153页。

⑤ 《大学士翰林院掌院学士觉罗宝兴奏请是否准许孝满百日之阜保参加散馆考试》，见《道光朝军机处录副奏折》，道光二十七年四月初九日，中国第一历史档案馆档号：03-2768-027。

是四月十五日。[①] 阜保参加了此次散馆考试，成绩是二等第 13 名。[②] 这表明道光帝特准阜保参加散馆考试。我们不知道道光二十五年乙巳恩科庶吉士散馆前之大课的具体时间，但从最后一次大课一般在散馆前一个月举行来看，大学士翰林院掌院学士觉罗宝兴等于四月初九日上奏时，散馆前之大课应早已结束。可以判断阜保没有参加散馆前之大课。

奏折中提到的道光二十一年辛丑科庶吉士青麐，是在道光二十五年四月十二日奏准孝满百日参加散馆。道光二十五年四月十二日，奉旨："翰林院庶吉士青麐，百日孝满，应否散馆一折，青麐著准其一体散馆。"[③] 而此次散馆时间在四月十八日。[④] 从降旨准予青麐一体散馆到散馆才几天来看，可以判断青麐也应没有参加散馆前的大课。

总之，一般情况下，庶吉士均要参加散馆前的大课，才准参加散馆考试，但也有个别庶吉士因特殊原因来不及参加散馆前之大课，准许参加散馆考试。

第六节　清代翰林院庶吉士请假问题

庶吉士请假问题涉及对庶吉士的管理问题。庶吉士请假有多种原因，本部分主要探讨除丁忧、终养之外的请假管理问题。

一　顺治康熙年间庶吉士请假问题

清初，由于翰林官、庶吉士请假相对宽松，以致出现翰林官、庶吉士任意告假之情况。

康熙五十三年二月乙酉，康熙帝"谕大学士、掌院学士等曰：'近见翰林等官，告假者甚多，三分中已去其二。又庶吉士等正当学习时，遽回本籍，至三年考试将近，又来考试，似此任意告假，焉得学习？此后除丁忧终养外，凡翰林庶吉士告假者，应照致仕知县例，不准补用。又见在教习进士内，有告假者，亦应照此例行。再科道官员职任甚重，亦有任意告假回籍者。尔等会同九卿一并议奏。'寻议：翰林院修撰、编修、检讨、庶

① 《嘉庆道光两朝上谕档》，道光二十七年四月初五日，第 52 册，第 99 页。

② 《道光二十五年乙巳恩科散馆等次单》，见《嘉庆道光两朝上谕档》第 52 册，第 117 ～ 119 页。

③ 《嘉庆道光两朝上谕档》第 50 册，第 150 页。

④ 同上注，第 134 页。

吉士、教习进士并科道官员，有告病回籍者，悉令休致。从之”[①]。

康熙五十三年二月，遵从康熙帝的谕旨，议定翰林院修撰、编修、检讨、庶吉士等因“告病回籍者，悉令休致”。按这一规定，告病回籍还没有销假之翰林官、庶吉士，俱令休致。

康熙六十一年二月二十九日，内阁大学士马齐等谨奏：

> 康熙六十一年二月初三日，奏事双全等将翰林院奏称原任庶吉士李同声修书已满六年折子交出，奉旨著交与大学士议奏。钦此钦遵。查得李同声考中进士，选授庶吉士后，因患病奏准回籍，九卿议奏之处告病修撰、编修、检讨、庶吉士、科道等官内有病痊赴部候补者，应停其起用等语。又查得大学士王顼龄奏，送翰林院分修《书经》大理寺司务曹曰瑛等八人，议叙事内原任庶吉士李同声因未满六年，派修《子史精华》书籍，俟效力六年期满再行议叙等语。今李同声修书已满六年，将李同声开复庶吉士，与辛丑科庶吉士一同教习散馆可也。为此谨奏，请旨。[②]

据此奏章可知，康熙四十八年己丑科庶吉士李同声在康熙五十三年之前请病假回籍，而被休致。后赴京修书六年，议叙，大学士马齐等奏请开复李同声庶吉士之职。这一请求获得雍正帝的准可。

雍正年间，李同声在谢恩折中言及：

> 臣李同声，山西大同府大同县人，年五十七岁，康熙四十八年进士，现任翰林院庶吉士，雍正元年恩科会试蒙钦点四所官，于十一月内奉旨以部员对品用，今签掣得兵部车驾司主事缺，钦惟我皇上经文纬武……[③]

可见，李同声修书六年之后，议叙，开复庶吉士，与康熙六十年辛丑科庶吉士一同散馆授职。[④]

---

① 《清圣祖实录》卷258，康熙五十三年二月乙酉，第3册，第549页。另见《清代起居注册·康熙朝》，中华书局，第28册，第13820～13821页。

② 《大学士马齐等奏请将李同声开复庶吉士》，康熙六十一年二月二十九日，见《明清档案》，1986年，第39册，第22371～22372页。

③ 《兵部主事李同声谢恩折》，见《雍正朝汉文朱批奏折汇编》第35册，第419～420页。

④ 雍正元年十二月丙辰，谕吏部：“庶吉士邵泰等，教习已久，今加考试，应分别授职……王克宏、李同声著以部员对品用。”（《清世宗实录》卷14，第1册，第248页。）

雍正即位之后，于康熙六十一年，诏令“修撰、编修、检讨、庶吉士，前以告假告病休致者，皆准起用”[①]。

遵此诏令，因告病回籍被休致的翰林官、庶吉士陆续起用。“臣孙诏，陕西甘肃凉州卫人，年五十一岁……康熙五十一年会试，壬辰科进士，钦选翰林院庶吉士。康熙五十二年告假回籍，五十三年奉旨休致。雍正元年欣逢恩诏起用，本年十月奉旨拣选以州县用。今蒙挑选同知缺。”[②]庶吉士孙诏，康熙五十二年告假回籍，五十三年奉旨休致，直到雍正元年逢恩诏起用。

康熙帝诏令告病回籍翰林官、庶吉士休致，从而就断送了这部分翰林官、庶吉士的仕途。这是很重的惩处。雍正帝即位之后，就否定了康熙帝的这一做法，并陆续起用因告假休致的翰林官、庶吉士。

二　雍乾嘉年间对庶吉士请假制度的完善

雍正年间开始完善庶吉士请假制度。对庶吉士请病假回籍者，与其他京官一样，要派官验看，同时还要同乡京官出具印结。

雍正七年六月初八日，大学士兼管吏部户部尚书事张廷玉等题奏：

> 钦奉上谕事。该臣等议得雍正七年五月上半月所有应入汇题丁忧之案一件，告病之案二件，共三件，即行开缺外，相应开列汇题，俟命下之日臣部遵奉施行。臣等未敢擅便谨题请旨。计开：
>
> 一件为丁忧事……
>
> 一件为告病事。准翰林院咨称：本衙门庶吉士李直呈称体病风寒心腹痛闷，延医调治服药未效，呈请回籍调理。随委典簿德琮验看，患病情实，取有广东同乡京官户部浙江司主事陈奇芳印结，相应移咨等因前来。查庶吉士李直翰林院既经查明患病情实，应照例准其回籍调理俟病痊补用……

雍正帝御览此题本之后，于本月初十日批示：“依议。”[③]

雍正年间对告病回籍者没有限定时间，俟病痊回京。而对送亲回籍、回籍成亲等则限定在家的时间。

---

① 《（雍正）大清会典》卷234《翰林院・升除总例》，见《近代中国史料丛刊三编》第79辑，第15041～15042页。

② 《雍正朝汉文朱批奏折汇编》第37册，第857页。

③ 《大学士管吏部事张廷玉题报丁忧、告病之案本》，见《雍正朝内阁六科史书・吏科》第50册，第248～249页。

雍正八年十二月初七日，大学士兼管吏部户部尚书事张廷玉等谨题为：

> 钦奉上谕事。该臣等议得雍正八年十一月上半月所有应入汇题丁忧之案四件，更名之案一件，告假之案二件，告病之案六件，乞休之案二件，共十五件，除应开缺者即行开缺外，相应开列汇题，俟命下之日臣部遵奉施行。臣等未敢擅便谨题请旨。计开：
>
> 一件为丁忧事……
>
> 一件为告假事。准翰林院咨称：本衙门庶吉士嵇璜呈称，璜系江南无锡县人，本年进士，蒙恩选授庶吉士，择吉完姻。缘南北迢递不便迎娶，呈请归娶，取有江南同乡京官大理寺评事王应佩印结，相应移咨等因前来。查定例凡京官毕姻不拘年限给假等语。今嵇璜告假毕姻，在家许住四个月，江南省往返路程定限八个月。假满人文到部，缴照销假……

雍正帝御览此题本之后，于本月初九日批示："依议。"[①] 从这份题本来看，对庶吉士请假完姻等明确规定往返路程的时间、在家的时间。这使得庶吉士请假制度开始程序化。

虽然对庶吉士请假作出明确规定，限制庶吉士任意告假，但庶吉士告假回籍者仍不少。

乾隆十六年五月，江南道监察御史欧阳瑾上奏：

> 庶吉士之告假宜明禁也。臣查列科庶吉士多于既用之后，不五六月，即纷纷告假归家，延至散馆将近，乃陆续起假而来，夫国家所以优选庶吉士者，给之膏火，董以教习，原欲其积学以备用，故庶常三年散馆后，即有不数年而登卿贰之班者。初不谓其三年中仍有名无实也，且骤得清华，旋欲归家，其心何居？臣请今科拣选庶吉士后即禁教习不得任其请假，其有不容已而告假者，照额外主事三年学习之例于假满到京时，仍计算日月，扣足三年，附于次科之庶吉士散馆……

乾隆帝御览此奏折之后，朱批："该部议奏。"[②]

---

① 《大学士管吏部事张廷玉题报丁忧、告假之案本》，见《雍正朝内阁六科史书·吏科》第63册，第242～248页。

② 《江南道监察御史欧阳瑾奏请庶吉士之告假宜明禁之折》，见《宫中朱批奏折》，乾隆十六年五月十八日，中国第一历史档案馆档号：04-01-38-0069-013。

欧阳瑾的奏折反映出乾隆十六年之前，一些庶吉士在庶常馆不到五六个月，就告假回籍，直到临近散馆才陆续赴京销假。如乾隆十三年戊辰科进士陈大化入选庶吉士之后，“即谒归省”，一直到第二年十月才从家动身“回京”。[①]乾隆帝令“该部知道”中的“该部”是哪一部门？从清朝由吏部拟定请假条例来看，“该部”应是吏部。因此，吏部遵旨议覆欧阳瑾所奏庶吉士请假之事。

乾隆十六年闰五月庚辰，吏部议覆：

> 御史欧阳瑾奏称列科庶吉士，多于既用之后，纷纷告假，俟散馆将近，陆续而来。请自今科为始，该教习不得任其请假。再翰林编检假归者，于考差前先冬而来，两差既完，托故而去，请一并禁止等语。
>
> 查庶吉士教习三年，与告假之年例，本不相符，或有因患病及省亲告假者，应令教习大臣严查，毋任捏饰滥给。至编检告假告病，处分綦严，原无来去自由之事，但如该御史所称，或未可定。嗣后应令该掌院严查，如有情弊，将该员议处，该堂官查议。

对吏部的这一议覆，乾隆帝“从之”[②]。

从吏部议覆御史欧阳瑾所奏来看，当时确实存在庶吉士任意请假之事。为此，经议准，要求教习大臣严把庶吉士请假之事，不得任意给假。

嘉庆年间，庶吉士又任意请假，或不按期销假。如张澍在入选庶吉士的当年（嘉庆四年）十月请假省亲，十一月抵家。嘉庆五年（1800）三月，“自家将还京供职”。回京途中，一路游历，“冬至京师”。嘉庆六年四月“散馆，改外职”[③]。庶吉士张澍请假省亲按规定在家住了四个月，但在回京的途中，因游历没有按期销假，直到散馆前几个月才回到京城。

针对庶吉士任意请假、不按期销假的现状，嘉庆十五年（1810）六月，嘉庆帝诏令吏部重新制定庶吉士请假条例：

> 昨朕阅吏部汇题官员告假事故本内，庶吉士患病呈请回籍调理者共十二名之多，降旨交教习庶吉士查明具奏。兹据秀宁等覆奏，京官告假省

---

① 陈诗：《五世祖廉访公年谱》（陈大化年谱），见《北京图书馆藏珍本年谱丛刊》第98册，第651～652页。

② 《清高宗实录》卷390，乾隆十六年闰五月庚辰，第6册，第130页。

③ 冯国瑞：《张介侯先生年谱》（张澍年谱），见《北京图书馆藏珍本年谱丛刊》第137册，第145～147页。

亲等项，定例须食俸六年始准具呈，惟患病准其随时呈明给假。各该庶吉士有实因患病回籍者，亦有因甫得一官，家有老亲不能迎养，又未符省亲例限，偶有微疾，即以患病呈请，取结咨部办理等语。新科庶吉士，由举子会试来京，中式后蒙恩录用，如家有父母，即年未衰老，急思归省，原属人子至情，或留京资斧不给，回籍设措，亦属事所恒有，尽可据实呈明，何必纷纷托辞患病。而教习及吏部亦明知事由假托，委验咨题，虚应故事，殊非核实办公之道，著交吏部改拟条例。嗣后庶吉士告假，除实系患病者循例办理外，其请假省亲，不必拘食俸六年之例，准其据实呈明给假，但亦须定以限制。如除去来往程期，应给假几个月，准情酌议。其资斧不给者，该部本有回籍措费旧例，著一并酌议奏明，载入则例。[1]

在这道谕旨里，嘉庆帝指出庶吉士为了请假回籍，“纷纷托辞患病”，教习和吏部虽然“委验咨题”，但“虚应故事”，从而助长了庶吉士任意请假。为改变这种任意请假的状况，嘉庆帝指明允许庶吉士请假的几种情况：一确实患病，二请假省亲，三资斧不给者，回籍措费。令吏部重新制定庶吉士请假条例。吏部遵照嘉庆帝的这道谕旨，重新议定庶吉士请假条例。

（吏部）遵旨议定，查在京大小各官告假定例，历俸十年以上者，准给省墓假，历俸六年以上者，准给省亲假，历俸五年以上者，准给迁葬假，其送亲及毕姻者，不论历俸。如各部院衙门额外人员，有告病省亲接眷修墓葬亲等项，或因资斧不继，呈请回籍措费者，均不必定以年限。至庶吉士离家未久，未便遽以省亲修墓等词具呈请假，故告病者多。嗣后亦当予以定限，除患病终养不计外，凡省亲、接眷、修墓、葬亲，并实因资斧不继回籍措费等事，悉照实缺人员告假之例，按其省分远近，除去往返程途，在家许住四个月，期满后，即到馆销假。告假之时，俱令据实呈请，给假之后，亦不得托故闲游。再各员先后告假同日具题，其程限假限不待具题奉旨，即以准其给假之日起，扣算日期。

（嘉庆十五年七月）奉旨：向来在京实缺官员，有因省亲省墓等事请假者，俱分别历俸年分，以定例限。其额外人员呈请给假，不必定以年限，仍俟行走期满，甄别去留。惟庶吉士一项人员，向不计俸，又无报满日期，其告假之久暂，亦漫无定限，殊非励品核实之道。嗣后庶吉士等呈请给假，除实系患病终养外，其请假省亲、修墓等事，不必论历俸

[1] 《清仁宗实录》卷231，嘉庆十五年六月己酉，第4册，第106～107页。

年分，俱令据实呈明，仍各按省分远近，除去往返程途，定限在家居住四个月，期满即应起咨销假。如违限不到，查系无故逗留者，著奏明将该员惩治不贷。[①]

可见，吏部遵旨草拟庶吉士请假条例，再经嘉庆帝定夺为：凡省亲、接眷、修墓、葬亲，并实因资斧不继回籍措费等事，按其省份远近，除去往返程途，在家许住4个月，期满后，即到馆销假。这一规定载入《会典条例》之中，成为执行庶吉士请假制度的依据。这一规定明确了庶吉士请假的种类和请假的期限。嘉庆之后，仍继续执行这一请假制度。

三　庶吉士请假制度流于形式

雍正以来，虽然规定庶吉士告假回籍的时间（除告病回籍之外），又经乾隆、嘉庆两朝重定庶吉士请假制度，但在乾隆之后个别庶吉士还是没有按规定的时间回庶常馆销假。如嘉庆五年五月二十五日，嘉庆帝诏谕：

刑部核覆，屯居汉军庶吉士赵继昌与袁凤瑞之妻袁赵氏通奸，将袁凤瑞诬欠控县，逼令退婚，收纳为妾，照依该督原拟，将赵继昌发往极边烟瘴地方充军一折。赵继昌从前会试中式进士时，朕即闻其文理不通，外间啧有烦言，是以告假多年，不敢销假散馆……该犯原系告假庶吉士……翰林院掌院及教习庶吉士各大臣，有稽察训课之责。于赵继昌告假期满，即当催令销假散馆，如看出文理荒谬，不能应试，即可据实参办。[②]

赵继昌是乾隆五十二年（1787）丁未科庶吉士，直到嘉庆五年案发之前告假长期在籍，没有销假。这反映了个别庶吉士长期在籍，即使不销假，也不处置，除非因犯罪而处置。嘉庆之后部分庶吉士在庶常馆没有几个月，就告假回籍，延至散馆前夕才回到京城。

徐鼒，道光二十五年，殿试三甲66名，改庶吉士。二十五年“冬十月乞假归，抵家”，二十七年正月元宵前一日，“由扬州登舟北上，四月散

---

① 《（嘉庆）钦定大清会典事例》卷784《翰林院·给假》，见《近代中国史料丛刊三编》第70辑，第2314～2317页。

② 《嘉庆道光两朝上谕档》第5册，嘉庆五年五月二十五日，第274页。

馆”，散馆“置二等，引见授检讨”[①]。

徐鼒，在入选庶吉士当年的十月就告假回籍，逗留到散馆前才销假，散馆二等第 22 名[②]，授职检讨。

清后期仍有部分庶吉士在庶常馆没几个月，就告假回籍，直到散馆前才销假。如光绪三年丁丑科庶吉士吕凤岐，当年九月“在本衙门告假，回籍营葬”，直到光绪五年（1879）十二月十三日，“抵京，寓醋章胡同，本衙门销假”，光绪六年四月，散馆一等第 6 名，授编修。[③] 吕凤岐，安徽旌德人，按规定，回籍营葬允许在家住 4 个月，加上路途来回，应不超过 8 个月。实际上，吕凤岐趁回籍营葬，离京 1 年 3 个月，超过规定的期限，直到散馆前几个月才回到庶常馆销假，并没有受到处罚，而是按期参加散馆考试，并授职编修。正是由于庶吉士授职主要看散馆成绩，基本不管是否请假，是否延期销假，因此，也助长了庶吉士随意请假、延期销假之风。

制定了请假条例，一些庶吉士仍是没有按期销假。这表明嘉庆之后，并没有严格执行庶吉士请假条例，对长期在籍不问不催，庶吉士请假条例流于形式。

为何庶吉士敢于请假长期在籍？这很大程度上是由庶吉士培养内容和散馆授职主要依据散馆等次所导致。由于从乾隆以来庶吉士培养内容主要是习作诗赋，散馆考试仅考诗赋。这些学习内容可以在庶常馆之外照样学到，一些长期在籍的庶吉士散馆考试也可能取得好的名次，从而留在翰林院为官。因此，可以说，庶吉士培养内容和散馆考试内容只注重诗赋，成为部分庶吉士请假长期在籍的主要原因。

总的来说，在清前期对庶吉士请假管理较严，而清后期对庶吉士请假管理较松，以致部分庶吉士在参加第一次大课之后就告假回籍，直到散馆前才到庶常馆销假。这与庶吉士的培养内容和散馆内容相关。通过对庶吉士请假问题的考察，进一步认识到清代庶吉士培养中存在的问题，以及对庶吉士培养由严到松的转变。

---

① ［清］徐鼒编，徐承禧等注补：《敝帚斋主人年谱》（徐鼒年谱），见《北京图书馆藏珍本年谱丛刊》第 156 册，第 519 ～ 524 页。

② 《道光二十五年乙巳科庶吉士散馆等次单》，见《嘉庆道光两朝上谕档》第 52 册，第 117 ～ 119 页。

③ ［清］吕凤岐：《石柱山农行年录》（吕凤岐年谱），见《北京图书馆藏珍本年谱丛刊》第 173 册，第 393 ～ 398 页。

第四章　清代翰林院庶吉士散馆授职

清代翰林院庶吉士散馆授职的原则基本沿袭明代的做法，只是作了少量的变动。因此，为了明了清代翰林院庶吉士的散馆授职，有必要对明代庶吉士散馆授职作一简略探讨。

第一节　明代翰林院庶吉士的散馆授职

任使庶吉士通常称为“散馆”，也称作“解馆”。

庶吉士经过一段时间的培养，才授给官职。在景泰五年以前，培养的时间比较长。“文皇帝之久于教习也，盖欲尽使之积学，以待问蓄德，以充位而后已，未尝遽出之。前辈谓翰林官惟首甲即除授，选为庶吉士者，远则八九年，近则四五年而后除授，有不堪者乃改授他职。”① 甚至有学习10年以上才授给官职，也有不到3年就授给官职的。景泰五年甲戌科庶吉士在馆学习3年就散馆。从此，庶吉士学习3年散馆成为定制，也有庶吉士请求提前散馆的。如：

> 天顺甲申庶吉士，次年相率入内阁求解馆。大学士李贤谓曰：“贤辈教养未久，奈何遽欲入仕？”计礼抗声对曰：“今日比永乐时何等教养？且老先生从何处教养来？”贤稍责之，即曰：“吾辈教习虽例该三年，已烧却一年矣。”谓癸未春闱灾故也。贤怒甚，明日请旨各授职，罚礼观政刑部。又数月拜南京刑部主事。礼之言，虽近不恭，然不可谓无稽者，观此则教法不复祖宗之旧，其能服英俊之心乎？②

天顺之后，仅天顺八年甲申科、成化二年丙戌科、正德三年戊辰科、

---

① 《翰林记》卷3《庶吉士铨法》，见《文渊阁四库全书》第596册，第883～884页。

② 《翰林记》卷4《公署教习》，见《文渊阁四库全书》第596册，第892页。

嘉靖五年丙戌科4科庶吉士在馆不到3年就解馆了。而这几科庶吉士之所以提前任使，与权臣、权宦的干涉有关，或是与皇帝的态度有关。如正德三年馆选，权臣焦芳与权宦刘瑾相勾结，传奉他们的子弟和乡人为庶吉士，第二年就散馆了。正德四年（1509）七月，"升翰林院检讨焦黄中，授庶吉士邵锐、黄芳、刘仁俱为编修，孙绍先为检讨，仍令吏部会内阁改定翰林院官额以闻。旧例庶吉士读书及三年始授职，黄中与仁席父势，亟欲进取，故仁及锐、芳一年遂有是命"[①]。可见，这科庶吉士提前散馆，受权臣、权宦的干涉，是为了提前得到翰林官的职位。

嘉靖五年丙戌科庶吉士，由于明世宗认为庶吉士不须教养，在第二年就散馆。

> （嘉靖六年十一月丁丑）上谕内阁：庶吉士不须教养并除遣之。大学士杨一清请照常例留三五辈在翰林及选科道等官，张璁独奏言：臣观此辈心切奔竞，口尚乳臭，固不应处之翰林，而科道言官又岂少不更事者宜居之？况旧例教养三年成毕方得改授，皇上既以此辈不堪教养早为除遣，是欲退之矣，而内阁反进之，何欤？宜查照甲第除授部属知县等官，如此则将来必无荣求幸进者矣。上曰："一清循泥事例，待从容谕伊省悟，朕于辅臣之言难便拒违，况彼云不可改祖宗之法，若有旨将庶吉士裁革便可说朕擅改。呜呼差矣已！"吏部奏除陆粲工科给事中，王宣福建道御史，王嘉宾、邝忭……俱户部主事……李元阳、王格、张铎、连矿俱知县。[②]

这科庶吉士提前散馆，没有一人授职翰林官，而是出为科道官、主事、知县等。这次提前散馆由明世宗的态度所决定，他认为庶吉士"不须教养"，因此，就提前散馆。不过在嘉靖年间，仅此一科提前散馆。

明朝，庶吉士散馆授职，一般由大学士等负责拟定，再报皇帝认可。如万历十六年（1588）十月，"大学士申时行等题授庶吉士林承芳、吴应宾、袁宗道、全天叙、萧云举、王图、彭烊、黄汝良铨注翰林院编修、简讨；李沂、刘弘宝、王孟煦、薛三才、刘为楫、林祖述、赵标、曾砺、胡克俭、王道正量授科道官。上如拟"[③]。这体现了大臣有一定的用人权。

优者留馆，次者为他官，这一任使原则在永乐年间就已确立。只是有明一代判断庶吉士优劣的方式，在各个时期有所不同。永乐年间主要根据

① 《明武宗实录》卷52，正德四年七月庚申，第1198页。
② 《明世宗实录》卷82，嘉靖六年十一月丁丑，第1830～1831页。
③ 《明神宗实录》卷204，万历十六年十月庚寅，第3815页。

庶吉士平时的学业和表现来判断谁优谁劣。宣德以后，特别是正统以后是根据阁试成绩来判断庶吉士的优劣并决定去留。“正统以来，在公署读书者大多从事词章，内阁所谓按月考试，则诗文各一篇，第其高下，俱揭帖开列名氏，发本院立案，以为去留之地。”① 从万历中后期开始，通过散馆之试评定优劣，决定去留。

万历十九年（1591）八月甲辰，“试庶吉士十五名，上卷八名，黄辉、庄天合、王肯堂、刘曰宁、区大相、周如砥、林尧俞、冯有经，铨注翰林院编修、简讨；中卷七名，吴鸿功、罗栋、郭士吉、乔胤、徐彦登、冯从吾、顾际明，授科道等官”②。这可能是首次散馆考试。此后，庶吉士一般要参加散馆考试，才授职。

万历三十一年（1603）九月，“辅臣请将见任庶吉士（注：指万历二十九年辛丑科庶吉士）二十一名与起复原任庶吉士蒋孟育一体从公考试评品，拟开名次封进，候上裁定授职。从之”③。

万历三十七年九月，“钦定散馆庶吉士上卷林欲楫等一十三人，中卷梅之焕等四人”④。

崇祯三年（1630）五月，大学士成基命等“以庶吉士宋之普等并天启五年庶吉士朱兆柏例应有散馆之试，请旨于阁中糊名考定，得上卷文理优长十七人，中卷文理亦顺二人，谨呈御览。帝谓士以器识为先，试士以情套为戒，此番试卷如何上等偏多，卿等为国储才还秉公另考”⑤。这年六月，大学士成基命等“奉旨将庶吉士十九员再试，进呈。钦定上卷十一卷，中卷八卷”⑥。其中上卷 11 人留馆，中卷 8 人出为科道、部属官。⑦ 从大学士成基命等说“例应有散馆之试”，也可证明在崇祯以前散馆考试已成定制，并通过它评定优劣，决定去留。

从以上几科散馆考试来看，明后期，散馆考试只分两等，即上等和中等两个等次。一般上等留馆授职编修、检讨，中等授职科道⑧、部属等职。

---

① 《翰林记》卷 4《公署教习》，见《文渊阁四库全书》第 596 册，第 892 页。

② 《明神宗实录》卷 239，万历十九年八月甲辰，第 4434 页。

③ 《明神宗实录》卷 388，万历三十一年九月壬戌，第 7297 页。

④ 《明神宗实录》卷 462，万历三十七年九月庚辰，第 8713 页。

⑤ 《崇祯长编》（《明实录》本）卷 34，崇祯三年五月己亥，台北，“中研院”历史语言研究所，1962 年，第 2021 ～ 2022 页。

⑥ 《崇祯长编》（《明实录》本）卷 35，崇祯三年六月丁卯，第 2120 页。

⑦ 同上注，第 2120 ～ 2121 页。

⑧ 明清两朝将给事中、监察御史统称为“科道官”。

表 4-1　明代正统十三年戊辰科至崇祯元年戊辰科散馆授职表

科年①	庶吉士人数	散馆授职时间（年 / 月 / 日）②	散馆人数③	散馆授职类别及人数④							资料出处⑤
				编修	检讨	给事中	御史	主事	知县	其他	
正统十三年	30	14/10/ 戊申、丁巳、壬戌	5			5					卷 184
		14/12/ 己未	11			2		6		3	卷 186
		14/12/ 戊辰	6	4	2						卷 186
景泰二年	25	3/9/ 庚戌	8	6	2						卷 220
		3/11/ 甲子	1					1			卷 223
景泰五年	18	7/5/ 丁丑	17	4		6	7				卷 266
天顺四年	15	6/9/ 庚子	13	3	3			4		3	卷 344
天顺八年	19	成化 1/8/ 辛丑	16	5	1			9		1	宪宗卷 20
成化二年	25	3/10/ 丁未	21	5	1	3	6	6			卷 47
成化五年	18	7/12/ 辛卯	11	4	1		6				卷 99
		8/6/ 乙亥	4			1	3				卷 105
		8/8/ 辛未	2				2				卷 107

（续表）

科年①	庶吉士人数	散馆授职时间（年 / 月 / 日）②	散馆人数③	散馆授职类别及人数④							资料出处⑤
				编修	检讨	给事中	御史	主事	知县	其他	
成化十四年	28	16/12/ 乙丑	25	9	4	8	4				卷 210
		18/7/ 戊子	2	1	1						卷 229
成化二十三年	30	弘治 2/11/ 甲子	10	7	3						孝宗卷 32
		弘治 2/11/ 戊辰	15			4	5	6			同上
弘治六年	20	8/10/ 辛酉	16	5		4	3	4			卷 105
弘治九年	20	11/10/ 戊辰	17	4	3	6	3	1			卷 142
弘治十五年	20	17/10/ 庚午	14	7	1	5	1				卷 217
弘治十八年	30	正德 2/10/ 戊寅	23	6	4	7	4	2			武宗卷 31
正德三年	5	4/7/ 庚申	4	3	1						卷 52
正德六年	33	8/10/ 庚子	24	11	6	6	1				卷 105
正德十二年	34	14/8/ 辛巳	26	6	5	7	3		4	1	卷 177
		16/1/ 戊午	2	2							卷 195
		16/6/ 己亥	2			1			1		世宗卷 3

（续表）

科年①	庶吉士人数	散馆授职时间（年/月/日）②	散馆人数③	散馆授职类别及人数④							资料出处⑤
				编修	检讨	给事中	御史	主事	知县	其他	
正德十六年	24	嘉靖 1/11/ 癸亥	6	6							世宗卷 20
		嘉靖 1/11/ 丙寅	15			6	5	4			同上
嘉靖五年	22	6/11/ 丁丑	19			1	1	10	4	3	卷 82
嘉靖十一年	21	13/12/ 戊午	6	3	3						卷 170
		13/12/ 辛酉	13			3	2	8			卷 170
嘉靖十四年	30	16/1 乙巳	29	12	7	6	2	2			卷 196
嘉靖二十年	33	22/10/ 丁酉	12	6	6						卷 279
		22/11/ 壬寅	14			7	7				卷 280
嘉靖二十六年	28	28/10/ 戊申	27	4	5	8	7	3			卷 353
嘉靖三十二年	28	34/10/ 己巳	22	8	3	7	4				卷 427
		37/7/ 己酉	2	1	1						卷 461
嘉靖四十四年	28	隆庆 1/3/ 戊午	26	4	8	6	8				穆宗卷 6
隆庆二年	30	4/3/ 丙子	23	10	4	3	4	2			卷 43
		6/2/ 辛亥	2	1		1					卷 66

（续表）

科年①	庶吉士人数	散馆授职时间（年/月/日）②	散馆人数③	散馆授职类别及人数④							资料出处⑤
				编修	检讨	给事中	御史	主事	知县	其他	
隆庆五年	30	万历 1/5/ 戊子	22	8	4	5	5				神宗卷 13
万历五年	28	7/9/ 己巳	22	5	4	6	7				卷 91
万历十一年	28	13/ 闰 9/ 戊午	23	5	5	5	6	2			卷 166
万历十四年	22	16/10/ 庚寅	18	8		10					卷 204
万历十七年	22	19/8/ 甲辰	15	8		7					卷 239
万历二十年	18	22/9/ 丙子	15	3	6	3	3				卷 277
万历二十三年	18	25/8/ 庚申	13	10		3					卷 313
万历二十六年	21	28/8/ 壬申	19	5	7	3	4				卷 350
万历二十九年	21	31/9/ 癸酉	22	14		8					卷 388
万历三十二年	23	35/4/ 乙未	20	5	9	3	3				卷 432
万历三十五年	18	38/2/ 戊午	16	5	6	2	2	1			卷 467
万历四十一年	23	44/5/ 己丑	17	3	9	5					卷 545
万历四十七年	23	天启 1/7/ 己巳	15	4	9	2					熹宗卷 12
天启二年	36	4/1/ 癸酉	27	5	15	5	2				卷 38

（续表）

科年①	庶吉士人数	散馆授职时间（年/月/日）②	散馆人数③	散馆授职类别及人数④							资料出处⑤
				编修	检讨	给事中	御史	主事	知县	其他	
天启五年	18	7/7/丙戌	15	3	7	1				4⑥	卷 86
崇祯元年	30	4/6/甲戌	19	4	7	4	3	1			《国榷》卷 91
合计	993		809	405		308		72	9	15	

备注：①“科年”栏：为使表格简洁，省略各科的具体名称，只记殿试年。

②“散馆授职时间”栏：省略了相对应的年号。

③“散馆人数”栏：从正统十三年戊辰科之后，每科一般散馆授职一次，但一直到天启年间均有个别庶吉士因服阕、起复、病痊等缘故而单独授职。如天启四年（1624）六月壬寅，“庶吉士胡尚英补简讨”（《明熹宗实录》卷 43，第 2406 页）。由于制作此表的目的主要是反映明朝庶吉士授职结构，因而一般只对有两人以上补授职的加以统计，而对个别庶吉士单独授职的情况基本不作统计。

④“散馆授职类别及人数”栏:《实录》记载授职，一般是明确记载是授编修还是检讨，但有些科年的庶吉士散馆授职，就没有分清是编修还是检讨，因此在表格中，将“编修”和“检讨”栏合并;《实录》记载授职，一般是明确记载是授给事中还是授御史，但有些科年的庶吉士散馆授职，就没有分清是给事中还是御史，因此在表格中，将“给事中”和“御史”栏合并；为使表格简洁，将授职知州的也放在“知县”栏中。

⑤“资料出处”栏：没加说明的资料均是来自《明实录》，为使表格简洁，省略了《实录》的具体名称。

⑥天启七年（1627）七月丙戌，“授庶吉士蒋德璟、王廷垣、江鼎镇为翰林院编修；李若琳、钱受益、张维机、项煜、师雅助、丘瑜、褚泰初为翰林院简讨；李觉斯为礼科给事中；其杨汝成、闪仲俨、马之骥、刘垂宝俱以门户削籍为民”（《明熹宗实录》卷 86，第 4176 页）。“其他”栏中 4 人指杨汝成、闪仲俨、马之骥、刘垂宝。

留馆者，二甲授为编修，三甲授为检讨；不得留者，授职给事中、御史、主事，或州、县官等。这一任使方式基本形成于永乐年间，而确立于宣德年间。从宣德以后，不再有庶吉士授为修撰的，也没有二甲授为检讨的。

庶吉士是翰林官的主要来源。除每科一甲 3 名为翰林官外，其余的翰林官几乎全部来源于庶吉士。从永乐以来，一般每科庶吉士都有留馆者，而且留馆人数不少。据《明实录》统计，从正统十三年戊辰科至崇祯元年戊辰科共馆选 41 科。这 41 科中，留馆 10 人以上的就有 22 科，其中留馆最多的是天启二年壬戌科，留馆多达 20 人；其次是嘉靖十四年乙未科，留馆 19 人；再次是正德六年辛未科，留馆 17 人。不少科的大半庶吉士留馆授职。这 41 科中，除嘉靖五年丙戌科没有留馆之外，有 17 科留馆 5 ～ 9 名（见表 4-1）。有少部分庶吉士因服阕、起复、病痊等原因而单独授职，其中既有授职编修、检讨的，也有授职科道官的。我们对这些人的授职情况一般没作统计。我们统计从正统十三年戊辰科至崇祯元年戊辰科 809 名庶吉士的授职情况，占这时期庶吉士总数 993 人的 82%。授职的这 809 人中有 405 人授职编修、检讨，即有一半的庶吉士授职留馆。可见，庶吉士留馆的人数不少。

一般每科庶吉士都有留馆者，但也有例外。在正统之后，仅嘉靖五年丙戌科一科庶吉士没有留馆者。明世宗认为“庶吉士不须教养并除遣之”，这科庶吉士提前散馆，没有留馆者。这科庶吉士没有留馆，在某种程度上也是受大臣干涉的结果。张璁由“大礼议”入阁，庶吉士不愿与他为伍，“不往揖”，张璁因此深深忌恨庶吉士。明世宗令嘉靖五年丙戌科庶吉士提前散馆时，大学士杨一清请“照常例留三五辈在翰林及选科道等官”，张璁则反对，并上奏：“臣观此辈心切奔竞，口尚乳臭，固不应处之翰林，而科道言官又岂少不更事者宜居之？”[①] 明世宗采纳了张璁的意见，这科庶吉士没有一人留馆。

不得留馆者，主要为科道官。庶吉士为科道官始于洪武时期，如庶吉士解缙初官为御史。永乐、宣德时期部分庶吉士为科道官，但还不是每科庶吉士都有授职为科道官的。如永乐九年辛卯科庶吉士就没有授为科道官的。从正统以后，不仅每科庶吉士都有授职科道官的，而且大部分出馆者为科道官，甚至全部为科道官。据《明实录》和《国榷》统计，从成化五年（1469）己丑科至崇祯元年戊辰科的 35 科馆选中有 20 科出馆的庶吉士全为科道官。据表 4-1 的统计数据可知，从正统十三年戊辰科至崇祯

① 《明世宗实录》卷 82，嘉靖六年十一月丁丑，第 1830 ～ 1831 页。

元年戊辰科出馆授职的是404人，而授职科道官的达308人，占出馆总数的76.2%。这反映出馆者大多授职科道官。由庶吉士除授科道官比他官考选除授优越，庶吉士授御史为实授，他官则须试职一年。对庶吉士任科道官年龄放得宽些。“国初，选科道不限年岁，成化间始定三十以上方与选，若由庶吉士，则二十五岁以大也。”[①] 尽管出馆的庶吉士大都为科道官，但是由庶吉士进身的科道官毕竟是科道队伍中的少数，大部分科道官由知县、推官等考选除授。“明朝自正统以后，二百年间，科道官大部分曾有过出任地方基层官员的履历，其中尤以任知县者居多。”[②]

除了授职翰林官、科道官外，还有少部分庶吉士授为主事。在成化五年己丑科以前，庶吉士为主事者还不少，如天顺四年庚辰科庶吉士李温等4人为主事。天顺八年甲申科庶吉士张敷华等9人为主事，成化二年丙戌科庶吉士刘钰等6人为主事。在成化五年己丑科后，庶吉士很少授为主事。据《明实录》和《国榷》统计，成化五年己丑科至崇祯元年戊辰科共馆选35科，仅有13科庶吉士有授为主事的，而且其中的7科各只有一二人用为主事的（见表4-1）。如弘治九年丙辰科陈凤梧一人授为刑部主事，万历三十五年丁未科潘顺民一人以主事用，崇祯元年戊辰科梁衍泗一人出为主事。隆庆二年戊辰科，原计划不授庶吉士为主事，但庶吉士刘应麒、徐秋鄂“愿授部属。从之，俱礼部主事”[③]。据表4-1的统计数据可知，授职部属的仅70人，占出馆人数的17%。这反映了出馆授职部属的是少数。

也有庶吉士为府通判、知州、知县等地方官。在永乐时，少部分庶吉士因学业不好而授地方官，如庶吉士张叔颖等除府通判，黄仲芳等授知县。永乐以后，地方官不是庶吉士除授的对象，只是在特殊情况下，庶吉士才授为地方官。其特殊情况主要有以下三种：

其一，有王亲者不得除授京职。正德十二年丁未科庶吉士王邦瑞之所以授为广德州知州，因为他曾有过王亲。“邦瑞有姑配伊府光阳王，王薨，无嗣。旧例，文职有王亲者不得升除京职。已亡故无出，则不禁，邦瑞亦援例自理，所司仍外补之。”[④]

其二，因权臣的干涉而授为地方官。由于阁臣张璁的干涉，嘉靖五年丙戌科庶吉士李元阳等4人出为知县。

---

① ［明］皇甫录:《皇明纪略》，见《四库全书存目丛书》，济南：齐鲁书社，1995年，子部第240册，第82页。

② 余兴安:《明代考选科道制探试》,《中国人民大学学报》(哲社版)1988年第2期。

③ 《明穆宗实录》卷43，隆庆四年三月丙子，第1082～1083页。

④ 《明世宗实录》卷3，正德十六年六月己亥，第140～141页。

其三，由于触犯皇上而被授为地方官。甚至降级任使，正德十四年（1519）八月，散馆，江晖、马汝骥拟授编修，王廷陈、汪应轸拟授给事中，曹嘉拟授御史。由于他们五人曾经谏阻武宗南巡，触怒了武宗，因此，在任使时，“俱令补外，晖广德州、汝骥泽州、廷陈裕州、应轸泗州，俱知州，嘉大名府推官”①。

天启年间庶吉士郑鄤言事，也被外用。

> （天启二年十月庚辰）修撰文震孟上勤政讲学疏。时内宴为偶人之戏，宴毕，忠贤曰：“文状元疏中以偶人比万岁，殆难宥。”传旨杖八十，阁臣力救，票罚岁俸，有旨放归。
>
> 辛卯，庶吉士郑鄤言：“修撰文震孟疏，候命浃旬，未蒙报可，是留中之渐也，留中不下，是壅遏之萌也，壅遏不通，是窃弄之机也。本朝此弊，惟武庙与神祖末年最多。在武庙时，盖因权珰之炀灶；在神祖时，则系奸辅之藉丛。臣历稽史册，凡召乱之端有二，而今皆见之，曰内降也，留中也。内降之屡旨，用以频斥大臣，其机关使人骇，而留中之一线，或以阴淆圣虑，其径窦使人疑，清明之朝，岂宜有此，愿皇上早图之也。”上谕：“朝仪大典，累朝成规，文震孟如何比拟偶人，郑鄤党护同乡，俱降二级调外。”②

庶吉士郑鄤言时弊，救文震孟，而熹宗迷悟不省，反而给郑鄤“降二级调外”的处分。

按常规，散馆，任用庶吉士，对庶吉士授职。但是在万历后期，散馆而拖延任用庶吉士。万历后期，皇帝懒于朝政，官员缺而不补。万历四十七年七月，大学士方从哲在奏疏中指出官员严重缺乏的局面。他指出：“政本之地止臣一人，部院堂官止八九人，科道止十数人，各处巡抚、巡按久缺不补，考选、散馆科道累年不下。”③在这种官缺不补的情况之下，就出现了散馆拖延授职的情况。

万历三十一年九月，拟授王元翰、宋焘、王基洪、陈宗契、冯奕垣等8人为科道官，但神宗不下“谕旨”，为此，大学士沈一贯多次上奏，请求散馆者宜补科道，而神宗不予理睬。一直到万历三十三年十二月，才授

---

① 《明武宗实录》卷177，正德十四年八月辛巳，第3462页。

② 《国榷》卷85，天启二年十月庚辰、辛卯，第5211页。

③ 《明神宗实录》卷584，万历四十七年七月壬寅，第11164页。

“散馆庶吉士宋焘、陈宗契、王基洪、冯奕垣各御史”①。

万历四十三年（1615）十月己巳，散馆，拟授姜逢元、叶灿、陈玄晖等12人为翰林院编修、检讨；拟授暴谦贞、周希令、韩继思、史永安、申廷撰5人为科道官。②到第二年五月己丑，才授庶吉士姜逢元、叶灿、陈玄晖等12人为编修、检讨。明神宗怠政，科道官规谏，导致明神宗与科道官的关系紧张，对那些拟授科道官的不予授职。“庶常解馆至是（注：指万历四十四年五月）几十月，阁催亦无虑十数揭，其留之词林者得旨除（授），拟授科道官暴谦贞等五员尚格不下。”③一直到万历四十八年（1620）神宗临终时，才遗诏“内阁辅臣亟为简任，卿贰大僚尽行推补，两次考选并散馆科道官俱令授职”④。光宗即位，遵照遗诏于万历四十八年七月，授庶吉士暴谦贞、韩继思，分别为吏科给事中、刑科给事中⑤；万历四十八年八月，“下考选、散馆各官俱令实授，从吏部遵奉遗诏之请也”，于是授散馆庶吉士史永安为监察御史。⑥这离散馆已长达五年之久。不过，散馆之后，拖至几年才除授，这是万历后期才有之事。

以上是关于非译字生出身的庶吉士的任使情况。在明前期（此指永乐至天顺年间），译字生考中进士，即改为庶吉士。这部分庶吉士的任使有自己的特殊性。他们一般除授为中书舍人，仍居馆职，从事译书工作，如正统六年（1441）十一月，“擢翰林院庶吉士黄以春为中书舍人，仍隶本院习译书”⑦。正统十三年四月，“擢庶吉士倪让为中书舍人，仍于四夷馆译字”⑧。值得注意的是，在永乐时非译字生出身的庶吉士也有授为中书舍人的，不过他们不从事译字工作。如永乐十九年（1421）二月辛丑，非译字生出身的庶吉士周崇厚等授为中书舍人。⑨

由译字生出身的庶吉士除擢为中书舍人，也有少部分授职为编修、检讨、科道官的。永乐十六年（1418）五月，“擢行在翰林院庶吉士何贤、蒋礼、赵勖、陈坤奇、曹义、钟英为本院编修”⑩。何贤、蒋礼等6人都由

① 《明神宗实录》卷416，万历三十三年十二月乙巳，第7819页。
② 《明神宗实录》卷538，万历四十三年十月己巳，第10228～10229页。
③ 《明神宗实录》卷545，万历四十四年五月己丑，第10343～10344页。
④ 《明神宗实录》卷596，万历四十八年七月戊戌，第11448～11449页。
⑤ 《明光宗实录》卷2，万历四十八年七月己亥，第34页。
⑥ 《明光宗实录》卷3，万历四十八年八月戊申，第76页。
⑦ 《明英宗实录》卷85，正统六年十一月庚申，第1713页。
⑧ 《明英宗实录》卷165，正统十三年四月己卯，第3202页。
⑨ 《明太宗实录》卷234，永乐十九年二月辛丑，第2257页。
⑩ 《明太宗实录》卷200，永乐十六年五月庚申，第2085～2086页。

译字生出身。永乐十九年七月，庶吉士授职，其中译字生出身的庶吉士彭麟应、许彬、马信、万完等授职检讨。[①]洪熙元年（1425）七月，“擢庶吉士黄树、薛理、杨鼐、高举，山东章丘县学训导张居杰，儒士仪铭为给事中”[②]。其中的庶吉士黄澍（《明宣宗实录》错为“黄树”。永乐十九年馆选名单有“黄澍”，没有“黄树”，见《明太宗实录》卷237，第2273页）、薛理、杨鼐等也是由译字生进身。洪熙元年十一月，“擢翰林院庶吉士王连、何志、曾泉、万硕、木讷、张观、沈善、周安、刘浚、张逊、李敬、卢璟俱为监察御史。……连等永乐中国子生以选入翰林习四夷译书，后中进士改庶吉士，至是吏部引奏”[③]。其中的王连、何志等也是译字生出身。

第二节　清代翰林院庶吉士散馆考试

一般经过三年培养之后，庶吉士参加散馆考试。如遇恩科，庶吉士在馆仅学习一年，也得举行散馆考试。本部分对散馆考试地点、内容、等次等方面作一考察。

一　考试地点

关于散馆考试地点，各种文献记载有所不同。《词林典故》记载：“凡散馆，教习学士引庶吉士序立体仁阁下，行三跪九叩头礼，授题给笔札。既纳卷，上亲定一二三等。越日引见，分别授职。谨按：圣祖驻跸畅春苑则于澹宁居散馆，世宗驻跸圆明园则于吏部朝房散馆，皇上乾隆七年壬戌，特命于正大光明殿散馆。”[④]

表4-2　康熙、乾隆年间部分科年散馆地点表

散馆 / 御试时间、地点	散馆授职时间	资料出处
康熙十一年闰七月十六日，“御试学习满文修撰蔡启僔、庶吉士张英等三十二员于太和殿前”。	康熙十一年闰七月丁酉（24日），散馆授职的共32人（包括一甲进士蔡启僔等3人）。	A:《清代起居注册·康熙朝》（中华书局），1/336～337; B:《清圣祖实录》卷39，1/527

① 《明太宗实录》卷239，永乐十九年七月丙寅，第2281～2282页。
② 《明宣宗实录》卷4，洪熙元年七月戊子，第104页。
③ 《明宣宗实录》卷11，洪熙元年十一月丁酉，第295页。
④ 《词林典故》卷6《仪式上·散馆仪》，见《文渊阁四库全书》第599册，第593～594页。

（续表）

散馆 / 御试时间、地点	散馆授职时间	资料出处
康熙十四年七月初十日，“御试学习满文修撰韩菼、庶吉士顾汧等，汉文庶吉士黄士埙等，共三十一员于太和殿前”。	康熙十四年七月戊戌（12日），散馆授职的共32人（包括一甲进士3人）。（散馆考试只31人。）	A:《清代起居注册·康熙朝》（中华书局），4/1534；B:《清圣祖实录》卷56，1/728～729
康熙三十三年三月，“辛未科庶吉士散馆，御试于畅春苑”。	康熙三十三年三月戊午，辛未科庶吉士散馆授职。	A:《居易录》卷23，见《文渊阁四库全书》第869册，第591页；B:《清圣祖实录》卷162，2/77
康熙三十六年七月二十五日，“甲戌科庶吉士汪倓等散馆，试于乾清门”。	康熙三十六年七月癸卯（25日），甲戌科庶吉士散馆。	A:《居易录》卷28，《文渊阁四库全书》，869/665；B:《清圣祖实录》卷184，2/972～973
康熙五十二年十月十八日，“集庶吉士于畅春苑，时大风寒冻，上命入澹宁居，试四书题……三十日奉旨：‘清书一二三等汉书一等俱留馆授职，汉书二等十一人……俱革去庶吉士仍归进士中教习。’”	康熙五十二年十月甲辰（30日），康熙帝降旨留馆和革去庶吉士名单；康熙五十二年十一月乙丑（21日），授留馆人员官职。	A:《闾邱先生自订年谱》，《北京图书馆藏珍本年谱丛刊》，89/93～94；B:《清圣祖实录》卷256，3/538；卷257，3/542
乾隆十年五月，大学士张廷玉等奏：“臣等恭查历科庶吉士散馆俱择日在圆明园吏部朝房考试。乾隆七年四月十八日，奉旨：著于正大光明殿考试。”	乾隆七年四月癸丑（24日），乾隆四年己未科散馆授职。	A：张伟仁主编:《明清档案》，137/77103；B:《清高宗实录》卷165，3/86
乾隆二十二年五月，“散馆，御试正大光明殿”。	乾隆二十二年五月甲寅（24日），乾隆十九年甲戌科散馆授职。	A：钱大昕编:《钱辛楣先生年谱》，见《北京图书馆藏珍本年谱丛刊》，105/481；B:《清高宗实录》卷539，7/818～819

（续表）

散馆 / 御试时间、地点	散馆授职时间	资料出处
乾隆三十四年四月，大学士尹继善上奏："查乾隆三十一年庶吉士散馆在圆明园正大光明殿考试，合并声明。"		A：张伟仁主编:《明清档案》，208/116241 ～ 116242

备注："资料出处"栏：A——表示散馆考试时间、地点的出处；B——表示散馆授职时间的出处。"/"前之数表示相对应的册数，"/"后之数表示相对应的页码。

吴振棫记载："凡散馆，清书试翻译，余试诗赋。旧例试于体仁阁，或保和殿。圣祖驻跸畅春园时，则于澹宁居散馆。世宗驻跸圆明园，则于吏部朝房散馆。至高宗时，命于正大光明殿散馆。今则在保和殿矣。"①

商衍鎏记载："定制庶吉士肄业三年期满，于下科考试。旧在体仁阁，后皆在保和殿，谓之散馆，若遇恩科，则散馆之期提前。"②

据表 4–2 可知，康熙年间散馆地点有时在太和殿前（可能是《词林典故》所说的体仁阁），有时则在畅春苑，也有在乾清门散馆考试之例。总之，康熙年间散馆地点不固定。雍正、乾隆年间在何处散馆考试？

乾隆十年五月，内阁大学士张廷玉等上奏：

> 请旨事。准教习庶吉士史贻直等将壬戌科修撰金甡，编修杨述曾、汤大绅，庶吉士张开泰等三十五员，暨补考庶吉士王以昌等十三员，共四十八员，应行散馆考试等因奏明咨送到阁，臣等恭查历科庶吉士散馆俱择日在圆明园吏部朝房考试。乾隆七年四月十八日，奉旨："著于正大光明殿考试。"钦此。此次散馆，臣等谨择于本月十二日，请仍照七年之例，在正大光明殿考试，伏候谕旨遵行。谨奏。

乾隆十年五月初九日，奉谕旨："知道了。"③

《词林典故》记载："世宗驻跸圆明园则于吏部朝房散馆。"再据乾隆十年大学士张廷玉所奏，我们判断雍正年间和乾隆初年庶吉士散馆考试主要在圆明园吏部朝房举行。再结合表 4–2 和附表四《清代散馆等第名次及

① 《养吉斋丛录》卷 10，第 131 页。

② 《清代科举考试述录》，第 130 页。

③ 《大学士张廷玉奏报庶吉士散馆考试日期地点》，见《明清档案》，1988 年，第 137 册，第 77103 页。

授职表》，我们判断从乾隆七年至咸丰十年（咸丰九年己未科散馆），庶吉士散馆地点基本在圆明园正大光明殿，仅数科散馆或在乾清宫，或在保和殿。当咸丰十年圆明园被英法联军毁坏之后，庶吉士散馆地点才固定在保和殿。可见，吴振棫、商衍鎏所记不详。

二　考试内容

清代庶吉士散馆考试内容、题型不是一成不变。在顺康年间，散馆考试内容、题型缺乏详细记载，我们只能从一些零星史料，对其进行大致梳理。乾隆以来庶吉士散馆主要考诗赋。

> （康熙二十二年四月初九日辛巳）侍读汤斌遵旨进所著文十篇、诗十首，上命牛钮引斌入。上取所进诗文展阅，首篇《世祖章皇帝亲耕藉田颂》。上曰："此世祖章皇帝时事，是汝为庶吉士时所作乎？"斌对曰："然。"次阅《十三经注疏论》《二十一史论》。至《春王正月辨》，上问曰："春王正月如何辨？"……又《拟汉以禁囿假贫民举直言极谏之士诏》，上问："此诏为何而作？"斌对曰："此汉元帝时事，臣散馆时，世祖章皇帝御试，以此命题，臣蒙恩授检讨之职。"①

汤斌是顺治九年壬辰科庶吉士，于十一年（1654）九月散馆，授内翰林国史院检讨。②据此可知，顺治九年壬辰科庶吉士散馆考题有一道《拟汉以禁囿假贫民举直言极谏之士诏》。这就是说考试题型有拟诏题。顺治年间散馆考试的其他题型有待于考证。

康熙年间的汉书庶吉士散馆考题有四书题、诗题等。康熙五十一年壬辰科庶吉士顾嗣立记载：

> （康熙五十二年）十月十八日，集庶吉士于畅春苑，时大风寒冻，上命入澹宁居，试四书题：孟子曰：人之有德慧术知者一节；诗题：冬至五言律。清书命掌院学士纳兰揆叙、□□公二格、内阁学士徐公元梦阅卷。定一等□人，二等十□人，三等三人。汉书命安溪、太仓两相国阅卷，定一等二十五人，二等十一人，进呈御览。③

---

① 《清代起居注册·康熙朝》，中华书局，第 14 册，第 6729 ～ 6733 页。

② 《清世祖实录》卷 86，顺治十一年九月丁未，第 678 页。

③ 《闾邱先生自订年谱》，见《北京图书馆藏珍本年谱丛刊》第 89 册，第 93 ～ 94 页。

可见，康熙五十一年壬辰科散馆考题有四书题、诗题。至于康熙年间其余散馆考试内容、题型也有待于进一步考证。

雍正年间散馆考题情况如何？乾隆元年四月，内阁大学士鄂尔泰等上奏：

> 请旨事。臣等查得庶吉士散馆试题自雍正元年以后，汉书俱出诗、赋、论、时文四题；清书或出性理一段，或恭录上谕一道，令其翻译。乾隆元年三月十一日，教习庶吉士任兰枝等奏称庶常散馆，若必命四题，恐文字每多草率，且论与时文，群士自幼熟习，不足以验实学，惟诗赋体制较难，请散馆止命诗赋二题，俾得尽一日之长等因，奉旨："知道了。"钦此。兹乾隆元年四月十三日考试散馆庶吉士六十一人。臣等谨将雍正五年、八年、十一年出过题目另单进呈御览，伏候皇上钦命诗赋二题，并翻译题一道，于十三日清晨颁发，以便考试。为此谨奏。

乾隆帝御览此题本之后，钦赐散馆考题："无逸图赋，赋得月到天心处。"①

从乾隆元年四月内阁大学士鄂尔泰等上的题本可知，雍正年间散馆考题，即是习汉书庶吉士出诗、赋、论、时文四题；习清书庶吉士或翻译一段性理，或翻译一道上谕。

雍正年间，庶吉士散馆作四道题，难免"文字每多草率"。鉴于此，乾隆元年四月，庶吉士教习任兰枝奏请汉书庶吉士散馆只考较难的两道题，即诗赋二题，而清书庶吉士仍考试翻译题一道。这一奏请获得乾隆帝的准可。乾隆元年四月，雍正十一年癸丑科散馆是考试诗赋二道题。乾隆二年五月，元年丙辰科散馆，汉书庶吉士也是考诗赋两道题，即钦赐诗赋两题"奉三无私赋，赋得为有源头活水来（七言排律八韵）"；清书庶吉士仍考翻译题一道。②

乾隆元年确定的庶吉士散馆考题类型，成为清代的定制，即此后每科汉书庶吉士散馆考试诗赋二题，清书庶吉士散馆考试翻译题一道。乾隆元年之后，即使有官员请求增加散馆考试内容，也被否定。如乾隆四

---

① 《内阁大学士鄂尔泰等奏请钦赐雍正十一年癸丑科散馆考题》，见《宫中朱批奏折》，乾隆元年四月十一日，中国第一历史档案馆档号：04-01-38-0058-029。

② 《内阁大学士鄂尔泰等奏请钦赐乾隆元年丙辰科散馆考题》，见《宫中朱批奏折》，乾隆二年五月十六日，中国第一历史档案馆档号：04-01-12-0007-077。

年，御史褚泰奏请庶吉士散馆，除考试诗赋外，“宜摘问经史”。这一请求遭到否决。①

一直到同治光绪年间，在西方文化冲击之下，才被迫对散馆考试内容进行改革，以适应现实之需要。同治元年十二月十三日，以同治帝的名义降旨，自同治二年癸亥科起，庶吉士散馆考试，“改诗赋为论策，论用经史、性理等书，策用时事”②。

同治二年四月，元年壬戌科庶吉士散馆，还是考诗赋，其钦命赋题、诗题是：“蒙以养正赋（以蒙以养正圣功也为韵）；赋得幽庭凝碧亦涟漪（得霖字五言八韵）。”③同治帝诏令是从同治二年癸亥科庶吉士散馆起，不考诗赋，考论、策。

一些官员仍固守传统观念，反对散馆考策、论，主张仍考诗赋。同治二年正月，四川道监察御史陈廷经上奏：

> 翰林散馆请仍遵旧制，恭折仰祈圣鉴事。臣伏读上谕：“近来积习相沿，专以诗赋为揣摩进身之阶，无裨实用。自癸亥科起庶吉士散馆改诗赋为策论。”钦此。仰见我皇上培养真才，讲求正学之至意。臣惟取士之法三代以上出于学校，汉以后出于郡县吏，魏晋以后出于九品中正，隋唐至今出于科举，累代之法不同，而行之既久，莫不有弊，圣人不能使立法之无弊，而惟在用法之得人……近世士人纂集经史，缀缉时事，谓之策括，临时剽窃，以眩有司，有司莫之辨也。且其为文也，无规矩准绳，故学之易成，无音韵对偶，故考之难精，其弊有甚于诗赋者矣……
>
> 今士子通籍之初，乡试对策五道，会试对策五道，殿试又对策四道。凡经学史学及诸子百家之学，无所不询。凡历朝大典大礼及兵刑钱谷诸大政，无所不问，殿试之后，特设朝考，又试以论疏，立法亦至精密矣。于是庶常散馆专试诗赋，必诗藻瑰丽，音韵铿锵用为言语，侍从之臣所以鼓吹休明，润色鸿业，雍容揄扬，著于后嗣，抑亦雅颂之亚也。我朝如李光地、杨名时、蔡世远、汤斌，皆理学名臣，不可缕述。近世如汪廷珍、林则徐、杜受田、胡林翼、曾国藩、骆秉章亦皆出自词臣，而品学端严，才兼体用。由是观之，高庙所谓得人之道全不在此，

① 《乾隆朝上谕档》第1册，第395页。

② 《咸丰同治两朝上谕档》，同治元年十二月十三日，第12册，第691页。另见《清穆宗实录》卷52，同治元年十二月庚寅，第1册，第1423页。

③ 《咸丰同治两朝上谕档》第24册，第96页。

可明征矣。臣请庶常散馆以后仍用诗赋，毋庸遽改二百年来定制，惟题目参用经义史事典制性理，不尽用写景咏物等题，庶可以得鸿才而觇实学。是否有当，应请饬下王大臣六部九卿及翰詹科道公同妥议具奏，恭候圣裁，臣为考试大典起见，据实直陈，伏乞皇太后、皇上圣鉴。谨奏。①

在这份奏折中，监察御史陈廷经认为考试论策，“其弊有甚于诗赋”，何况乡试、会试、殿试均考策题，因此，奏请“庶常散馆后仍用诗赋，毋庸遽改二百年来定制，惟题目参用经义史事典制性理，不尽用写景咏物等题，庶可以得鸿才而觇实学”。

慈禧太后、同治帝并没有采纳陈廷经的建议。同治二年癸亥恩科，于四年四月散馆。四年三月初十日，内阁奉上谕：“内阁奏本年考试庶吉士散馆题目诗赋、策论应用何项先期请旨一折。此次庶吉士散馆，著用策论考试。”②

同治二年癸亥恩科散馆时，内阁奏请散馆考试题目用诗赋还是策论，诏令散馆用策论考试。陈廷经等官员的建议可能起了一定作用，仅同治二年癸亥恩科庶吉士散馆考题用策论。慈禧太后、同治帝可能碍于皇权之尊严，没有遽改谕旨。同治七年三月十五日，内阁奉上谕：

内阁奏庶吉士散馆考试诗赋、策论先期请旨一折。此次著考试诗赋。至策论两项，该庶吉士等业经于殿试、朝考时分别考试，散馆时自毋庸再行覆考。嗣后散馆著仍考试诗赋，届期不必奏请，以复旧制。③

遵此谕旨，同治七年四月，四年乙丑科庶吉士散馆，考题又恢复用诗赋。④可见，慈禧太后、同治帝还是采纳了陈廷经等官员的建议。一直到清末废科举前，才诏令散馆改用论、策。光绪二十七年七月十六日，内阁奉上谕：

---

① 《监察御史陈廷经奏请翰林散馆请仍遵旧制考试之折》，见《同治朝军机处录副奏折》，同治二年正月十三日，中国第一历史档案馆档号：03-4998-006。

② 《咸丰同治两朝上谕档》，同治四年三月初十日，第 15 册，第 118 页。

③ 《咸丰同治两朝上谕档》，同治七年三月十五日，第 18 册，第 105 页。另见《清穆宗实录》卷 226，同治七年三月癸亥，第 6 册，第 111 页。

④ 《咸丰同治两朝上谕档》第 24 册第 96 页收录了同治四年乙丑科散馆考题。

科举为抡材大典，我朝沿用前明旧制以八股文取士，名臣硕儒，多出其中。其时学者皆潜心经史，文艺特其绪余。乃行之二百余年，流弊日深，士子但视为弋取科名之具，剿袭庸滥，于经史大义无所发明，急宜讲求实学，挽回积习。况近来各国通商，智巧日辟，尤贵博通中外，储为有用之材，所有各项考试，不得不因时变通，以资造就……庶吉士散馆，均用论一篇、策一道。进士朝考论、疏，殿试策问，均以中国政治史事及各国政治艺学命题。以上一切考试，凡四书五经义，均不准用八股文程式，策、论均应切实敷陈，不得仍前空衍剽窃。①

遵此谕旨，清末最后三科庶吉士散馆不考诗赋而考论、策。这三科是光绪二十四年戊戌科（此科二十九年四月散馆）、二十九年癸卯科、三十年甲辰恩科。

总之，从乾隆以来，庶吉士散馆考试以诗赋为题型，仅同治二年癸亥恩科和光绪最后三科庶吉士散馆不用诗赋，改考论、策。

三 散馆考试等次

（一）散馆考试等次

由于散馆成绩是决定庶吉士去向的主要因素，因此，我们对散馆等次及各等次人数的比例作一考察。

为了便于皇帝钦定庶吉士是留馆还是出馆，阅卷大臣对庶吉士的散馆成绩分出一定的等第名次。（参见附表四《清代散馆等第名次及授职表》）

---

① 《光绪宣统两朝上谕档》，光绪二十七年七月十六日，第27册，第151～152页。另见《清德宗实录》卷485，光绪二十七年七月己卯，第7册，第412页。

表 4-3　清代部分科年散馆各等次人数比例表①

科年②	散馆时间（年 / 月 / 日）	散馆人数③	散馆一等		散馆二等		散馆三等		资料出处④
			人数	比例	人数	比例	人数	比例	
乾隆十九年	22/5/ ?	28	8	28.6%	18	64.3%	2	7.1%	3/632 ～ 633
乾隆二十五年	26/4/ ?	30	8	26.7%	18	60%	4	13.3%	3/632
乾隆二十八年	31/4/ ?	28	8	28.6%	18	64.3%	2	7.1%	4/883
乾隆三十六年	37/4/ ?	29	8	27.6%	19	65.5%	2	6.9%	7/46 ～ 47
乾隆四十年	43/4/ ?	35	8	22.9%	25	71.4%	2	5.7%	9/62
乾隆四十五年	46/4/ ?	23	7	30.4%	14	60.9%	2	8.7%	10/462
乾隆五十二年	54/4/ ?	22	6	27.3%	15	68.2%	1	4.5%	14/849
乾隆五十五年	58/4/ ?	21	6	28.6%	13	61.9%	2	9.5%	17/324
乾隆五十八年	60/3/?	15	4	26.7%	10	66.7%	1	6.7%	18/538
嘉庆元年	4/4/ ?	24	7	29.2%	14	58.3%	3	12.5%	4/146 ～ 147
嘉庆四年⑤	6/4/ ?	67	10	14.9%	18	26.9%	35	52.2%	6/149 ～ 151
嘉庆六年	7/4/ ?	72	13	18.1%	23	31.9%	36	50%	7/107 ～ 110
嘉庆七年	10/4/ ?	80	22	27.5%	43	53.8%	15	18.8%	10/173 ～ 176
嘉庆十年	13/4/19	72	20	27.8%	45	62.5%	7	9.7%	13/195 ～ 197
嘉庆十四年	16/4/7	61	20	32.8%	37	60.7%	4	6.6%	16/186 ～ 189

（续表）

科年②	散馆时间（年/月/日）	散馆人数③	散馆一等		散馆二等		散馆三等		资料出处④
嘉庆十九年	22/4/9	62	18	29%	36	58.1%	8	12.9%	22/94 ～ 96
嘉庆二十四年	25/4/18	57	16	28.1%	37	64.9%	4	7%	25/170 ～ 172
道光二年	3/4/17	46	21	45.7%	22	47.8%	3	6.5%	28/155 ～ 157
道光三年	6/4/6	42	14	33.3%	24	57.1%	4	9.5%	31/109 ～ 111
道光九年	12/4/18	46	16	34.8%	25	54.3%	5	10.9%	37/164 ～ 166
道光十六年	18/4/18	44	16	36.4%	24	54.5%	4	9.1%	43/124 ～ 126
道光二十四年	25/4/18	49	17	34.7%	29	59.2%	3	6.1%	50/185 ～ 187
道光二十七年	30/4/？	48	19	39.6%	27	56.3%	2	4.2%	55/179 ～ 181
咸丰二年⑥	3/4/18	63	21	33.3%	38	60.3%	3	4.8%	3/163 ～ 168
咸丰六年⑦	9/4/18	52	12	23.1%	30	57.7%	8	15.4%	9/212 ～ 214
同治元年	2/4/18	53	14	26.4%	34	64.2%	5	9.4%	13/180 ～ 182
同治四年	7/4/18	74	26	35.1%	46	62.2%	2	2.7%	15/203 ～ 205
同治十年	13/4/18	90	30	33.3%	54	60%	6	6.7%	24/108 ～ 111
光绪二年	3/4/18	101	37	36.6%	57	56.4%	7	6.9%	3/114 ～ 117
光绪六年	9/4/18	85	32	37.6%	48	56.5%	5	5.9%	9/134 ～ 136

（续表）

科年②	散馆时间（年 / 月 / 日）	散馆人数③	散馆一等		散馆二等		散馆三等		资料出处④
光绪十二年	15/4/18	79	35	44.3%	40	50.6%	4	5.1%	15/175 ～ 177
光绪十八年	20/4/18	84	32	38.1%	47	56%	5	6%	20/236 ～ 239
光绪二十一年	24/4/18	76	32	42.1%	37	48.7%	7	9.2%	24/173 ～ 175
光绪二十四年	29/4/18	79	30	38%	40	50.6%	9	11.4%	29/87 ～ 89

备注：①由于习清书者散馆等次人数比例与习汉书者不同，因此，此表只统计习汉书庶吉士散馆等次人数比例。我们选取有代表性的一些科年加以统计。由于散馆等次一般只分三等，因此，此表只按三等次统计。之所以这样做，也是为了制表的方便。

②“科年”栏：为了使表格简洁，只标明科年，省略具体科名。

③“散馆人数”栏：均是习汉书庶吉士散馆人数。

④“资料出处”栏：此表的资料全部来自《乾隆朝上谕档》《嘉庆道光两朝上谕档》《咸丰同治两朝上谕档》《光绪宣统两朝上谕档》。只列出散馆等次人数出处。“/”前之数表示相对应的册数，“/”后之数表示相对应的页码。

⑤嘉庆四年己未科散馆，不入等 4 名。

⑥咸丰二年壬子恩科散馆，四等 1 名。

⑦咸丰六年丙辰科散馆，四等 2 名。

据表4-3可知，乾隆至光绪年间，除嘉庆四年己未科、六年辛酉恩科两科散馆三等者达50%外，其余各科大致是一等取30%左右，二等取60%左右，三等取10%左右。

明朝散馆一般只分两等，而清朝散馆一般分三等，仅在道光咸丰年间有数科散馆分为四等，此外还有数科散馆将个别庶吉士列为不入等。如乾隆二十二年（1757）丁丑科、四十三年戊戌科、嘉庆四年己未科等数科有个别庶吉士为不入等（参见附表四《清代散馆等第名次及授职表》）。

散馆考试，一甲进士一般与庶吉士一同排名次（参见附表四《清代散馆等第名次及授职表》），但也有例外，如咸丰二年壬子恩科散馆，一甲进士就没有与庶吉士一同排名次。咸丰三年四月，二年壬子恩科散馆阅卷大臣祁寯藻、文庆等奏：

> 蒙发下庶吉士散馆卷六十六本，臣等公同阅看，谨拟一等二十二名，二等三十七名，三等三名，四等一名。分束进呈，恭候钦定，俟发下后，臣等再拆弥封开写名单恭呈御览。谨奏。[①]

这次散馆卷66本，而排名次是63本。咸丰二年壬子恩科一甲3名是否参加了此次散馆考试？《清文宗实录》记载：

> （咸丰三年四月丙申）引见散馆人员，得旨：章鋆、杨泗孙、潘祖荫，业经授职，二甲庶吉士萧培元、景廉……俱著授为编修，三甲庶吉士李应田、许应骙，俱著授为检讨，倪文蔚、孙登瀛……俱著以部属用。[②]

此是咸丰二年壬子恩科散馆授职。这次散馆，除咸丰二年壬子恩科一甲3名章鋆、杨泗孙、潘祖荫外，共有63名庶吉士授职。综合上面两条史料，我们推断参加散馆考试的66人，包括一甲3名章鋆、杨泗孙、潘祖荫。但在咸丰二年壬子恩科散馆拟定名次单和钦定名次单中均无这一甲3名。[③]可见，此科一甲3名的散馆成绩是单独排列，而没有与庶吉士一同排名次。

---

① 《咸丰同治两朝上谕档》第3册，第163～164页。

② 《清文宗实录》卷92，咸丰三年四月丙申，北京，中华书局，1986年，第2册，第253页。

③ 《咸丰二年壬子恩科散馆等次单》，见《咸丰同治两朝上谕档》第3册，第163～168页。

（二）散馆等次与授职的关系

习清书的庶吉士散馆考试一二等者往往授职翰林官，部分散馆三等者也授职编修、检讨。康熙年间甚至将习清书散馆三等者全部授职翰林官。康熙五十二年十月甲辰，谕大学士等曰：

> 朕阅庶吉士散馆试卷，其习清书者，仅学习一年，虽无甚优，亦不甚劣，即至三等之卷，犹能对汉文翻译，伊等俱著留翰林院。①

这是康熙五十一年壬辰科庶吉士散馆，习清书散馆考试三等者也全部授职编修、检讨。

在乾隆年间，清书散馆三等者有部分，甚至大部分授职编修、检讨。乾隆十九年甲戌科散馆，习清书三等有5人，其中4人授职编修、检讨。乾隆二十五年庚辰科散馆，习清书者三等5人，其中4人也授职编修、检讨（参见附表四《清代散馆等第名次及授职表》）。

乾隆年间，甚至将习清书不入等者也全部授职翰林官。乾隆十七年十月初五日，奉旨：

> 此次所考庶吉士俱著照例带领引见，其清书不入等之王启绪、吴鹏南、林明伦，翻译虽属平常，姑念其教习未满三年，著加恩准其附入三等之末，一体带领引见。②

乾隆十七年十月庶吉士散馆考试，习清书的王启绪、吴鹏南、林明伦3人考试不入等，乾隆帝特准附入三等之末。

几天之后，散馆授职。乾隆十七年十月丙申（初九日），“内阁、翰林院带领辛未科散馆之修撰、编修、庶吉士等引见，得旨：‘清书修撰吴鸿，已经授职，其庶吉士沈栻、蒋檙、王启绪、吴鹏南、林明伦，俱著授为编修。’”③

据此可知，此次散馆，习清书不入等的王启绪、吴鹏南、林明伦3人均授职编修。

汉书庶吉士，散馆一等者一般能留馆，散馆二等者只有部分留馆，散

---

① 《清圣祖实录》卷256，康熙五十二年十月甲辰，第3册，第538页。
② 《乾隆朝上谕档》，乾隆十七年十月初五日，第2册，第626页。
③ 《清高宗实录》卷424，乾隆十七年十月丙申（初九日），第6册，第551页。

馆三等留馆者是极个别。如嘉庆元年丙辰科习汉书的庶吉士戴殿泗，散馆考试是三等第1名[①]，也授职编修[②]。

有些科的庶吉士散馆授职，不完全根据散馆等第名次。散馆一等者也有出馆者，以嘉庆十三年戊辰科庶吉士散馆授职为例。

表4-4　嘉庆十三年戊辰科授职翰林官的汉书庶吉士散馆等次与名单表①

汉书庶吉士散馆一等留馆者②		汉书庶吉士散馆二等留馆者	
名单	人数	名单	人数
吴信中、贺长龄、陈官俊、周之琦、钱林、张葆、刘嗣绾、史评、陶梁、沈岐、陈传经、林培厚、王耀辰、刘荣黼、董国华、朱桀、吴廷琛	17	胡承珙、罗家彦、宫焕、李可琼、夏国培、饶绚春、王道行、谢阶树、李恩绎、于德培、恩宁、胡兆兰、冯缵	13

备注：①此表据《嘉庆十三年戊辰科散馆等次单》(《嘉庆道光两朝上谕档》第14册，第190～192页）与此科散馆授职上谕（《清仁宗实录》卷209，嘉庆十四年四月戊戌，第3册，第804页）制作。

②散馆留馆者包括一甲进士吴信中、谢阶树、吴廷琛3人。

嘉庆十三年戊辰科散馆一等20名，有17名留馆，而尹济源、吴恩韶、潘恭常3人以主事用；散馆二等43名，其中有13人授职翰林官。可见，散馆授职，不完全依据散馆等次。

由于存在散馆授职不完全依据散馆等次之情况，因此，在乾隆年间有官员上奏请求按文字优劣定去留。乾隆十年五月，山东道监察御史杨开鼎奏请：

> 敬陈管见，仰祈裁鉴事。窃惟国家翰林之设，所以收华国之才，而备承明之职也……近科以来，散馆引见，考列一等者尽蒙恩留馆，而一等止属数人，有考居二等前列而即令归班或改用者，有考居二等末及三等而仍留馆职者。我皇上因才任用，圣意高深，固非臣下所能窥见万一。但就臣愚见词垣以文为主，莫若因其文之高下而去取之，则有所遵循，人知勉励，有学者既不至转沦外秩，而无才者亦不能滥厕清班矣。若除一等数人留馆外，俱可不必以文字甲乙定去留，恐非鼓舞词垣之至意也。[③]

① 《嘉庆元年丙辰科庶吉士散馆等次单》，见《嘉庆道光两朝上谕档》第4册，第146～147页。

② 《清仁宗实录》卷43，嘉庆四年四月丙辰，第1册，第526页。

③ 《山东道监察御史杨开鼎奏为遴选庶吉士敬陈管见事》，见《宫中朱批奏折》，乾隆十年五月初十日，中国第一历史档案馆档号：04-01-12-0045-051。

杨开鼎建议庶吉士散馆授职“以文字甲乙定去留”，使“有所遵循，人知勉励”。这一建议并没有完全被采纳。乾隆之后，散馆授职翰林官者一般是散馆一二等者，但仍有个别三等者授职编修、检讨，个别散馆一等者却出馆授为他职的事例。

第三节　清代翰林院庶吉士散馆授职类别

一　庶吉士散馆授职类别的确立

（一）散馆授职类别探索时期：顺康雍时期

清承明制，推行庶吉士制度，在散馆任用庶吉士方面，清初基本沿用明代的做法，优者留馆，授为编修、检讨；次者出馆，授为他职。但在顺康雍年间，留馆的比例、出馆庶吉士的去向等问题还处在探索中。

顺治年间，庶吉士散馆还有一定的人授职科道官，而康熙年间授职科道官的人数大减，有些科年仅一二名庶吉士授职科道官。如康熙三十三年甲戌科散馆，仅两名庶吉士授职科道官。康熙三十六年七月癸卯，三十三年甲戌科散馆，康熙帝谕吏部：

> 庶吉士查升等教习已久，今加考试应分别授职。除黄叔琳、胡任舆、顾悦履已经授职外，满、汉书庶吉士张大有、史申义……俱照例授翰林院编修、检讨，江球、吴甫生俱著以科道用，林文英、拉都立俱著以部属用，张寿岗、张逸少、陈豫朋、朱轼、陈守创、殷元福俱著照原甲第以知县用，五格著照见在品级随旗行走。尔部即遵谕行。①

这次共有 32 名庶吉士散馆授职，留馆者达 21 人，出馆授为他职有 11 人，其中仅 2 人授职科道官。这也是清代最后一次散馆授职科道官。从此之后，再也没有庶吉士授职科道官。雍正年间，改革官制，将给事中、监察御史提升为五品官，而庶吉士散馆授职七品官。因此，从雍正改制以来，庶吉士不可能再授职科道官。

顺康雍年间，庶吉士散馆授职处在探索期间。如康熙四十五年丙戌科散馆，除留馆者外，其余全部革职。康熙四十八年四月壬子，四十五年丙

① 《清圣祖实录》卷 184，康熙三十六年七月癸卯，第 2 册，第 972 ～ 973 页。

戌科散馆授职，康熙帝谕吏部：

> 庶吉士介孝瑹等教习已久，今加考试，应分别授职。除王云锦、贾国维已授修撰编修外，满书庶吉士马汝为、沈翼机、彭维新……汉书庶吉士吴士玉、钱荣世……俱照例授为翰林院编修、检讨；李堂、顾秉直、杨标、韩凤声、尚彤庭、杭宜禄、董泰、徐能容、才住、常生，满、汉文俱劣，著革职。尔部即遵谕行。①

这次散馆 51 人，其中 41 人授职为翰林官，10 人革职不用。

康熙五十二年十月甲辰，将五十一年壬辰科习汉书散馆考试二等的 11 人，革去庶吉士资格，归教习进士处学习。② 五十二年十一月乙丑，康熙帝谕吏部：

> 庶吉士王图炳等教习已及年余，今加考试，应分别授职。除王世琛、徐葆光已授修撰、编修外，其庶吉士何国宗、田嘉穀……曹鸣等授为编修；谢济世、蒋纲……胡煦等授为检讨。③

这次散馆，除将 11 人革去庶吉士资格外，其余庶吉士，包括习清书散馆考试一等、二等、三等者与习汉书散馆考试一等者共 62 人，全部授为编修、检讨。

可见，康熙四十五年丙戌科、五十一年壬辰科等科散馆授职均非常规，带有较大的任意性和非理性，特别是康熙四十八年散馆，将 10 名庶吉士革职。

雍正年间散馆授职也有一定的变数。变数之一是三甲进士出身的庶吉士授职为编修，个别留京三甲进士也授职编修，甚至将个别新进士（二甲进士）直接授职检讨。

雍正三年四月十一日，吏部尚书隆科多等题奏：

> 恭缴上谕事。雍正三年四月初九日，遵奉上谕谕吏部：庶吉士张鸣钧等教习已久，今加考试，应分别授职。除陈元章已授编修外，满书庶

---

① 《清圣祖实录》卷 237，康熙四十八年四月壬子，第 3 册，第 370 页。

② 《清圣祖实录》卷 256，康熙五十二年十月甲辰，第 3 册，第 538 页。

③ 《清圣祖实录》卷 257，康熙五十二年十一月乙丑，第 3 册，第 542 页。

吉士张鸣钧、邵基、陶正中、何玉梁、邹光涛、张江、徐以升、沈淑、张廷瑑、胡香山、牧可登、马金门、严民法、尹继善、帅念祖、许焞、缪曰芑、吴钊、焦祈年、周学健、戴永椿、倪师孟、薄履青、昌龄、松寿俱著授翰林院编修……记名留京进士夏之芳、姜颖新俱著授翰林院编修；黄岳牧、陆宗楷俱著授翰林院检讨。①

这是雍正元年癸卯科散馆授职，其中牧可登、昌龄、薄履青 3 人均是雍正元年癸卯科三甲进士，分别是三甲 62 名、135 名、104 名，3 人均授职编修。此次还将记名留京三甲 126 名进士姜颖新授为翰林院编修。

雍正五年五月己未，二年甲辰科散馆（包括补散馆人员参加），雍正帝谕吏部：

庶吉士陈浩等，教习已久，今加考试，应分别授职。除编修王安国，已经授职外，清书庶吉士陈浩、赵晃、严源焘、刘统勋、黄佑俱著授为编修，刘统勋著在南书房行走，汉书庶吉士吴应枚、汪由敦……俱著授为编修，张若涵、程光巨俱著授为检讨。②

这次散馆，也有两名三甲进士授职为编修，其中一名是雍正元年癸卯科三甲 149 名的黄佑，另一名是雍正二年甲辰科三甲 74 名的赵晃。

可见，雍正三年四月、五年五月两科庶吉士散馆，分别有 3 名、2 名三甲进士出身的庶吉士授职编修，打破了二甲授编修，三甲授检讨之原则。从雍正八年庶吉士散馆开始，就再也没有三甲进士授职编修。

雍正元年在馆选前，就将二甲 1 名张廷珩，授职检讨。雍正元年十一月戊戌，谕内阁：

至今岁所中进士，尔等务悉心察访，必得文行兼优之士，擢为庶吉士，将来始可以收得人之效。其第一甲第一名于振著即授翰林院修撰，第二名戴瀚、第三名杨炳即授编修，二甲第一名张廷珩，即授检讨，俱著在南书房行走。③

① 《吏部尚书隆科多等题奏恭缴上谕事》，见《雍正朝内阁六科史书·吏科》第 19 册，第 451 ～ 452 页。关于雍正癸卯科散馆授职的谕旨，另见《清世宗实录》卷 31（雍正三年四月丁丑，第 1 册，第 469 页）。

② 《清世宗实录》卷 57，雍正五年五月己未，第 1 册，第 867 页。

③ 《清世宗实录》卷 13，雍正元年十一月戊戌，第 1 册，第 238 ～ 239 页。

三甲进士授职编修，而将二甲进士提前授职检讨，这均非常规做法。

雍正年间散馆授职不按常例的做法突出表现在雍正五年丁未科、八年庚戌科散馆授职。雍正八年四月戊午，五年丁未科庶吉士散馆，谕吏部：

> 庶吉士金相等，教习已久，今加考试，应分别授职。除彭启丰已授修撰，邓启元已授编修外，其庶吉士金相、王兴吾、王丕烈、于辰、王泰甡、邹一桂、刘复、李重华、林聪、钱本诚、余栋、原衷戴、王云铭、杨嗣璟俱授为编修；隋人鹏、刘东宁、周祖荣、李实蕡、李直、张鹏翀、李学裕、吕炽、世臣、张乾元、常保住、郭石渠俱授为检讨。舒明学问荒疏，著革退。①

此次散馆除将一名庶吉士革职，其余均授职翰林官。

雍正十一年四月，八年庚戌科散馆，41名庶吉士散馆，其中39人授职编修、检讨，另2人则“留馆，再教习三年”②。

雍正五年丁未科、八年庚戌科庶吉士散馆，将授职者全部以编修、检讨用，而个别没有授职者，或革职，或留馆再教习。这是一种非常规做法。

变数之二是个别外用庶吉士以知府用，甚至以道员用。这是非常态下的授职。

吴振棫记载：“康熙二十七年，擢在籍检讨卫既齐为山东布政使。四十年，擢庶吉士董新策为宁夏道。嗣又擢庶吉士徐景曾、饶鸣镐为知府。皆异数。”③

吴振棫认为庶吉士董新策擢为宁夏道的时间在康熙四十年，庶吉士徐景曾、饶鸣镐授为知府的时间也在康熙年间。其实这三人均在雍正年间授职。

雍正元年七月十五日，川陕总督年羹尧遵旨上奏：

> 窃查四川庶吉士董新策因告终养，家居二十年，事母至孝，闭户读书，抑且留心吏治。康熙六十年间，臣在热河，蒙圣祖仁皇帝垂问四川

---

① 《清世宗实录》卷93，雍正八年四月戊午，第2册，第250页。

② 《清世宗实录》卷130，雍正十一年四月辛未，第2册，第694页。

③ 《养吉斋丛录》卷2，第23页。

一省岂无有品有学之人，臣随以董新策对，即令缮折送伊进京，缘臣折内荐其留心吏治，虽学问无忝清华，而经济实堪外吏。奉旨：董新策以同知、知州，令臣题补。嗣因董新策报丁母艰，因循至今。臣顷以叩谒梓宫，面请圣训之余，亦曾奏及，奉旨调来引见，俟其进京仍令臣缮折奏明。钦此钦遵。

臣回署之日行文往调，今董新策已于七月初九日，自西安起身，经臣给咨赴吏部引见，八月初四、五日谅可到京。伏思董新策孝行可嘉，吏治足用，是以奏对及之，但同知、知州，虽职列五品，而谒见上司例须跪拜。凡由翰林出身者若非降调，每不屑为此。查佥事道亦系五品，可否量予优录，出自圣恩。至董新策之为人，观其外貌，似为柔弱，而胸中确有主见。今陕省现有驿传道、宁夏道两缺，或以佥事职衔试守一道，必有可观。

雍正帝御览此奏折，在“今陕省现有驿传道、宁夏道两缺”旁朱批道“此二缺已用人矣。朕自有因其器而用之之法”①。

从这一奏折可知，康熙六十年，年羹尧觐见康熙帝，康熙帝要年羹尧保举四川有品有学之人，年羹尧保举庶吉士董新策。康熙帝降旨：董新策以同知、知州用。此时董新策恰好是丁母艰。雍正元年，年羹尧将董新策之事奏报雍正帝，令调来引见。年羹尧提到翰林出身者不屑于就任同知、知州之官，建议将董新策以佥事道用，并奏报“陕省现有驿传道、宁夏道两缺”。雍正帝朱批这两缺已经用人。

虽然，雍正帝在朱批年羹尧之奏折时，没有采纳将董新策用为驿传道或宁夏道之建议，但后来还是采纳了其建议，将董新策以宁夏道用。《(乾隆)宁夏府志》记载：“分巡宁夏道，旧为河西道：杨声华，山西翼城人，顺治二年任……董新策，四川合江人，雍正二年任。”②

可见，在年羹尧的奏请下，本以同知、知州用的康熙三十九年庚辰科庶吉士董新策，在雍正二年以宁夏道用。

雍正八年庚戌科庶吉士徐景曾和雍正十一年癸丑科庶吉士饶鸣镐两人均以知府用。

---

① 《川陕总督年羹尧奏调四川庶吉士董新策赴部引见并给假葬母折》，见《宫中朱批奏折》，雍正元年七月十五日，中国第一历史档案馆档号：04-01-30-0012-002。另见《雍正朝汉文朱批奏折汇编》第1册，第665～666页。

② ［清］张金城修、杨浣雨辑：《(乾隆)宁夏府志》卷9《职官志·皇清文职官姓氏》，见《中国方志丛书》，台北，成文出版社，1968年，塞北地方第3号第205页。

《国朝馆选爵里谥法考》记载：徐景曾，“江南武进人，由庶吉士授湖北郧阳府知府，历官直隶河间府知府”①。

《雍正朝汉文朱批奏折汇编》一书收录了一份徐景曾之履历：

> 徐景曾，江南常州府武进县人，年四十三岁，由生员中雍正四年丙午科五经副榜，奉旨准作举人一体会试，中八年庚戌科进士，五月内选授翰林院庶吉士，九年二月内丁忧回籍，十一年五月内服满，七月内到京供职，十三年正月内出有道府等缺，奉旨著于编检、庶吉士内拣选。随经大学士张廷玉拣选，咨送吏部，于二月初九日带领引见，奉旨记名，本月二十一日，奉特旨补授湖广郧阳府知府。②

可见，徐景曾是在雍正十三年二月二十一日奉特旨补授湖广郧阳府知府。《翰詹源流编年》也记载此事。“（雍正）十三年乙卯春二月，以庶吉士徐景曾为郧阳府知府。谨按：雍正元年，诏别择翰林官、庶吉士有改同知、运同知州、知县者，授知府，始此。”③

《国朝馆选爵里谥法考》记载：饶鸣镐，“广东大埔人，由庶吉士授广西南宁府知府”④。

《清代官员履历档案全编》一书收录了饶鸣镐之履历。该书记载：

> 饶鸣镐，广东潮州府大埔县人，年四十岁，由进士，雍正十一年选授庶吉士。今有浙江金衢严道等缺，奉旨著于编检、庶吉士内拣选，于十三年二月内吏部带领引见，奉旨补授广西南宁府知府。⑤

可见，雍正十一年癸丑科庶吉士饶鸣镐是在十三年二月吏部带领引见时，奉旨补授广西南宁府知府。徐景曾也是在雍正十三年二月，奉特旨补授湖广郧阳府知府。这两名庶吉士有可能是同一天带领引见，奉旨以知府

---

① 《国朝馆选爵里谥法考》卷4，第11页。《皇朝词林典故》卷52《题名·馆选》，第16页：徐景曾，“江苏武进人，未散馆授知府”。《词林辑略》卷3，第133页：徐景曾，“江苏武进人，未散馆，特授直隶顺德府知府”。《词林辑略》所记将徐景曾任职地方弄错了。

② 《雍正朝汉文朱批奏折汇编》第37册，第243～244页。

③ 《翰詹源流编年》卷2，第9页。

④ 《国朝馆选爵里谥法考》卷4，第17页。《皇朝词林典故》卷52《题名·馆选》，第25页：饶鸣镐，“广东大埔人，未散馆授知府”。

⑤ 秦国经等编：《清代官员履历档案全编》，上海，华东师范大学出版社，1997年，第1册，第243页。

用。雍正之后，再也没有庶吉士授职为道员、知府。

总之，在雍正年间，庶吉士授职有一定的变数，还没有完全形成定制。

（二）散馆授职定制时期：乾隆至光绪时期

经过顺康雍年间的探索，到乾隆年间重新确定了庶吉士授职原则和类别。据表 4-5 和附表四《清代散馆等第名次及授职表》可知，乾隆年间庶吉士散馆根据成绩依次授为编修、检讨、主事、知县，再次者不授职，令归班铨选。监察御史杨开鼎言及乾隆年间散馆授职原则和类别："每科馆选庶吉士，定例三年散馆，其上者留馆授职，次则或以部曹补用，或以知县即用，又次则归于进士原班铨选。"①

表 4-5　乾隆前期庶吉士散馆授职类别表①

科年②	散馆时间③	散馆人数	授职类别及人数						资料出处④
			编修	检讨	主事	知县	归班	其他	
雍正十一年	1/4	58	28	12	10	6	2		卷 17
乾隆元年	2/5	62	18	20	6	10	8		卷 43
乾隆二年	4/4	59	26	9	11	8	5		卷 91
乾隆四年	7/4	51	22	11	7	7	4		卷 165
乾隆七年	10/5	45	22	16	7				卷 241
乾隆十年	13/5	47	29	6	4	3	5		卷 315
乾隆十三年	16/5	45	25	7	5	4	3	1⑤	卷 389
乾隆十六年	17/10	39	22	3	5	4	5		卷 424
乾隆十七年	19/闰 4	37	16	7	7	5	2		卷 462
总计		443	208	91	62	47	34	1	
所占比例			47%	20.5%	14%	10.6%	7.7%	0.2%	

备注：①由于附表四统计了乾隆十九年甲戌科之后的散馆授职情况，此表只统计乾隆元年至乾隆十九年庶吉士散馆授职情况，不包括一甲进士。

②"科年"栏：为使表格简洁，省略各科的具体名称。

③"散馆时间"栏："/"前之数表示年，"/"后之数表示月。

④"资料出处"栏：资料全部来自《清高宗实录》。

⑤"其他"栏中 1 人，指"林明伦，著再教习三年"之事。

---

① 《山东道监察御史杨开鼎奏为遴选庶吉士敬陈管见事》，见《宫中朱批奏折》，乾隆十年五月初十日，中国第一历史档案馆档号：04-01-12-0045-051。

表 4-5 和附表四《清代散馆等第名次及授职表》不仅反映了乾隆以来的授职类别，而且反映了庶吉士仍以编修、检讨用为主。从乾隆元年到乾隆十九年散馆授职，以翰林用者达 67.5%。除授职翰林官外，部分庶吉士授职主事、知县，还有少数庶吉士归班铨选。这一任用原则和类别被后继者推行，一直到光绪朝（参见表 4-6《乾隆至光绪年间庶吉士散馆授职类别比例表》）。

二　散馆授职类别

乾隆朝确定散馆类别之后，历朝按编修、检讨、主事、知县、散馆归班等类别授职、任用。

（一）编修、检讨

由于选拔、培养庶吉士，主要是为翰林院输送人才，为朝廷储备人才，这就决定了庶吉士散馆授职的主要去向是以编修、检讨用。在顺康雍年间，60% 以上的庶吉士授职翰林官，甚至有些科年散馆授职者全部以翰林官用（参见附表六《清代翰林院庶吉士散馆授职统计表》）。乾隆以来，庶吉士授职翰林的比例，虽有所下降，除嘉庆、咸丰两朝留馆人数比例不足 50% 外，其他各朝留馆人数基本在 60% 左右（见表 4-6）。可见，庶吉士的主要去向是留在翰林院。

表 4-6　乾隆至光绪年间庶吉士散馆授职类别比例表①

时期	散馆人数②	授职类别、人数及所占比例						
		编修	检讨	中书	主事	知县	归班	其他
乾隆时期	925	429	209	0	167	42	65	13
		46.4%	22.6%		18.1%	4.5%	7%	1.4%
嘉庆时期	777	295	45	5	197	182	46	7
		38%	5.8%	0.6%	25.4%	23.4%	5.9%	0.9%
道光时期	740	437	58	0	144	89	7	5
		59.1%	7.8%		19.5%	12%	0.9%	0.7%
咸丰时期	242	95	13	8	70	46	9	1
		39.3%	5.4%	3.3%	28.9%	19%	3.7%	0.4%
同治时期	418	254	36	0	59	68	0	1
		60.8%	8.6%		14.1%	16.3%		0.2%

（续表）

时期	散馆人数②	授职类别及人数及所占比例						
		编修	检讨	中书	主事	知县	归班	其他
光绪时期	890	453	56	0	180	200	0	1
		50.9%	6.3%		20.2%	22.5%		0.1%
总计	3992	1963	417	13	817	627	127	28
		49.2%	10.4%	0.3%	20.5%	15.7%	3.2%	0.7%

备注：①表是据表 4-5《乾隆前期庶吉士散馆授职类别表》和附表四《清代散馆等第名次及授职表》制作。

②“散馆人数”栏：为便于统计，我们是以各朝的开科数为准，即使是上一朝的庶吉士，在下一朝散馆，还是算作上一朝的散馆人数。如乾隆六十年乙卯科庶吉士，在嘉庆元年散馆，此科散馆人数仍算作乾隆朝的。

据表 4-6 可知，乾隆年间留馆人数比例高达 69%。乾隆年间留馆比例高，在一定程度上与修纂《四库全书》有关。乾隆四十年四月，乾隆三十七年壬辰科庶吉士散馆，共有 33 名庶吉士散馆，留馆 30 人，留馆的比例高达 90.9%。

这次留馆人数多，与修《四库全书》相关。乾隆帝在谕旨中讲明：“此次因办理《四库全书》，需员纂校，是以散馆人数较上次少，而留馆者转多，后不为例。”①

由于候补各部主事的人数较多，得缺需时，嘉庆年间也增加留馆人数，减少以部属用的人数，甚至将以部属用的庶吉士改授翰林官。嘉庆六年四月，嘉庆帝谕内阁：“昨日引见散馆人员，除一甲进士三名先行授职外，其清汉书庶吉士内，留馆授职者二十员，用为部属者三十五员，用为知县者十五员。因思各部额外候补主事，为数较多，此次以部属用各员得缺需时，且现在满洲及边省翰林人数甚少，所有散馆二甲进士内，以部属、知县用之吴其彦、张惠言、陈寿祺、李翃、吴荣光、花杰、李端、李象鹄、王鼎、杨世英、胡大成，俱著加恩改授编修；三甲进士以部属用之贵庆，著加恩授为检讨；其以知县用之王廷绍、蒋云官、许铉，著加恩改用部属。”② 嘉庆帝在散馆授职之后，又将以部属、知县用之吴其彦等 12 人改授翰林院编修、检讨。这 12 人仅胡大成 1 人原是以知县用，其余 11 人

① 《清高宗实录》卷 981，乾隆四十年四月乙巳，第 13 册，第 101 页。

② 《清仁宗实录》卷 82，嘉庆六年四月丁卯，第 2 册，第 70 页。

以部属用。[①]

（二）主事

庶吉士散馆以主事用，也称“以部属用”。顺治年间遵循明制，出馆者大多以科道官用，只是少数以六部主事用，而且不是每科均有授职主事。从乾隆以来，确立庶吉士散馆出馆授为他职者以六部主事用为主。据表 4-6 可知，乾隆至光绪年间庶吉士散馆授职为主事的比例是 20.5%。

康熙年间，庶吉士散馆以部属用者，候缺时间相对较短。如康熙九年庚戌科庶吉士张鹏翮，在康熙十一年闰七月散馆以部属用。[②] 散馆的第二年，即康熙十二年就补缺为刑部主事。[③] 甚至在散馆当年就实授，如康熙二十七年戊辰科庶吉士郑梁，在康熙三十年，“以清书散馆，改户部湖广司主事”，第二年十二月，“升本司员外”[④]。郑梁在散馆的当年就授职为户部湖广司主事，第二年升职为户部湖广司员外郎。

康熙六十年辛丑科庶吉士于雍正元年十二月散馆。[⑤] 此科庶吉士宋在诗经拣选，在雍正元年九月，“补授吏部文选司主事”[⑥]。宋在诗在散馆之前就授职为吏部主事。

雍正二年甲辰科，令部分新进士到六部衙门学习，即所谓的“分部学习”。雍正二年十二月十三日，吏部尚书隆科多等上奏：“雍正二年十二月初八日，臣部尚书朱轼奉上谕：‘新科进士朕批内用者，著用为六部额外主事学习办事，如好即实授；若学习懈怠，仍归伊等原班铨用。’”吏部遵旨办理、然后回奏：内用的 41 名新科进士中，熊晖吉 1 人已授为庶吉士，蒙古进士色诚是现任内阁中书，还有 39 名新科进士等待内用，并奏请将这 39 人分派到理藩院、六部衙门学习办事。[⑦] 从此，开始分派部分进士到六部衙门学习。进士分部学习是对进士观政制度的

① 《清仁宗实录》卷 82，嘉庆六年四月丙寅，第 2 册，第 68 页。

② 《清圣祖实录》卷 39，康熙十一年闰七月丁酉，第 1 册，第 527 页。

③ ［清］张知铨：《遂宁张文端公年谱》（张鹏翮年谱），见《北京图书馆藏珍本年谱丛刊》第 86 册，第 273 页。

④ ［清］郑勋：《先寒村公年谱》（郑梁年谱），见《北京图书馆藏珍本年谱丛刊》第 84 册，第 519 ～ 520 页。

⑤ 《清世宗实录》卷 14，雍正元年十二月丙辰，第 1 册，第 248 页。

⑥ ［清］宋在诗：《忆往编》，见《北京图书馆藏珍本年谱丛刊》第 95 册，第 394 页。

⑦ 《吏部奏请分派新科进士学习办事折》，见《雍正朝汉文朱批奏折汇编》第 4 册，第 178 ～ 179 页。《署吏部尚书傅尔丹题请将年满刑部浙江司额外主事杨文桂补授另外五部缺本》（《雍正朝内阁六科史书 · 吏科》第 44 册，第 44 页）也提及雍正的这道分部学习办事的上谕。《清世宗实录》没有记载吏部尚书朱轼提到的雍正帝的这道上谕。

发展，但进士分部学习与进士观政不同，顺治康熙年间沿袭明代进士观政的方法，令新进士（除一甲进士外）在九卿衙门（六部、督察院、大理寺、通政司）观政，观政时间为 3 个月。观政结束之后回籍候缺。分部学习的时间在雍正年间逐步确立为 3 年，分部学习者一般能补主事之缺。

雍正年间，新进士分部学习，再候缺，庶吉士散馆以部属用者不需分部学习，而是直接候缺。雍正五年五月，雍正帝谕吏部："庶吉士陈浩等，教习已久，今加考试，应分别授职，除编修王安国，已经授职外，清书庶吉士陈浩……俱著授为编修。张若涵……俱著授为检讨。徐天麒以部属用"[①]。这次散馆授职，徐天麒以部属用，不需分部学习，而是直接候缺。雍正八年、雍正十一年两科庶吉士散馆，没有以部属用者。据《清世宗实录》统计，雍正年间仅 7 名庶吉士散馆以部属用。[②] 雍正年间庶吉士以部属用者人数少，候缺的时间应该较短。

乾隆以来，庶吉士散馆以部属用者，需分派到六部衙门学习，候缺。乾隆初年，庶吉士以部属用者在补缺方面要优于其他分部学习进士，分部学习进士要挨班补缺，而庶吉士遇缺即补。这一补缺之法，引起一些官员的争议。乾隆四年五月初九日，刑部山西司郎中樊天游上奏：

> 敬陈刍荛一得，以励人材以裨政治事……再每科分部学习进士，必俟三年期满，经该堂官分别奏准引见、留部，始以主事按班铨用。又有各部办事之行取知县或系历俸年久或系才能卓越，任内并无参罚者方行取到部，伊等亦系以各部主事按班轮选。惟散馆以部属用之庶吉士，遇缺即行题补。夫留部进士及行取知县与散馆以部属用之庶吉士，皆经圣明简拔，自属任事之材，所以分部办事者，原欲使之熟悉部务职事……乃同一分部人员而留部之进士与行取之知县均系按班选用，在各部行走数年之久尚不得缺补授，而庶吉士独不循班次，遇缺即用……亦未平允。请嗣后庶吉士散馆奉旨以各部主事用者，仍行分部食俸办事外，其铨选之处，照从前旧例归于单月，以应得之缺挨次轮补。如此不但选法彼此

① 《清世宗实录》卷 57，雍正五年五月己未，第 1 册，第 867 页。

② 雍正年间有三科庶吉士散馆以部属用者：1. 雍正元年十二月丙辰，康熙六十年辛丑科庶吉士散馆，王克宏、李同声著以部员对品用（《清世宗实录》卷 14，第 1 册，第 248 页）；2. 雍正三年四月丁丑，雍正元年癸卯科庶吉士散馆，许均、王乔林、张仕遇、康忱俱著以六部主事用（《清世宗实录》卷 31，第 1 册，第 469 页）；3. 雍正五年五月己未，雍正二年甲辰科庶吉士散馆，徐天麒以部属用（《清世宗实录》卷 57，第 1 册，第 867 页）。

画一，且使伊等得以从容学习，其才猷当更练达，于部务似属有益。

乾隆帝御览此奏折之后，朱批："该部议奏。"[①]

樊天游奏请"嗣后庶吉士散馆奉旨以各部主事用者，仍行分部食俸办事外，其铨选之处，照从前旧例归于单月，以应得之缺挨次轮补"。这表明在乾隆四年之前，以部属用者，先分部食俸办事，再挨次补缺。分部食俸办事，即分部学习，也称"在某部行走"。

从樊天游行走所奏可知，庶吉士散馆以部属用者曾经是归入单月候补之班，依次补缺，但在乾隆四年之前，庶吉士以主事用者遇缺即补，从而导致分部学习进士推迟补缺。因此，上奏请求庶吉士散馆以部属用者，仍归入单月挨次补缺。乾隆帝令吏部议奏，但不知议奏的结果如何。不过我们从乾隆十一年吏部议准御史章佑昌的奏章，大致知道乾隆四年之后庶吉士以部属用者，候缺任用的情况。

乾隆十一年四月，"吏部议准御史章佑昌奏称：庶吉士散馆，以主事用者，归单月轮班四缺后补用一人，非数年不得补缺，似宜略为变通，请将双月学习进士轮用二人班内，酌减一人，改用学习进士一人，散馆庶吉士一人，庶不壅滞。从之"[②]。

据此可知，乾隆四年吏部议准庶吉士以部属用者归单月轮班任用，在单月班内，先用本班候缺的四人，再用候缺的庶吉士一人。这样庶吉士以部属用者，由得缺较快，转变为候缺多年。正是鉴于这种情况，御史章佑昌上奏，疏通庶吉士以部属用的办法。吏部采纳他的建议，除庶吉士以部属用的单月补缺的惯例不变之外，在双月班内增加一人，即将双月班内轮用两名分部学习进士，改为轮用一名分部学习进士，一名候缺的庶吉士。按这一方法，以部属用的庶吉士候缺时间相对缩短。

乾隆以来，庶吉士散馆以部属用者，分部学习行走时间随候缺人数多寡而变化。新进士分部学习的时间是三年，而散馆分部学习（或称"行走"）的庶吉士没有规定时间。总体来说，在乾隆年间由于积压分部学习的人数相对少，庶吉士以部属用者，在六部衙门学习、行走的时间相对短些。

冯成修是乾隆四年己未科庶吉士。乾隆七年五月，散馆引见，冯成修

---

① 《刑部山西司郎中樊天游奏请将庶吉士以主事用者仍旧分部办事按例铨选》，见《乾隆朝军机处录副奏折》，乾隆四年五月初九日，中国第一历史档案馆档号：03-0060-028。

② 《清高宗实录》卷265，乾隆十一年四月甲申，第4册，第435页。

“奉旨以主事用，签掣得吏部稽勋司”。七月，“复乞假沿路寻亲”。乾隆十一年（1746）二月，“到京在吏部稽勋司行走”。乾隆十二年三月，“实授验封司主事兼文选司主事”[①]。冯成修在乾隆七年五月散馆以部属用，签掣到吏部稽勋司学习。行走仅两个月，就请假寻找其父。其父在冯成修年幼时就外出未归。直到乾隆十一年二月冯成修才回到吏部稽勋司继续学习行走，一年之后实授为吏部验封司主事。可见，庶吉士冯成修在散馆之后，实际在吏部学习行走一年多时间就补缺主事。

乾隆年间甚至有庶吉士散馆当年就补授主事的。曹锡宝，乾隆二十二年丁丑科庶吉士。乾隆三十一年四月，散馆，曹锡宝“名在二等第一，奉旨以部属用，随分刑部，在直隶司额外行走，十月补福建司主事”[②]。曹锡宝在散馆当年就实授为主事。

尹壮图，乾隆三十一年丙戌科庶吉士。乾隆三十四年五月，散馆，尹壮图“列二等，引见改部曹。……签掣刑部安徽司主事”。十月，“迁吏部验封司兼文选司事务”。乾隆三十六年，“题升文选司员外郎”[③]。尹壮图也是在散馆当年的十月就实授为主事，两年之后就升任吏部文选司员外郎。

姚鼐，乾隆二十八年癸未科庶吉士。乾隆三十一年夏，散馆，姚鼐“改主事，分兵部”。三十二年，“试职兵部，补礼部仪制司主事。”三十三年（1768）秋七月，“充山东乡试副考官。九月，还京。转祠祭司员外郎”[④]。庶吉士姚鼐散馆以主事用，“试职兵部”，即在兵部学习行走。学习行走的第二年就补授为礼部仪制司主事。姚鼐在礼部仪制司主事仅一年时间，就升任礼部祠祭司员外郎。

通过这些案例，我们判断：在乾隆前期，庶吉士散馆以部属用者，在部学习行走的时间相对较短，甚至不到一年就实授。

乾隆后期由于分部学习的进士积压较多，对分部学习行走人员的补缺办法进行变通，以部属用之庶吉士轮班补缺，学习行走的时间则相对延长。乾隆四十八年二月，吏部议覆御史李翮奏称：

---

① ［清］劳潼:《冯潜斋先生年谱》（冯成修年谱），见《北京图书馆藏珍本年谱丛刊》第97册，第503～507页。

② ［清］曹锡宝:《曹剑亭先生自撰年谱》（曹锡宝年谱），见《北京图书馆藏珍本年谱丛刊》第104册，第258～260页。

③ ［清］尹壮图:《楚珍自记年谱》（尹壮图年谱），见《北京图书馆藏珍本年谱丛刊》第108册，第618～621页。

④ ［清］郑福照:《姚惜抱先生年谱》（姚鼐年谱），见《北京图书馆藏珍本年谱丛刊》第107册，第578～579页。

散馆改部人员，请以到部之日为始，与各项期满人员，较年分浅深，挨次题补，应如所奏。再查在部各项人员，如何统较题补，定例未有明文者，并应一体办理。请嗣后各衙门主事缺出，将学习期满进士、选拔贡生、捐纳、议叙主事，俱自期满奏留之日为始，庶吉士散馆及现任小京官中式进士以部属用，并现任小京官由各该处奏明分部补用、留部升用者，俱自奏准到部之日为始，计其实在行走日期，按题选各缺，统较先后挨补。又从前进士学习及议叙捐纳人员，有未满三年，先行奏留者，亦扣满三年，方准与各项统较。从之。①

监察御史李翮奏请，经吏部议覆、乾隆帝认可的六部主事补缺方法：学习期满进士、选拔贡生、捐纳人员等候补主事的这类人员，从学习期满奏请留部补缺之日为始，“计其实在行走日期”；庶吉士散馆及现任小京官中式进士以部属用的这类人员，则从奏准到部之日为始，也“计其实在行走日期”。再根据这两类人员实在行走办事的年月，比较先后，或以题缺，或以选缺挨次补授。按照这一补缺方法，庶吉士以部属用者与在六部学习期满的进士处在同一起跑线上候缺。

是否按照这一方法补缺？这需要对乾隆四十八年之后候缺实授人员进行考察。限于所掌握的资料，我们对两位以部属用的候缺时间加以考察。

陈若霖，乾隆五十二年丁未科庶吉士。乾隆五十四年四月，陈若霖，“散馆二等第十二名，引见改主事，刑部安徽司行走。十月题补奉天司仍办安徽司事。”② 陈若霖散馆之后，在刑部安徽司行走仅半年时间就补授为刑部奉天司主事。

卢荫溥，乾隆四十六年辛丑科庶吉士，乾隆四十九年散馆，授编修。乾隆五十六年大考，卢荫溥“考列三等三十四名，奉旨以主事改用”。乾隆五十八年十月，“补仪制司主事”③。卢荫溥，乾隆五十六年大考考列三等，从编修降为主事，候缺两年才补授为礼部补仪制司主事。

卢荫溥本来已授职编修，因大考成绩差，改为以主事用，候缺两年。其候缺的时间应该大致与庶吉士以部属用者相当。据此，我们推测乾隆后期庶吉士以部属用者候缺时间虽比前期长一些，但可能只有两年左右，也

---

① 《清高宗实录》卷1174，乾隆四十八年二月丙寅，第15册，第742～743页。

② ［清］陈景亮：《望坡府君年谱》（陈若霖年谱），见《北京图书馆藏珍本年谱丛刊》第121册，第576～578页。

③ ［清］卢荫溥：《卢文肃公年谱》（卢荫溥年谱），见《北京图书馆藏珍本年谱丛刊》第122册，第355～366页。

可能不足两年，庶吉士陈若霖候缺仅半年就实授。进而我们推测，并没有严格按照乾隆四十八年议准的补缺办法执行，庶吉士以部属用者比分部学习进士补缺有一定的优势。嘉庆九年（1804），福建道监察御史福年的奏折佐证我们这一推测。乾隆时期分部学习进士较多，学习期满进士很难在两年之内补缺。当然这一推测需经精细的统计才能加以证实。

嘉庆前期，庶吉士散馆以部属用者，可能又是遇缺即补。嘉庆九年九月，福建道监察御史福年上奏：

> 敬陈管见，仰乞圣鉴事。窃查向例分部学习人员三年期满，如熟谙部务，该堂官始可奏留，准其候补本部实缺。至庶吉士散馆以部属用者，则以到部之日为始，遇有缺出即可题补实授，其未经题补以前，如别部出有选缺，亦得铨选。是以学习人员于将届期满，未经奏留之际，每遇庶吉士散馆人员到部，即先尽补用，而先在该部行走之员转在甫行到部人员之后，其得缺率多迟滞，值缺少之部补用尤需时日，似不足以昭平允。奴才愚昧之见，似应将庶吉士散馆人员与学习期满留部人员分为两班，相间补用。庶散馆之员不致过优，而在部学习之员亦不致向隅矣。是否有当，伏乞皇上睿鉴。为此谨奏。

嘉庆帝御览此奏折后，朱批："吏部议奏。"①

这份奏折反映了嘉庆九年之前，庶吉士散馆以部属用者，遇缺即补。福年奏请将庶吉士散馆人员与学习期满留部人员分为两班补用，以免庶吉士补缺过优。嘉庆帝令吏部议奏。下文如何，不得而知。不过嘉庆后期及之后，庶吉士散馆以部属用者，候缺时间延长。

梁章钜，嘉庆七年壬戌科庶吉士。嘉庆十年二月，"服阕，进京散馆，以二等第五名引见，改部主事，签掣礼部入仪制司行走。是秋因病请假回籍"。嘉庆十九年八月，"抵京进署销假，仍在仪制司行走"。道光元年二月，"补授主客司主事"②。梁章钜，在嘉庆十年散馆以主事用，在礼部仪制司行走几个月就因病请假回籍。在老家期间，主要担任南浦书院讲席。直到嘉庆十九年才抵京销假。按规定，梁章钜仍到礼部仪制司行走，候缺。于道光元年，才补授礼部主客司主事。梁章钜在礼部学习、行走七年多才

① 《福建道监察御史福年奏请庶吉士散馆人员与学习期满留部人员分为两班补用》，见《宫中朱批奏折》，嘉庆九年九月二十四日，中国第一历史档案馆档号：04-01-13-0155-002。

② ［清］梁章钜：《退庵自订年谱》（梁章钜年谱），见《北京图书馆藏珍本年谱丛刊》第135册，第8～17页。

补授主事。

道光以来，庶吉士散馆以部属用，候缺的时间进一步延长。道光十七年（1837）三月，道光帝谕内阁：

> 王鼎等奏司员将次铨选，请留部补用，以资熟手。刑部候补主事吴廷鈖、赵镛、方宝庆均由庶吉士散馆改部，现在铨选将次到班。姑念该部为刑名总汇，事务较繁，该员等在部行走有年，办事均臻妥协，准其留于刑部，遇有主事缺出，照例挨次奏补，俾资熟手。此外各衙门不得援以为例，纷纷渎请。①

吴廷鈖、赵镛、方宝庆三人均是道光六年庶吉士，道光九年散馆以部属用。他们三人已在刑部学习、行走八九年之久，才被奏请留在刑部补授主事，但他们还得等刑部有主事之缺，才能补缺。道光帝强调不得援以为例，以免纷纷渎请。这反映了以部属用之庶吉士不仅候缺时间长，而且补缺也不容易。

咸丰四年（1854）五月，咸丰帝谕内阁：

> 刑部奏司员将次铨选，援照旧案，请留部补用一折。各部由庶吉士散馆司员，例有铨选本班。从前刑部虽有奏留成案，然须办事认真，行走有年者，方准奏请。岂得因曾有成案，率行援引？本日该部奏请留部之候补主事周道治、朱梦元，资俸尚浅。据称于刑名例案，俱能悉心讲求。现在周道治即有承审存丰翻控案内降级处分，可见该堂官所称讲求例案者未可尽信，且于周道治前案处分，并未声叙，更属含混。周道治、朱梦元均不准奏留，仍著照例铨选。刑部堂官著传旨申饬。②

周道治是道光二十七年丁未科庶吉士，朱梦元是道光二十四年甲辰科庶吉士，两人均在道光三十年散馆以部属用。他们在刑部已行走四年，刑部堂官奏请按照旧例留部补授。咸丰帝认为周道治、朱梦元二人资俸尚浅，不允许按照旧例奏留本部。为这事，咸丰帝还传旨申饬刑部堂官。周道治、朱梦元二人还得继续在刑部行走，候缺。可见，在咸丰年间，庶吉士散馆以部属用候缺时间明显比清朝前期要长。

---

① 《清宣宗实录》卷 295，道光十七年三月甲辰，第 5 册，第 583 页。

② 《清文宗实录》卷 131，咸丰四年五月丙寅，第 3 册，第 336 ～ 337 页。

当然道光之后也有在部行走四五年就能补缺的。徐景轼，咸丰六年丙辰科庶吉士。咸丰九年四月，散馆，“引见以主事用，分礼部”。同治二年五月，“传补军机处行走”；同年十一月，“补仪制司主事”①。徐景轼在部行走仅四年半就补授礼部仪制司主事，候缺时间不算长。这可能与考取、补授军机章京有一定的关系。

李士彬，同治四年乙丑科庶吉士。同治七年四月，散馆，“改官主事分刑部”。同治十年，“奔丧，十一月抵里”。同治十二年（1873）十二月，“服阕，携眷入都，仍供职刑部兼军机方略馆差”。光绪元年（1875）三月，“补刑部福建司主事”②。李士彬从散馆分到刑部行走，到补授刑部福建司主事，共7年时间。扣除丁忧时间，实际在刑部行走4年多就实授。

可以说，道光以来，庶吉士散馆以部属用者，时间短者行走四五年就可补缺，时间长者行走9年以上才能补缺。

（三）知县

顺康年间，庶吉士散馆几乎不授职知县。雍正年间，将部分没有散馆的庶吉士用为知县，这是非常规做法。从乾隆朝开始，每科庶吉士散馆几乎都有授职知县者。据表4-6可知，乾隆至光绪年间庶吉士散馆授职为知县的比例是15.7%，仅次于授主事的比例。

散馆考试一等的基本留在翰林院，而散馆考试成绩较差的，一般以知县用，也有散馆考试一等以知县用的，如道光三年庶吉士散馆考试一等第15名的冯登府、一等第17名的胡霖苍二人就以知县用。③《冯柳东先生年谱》（冯登府年谱）记载：冯登府“补试散馆，廷试正大光明殿，迎驾后，恩赐茶饼，题为任官惟贤才赋，名列第一等十五，引见以知县用，选授福建将乐县。向来庶吉士散馆一等无改县令者，先生安之”④。冯登府，嘉庆二十五年庚辰科庶吉士，入选庶吉士的当年丁忧，道光三年二月，“服阕还京”，补行散馆考试，授知县。

---

①［清］徐景轼：《草心阁自订年谱》（徐景轼年谱），见《北京图书馆藏珍本年谱丛刊》第169册，第430～442页。

②［清］黄文焕：《石叟年谱》（李士彬年谱），见《北京图书馆藏珍本年谱丛刊》第178册，第478～481页。

③ 冯登府、胡霖苍二人的散馆考试名次见《道光二年壬午恩科散馆等第名次单》（《嘉庆道光两朝上谕档》第28册，第155～156页）；冯登府、胡霖苍二人的授职见《嘉庆道光两朝上谕档》第28册第159页的上谕。

④［清］史诠：《冯柳东先生年谱》（冯登府年谱），见《北京图书馆藏珍本年谱丛刊》第138册，第321页。《嘉庆道光两朝上谕档》第31册第109页记载道光三年庶吉士散馆，钦命赋题：“任官惟贤才赋。”

在清后期有少部分庶吉士想以知县用，以得肥缺。光绪二十一年，御史熙麟所上奏片就反映了这一情况。御史熙麟上奏：

> 奴才风闻本年庶吉士散馆取列三等六员，有题目遗字者，有涂改至十字者，有押出韵者，有诗自第三联以下全失平仄者，至偶尔失抬更不一而足，为从来所未有，实非无心错误可比。推其意不过以知县可多得钱，惟恐失之，因竟甘冒不韪耳。夫此等不爱声名之人，使出膺民社，能爱民耶？今散馆各员，均已奉旨授职，奴才亦未敢遽请收回成命，然嗣后若不严定四等、不列等之例，则由散馆之出膺民社者，其不爱声名，但知得钱，将有甚于捐班矣，拟请旨饬下阅卷大臣，不得一意从宽，傥有实非无心错误之卷，量置四等或竟不列等，以示惩儆，而杜流弊，谨附片具陈。①

从咸丰十年庚申恩科庶吉士以来，散馆考试均只分三等，没有第四等和不入等者（参见附表四《清代散馆等第名次及授职表》），考列三等意味着以知县用。熙麟的这一奏片反映出少部分庶吉士散馆考试故意失误，以求散馆三等，授职知县。熙麟所言是光绪二十年甲午恩科散馆情况。此科散馆人数共76人，考列三等6人，即使这6人全部想就知县之任，也只是少数庶吉士。

御览此奏片之后，于光绪二十一年五月初四日，上谕内阁：

> 御史熙麟奏殿廷考试，大臣阅卷，是非倒置，据实上陈一折。据称壬辰年朝考，列入一等之戴锡之字迹庸陋，疏中措词失体，诗亦多不可解……另片奏本年庶吉士散馆，取列三等各员，卷中涂改出韵失抬，实非无心错误等语。嗣后派出阅卷大臣，务当秉公校阅，如有文理纰谬，错误太多，应列四等及不列等之卷，不得意存迁就，概行从宽，以昭核实。②

这一上谕，要求散馆阅卷大臣秉公校阅，错误太多就划入第四等或不列等。散馆第四等或不列等，则意味着散馆归班铨选。因此，此后庶吉士散馆考试，不敢故意失误。从光绪二十一年之后没有散馆第四等和不列等

① 《御史熙麟奏请严定散馆等次之奏片》，见《光绪宣统两朝军机处录副奏折》，光绪二十一年，中国第一历史档案馆档号：03-5335-046。

② 《光绪宣统两朝上谕档》，光绪二十一年五月初四日，第21册，第157页。另见《清德宗实录》卷367，光绪二十一年五月甲戌，第5册，第798页。

者，在一定程度上，反映出这一情况。

虽然清后期，有少部分庶吉士愿意出任知县官，但大多数庶吉士仍愿留在翰林院，不愿出任地方官。一些庶吉士即使没有授职翰林官，也愿留在京城。

道光二十四年六月，吏部尚书宗室恩桂等上奏：

> 据庶吉士散馆即用知县徐棻呈称，系湖南长沙府长沙县人，由乙未科举人，辛丑年考取内阁中书补用，业经赴阁行走。是年会试中式第二甲三名进士，钦点翰林院庶吉士，本年散馆引见，以知县即用。兹情愿改归候补内阁中书原班补用，仍赴内阁行走等情具呈前来。查定例，候补内阁中书中式进士奉旨分发各省以知县即用及归班铨选人员，如有呈请注销仍归原班者，俟有缺出归于进士班内以次补用。若遇举人到班，亦准其按照考取名次补用。至候补内阁中书中式进士改授庶吉士，散馆奉旨归班选用之人员呈请仍归中书原班铨选者，亦即照此办理等语。
>
> 今徐棻湖南长沙县人，先由举人考取内阁中书候补，嗣中式辛丑科进士，改授翰林院庶吉士。本年散馆引见以知县即用。此项人员应否准归原班，例内未经载及，惟查庶吉士散馆归班选用人员，如原系候补内阁中书者例准仍归原班补用。其奉旨以知县即用者较之归班人员为稍优，似应准其一体呈改，相应奏明请旨，可否准将该员仍归候补内阁中书原班，令其在阁候补？

道光帝朱批："依议。"[①]

可见，庶吉士散馆即用知县徐棻，情愿改归候补内阁中书原班补用，而不愿就任知县之官。

可能由于庶吉士散馆不愿为知县，因此，道光年间的最后四科庶吉士分别以编修、检讨、部属用，而没有以知县即用的。（参见附表四）

个别庶吉士为了散馆考取好成绩，能留在翰林院，甚至冒作弊之风险。道光三十年四月十七日，内阁奉上谕："本日庶吉士散馆，经监试大臣巴雅尔等查出庶吉士陈鼐、刘崧骏均有怀挟，俱著革职，交刑部照例治罪。"[②]

清后期，一些庶吉士之所以不想为知县官，可能也与地方动乱有关。

---

① 《吏部尚书宗室恩桂奏为庶吉士散馆即用知县徐棻请准仍归候补内阁中书原班候补》，见《宫中朱批奏折》，道光二十四年六月十六日，中国第一历史档案馆档号：04-01-12-0463-202。

② 《嘉庆道光两朝上谕档》，道光三十年四月十七日，第 55 册，第 169 页。

一些庶吉士投身军营，希望能被保奏留在翰林院。

咸丰五年（1855）三月戊子，“以克复江苏上海县城出力，赏总兵官泊承升、都司姚麟、杨云骧……等花翎，通判陈义华等蓝翎，副将豫祺总兵官衔，授翰林院庶吉士张庭学为编修，并各加衔升叙有差”[①]。

张庭学，咸丰二年壬子恩科庶吉士，因克复上海县城出力，免散馆，授编修。《词林辑略》卷7记载：张庭学，浙江鄞县人，“未散馆，以军功特授编修”。此后，有庶吉士投身军营，想援照此例免散馆，授职编修、检讨，但遭到否决。《清文宗实录》记载：

> （咸丰七年八月庚戌）先是山东道御史李培祜奏请严定保举限制，下吏部议。至是奏：“该御史所拟条目，多与钦奉谕旨、奏定章程相符，仍应遵照办理……其翰詹人员，如系军营劳绩出力，仍准保奏坊职，并准保奏道府。其余各项劳绩，只准保奏遇缺题奏。至庶吉士一项，应请嗣后无论何项劳绩，只准保奏俟散馆后以应升之缺升用，概不准保免其散馆，授职编检，以符定制。”从之。[②]

这一史料反映了咸丰年间，部分庶吉士想通过在军营效力，获得保奏，能免散馆授职翰林官。吏部议奏，在军营效力的庶吉士仍要参加散馆考试，其授职以其考试成绩为依据，不准保奏免散馆，授职编、检。

确实有因在军营效力，或办团练出力，而奏请免散馆，授职编修、检讨之例。咸丰八年（1858）四月二十四日，宗室庆祺奏：

> 再翰林院编修锺启峋、庶吉士蓝拔奇，均在本籍兴国县办理团练、捐输，始终出力，前经奴才奏请将锺启峋可否以詹事府赞善用，先换顶带，蓝拔奇可否免其散馆，以编修用。嗣准部覆，以翰詹人员，各项劳绩只准保奏遇缺提奏，庶吉士一项例不准保免其散馆。锺启峋应俟该员销假到院，遇有应升缺出，开列并带领时夹片提奏，恭候简用。蓝拔奇应令另核请奖等因，准此。奴才伏查翰林院编修锺启峋、庶吉士蓝拔奇同在原籍兴国县勷办捐输团练，均极认真，逆匪两次围攻县城，皆得团勇之力，随时击退，且筹济军饷，俾无缺乏，实属咸著微劳，锺启峋业经部议，遇有应升之缺夹片提奏。蓝拔奇同属出力之员，自应查照吏部奏定章程，酌改请奖，蓝

① 《清文宗实录》卷163，咸丰五年三月戊子，第3册，第792页。

② 《清文宗实录》卷233，咸丰七年八月庚戌，第4册，第622页。

拔奇应请俟散馆后，以应升之缺升用，以示鼓励。

咸丰帝御览此奏片之后，朱批："依议。"[①]

据此奏片可知，在咸丰八年四月之前，宗室庆祺等曾奏请将办团练出力之庶吉士蓝拔奇免散馆，授职编修，但遭到否决。

蓝拔奇，是咸丰三年癸丑科庶吉士，参加了咸丰六年丙辰科庶吉士散馆，考列一等第 8 名[②]，授职编修。蓝拔奇授职编修，应是与其散馆成绩相关，与办团练关系不大。

咸丰八年之后，仍有保举在军营效力人员免散馆授职翰林官之事。针对此事，同治年间御史贾铎上奏：

吏部奏定章程内开，凡京员投效军营，只准保举外官，不准保升京职，原以重职守而杜奔竞，惟于翰林官员之投营求保者漏未议及，殊欠平允。窃思翰林备位词馆，号称清班，必须敦品励学，方足树士林之模，而备朝廷顾问之选。乃自军兴以来，有由庶吉士投营而保奏留馆者，有由编检投营而保请开坊者，相率效尤，恬不为怪，夫以翰苑声价之高而亦钻营躁进，至于斯极。是其进身之始，既不能为纯儒，又安望其大用之后，能为良吏乎？可否请旨饬下吏部议定章程，嗣后凡有庶吉士、编修、检讨投效军营者，毋论何项劳绩，只准按其品级保升外任，概不准保奏留馆、开坊，以绝纷营而杜巧取，庶章程可免两歧而于士习、官方亦均有裨益。臣迂拙之见，是否有当，谨附片具陈。伏乞皇太后、皇上圣鉴，谨奏。[③]

御史贾铎这一奏片反映出"自军兴以来，有由庶吉士投营而保奏留馆者"。虽然这一奏片是上奏给慈禧太后、同治帝的，而实际仅是慈禧太后御览此奏片，并诏令吏部严定章程。《清穆宗实录》记载此事：

（同治四年四月癸酉）谕："御史贾铎奏投效军营之翰林院庶吉士、编修、检讨等官，嗣后不准保奏留馆、开坊，止准按品保升外任等语，著

① 《宗室庆祺等请奖办团练出力之翰林院编修锺启峋、庶吉士蓝拔奇之奏片》，见《宫中朱批奏折》，咸丰八年四月二十四日，中国第一历史档案馆档号：04-01-12-0490-029。这一奏片有三处为"提奏"，而非"题奏"。

② 《咸丰六年丙辰科庶吉士散馆等次单》，见《咸丰同治两朝上谕档》第 9 册，第 213 ～ 214 页。

③ 《监察御史贾铎奏请饬下吏部严定庶吉士、编修、检讨投效军营劳绩保升章程事》，见《同治朝军机处录副奏折》，中国第一历史档案馆档号：03-4700-052。

吏部严定章程具奏，以杜取巧。”寻议上：除庶吉士一项，于咸丰七年业经奏准有案，应请无庸再议。至翰林各官，在各省军营，如有克复城池。斩擒要逆者，侍读、侍讲、洗马，准保以道员选补，中允、赞善、司业，以知府选补，编修、检讨，以同知、直隶州选补……从之。①

《钦定大清会典事例》对此事加以记载：“（同治）四年奏定：嗣后投效军营之庶吉士，不准保奏留馆。”②

咸丰、同治年间先后奏准投效军营之庶吉士，不准保奏留馆。这反映出确实有部分庶吉士想通过在军营效力，能被保举免散馆，留在翰林院。

清后期，甚至有个别庶吉士散馆以知县用者，捐纳中书，不愿出任知县。光绪五年十一月新授贵州贵阳府知府王宪曾上奏：

恭谢天恩，仰祈圣鉴事。本月二十七日，内阁奉上谕：贵州贵阳府员缺紧要，著该抚于通省知府内拣员调补，所遗员缺著王宪曾补授。钦此。窃臣秦中下士，知识庸愚，庶吉士散馆以知县用，改捐中书，升补侍读，涓埃未报，兢惕方深……惟有吁求宸训，敬谨遵循，俾到任后于一切应办事宜矢慎矢勤，以期仰答高厚鸿慈于万一，所有微臣感激下忱。谨缮折叩谢天恩，伏乞皇太后、皇上圣鉴。③

王宪曾，原名王允谦，同治元年壬戌科进士，庶吉士，散馆以知县即用。④王宪曾，通过捐纳，改授中书。

总之，清后期虽有个别庶吉士愿为知县官，但不少庶吉士仍不愿出任知县官，而希望留在翰林院，或留在京师任职。

（四）内阁中书

庶吉士散馆本来不授职内阁中书。在清前期仅雍正元年癸卯科有9名庶吉士散馆以中行评博用。雍正三年四月丁丑，雍正元年癸卯科庶吉士散馆，谕吏部：

---

① 《清穆宗实录》卷135，同治四年四月癸酉，第4册，第187页。

② 《（光绪）钦定大清会典事例》卷1053《翰林院·考试·散馆》，见《续修四库全书》第812册，第545页。

③ 《新授贵阳府知府王宪曾谢恩折》，光绪五年十一月二十九日，见《光绪朝朱批奏折》，北京，中华书局，1995年，第3辑，第195～196页。

④ 《清穆宗实录》卷65，同治二年四月辛丑，第2册，第300页。

庶吉士张鸣钧等，教习已久，今加考试，应分别授职，除程元章已授编修外，满、汉庶吉士张鸣钧、邵基……俱著授翰林院编修，范咸、沈懋华……俱著以六部主事用，黄元铎、吴王坦、李端、颜希圣、胡蛟龄、陶士偰、刘敬舆、杨胪赐、顾海俱著以中行评博用。[①]

雍正三年之后，庶吉士散馆一般不以中书用。清后期将庶吉士以内阁中书用，是散馆授职的一种变通。嘉庆二十四年闰四月初八日，内阁奉上谕：

本年庶吉士散馆，考列三等者，俱归原班铨选。内强望泰一员，系强克捷之子；赵荣一员，系赵文哲之孙。强克捷前于滑县殉难，赵文哲前于木果木军营阵亡，均系殁于王事。朕优恤忠良后嗣，特加恩将强望泰、赵荣，俱用为内阁中书，俾得仍列清班。该二员其各勤慎供职，勉励进阶。[②]

嘉庆二十二年丁丑科庶吉士散馆，考列三等者，归班铨选。强望泰、赵荣散馆名列三等，本应归班铨选。由于强望泰之父殉难，赵荣之祖父阵亡，因此，嘉庆帝从鼓励忠勇之举出发，特授强望泰、赵荣二人为内阁中书。

嘉庆二十二年丁丑科之后，仍有少数庶吉士授职内阁中书。嘉庆二十四年己卯恩科庶吉士散馆，裴鉴、杨景曾、花咏春 3 人也以内阁中书用[③]。此后，仅咸丰二年壬子恩科、三年癸丑科、六年丙辰科 3 科散馆共有 8 名庶吉士授职内阁中书。可见，只是少数庶吉士散馆授职内阁中书。

（五）散馆归班

“散馆归班”是指散馆之后仍归进士原班用，即与其他进士一同排班候缺。

清人姚元之记载：“庶常散馆改归原班，自嘉庆辛酉（注：六年）科始。”[④] 这一看法与事实不符。

嘉庆六年四月十九日，可能是大学士或翰林院官员上奏道：“臣等查前

① 《清世宗实录》卷 31，雍正三年四月丁丑，第 1 册，第 469 页。

② 《嘉庆道光两朝上谕档》，嘉庆二十四年闰四月初八日，第 24 册，第 197 页。另见《清仁宗实录》卷 357，嘉庆二十四年闰四月己亥，第 5 册，第 710 页。

③ 《清仁宗实录》卷 369，嘉庆二十五年四月戊申，第 5 册，第 882 页。

④ 《竹叶亭杂记》卷 2，第 40 页。

十科庶吉士散馆，自丁未科以前系分别授职编检及分部、归班三项，至己酉科以后只有授职（注：原文应漏“编检”二字）及分部二项，并无归班及即用知县、学正、学录等项人员。”[①]

这道奏章所言“前十科”是指乾隆四十五年庚子恩科至嘉庆四年己未科等 10 科。这 10 科中，在乾隆五十二年丁未科之前，庶吉士分别以编检、部属、归班用，从乾隆五十四年己酉科之后，庶吉士只以编检和部属两项用。姚元之可能只了解乾隆五十四年己酉科之后散馆没有归班之情况，因此，得出的结论与实际情况有出入。

《清实录》记载的最早一次散馆归班是康熙三十九年庚辰科散馆。康熙四十二年四月乙未，庚辰科散馆，谕吏部：

> 庶吉士张尚瑗等，教习已久，今加考试，应分别授职。除顾图河、汪绎、季愈已经授职外，满书庶吉士张廷玉、方辰、董玘、严宗溥，汉书庶吉士魏方泰……年羹尧照甲第授为编修、检讨，郭于蕃、吴隆元、蔡彬、许穀、梁棠荫、吴宗丰、李棅、沈李楷、李暄亨、韩孝基、李梦骉、瓦尔达、朱启昆、王允猷、韩遇春、傅敏、钦士佃、郭杞、狄亿、张尚瑗、甄昭、王开泰、阎愉、王士仪、张象蒲、晁子管、许琳、欧阳齐、陈若沂、梁佩兰等学习不及，归进士班用。[②]

这次散馆归班达 30 人之多。这既可能是散馆以归班用的第一科，也可能是散馆归班人数最多的一科。

《清实录》所载的第二次散馆归班是雍正二年甲辰科散馆。雍正五年五月己未，谕吏部：

> 庶吉士陈浩等，教习已久，今加考试，应分别授职。除编修王安国，已经授职外，清书庶吉士陈浩、赵晃、严源焘、刘统勋、黄佑俱著授为编修，刘统勋著在南书房行走；汉书庶吉士吴应枚……俱著授为编修，张若涵、程光巨，俱著授为检讨，徐天麒以部属用，诸锦、周廷燮、陈璟，归进士原班用；舒明著再教习三年。[③]

---

① 《嘉庆道光两朝上谕档》第 6 册，第 151 页。

② 《清圣祖实录》卷 212，康熙四十二年四月乙未，第 3 册，第 149 页。

③ 《清世宗实录》卷 57，雍正五年五月己未，第 1 册，第 867 页。

这次雍正二年甲辰科散馆，诸锦、周廷燮、陈璟3人，归进士原班用。《清实录》记载康雍年间散馆归班仅以上两次。散馆归班在乾隆年间比较常态化。乾隆帝即位之后，从雍正十一年癸丑科至乾隆三十一年丙戌科的十五科散馆，除乾隆七年壬戌科外，其余十四科均有散馆归班者（参见表4–5《乾隆前期庶吉士散馆授职类别表》和附表四《清代散馆等第名次及授职表》）。

乾隆初年，每科散馆均有归班者，而且人数不少，如乾隆元年丙辰科和二年丁巳恩科散馆分别有八人、五人归班。由于在庶常馆培养三年，再归班铨选，导致这部分人不能及时被任用，甚至年老才得补缺。鉴于此，有官员请求庶吉士散馆停止以归班用。乾隆十年五月初十日，山东道监察御史杨开鼎上奏：

> 敬陈管见，仰祈裁鉴事。……此等庶吉士三年以来，出入承明，观览朝政，虽其中才器不齐，未必人人尽称馆职，而较之来自田间无所知识者已当有别。三年散馆，即不能尽留馆，但及锋而试，未始不可各展其长。若归于进士原班挨选，则坐守铨次，及今计之约须十数年，岁月淹长，精华消铄，壮者已老，老者就衰，进不能为，退无以立转，不若榜下即用之员得以及时驱策，仰报天恩，揆之皇上前此慎选之盛心，似有未协。臣愚仰体皇上天地父母生成教育之意，可否与引见之下，酌量变通，于不称馆职者务俾于他途及时效用，不令归班，则在国家用人既不至录于前，而弃于后，而在被用之员益当感激思奋，踊跃于功名矣。①

监察御史杨开鼎指出：散馆归班之庶吉士，从入选到就职，约需十数年，以致“精华消铄，壮者已老，老者就衰”。因此，请求停止散馆以归班用，以使庶吉士能尽早被任用。

在杨开鼎上奏后九天，即乾隆十年五月十九日，七年壬戌科庶吉士散馆，这科庶吉士没有归班者，只有用为编检和部属两项。② 这反映乾隆帝很可能采纳了杨开鼎之建言，因此，才没有散馆归班者。但下科（乾隆十年乙丑科）又有散馆归班者，一直至乾隆三十一年丙戌科，均有散馆归班者。

乾隆三十四年己丑科之后不是每科均有散馆归班者。道光之后，散馆

① 《山东道监察御史杨开鼎奏为遴选庶吉士敬陈管见事》，见《宫中朱批奏折》，乾隆十年五月初十日，中国第一历史档案馆档号：04–01–12–0045–051。

② 《清高宗实录》卷241，乾隆十年五月庚寅（十九日），第4册，第101～102页。

归班者趋少，同治、光绪两朝没有散馆归班者。可见，不是每科均有散馆归班者。对庶吉士来说，散馆归班带有惩罚性，清后期取消了这一惩罚措施。

第四节　清代翰林院庶吉士散馆授职问题

一　散馆革职问题

“散馆革职”，又称“散馆除名”“散馆革退”等。明代没有因散馆成绩而革职之例，只有个别庶吉士因参与政治斗争而被革职。如天启七年七月，授庶吉士蒋德璟等为翰林院编修，李若琳等为翰林院检讨，李觉斯为礼科给事中，“其杨汝成、闪仲俨、马之骥、刘垂宝俱以门户削籍为民”[①]。可见，庶吉士杨汝成、闪仲俨、马之骥、刘垂宝等是由于参加了政治斗争，被削籍为民。在清代有少数庶吉士主要因散馆成绩差被革职。据《清实录》《词林辑略》等文献统计，清代共有33名庶吉士被革职，其中有24名因散馆成绩差而被革职，3名因散馆作弊而被革职，其余6名因违法等行为被革职（参见附表六《清代翰林院庶吉士散馆授职统计表》）。

（一）散馆革职始于何时？

顺治十一年（1654）五月，兵科给事中魏裔介题奏：

> 为庶常散馆在即，仰乞严加考试，分别授职，以重清华之选事。窃照国家仿明朝旧制，改进士为庶吉士，设官教习，给以廪饩，非徒虚糜岁月而博养士之名也，将使之博学多通，练达时务，以真学问为真文章，以真文章为真事功，庶朝廷得食其报，可共佐太平耳。然欲得真才而用之，必先严其分别，分别既严，虽未必人人皆大受之器，庶几拔十得五，以编检用者，他日可望以房、杜之业；以台谏用者，他日可望以韩、范之绩矣。不然学业未就，虽居词林，而无启沃之助，居台谏而无经济之猷，恐左右侍从之班，非滥竽藏拙之地也。故臣以为，欲得真才，不如慎之于始。……今壬辰科庶吉士，教习已久，散馆在即，臣请皇上敕下内院诸臣，酌量人数，严加分别。其学问优长品行谨慎者，授以编检科

① 《明熹宗实录》卷86，天启七年七月丙戌，第4176页。

道官；其品行谨慎而学问微不及者，授以部属等官；间有学问品行俱无足取者，是则有负朝廷之作养矣，即宜罢去不叙。至丁忧未经教习，给假久旷学业者，难与见在读书诸人一体升除，应作何分别除授，并乞皇上敕下院臣，议为定制，以垂永久者也。

顺治十一年五月二十三日题，二十六日奉圣旨："著详确议奏，该衙门知道。"①

在顺治九年壬辰科庶吉士散馆之前，兵科给事中魏裔介上奏，请求对庶吉士严加分别，学问优长品行谨慎者，授以编检科道官，而对学问品行俱无足取者，"罢去不叙"，即革职不用。顺治帝要求有关部门对这一题奏进行讨论。讨论的结果不得而知，但从执行的情况来看，当时并没有采纳魏裔介的建议。不仅顺治九年壬辰科庶吉士散馆没有革职人员，顺治十二年乙未科散馆也没有革职人员。直到顺治十五年戊戌科散馆才开始对不称职的庶吉士革职不用。

顺治十六年十月癸巳，戊戌科庶吉士散馆，顺治帝谕吏部：

朕亲考试翰林庶吉士，熊赐履、谭篆……俱著照例授为编修、检讨；王遵训、田麟……俱著照旧教习；陈敬、殷观光习学清书日久，文义荒疏，足见平日全不用心，殊不称职，俱著革退，永不叙用。②

陈敬、殷观光均是顺治十五年戊戌科庶吉士，派习清书。仅学习一年，因没有学好清书，散馆时，就诏令"革退，永不叙用"。这对于士子来说，是一种致命打击。顺治十五年、十六年先后对顺治十四年丁酉科江南乡试取中举人，覆试两次，将江南举人当罪犯一样来对待。将这一系列事件相联系，可以看出，当清朝统治趋于稳定之时，顺治帝既要利用汉人士子，同时也给予一定的打压，不惜葬送少部分士子的仕途。

顺治十五年戊戌科庶吉士散馆，开庶吉士革职之先例。清人王士祯也记载："戊戌馆选，己亥御试于南海子，特先授清书庶吉士马晋允、富鸿业（后改鸿基）等十人为编修、检讨，而陈敬（北通州人，与今说岩礼侍同名，皆同馆也。说岩寻奉旨加廷字）、殷观光二人革职。皆非散馆故事。"③

① 《兼济堂文集》卷1《庶常散馆在即疏》，第20～21页。
② 《清世祖实录》卷129，顺治十六年十月癸巳，第998页。
③ 《池北偶谈》卷3《先授编检科道》，见《清代史料笔记丛刊》，第65页。

这段史料中的“戊戌”是顺治十五年，“己亥”是顺治十六年。可见，王士祯认为戊戌科散馆将陈敬、殷观光革职，“非散馆故事”。从此，散馆革职成为清前期对庶吉士最重的惩处。康熙、雍正年间有少数庶吉士散馆考试成绩不佳被革职。

（二）庶吉士散馆革职的含义

散馆革职是否仅革去庶吉士资格？《清圣祖实录》记载：

> （康熙五十二年十月甲辰）谕大学士等曰：朕阅庶吉士散馆试卷，其习清书者，仅学习一年，虽无甚优，亦不甚劣。即至三等之卷，犹能对汉文翻译，伊等俱著留翰林院。习汉文者，诗文俱平常，一等卷略有可观，仍留衙门。其余十一卷，总属不堪，将伊等俱革去庶吉士，于教习进士处照常学习。①

《清圣祖实录》没有记载革去庶吉士资格的 11 人的姓名。顾嗣立对这一事记载比较详细：康熙五十二年庶吉士散馆，“汉书二等十一人：高其伟、吴关杰、李忠、卜俊民、冯汝轼、杜诏、顾嗣立、春山、陈王谟、徐依、王晦，俱革去庶吉士，仍归进士中教习”②。

康熙五十一年壬辰科庶吉士在第二年就散馆，其中高其伟等 11 人被革去庶吉士资格，但保留进士资格，到教习进士处学习，仍有做官的资格。

雍正二年十一月初五日，掌院学士张廷玉、阿克敦面奉上谕：

> 编修万承苍从前科场声名不好，近来在外仍复招摇，春间乡试之前，又不安静，因朕特降严旨，故弊端止息，翰林一官首重人品，罢斥此等不端之人正所以重清华之选，万承苍著革职，发回原籍，伊弟庶吉士万承岑著革去庶吉士，仍归闲散进士班内挨次候选，尔等谕令闭户读书，勿效伊兄行止，倘不知自励，亦不能免于罪戾，尔等职司掌院当不时察访，如有此等之人，即当参奏，毋得姑容，有负职任，特谕。③

万承岑革去庶吉士，归闲散进士班内挨次候选。这就是说万承岑还保

---

① 《清圣祖实录》卷 256，康熙五十二年十月甲辰，第 3 册，第 538 页。

② 《闾邱先生自订年谱》（顾嗣立年谱），见《北京图书馆藏珍本年谱丛刊》第 89 册，第 94 页。

③ 《雍正朝起居注册》，雍正二年十一月初五日，第 1 册，第 358 页。

留进士资格。

雍正三年三月二十三日，“覆请刑部议奏殴死家人伊长阿之庶吉士恒德应罚俸二年一疏，上曰：恒德系读书人，凶殴家仆至死，有玷翰林，著革去庶吉士，仍留其进士”[①]。

可见，在康雍年间有个别人员被革去庶吉士资格，但保留进士身份，仍有做官之资格。而庶吉士散馆革职，或称“散馆除名”，不是仅革去庶吉士资格问题，甚至连举人、进士的资格都革去，也就是说革去了做官的资格。

康熙四十五年四月，康熙四十二年癸未科庶吉士散馆，将3名庶吉士革职。《清圣祖实录》记载：

（康熙四十五年四月癸巳）谕吏部：选拔庶常，原以教养人才，储备任用。庶吉士王诰等教习日久，今加考试，满、汉书俱未精通，掌院学士揆叙等督课不严，交都察院议处。其文义粗通者，除王式丹已授修撰外，满书庶吉士杨尤奇……汉书庶吉士吴廷桢……俱照例授为翰林院编修、检讨，仍宜不时勤加学习，涂天相……文义荒疏，俱不准授职，再教习三年，盛度、阿进泰、耿古德文字俱劣，俱革职。[②]

《清代起居注册·康熙朝》对这一事的记载是：

（康熙四十五年四月初四日，皇上）谓大学士马齐等曰：“吴廷桢所学固优，书法亦佳，尔等拟置第四，朕拔之为首。刘巘、王式丹、宋至、杨万程俱照尔等所拟次序，此五人俱授职。满书杨尤奇等十人，翻译虽有错误，然题目颇难，伊等犹为可谅，此十人亦授职。其满书十二卷，汉书八卷，俱不好，此二十人著再教习三年。至汉书内耿古德等三卷甚不堪，文章与字俱未曾学。向因彼系进士，故拔为庶常，非别有所为也，特欲其学习耳。伊等既不学习，又何足惜？著除退。此三人如伊等果能力学，愿就考试，自秀才起，重赴乡、会试可也。”[③]

《清圣祖实录》记载“盛度、阿进泰、耿古德文字俱劣，俱革职”，而

① 《雍正朝起居注册》，雍正三年三月二十三日，第1册，第463页。

② 《清圣祖实录》卷225，康熙四十五年四月癸巳，第3册，第259页。

③ 《清代起居注册·康熙朝》，中华书局，第26册，第13111～13113页。

《清代起居注册·康熙朝》的记载是耿古德等三人"著除退。此三人如伊等果能力学，愿就考试，自秀才起，重赴乡、会试可也"。可见，耿古德等三人散馆革职，连举人、进士资格都革去，仅保留生员资格。

雍正八年四月，五年丁未科庶吉士散馆，将一名庶吉士革职。《清世宗实录》记载：

（雍正八年四月戊午）谕吏部：庶吉士金相等教习已久，今加考试，应分别授职。除彭启丰已授修撰，邓启元已授编修外，其庶吉士金相……俱授为编修，隋人鹏……俱授为检讨，舒明学问荒疏，著革退。①

《清世宗实录》所载这道谕旨，已经不是原谕旨，用词有所变动。原谕旨是：

清书编修邓启元已经授职，其庶吉士金相、王兴吾，俱著授为编修……汉书修撰彭启丰已经授职，其庶吉士王丕烈……俱著授为编修，张鹏翀……俱授著为检讨；舒明学问荒疏，著革退进士。尔部即遵谕行。②

可见，雍正八年四月散馆，将庶吉士舒明革退，将其进士资格也革去。

据《国朝馆选爵里谥法考》《皇朝词林典故》《词林辑略》可知，散馆革职的33人，仅康熙四十二年癸未科庶吉士董泰，散馆革退之后，由于善国书，在乾隆元年，恢复庶吉士，免散馆，特授编修。③其余人员没有任职。这在一定程度上反映了庶吉士散馆革职，不仅是革去庶吉士资格，而且连进士资格也革去，甚至连举人资格也一并革去。正由于革职庶吉士连举人、进士身份也被革去，因此，也就没有入仕的资格，除非重新考取功名。

总之，可以说散馆革职，不仅是革去庶吉士之职，而且将进士资格，甚至将举人资格也革去。因散馆成绩不好而革职是顺康雍年间之事。由于对庶吉士惩处过重，因此，乾隆之后没有因散馆成绩差而革职的，只有散

① 《清世宗实录》卷93，雍正八年四月戊午，第2册，第250页。

② 雍正帝的这道谕旨见《大学士兼管吏部尚书事张廷玉题报恭缴上谕本》，雍正八年五月初一日，见《雍正朝内阁六科史书·吏科》第59册，第81页。

③ 见《国朝馆选爵里谥法考》卷3，第53页，《皇朝词林典故》卷50《题名·馆选》第26～27页，《词林辑略》卷2，第81页。

馆考试舞弊而革职的。

（三）散馆革职的原因

散馆革职有多种原因，主要有以下几种原因：

1. 没有学好清书而革职

康熙三十三年三月戊午，谕吏部：

> 选拔庶常，原以教养人材储备任用。张禹玉等教习已久，今加考试，满文不堪者甚多，皆由教习督课不严，庶吉士等肄业不勤所致，不加处分，无以警戒将来。学士傅继祖等已经议处外，其满文粗通者王传、杨中讷俱照例授翰林院编修、检讨，仍著用心学习。黄叔琳满文荒疏，狄亿学满书未久，俱著再教习三年，张翔凤……陈汝咸满文甚劣，俱照原甲第以知县用，张禹玉满文全未学习，竟不通晓，著革职。①

可见，张禹玉由于派习清书（满文），散馆考试，竟不通晓清书，而被革职。

康熙四十八年四月壬子，庶吉士散馆授职，谕吏部：

> 庶吉士介孝瑹等教习已久，今加考试，应分别授职。除王云锦、贾国维已授修撰编修外，满书庶吉士马汝为、沈翼机……汉书庶吉士吴士玉、钱荣世……俱照例授为翰林院编修、检讨；李堂、顾秉直、杨标、韩凤声、尚彤庭、杭宜禄、董泰、徐能容、才住、常生，满汉文俱劣著革职。尔部即遵谕行。②

这次散馆，有10名习清书者被革职，人数不少，是革职最多的一次。康熙帝重视清书，有数科庶吉士全部习清书，或大部分庶吉士习清书。为了警示习清书者，不惜将部分清书没学好者革职。

康熙三十九年四月初三日，大学士伊桑阿等将康熙三十六年丁丑科庶吉士散馆试卷"恭请皇上御览"，"上曰：'尔等看去何如？'伊桑阿奏曰：'臣看此番试卷俱各完篇，但满话稍觉阙略。'上曰：'彼等欲得满话固难，

① 《清圣祖实录》卷162，康熙三十三年三月戊午，第2册，第777页。

② 《清圣祖实录》卷237，康熙四十八年四月壬子，第3册，第370页。

然有甚不堪者亦须罢退，以为不勤学之戒。’”[①]康熙帝本人认为汉人庶吉士学习清书（满话）有一定难度，但对没有学好清书的庶吉士仍要“罢退”，不给出路，其目的是“为不勤学之戒”。

2. 学问荒疏者被革职

“翰林为储才之地，庶常乃清华之阶”，因此，对庶吉士提出要求：“务期学问根柢器识明达，经济、文章两擅其美”。[②]雍正八年四月庶吉士散馆授职，“舒明学问荒疏，著革退”[③]。

3. 书法不堪也被革职

康熙五十七年十月戊午，谕吏部：

> 庶吉士白子云等教习已久，今加考试，应分别授职。除徐陶璋、傅王露已经授职外，满书庶吉士杨超曾、凌如焕……汉书庶吉士怀渊中、曹友夏……俱照例授翰林院编修、检讨；潘淳、张鸣钧……著教习三年；庄论，书法不堪，著革职。[④]

庄论，因书法不堪而被革职，这是康熙看重庶吉士的书法，没有因材任用的一个极端例子。

以上是与散馆考试成绩相关而被革职者。

（四）散馆革职的变化

在顺康雍年间有少部分庶吉士因散馆成绩差而被革职，这是一种很重的惩处手段。乾隆之后，就没有再因散馆成绩差而被革职者。此后，仅有因散馆作弊等原因而被革职者。

乾隆七年四月二十日，内阁奉上谕：“庶吉士伊贵绥于昨考试之日夹带文字，著革职，交与该部照例治罪。”[⑤]

伊贵绶是乾隆四年已未科庶吉士。乾隆四年已未科庶吉士在乾隆七年四月癸丑（二十四日）散馆授职。[⑥]据此，可以断定庶吉士伊贵绶在散馆

---

① 《清代起居注册·康熙朝》康熙三十九年四月初三日丙寅，联经出版事业公司，第14册，第7903～7905页。

② 《江西学政金德瑛奏请每科庶吉士之教习请于翰詹中简学优资深者派充之》，见《宫中朱批奏折》，乾隆十年正月初十日，中国第一历史档案馆档号：04-01-12-0044-064。

③ 《清世宗实录》卷93，雍正八年四月戊午，第2册，第250页。

④ 《清圣祖实录》卷281，康熙五十七年十月戊午，第3册，第750页。

⑤ 《乾隆朝上谕档》，乾隆七年四月二十日，第1册，第777页。

⑥ 《清高宗实录》卷165，乾隆七年四月癸丑，第3册，第86页。

考试中作弊，夹带文字。

道光三十年四月十七日，内阁奉上谕："本日庶吉士散馆，经监试大臣巴雅尔等查出庶吉士陈鼐、刘崧骏均有怀挟，俱著革职，交刑部照例治罪。"①

可见，有个别庶吉士在散馆考试时，为了取得好成绩，不惜冒作弊之风险。

通过对散馆革职的考察，可以明了清前期，皇帝对庶吉士培养的重视，但也有不爱惜人才的一面。有清一代，因散馆成绩不理想而被革职的共 24 名，其中康熙朝就占了 21 名。这 21 人全部是在康熙二十四年至康熙六十年之间散馆被革职的（参见附表六《清代翰林院庶吉士散馆授职统计表》）。康熙重视人才，但经对庶吉士革职的考察，可以看出康熙帝有薄待士子的一面。

二　散馆仍留馆教习问题

明代庶吉士散馆之后，没有留馆再教习之例，而在清代对散馆成绩欠佳者留馆再教习。这是清朝重视庶吉士培养的一个表现，在某种程度上是一种加恩举措。因为按散馆成绩授职，这些人不可能留在翰林院，而通过再教习，再次参加散馆考试，则有可能留在翰林院。

散馆留馆再教习始于何时？《钦定大清会典事例》记载：

> （顺治）十六年，散馆除授职外，庶吉士王遵训、田麟、彭之凤、俞之炎、王封溁、郭谏、陈廷敬、王曰高、吴本植、宋德宜、王飏昌、杨正中、王锺灵、孙一致、李天馥、王吉人、吕显祖、吴珂鸣，俱留馆教习。留教习始此。②

《钦定大清会典事例》认为留馆再教习始于顺治十六年散馆。此前，散馆成绩不好者，不用再培养，只是以外用知县等官来警示庶吉士。

顺治十三年三月庚子，谕吏部：

> 朕选庶吉士，作养教习已经一年，才学俱堪任用。今科道缺员甚多，

① 《嘉庆道光两朝上谕档》，道光三十年四月十七日，第 55 册，第 169 页。

② 《（嘉庆）钦定大清会典事例》卷 791《翰林院·考试·散馆》，见《近代中国史料丛刊三编》第 70 辑，第 2538 页。

欲将庶吉士改授科道，观其报效，果有忠言谠论，斯谓不负所学，周季琬、王元曦……著即补科道。其习满书庶吉士程邑、吴贞度、韩雄允教习已久，尚未纯熟，岂朕亲加选取之意，著以应得职衔外用。[①]

程邑是顺治九年壬辰科庶吉士，吴贞度、韩雄允是顺治十二年乙未科庶吉士，经多年教习，没有学好满书，因此而外用。

散馆再留馆学习，属于加恩的举措。乾隆四十三年四月二十九日，庶吉士散馆，十一人以部属用，其中有梁上国、仓圣脉、何思钧三人。[②]仅几天之后，这三人被诏令留馆再教习。乾隆四十三年五月初六日，奉旨："本年散馆清书庶吉士梁上国，汉书庶吉士仓圣脉、何思钧，前已有旨以部属用，著加恩俱留馆，再教习三年，同新科庶吉士一体散馆。"[③]这三人后来均授为翰林官。梁上国于乾隆五十五年四月散馆授为编修[④]，这离乾隆四十三年已十二年之久。不知什么原因拖了这么久才散馆授职，但很可能因患病（或丁忧）等原因推迟散馆。《清高宗实录》没有记录仓圣脉、何思钧二人再教习之后的授职。《皇朝词林典故》记载：仓圣脉，"散馆改主事，以校四库书仍留馆，议叙授编修"；何思钧，"散馆改主事，以校四库书仍留馆，议叙授检讨"[⑤]。这两条史料反映仓圣脉、何思钧被诏令再留馆教习，参与校对《四库全书》的工作，因此议叙授编修。

嘉庆七年四月十九日，庶吉士散馆授职，王以锫归原班铨选。[⑥]第二天，嘉庆帝谕内阁："朕恭阅《高宗纯皇帝实录》，乾隆十六年考试戊辰科散馆庶吉士，内有林明伦一员，曾再留馆教习三年。因思此次散馆之庶吉士王以锫，考列名次在后，引见时著归原班铨选，但念其会试中式第一名，平日文理尚优，昨日散馆试卷，只系字画拙率，文义尚无大疵。王以锫，著加恩仍以庶吉士留馆教习三年。"[⑦]按散馆成绩，庶吉士王以锫归原班铨选。因为他会试第一名，加上散馆试卷没有大的问题，加恩留馆再教习三年。因此，王以锫第二次散馆则有可能留在翰林院。

---

① 《清世祖实录》卷 99，顺治十三年三月庚子，第 771 页。

② 《清高宗实录》卷 1055，乾隆四十三年四月己未，第 14 册，第 105 页。

③ 《乾隆朝上谕档》，乾隆四十三年五月初六日，第 9 册，第 72 页。

④ 《清高宗实录》卷 1353，乾隆五十五年四月庚辰，第 18 册，第 131 页。

⑤ 《皇朝词林典故》卷 50《题名·馆选》，第 3 页、第 11 页。

⑥ 《清仁宗实录》卷 97，嘉庆七年四月己未，第 2 册，第 297 页。

⑦ 《清仁宗实录》卷 97，嘉庆七年四月庚申，第 2 册，第 297 页。

表 4–7　清代散馆留馆学习人员表

科年①	散馆时间②	留馆学习名单	人数	资料出处③
顺治十五年	16/10	王遵训、田麟、彭之凤、俞之琰、王封濚、郭谏、陈廷敬、王曰高、吴本植、宋德宜、王飏昌、杨正中、王锺灵、孙一致（一甲第二名）、李天馥、王吉人、吕显祖、吴珂鸣	18	卷 129
康熙三十年	33/3	黄叔琳（一甲第三名）、狄亿	2	卷 162
康熙三十六年	39/4	吴隆元、王诰、郭于蕃、朱启昆、傅敏、欧阳齐	6	卷 198
康熙四十二年	45/4	涂天相、谢履忠、马汝为、柯乔年、万民钦、李天祥、刘圻、杨绪、万经、吴相、李堂、刘祖任、王迈、朱书、伊泰、西库、才住、高其伟、董泰、何焯	20	卷 225
康熙五十四年	57/10	潘淳、张鸣钧、徐学柄、王承烈、窦启瑛、德新	6	卷 281
雍正二年	5/5	舒明	1	卷 57
雍正八年	11/4	额尔登额、福魁	2	卷 130
乾隆十年	13/5	庄存与（一甲第二名）	1	卷 315
乾隆十三年	16/5	林明伦	1	卷 389
乾隆十九年	22/5	曹学闵	1	卷 539
乾隆二十二年	25/5	田玉成、富森泰	2	卷 613
乾隆二十五年	26/5	魏大文、达椿、彭绍观、史大勋	4	卷 636
乾隆四十年	43/5	梁上国、仓圣脉、何思钧	3	卷 1056
嘉庆六年	7/4	王以锫	1	卷 97
嘉庆七年	10/4	王青莲、宗室惠端	2	卷 142
嘉庆十年	13/4	朱廷庆、李可琼	2	卷 194
道光六年	9/4	陈光亨	1	卷 155
合计			73	

备注：①“科年”栏：为使表格简洁，省略科名。

②“散馆时间”栏：“/”前之数表示相对应之年，“/”后之数表示月份。

③“资料出处”栏：资料全部来自《清实录》，均省略了具体名称。

据表 4–7 可知，从顺治至道光年间，有少部分庶吉士、一甲进士散馆仍留馆学习，其中顺康年间留馆学习人数最多，顺治十六年散馆有 18 人留馆学习，康熙四十五年多达 20 人留馆学习。雍正之后，散馆留馆学习的人数减少，一般每科留馆学习者仅一二人。留馆学习人员中，不仅有庶吉士，也有一甲进士，其中孙一致、黄叔琳、庄存与 3 人就是一甲进士。道光九年之后，没有散馆再留馆学习之人。

散馆再留馆学习，在某种程度上说，是重视庶吉士培养的一种措施。通过这一措施，来促进庶吉士的学习和培养。因散馆成绩不好而革职是惩罚的措施，而留馆学习则属于加恩的举措。

表 4–8　留馆再教习者散馆授职表①

留馆再教习的科年	再教习人员	人数	散馆时间	散馆授职类别②					
				翰林	科道官	部属	知县	归班	革职
顺治十六年	田麟	18	顺治十八年	翰林					
	陈廷敬		顺治十八年	翰林					
	宋德宜		顺治十八年	翰林					
	王飏昌		顺治十八年	翰林					
	杨正中		顺治十八年	翰林					
	王锺灵		顺治十八年	翰林					
	孙一致（一甲）		顺治十八年	翰林					
	李天馥		顺治十八年	翰林					
	王吉人		顺治十八年	翰林					
	吴珂鸣		顺治十八年	翰林					
	吴本植		康熙二年	翰林					
	王封溁		康熙八年	翰林					
	吕显祖		？③	翰林					
	王遵训		顺治十八年		御史				
	彭之凤		顺治十八年		给事中				
	俞之琰		顺治十八年		给事中				
	王曰高		顺治十八年		给事中				
	郭谏		顺治十八年			部属			

（续表）

留馆再教习的科年	再教习人员	人数	散馆时间	散馆授职类别②					
				翰林	科道官	部属	知县	归班	革职
康熙三十三年	黄叔琳（一甲）	2	康熙三十六年	翰林					
	狄亿		康熙四十二年					归班	
康熙三十九年	吴隆元	6	康熙四十二年					归班	
	郭于蕃		康熙四十二年					归班	
	朱启昆		康熙四十二年					归班	
	傅敏		康熙四十二年					归班	
	欧阳齐		康熙四十二年					归班	
	王诰		康熙四十五年	翰林					
康熙四十五年	涂天相	20	康熙四十八年	翰林					
	谢履忠		康熙四十八年	翰林					
	马汝为		康熙四十八年	翰林					
	柯乔年		康熙四十八年	翰林					
	万民钦		康熙四十八年	翰林					
	杨绪		康熙四十八年	翰林					
	万经		康熙四十八年	翰林					
	吴相		康熙四十八年	翰林					
	王迈		康熙四十八年	翰林					
	伊泰		康熙四十八年	翰林					
	西库		康熙四十八年	翰林					
	李堂		康熙四十八年						革职
	才住		康熙四十八年						革职
	董泰		康熙四十八年						革职
	李天祥		康熙五十一年	翰林					
	何焯		康熙五十四年	翰林					
	刘祖任		？④	翰林					
	高其伟		？⑤						革职
	朱书		未散馆						
	刘圻		未散馆						

（续表）

留馆再教习的科年	再教习人员	人数	散馆时间	散馆授职类别②					
				翰林	科道官	部属	知县	归班	革职
康熙五十七年	潘淳	6	康熙六十年	翰林					
	徐学柄		康熙六十年	翰林					
	王承烈		康熙六十年	翰林					
	窦启瑛		康熙六十年	翰林					
	德新		康熙六十年	翰林					
	张鸣钧		雍正三年	翰林					
雍正五年	舒明	1	雍正八年						革职
雍正十一年	额尔登额	2	乾隆元年			部属			
	福魁		乾隆元年			部属			
乾隆十三年	庄存与（一甲）	1	乾隆十六年	翰林					
乾隆十六年	林明伦	1	乾隆十七年	翰林					
乾隆二十二年	曹学闵	1	乾隆二十五年	翰林					
乾隆二十五年	田玉成	2	乾隆二十六年	翰林					
	富森泰		乾隆二十六年	翰林					
乾隆二十六年	彭绍观	4	乾隆二十八年	翰林					
	史大勋		乾隆三十一年	翰林					
	魏大文		？⑥	翰林					
	达椿		乾隆二十八年			部属			
乾隆四十三年	梁上国	3	乾隆五十五年	翰林					
	仓圣脉		？⑦	翰林					
	何思钧		？⑧	翰林					
嘉庆七年	王以铻	1	未散馆						
嘉庆十年	王青莲	2	嘉庆十三年				知县		
	宗室惠端		嘉庆十三年			部属			

（续表）

留馆再教习的科年	再教习人员	人数	散馆时间	散馆授职类别②					
				翰林	科道官	部属	知县	归班	革职
嘉庆十三年	李可琼	2	嘉庆十四年	翰林					
	朱廷庆		嘉庆十四年				知县		
道光九年	陈光亨	1	道光十二年	翰林					
合计		73	未散馆 3 人	48	4	5	2	6	5

备注：①此表在表 4-7《清代散馆留馆学习人员表》的基础上，依据《清实录》《词林辑略》《皇朝词林典故》等文献制成。

②“散馆授职类别”栏：“翰林”指留馆再教习的庶吉士散馆授职编修、检讨等翰林官；“科道官”指留馆再教习的庶吉士散馆授职监察御史、给事中；“部属”指留馆再教习的庶吉士散馆授职六部主事；“归班”指留馆再教习的庶吉士散馆归班铨选。

③《清实录》没有记载吕显祖散馆授职。《词林辑略》记载吕显祖散馆授职编修。

④《清实录》没有记载刘祖任散馆授职。《词林辑略》记载刘祖任散馆授职检讨。

⑤《清实录》没有记载高其伟散馆授职。《词林辑略》记载高其伟散馆撤销庶吉士留进士。

⑥《清实录》没有记载魏大文散馆授职。《词林辑略》记载魏大文散馆授职检讨。

⑦《清实录》没有记载仓圣脉散馆授职。《皇朝词林典故》卷 55 记载：仓圣脉“散馆改主事，以校四库书仍留馆，议叙授编修”。这表明仓圣脉在留馆再教习期间，因效力于校对《四库全书》，议叙授编修，而没有再次参加散馆考试。

⑧《清实录》没有记载何思钧散馆授职。《皇朝词林典故》卷 55 记载：何思钧“散馆改主事，以校四库书仍留馆，议叙授检讨”。这表明何思钧在留馆再教习期间，因效力于校对《四库全书》，议叙授检讨，而没有再次参加散馆考试。

据表 4-8 可知，留馆再教习散馆授职翰林的多达 48 人，占 65.75%，科道官占 5.48%，部属占 6.8%。这三类授职为京官的高达 78.1%。这说明留馆学习者，通过继续深造，提高了成绩，从而再次散馆，大多留在翰林院。可见，留馆再教习，是一种加恩举措。

三　一甲进士散馆改授问题

有清一代，一甲进士均要参加散馆考试，对考试差的给予一定的惩处，即改授他职。

表 4-9　清代一甲进士散馆改职表

序号	姓名	科年及名次	散馆名次	散馆授职时间	散馆改职	资料出处
1	吴文焕	康熙 60/1/2	缺	乾隆 1/4/19	部属	《清高宗实录》卷 17，第 1 册，第 441 页
2	孙星衍	乾隆 52/1/2	缺	乾隆 54/4/19	部属	B：14/850
3	董教增	乾隆 52/1/3	1/6	乾隆 55/4/30	部属	A：15/634 ～ 635；B：15/638
4	陈云	乾隆 58/1/2	2/3	乾隆 60/4/1	部属	A：18/538；B：18/539
5	潘世璜	乾隆 60/1/3	缺	嘉庆 1/4/11	部属	B：1/100
6	吴毓英	嘉庆 16/1/2	2/15	嘉庆 22/4/20	部属	A：22/94 ～ 96；B：22/113
7	郑秉恬	道光 2/1/2	3/2	道光 6/4/10	知县	A：31/309 ～ 311；B：31/114
8	乔晋芳	道光 15/1/3	2/3	道光 16/4/19	部属	A：41/163 ～ 165；B：41/167
9	胡家玉	道光 21/1/3	2/27	道光 27/4/19	部属	A：52/120 ～ 121；B：52/119 ～ 120
10	黄贻楫	同治 13/1/3	3/2	光绪 2/4/28	部属	A：2/135 ～ 137；B：2/142

备注："资料出处"栏：除吴文焕外，其余的均据《乾隆朝上谕档》《嘉庆道光两朝上谕档》《咸丰同治两朝上谕档》。A——表示散馆等第名次的资料出处；B——表示散馆改职的资料出处。"/"前之数表示相对应《上谕档》的册数，"/"后之数表示相对应的页码。

乾隆元年四月癸未，内阁、翰林院带领癸丑科散馆修撰、编修、庶吉士引见，得旨：

> 清书庶吉士梁文山、周正思……为编修，陈中荣、刘元炳……为检讨；汉书编修张若霭、修撰陈倓、编修沈昌宇已经授职，庶吉士朱续晫、夏廷芝……为编修，宋楠……为检讨；李敏第、吴文焕、时钧辙、朱泮功、额尔登额、福魁、杨琨、刘学祖、赫成莪、吴士功俱以部属用。[①]

吴文焕是康熙六十年辛丑科一甲 2 名，不知什么原因十几年之后才散馆。这次散馆，吴文焕可能成绩不好，与李敏第、时钧辙等 9 名庶吉士一同以部属用。这是清代一甲进士散馆改职之始。

明代没有一甲进士散馆改授他职之事，为何清代要将部分一甲进士散馆改授？

乾隆帝讲明将一甲进士改授的原因和目的。乾隆十三年五月丙

① 《清高宗实录》卷 17，乾隆元年四月癸未，第 1 册，第 441 页。

申，谕：

> 历科进士殿试，一甲第一名即授为修撰，二名、三名授为编修。至散馆时，向来无所更易，伊等恃已授职，遂自甘怠忽，学业转荒。即如今年散馆修撰钱维城考列清书三等，编修庄存与考列汉书二等之末，其不留心学问，已可概见。但钱维城系派习清书，或尚非其所素习，著再试以汉书，候朕阅定。庄存与不准授为编修，俟引见时，朕酌量其人材，或以部属，或以知县，或归班选用，则此后一甲之人，皆有所警，而专心问学。若有仍考列三等者，其例视此。①

鉴于一甲进士依仗已经授职，在庶常馆期间，不用心学习之情况，乾隆帝想通过将一甲进士改授的办法来警示一甲进士，促其留心学问。

乾隆帝准备将习汉书的一甲进士庄存与，或以部属，或以知县，或归班选用。但在引见时，乾隆帝改变了初衷，令庄存与“再教习三年，下次散馆，再行考试”②。

一般是将一甲进士散馆成绩差的改授，但在乾隆年间，将一甲进士散馆一等者也改授。乾隆五十五年四月庚辰，内阁、翰林院带领乾隆五十四年己酉科修撰、编修、庶吉士引见，得旨：

> 此次翰林散馆之修撰胡长龄，编修汪廷珍、刘凤诰、邵瑛，业经授职，其清书二甲之庶吉士朱理、祝孝承、梁上国俱著授为编修，三甲之庶吉士刘镮之，著授为检讨；汉书二甲之庶吉士阮元……俱著授为编修，三甲之庶吉士张鹏展……俱著授为检讨；钱楷、董教增、黄镕、尚庆云、杨昭，俱著以部属用。③

乾隆五十二年丁未科一甲 3 名的董教增与庶吉士钱楷、黄镕、尚庆云、杨昭，俱以部属用。除钱楷是习清书散馆考试二等第 5 名（清书最后一名）外④，董教增、黄镕、尚庆云、杨昭 4 人是习汉书者。董教增散馆考试列一等第 6 名，而黄镕是散馆二等，尚庆云、杨昭散馆三等（见表 4-10）。这次汉书一甲进士、庶吉士授职，散馆二等 13 人，仅 1 人用

① 《清高宗实录》卷 314，乾隆十三年五月丙申，第 5 册，第 160 ～ 161 页。

② 《清高宗实录》卷 315，乾隆十三年五月庚子，第 5 册，第 167 页。

③ 《清高宗实录》卷 1353，乾隆五十五年四月庚辰，第 18 册，第 131 页。

④ 《乾隆五十四年己酉科散馆等次单》，见《乾隆朝上谕档》第 15 册，第 634 ～ 635 页。

为部属，12人授职编修、检讨，而散馆一等的一甲进士董教增却改用部属。这种任用方法不符合常情，不知具体原因，我们推测可能与和珅的干涉相关。乾隆后期，数名进士本很有希望入选庶吉士，但由于没有依附和珅，而不得入选庶吉士。乾隆五十四年己酉科的教习是大学士和珅、吏部尚书彭元瑞。[①]作为一甲进士的董教增可能没有依附和珅而以部属用。这仅是一种推测，还需进一步考证。当然，我们不是说乾隆后期几科馆选和散馆，只有依附和珅才能入选和留在翰林院。

表4–10　乾隆五十四年己酉科习汉书者散馆名次与授职关系表

散馆一等8人				散馆二等13人				散馆三等2人	
授职翰林		以部属用		授职翰林		以部属用		以部属用	
名单	人数	名单	人数	名单	人数	名单	人数	名单	人数
胡长龄、汪廷珍、刘凤诰、阮元、李钧简、游光绎、施杓	7	董教增	1	邵瑛、那彦成、张锦芳、顾德庆、杨祖纯、周栻、张鹏展、汪滋畹、钱开仕、达林、吴灼、张履元	12	黄镕	1	尚庆云、杨昭	2

备注：此表据《乾隆五十四年己酉科散馆等次单》(《乾隆朝上谕档》第15册，第634～635页）和此科散馆授职名单（《清高宗实录》卷1353，第18册，第131页）制作。

乾隆年间，还有曾将一甲进士朱笔点出以部属用，后来改为留在翰林院之例。乾隆三十七年四月二十九日，可能是内阁、翰林院上奏：

查乾隆元年散馆有康熙六十年一甲二名编修吴文焕以部属用，因已授职编修，奉旨以员外郎用。今此次散馆之陈嗣龙系己丑科一甲三名，范衷系辛卯科一甲三名，俱经授职编修。兹奉朱笔点出以部属用，应否照吴文焕之例以员外改用，抑或即以主事补用之处，恭候训示，臣等再

① 《清高宗实录》卷1329，乾隆五十四年五月己卯，第17册，第996页。

行拟写谕旨进呈，谨奏。[①]

据此可知，乾隆帝已将一甲进士陈嗣龙、范衷两名朱笔点出以部属用，有关部门根据乾隆帝的钦点，请示将陈嗣龙、范衷两人或改授为员外郎，或改授为主事。

就在上奏的当天，乾隆帝降旨一甲进士和庶吉士的散馆授职。"内阁、翰林院带领辛卯科散馆修撰、编修、庶吉士引见，得旨：此次翰林散馆之修撰黄轩，编修陈嗣龙、王增、范衷，业经授职，其清书庶吉士闵思诚、李潢……俱著授为编修，孔广森，著授为检讨；汉书庶吉士李光云、黄瀛元……俱著授为编修，程元基、龚大万……俱著授为检讨；顾葵、吴震起、张明谦、陈观光、江琅、章铨、徐烺、郑源焘、马慧裕、包愫俱著以部属用。"[②]

可见，一甲进士陈嗣龙、范衷两人最后还是留在翰林院，没有以部属用。

乾隆以来，共有 10 名一甲进士散馆改授他职，人数不多。将一甲进士散馆改授是一种惩罚措施，其目的是通过这一措施来警示其他一甲进士，不能放松学习。

① 《乾隆朝上谕档》，乾隆三十七年四月二十九日，第 7 册，第 49 页。

② 《清高宗实录》卷 907，乾隆三十七年四月甲午（二十九日），第 12 册，第 146 ～ 147 页。

第五章　清代翻译庶吉士

翻译科是在满洲民族不断汉化的背景下产生。顺治以来，历代皇帝既鼓励满洲民族接触汉文化，又担心满洲被汉文化同化。鉴于满洲不断汉化之背景，清统治者强调保持满洲民族的优势和特色。正如乾隆帝所谕："满洲素习，原以演习弓马骑射为要，而清语尤为本务，断不可废。"[①] 为了更好地贯彻执行"清语骑射"国策，清代创设翻译科。翻译科既是为八旗士子增开出仕途径，同时也是鼓励八旗士子不忘"清语骑射"这一根本。翻译科构成清代科举的重要组成部分之一，它对清代政治、文化等方面，特别是对八旗社会产生了重要影响。

第一节　翻译科的确立与发展

一　翻译科起始时间探究

（一）对翻译科始于顺治年间观点的质疑

清代翻译科始于何时？目前学术界仍有不同的看法。有人认为翻译科始于顺治年间，甚至有人认为始于天聪年间[②]；有主张翻译科始于雍正元年的[③]。

---

① 《清高宗实录》卷 138，乾隆六年三月己巳，第 2 册，第 987 页。

② 王丽《清代翻译科述论》[《辽宁大学学报》（哲学社会科学版）2001 年第 4 期]、何宇《试论清代科举中的翻译科》（《江西社会科学》2009 年第 11 期）、金卫国《清代翻译科与满蒙翻译人才的兴起》（《天津职业院校联合学报》2010 年第 1 期，第 139 ～ 141 页）、王凯旋《试论清代八旗的翻译科考试》[《辽宁大学学报》（哲学社会科学版）2011 年第 6 期] 等四文均认为清代翻译科始于顺治年间。如王凯旋认为："从现有清代文献的记载来看，翻译科考试约略始于清顺治年间，清代《钦定科场条例》最早涉及翻译科考试的时间在清顺治八年。"王丽甚至认为天聪年间就有了翻译科。

③ 张永江《八旗蒙古与清代的武科及翻译科考试》（《内蒙古社会科学》1990 年第 1 期，第 74 ～ 78 页）、巴根《清代满蒙翻译考略》（《满语研究》2004 年第 1 期，第 41 ～ 47 页）二文均主张满文翻译始于雍正元年，蒙文翻译始于雍正九年（1731）。

这些学者虽对翻译科开始时间有自己的看法，但缺乏令人信服的考证。翻译科是否始于顺治年间？这涉及对下面三条史料的认识：

1.（顺治八年三月丙午）吏部奏言："各旗子弟率多英才，可备循良之选，但学校未兴，制科未行耳。先帝在盛京，爱养人才，开科已有成例，今日正当举行。臣等酌议，满洲、蒙古、汉军各旗子弟有通文义者，提学御史考试，取入顺天府学，乡试作文一篇，会试作文二篇，优者准其中式，照甲第除授官职，则人知向学，进取有阶矣。"报可。①

2.（顺治八年六月壬申）礼部议：八旗科举例，凡遇应考年分，内院同礼部考取满洲生员一百二十名、蒙古生员六十名，顺天学政考取汉军生员一百二十名。乡试取中满洲五十名、蒙古二十名、汉军五十名。各衙门无顶带笔帖式亦准应试。满洲、蒙古识汉字者，翻汉字文一篇，不识汉字者，作清字文一篇，汉军文章篇数如汉人例。会试取中满洲二十五名、蒙古十名、汉军二十五名。各衙门他赤哈哈番、笔帖式哈番俱准应试，满洲、蒙古识汉字者，翻汉字文一篇，作文章一篇，不识汉字者，作清字文二篇，汉军文章篇数如汉人例。报可。②

3.（顺治十四年正月甲子）谕吏、礼、兵三部："我国家创兴，全赖治兵有法。今见八旗人民崇尚文学，怠于武事，以披甲为畏途，遂至军旅较前迥别，详究其源，皆由限年定额考取生童，乡会两试，即得升用，及各部院衙门考取他赤哈哈番及笔帖式哈番，徒以文字，由白身优擢六七品官，得邀俸禄，未几又升副理事、主事等官，得免从军之役，各部院衙门一事数官，以致员缺居多，无不乐于部用。今后限年定额考取生童，乡会两试，俱著停止……"③

清代翻译科由翻译童试、翻译乡试、翻译会试三级构成。雍正朝《大清会典》（以下简称《雍正会典》）中对"翻译国书科举"（即"翻译科"）的记载，引用了与上面第二条、第三条史料相关内容，并在"（顺治）十四年，停止考试"之后，加按语："此后复行考试，与汉人一体。停止翻

① 《清世祖实录》卷55，顺治八年三月丙午，第441页。
② 《清世祖实录》卷57，顺治八年六月壬申，第457页。
③ 《清世祖实录》卷106，顺治十四年正月甲子，第831～832页。

译。”[①]据此，我们对《雍正会典》所记的理解是：顺治八年不仅议准八旗士子参加科举，也议准举行翻译科，顺治十四年停止了八旗科举考试（包括翻译科），以后恢复了八旗科举考试，但仍是停止翻译科。嘉庆朝《钦定大清会典事例》（以下简称《嘉庆会典事例》）、光绪朝《钦定大清会典事例》（以下简称《光绪会典事例》）中翻译科（即两部《会典事例》所言“翻译乡会试”）的第一事例是顺治八年议定考试八旗士子之事。两部《会典事例》也在“（顺治）十四年，停止八旗考试”之后，加按语：“康熙二年谕：满洲、蒙古、汉军生员俱准乡试。此后惟翻译未经举行。”[②]《嘉庆会典事例》《光绪会典事例》给我们更清晰的看法：顺治八年就议准举行翻译科，顺治十四年停止了八旗科举考试（包括翻译科），康熙二年（1663）准许八旗生员参加乡试，但仍停止举行翻译科。

《雍正会典》《嘉庆会典事例》《光绪会典事例》关于翻译科始于顺治八年之说，是否可靠？这需要对上面所列三条史料进行分析。

第一条史料的内容是：顺治八年三月，吏部奏请八旗子弟参加科举考试，并建议八旗子弟“乡试作文一篇，会试作文二篇，优者准其中式”。顺治帝同意吏部之奏请。何宇将此条史料作为翻译科始于顺治八年的主要根据。[③]

第二条史料的内容是：在奏准八旗士子参加科举考试之后，礼部奏请八旗士子参加乡会试的考试内容。八旗官学中有习满书（清书）、汉书之分。顺治二年（1645）九月，“先是每牛录各取官学生一名，以十名习汉书，余习满书。至是礼部奏请增额，命每牛录增取一名，于原额习汉书十名外，加用十名，余俱习满书”[④]。“牛录”是八旗的基层组织。顺治十七年将“牛录”改译为“佐领”。八旗初建时有200多个牛录。康熙时，佐领达1200个[⑤]。据此推测，顺治年间，有数百个牛录，甚至可能在1000个上

① 《（雍正）大清会典》卷74《礼部·贡举三·翻译国书科举通例》，见《近代中国史料丛刊三编》第77辑，第4619～4620页。将《雍正会典》卷73《礼部·贡举二·乡试通例·凡八旗乡试》与卷74《礼部·贡举三·翻译国书科举通例》对比可知，“翻译国书科举”（该《会典》目录是“翻译科举”）与“八旗乡试”是相对应的，“八旗乡试”是文科举，“翻译国书科举（翻译科举）”则应是后来所谓的“翻译科”，甚至可以说“翻译科”是“翻译国书科举（翻译科举）”的简称。

② 《（嘉庆）钦定大清会典事例》卷292《礼部·贡举·翻译乡会试一》，见《近代中国史料丛刊三编》第67辑，第2659～2662页；《（光绪）钦定大清会典事例》卷363《礼部·贡举·翻译乡会试一》，见《续修四库全书》第803册，第657页。

③ 何宇：《试论清代科举中的翻译科》，《江西社会科学》2009年第11期。何宇使用的这一史料来源于蒋良骐的《东华录》，而不是《清世祖实录》。

④ 《清世祖实录》卷20，顺治二年九月己巳，第181页下。

⑤ 参见王彬：《八旗的基层组织——牛录》，《中央民族学院学报》1991年第3期。

下。由此推断，顺治初年八旗官学中，习汉书的由 10 人增加到 20 人，而习满书的由数百人，增加到 1000 多人，甚至 2000 人上下，习满书者远远多于习汉书者。“顺治八年题准：满洲、蒙古、汉军子弟，归顺天府考试……通满汉文者，翻译汉字文一篇；通满文者，作满文字一篇。”[①] 可见，顺治年间八旗官学中，习汉文者，也要通满文，而绝大多数八旗士子习满书，不习汉书。鉴于八旗士子有识汉文，也有不识汉文的情况，由礼部奏准：乡试时，“满洲、蒙古识汉字者，翻汉字文一篇，不识汉字者，作清字文一篇”；会试时，“满洲、蒙古识汉字者，翻汉字文一篇，作文章一篇，不识汉字者，作清字文二篇”；汉军士子，乡会试“文章篇数如汉人例”。其中识汉字的满蒙士子考翻译，不识汉字的满蒙士子考试内容根本与翻译无关；而识汉字的满蒙士子与不识汉字的满蒙士子，是同场参加文举（相对武举、翻译科而言）考试，只是考试内容不同而已。可见，据第二条史料，推断不出顺治八年就议准开设翻译科之结论，而只能得出根据满蒙士子是否识汉字的情况，采用不同的内容考试，应是文举，并不是翻译科之结论。

第三条史料的内容是：顺治十四年诏令停止八旗乡会两试。其中也没有提到翻译科。《康熙会典》《雍正会典》均记载：“（顺治）十四年，谕：停止八旗考试”[②]，并没有记载“（顺治）十四年，停止翻译考试”。而嘉庆、光绪两部《会典事例》则均记载“（顺治）十四年，停止翻译考试”[③]。可以说，两部《会典事例》对顺治十四年诏令停止八旗乡会两试理解有误，可能是将顺治十四年停止八旗科举考试（包括停止八旗士子以翻译形式参加文举），理解为停止翻译科。

再从举行情况和各种典籍、题名碑的记载来分析：

（1）在顺治八年至十二年间，分别举行了两科八旗乡试、会试、殿试，录取了两榜满蒙举人、两榜满蒙进士。“满洲、蒙古顺治八年辛卯科”“满洲、蒙古顺治十一年甲午科”两榜八旗举人，《八旗通志》与《钦

---

① ［清］鄂尔泰等修，李洵、赵德贵主点：《八旗通志》卷 48《学校志三 · 顺天府学八旗生员》，长春：东北师范大学出版社，1985 年，第 923 页。

② 《（康熙）大清会典》卷 51《礼部 · 学校 · 凡八旗满洲蒙古汉军入学》，见《近代中国史料丛刊三编》第 72 辑，第 2466 页；雍正朝《大清会典》卷 76《礼部 · 学校 · 凡八旗满洲蒙古汉军入学》第 77 辑，第 4747 ～ 4748 页。

③ 《（嘉庆）钦定大清会典事例》卷 293《礼部 · 贡举 · 翻译童试》，见《近代中国史料丛刊三编》第 67 辑，第 2752 页；《（光绪）钦定大清会典事例》卷 365《礼部 · 贡举 · 翻译童试》，见《续修四库全书》第 803 册，第 685 页。

定八旗通志》均放在文举人之中，而没有归入翻译举人之列。[①] 这两部书首科翻译举人均是“雍正二年甲辰科翻译举人”[②]。“满洲、蒙古顺治九年壬辰科”“满洲、蒙古顺治十二年乙未科”两榜八旗进士，《八旗通志》与《钦定八旗通志》均放在文进士之中，也没有放入翻译进士之列。[③]《钦定八旗通志》中首科翻译进士是乾隆四年己未科翻译进士。[④] 可见，《八旗通志》与《钦定八旗通志》均认为这两科满蒙举人、进士是文举人、文进士，而不是翻译举人、翻译进士。

（2）满蒙顺治九年壬辰科、顺治十二年乙未科两榜进士题名碑的格式与其他文进士题名碑一样，从碑头到碑文均没有“翻译”二字。这两榜题名碑的碑头分别题有“壬辰科进士题名碑”[⑤]、“乙未科进士题名碑”[⑥]，而乾隆四年己未科、乾隆十年乙丑科、乾隆十三年戊辰科、乾隆十六年辛未科四榜翻译进士题名碑的碑头均刻有“翻译进士”四字，碑文中或有“翻译会试”，或有“翻译进士”四字。[⑦] 这反映了进士题名碑也是把满蒙顺治九年壬辰科、顺治十二年乙未科两榜进士归入文进士之列。

（3）《国朝历科题名碑录初集》（以下简称《题名碑录》）始修于康熙五十九年（1720），雍正八年之后大致是每榜进士续修一次，因此，有多种版本。我们所见的十种《题名碑录》（其中国家图书馆五种、北京大学图书馆五种），对顺治年间两榜满洲进士的称呼是“大清顺治九年策试满洲进士题名碑录壬辰科”“大清顺治十二年策试满洲进士题名碑录乙未科”，均没有“翻译进士”等字。该书只收录文进士题名，没有收录翻译进士题名。这说明《题名碑录》也是将满蒙顺治九年壬辰科、顺治十二年

---

① 《八旗通志》卷126《选举表二・举人》，第3419～3422页；《钦定八旗通志》（乾隆五十一年敕撰）卷105《选举志四・八旗科第题名二・历科举人》，见《文渊阁四库全书》第665册，第828～830页。

② 《八旗通志》卷127《选举表三・翻译举人》，第3485页；《钦定八旗通志》卷107《选举志六・八旗科第题名五・历科翻译举人》，见《文渊阁四库全书》第665册，第873页。

③ 《八旗通志》卷125《选举表一・进士》，第3393～3396页；《钦定八旗通志》卷104《选举志三・八旗科第题名一・历科进士》，见《文渊阁四库全书》第665册，第811～814页。

④ 《钦定八旗通志》卷107《选举志六・八旗科第题名四・历科翻译进士》，见《文渊阁四库全书》第665册，第871页。

⑤ 《北京图书馆藏中国历代石刻拓本汇编》，郑州，中州古籍出版社，1990年，第61册，第53页。

⑥ 同上注，第74页。

⑦ 乾隆四年己未科、乾隆十年乙丑科、乾隆十三年戊辰科、乾隆十六年辛未科四科翻译进士题名碑的拓片分别收入《北京图书馆藏中国历代石刻拓本汇编》第69册第52页、第69册第169页、第70册第24页、第70册第146页。

乙未科两榜进士放在文进士之列。

总之，在分析所列三条史料的基础上，再结合《八旗通志》等典籍、题名碑的有关记载，我们判断顺治年间举行的两科八旗乡试、会试、殿试是属于文举，而不是翻译科。《嘉庆会典事例》《光绪会典事例》所记翻译科中顺治八年事例的内容完全与第二条史料相同，只是将“识汉字”改为“通汉字”。可以说这两部《会典事例》将顺治八年礼部奏准八旗士子参加文举考试，也当作八旗士子参加翻译科之始。这属误解。同样，《雍正会典》认为翻译科始于顺治八年的看法也与实际情况不相符。可能是《雍正会典》和两部《会典事例》为了强调翻译科之始，就将顺治八年满蒙部分士子以翻译的形式参加科举当作翻译科之始。康熙朝《大清会典》（以下简称《康熙会典》）中没有翻译科之条目，修纂者可能认识到顺治年间没有翻译科之事。乾隆朝《钦定大清会典则例》不知何因，没有立翻译科之条目。

《八旗通志》《钦定八旗通志》是探讨翻译科起源的重要史料。但《钦定八旗通志》给我们一个自相矛盾的看法。《钦定八旗通志》卷 107《选举志六・历科翻译举人 / 翻译进士》中无顺治年间的翻译举人和翻译进士名单，而卷 103《选举志二》记载“八旗翻译科武科缘起”的第一事例则是：“顺治八年定：考试翻译之考官于初九日入贡院出题考试，满洲举人止考一场。十四年，停止翻译考试。”① 这给人以翻译科始于顺治八年的看法。但据前面之分析，我们认为《钦定八旗通志》可能只是把顺治年间以翻译形式参加文举当作翻译科的来源，但还不是翻译科之始。不然，此书关于翻译科的起源与顺治八年至十二年的两榜八旗举人、两榜八旗进士是文举人、文进士，而不是翻译举人、翻译进士的观点相矛盾。

在关外期间，是否已有翻译科？《钦定八旗通志》：“天聪八年四月，命礼部考取通满洲、蒙古、汉书文义者，取中满洲习满书者刚林、敦多惠，满洲习汉书者察不害、恩国泰，汉人习满书者宜成格，汉人习汉书者齐国儒、朱灿然、罗绣锦、梁正大、雷兴、马国柱、金柱、王来用，蒙古习蒙古书者俄博特、石岱、苏鲁木共十六人，俱赐为举人。” ② 这是清太宗在天聪八年（1634）令汉人士子与满洲习满书者、习汉书者一同考试，是开科取士，而不是所谓的“翻译科”。崇德三年（1638）、六年（1641）又录取了两榜举人。《钦定八旗通志》就没有认为这三科是翻译科，并指出

① 《钦定八旗通志》卷 103《选举志二・八旗科第二・八旗翻译科武科缘起》，见《文渊阁四库全书》第 665 册，第 794 页下。

② 《钦定八旗通志》卷 102《选举志一・八旗科第一・八旗乡会试缘起》，见《文渊阁四库全书》第 665 册，第 780 页下。

后来的乡会试和翻译科来源于此。“谨案：此三年为开国以来设科取士之始，其时虽以满洲、蒙古、汉人同为一榜，而互考汉文、满文，盖后来乡会试及考试翻译俱发源于此。”[①]

（二）对清代将顺治年间两榜满洲举人、进士称作翻译举人、进士的分析

在清代确实有把顺治八年辛卯科、十一年甲午科取中的八旗举人，称作“翻译举人”，把顺治九年壬辰科、十二年乙未科取中的八旗进士称作“翻译进士”的情况。如“达哈塔，满洲正白旗人，翻译进士，分内院学习，顺治十三年授侍读”；“玛尔汉，满洲正白旗人，顺治甲午翻译举人，工部笔帖式，康熙三十三年由户部郎中迁侍讲学士”[②]。达哈塔是顺治九年壬辰科进士，玛尔汉是顺治十一年甲午科举人，他们分别被称作“翻译进士”“翻译举人”，这可能是由于对顺治年间八旗士子以考试翻译而中式举人、进士的缘故。如对顺治年间的两榜八旗举人，均称作“八旗翻译举人”，两榜八旗进士，均称作“翻译进士”，则与事实不相符。因这两榜举人、两榜进士中，以满文应试者，根本与翻译无关。从顺治年间八旗官学中习汉文者少，习满文者占绝对多数来看，顺治年间八旗中习满文者中式举人、进士者应占绝对多数。即使将顺治年间部分八旗举人、进士，称作“翻译举人”“翻译进士”，这也与雍正之后的翻译科取中的翻译举人、翻译进士有别。顺治年间没有专立翻译科，识汉文的八旗士子通过考试翻译中式举人、进士，与不识汉字的八旗士子是同场考试，是属于文举；而雍正之后，专设翻译科，取中的八旗士子正式称作“翻译举人”“翻译进士”，已不属文举系列。

清代不仅有将部分顺治年间中式的满蒙举人、进士称作“翻译举人”“翻译进士”之事，也有把顺治两榜八旗进士，称作“翻译进士”之例。梁国治《国子监志》:“（顺治）九年壬辰科，赐邹忠倚等三百九十七名及第出身题名碑，又赐翻译进士麻勒吉等五十名及第出身题名碑。以上五碑在大成门外之东，南向。（顺治）十二年乙未科，赐史大成等三百九十九名及第出身题名碑，又赐翻译进士图尔宸等五十名及第出身题名碑。以上二碑在大成门外之西，南向。”[③] 对照《进士题名碑》《题名碑录》《八旗通志》

---

① 《钦定八旗通志》卷102《选举志一・八旗科第一・八旗乡会试缘起》，见《文渊阁四库全书》第665册，第781页上。

② 分别见［清］沈廷芳辑《国朝馆选录》中《特授改补馆职》部分的第1页、第3页；另见朱汝珍辑《词林辑略》卷10《特授改补馆职》的第552页和第554页。

③ ［清］梁国治:《国子监志》卷48《金石三》，见《文渊阁四库全书》第600册，第527页。

等碑刻、典籍，就可知《国子监志》对顺治九年壬辰科、十二年乙未科两榜满蒙进士题名碑的称呼有误。《钦定国子监志》的纂修者可能已意识到这一问题，因此，就没有将顺治九年、十二年两榜满蒙进士称作“翻译进士”。[①]《钦定国子监志》在乾隆四年翻译进士题名碑之后，加按语：“翻译乡、会试，自雍正元年，定于子、午、卯、酉年二月乡试，辰、戌、丑、未年八月会试。嗣后或举或停，或止准乡试而停会试。至乾隆四年八月，复举行会试。题名之有碑刻，自是科始。二十二年，仍议停止会试。四十四年，照旧举行，并奏准赐进士出身。停其殿试。又奏准停止建立碑记。今翻译进士题名，故仅止四碑。详识于此。”[②]这四块碑即乾隆四年己未科、乾隆十年乙丑科、乾隆十三年戊辰科、乾隆十六年辛未科四科翻译进士题名碑。《国子监志》不仅误记顺治年间两块满蒙进士碑，而且漏记了乾隆年间的翻译进士题名碑。具体而言，《国子监志》仅记载乾隆十三年戊辰科“赐翻译进士武进等二十一名题名碑”、乾隆十六年辛未科“赐翻译进士宁武立等二十一名题名碑”二碑，漏记乾隆四年己未科、乾隆十年乙未科两科翻译进士题名碑。[③]

我们考察《皇朝词林典故》《词林辑略》等文献对顺治九年壬辰科满洲榜、顺治十二年乙未科满洲榜的记载。《皇朝词林典故》《词林辑略》虽然没有收录这两科满洲进士名录，但收录了这两科的满洲庶吉士名录。《皇朝词林典故》：顺治九年壬辰科，“满洲馆选九人。谨按：是科分满汉为二榜，蒙古入满洲榜，汉军入汉人榜”[④]。《皇朝词林典故》是将顺治九年壬辰科满洲榜、顺治十二年乙未科满洲榜与顺治九年壬辰科汉人榜、顺治十二年乙未科汉人榜相并列，并没有将这两榜庶吉士称为“翻译庶吉士”。

《词林辑略》在顺治九年壬辰科庶吉士后面，载入“顺治九年壬辰科满洲榜”庶吉士名单[⑤]，在顺治十二年乙未科庶吉士后面，载入“顺治十二年乙未科满洲榜”庶吉士名单[⑥]。在翻译进士的基础上，选拔翻译庶吉士。翻译庶吉士始于道光二十七年丁未科。《皇朝词林典故》馆选题名止于嘉庆十年乙丑科，因此，就没有翻译庶吉士名录。《词林辑略》则收录了所有的翻译庶吉士。《词林辑略》在道光二十七年丁未科到光绪三十年甲辰

① 《钦定国子监志》卷 62《金石志十 · 进士题名碑》，第 1102 页。
② 同上注，第 1106 页。
③ 《国子监志》卷 48《金石三》，见《文渊阁四库全书》第 600 册，第 530 页。
④ 《皇朝词林典故》卷 49《题名 · 馆选》，第 16 页。
⑤ 《词林辑略》卷 1，第 21 页。
⑥ 同上注，第 25 页。

恩科的每位翻译庶吉士姓名上加“翻译”二字，而在顺治九年壬辰科满洲榜、顺治十二年乙未科满洲榜两榜庶吉士姓名上没有加“翻译”二字。可见,《词林辑略》并没有将这两榜满洲庶吉士称为“翻译庶吉士”。《词林辑略》没有将这两榜的满洲庶吉士称为“翻译庶吉士”，表明《词林辑略》并没有将这两科满洲榜当作翻译科。

通过以上分析，可以说将顺治年间两榜满蒙举人、满蒙进士，称作“翻译举人”“翻译进士”，与实际不符。

（三）翻译科始于雍正年间

翻译科不是始于顺治年间，而是始于雍正年间。鉴于满洲不断汉化，其民族优势和特色有所丧失，雍正帝进一步强调“清语骑射”之国策，其做法之一是借鉴科举取士制度，开设翻译科。《清世宗实录》记载：

（雍正元年正月丙申）谕总理事务王大臣等：八旗满洲人等，除照常考试汉文秀才、举人、进士外，至于翻译、技勇，亦属紧要，应将满洲人等考取翻译秀才、举人、进士并武秀才、举人、进士。著会同该部，将作何考试，额数多少之处，定议具奏。①

（雍正元年四月辛酉）总理事务王大臣等会同礼部、兵部，遵旨议覆：八旗满洲人等设翻译、技勇之科，嗣后将满洲、蒙古能翻译者，三年之内，考取秀才二次、举人一次、进士一次。其所取额数，临期视人数多寡，请旨钦定。再照汉军例，考取武秀才四十名、举人二十名、进士四名。从之。②

（雍正二年十一月丙午）以户部尚书徐元梦为翻译乡试正考官，内阁学士福敏、兵部右侍郎阿克敦、光禄寺少卿杭奕禄为副考官。③

据上可知，雍正元年正月，诏谕为八旗满洲人开设翻译、技勇（武举）之科，令总理事务王、大臣讨论实施办法。同年四月，总理事务王、大臣议覆：“嗣后将满洲、蒙古能翻译者，三年之内，考取秀才二次、举人一次、进士一次。”雍正帝认可这一办法。雍正二年十一月，钦派翻译乡试考官，举行了首科翻译乡试，取中 9 名满洲翻译举人。

《八旗通志》在雍正二年甲辰科满洲翻译举人名单之后，加按语：“是

---

① 《清世宗实录》卷 3，雍正元年正月丙申，第 1 册，第 85 页上。

② 《清世宗实录》卷 6，雍正元年四月辛酉，第 1 册，第 129 页上。

③ 《清世宗实录》卷 26，雍正二年十一月丙午，第 1 册，第 400 页上。

年，始开满洲翻译科。”[①]《清世宗实录》对雍正帝一生总结时言及：“开翻译之科，举鸿博之典。”[②]《乾隆朝上谕档》中的一道谕旨言及：“皇考世宗宪皇帝，特开翻译之科，俾人人奋勉向学，以图进取，诚为盛典。”[③]

《清世宗实录》《乾隆朝上谕档》等均记载雍正“开翻译之科”，《八旗通志》明确认为雍正二年甲辰科翻译乡试是翻译科之始。根据这些文献典籍的记载，可以得出翻译科始于雍正年间的结论。

二　雍正、乾隆：翻译科初创时期

雍正年间创设了翻译科。雍正元年除奏准举行翻译童试外，并覆准“翻译乡试于雍正二年十一月举行，会试于三年二月举行，殿试于三月举行”[④]。这反映了雍正年间在创设翻译科之始，就规定翻译科由翻译童试、翻译乡试、翻译会试、翻译殿试四级构成。但在雍正年间，只举行了翻译童试、翻译乡试，还没有举行翻译会试、翻译殿试。乾隆年间，除举行翻译童试、翻译乡试外，开始举行翻译会试，但也没有举行翻译殿试。

雍正二年，举行了首科翻译乡试，从此，翻译乡试定期举行。雍正年间共举行了五科翻译乡试。（参见表 5-1）

雍正二年只是开始举行满洲翻译乡试，而蒙古翻译乡试则晚几年。雍正九年四月，谕内阁：“近见蒙古旗分人，能蒙古语言翻译者甚少，沿习日久则蒙古语言文字，必渐至废弃，应照考试清文翻译例，考试蒙古文翻译。”[⑤]雍正帝诏谕举行蒙古翻译乡试。雍正十年（1732）二月，钦派满洲、蒙古翻译乡试考官，其中取中蒙古翻译举人二人。[⑥]

翻译乡试之后，理应举行翻译会试。雍正元年就议定翻译乡会试：“雍正二年乡试，三年会试。”[⑦]遵照这一议定，雍正二年礼部奏请在雍正三年举行翻译会试。“（礼部）奏：‘本年十一月乡试，取中翻译举人九名，并文

---

① 《八旗通志》卷 127《选举表三・翻译举人》，第 3485 页。

② 《清世宗实录》卷 159，第 2 册，第 958 页上。

③ 《乾隆朝上谕档》，乾隆三年三月十六日，第 1 册，第 259 页。

④ 《（嘉庆）钦定大清会典事例》卷 292《礼部・贡举・翻译乡会试一》，见《近代中国史料丛刊三编》第 67 辑，第 2663 页。

⑤ 《清世宗实录》卷 105，雍正九年四月壬戌，第 2 册，第 395 页。

⑥ 钦点雍正十年壬子科蒙古翻译乡试考官，见《清世宗实录》卷 115，雍正十年二月甲午，第 2 册，第 529 页；取中雍正十年壬子科蒙古翻译举人名单，见《八旗通志》卷 127《选举表三・翻译举人》，第 3489 页。

⑦ 《清高宗实录》卷 170，乾隆七年七月甲子，第 3 册，第 159 页。

举人愿就翻译会试者，各该旗造册送部，通共二十八名，人数甚少，或照原题，于雍正三年二月会试，或俟取中举人及情愿人翻译会试之文举人至五十名，再行会试。' 奉旨：至六十名会试。"[①] 由于应试人数过少，雍正帝没有同意于雍正三年举行翻译会试，并规定应试人数达到 60 人，才准举行翻译会试。雍正年间可能应试人数达不到这一规定，因此，就没有举行翻译会试。

表 5-1　雍正年间翻译乡试取中人数表

科年	翻译类别 / 人数		资料出处
	满洲翻译	蒙古翻译	
雍正二年甲辰科翻译举人	9	无	A：5/3485
雍正四年丙午科翻译举人	11	无	A：5/3486
雍正七年己酉科翻译举人	13	无	A：5/3486 ～ 3487
雍正十年壬子科翻译举人	16	2	A：5/3487 ～ 3488； B：5/3489
雍正十三年乙卯科翻译举人	33	6	A：5/3488 ～ 3489； B：5/3490 ～ 3491
总计	82	8	

备注：① 据鄂尔泰等修，李洵、赵德贵主点《八旗通志》（长春，东北师范大学出版社，1985 年）卷 127《选举表三・翻译举人》统计。

② "资料出处"栏：A——表示满洲翻译乡试举人数的出处，B——表示蒙古翻译乡试举人数的出处；"/" 前之数表示《八旗通志》的册数，"/" 后之数表示具体页码。

雍正年间创立了翻译科，但没有举行翻译会试，直到乾隆年间才开始举行翻译会试。乾隆三年，题准：

> 翻译乡试已历六科，现在翻译举人，约有百余名。又原议文举人能翻译者，亦准入场，合之翻译举人，人数实系众多，应于乾隆己未年八月举行翻译会试，其会试事宜，俱照定例办理。[②]

① 《（嘉庆）钦定大清会典事例》卷 292《礼部・贡举・翻译乡会试一》，见《近代中国史料丛刊三编》第 67 辑，第 2669 ～ 2670 页。

② 《（嘉庆）钦定大清会典事例》卷 292《礼部・贡举・翻译乡会试一》，见《近代中国史料丛刊三编》第 67 辑，第 2679 页。另见《（光绪）钦定大清会典事例》卷 363《礼部・贡举・翻译乡会试一》（《续修四库全书》第 803 册，第 661 页）。

乾隆四年己未科翻译会试，是首科翻译会试，取中 22 人。[①] 由于这科翻译会试中式人数不多，停止举行翻译殿试。乾隆四年八月，诏谕：

> 今年翻译会试，取中二十二人。虽从前有照例殿试之议，但此科人数甚少，不必举行殿试，俱著赐进士出身，吏部带领引见，候朕酌量录用。[②]

不仅乾隆四年己未科没有举行翻译殿试，此后由于翻译会试取中名额均在 20 人之内，人数更少，因而也均没有举行翻译殿试。这样，有清一代，翻译科实际仅有童试、乡试、会试三级，而没有殿试这一级。

乾隆十八年（1753）癸酉科之前，翻译乡会试基本是仿照文乡会试，三年一举，常科之外，也加增恩科（见表 5-2）。如“（乾隆）二年，奏准：本年举行恩科翻译乡试，明年二月举行正科翻译乡试”[③]。

乾隆十八年癸酉科翻译乡试之后，停止了翻译乡会试。《钦定大清会典事例》记载：乾隆二十二年，“议准：停止翻译乡会试”[④]。而实际在乾隆十九年就已奏准停止翻译乡会试。

> （乾隆十九年三月丙辰）军机大臣等议奏：“八旗满洲等考试翻译满文……请嗣后除翻译生员仍照旧考试，留为考取中书、笔帖式之地，其乡会二试及翻译进士升转翰詹官员之处应停止。至将来考取翻译生员时，但令专作清字文论二篇，不必仍取翻译，徒滋记诵陋习。”从之。[⑤]

乾隆十九年，停止了翻译乡会试，而翻译童试则照常举行。之所以保留翻译童试，是八旗人员考取中书、笔帖式之需。乾隆四十九年，奏准：

---

① 《清高宗实录》卷 99，乾隆四年八月辛卯，第 2 册，第 493 页上。

② 《清高宗实录》卷 99，乾隆四年八月辛卯，第 2 册，第 493 页上。另见《乾隆朝上谕档》，乾隆四年八月十七日，第 1 册，第 441 页。

③ 《（嘉庆）钦定大清会典事例》卷 292《礼部·贡举·翻译乡会试一》，见《近代中国史料丛刊三编》第 67 辑，第 2676 页。

④ 《（嘉庆）钦定大清会典事例》卷 292《礼部·贡举·翻译乡会试一》，见《近代中国史料丛刊三编》第 67 辑，第 2700 页；《（光绪）钦定大清会典事例》卷 363《礼部·贡举·翻译乡会试一》，见《续修四库全书》第 803 册，第 666 页上。

⑤ 《清高宗实录》卷 458，乾隆十九年三月丙辰，第 6 册，第 956 ～ 957 页。

> 翻译生员因留为旗人考取中书、笔帖式之地，是以停止乡会试时未经裁减。查中书、笔帖式既准生员考取，自可留此一途，使八旗人等知进身有阶，庶各留心翻译，但三年两考，未免为期太近。嗣后改作三年考试满洲、蒙古童生一次。①

这说明乾隆十九年停止翻译乡会试之后，翻译童试仍旧举行。只是乾隆四十九年前，是三年考取两次翻译生员，乾隆四十九年之后，改为三年考取一次翻译生员。嘉庆四年之后，又恢复三年两考之制。嘉庆四年，奏准："考试翻译生员，仍照旧例，作为三年两考。"②

翻译乡会试停止二十余年之后，御史穆隆阿于乾隆四十年四月，奏请恢复翻译乡会试，但遭到否决。③而一年之后，乾隆帝却诏令重举翻译乡会试：

> 翻译乡会试停止以来，已二十余年，近日满洲学习清文、善翻译者益少，著加恩以乾隆戊戌年八月，考试翻译举人，己亥年三月，考试翻译进士。④

遵照乾隆帝这道谕旨，乾隆四十三年戊戌科翻译乡试、四十四年（1779）己亥科翻译会试按期举行，但翻译乡会试仍没有正常化，是否举行，需每届三年奏请。礼部遵旨，先后奏请于乾隆四十六年、四十九年举行翻译乡会试，但均被否决。停了二科翻译乡会试之后，乾隆帝才准可于乾隆五十二、五十三年举行翻译乡会试，但改变每届三年一举之制。乾隆五十二年五月，诏谕：

> 向来满洲、蒙古翻译乡会试，每届三年，将应否举行之处，请旨办理。但思旗人进身之途甚广，并不专藉翻译，且其中亦未见出真才也，三年奏请考试一次，为期太近。嗣后竟著每届五年，举行一次，亦不必

---

① 《（咸丰）钦定科场条例》卷58《翻译·翻译童试·附载旧例》，见《续修四库全书》第830册，第542页。

② 《（光绪）钦定大清会典事例》卷365《礼部·贡举·翻译童试》，见《续修四库全书》第803册，第687页。

③ 《清高宗实录》卷980，乾隆四十年四月壬辰，第13册，第90～91页。

④ 《清高宗实录》卷1022，乾隆四十一年十二月乙巳，第13册，第698～699页。

请旨可行与否矣。[①]

遵照此谕旨，乾隆五十二年之后，翻译乡会试五年一举。

雍乾年间，对举行翻译会试的人数作了规定，即应试士子达到 60 人才准举行翻译会试。《钦定大清会典事例》记载：

> （乾隆）五十三年，系应行翻译会试之期，据各该旗将应考举人造册咨送到部，共只有三十八名，不足六十名之额，所有此次翻译会试，应请暂行停止，俟五年届期乡试后，取中举人渐多，足敷六十名之数，再行奏请会试。谨案：乾隆五十八年各旗册送会试举人三十七名，嘉庆三年各旗册送会试举人四十名，俱经礼部先期奏请，停止会试。[②]

据此可知，乾隆五十三年、五十八年、嘉庆三年（1798）均因应试人数不足 60 人，而没有举行翻译会试。当然，乾隆年间也有例外，如乾隆四十四年（1779）己亥科翻译会试应试人数就不足 60 人。“（乾隆）四十三年，复行乡试，罢誊录对读。明年会试，向例须满六十人，是科仅四十七人，特准会试，免廷试，如四年例。”[③] 此段引文中的乡试、会试，分别指翻译乡试、翻译会试。可见，乾隆四十四年己亥科翻译会试应试人数只 47 人，不足 60 人。

总之，雍乾时期翻译科处在创始阶段，还没有正常化，但乾隆年间确定翻译科仅有童试、乡试、会试三级，这成为有清一代翻译科之定制。

三　嘉庆至光绪：翻译科正常化、制度化阶段

雍乾年间翻译科还没有正常化，嘉庆年间是翻译科正常化、制度化阶段，而嘉庆之后则是继续执行阶段。

翻译乡会试五年一举，与文乡会试三年一举不相协调，也带来诸多不便。一些官员，从节省考务开支、加强科场防范等方面考虑，于嘉庆八年（1803），上奏请求翻译乡会试与文乡会试一同举行。嘉庆帝采纳这一建言，并降旨：

---

① 《乾隆朝上谕档》，乾隆五十二年五月二十一日，第 13 册，第 836 页。

② 《（嘉庆）钦定大清会典事例》卷 293《礼部・贡举・翻译乡会试二》，见《近代中国史料丛刊三编》第 67 辑，第 2721 页。

③ 《清史稿》卷 108《选举三》，第 3170 页。

> 向来翻译乡会试，照文乡会试之例办理，简派大臣及执事官多员以昭慎重，但此项应试人数无多，究与文闱春秋两试有间。本日据翻译会试考官缊布奏称，从前鄂尔泰曾经条陈翻译乡会试，请附春秋两闱，于头场考毕后，将应试翻译人等随同士子进二三场，另号扃试，曾议准行，旋复照旧例另场考试等语。翻译乡会试归并文闱考试，除添派试官外，此外无庸另派多员，于一切支应较为简便，而防范亦更周密。著礼部详查此例于何时准行，于何年停止，并嗣后遇有翻译乡会试，是否可以归并文闱春秋两试，及应如何酌定章程之处，一并妥议具奏。①

嘉庆帝令大学士会同礼部等衙门官员讨论和制定具体实施办法。经讨论，拟定了章程，报嘉庆帝认可。章程的第一款是：

> 年分宜通融归并。旧例乡会文场三年一举，翻译乡会试五年一举，彼此参差，难以归一，应如侍郎赓音所奏，改为三年一举。如遇恩科，亦一体加恩。②

从此，翻译乡会试，与文乡会试一同举行，遇恩科，也举行恩科翻译乡会试。翻译科一直推行，直到光绪三十二年（1906）才终结。光绪三十二年二月十八日，降旨："翻译童试、乡会试，著照章停止。"③

第二节　翻译科的类别

清代翻译科分满洲翻译、宗室翻译、蒙古翻译三类，其中以满洲翻译为主。

一　满洲翻译

雍正元年诏令开设满洲翻译。当时只许满洲、蒙古士子参加满洲翻译考试。雍正三年，才准许汉军士子参加满洲翻译考试。《清世宗实录》记载：

① 《清仁宗实录》卷110，嘉庆八年三月辛亥，第2册，第469页。

② 同上。

③ 《光绪宣统两朝上谕档》，光绪三十二年二月十八日，第32册，第41页。

礼部议覆："左通政陈良弼条奏，八旗汉军笔帖式、贡监、生员、官学生亦有学习翻译者，请照满洲、蒙古例，一体考试，应如所请。嗣后三年之内，考取秀才二次、举人一次、进士一次，其取中额数视人数多寡，临期请旨钦定。"从之。[①]

满洲翻译的对象还有京旗、驻防八旗士子之分。以道光二十三年（1843）为界，此前参加满洲翻译考试是在京的八旗士子，而驻防八旗士子不参加翻译考试；此后驻防八旗士子只许参加翻译考试。道光二十三年闰七月十三日，降旨：

除本科各省文乡试，仍照例准其应考外，嗣后各处驻防俱著改应翻译考试，俾有志上进者，咸知非熟习清文，不能倖邀拔擢，自必争相摩厉，日益精通。[②]

这道谕旨准许驻防八旗士子参加本科（即道光二十三年癸卯科）文乡试，而此后驻防八旗士子一律改考翻译乡会试。直到咸丰十一年（1861）十一月，在大臣的奏请下，才诏谕：

致仕大学士祁寯藻奏请，复各省驻防考取文举人、生员旧例等语。各省驻防八旗，向来本有考取文举人、生员之例，自道光年间改为翻译，将旧例停止，原为八旗人员均应谙习国语清文，以为本务，恐其因考试汉文，致有荒废。现在翻译考试，各省遵行，已历有年，其驻防八旗中通达汉文积学之士不克观光，诚为可惜。嗣后著于驻防翻译科甲外，仍复驻防考取文举人、生员之例，均准其乡会试，与翻译一体录用，以广登进。该驻防八旗人等，仍不得以专骛汉文，致将翻译国语稍涉荒废，用副朕敦本育才至意。[③]

这道谕旨准许驻防八旗士子自愿选择，既可选择参加翻译乡会试，也可选择参加文乡会试。

翻译乡试名额，乾隆十三年之前，视人数多寡取中。乾隆十三年则确

---

① 《清世宗实录》卷 30，雍正三年三月甲寅，第 1 册，第 458 页上栏。

② 《嘉庆道光两朝上谕档》，道光二十三年闰七月十三日，第 48 册，第 391 页。

③ 《咸丰同治两朝上谕档》，咸丰十一年十一月二十七日，第 11 册，第 530 页；另见《清穆宗实录》卷 11，咸丰十一年十一月辛亥，第 1 册，第 292 ～ 293 页。

定：翻译“乡试满洲额中三十三名、蒙古六名。如无佳文，宁缺无滥”①。乾隆十三年之前，翻译乡试取中人数最多的是乾隆三年戊午科，其中满洲翻译取中 56 名，蒙古翻译取中 9 名。乾隆十三年之后，仅乾隆十五年（1750）庚午科、十七年壬申科按这一所定额数取中，其他各科所取人数均在这一定额之下（见表 5–2）。

对驻防翻译乡试取中名额也作了规定：各省每科翻译乡试中额不超过三名；当各省应试人数增多时，再奏请增加中额。道光二十三年奏准的驻防考试翻译章程之一：

> 各省驻防翻译乡试，宜酌定中额也。查驻防文闱乡试，向系十名取中一名，过半者增中一名。今各省驻防翻译乡试亦应仿照此例，每十名取中一名，过半者增中一名，至多不得过三名，以示限制，俟数年后人数众多，再行奏请加添中额。②

各省驻防翻译乡试按这一规定取中名额。到清后期，一些省份因应试人数增加，翻译乡试中额可能突破 3 人。

同治元年“壬戌恩科翻译乡试取中满洲翻译举人十名：湖北四名、广东六名”；“同治三年甲子科翻译乡试，取中满洲翻译举人十一名：广东三名、四川六名、湖北二名”；“同治六年丁卯科翻译乡试，取中满洲翻译举人九名：四川六名、湖北三名”③。由于战乱，清末一些省份的文乡试、翻译乡试不能按期举行，出现补行乡试之事，即在下科乡试同时补行上科乡试，按两科乡试名额来取进举人。④当然两科并举，在不超过取中限额的前提下，也视人数多寡来录取中额。⑤同治三年甲子科四川翻译乡试，可能同时补行同治元年壬戌恩科翻译乡试，按两科翻译乡试的名额取中了 6 名翻译举人。同治六年（1867）丁卯科翻译乡试，四川不可能存在补行翻

---

① 《清高宗实录》卷 314，乾隆十三年五月丁酉，第 5 册，第 161 页。

② 《嘉庆道光两朝上谕档》，道光二十三年八月二十日，第 48 册，第 434 页。

③ 《（光绪）钦定科场条例》卷 60《翻译·历科各省驻防翻译乡会试中额》，见《近代中国史料丛刊三编》第 48 辑，第 4739 ～ 4740 页。

④ 咸丰九年八月己未，谕内阁：“礼部奏江西官卷拟请比照江南加倍取中一折……另片奏驻防翻译乡试两科归并，可否援照官卷加倍取中等语。嗣后凡两科并举省分，翻译中额，准其援照官卷，加倍取中。”（《清文宗实录》卷 292，北京，中华书局，1987 年，第 5 册，第 272 ～ 273 页。）

⑤ 如咸丰八年奏准：“湖北荆州驻防翻译乡试，虽系乙卯、戊午两科并行，惟试卷仅止二十二本，仍按十名取中一名之例，取中二名。”（《（光绪）钦定大清会典事例》卷 364《礼部·贡举·驻防翻译乡会试》，见《续修四库全书》第 803 册，第 682 页。）

译乡试之事，仍取中6名翻译举人。这反映了应试人数增多之省份，可能遵照章程奏准增加中式名额。

翻译会试取中名额，京旗士子与驻防士子是分开的，即分别根据京旗、驻防应试人数而取进一定的会试中额。如道光二十七年四月，“礼部以翻译会试中额请，得旨：京旗取中二名，各省驻防取中九名”①。

二 宗室翻译

宗室翻译对象是宗室士子。可以说，宗室翻译属于满洲翻译范畴，但由于宗室翻译的考试场次和考试内容与满洲翻译有所不同，因此，它属于单独一个系列。宗室翻译始于嘉庆七年。这年“宗室翻译乡试取中举人八名”②。嘉庆二十四年，先后对宗室翻译乡会试应试人数的下限作了明确规定：“嗣后应翻译乡试之宗室等，如人数足二十名方准考试，若不足二十名不准考试”③；“嗣后翻译会试，如足九名额数仍取中二名，如不足九名，即著停止入场”④。也就是说宗室应试人数达到20名，才准举行宗室翻译乡试；应试人数达到9名，才准举行宗室翻译会试。据《钦定科场条例·历科翻译乡会试中额》可知，在嘉庆二十四年己卯科翻译乡试之后，没有宗室人员中式翻译举人、翻译进士。为何出现这种情况？

嘉庆二十四年开始推行翻译乡会试覆试制度，当年宗室参加翻译乡试的人数大减，仅一人报名参加。这是由于宗室士子惧怕覆试，应试人数明显减少。由于人数不足，就停止了此科宗室翻译乡试。此后，可能仍因应试人数不足，没有再举行宗室翻译乡会试。但是，在制度上，并没有废除宗室翻译乡会试。咸丰朝、光绪朝先后修的《钦定科场条例》，均规定了宗室翻译乡会试的考试场次和考试题型等内容。⑤此外，咸丰《钦定科场条例》规定：“一、宗室应翻译乡试者足二十名之数，方准入闱，如不足数，停止考试；一、宗室应翻译会试者足九人之数，取中二名，如不足九

① 《清宣宗实录》卷441，道光二十七年四月丁卯，第7册，第526页。

② 《(嘉庆)钦定大清会典事例》卷293《礼部·贡举·翻译乡会试二》，见《近代中国史料丛刊三编》第67辑，第2726～2727页。

③ 《清仁宗实录》卷361，嘉庆二十四年八月戊戌，第5册，第761页。

④ 《清仁宗实录》卷356，嘉庆二十四年四月丁丑，第5册，第696页。

⑤ 《(咸丰)钦定科场条例》卷59《翻译·翻译乡会试上·现行事例》，见《续修四库全书》第830册，第550页；《(光绪)钦定科场条例》卷59《翻译·翻译乡会试上·现行事例》，见《近代中国史料丛刊三编》第48辑，第4480～4481页。

人，即停止入场。”[①] 这反映了咸丰朝仍遵行嘉庆二十四年的规定，即达不到所要求的应试人数，就停止宗室翻译乡会试。咸丰后期宗室翻译乡会试仍没有举行，但允许宗室参加满洲翻译乡会试。咸丰十一年，“奏准：现在翻译会试，宗室归并八旗一体同题考试，两场合并取中，其弥封试卷，毋庸分析宗室与八旗字样，以昭公允”[②]。光绪《钦定科场条例》则明确对宗室参加翻译乡会试作了变通：“一、宗室应翻译乡试者足二十名之数，方准入闱，如人数不足，归入八旗同题考试，合并取中；一、宗室应翻译会试者足九人之数，取中二名，如不足九人，与八旗同题考试两场，合并取中。”[③] 可见，光绪年间仍没有从制度上废除宗室翻译，同时作出调整，即宗室达到所要求的应试人数，就单独举行翻译乡会试；如应试人数不足，停止宗室翻译乡会试，但允许宗室人员参加满洲翻译乡会试。

三　蒙古翻译

鉴于能进行蒙古语言翻译者过少，同时也为了加强同蒙古族的联盟，雍正九年诏谕仿照满洲翻译，举行蒙古翻译。雍正谕内阁：“近见蒙古旗分人，能蒙古语言翻译者甚少，沿习日久，则蒙古语言文字，必渐至废弃，应照考试清文翻译例，考试蒙古文翻译，取中生员、举人、进士，以备理藩院之用。”[④] 参加蒙古翻译的对象仅是蒙古士子。乾隆二年丁巳科、三年戊午科、六年丁酉科三科蒙古翻译乡试均取中 9 名，这是取中人数最多的三科。乾隆十三年规定蒙古翻译乡试取中人数以 6 名为限。在实际执行时，则根据应试人数多寡取中，最多没有超过 6 名。（见表 5-2）

参加蒙古翻译的对象也有京旗、驻防八旗士子之分。在道光二十三年之前只准许在京蒙古士子参加蒙古翻译考试。道光二十三年之后，驻防八旗士子不准参加文乡会试，一律改考翻译乡会试，驻防蒙古士子可以参加满洲翻译考试，也可参加蒙古翻译考试。道光二十三年奏准的驻防考试翻译章程之一：

---

① 《（咸丰）钦定科场条例》卷 59《翻译 · 翻译乡会试上 · 现行事例》，见《续修四库全书》第 830 册，第 550 页下。

② 《（光绪）钦定大清会典事例》卷 364《礼部 · 翻译乡会试》，见《续修四库全书》第 803 册，第 683 页上。

③ 《（光绪）钦定科场条例》卷 59《翻译 · 翻译乡会试上 · 现行事例》，见《近代中国史料丛刊三编》第 48 辑，第 4481 ～ 4482 页。

④ 《清世宗实录》卷 105，雍正九年四月壬戌，第 2 册，第 395 页。

各省驻防蒙古翻译，亦应照满汉翻译乡试之例办理也。查定例满洲、蒙古、汉军均准考满洲翻译，其蒙古翻译惟蒙古人方准考试，向系七八名取中一名。今各省蒙古驻防难保无愿应蒙古翻译之人，应请于奏请钦命题目时，将蒙古翻译题目一并发下，如该省无考蒙古翻译之人，或不足取中之额，其蒙古翻译题目，毋庸拆封，与已经拆封之满洲翻译题目一同赍回恭缴。①

这一章程规定驻防蒙古翻译乡试时，如人数不足，或没有人参加蒙古翻译乡试，蒙古翻译乡试考题，不许拆封，需“赍回恭缴”。

乾嘉年间，参加蒙古翻译乡会试的还有一定的人数。道光时参加京旗蒙古翻译的人数不多，且日趋减少，以致停止举行蒙古翻译乡会试。咸丰《钦定科场条例》记载道光二十年（1840）：

准顺天府咨呈称，本年翻译乡试，蒙古人数不足七八人之数，是否即行停止，应咨礼部查照核覆等因。查定例，翻译考试，应试蒙古士子，报考者至七八人，方准考试，如人数不敷，即行停止等语。前准顺天府咨呈，蒙古翻译士子，仅止六名，核与定例不符，应即停其考试。②

道光二十年庚子恩科翻译乡试，仅六人报考蒙古翻译乡试。因报考人数还差一名，就停止此科蒙古翻译乡试。据《清实录》可知，在道光二十一年之后，就没有钦点京旗蒙古翻译乡试考官、蒙古翻译会试考官；再据咸丰、光绪两朝所修《钦定科场条例》，可知从道光二十一年至光绪十二年，没有取中一名蒙古翻译举人、一名蒙古翻译进士。③因此，我们推断：由于应试人数不足，道光二十一年之后，已经停止蒙古翻译乡会试。

虽然道光二十一年之后，没有再举行蒙古翻译乡会试，但在制度上，并没有废除蒙古翻译乡会试。咸丰、光绪两朝所修《钦定科场条例》，均

---

① 《嘉庆道光两朝上谕档》，道光二十三年八月二十日，第48册，第433页。

② 《（咸丰）钦定科场条例》卷59《翻译·翻译乡会试上·例案》，见《续修四库全书》第830册，第576页。另见《（光绪朝）钦定科场条例》卷59《翻译·翻译乡会试上·例案》，见《近代中国史料丛刊三编》第48辑，第4590页。

③ 《（光绪）钦定科场条例》卷60《翻译·历科翻译乡会试中额》《翻译·历科各省驻防翻译乡会试中额》，见《近代中国史料丛刊三编》第48辑，第4625～4633页、第4735～4744页。

规定了蒙古翻译乡会试的考试场次和考试内容。[①]光绪《钦定科场条例》还规定蒙古翻译乡会试的座号：

> 翻译乡会试：八旗士子应满洲翻译试者，编东文场座号，应蒙古翻译试者，编西文场座号。[②]

可见，在制度上并没有废除蒙古翻译乡会试，只是由于应试蒙古翻译乡会试人数不足，就没有举行蒙古翻译乡会试。

表 5–2　乾隆至光绪年间翻译乡会试中式人数表

翻译乡试				翻译会试			
科年	类别①	人数②	资料出处③	科年	类别①	人数②	资料出处③
乾隆二年丁巳恩科	满（京）	54	A：48/4610	无			
	蒙	9					
乾隆三年戊午科	满（京）	56	A：48/4610	乾隆四年己未科	满（京）	20	A：48/4611
	蒙	9			蒙	2	
乾隆六年辛酉科	满（京）	55	A：48/4611	乾隆七年	无		
	蒙	9					
乾隆九年甲子科	满（京）	48	A：48/4611	乾隆十年乙丑科	满（京）	17	B：69/169 C：卷 240
	蒙	6			蒙	2	
					宗	1	
乾隆十二年丁卯科	满（京）	52	A：48/4612	乾隆十三年戊辰科	满（京）	18	B：70/24
	蒙	5			蒙	2	
					宗	1	
乾隆十五年庚午科	满（京）	33	A：48/4612	乾隆十六年辛未科	满（京）	16	A：48/4612； C：卷 386
	蒙	6			蒙	2	

① 《(咸丰)钦定科场条例》卷 59《翻译 · 翻译乡会试上 · 现行事例》，见《续修四库全书》第 830 册，第 550 页；《(光绪)钦定科场条例》卷 59《翻译 · 翻译乡会试上 · 现行事例》，见《近代中国史料丛刊三编》第 48 辑，第 4482 ～ 4483 页。

② 《(光绪)钦定科场条例》卷 59《翻译 · 翻译乡会试上 · 现行事例》，见《近代中国史料丛刊三编》第 48 辑，第 4485 页。

（续表）

翻译乡试				翻译会试			
科年	类别①	人数②	资料出处③	科年	类别①	人数②	资料出处③
乾隆十七年壬申恩科	满（京）	33	A：48/4613	乾隆十七年壬申恩科	满（京）	16	A：48/4613；C：卷 421
	蒙	6			蒙	2	
乾隆十八年癸酉科	满（京）	17	D：665/879	乾隆十九年	停		
	蒙	0					
乾隆四十三年戊戌科	满（京）	32	A：48/4613	乾隆四十四年己亥科	满（京）	3	A：48/4613
	蒙	6			蒙	1	
乾隆五十二年丁未科	满（京）	20	A：48/4613	乾 隆 五 十 三年	未举行		参见《翻译科确立与发展》部分
	蒙	5					
乾隆五十七年壬子科	满（京）	15	A：48/4614	乾 隆 五 十 八年	未举行		
	蒙	2					
嘉庆二年丁巳科	满（京）	15	A：48/4614	嘉庆三年	未举行		
	蒙	2					
嘉庆七年壬戌科	宗	8	A：48/4614	嘉庆八年癸亥科	宗	2	A：48/4614；C：卷 110
	满（京）	20			满（京）	13	
	蒙	4			蒙	3	
嘉庆九年甲子科	宗	9	A：48/4615	嘉庆十年乙丑科	宗	2	A：48/4615
	满（京）	23			满（京）	3	
	蒙	5			蒙	1	
嘉庆十二年丁卯科	宗	8	A：48/4615	嘉庆十三年戊辰科④	宗	3	A：48/4616；C：卷 194
	满（京）	24			满（京）	4	
	蒙	5			蒙	1	
嘉庆十三年戊辰恩科	宗	7	A：48/4616	嘉庆十四年己巳恩科	宗	2	A：48/4616
	满（京）	24			满（京）	5	
	蒙	5			蒙	0	
嘉庆十五年庚午科	宗	9	A：48/4617	嘉庆十六年辛未科	宗	3	A：48/4617；C：卷 241
	满（京）	25			满（京）	6	
	蒙	5			蒙	2	

（续表）

翻译乡试				翻译会试			
科年	类别①	人数②	资料出处③	科年	类别①	人数②	资料出处③
嘉庆十八年癸酉科	宗	9	A：48/4617	嘉庆十九年甲戌科	宗	2	A：48/4618；C：卷289
	满（京）	27			满（京）	6	
	蒙	4			蒙	0	
嘉庆二十一年丙子科	宗	7	A：48/4618	嘉庆二十二年丁丑科	宗	2	A：48/4618；C：卷329
	满（京）	26			满（京）	7	
	蒙	5			蒙	1	
嘉庆二十三年戊寅恩科	宗	6	A：48/4619	嘉庆二十四年己卯恩科	宗	2	A：48/4619；C：卷356
	满（京）	23			满（京）	7	
	蒙	3			蒙	0	
嘉庆二十四年己卯科	满（京）	7	A：48/4619；E：24/468	嘉庆二十五年庚辰科	满（京）	4	A：48/4619；C：卷369
	蒙	1			蒙	0	
道光元年辛巳恩科	满（京）	7	A：48/4620	道光二年壬午恩科	满（京）	3	A：48/4620
	蒙	1			蒙	0	
道光二年壬午科	满（京）	7	A：48/4620	道光三年癸未科	满（京）	4	A：48/4620
	蒙	0			蒙	0	
道光五年乙酉科	满（京）	8	A：48/4620	道光六年丙戌科	满（京）	4	A：48/4621
	蒙	3			蒙	0	
道光八年戊子科	满（京）	8	A：48/4621	道光九年己丑科	满（京）	3	A：48/4621
	蒙	2			蒙	0	
道光十一年辛卯恩科	满（京）	9	A：48/4621	道光十二年壬辰恩科	满（京）	3	A：48/4622
	蒙	2			蒙	0	
道光十二年壬辰科	满（京）	8	A：48/4622	道光十三年癸巳科	满（京）	3	A：48/4622
	蒙	2			蒙	1	
道光十四年甲午科	满（京）	7	A：48/4622	道光十五年乙未科	满（京）	3	A：48/4623
	蒙	2			蒙	1	
道光十五年乙未恩科	满（京）	6	A：48/4623	道光十六年丙申恩科	满（京）	3	A：48/4623
	蒙	1			蒙	0	

（续表）

翻译乡试				翻译会试			
科年	类别①	人数②	资料出处③	科年	类别①	人数②	资料出处③
道光十七年丁酉科	满（京）	5	A：48/4623	道光十八年戊戌科	满（京）	2	A：48/4624
	蒙	1			蒙	0	
道光十九年己亥科	满（京）	4	A：48/4624	道光二十年庚子科	满（京）	2	A：48/4624
	蒙	1			蒙	1	
道光二十年庚子恩科	满（京）	4	A：48/4624	道光二十一年辛丑恩科	满（京）	2	A：48/4625
	蒙	0			蒙	0	
道光二十三年癸卯科	满（京）	4	A：48/4625	道光二十四甲辰科	满（京）	2	A：48/4625
	蒙	0			满（驻）	2	A：48/4735
道光二十四年甲辰恩科	满（京）	5	A：48/4625	道光二十五年乙巳恩科	满（京）	2	A：48/4625
	满（驻）	5	A：48/4735		满（驻）	3	A：48/4735
道光二十六年丙午科	满（京）	6	A：48/4626	道光二十七年丁未科	满（京）	2	A：48/4626
	满（驻）	7	A：48/4736		满（驻）	9	A：48/4736
道光二十九年己酉科	满（京）	4	A：48/4626	道光三十年庚戌科	满（京）	2	A：48/4626
	满（驻）	12	A：48/4736		满（驻）	8	A：48/4736
咸丰元年辛亥恩科	满（京）	4	A：48/4627	咸丰二年壬子恩科	满（京）	3	A：48/4627
	满（驻）	16	A：48/4737		满（驻）	9	A：48/4737
咸丰二年壬子科	满（京）	6	A：48/4627	咸丰三年癸丑科	满（京）	2	A：48/4627
	满（驻）	12	A：48/4737		满（驻）	8	A：48/4737
咸丰五年乙卯科	满（京）	4	A：48/4627	咸丰六年丙辰科	满（京）	3	A：48/4627
	满（驻）	10	A：48/4738		满（驻）	4	A：48/4738
咸丰八年戊午科	满（京）	3	A：48/4628	咸丰九年己未科	满（京）	1	A：48/4628
	满（驻）	4	A：48/4738		满（驻）	3	A：48/4738
咸丰九年己未恩科	满（京）	4	A：48/4628	咸丰十年庚申恩科	满（京）	1	A：48/4628
	满（驻）	17	A：48/4739		满（驻）	1	A：48/4739
咸丰十一年辛酉科	满（京）	3	A：48/4629	同治元年壬戌科	满（京）	1	A：48/4629
	满（驻）	1	A：48/4739		满（驻）	1	A：48/4739

（续表）

翻译乡试				翻译会试			
科年	类别①	人数②	资料出处③	科年	类别①	人数②	资料出处③
同治元年壬戌恩科	满（京）	4	A：48/4629	同治二年癸亥恩科	满（京）	1	A：48/4629
	满（驻）	10	A：48/4740		满（驻）	2	A：48/4740
同治三年甲子科	满（京）	5	A：48/4629	同治四年乙丑科	满（京）	2	A：48/4630
	满（驻）	11	A：48/4740		满（驻）	2	A：48/4740
同治六年丁卯科	满（京）	4	A：48/4630	同治七年戊辰科	满（京）	1	A：48/4630
	满（驻）	9	A：48/4740		满（驻）	2	A：48/4741
同治九年庚午科	满（京）	5	A：48/4630	同治十年辛未科	满（京）	1	A：48/4631
	满（驻）	15	A：48/4741		满（驻）	3	A：48/4741
同治十二年癸酉科	满（京）	5	A：48/4631	同治十三年甲戌科	满（京）	1	A：48/4631
	满（驻）	14	A：48/4741		满（驻）	3	A：48/4741
光绪元年乙亥恩科	满（京）	5	A：48/4631	光绪二年丙子恩科	满（京）	1	A：48/4632
	满（驻）	19	A：48/4742		满（驻）	2	A：48/4742
光绪二年丙子科	满（京）	5	A：48/4632	光绪三年丁丑科	满（京）	1	A：48/4632
	满（驻）	17	A：48/4742		满（驻）	2	A：48/4742
光绪五年己卯科	满（京）	6	A：48/4632	光绪六年庚辰科	满（京）	1	A：48/4632
	满（驻）	15	A：48/4743		满（驻）	2	A：48/4743
光绪八年壬午科	满（京）	5	A：48/4632	光绪九年癸未科	满（京）	1	A：48/4633
	满（驻）	16	A：48/4743		满（驻）	3	A：48/4743
光绪十一年乙酉科	满（京）	7	A：48/4633	光绪十二年丙戌科	满（京）	1	A：48/4633
	满（驻）	18	A：48/4744		满（驻）	2	A：48/4744
光绪十四年戊子科	满（京）	9	E：14/304	光绪十五年己丑科	满（京）	2	C：卷269；E：15/172
	满（驻）	十六	E：15/112		满（驻）	3	
光绪十五年己丑恩科	满（京）	10	E：15/318	光绪十六年庚寅恩科	满（京）	2	E：16/132
	满（驻）	十四	E：6/86		满（驻）	3	
光绪十七年辛卯科	满（京）	10	E：17/193	光绪十八年壬辰科	满（京）	3	E：18/128
	满（驻）	十一	E：18/69		满（驻）	3	

（续表）

翻译乡试				翻译会试			
科年	类别①	人数②	资料出处③	科年	类别①	人数②	资料出处③
光绪十九年癸巳恩科	满（京）	12	E：19/188	光绪二十年甲午恩科	满（京）	3	C：卷 339
	满（驻）	十三	E：20/128		满（驻）	2	
光绪二十年甲午科	满（京）	10	E：20/454	光绪二十一年乙未科	满（京）	3	C：卷 366；E：21/128
	满（驻）	十八	E：21/66		满（驻）	2	
光绪二十三年丁酉科	满（京）	13	E：23/232	光绪二十四年戊戌科	满（京）	3	C：卷 417；E：24/148
	满（驻）	十八	E：24/86		满（驻）	4	
光绪二十八年壬寅科	满（京）	缺		光绪二十九年癸卯科	满（京）	0	C：卷 514；E：29/97
	满（驻）	缺			满（驻）	2	
光绪二十九年癸卯恩科	满（京）	缺		光绪三十年甲辰恩科	满（京）	0	C：卷 529；E：30/73
	满（驻）	缺			满（驻）	3	
合计：1358 左右⑤	宗	63		合计：358	宗	20	
	满（京）	860			满（京）	223	
	满（驻）	228			满（驻）	93	
		九十			蒙	22	
	蒙	117					

备注：①“类别”栏：满——表示满洲翻译，其中满（京）指京旗士子参加满洲翻译，满（驻）指驻防八旗士子参加满洲翻译；蒙——表示蒙古翻译；宗——表示宗室翻译。

②“人数”栏：阿拉伯数字表示翻译乡会试取中的举人、进士人数，中文数字表示光绪十四年（1888）戊子科之后六科驻防翻译乡试覆试人数。

③“资料出处”栏：A——表示资料来自《（光绪）钦定科场条例》（《近代中国史料丛刊三编》第 48 辑）卷 60 所载的翻译举人、进士人数；B——表示数据来自《北京图书馆藏中国历代石刻拓本汇编》（中州古籍出版社，1990 年）所载的翻译进士题名；C——表示数据来自《清实录》记载的翻译会试中式人数；D——表示资料来自《钦定八旗通志》（乾隆五十一年敕撰，《文渊阁四库全书》第 665 册）记载的乾隆年间满洲翻译举人人数（由于《钦定八旗通志》所列的翻译举人、进士名单一般与实际中式的人数有一定的差距，因此，只有当以上几种数据都缺的时候，才用《钦定八旗通志》所载的人数）；E——表示资料来自《嘉庆道光两朝上谕档》和《光绪宣统两朝上谕档》记载的翻译乡会试中式人数。“/”前之数表示相对应的辑数或册数，“/”后之数表示相对应的页码。

④《（光绪）钦定科场条例》卷 60：“嘉庆十三年戊辰科翻译会试，取中宗室翻译进士三名，满洲翻译进士四名。”《清仁宗实录》卷 194：嘉庆十三年四月丙戌，“礼部

以翻译会试中额请，得旨：满洲取中四名，蒙古取中一名”。综合这两条史料，得出嘉庆十三年戊辰科翻译会试取中人数。

⑤我们没有找到光绪十四年戊子科到光绪二十三年（1897）丁酉科6科翻译举人的人数。清制有补行覆试的规定，参照光绪十四年戊子科之前几科翻译举人的人数，我们判断，即使光绪十四年戊子科、十五年己丑恩科覆试有之前三科翻译举人补行覆试，应是个别的；即使光绪二十年甲午科、二十三年丁酉科还有需补行覆试的，也应是少数几个。因此，我们推断：光绪十四年戊子科到光绪二十三年丁酉科6科覆试的翻译举人人数与实际中式人数相差不大，可能相差几个，甚至有可能这6科覆试的翻译举人人数与实际中式的人数相等。总之，我们统计从乾隆二年丁巳恩科到光绪二十三年丁酉科，翻译举人总人数是1358名左右。

第三节　翻译庶吉士

一　翻译庶吉士的选拔

清代在推行庶吉士制度基础上，在清后期另设翻译庶吉士制度。翻译庶吉士是从翻译进士中选拔出来的。清代贯彻“清语骑射”国策的做法之一是设立翻译科，其对象是满洲、蒙古、汉军士子。仿照文举（相对武举而言），翻译科分童试、乡试、会试、殿试四级，而实际执行时仅童试、乡试、会试三级。雍正二年开始举行翻译乡试。《八旗通志》在雍正二年甲辰科翻译举人名单之后，加按语：“是年，始开满洲翻译科。”[①] 雍正年间共举行了五科翻译乡试，但由于应试人数不足，就没有举行翻译会试。乾隆四年才举行首科翻译会试，取中22名翻译贡士。由于人数不多，乾隆帝诏令停止翻译殿试，而直接赐予翻译贡士进士资格。乾隆四年八月辛卯，“停止翻译进士殿试。谕：今年翻译会试，取中二十二人。虽从前有照例殿试之议，但此科人数甚少，不必举行殿试，俱著赐进士出身。吏部带领引见，候朕酌量录用，其优者以六部主事即用，次者在主事上学习行走”[②]。此科之后，翻译会试取中人数仍不多，每科翻译会试取中人数均在22人以下（见表5-3）。由于翻译贡士人数过少，有清一代没有举行翻译殿试，而均是将翻译贡士直接赐为翻译进士。至于翻译进士之仕途，乾隆帝规定：翻译进士一般用为六部主事，其优者以六部主事即用，次者在主事上学习行走。可见，翻译进士的仕途不广。

鉴于翻译进士仕途狭窄，八旗翰林又难过大考之关的局面，道光帝

---

① 《八旗通志》卷127《选举表三·翻译举人》，第5册，第3485页。

② 《清高宗实录》卷99，乾隆四年八月辛卯，第2册，第493页上栏。

决定改变翻译进士的出路和大考八旗翰詹官员的做法。清代大考，也称作“考试翰詹”，即考试翰林院、詹事府三品以下官员。大考，考诗赋，即使对于一甲、庶吉士出身的翰林，大考也是一大难关，对于“外班翰林”更是难以越过的一道关卡。内班翰林与外班翰林均是对八旗中的翰林人员而言，由一甲进士、庶吉士出身的八旗人员进入翰林称为“内班翰林”，而由其他出身的八旗翰林官员称作“外班翰林”。由外班进入翰林的八旗官员，往往经大考被甩出翰林。为了改变这一状况，道光二十七年五月初九日，道光帝诏谕：

> 向来翰詹衙门遇有满洲翰林缺出，先尽内班升用，内班无人，例用外班充补。及至考试，诗赋多非素习，以致未能前列，充补后旋即改官，殊非造就人才本意。因思翻译为满洲本业，均应随时学习精熟，毋稍荒废。现在每科翻译会试获隽者，止用部属，升途较隘。若将此项人员转入翰詹衙门，令其专心学习翻译，与各员一体升转。遇有考试翰詹之年，即照向例考试翻译，免致舍其所长，用其所短，似足以收实效。其应如何分缺录用之处，著大学士、军机大臣会同吏部妥议章程具奏。①

道光帝作出决定：将翻译进士转入翰詹衙门，专心从事翻译工作。这部分人遇大考不考诗赋，而另考翻译。遵从道光帝的谕旨，大学士、军机大臣会同吏部讨论后，上奏拟定的章程。道光帝御览所奏章程之后，于道光二十七年六月初四日，降旨：“依议。”② 大臣们上呈的章程的第一条就是提议从翻译进士中选拔庶吉士：“每科翻译中式进士引见，简用庶吉士。下科散馆，按本科覆试一二等者授职编修，三等授职检讨，作为内班。论俸升用，俸同者以等第名次为先后。遇考试翰詹之年，仍令专考翻译。”③

六天之后，即道光二十七年六月丁巳（初十日），内阁、翰林院带领新科翻译进士引见，得旨：“桂丰、广凤、勒尔精阿、伍忠阿，俱著以庶吉士用；佛尔果春、昆玉、祥成、伊济斯浑赛卜哲讷、舒庆、锦祥，俱著以六部主事用。”④ 道光帝从 11 名翻译进士中，钦点了 4 名翻译庶吉士（见表 5-3）。这是选拔翻译庶吉士之始。从道光二十七年丁未科至光绪三十年甲

---

① 《嘉庆道光两朝上谕档》，道光二十七年五月初九日，第 52 册，第 171 页。

② 《嘉庆道光两朝上谕档》，道光二十七年六月初四日，第 52 册，第 211 ～ 212 页。

③ 《清宣宗实录》卷 443，道光二十七年六月辛亥，第 7 册，第 549 页。

④ 《清宣宗实录》卷 443，道光二十七年六月丁巳，第 7 册，第 551 页。

辰恩科共举行26科翻译会试，有20科选拔了翻译庶吉士，其中从光绪六年之后，每科均选拔翻译庶吉士（见表5-3）。可以说在清后期，选拔翻译庶吉士已经制度化。

二　翻译庶吉士的培养和任用

皇帝钦派大教习，负责培养庶吉士。由于大教习一般只有2人，而且一般不是专职教习。仅靠大教习，难以达到培养庶吉士的预期目的。为了加强对庶吉士的培养，康熙三十三年开始，每科另派数名小教习，由小教习具体负责庶吉士的学习，而大教习往往只对庶吉士进行考课。雍正八年庚戌科停止分派小教习。乾隆十年，“复选小教习，如庚戌科以前定制。掌院暨教习庶吉士之大臣，于见任读、讲、修撰、编、检内选”①。乾隆十年乙丑科恢复雍正八年庚戌科之前分派小教习之制。此后派小教习成为定制。

翻译庶吉士与庶吉士一同在庶常馆学习，由大教习督课，同时也分派小教习。道光二十七年奏准：“今翻译进士以庶吉士录用者，与翰詹各员一体升转。嗣后翻译庶吉士应与文进士改庶吉士各员，一体在馆肄业，专习翻译，到馆后由大教习出题督课，并添派通晓翻译满洲小教习一员，随时教习。”② 通过分派小教习来促使翻译庶吉士完成学业，以达到培养之目标。

翻译庶吉士与庶吉士一样，要定期参加大课、小课。《翁同龢日记》记载：光绪九年七月初一日，“诣庶常馆开课”，实到庶吉士78人，翻译庶吉士2人。分教：王文锦、屠仁守、郑嵩龄、陈文騄、谭宗浚、鲍临、黄国瑾、吴树梅8人。翻译分教：长麟1人。③

“诣庶常馆开课”，是指光绪九年癸未科第一次大课，翻译庶吉士与庶吉士一同参加。“分教”，即小教习。此科庶吉士有8名小教习，翻译庶吉士有1名小教习。

光绪十二年三月十五日，九年癸未科庶吉士大课（关门课），庶吉士、翻译庶吉士均参加，翻译小教习长麟也到场。④

---

① 《翰詹源流编年》卷2，第15页。

② 《（光绪）钦定大清会典事例》卷1052《翰林院·教习庶吉士》，见《续修四库全书》第812册，第538页。

③ 《翁同龢日记》，光绪九年七月初一日，第1757页。

④ 《翁同龢日记》，光绪十二年三月十五日，第2008页。

表 5–3　翻译庶吉士散馆授职表

科年①	翻译会试中式人数	翻译庶吉士人数②	散馆授职类别 / 人数				资料出处④
			编修	检讨	主事	其他③	
道光二十七年	11	4	2		2		A：卷 441；B：卷 443；C：文宗实录卷 8
道光三十年	10	3	2		1		A：文宗卷 8；C：文宗实录卷 60
咸丰二年	12	4	1		2	中 1	A：卷 59；C：卷 92
咸丰三年	10	2	1		1		A：卷 91；B：卷 93；C：卷 196
咸丰六年	7	2	1		1		A：卷 196；C：卷 281
咸丰九年	4	2		1	1		A：卷 281；C：卷 314
咸丰十年	2	1	1				A：卷 313；C：穆宗实录卷 26
同治元年	2	0					A：48/4629、4739
同治二年	3	0					A：48/4629、4740
同治四年	4	1	1				A：48/4630、4740；C：卷 230
同治七年	3	0					A：48/4630、4741
同治十年	4	0					A：卷 309；a：21/117
同治十三年	4	1		1			A：48/4631、4741；C：德宗实录卷 30
光绪二年	3	0					A：卷 30；a：2/138
光绪三年	3	0					A：卷 50；a：3/117
光绪六年	3	1	1				A：卷 110；a：6/108；C：卷 162
光绪九年	4	2	1	1			A：卷 162；a：9/137；C：卷 227
光绪十二年	3	2	2				A：卷 227；a：12/154；C 卷 269
光绪十五年	5	3	3				A：卷 269；a：15/172；C：卷 284

（续表）

科年①	翻译会试中式人数	翻译庶吉士人数②	散馆授职类别 / 人数				资料出处④
			编修	检讨	主事	其他③	
光绪十六年	5	3	3				a：16/132；B：卷 285；C：卷 311
光绪十八年	6	3	1		1	未 1	a：18/128；C：卷 339
光绪二十年	5	2	1			知 1	A：卷 339；C：卷 366
光绪二十一年	5	2	2				A：卷 366；a：21/128；C：卷 418
光绪二十四年	7	2	1		1		A：卷 417；a：24/148；B：卷 420；C：卷 514
光绪二十九年	2	2	1			未 1	A：卷 514；a：29/97；c：词林卷 9
光绪三十年	3	1	1				A：卷 529；a：30/73；C：卷 584
总计	130	43	26	3	10	中 1 知 1 未 2	

备注：①“科年”栏，为了使表格简洁，省略了科名，如将道光二十七年丁未科简称“道光二十七年”。

②“翻译庶吉士人数”栏:《清实录》仅有道光二十七年丁未科等四科的钦点翻译庶吉士名单，在本表标明。其他科的翻译庶吉士人数均来自朱汝珍辑《词林辑略》(民国年间“中央”刻经院本)。由于各科翻译庶吉士名单均附录在《词林辑略》所载的相应各科庶吉士名单之后，因此此表就没有一一注明翻译庶吉士人数所在《词林辑略》的卷数。

③“散馆授职类别”中的“其他”栏，“中”是内阁中书之简称，“知”是知县之简称，“未”是未散馆之简称，“中”“知”“未”之后的数字表示相应的人数。

④“资料出处”栏：本表的数据来自《清宣宗实录》《清文宗实录》《清穆宗实录》《清德宗实录》《咸丰同治两朝上谕档》《光绪宣统两朝上谕档》《钦定科场条例》(《近代中国史料丛刊三编》第 48 辑)。A——表示据《清实录》所载的翻译会试中式人数出处；A̳——表示据《钦定科场条例》所载的翻译会试中式人数出处，“/”前之数表示第 48 辑，“/”后之数表示具体页码；a——表示据《上谕档》所载的翻译会试中式人数，“/”前之数表示相对应《上谕档》的册数，“/”后之数表示具体页码；B——表示据《清实录》所载的翻译庶吉士人数的出处；C——表示据《清实录》所载的翻译庶吉士散馆授职的出处；c——表示据《词林辑略》所载的翻译庶吉士散馆授职的出处。

清代翰林院庶吉士一般培养三年再散馆。雍正之后，前科庶吉士必须在钦点新科庶吉士之前散馆，如遇恩科，往往不足三年，甚至仅一年就散馆。如乾隆元年丙辰科庶吉士，在馆一年，于乾隆二年五月散馆[①]，而乾隆二年丁巳恩科馆选则在六月[②]。可见，乾隆元年丙辰科庶吉士在乾隆二年丁巳恩科馆选前散馆。散馆成绩优者留馆，其中二甲留馆授编修，三甲留馆授检讨；次者出为部属、知县等官。

翻译庶吉士与庶吉士一同进庶常馆学习，一同散馆授职。庶吉士散馆考诗赋，而翻译庶吉士散馆则考翻译。翻译庶吉士一般在馆三年，如遇恩科同样不足三年，也得散馆。由于翻译进士会试中式后，没有参加殿试，就没有二甲三甲进士之等第，而只有会试覆试等次，因此，道光二十七年制定的章程就规定："每科翻译中式进士引见，简用庶吉士，下科散馆，按本科覆试一二等者授职编修，三等授职检讨。"会试覆试制度确立于乾隆后期，而翻译会试覆试始于嘉庆二十五年庚辰科。嘉庆二十五年四月十九日，"奉旨：翻译会试中式士子著于二十二日在圆明园正大光明殿覆试"[③]。这是第一次翻译会试覆试。翻译庶吉士散馆留馆者，按其翻译会试覆试等次授职，覆试一二等者授编修，三等者授检讨。

翻译庶吉士按章程的规定散馆授职，我们以咸丰九年己未科翻译庶吉士散馆为例，《咸丰朝军机处录副奏折》中的一奏片："查道光二十七年六月初四日，经大学士、军机大臣会同吏部奏定章程，翻译庶吉士散馆按本科覆试一二等者授职编修，三等者授职检讨。查翻译庶吉士广寿，己未科覆试考列三等一名，是以臣等缮拟谕旨，写授为检讨。"[④] 此奏片无具奏人，中国第一历史档案馆标注此奏片具奏时间为咸丰十年。《清文宗实录》记载：咸丰十年闰三月丁巳，"引见己未科散馆及补行散馆人员，得旨：……翻译庶吉士广寿，著授为检讨，齐克慎著以部属用"[⑤]。将《录副奏折》与《实录》相结合，可知，咸丰九年己未科翻译庶吉士广寿，覆试三等，在馆一年，即在咸丰十年庚辰恩科选拔庶吉士之前散馆，授职检讨。可见翻译庶吉士按制定的章程散馆授职。

当然，不能说翻译庶吉士全部按这一章程散馆授职。这一章程只是

---

① 《清高宗实录》，卷 43，乾隆二年五月甲寅，第 1 册，第 766 页。

② 《清高宗实录》，卷 44，乾隆二年六月乙丑，第 1 册，第 776 ～ 777 页。

③ 《嘉庆道光两朝上谕档》，嘉庆二十五年四月十九日，第 25 册，第 169 页。

④ 《关于翻译庶吉士广寿散馆授职之奏片》，见《咸丰朝军机处录副奏折》，中国第一历史档案馆档号：03-4151-098。广寿是咸丰九年己未科翻译庶吉士，咸丰九年己未科庶吉士在咸丰十年散馆。

⑤ 《清文宗实录》卷 314，咸丰十年闰三月丁巳，第 5 册，第 612 页。

对散馆留在翰林院的翻译庶吉士而言，而对散馆离开翰林院的没有明确规定。翻译庶吉士散馆改为他职的，参照庶吉士授职类别，授职为主事、内阁中书、知县等官。光绪二十年甲午恩科两名翻译庶吉士，其中“崇山，覆试二等一名；金林，覆试二等四名”[①]。

光绪二十一年四月，甲午恩科翻译庶吉士与甲午恩科庶吉士一同散馆授职，“翻译庶吉士崇山著授为编修，金林著以知县即用”[②]。

光绪二十年甲午恩科两名翻译庶吉士崇山和金林，覆试均是二等，其中崇山留馆，按章程授职为编修，而金林出馆，授职知县。

据表 5-3 可知，清后期共选拔了 43 名翻译庶吉士，其中 29 人授职翰林，占 67.4%；出馆者主要以部属用，即有 10 人授为主事，占 23.3%；出为内阁中书、知县者各仅 1 人，另有 2 人没有散馆授职。可见，培养翻译庶吉士的主要目标是为翰林院输送八旗人才。

三 翻译庶吉士制度的影响

翻译庶吉士制度是“清语骑射”国策之产物，是对庶吉士制度的补充，也可说是在汉人翰林的强势之下，为了弥补八旗翰林之不足而制定的一项制度。我们根据《词林辑略》，对清代庶吉士人数作了统计：从顺治三年开科选拔庶吉士到光绪三十年最后一科，共选拔了 5723 名庶吉士，其中宗室、满洲、蒙古、汉军庶吉士分别是 60、245、46、108 人（参见附表二）。宗室、满洲、蒙古共 351 名庶吉士，占庶吉士总数的 6.1%，再加上汉军庶吉士，总共才 459 人，占庶吉士总数的 8.02%。根据《词林辑略》，对清代庶吉士散馆授职翰林的人数作了统计：从顺治三年丙戌科到光绪三十年甲辰恩科，散馆授职翰林的是 3465 人，其中宗室、满洲、蒙古、汉军庶吉士授职翰林的分别是 40、153、27、66 人。宗室、满洲、蒙古庶吉士授职翰林的有 220 人，占庶吉士授职翰林的 6.3%，再加上汉军庶吉士授职翰林的，共 286 人，占庶吉士授职翰林的 8.3%。可见八旗庶吉士人数少，八旗翰林也不多，八旗翰林处于弱势地位。

正是在八旗翰林处于劣势和翻译进士仕途狭窄的背景下，才选拔翻译庶吉士。通过选拔翻译庶吉士，既开拓了翻译进士的仕途，又为翰林院输送了人才，从而在一定程度上弥补了八旗翰林人员的不足。

翻译庶吉士制度，为八旗士人进入高级文职行列增开了途径。它在一

① 《光绪二十年甲午科散馆并补行散馆庶吉士各员甲第及翻译庶吉士覆试等第名次清单》，见《光绪宣统两朝军机处录副奏折》，光绪二十一年，中国第一历史档案馆档号：03-7200-103。

② 《清德宗实录》卷 366，光绪二十一年四月己巳，第 5 册，第 793 页。

定程度上增加了翻译科的吸引力，即引导部分八旗士子参加翻译科考试。要参加翻译科考试，必须先考骑射。这样，翻译庶吉士制度既贯彻了“清语骑射”的国策，又为八旗输送了翰林人才，从而在保存满洲民族特色、提高八旗人员的文化水平上起到了一定的作用。但在满汉不断融合的过程中，这一国策的实际效果有限。特别是到了晚清，八旗士子更愿意参加文科举，而参加翻译考试的人数越来越少，以致光绪最后二科，翻译进士只有二三人（见表 5–3）。“清语骑射”的国策难以再通过开设翻译科、选拔翻译庶吉士来贯彻和强化。

翻译庶吉士制度对翰林结构的影响也有限。由于翻译庶吉士只有 43 名，其中虽大部分授职翰林官，也只有 29 人，这样对改变翰林院人员结构的作用不大，即难以改变八旗翰林的弱势地位。

总之，清后期通过选拔翻译庶吉士，贯彻“清语骑射”的国策，这对巩固八旗人员在翰林院的职位，起到了一定的作用，但翻译庶吉士制度的功能有限，其难以改变翰林院人员的结构。

第六章　清代翰林院庶吉士待遇及身份

第一节　翰林院庶吉士的社会地位

选拔庶吉士，号为清华之选。庶吉士是翰林之臣，已步入词臣之列，号为“士林之模”[①]。明代庶吉士享有崇高的社会地位，庶吉士，“已群目为储相”[②]。清代，虽没有“储相”之称，但仍享有很高的社会地位。正如张廷玉所言：“仕宦者以科目为荣，若科目而至词臣则荣之荣矣。”[③]

在清代，士子普遍以入选庶吉士为荣，甚至认为进入翰林才算尊贵。清人李调元记载：“明年癸未（注：乾隆二十八年）不孝调元会试第二名，捷音至涿，府君谕曰：‘既成进士又喜高魁，然不得翰林不贵也。’阅月，不孝调元殿试二甲十一名，拟鼎复失，府君谕曰：‘翰林与鼎甲固无间也。’五月，御试第五名，选入一等，钦点翰林院庶吉士。府君书训不孝曰：‘馆选可以酬读书之志矣，但须刻意诗赋，方不愧为词臣，汝其勉之。’”[④]

明清科举考试中最看重的是能否入选庶吉士，进入翰林之列。正如清人钱维城所言：“士子重科目，科目重翰林。”[⑤]

可见，清人很看重翰林，即看重庶吉士这一身份，甚至将入选庶吉士视为“登仙”。“自科目兴而荐辟废，诸进士视馆选为登仙，仕途遂悬霄

---

① 《贾铎奏请饬下吏部严定庶吉士、编修、检讨投效军营劳绩保升章程事》，见《同治朝军机处录副奏折》，中国第一历史档案馆档号：03-4700-052。

② 《明史》卷 70《选举二》，第 1702 页。

③ ［清］张廷玉：《序》，见《国朝馆选录》，第 6 页。

④ ［清］李调元：《童山文集》卷 18《行述·诰封奉政大夫同知顺天府北路事石亭府君行述》，见《续修四库全书》第 1456 册，第 614 页下栏。

⑤ ［清］钱维城：《茶山文钞》卷 9《寿序·谢去翁五十寿序》，《钱文敏公全集》，见《续修四库全书》第 1443 册，第 54 页。

壤，由来旧矣。”[①]

人们也将庶吉士群体称为“仙班”。咸丰十年，大学士祁寯藻之子祁世长入选庶吉士，彭蕴章写诗祝贺：“任子承恩与众殊，明光召对荷温俞。家声三世玉堂谱，文战一挥金仆姑。供奉仙班虚左席，扶摇天际快南图。浮沈郎署辕驹絷，今日骅骝达九衢。”[②]

“家声三世玉堂谱”是指大学士祁寯藻一家三世翰林，即祁寯藻是嘉庆十九年甲戌科庶吉士，其父祁韵士，乾隆四十三年戊戌科庶吉士，其子祁世长是咸丰十年庚甲恩科庶吉士。“供奉仙班虚左席”中的“仙班”就是指庶吉士群体。

正由于人们看重庶吉士这一身份，以致有因没有入选庶吉士为终身之恨者。

> 华亭王砺斋祖庚为相国文恭公长孙，幼颖异，公爱其类己，且生同甲，故名曰祖庚，字曰生同。雍正丙午、丁未联捷，榜下选山西闻喜县，调兴县。岁旱，申请开仓平粜，不待报即令民赴仓买谷，民赖以安。乾隆丙辰荐举应召试不售，寻奉旨纂修经史。出知隰州，卓荐升顺德府，调保定府。恭逢圣驾巡幸及秋狝木兰诸大典，屡荷召见，奏对悉称。在任八年，卓荐者再，然终以未得入词馆为歉。两子绍曾、显曾皆膺馆选，而意终不乐，亦见文人结习未忘也。[③]

可见，庶吉士享有较高的社会地位。庶吉士之所以有较高的社会地位，是由多方面原因决定的。

首先是与庶吉士的仕进优越相关联。庶吉士在仕途上明显优于其他进士。庶吉士散馆，留在翰林，进入中枢机构的概率就比较大，而其他进士，几乎无望进入翰林，其发展前途受不少约束和限制。《清史稿》对庶吉士的仕途优越性作了总结：

> 凡用庶吉士曰馆选……凡留馆者，迁调异他官。有清一代宰辅多由此选，其余列卿尹膺疆寄者，不可胜数。士子咸以预选为荣，而鼎甲尤

---

① ［清］姚文燮：《无异堂文集》卷 11《芸圃诗序》，清康熙刻本，第 12 页。

② ［清］彭蕴章：《松风阁诗钞》卷 24《古今体诗・寿阳相国令嗣世长馆选奉贺》，见《续修四库全书》第 1518 册，第 532 页。

③ ［清］余金：《熙朝新语》卷 14，见《历代笔记丛刊》，上海，上海书店出版社，2009 年，第 216 页。

所企望。[①]

《词林辑略》一书也言及："自有科目以来，世以词林为华选。明清两朝宰辅大半由此登庸，而一代人文亦以此为渊薮。"[②]

方苞分析士子希望进入翰林的原因，他认为"臣自有知识，窃见内阁、九卿出于翰林者十常七八，盖因职亲地近，材识志行之美，易达于天听。若散在州县，则或挂于事故，或抑于上官，虽有介节长才，或趑趄以终老，故天下士尤以翰林为清华，而恨不得与"[③]。

这就是说，进士以知县用，即使有才，难以得到施展，而在翰林，由于"职亲地近，材识志行之美，易达于天听"，容易获得皇帝的赏识，升迁顺畅。

其次，与翰林院的地位相关联。翰林院作为全国文化中心，文翰之地，也是储才养望之地，历来是士子向往之地。一旦步入翰林，身价提高，身份大变。乾隆十三年六月初六日，江南河道总督周学健上奏：

> 恭谢天恩事。窃臣胞弟周学伋荷蒙皇上天恩，钦选翰林院庶吉士，臣随恭设香案，望阙叩头，谢恩讫。伏念秘省为清华之地，而词垣乃翰墨之林，士类称荣，人皆艳羡，必有隽才方膺斯选。臣猥以谫劣，昔年仰荷世宗宪皇帝特达之知，拔入翰林。今臣弟学伋，樗材浅植，复蒙皇上高厚殊恩，得预馆选，荷两朝知遇之隆幸，兄弟遭逢之盛，父母能生育之而不能如斯成全，天地能覆载之而不能如斯培植。受恩愈重，图报愈难。臣惟有自矢捐糜顶踵，并谆嘱臣弟学伋倍加奋勉，勤思学习，庶以上副圣主培养作人之至意，冀图仰报隆恩于万一。[④]

从周学健的谢恩折，可以看出人们对翰林院的尊崇，所以，一旦入选庶吉士，可谓"士类称荣，人皆艳羡"。清人甚至视玉堂（翰林）为天上。可见，翰林院在人们心目中的地位。一旦入选庶吉士，就成为翰林一员，自然就获得较高的声望和地位。

---

① 《清史稿》卷108《选举三》，第3165页。

② 《启》，见《词林辑略》，第3页。

③ ［清］方苞：《望溪先生文集》集外文卷2《奏札·请定庶吉士馆课及散馆则例札子》，见《续修四库全书》第1420册，第566～567页。

④ 《江南河道总督周学健因弟入选庶吉士上奏谢恩折》，见《宫中朱批奏折》，乾隆十三年六月初六日，中国第一历史档案馆档号：04-01-12-0059-065。

第二节　翰林院庶吉士的待遇

庶吉士的待遇涉及是否有俸禄这一问题。邸永君认为：

清代实行官缺制，除国初用人孔亟，进士中式即用外，至康熙后便须归班候选……所谓进士授职则只限于一甲三人。而一甲三人亦须随庶常入馆受教，实际上类似当今之带薪学习。或诘之曰：考选庶常即入翰林，已属授职，不应再属科举范围。其实庶常并非官职，既无品级，又无俸禄，到馆不称到差，进馆不称视职，与国子监生无异。若以廪饩即认为其官员身份，那么院试合格之生员亦有廪饩，五贡之国子监生亦有膏火银。后两者若思入仕，生员须应乡试，贡生则须朝考。同样，庶常若得授职，必待散馆考试。因此庶吉士散馆前仍应包括在士子范围之内。①

邸永君认为庶吉士不是官职，也没有俸禄。我们先探讨庶吉士有无俸禄这一问题。在考察清代庶吉士有无俸禄之前，有必要对明代庶吉士是否有俸禄进行探讨。②

明代庶吉士有无俸禄？颜广文认为：

庶吉士应该没有薪俸。王天有先生近作《明代国家机构研究》第71页中认为，观政进士有薪俸，庶吉士也应有薪俸。此说过于武断。我认为，其一，明代有关典章制度的史籍均无明文记载庶吉士薪俸，而具体开列了六部等衙门如何分担庶吉士日常的衣食住行、笔墨纸张的开支。其二，二者的待遇不同是由其培训性质决定的，观政进士大都负有一定的行政职责，而庶吉士是纯粹读书。其三，庶吉士培训的时间虽比观政进士长，生活待遇亦较低，但由于日后前途更为光明远大，仅此一点，就能为庶吉士们所容忍接受。③

---

① 《清代翰林院制度》，第198～199页。

② 明代庶吉士有无俸禄问题，参见邹长清《明代庶吉士制度探微》[《广西师范大学学报》（哲社版）1998年第2期]、王尊旺《明代庶吉士考论》（《史学月刊》2006年第8期）二文。

③ 颜广文：《明代庶吉士制度考评》，《华南师范大学学报》（社会科学版）1993年第4期。

颜广文认为庶吉士没有俸禄，他分析了三种原因。其中之一是，由于庶吉士是进学读书，与观政进士负有一定的行政职责不同，应没有俸禄。这一理由是否可靠，有待进一步考证。

宣德八年三月戊辰，“行在礼部尚书胡荧同少傅兵部尚书兼华盖大学士杨士奇、少傅工部尚书兼谨身殿大学士杨荣选新进士及副榜举人之秀敏者，得进士尹昌、黄瓒、赵智、陈睿、傅纲、黄回祖六员；举人龙文、章瑾……二十四人以闻。上命行在吏部改进士为庶吉士，送翰林院同萨琦等进学，赐居给酒馔及灯油钞，悉如永乐中例，仍令侍读学士王直训督之，三月一考其文辞，以观所进。举人俱赐冠带，给训导俸，送国子监进学，以待下科会试，翰林院三月一考其文，与庶吉士同”[①]。

宣德八年，选拔24名举人送国子监读书，“给训导俸”。据此，我们就不能以庶吉士读书的缘故就否定其有俸禄。

永乐三年正月，明太宗面谕庶吉士：“朕不任尔以事，文渊阁，古今载籍所萃，尔各食其禄，日就阁中恣尔玩索，务实得于已，庶国家将来皆得尔用。”[②] 明太宗就提到庶吉士“各食其禄”，当然不能仅凭明太宗所言就断定庶吉士有俸禄。

《双槐岁钞·甲申庶吉士》记载：

> 永乐甲申会试，取杨相等四百七十二人，遵乙丑例也。殿试首甲曾棨、周述、周孟简三策，皆有御批，二甲前数名俱刊策，而附读卷官姓名批语于后。选庶吉士入翰林，则刊策者皆在，且分二等。作文者杨相、王训、王直……习字者王英、汤流……皆支从七品俸，以二甲进士也。作文者章敞、倪维哲……习字者袁迩、周远……皆支正八品俸，以三甲进士也。[③]

将明太宗之面谕与《双槐岁钞》所记对照可知，永乐二年甲申科庶吉士按甲第分别食从七品俸、正八品俸。当然，不能据此推断由二甲进士入选的庶吉士是七品官，由三甲进士入选的庶吉士是八品官。此后庶吉士是否有俸禄？

正德年间，“庶吉士江晖、马汝骥、王廷陈、汪应轸、曹嘉亦以抗疏

① 《明宣宗实录》卷100，宣德八年三月戊辰，第2244页。

② 《明太宗实录》卷38，永乐三年正月壬子，第643页。

③ ［明］黄瑜撰，魏连科点校：《双槐岁钞》卷3《甲申庶吉士》，见《元明史料笔记丛刊》，北京，中华书局，1999年，第49～50页。

夺俸”[①]。正德十六年七月，“复除浙江道御史曹嘉原职。嘉，初以庶吉士谏止巡游罚俸，及吏部拟授御史，有旨补外任，上即位始复其官。至是召用云”[②]。嘉靖元年（1522）五月，“命户科给事中汪应轸复原职。初，应轸为庶吉士谏止武宗巡游，罚跪午门外，夺俸半年”[③]。从庶吉士江晖等被罚俸来看，永乐二年之后，庶吉士可能一直有俸禄。清初庶吉士有俸禄，而清承明制。这也在一定程度上可以佐证明代庶吉士有俸禄。当然，在考察清代庶吉士是否有俸禄问题时，需探明康熙之后“帮庶吉士俸银”这一事。康熙之后庶吉士没有俸禄，有廪饩，“帮庶吉士俸银”可能是“帮庶吉士廪饩银”之意。这种情况，可能将庶吉士的廪饩当作庶吉士的俸禄。这样的话，我们难以确定明代庶吉士被“夺俸”的“俸”究竟是俸禄，还是廪饩？明代庶吉士俸禄问题还需进一步考证。

在考察明代庶吉士俸禄问题的基础上，再来探讨清代庶吉士有无俸禄这一问题。

顺治十三年二月初一日，内翰林弘文院大学士觉罗巴哈纳等题奏：

> 为满洲庶吉士俸禄事。臣等看得满洲鼎甲、庶吉士九人，与汉庶吉士一体教习。内图尔辰、贾勤、索泰、董色，以上四人皆照任支俸，又汉庶吉士俱各支俸禄。但伍大禅、摩啰浑、达尔布、查汉、托必泰，以上五人虽有笔帖式哈番顶带，并无俸禄。伏乞敕下该部议覆支给施行。缘系满洲庶吉士俸禄事理，臣等未敢擅便，谨题请旨。

顺治帝御览此题本之后，批示：“户部知道。”[④]

据大学士觉罗巴哈纳等题奏可知，顺治十三年之前，汉人庶吉士有俸禄，满洲庶吉士有些有俸禄，有些没有俸禄，因此，奏请给没有俸禄的满洲庶吉士支俸。从顺治帝的朱批来看，同意了这一请求。

顺治年间，对考试不好的庶吉士罚俸。

顺治十三年二月甲子，谕内三院：

> 翰林为储才之地，鼎甲、庶常皆使兼习满汉文字，以俟将来大用，期待甚殷，乃今习满书者将及一年，顷经亲试，语句生疏，皆因不肯专

① 《明世宗实录》卷 2，正德十六年五月癸丑，第 65 页。

② 《明世宗实录》卷 4，正德十六年七月己卯，第 207 ～ 208 页。

③ 《明世宗实录》卷 14，嘉靖元年五月己未，第 479 页。

④ 《大学士巴哈纳题请支给满洲庶吉士俸禄》，见《明清档案》，1986 年，第 25 册，第 14335 页。

心，工夫怠惰，若不分别劝惩，何以激励。此次考试陈敳永、胡简敬、田逢吉、党以让、邓锺麟、冯源济、史大成、田种玉、綦汝楫、王泽宏等十名，俱加赏赉，后四名程邑、吴贞度、范廷魁、韩雄允等各罚俸三个月。嗣后俱当精勤策励，无负朕惓惓作养、谆谆教诲至意。①

顺治十五年十二月己巳，谕翰林院：

庶吉士孙承恩等俱经简拔，特命习学清书，以备任用，自当尽心肄业。今加考试，熊赐玙、萧惟豫、王于玉、孙承恩、邹度琪、张贞生、殷观光、陈敬、熊赐履、宋德宜，清书俱未习熟。若不罚惩何以励其将来，著各罚俸一年。②

顺治十三年二月、十五年十二月，顺治帝御试习清书庶吉士，将未学好清书的庶吉士罚俸，这反映了庶吉士有俸禄。

总之，从大学士觉罗巴哈纳题请给满洲庶吉士俸禄，提到汉人庶吉士有俸禄，到顺治帝罚庶吉士之俸来看，顺治年间庶吉士有俸禄。

顺治之后，庶吉士是否还有俸禄？这需对康熙年间的情况进行考察。康熙中后期，大臣魏裔介在《宫定庵馆课序》中提及庶吉士的廪饩之事：

欲求天下之治安者，在乎得贤；欲得天下之贤人者，在乎养之有素，此教习庶吉士所以为朝廷之大典也。夫士业已屈首受书，升于乐正，而辨于司马，论定而后官之，则皆通经学古，博物洽闻，敏于才智而优于经济者也。又何必复立之以师长，给之以廪饩，群聚而咿唔诵习之不辍，勿乃近于迂乎？非也，此其间固有深意，非恒情之所能测也。③

定庵是宫梦仁之号。④宫梦仁是康熙十二年癸丑科进士、庶吉士。魏裔介在这篇序言中提出问题：为何要给庶吉士立以师长，为何给庶吉士以廪饩？这里是说给廪饩，而不是给俸禄。由于顺治年间庶吉士有俸禄，康熙初年庶吉士仍可能还有俸禄。据魏裔介所言，我们推测，至迟康熙十二年之后，庶吉士可能没有俸禄，而是给以廪饩。

---

① 《清世祖实录》卷98，顺治十三年二月甲子，第762页。

② 《清世祖实录》卷122，顺治十五年十二月己巳，第944页。

③ 《兼济堂文集》卷8《宫定庵馆课序》，第202页。

④ 《清人室名别称字号索引》（增补本）下册第438页有宫梦仁，号定山、定庵。

康熙中期以来，庶吉士由于可能没有俸禄，生活艰难。因此，康熙四十二年，康熙帝令盐差、关差出银资助庶吉士。这一做法一直被遵照执行。乾隆元年二月，大学士管吏部、户部尚书张廷玉等奏请：

词臣素沐国恩等事，该臣等查得雍正三年二月内阁学士兼教习庶吉士福敏奏称，康熙四十二年圣祖仁皇帝特念庶吉士初入仕途，清苦可悯，恐其艰于衣食，不获专心读书，诞沛隆恩，令各省出税差人员，如两淮、两浙、长芦、广东、河东、福建等处盐差各出银八十两；浒墅、芜湖、崇文门等处亦各出银八十两；九江、淮安各出银七十两；北新、凤阳关、闽海、太平桥、龙江关等处各出银五十两；扬州、赣关、天津、粤海、浙海、临清等处各出银四十两；山海、江海、南新关等处各出银三十两。以上各盐差、关差每年交银共一千四百十两。按庶吉士中贫苦者照依人数逐月均分，以为养赡之资。①

从这份奏折可知，康熙四十二年，康熙帝考虑庶吉士清苦，就令盐差、关差资助庶吉士。这反映庶吉士可能没有俸禄，只有少量廪饩。

这份奏折也提到雍正年间仍执行盐差、关差资助庶吉士之政策。雍正年间除这项经费资助庶吉士外，还对廪饩作了相关规定。雍正十一年五月癸未，谕翰林院：

教习庶吉士，所以造就人材，使之沉潜经籍，涵泳艺林，可以典制诰之文，鸣国家之盛也。从前庶吉士皆就翰林院读书，教习大臣，不时策励，是以身心约束，学殖易增，馆阁之间蔚然称盛。朕意今科选拔庶常，仍令在衙门读书，俾教习诸臣，得以朝夕训课，兼厚给廪饩，资其膏火，庶几枕经葄史，文藻可观，克称词臣珥笔之职。其应查照前例，及如何加与廪给之处，著酌议奏闻。②

从雍正帝谕旨中所提“如何加与廪给之处”，反映了雍正十一年之前庶吉士是给予廪饩，只是廪饩不多。雍正帝为了使庶吉士安心学业，“克称词臣珥笔之职”，令翰林院讨论增加庶吉士廪饩之事。

---

① 《大学士管吏部、户部尚书张廷玉题报盐差、关差资助庶吉士之事》，见《宫中朱批奏折》，乾隆元年二月十八日，中国第一历史档案馆档号：04-01-35-0308-017。

② 《清世宗实录》卷131，雍正十一年五月癸未，第2册，第699页。

遵照雍正帝的谕旨，大学士管翰林院掌院事张廷玉等讨论，并奏报庶吉士廪饩之数额。雍正十一年八月丙辰，“大学士管翰林院掌院事张廷玉等遵旨议奏：新科庶吉士，蒙恩议给廪饩，谨酌每月各给银四两五钱，其器用什物，向工部支取，并拨给官房一所，为教习馆，令庶吉士等肄业其中。新刊上谕，每人各赐一部，内府所刊经史诗文，每种颁发三部，永远存贮馆内，以资课习。从之”①。

此次议定庶吉士每月各给银四两五钱，此外，由盐差、关差资助庶吉士的帮俸照给。嘉庆《钦定大清会典》记载：“庶吉士廪饩：每月每员给饩廪四两五钱，行户部支取。又各盐政、关差岁帮庶吉士俸银一千四百四十两，按在馆人数分给。”②

“帮庶吉士俸银”，我们将其简称为“帮俸银”。按字面理解，庶吉士在享有俸禄的基础上，再享有帮俸银。但从雍正年间给庶吉士廪饩来看，庶吉士就没有俸禄。我们理解“帮庶吉士俸银”很可能就是“帮庶吉士廪饩银”。

可见，雍正以来，除给予庶吉士廪饩外，还有盐政、关差出资的帮俸银。道光元年十月，监察御史牟惇儒上奏提到“再查庶吉士所领月费较多，每月课期，尽可自备食物”③。道光年间所谓的庶吉士月费可能就包括廪饩和盐政、关差出资的帮俸银。

经以上分析，我们判断在顺治年间，庶吉士有俸禄，康熙初年可能还有俸禄，至迟到康熙十二年之后，庶吉士没有俸禄，只给予少量的廪饩。为了解决庶吉士的生活困难问题，康熙帝令盐政、关差提供帮俸银，资助庶吉士。雍正年间除仍给予帮俸银外，对庶吉士的廪饩作了明确规定。这一政策为后继者推行。

在清代也有人认为康熙后期庶吉士仍有俸禄。钱陈群，康熙六十年辛丑科进士，入选庶吉士。康熙六十一年，“陈太夫人就养京师。公念自幼远离，通籍后即迎养太夫人于京师。太夫人以次妇任寡居，遗孤仅四岁，乃挈与俱来。公俸禄所入仅供菽水，亲老不能修甘旨，忽忽常不乐”④。钱

---

① 《清世宗实录》卷 134，雍正十一年八月丙辰，第 2 册，第 727 页上栏。

② 《(嘉庆）钦定大清会典》卷 55《翰林院》，见《近代中国史料丛刊三编》第 64 辑，第 2560 ～ 2561 页。

③ 《监察御史牟惇儒奏请申明庶吉士大课之例以励人才事折》，见《道光朝军机处录副奏折》，道光元年十月二十七日，中国第一历史档案馆档号：03-3650-071。

④ ［清］钱仪吉:《文端公年谱》(钱陈群年谱)，见《北京图书馆藏珍本年谱丛刊》第 93 册，第 215 ～ 218 页。

陈群，雍正元年散馆授职编修。钱陈群年谱认为钱陈群在庶吉士期间就有“俸禄”。同一年谱记载钱陈群在康熙四十一年，补廪膳生，“食饩”。[①] 从前面的考证来看，庶吉士钱陈群应该没有俸禄，很可能是后人将庶吉士的廪饩（包括帮俸银）当作俸禄。如光绪二十八年三月，大学士翰林院掌院学士教习庶吉士宗室昆冈上奏提及“庶吉士多告假回籍措资，现在京食俸者不过十数员”[②]。作为庶吉士大教习的昆冈言庶吉士大多回籍措资，说明庶吉士经济拮据，难以支撑在京的开销。如庶吉士有俸禄就不会出现这种情况。但他又说有十几名庶吉士“在京食俸”。此“俸”应该不是“俸禄”，而是“廪饩（包括帮俸银）”之意。

第三节　翰林院庶吉士的身份

翰林院庶吉士的身份是一个有争议的问题。邸永君对庶吉士身份的定位是：“庶吉士似官非官，似生非生，亦官亦生，身份不明。”[③] 这种看法是有一定道理，但过于笼统。

庶吉士一般在馆培养三年，遇恩科则提前散馆授职。从严格意义上讲，庶吉士在散馆前还不是官员，也不需要京察。

乾隆三十六年四月丁亥，“吏部带领京察保送一等之翰林院编修曹仁虎等五十一员……引见，得旨：曹仁虎、沈士骏……俱准其一等加一级，庶吉士吴寿昌尚未授职，不必入京察，著为令”[④]。

庶吉士虽然不是正式官员，也没有品级，但庶吉士享有官员的政治待遇。

一　从封赠方面来考察翰林院庶吉士之身份

（一）庶吉士被当作封赠的对象

不少翰林院庶吉士的父亲乃至祖父，被诰赠翰林院庶吉士，却没有父亲、祖父被诰封进士，甚至官员也有因其子是庶吉士而被封赠翰林院庶吉士。如同治二年进士曾国霖的《朱卷》就记载：

---

① 《文端公年谱》（钱陈群年谱），见《北京图书馆藏珍本年谱丛刊》第 93 册，第 184 页。

② 《掌院学士昆冈奏请庶吉士散馆应否举行请旨折》，见《光绪宣统两朝军机处录副奏折》，光绪二十八年三月初五日，中国第一历史档案馆档号：03-7204-013。

③ 《清代翰林院制度》，第 131 页。

④ 《清高宗实录》卷 883，乾隆三十六年四月丁亥，第 11 册，第 828 页。

胞伯叔祖：力行，乾隆庚寅恩科兄弟同榜解元，辛卯恩科联捷进士，内阁中书，知甘肃平罗县漳县事秦州直隶州事平凉府盐茶同知，晋封奉政大夫翰林院庶吉士……

（胞伯叔）锡恩，嘉庆甲戌科进士，丁丑科翰林院庶吉士，工部主事。①

乾隆三十六年辛卯恩科进士曾力行官至同知，因其子曾锡恩入选庶吉士，而封赠翰林院庶吉士。

陈大化年谱记载：乾隆十三年，陈大化，殿试二甲，选为庶吉士，“即谒归省”；十五年，“在京供职，恭逢高宗四旬万寿覃恩，封公父如公官”；十六年，散馆授职编修。② 乾隆十五年，陈大化还在庶吉士之任，“封公父如公官”指诰封其父为翰林院庶吉士，也就是说其父被诰封庶吉士之官。

可以说，庶吉士被当作诰封对象，这表明庶吉士拥有官员之身份。

（二）在封赠方面，庶吉士享有七品官的待遇

一般只有官员才能享有封赠的资格。雍正元年六月二十二日，吏部尚书隆科多等题奏：

钦奉恩诏事。该臣等查得六十一年十一月二十日，恭遇恩诏内开：一、内外满汉官员一品封赠三代，二品三品封赠二代，七品以上封赠一代，八九品止封本身。钦此。先经臣部令在京在外大小汉官各开明履历并亲供、同乡官印结咨送臣部题封等因具题，奉旨：依议。钦此……今将翰林院侍读学士今升内阁学士兼礼部侍郎署理吏部右侍郎事史贻直等一百二十三员职名开列题请……计开：

翰林院侍读学士今升内阁学士兼礼部侍郎署理吏部右侍郎事史贻直，在翰林院侍读学士任内应封一代，父母大品封过，应封本身妻室；翰林院侍读学士加六级陈邦彦应封一代；翰林院修撰徐陶璋应封一代……翰林院编修曹友夏应封一代……翰林院检讨任际虞应封一代……翰林院庶吉士今补授吏部文选司员外郎王恕在翰林院庶吉士任内应封一代；翰林院庶吉士李应绶应封一代；翰林院庶吉士李开叶应封一代……

① 顾廷龙主编：《清代朱卷集成》，台北，成文出版社，1992年，第25册，第321～330页。

② ［清］陈诗：《五世祖廉访公年谱》（陈大化年谱），见《北京图书馆藏珍本年谱丛刊》第98册，第651～652页。

六月二十五日，奉旨："依议。"①

据这一题本可知，康熙六十一年十一月二十日，雍正帝颁诏：内外满汉官员一品封赠三代，二品三品封赠二代，七品以上封赠一代，八九品止封本身。吏部遵照恩诏，题请122名翰林官应封一代，翰林院待诏王时济1人应封本身，其中题请李应绶等51名庶吉士应封一代。这一请求获得雍正帝的认可，也就是说这51名庶吉士封赠父母这一代。雍正帝的恩诏规定七品以上之官才能封赠一代，这反映庶吉士在封赠方面享有七品以上之官的待遇。由于清朝典章制度中没有定庶吉士的官品，还不能说庶吉士是七品之官，但可以说庶吉士在封赠等方面享有七品以上官的待遇。

二　从是否有保举资格来看

一般只有官员才有保举资格。康熙十七年正月乙未，康熙帝谕吏部：

> 自古一代之兴，必有博学鸿儒，振起文运、阐发经史、润色词章，以备顾问著作之选。朕万几余暇，游心文翰，思得博学之士，用资典学。我朝定鼎以来，崇儒重道、培养人材，四海之广，岂无奇才硕彦、学问渊通、文藻瑰丽，可以追踪前哲者。凡有学行兼优、文词卓越之人，不论已仕未仕，令在京三品以上及科道官员，在外督抚、布按各举所知，朕将亲试录用。其余内外各官果有真知灼见，在内开送吏部、在外开报督抚，代为题荐。务令虚公延访、期得真才，以副朕求贤右文之意。尔部即通行传谕。②

从康熙帝这道谕旨来看，在京三品以上及科道官员，在外督抚、布按等官员才能保举博学鸿儒，其余各官保举博学鸿儒，在京由吏部代为题荐，在外由督抚代为题荐。这就是说，只有官员才能保举博学鸿儒。

秦瀛撰《己未词科录》记载：

（1）"冯勖，字方寅，号勉曾，又号葑东逸史，江南元和人，布衣，由庶吉士杨作桢荐举，授检讨。"③杨作桢，康熙十五年丙辰科庶吉士。

（2）"钱中谐，字宫声，号庸亭，顺天昌平籍江南吴县人，顺治戊戌

① 《吏部尚书隆科多开送翰林院侍读学士史贻直等职名照例给与封典本》，见《雍正朝内阁六科史书·吏科》第4册，第172～185页。

② 《清圣祖实录》卷71，康熙十七年正月乙未，第1册，第910页。

③ ［清］秦瀛：《己未词科录》卷2，见《续修四库全书》第537册，第140页。

进士，选湖广泸溪县知县，由庶吉士彭会淇荐举，改编修。”[①] 彭会淇，康熙十五年丙辰科庶吉士。

（3）“范必英，原名云威……江南吴县人，明提学参议允临子，顺治丁酉顺天举人，由庶吉士彭会琪荐举，授检讨。”[②]

可见，康熙十八年己未科博学鸿词科，庶吉士有保举资格。这就反映了庶吉士被当作京官来看待。遵照康熙帝的诏令，庶吉士保举博学鸿儒由吏部代为题荐。

雍正年间庶吉士也有保举权。雍正七年，吏部题奏：

> 雍正六年十月内钦奉谕旨：京官大学士以下主事以上，外官督抚以下知县以上著各举一人，除现任知县以上官员不必保举外，或系举贡生监，或系山林隐逸，或所辖之现任佐贰杂职等属员悉令据实保举。钦此钦遵。今续经保举到部人员有田生桂等三十六员，遵旨考试谨将试卷进呈御览，恭候命下臣部缮写绿头牌带领引见。计开：
>
> 田生桂，河南怀庆府河内县捐贡，候选副指挥。河南孟津县知县朱永庆保举中申称，端方谨慎，廉洁明敏……
>
> 朱飞鹏，江西吉安府吉水县举人，年四十一岁，翰林院庶吉士余栋保举，结称为人明白谨慎……[③]

雍正七年九月初六日，朱飞鹏在奏折中也言及“臣朱飞鹏，江西吉安府吉水县人，年四十一岁，康熙五十六年举人，翰林院庶吉士余栋保举。窃臣驽骀陋质，樗栎庸材，在昔名登贤书，久深感激，矧今身列仕籍，敢勿战兢，思爱民，即所以忠君而称职，乃差能报国”[④]。

雍正诏令京官大学士以下主事以上各保举一人，翰林院庶吉士余栋保举举人朱飞鹏。这也反映了庶吉士被当作京官来看待。

三 从京察方面来看翰林院庶吉士的身份

京察的对象是京官。在乾隆年间庶吉士曾经是京察的对象。“乾隆三

① 《己未词科录》卷 2，见《续修四库全书》第 537 册，第 141 页。

② 《己未词科录》卷 3，见《续修四库全书》第 537 册，第 155 页。

③ 《雍正朝汉文朱批奏折汇编》第 34 册，第 840 ～ 841 页。吏部的这一题本没有落具体时间，但据被保举的朱飞鹏上谢恩折的时间，可知吏部上这一题本的时间在雍正七年。其实雍正七年吏部的这份奏章属于题本，而不是奏折。《雍正朝汉文朱批奏折汇编》误将这份题本当成奏折。

④ 《雍正朝汉文朱批奏折汇编》，雍正七年九月初六日，第 35 册，第 91 页。

年京察，教习庶常馆保送一等，修撰、编修共五员，庶吉士共九员。嗣于乾隆五年吏部议定，初任未及三年，俱不准保列一等。其历次所保修撰庄培因，编修赵翼、韦谦恒，庶吉士褚廷璋等，俱系中书出身，积算前俸。庶吉士景福系壬申科进士，甲戌科未经散馆，至丙子历俸已满三年，是以循例保列。至三十六年四月，奉上谕：'本日引见京察各员内，翰林院庶吉士亦有列入一等者，该员尚未散馆授职，不应遽膺荐剡，著撤去。嗣后庶吉士保列一等之例，著停止。钦此！'"[①]

《清高宗实录》记载了乾隆三十六年庶吉士是否要京察之事。乾隆三十六年四月丁亥，"吏部带领京察保送一等之翰林院编修曹仁虎等五十一员……引见，得旨：曹仁虎、沈士骏……俱准其一等加一级，庶吉士吴寿昌尚未授职，不必入京察，著为令"[②]。

可见，在乾隆三十六年之前，庶吉士曾是京察的对象。这表明庶吉士被当作京官来对待。至于在乾隆之前庶吉士是否需京察，有待进一步考证。

四　皇帝把翰林院庶吉士当作官员看待

乾隆元年二月，大学士管吏部、户部尚书张廷玉等题奏：

> 词臣素沐国恩等事，该臣等查得雍正三年二月内阁学士福敏奏称，康熙四十二年圣祖仁皇帝特念庶吉士初入仕途，清苦可悯，恐其艰于衣食，不获专心读书……[③]

这反映了康熙帝认为庶吉士已经"初入仕途"，已拥有官员之身份。

乾隆十二年九月初九日，内阁奉上谕：

> 闽省请开海岛以广民业一案。兹据喀尔吉善、陈大受奏称，各岛田园无几，若议开辟，于民食终无所济，转于海防，大有未便。现在绅士不候查勘定议，先贴告条，招令渔佃诸人，向其批示，方许耕种，显欲包收众利，节次委员查勘，实在有损无益等语。从前议开岛屿，周学健原因民食起见，是以未详查而奏请。兹经该督抚查出情形，实由绅士图利，

---

① ［清］方濬师撰，盛冬铃点校：《蕉轩随录》卷七《庶吉士列京察》，北京，中华书局，1995年，第253页。

② 《清高宗实录》卷883，乾隆三十六年四月丁亥，第11册，第828页。

③ 《大学士管吏部、户部尚书张廷玉题报盐差、关差资助庶吉士之事》，见《宫中朱批奏折》，乾隆元年二月十八日，中国第一历史档案馆档号：04-01-35-0308-017。

借开垦之名，以为霸踞之地。既与民食毫无所补，著照旧严禁，永行停止。绅士受国厚恩，必持躬端谨，遵循礼法，始足为乡閭之表率，岂可不知检束，惟利是图。其占踞开垦，遍贴告条之绅士内进士、举人等，不思读书自爱，居乡多事，已属不合，然犹可诿曰未登仕籍。若原任郎中李德绚，庶吉士李修卿、孙拱极，侍卫林明，知县施廷瓒，俱已身列职官，理宜安分守法，而踰检贪利如此，甚属卑鄙，俱著交部察议具奏。①

乾隆帝认为庶吉士李修卿、孙拱极等与侍卫林明、知县施廷瓒，俱已身列职官，而进士、举人“未登仕籍”。

嘉庆五年五月二十五日，嘉庆帝诏谕：

刑部核覆，屯居汉军庶吉士赵继昌与袁凤瑞之妻袁赵氏通奸，将袁凤瑞诬欠控县，逼令退婚，收纳为妾，照依该督原拟，将赵继昌发往极边烟瘴地方充军一折。……该犯原系告假庶吉士……翰林院掌院及教习庶吉士各大臣，有稽察训课之责。于赵继昌告假期满，即当催令销假散馆，（如）看出文理荒谬，不能应试，即可据实参办。何得任其藉假迁延，致倚恃职官声势，奸淫横肆。②

这道谕旨，嘉庆帝指出告假庶吉士赵继昌“倚恃职官声势，奸淫横肆”。这表明嘉庆帝认为庶吉士是职官。

嘉庆十六年二月辛丑，嘉庆帝谕内阁：“给事中乔远瑛奏考试供事，请毋令翰林院编检及庶吉士代出图结一折。翰林为京员清秩，非在署行走司曹可比，若纷纷代供事出结考试，临期识认，于体制未协。嗣后各衙门考试供事，所有编修、检讨及庶吉士等官，不准出具图结。”③

在这道谕旨里，嘉庆帝也是把庶吉士与编修、检讨一同当作官员来看。通过对以上案例分析，可以说，清代皇帝一般已把庶吉士当作官员来看待。

---

① 《乾隆朝上谕档》，乾隆十二年九月初九日，第2册，第197页。另见《清高宗实录》卷298，乾隆十二年九月丙申，第4册，第902页。

② 《嘉庆道光两朝上谕档》，嘉庆五年五月二十五日，第5册，第274页。另见《清仁宗实录》卷68，嘉庆五年五月乙巳，第1册，第909页。

③ 《清仁宗实录》卷239，嘉庆十六年二月辛丑，第4册，第230～231页。另见《嘉庆道光两朝上谕档》第16册，第78页。

五　清代不少人把翰林院庶吉士当作官员来看待

除皇帝之外，清代不少人把庶吉士当作官员来看待。顺治九年四月初二日，吏科给事中高辛胤上奏道：

请酌行馆选旧例，重名器以襄圣治事。臣惟为治之道莫先于用人，用人之重且大者莫过于选庶吉士一事。盖庶吉士一官，原储侍从、讲读、著述、纂修之用，且见在则为清华近侍之臣，积久则司公辅启沃之任，所关匪小。①

给事中高辛胤把庶吉士当作官员来看。

在清代官员履历中，有把庶吉士当作官员看待之例。如：

郑为龙，山西太原府文水县人，年五十五岁，康熙四十二年进士，选授翰林院庶吉士，康熙四十七年告假回籍，于康熙五十三年因翰林院编修周金简等告病，九卿定议翰林官员有各馆纂修职掌，科道有言责关系，嗣后有告病者俱令休致。雍正元年钦奉恩诏以原官补用，即于本年十月内拣选，奉旨以外官用，十二月内补授山东莱州府胶州知州。雍正三年九月二十四日，奉旨轮流引见。

（朱批）人着实明白，去得，好知府。②

庶吉士郑为龙，在康熙年间因请假而休致，雍正元年“奉恩诏以原官补用”。此“原官”指庶吉士。这是指开复郑为龙庶吉士之职（参见第三章中庶吉士请假问题部分）。

从庶吉士被革职来看，反映在清代人们也是把庶吉士当作官员来看。光绪二十四年八月壬寅，诏谕：

湖南巡抚陈宝箴以封疆大吏滥保匪人，实属有负委任，陈宝箴著即行革职，永不叙用。伊子吏部主事陈三立招引奸邪，著一并革职，候补四品京堂江标、庶吉士熊希龄护庇奸党，暗通消息，均著革职永不叙用，

---

① 《吏科给事中高辛胤题请酌行馆选旧例》，顺治九年四月初二日，见第 14 册，第 7693 ～ 7694 页。另见《清世祖实录》卷 64，顺治九年四月癸卯（初二日），第 499 页上栏。

② 《雍正朝汉文朱批奏折汇编》第 35 册，第 395 页。

并交地方官严加管束。[①]

庶吉士熊希龄等人因“护庇奸党，暗通消息”，均被革职。

光绪三十一年（1905）五月辛丑，盛京将军赵尔巽上奏：“请将已革翰林院庶吉士熊希龄开复原官，发交奉省差遣委用。”[②]

由于在光绪二十四年至光绪三十一年之间，庶吉士熊希龄是在被革职没有叙用阶段，赵尔巽请求开复熊希龄之原官，就是开复庶吉士之职。可见，盛京将军赵尔巽等人也把庶吉士当作官员来看待。

清代还把庶吉士在庶常馆期间的学习，称作“供职”。道光二十年，署吏部尚书宗室敬征等上奏：

> 奏闻请旨事。查定例满洲文职官员如有修理坟茔等事告假，前往各处地方，现任官员由该堂官给假，候补候选者均由该旗都统给假咨部，由吏部核准后转行兵部给发路引并知照该督抚，令本员一到该处，即赴地方官衙门报明前往何处，所办何事？该地方官即据呈叙明事由、月日，限五日内详报督抚。该督抚接到告假之文，亦即勒限知照地方官核对原文咨部以凭销案等语。本年六月十一日，据教习庶常馆咨称庶吉士玉衡呈称系正红旗蒙古保定驻防，因祖茔年久坍塌，未经修理，告假两个月回保定府修理祖茔等因知照到部……
>
> 臣等查旗员告假修理坟茔，例应由臣部核准后移咨兵部给发路引，并一面知照该督抚查照办理，始准出京。今玉衡在庶常馆告假两个月，赴直隶保定府修理坟茔，自应听候臣部核准后，移咨兵部给发路引再行出京。乃该员并不遵例，径行呈报起程，且在该省展假，应请旨将该员交臣部照例议处，并请敕下直隶总督传令该员作速回京供职，所有臣等查明办理缘由理合缮折具奏，是否有当？伏祈皇上圣鉴。谨奏。[③]

据吏部尚书宗室敬征所奏可知，庶吉士玉衡是在庶常馆请假两个月。敬征奏请“敕下直隶总督传令该员作速回京供职”。由于庶吉士玉衡是在庶常馆请假，“回京供职”，应指回庶常馆供职，即指回庶常馆学习。

---

① 《清德宗实录》卷428，光绪二十四年八月壬寅，第6册，第615页。

② 《清德宗实录》卷545，光绪三十一年五月辛丑，第8册，第244～245页。

③ 《署吏部尚书宗室敬征奏庶吉士玉衡告假修坟不候路引径行起程折》，见《道光朝军机处录副奏折》，道光二十年九月初二日，中国第一历史档案馆档号：03-2698-002。

光绪五年，山西巡抚曾国荃奏：

再平定州在籍翰林院庶吉士黄汝香，经臣会同前工部右侍郎阎敬铭于光绪三年冬间，附片具奏邀该庶吉士在籍勷赈务，钦奉允准在案。两年以来，该庶吉士勤恳耐劳，躬亲巨细，刻刻以爱民济物为心，遐迩莫不推服，现在赈务告竣，据该庶吉士呈请入都供职前来，除分咨查照外，理合附片呈明，伏乞圣鉴。谨奏。

光绪五年十月二十九日，朱批："知道了。"①

黄汝香，光绪二年丙子科庶吉士，在山西办理赈务两年之后，于光绪五年"呈请入都供职"。光绪六年四月，散馆，黄汝香以知县用。② 黄汝香呈请入都供职，应指入庶常馆学习之事。

光绪二十一年四月初四日，张之洞在奏折中提到：

沈云沛，系请假回籍，现值假期届满，即当回京销假，自（应？）请旨准令该庶吉士俟军务平定之后，再行回京供职、散馆，实于防务有裨。谨合词附片具陈……

光绪二十一年五月初一日，朱批："著照所请。"③

张之洞，请求军务平定之后，再准庶吉士沈云沛回京供职、散馆。庶吉士沈云沛"回京供职"，应指回庶常馆学习之事。

可见，人们把庶吉士在庶常馆学习，称作"供职"。这反映了人们把庶吉士当官员来看，甚至将做庶吉士称作"居官"。雍正年间，"左春坊左谕德臣王希曾谨遵谕旨，举得现任翰林院庶吉士庄柱，江南常州府武进县人，居官勤谨，人品端方。谨奏"④。庄柱，雍正五年丁未科庶吉士，左谕德王希曾称其在庶吉士之任，"居官勤谨"。这明显是把庶吉士当官员

① 《山西巡抚曾国荃奏为翰林院庶吉士黄汝香在其籍勷赈事竣呈请进京供职事》，见《光绪宣统两朝军机处录副奏折》，光绪五年十月二十九日，中国第一历史档案馆档号：03-5142-081。

② 《清德宗实录》卷 112，光绪六年四月乙丑，第 2 册，第 652 页。

③ 《署理两江总督张之洞奏为翰林院庶吉士沈云沛假满因办团练请俟军务平定再行回京供职事》，见《光绪宣统两朝军机处录副奏折》，光绪二十一年四月初四日，中国第一历史档案馆档号：03-5904-008。

④ 《左谕德王希曾保举庶吉士庄柱之折》，见《宫中朱批奏折》，雍正三年，中国第一历史档案馆档号：04-01-30-0046-017。

来看。

除称庶吉士在学习期间为“居官”之外，人们还称庶吉士为“官庶常”。

“秦松龄，七岁读《中庸》，闭目潜思良久，告其师曰：‘吾识性矣。’十九，官庶常，世祖章皇帝召试咏鹤诗，有‘高鸣常向月，善舞不迎人’之句，指示阁臣曰：‘此人必有品。’置第一。”①

“裘琏，字殷玉，慈溪人康熙乙未进士，改庶吉士……困场屋者五十余年，迨成进士，官庶常，年已七十许矣，未几致仕归。”②

史书上还有很多“官庶常”的例子。可见，不少人把庶吉士当作官员来看待。

六　在朝廷筵宴等方面翰林院庶吉士也享有官员之待遇

“乾隆十五年庚午元旦，恩锡大廷筵宴，王大臣九卿而下，翰詹科道得与，庶吉士亦得与。自次年辛未后，元旦多停止筵宴，于是曾与斯盛者，益自幸荣遇躬膺，获饱饫尧尊舜卣也。”③

朝廷筵宴是一种重大活动，也是显示身份和地位的重要场合。乾隆十五年元旦，这次朝廷筵宴，除上自王、大臣、九卿，下至翰林院、詹事府官员和科道官参加外，庶吉士也参加。这反映出庶吉士享有官员之待遇。

七　从庶吉士的服色来看其官员待遇

我们再从庶吉士的服色加以考察。清代对官员的服色有严格的规定，庶吉士是否享有官员的服色？我们没有找到相关的明文规定，但从翰林院侍读学士薄海的一份奏折中可知庶吉士的服色。雍正年间翰林院侍读学士薄海上奏：

> 请酌改监生考职之例，以重名器事。……今查殿试进士鼎甲三名第一名则授职六品修撰，第二名、第三名授职七品编修，二甲三甲改庶吉士者以未入流借用七品服色，其余俱以七品知县选用。④

---

① 《己未词科录》卷 2，见《续修四库全书》第 537 册，第 137 页。

② ［清］阮元：《两浙輶轩录》卷 12，见《续修四库全书》第 1883 册，第 464 页。

③ 《郎潜纪闻二笔》卷 11《元旦恩锡筵宴》，见《郎潜纪闻初笔 二笔 三笔》，见《清代史料笔记丛刊》，第 528 页。

④ 《翰林院侍读学士薄海奏请酌改监生考职之例以重名器折》，见《雍正朝汉文朱批奏折汇编》第 33 册，703 ～ 704 页。

可见，庶吉士虽然没有官品，但已借用七品官的服色。

虽然难以明确断定庶吉士的身份，但庶吉士与进士、举人等士子的身份明显不同，不能说庶吉士还是“生”。虽然庶吉士还没有授职，但庶吉士的身份已经不是单纯士子，他们已身着官服，并在一定程度上享有官员的待遇。因此，可以说，庶吉士已拥有官员的身份，至少已是准官员。

结　语

明清时期政治体制发生重大变化，宰相制度废除，内阁制度产生、发展、完善。与这一体制相适应，在人才选拔和培养方面发生了重大变化，其中最大的发展变化是创立和完善了翰林院庶吉士制度。庶吉士制度成为明清两代重要的选拔、培养高层次人才的制度。这一制度对明清政治、文化诸方面产生重大影响。明清两朝政治与这一制度产生密切联系。

一、明清政治文人化完全确立，政治具有鲜明的翰林色彩，“宰相须用读书人”的理念进一步落实

隋唐时期科举制度创立，标志文人的政治地位、社会地位提高，即标志政治向文人化发展。宋太祖提出“宰相须用读书人”的理念，宋代科举获得很大发展，这一切促使文人的地位进一步提高，政治进一步文人化。

明清时期科举制度发展到鼎盛时期，不仅体现在科举制度本身的发展、完善，更重要的体现在士子地位的提高和翰林院庶吉士制度的创立。明代开创进士授职七品官的制度，极大提高了科举的影响力；创立翰林院庶吉士制度，进一步提高了科举和文人的影响力。没有取得科举功名的官员，特别是没有翰林身份的官员往往被边缘化。从此完全确立了政治文人化。

明制，一甲进士直接进入翰林院。永乐之后，进入翰林院的人员，除一甲进士，其余均为庶吉士。庶吉士构成翰林官的主体。明朝，由进士进入翰林院，再进入内阁的宰辅始于正统五年。正统五年二月，“命翰林院侍讲学士马愉、侍讲曹鼐文渊阁办事”①。马愉是宣德二年丁未科一甲进士、曹鼐是宣德八年癸丑科一甲进士。正统十年十月，升侍讲学士高谷为工部右侍郎，进入内阁。高谷是永乐十三年乙未科庶吉士。高谷成为第一位由庶吉士出身的内阁宰辅。从此，明代内阁宰辅一般从翰林进身，没有

① 《明英宗实录》卷 64，正统五年二月乙亥，第 1215 页。

翰林身份的官员很难进入内阁，逐渐形成“非进士不入翰林，非翰林不入内阁”的规制，翰林院与内阁产生密切的内在联系。

清代沿袭明制，虽然满洲、蒙古士子并没有完全遵从“非进士不入翰林，非翰林不入内阁”这一规制，但对汉人士子的升迁来说，基本遵从明代这一规制。

“宰相须用读书人”的理念进一步落实，不仅体现在明清内阁大学士（除部分满洲大学士外）均由进士进身，绝大部分拥有翰林身份上，也体现在明清时期九卿由翰林进身的人数不少上。正如乾隆年间礼部右侍郎方苞在奏疏中所言：“臣自有知识，窃见内阁、九卿出于翰林者十常七八。”①

明清两朝内阁大学士、九卿等高级文职官员大多拥有翰林身份，他们活跃于政治、文化诸方面，从而使明清政治具有鲜明的翰林色彩，政治进一步文人化。

二、翰林院庶吉士制度形成选才、育才、用才的一个完整体系

翰林院庶吉士制度由馆选、培养、授职构成一个完整体系。这一体系一直处于发展之中，趋于更加完善。

（一）高度重视翰林院庶吉士的选拔，不断完善馆选方式

洪武十八年始有庶吉士之名。不过洪武年间庶吉士属于观政进士，与其他进士在九卿衙门观政有别，庶吉士是在近侍衙门观政。永乐年间，翰林院庶吉士制度基本确立，此后不断发展完善。清承明制，对庶吉士制度进行改革和完善。

清代翰林院庶吉士的选拔和发展主要表现在每科均馆选和馆选方式的不断完善等方面。

清代馆选的发展首先表现在每科均馆选。明代不是每科都选拔庶吉士，从永乐以来的 81 科进士，共有 55 科选拔了庶吉士。明代每科选拔的庶吉士人数一般在二三十人左右，从永乐到崇祯年间共选拔了 1322 名左右的庶吉士。清代每科进士，均选拔庶吉士，而且选拔人数增多。清代 112 科进士，共馆选 5723 名庶吉士，平均每科馆选 51 名庶吉士。清代庶吉士的规模远远大于明代。这体现了清朝对庶吉士的重视。

清代馆选的发展更主要表现在馆选方式的不断完善上。明朝永乐以来馆选方式一直在变化，直到弘治六年确定馆选方式。这一馆选方式是：先

---

① 《望溪先生文集》集外文卷 2《奏札·请定庶吉士馆课及散馆则例札子》，见《续修四库全书》第 1420 册，第 566 ～ 567 页。

令新进士到九卿衙门观政，然后准许想参加馆选的进士向礼部递交文章；礼部审阅进士的文章，进行初选，再由内阁会同吏部、礼部考试，选拔庶吉士。清初顺治年间因承明代这一馆选方式，先令新进士观政，再由内院或由内院会同吏、礼二部考试选拔，报皇帝认可。后来，这一馆选方式演变为由皇帝来钦点庶吉士。

清朝什么时候开始由皇帝钦点庶吉士？限于我们所掌握的史料，难以作出明确判断，但至少到康熙年间确定了钦点庶吉士的馆选方式。从此，内院（康熙九年改内院为内阁）就没有拟选庶吉士的权力了。

雍正年间，是庶吉士选拔方式再次发生较大变化的阶段，主要表现在创建了朝考制度，完善了馆选方法。道光年间，对朝考制度进行改革。在道光二十四年之前，从朝考卷中选出几十份优秀试卷，作为朝考入选之卷，而其他朝考卷不排名次。朝考入选者在钦点庶吉士时占有明显的优势。从道光二十四年甲辰科开始，朝考分等第名次，一般分为三等，也有分为四等的，朝考一等者的人数与道光前的朝考入选人数大致相等。朝考一等者，在钦点庶吉士时占有明显优势；朝考二等者，对边远小省来说，入选庶吉士的概率要大些，而对江浙等大省来说，则入选庶吉士的概率要小些；朝考三等者，几乎不能入选庶吉士。

清代完善馆选方式还表现在确立分省馆选的原则，合理构建庶吉士群体。康熙五十二年癸巳恩科会试，开始按省确定中额，但没有分省引见新进士。乾隆三十一年开始分省引见新进士，从而确立了分省馆选的原则。此前，一些小省多科没有进士入选庶吉士，而确立分省馆选原则之后，在馆选时既看进士的成绩，又权衡各省庶吉士的人数。从此，一般每科各省均有进士入选庶吉士，这对边远省份的士子是极大的鼓励。这一举措不仅进一步发挥翰林院庶吉士制度选拔人才、笼络人才的功能，也促进了边远省份的文化发展。同治、光绪年间边远省份的庶吉士大多是朝考一等者。这成为边远省份文化获得发展的一个标志性成果之一。

清后期（我们暂且界定为道光以来，最迟在同治以来）进一步完善馆选方式，主要表现在钦点庶吉士不仅看朝考成绩，同时也参看会试覆试成绩。覆试的本来目的是“杜倖进，拔真才”，是惩处舞弊行为和防止舞弊行为的发生，但随着覆试制度化之后，覆试的目的不仅仅是“杜倖进，拔真才”，同时发展为对士子文化素质的再一次考量。

乾隆、嘉庆年间少数覆试不入等的进士也钦点为庶吉士，表明当时选拔庶吉士不参看覆试成绩。清后期钦点庶吉士参看覆试成绩，增加了一个馆选参考因素，从而使馆选更趋合理化。清后期朝考一等、覆试一等者大多是二甲进士，这反映科举取士的公正性和合理性。正是科举取士的这一公正性和合理性不仅笼络士心和民心，同时加强和巩固了多民族国家的统一。科举制度和翰林院庶吉士制度在提高中华民族文化素质和巩固国家统一方面作出重要贡献。

清代在不断完善馆选方式的同时，加强了皇帝的用人权。顺治、康熙初年，由内院负责选出部分进士，加以考试选拔。创立朝考制度，就正式否决了内阁在馆选上的初选权，即不再需要内阁会同吏、礼二部对进士加以考试选拔。

这不仅否决了内阁的初选权，而且进一步剥夺了大臣在馆选时的保举权。在顺治年间以及康熙初年，由于馆选是由内院（或内院会同吏、礼二部）选出部分新进士加以考试选拔，因此，就没有必要再需大臣保举。从康熙十二年之后，基本停止了对新进士考试，可能给予大臣一定的保举权，如大学士李光地在馆选时就多次推荐、保举人才。

雍正年间，大臣的保举在馆选时发挥较大作用。入选者大多需大臣保举，没有保举而入选庶吉士则被视为“异数”。乾隆二年，在四川道监察御史程盛修的奏请下，停止在馆选时保举新进士。停止保举新进士之后，乾隆变通馆选方法，即在新进士朝考之后，令王、大臣验看，将新进士分别等次，再由皇帝钦点庶吉士。乾隆三十一年停止王、大臣验看、拣选。从此之后，皇帝钦点庶吉士时，不再需大臣保举、验看、拣选。

雍正以来，创立了朝考制度，并停止大臣保举、拣选，一方面馆选显得更公正，更合理，但另一方面是皇帝在不断地剥夺大臣馆选时的作用，逐渐把选拔权牢牢控制在一己之手，进一步加强了君主的用人权。

（二）不断完善对翰林院庶吉士的培养方式

清朝重视对庶吉士的培养。明代以翰林院、詹事府资深官员为庶吉士的教习，清朝则派大臣出任教习，以大学士、六部尚书、侍郎等大臣担任庶吉士的教习，即大教习。

为了衡量培养效果，同时为了督促庶吉士潜心学习，朝廷定期对庶吉士进行考课。明代对庶吉士的考课有“馆试”“阁试”之分，不仅翰林院要定期对庶吉士进行考课，内阁也定期对庶吉士进行考课。清初承袭明制，对庶吉士的考试还有“馆试”“院试（阁试）”两类。大致从乾隆年间确定小教习制度之后，对庶吉士的考课变成“大课”“小课”两类，即分别由大教习、小教习对庶吉士进行考试。

在乾隆年间，或间月一次大课，或一年两次大课，嘉庆之后大课的次数减少，以致清后期，每科庶吉士只大课两次，即一次开课，一次关门课。大课之日，大教习要解决庶吉士的吃饭问题，一次大课花费数十金。这是造成大课次数由多到少的重要原因。大课次数的减少，不利于庶吉士的培养。

由大学士、尚书、侍郎等高官充任大教习，体现朝廷对培养庶吉士的重视。由于庶吉士教习大臣均是兼职，他们忙于政务工作，难于脱身去庶常馆，对庶吉士的学习进行指导、监督。据《翁同龢日记》记载，工部尚书翁同龢光绪九年出任庶吉士大教习，六月十一日赴翰林院与庶吉士行相见礼，七月初一日，诣庶常馆开课，十二年三月十五日，到庶常馆举行大课（关门课）。三年大教习任内，翁同龢可能到庶常馆仅两次。可见，由大臣来充当教习，由于没有时间与庶吉士接触，难以对庶吉士进行指导。

正是鉴于教习大臣不能专职对庶吉士进行培养、考课、管理，因此，除派大教习外，还分派小教习。小教习由翰林院掌院学士与教习的大臣从翰林官中选派，具体负责庶吉士的学习、培养。不仅习清汉书的庶吉士分派小教习，翻译庶吉士也分派小教习。每科小教习人数一般在 6 至 9 人，多时也有 11 人的，每位小教习负责数名庶吉士的培养。实行小教习制度，使庶吉士的培养落到实处。这一举措加强了对庶吉士的培养，提高了培养效果。

（三）在培养上强调读书、立品

清朝统治者强调翰林官、庶吉士的学问、品行。为此，要求翰林官、庶吉士潜心读书，敦修品行，不干预外事。康熙二十四年五月，康熙帝对新入选的庶吉士张希良等勉励：

> 士子读书稽古，原期穷理致用，平居砥砺廉隅、敦修品行，皆为异日服官莅政之本。迨一登仕路，志在功名，未免专意求进，干营奔竞，丧其怀来，往往有之。尔多士从田间来，甫通仕籍，务宜率其素履，不改初心。凡授内外职任，其各加黾勉。清操自矢，恬静寡营，循分尽职，洁己爱民，以副朕造就人才至意。①

康熙帝要求庶吉士，“砥砺廉隅、敦修品行”、不改初心。康熙帝多次强调翰林官要读书立品。康熙五十二年十月，谕大学士等：“翰林官关系紧要，必读书立品，方称厥职。”② 康熙二十五年八月二十六日，康熙帝对身

① 《清圣祖实录》卷 121，康熙二十四年五月庚申朔，第 2 册，第 270 ～ 271 页。

② 《清圣祖实录》卷 256，康熙五十二年十月癸卯，第 3 册，第 538 页。

边大臣说："翰林衙门原无他事，不必见才，惟闭户读书，方称其职。若学问荒疏，好干外事，岂可列于翰林乎？"①

康熙帝强调读书、立品，要求翰林少交游。康熙二十七年十一月十八日，他对身边大臣说："翰林官往来交结者甚多，熊赐瓒并无交游，品行最优，学问亦佳。"② 他认为翰林熊赐瓒品行最优，是因为熊赐瓒闭户读书，无交游。

雍正帝、乾隆帝、道光帝等也多次强调翰林读书、立品的重要性。雍正元年十月，谕大学士："国家建官分职，于翰林之选，尤为慎重，必人品端方、学问醇粹，始为无忝厥职，所以培馆阁之材，储公辅之器也。"③

清朝统治者为什么强调翰林潜心读书，敦修品行，少交游，不干预外事？

这涉及素养与技能的关系。为官是一种技能，属于"术"和"末"，而读书、立品的目的是提升素养，是为官之"本"。潜心读书，敦修品行，澹泊明志，有定力，有气度，这是为官之本。清朝统治者之所以强调翰林潜心读书，敦修品行，是对他们寄以厚望，希望翰林能成为"公辅之器"，成为儒雅有气度的大臣而不是吏员型的官僚。为官的技能不难学，难的是为官的素养。雍正二年十二月，雍正帝谕刑部：

> 刑名案件，最为紧要。朕所赖者，诸大臣之赞襄。诸大臣所赖以办事者，各司之尽职。是以每司必得一二实心办事、才能之员，方有裨益。朕思翰林院满汉编修、检讨、庶吉士，俱系进士出身，伊等即未必素谙律例，亦必不难于练习。④

雍正帝认为翰林院编修、检讨、庶吉士，"未必素谙律例"，由于有较高的文化素养，分发刑部，能很快胜任。这表明为官的技能对翰林来说不是难事。

翰林平时悠闲无事，但也是经济拮据之时。这是对翰林的考量。可以说，对翰林的培养在某种程度上是践行"天将降大任于是人也，必先苦其

---

① 《清代起居注册·康熙朝》，康熙二十五年八月二十六日，中华书局，第20册，第10258页。

② 《清代起居注册·康熙朝》，康熙二十七年十一月十八日，中华书局，第24册，第12161页。

③ 《清世宗实录》卷12，雍正元年十月乙丑，第1册，第223页。

④ 《清世宗实录》卷27，雍正二年十二月甲戌，第1册，第413页。

心志，劳其筋骨，饿其体肤，空乏其身，行拂乱其所为，所以动心忍性，曾益其所不能”的理念。

正是由于翰林经培养，素养获得较大提升，因此与他官有所不同。正如康熙帝所言：“朕观由翰林升任官员，行止犹知顾体与众迥异。”[①]

（四）翰林院庶吉士仕途优越

一般庶吉士在馆培养三年之后散馆，如遇恩科则在馆一年或两年就散馆。由于选拔、培养庶吉士的主要目的是为翰林院输送人才，为朝廷储备人才，因此，散馆主要去向是留在翰林院，授职编修、检讨。

为了加强对庶吉士的培养，清朝将少数散馆成绩差的庶吉士或革职，或留馆再学习三年。这一举措对其他庶吉士起一种警示作用。一甲进士与庶吉士一同在庶常馆学习，少数散馆成绩不好的一甲进士或留馆再培养，或改授他职。这一举措也是对其他一甲进士起一种警醒作用。在明代从没有因散馆成绩差而将庶吉士革职的，有宽待士子的一面，而清朝将少部分散馆成绩差的庶吉士革职，革去做官的资格，这也有薄待士子的一面。

清朝沿用明朝庶吉士的任使原则，但在授职方面，有一点与明朝有很大区别。明朝一般是由内阁拟定庶吉士授职，再报皇帝批准，皇帝基本不加以干涉，而清朝大臣在庶吉士的授职上毫无权力，完全由皇帝一人来钦定庶吉士的去向。点翰林是清朝的特有名词，皇帝不仅钦点庶吉士，而且决定庶吉士的去向。

可见，从庶吉士的选拔到授职，明显体现了清代君主专制得到进一步发展。清朝皇帝勤政本是好事，但大小事情均由皇帝一人来定夺，这表现出独裁专制的一面。

三、清代翰林院庶吉士制度，注重满汉沟通，促进了满洲汉化

清朝以“国语骑射”为基本国策，但也注重满汉沟通。在庶吉士培养方面，清代最明显的特色是将庶吉士分为习清书、汉书两类加以培养。清代从首科庶吉士就开始分派汉人庶吉士习清书。顺治、康熙时期每科部分甚至全部汉人庶吉士习清书。庶吉士是进士中的精英，令汉人庶吉士习清书，一是加强汉人士子与皇帝的沟通，二是加强在京的满汉官员的沟通。不少习清书庶吉士进身为有影响的大臣，如李光地、张廷玉、刘统勋、朱珪、林则徐等。随着满洲不断汉化，清朝皇帝逐渐减少习清书的庶吉士人

---

① 《清代起居注册·康熙朝》，康熙三十七年十二月六日，联经出版事业公司，第 12 册，第 6757 ～ 6758 页。

数，以致在道光十八年戊戌科就停止分派庶吉士习清书。停止分派庶吉士习清书标志满洲汉化达到一个新阶段。

清朝最高统治者不仅令部分汉人庶吉士学习清书，同时逐渐停止以习清书的方式培养满洲庶吉士，而令所有满洲庶吉士以习汉书的方式加以培养。满洲最优秀的士子学习汉文化、儒家文化，给八旗士子起了示范作用。这一政策既加强了满汉沟通，同时促进了满洲汉化，从而为民族团结作出重要贡献。

四、翰林院庶吉士制度促使尊重翰林、尊重文化人的风气形成

庶吉士之选，号为清华之选。清代帝王认识到庶吉士"清华宠异"，地位优越。正如顺治帝谕内三院所言："朕稽往制，每科考选庶吉士入馆读书，历升编、检、讲、读及学士等官，不与外任，所以谘求典故，撰拟文章。充是选者，清华宠异，过于常员。"① 翰林素有词臣之称。词臣享有很高的社会地位。正如张廷玉所言："仕宦者以科目为荣，若科目而至词臣则荣之荣矣。"②

在清代，士子以入选庶吉士为荣，甚至认为进入翰林才算尊贵。明清科举考试中最看重的是能否入选庶吉士，进入翰林之列。正如清人钱维城所言："士子重科目，科目重翰林。"③

尊重翰林，就是尊重文化人。翰林是进士中的精英，有很高的文化素养，仕途优越，有望成为"公辅之器"。

五、翰林院庶吉士制度的历史贡献

如何评价翰林院庶吉士制度？以什么标准来评价这一制度？

翰林院庶吉士制度是科举制度的产物，评价翰林院庶吉士制度需与评价科举制度联系起来。

（一）达到了"拔十得五"的目标

科举制度成为隋唐以来，选拔士子、为官僚队伍输送人才的选官制度。在当时的历史条件下，科举制度成为最公正、最合理的选官制度。

当然，通过科举选拔出来的官员，既有合格、优秀的国家治理人才，也有平庸之辈。这一点统治者早就有所认识，并将科举取士的理想目标定

---

① 《清世祖实录》卷73，顺治十年三月己巳，第578页。

② ［清］张廷玉：《序》，见《国朝馆选录》，清刻本。

③ ［清］钱维城：《茶山文钞》卷9《谢去翁五十寿序》，见《钱文敏公全集》，清乾隆刻本。

为“拔十得五”。宋太宗的认识就很有代表性。宋太宗曾对侍臣说：“朕欲博求俊彦于科场中，非敢望拔十得五，止得一二，亦可为致治之具矣。”① 宋太宗希望通过科举，博求俊彦，并不奢望“拔十得五”。这反映宋太宗对科举取士的理性认识。

科举取士的理想目标是“拔十得五”，同样翰林院庶吉士制度的理想目标也是“拔十得五”。乾隆年间程景伊在奏疏中言及：“国家内外庶官皆有定额，独翰林编检不设常员，我朝康熙雍正间多至二百余员，少亦一百余员不等，正以馆职优游，从容培养，冀其有所成就，为国驰驱，亦拔十得五之意也。”②

翰林院庶吉士制度是否达到了“拔十得五”的目标？

翰林院庶吉士制度是科举制度的产物，它成为清代重要的选拔人才、培养人才的制度。庶吉士制度的推行，为清代选拔和培养了一大批高级文职官员，它在清代人才选拔、培养制度中占有重要地位。

首先，这一制度为清代翰林院、内阁培养和输送了不少合格人才。有清一代 60% 的庶吉士授职翰林官，庶吉士成为翰林官的主要来源。馆选素称“清华之选”，能入选的大多是进士中的精英。经培养、任用，涌现出一大批杰出人才，如对清代政治产生重要影响的张英、张廷玉、年羹尧、刘统勋、尹继善、陈宏谋、林则徐、曾国藩、李鸿章等人均由庶吉士出身。正如清人所言：“每一科赐第之后，必选天下英俊魁硕之士，教之养之，既成而后授职，一代之相才出其中，一代之名臣亦往往出其中。”③

我们以《清史稿·大学士年表》为底本，参照《清代职官年表》，统计出：清代共 204 名大学士，其中宗室 9 人，满洲 71 人，蒙古 9 人，汉军 20 人，汉人 95 人。汉人大学士中有 49 人出身于庶吉士；宗室大学士中有 3 人出身于庶吉士；满洲大学士中有 7 人出身于庶吉士；蒙古大学士中有 3 人出身于庶吉士；汉军大学士中有 2 人出身于庶吉士。庶吉士出身的大学士总数：64 人（参见附表七《清代翰林院庶吉士官至最高职位统计表》），其中汉人达 49 人。一甲进士官至大学士的有 16 人（参见附表八《清代一甲进士官至最高职位统计表》）。由庶吉士出身的大学士占大学士总数的 32.4%。这一比例反映庶吉士出身的大学士所占的比例不高，这主要由于满洲大学士大多不是翰林出身。满洲大学士由庶吉士出身的仅占

① ［元］脱脱：《宋史》卷 155《选举一》，北京，中华书局，1985 年，第 3607 页。

② ［清］程景伊：《云塘文集》卷 3《奏疏·庶吉士散馆事宜疏》，清乾隆刻本，第 16 ～ 17 页。

③ 《兼济堂文集》卷 8《宫定庵馆课序》，第 202 页。

9.9%。汉人 95 名大学士由庶吉士出身的比例达 51.6%。汉人大学士由翰林出身（包括一甲进士）的共 65 人，占汉人大学士的 68.4%。明代庶吉士出身的阁臣达 52.7%。[①] 清代汉人大学士由庶吉士出身的比例与明代相当。可见，庶吉士出身的官员成为清代内阁大学士的重要来源。

其次，庶吉士制度也为朝廷其他机构输送了一批高级人才。庶吉士出为部属等官，其中不少官至各衙门的堂上官，甚至九卿。据附表七《清代翰林院庶吉士官至最高职位统计表》可知：由庶吉士出身官至从一品的官员有 125 人，正二品的有 69 人。可以说庶吉士出身的官员在部院衙门占有一定的比例。乾隆十六年，江南道监察御史欧阳瑾在奏折中提到："窃见在廷汉大臣自大学士以及九卿其不由翰林出身者止数人耳，是国家于翰林用之重也。"[②] 欧阳瑾所言在一定程度上反映大学士、九卿等大臣由庶吉士出身者占有较高比例。

可以说，翰林院庶吉士制度达到了"拔十得五"的目标。

（二）通过这一制度培养出一大批忠君爱国的栋梁之才

正是强调翰林读书、立品，翰林出身的官员一般能恪守职责，成为忠君爱国的栋梁之才。在朝廷危难之时，也没有出现叛臣。庶吉士出身的曾国藩组建湘军，在镇压太平天国运动中崛起，但他并没有背叛朝廷，且为维护清朝的统治作出巨大贡献。

（三）这一制度的推行，提高了官僚队伍的文化素质

清代 5732 名庶吉士（包括乾隆年间修书而钦赐庶吉士的 9 人），占清代进士 26849 人的 21.35%。据附表六可知，除 33 名庶吉士被革职、316 名庶吉士没有散馆授职外，其余 5383 名庶吉士先后授职为官，他们大多在京为官。至少可以说，在京的官员文化素质整体得到了提高。不仅是庶吉士出身的官员文化素质得到提高，同时他们带动其他官员提升了文化素质。

当然，庶吉士制度不是尽善尽美，也有不足的一面。

一是通过此途选拔、培养出来的官员，其中有部分是低能之辈。由于馆选着重强调入选人的文辞，而忽视他们处理政务的能力，加上庶吉士进学，不少时间花在学作诗文上，缺少实际锻炼；而在任使时，又以文辞优者为翰林官，因此，通过庶吉士一途选拔和培养出来的官员，其中不乏处

---

① 参见邹长清：《明代庶吉士制度探微》，《广西师范大学学报》（哲社版）1998 年第 2 期。

② 《监察御史欧阳瑾奏庶吉士告假宜明禁等事折》，见《宫中朱批奏折》，乾隆十六年五月十八日，中国第一历史档案馆档号：04-01-38-0069-013。

理政务能力较差之辈。一些翰林出身的官员善于文辞，而从政非其所长。

二是推行这一制度，造成一定程度上的人才浪费。明代永乐到崇祯年间共选拔了1322名庶吉士，占明代进士24599人的5.4%。清朝从开科以来，每科均选拔庶吉士。在嘉庆以前，每科馆选人数不多，一般馆选三四十人，但从嘉庆以来，鉴于进士仕途难以疏通，就增加庶吉士名额，一般每科馆选六七十人，甚至多达90人以上，如嘉庆七年壬戌科选拔91名庶吉士、光绪十八年壬辰科选拔95名庶吉士。因此，庶吉士人数激增，清代共馆选5723名庶吉士，是明代庶吉士的4倍多，占清代进士26849人的21.3%。

可见，庶吉士一途在为翰林院输送了大批人才的同时，也造成人才浪费。明代对翰林院各职的人数有规定，而清代对翰林院编修、检讨等职没有名额限制。明朝官员建议每科留三五人为好，而清朝往往一次授职翰林官的人数多达二三十人。到清后期由于仕途壅滞，留翰林院的人数更多，往往一次散馆授职翰林的高达五六十人，如同治七年壬辰科散馆授职翰林的是56人，同治十年辛未科、光绪二年丙子恩科、光绪十五年己丑科三科留馆人数均是61人（参见附表四《清代散馆等第名次及授职表》）。这导致翰林官过多，仕途难以疏通，人才浪费。当然这是由当时的政治体制所决定的，即由于庶吉士的出路有限，导致仕途壅滞。

尽管庶吉士制度存在或这或那的弊端，但是，在当时的历史条件下，清王朝通过这一制度确实选拔和造就了一大批优秀的高级文职官员，达到了“拔十得五”的目标，并为优秀的人才提供施展才能的舞台，为巩固清王朝的统治和维护国家统一作出了重要贡献。

附表一 清代分省庶吉士人数统计表

省（旗）科名	宗室	满洲	蒙古	汉军	直隶	奉天	江苏	安徽	江西	浙江	福建	山东	山西	河南	陕西	甘肃	湖北	湖南	四川	广东	广西	云南	贵州	翻译庶吉士	合计
顺治三年丙戌科					15+ 2*	1	2			3	1	9+ 1*	5	8	1		1								46+ 3*
顺治四年丁亥科					4		4+ 2*	2+ 1*	1	2		1	2	1	1		2								20+ 3*
顺治六年己丑科					8		7	2	1	5+ 1*	2	5	1	4	2		2+ 2*						1		40+ 3*
顺治九年壬辰科				4	5+ 1*		4+ 2*	1	4	5	4	4	2	4	2		4			1					44+ 3*

（续表）

省（旗）科名	宗室	满洲	蒙古	汉军	直隶	奉天	江苏	安徽	江西	浙江	福建	山东	山西	河南	陕西	甘肃	湖北	湖南	四川	广东	广西	云南	贵州	翻译庶吉士	合计
顺治九年壬辰科满洲榜		4+ 3*	2																						6+ 3*
顺治十二年乙未科					4+ 1*		7+ 1*			7+ 1*	2	6	1		2		1								30+ 3*
顺治十二年乙未科满洲榜		6+ 3*																							6+ 3*
顺治十五年戊戌科					5	1	2+ 2*	0+ 1*	2	6	1	5	2	2			5	1							32+ 3*
顺治十六年己亥科					11		8+ 3*	1	2	6		5	2	1	2		2		1						41+ 3*
顺治十八年辛丑科					3		3+ 1*			0+ 1*	1		1		1		1		0+ 1*						10+ 3*
康熙三年甲辰科							4+ 1*		1	6+ 1*			1	0+ 1*				1		1	1				15+ 3*
康熙六年丁未科							3+ 2*	1	2	2	1	0+ 1*	1	2											12+ 3*

（续表）

省（旗）科名	宗室	满洲	蒙古	汉军	直隶	奉天	江苏	安徽	江西	浙江	福建	山东	山西	河南	陕西	甘肃	湖北	湖南	四川	广东	广西	云南	贵州	翻译庶吉士	合计
康熙九年庚戌科		3		5	3		4+ 1*	1	1	3+ 2*	2	3	1						2						28+ 3*
康熙十二年癸丑科		1		3	3		7+ 3*	1	1	7	1	3	2	1					1	1					32+ 3*
康熙十五年丙辰科				2	3+ 1*	1	6+ 1*		1	6+ 1*		4	3	2	1		1			1			1		32+ 3*
康熙十八年己未科					3		4+ 1*	4+ 1*	1	6+ 1*	1	6	1	2	1		1			1			1		32+ 3*
康熙二十一年壬戌科					3		9+ 1*	2	2	5+ 2*	2	1	1	2	3		2								32+ 3*
康熙二十四年乙丑科					3		4+ 2*	3	2	4+ 1*	1	4	2	2	2		3	1	1	1	1	1			35+ 3*
康熙二十七年戊辰科					2		8+ 1*	1	2	5+ 2*	1	4	1	2	3		2		1	1		1			34+ 3*

（续表）

省（旗）科名	宗室	满洲	蒙古	汉军	直隶	奉天	江苏	安徽	江西	浙江	福建	山东	山西	河南	陕西	甘肃	湖北	湖南	四川	广东	广西	云南	贵州	翻译庶吉士	合计
康熙三十年辛未科		2		1	0+1*		9+1*	1+1*	2	4	2	2	1	3	1	1	1	1	1	1					33+3*
康熙三十三年甲戌科		7		2	5		6+2*		2	4+1*		1	1	2	2		2	1	1	1	1	1	1		40+3*
康熙三十六年丁丑科		6		1	1	1	4+2*		2	1+1*	1	2	4	1			2	1	1	1		1	1		31+3*
康熙三十九年庚辰科		3		3	4		7+2*	1	2	4	1	2	4	1+1*	3		2		1	2	1	1	1		43+3*
康熙四十二年癸未科		6		2	4		9+2*	4	1	7	2+1*	3	1	2	2		1	1			1	2	1		49+3*
康熙四十五年丙戌科		3			1		12+2*		4	9+1*	2	3	2	2	3	1		2	1	1	1	2	1		50+3*

（续表）

省（旗）科名	宗室	满洲	蒙古	汉军	直隶	奉天	江苏	安徽	江西	浙江	福建	山东	山西	河南	陕西	甘肃	湖北	湖南	四川	广东	广西	云南	贵州	翻译庶吉士	合计
康熙四十八年己丑科		2			4		19+ 2*	1+ 1*	3	7	2	3	2	5	3		3	1	1	3	1	2	2		64+ 3*
康熙五十一年壬辰科		3			5		27+ 2*	1	2	6+ 1*	2	2	1	3	4		2		2	1	1	2	2		66+ 3*
康熙五十二年癸巳恩科		3		2	3+ 1*		9+ 2*	1	5	7	1	1	3	3	3		2		2	3	2	1	2		53+ 3*
康熙五十四年乙未科		3		2	4		6+ 2*	1	2	9+ 1*	3	1	1	2		1		1	2	2	1	2	1		44+ 3*
康熙五十七年戊戌科		2		1	3	1	9+ 1*	2+ 1*	2	11+ 1*	3	1	4	1	2	2	2	1	2	1	2	1	2		55+ 3*
康熙六十年辛丑科		2			7		12		4	11	5+ 1*	3+ 1*	1	0+ 1*	2	1	5	1	2	2	1	1	2		62+ 3*
雍正元年癸卯恩科		5	1		3		12+ 2*	4	6	11	1	5	2		1		0+ 1*	1		2	2	1	1		58+ 3*

（续表）

省（旗）科名	宗室	满洲	蒙古	汉军	直隶	奉天	江苏	安徽	江西	浙江	福建	山东	山西	河南	陕西	甘肃	湖北	湖南	四川	广东	广西	云南	贵州	翻译庶吉士	合计
雍正二年甲辰科		3		1	3+ 1*		11+ 1*	3	2	12+ 1*	1	2					2								40+ 3*
雍正五年丁未科		3		1	4		9+ 2*		1		3+ 1*	3	2	2	1			1	1	1	2	1	2		37+ 3*
雍正八年庚戌科		4	1	1	2		17	3	2	12+ 3*	3	1	1	1	1		1	1	1	1		1	1		55+ 3*
雍正十一年癸丑科		6		1	0+ 1*		15+ 2*	4	2	12	5	4	2	3	2			5	1	4	1	1	2		70+ 3*
乾隆元年丙辰科		5			2	1	8+ 1*	6	4	10+ 1*	3	3+ 1*	3	3	2		3	1	2	3	1	2	2		64+ 3*
乾隆二年丁巳恩科		5		1	3		4+ 2*	2	3	5	2+ 1*	4	3	2	3		2	4	4	3	3	4	2		59+ 3*
乾隆四年己未科		4	1	1	5		10+ 1*	2	4+ 1*	8	4	5	1	2	3		1	3	2	2+ 1*	2	1	2		63+ 3*
乾隆七年壬戌科		4	1	1	4		6+ 2*	2	3	6+ 1*	4	4	1	3	1		3	2	2	2	2	1	2		54+ 3*
乾隆十年乙丑科	1	3	1	1	5		8+ 2*	2	2	6+ 1*	2	3	1	3	1	1	1	3	1	2	1	2	1		51+ 3*

（续表）

省（旗）科名	宗室	满洲	蒙古	汉军	直隶	奉天	江苏	安徽	江西	浙江	福建	山东	山西	河南	陕西	甘肃	湖北	湖南	四川	广东	广西	云南	贵州	翻译庶吉士	合计
乾隆十三年戊辰科	2	2	1	1	4		6+ 1*	3	3	8+ 2*	3	3	2	2	1		1	1	2	2	1	1	2		51+ 3*
乾隆十六年辛未科		2		1	2	1	6	4	2+ 1*	4+ 2*	2	4	1	1	2		1	2	1	2	2	1	1		42+ 3*
乾隆十七年壬申恩科		2		1	3	1	4+ 2*	2	2	6+ 1*	1	3	2		1		1	1	1	1	2	2	2		38+ 3*
乾隆十九年甲戌科		2		1	3		3+ 2*	2	2	4+ 1*	1	3	2	1	1		2	2	1	1	1	1	2		35+ 3*
乾隆二十二年丁丑科		2			1		4+ 1*	3+ 1*	4	4+ 1*	2	2	1	1	2		1	1	1	1	1	2	1		34+ 3*
乾隆二十五年庚辰科		1	1		3		4+ 2*	1	1	5+ 1*	3	3	1	1	1		1	2	3	1		1	1		34+ 3*
乾隆二十六年辛巳恩科			1	1	2		7+ 1*	2	3	4+ 1*	1	3	1	1	0+ 1*		1	2	1	1	1	2	1		35+ 3*

（续表）

省（旗）科名	宗室	满洲	蒙古	汉军	直隶	奉天	江苏	安徽	江西	浙江	福建	山东	山西	河南	陕西	甘肃	湖北	湖南	四川	广东	广西	云南	贵州	翻译庶吉士	合计
乾隆二十八年癸未科		1		1	1		4+ 1*	2+ 1*	2	4+ 1*	1	2	2		1		1	1	1	2	1	1	1		29+ 3*
乾隆三十一年丙戌科		2			2		5+ 2*	2	2+ 1*	5	1	2	1	1	1		1	1	1	1	1	1	1		31+ 3*
乾隆三十四年己丑科		1			1		4+ 1*	2	2	3+ 2*	1	3	1	1	1		1	1	1	1	1		1		26+ 3*
乾隆三十六年辛卯恩科		1		1	2	1	4	2+ 1*	2	4+ 2*	2	2	1	1	1		1	2	1	1	1	1	1		32+ 3*
乾隆三十七年壬辰科		1		1	2+ 1*	1	4	2+ 1*	3	5+ 1*+ 2#	2	2+ 1#	1	1	1		1	1	1	2	1	1			33+ 3*+ 3#
乾隆四十年乙未科		2		1	5		7+ 2#	2+ 1*	3	6+ 1*	3	1+ 1*	2	1	1		1	1	1	1	1	1	1		41+ 3*+ 2#

（续表）

省（旗）科名	宗室	满洲	蒙古	汉军	直隶	奉天	江苏	安徽	江西	浙江	福建	山东	山西	河南	陕西	甘肃	湖北	湖南	四川	广东	广西	云南	贵州	翻译庶吉士	合计
乾隆四十三年戊戌科		1		1	3		4	2+ 1#	3+ 1*+ 1#	4+ 2*+ 1#	2	2	1	1	1		1	1	1	1	1	1	1		32+ 3*+ 3#
乾隆四十五年庚子恩科			1	1	3		4+ 1*	1+ 1*	1	3+ 1*	1	1	1	1		1	1	1	1	1	1	1	1		26+ 3*
乾隆四十六年辛丑科		1		1	3		4+ 2*	1	3	5+ 1*	2	2	1	1	1		1	1	1	1	1	1	1		32+ 3*
乾隆四十九年甲辰科		1		1	1+ 1*		3	2+ 1#	1	1+ 2*	1	1	1	1			1	1	1	1	1	1	1		21+ 3*+ 1#
乾隆五十二年丁未科		1		1	3		5+ 2*	1	2	3+ 1*	1	1	1	2		1	1	1	1	1	1	1	1		29+ 3*
乾隆五十四年己酉科		2			1	1	2+ 2*	1	0+ 1*	2	1	1	1	1		1	1	1	1	1	1	1	1		21+ 3*

（续表）

省（旗）科名	宗室	满洲	蒙古	汉军	直隶	奉天	江苏	安徽	江西	浙江	福建	山东	山西	河南	陕西	甘肃	湖北	湖南	四川	广东	广西	云南	贵州	翻译庶吉士	合计
乾隆五十五年庚戌恩科		3	1		1		3+ 2*	1+ 1*	1	2	1	2	1	1		1	1	1	1		1	1	1		24+ 3*
乾隆五十八年癸丑科		1			2+ 1*		3+ 1*	1	2+ 1*	3	1	1	1	1				1	1		1		1		20+ 3*
乾隆六十年乙卯恩科		1			1		2+ 1*	1	1	1+ 2*		1	1	1			1		1	1		1	1		15+ 3*
嘉庆元年丙辰科		1			2		3	1+ 1*	2+ 1*	4	2	2	1		1		1+ 1*	1	1	1		1	1		25+ 3*
嘉庆四年己未科		3		1	8		7+ 1*	5	5	9+ 1*	5	3+ 1*	3	4	3		1	2	2	3	1	3	2		70+ 3*
嘉庆六年辛酉恩科		3	1	1	6		7+ 1*	3	5+ 1*	9	5	4	3	4	3	1	3+ 1*	3	3	4	2	3	3		76+ 3*
嘉庆七年壬戌科	3	5	1	2	9		8+ 3*	7	8	11	4	4	2	3	4		3	3	3	4	1	3	3		91+ 3*

（续表）

省（旗）科名	宗室	满洲	蒙古	汉军	直隶	奉天	江苏	安徽	江西	浙江	福建	山东	山西	河南	陕西	甘肃	湖北	湖南	四川	广东	广西	云南	贵州	翻译庶吉士	合计
嘉庆十年乙丑科	1	4	1		7		11+ 1*	9	7	10	3	4	2	3	2	1	3	1+ 2*	2	2	2	3	3		81+ 3*
嘉庆十三年戊辰科	1	2		2	7		9+ 1*	6	5+ 1*	11	3	5	3	2	2		3	2+ 1*	2	3	2	3	3		76+ 3*
嘉庆十四年己巳恩科	2	2		1	5	1	8	4+ 1*	5	10	3+ 1*	4	1	2	2		3	3	2	3+ 1*	1	2	2		66+ 3*
嘉庆十六年辛未科	1	2	1	2	4		8+ 2*	7	6	10	2	4	2	2	2		3+ 1*	2	2	2	1	3	3		69+ 3*
嘉庆十九年甲戌科	1	3			4		7+ 1*	5+ 1*	5	9	4	5	3	3+ 1*	1	1	3	2	2	2	2	3	2		67+ 3*
嘉庆二十二年丁丑科	1	3	1	1	4		7	5+ 1*	7	7+ 1*	4	5	2	2+ 1*	2	1	3	4	2	3	2	2	3		71+ 3*
嘉庆二十四年己卯恩科	1	2			5		7	7	5	8+ 1*	4	3	3	2	1		2+ 1*	2+ 1*	2	1	2	3	3		63+ 3*

（续表）

省（旗）科名	宗室	满洲	蒙古	汉军	直隶	奉天	江苏	安徽	江西	浙江	福建	山东	山西	河南	陕西	甘肃	湖北	湖南	四川	广东	广西	云南	贵州	翻译庶吉士	合计
嘉庆二十五年庚辰科	1	2	1	1	4	1	9	3	5	10+ 1*	4	4	4	4	2	2	3+ 1*	2	2	2	2+ 1*	4	4		76+ 3*
道光二年壬午恩科	2	3		1	2		5	2+ 1*	3+ 1*	3	2	3	1	2	1	1	1	1	1	1+ 1*	1	1	1		38+ 3*
道光三年癸未科	1	2			5		3+ 2*	2	4	3	3	3	1	1	2	1	3	2	2	2+ 1*	2	2	1		45+ 3*
道光六年丙戌科	2	3	1	2	2		5	3	2+ 1*	4+ 1*	2	2+ 1*	1	2	3		2	2	1	2	2	2	2		47+ 3*
道光九年己丑科	1	3	1	1	8		7	3+ 1*	5	6+ 2*	2	1	1	2	1		1	3		3	1	1	1		52+ 3*
道光十二年壬辰恩科	2	1	2	1	5		4+ 2*	2	5	7+ 1*	2	2	2	2	1		4	3	2	3	2	1	1		54+ 3*
道光十三年癸巳科	1	1	1	3	4	1	5	3	7+ 2*	6	2	4	2	2	1		4+ 1*	2	1	3	2	2	2		59+ 3*
道光十五年乙未科	1	5	1		5		5	4	1+ 2*	6	1	4	1+ 1*	4	1	2	2	2	2	4	2	1			54+ 3*

（续表）

省（旗）科名	宗室	满洲	蒙古	汉军	直隶	奉天	江苏	安徽	江西	浙江	福建	山东	山西	河南	陕西	甘肃	湖北	湖南	四川	广东	广西	云南	贵州	翻译庶吉士	合计
道光十六年丙申恩科	1	2		1	4		5	1	2	5	2+ 2*	2+ 1*	1	1	2		2	2	1	2	1	1	1		39+ 3*
道光十八年戊戌科	1			1	5		8		4	5+ 1*	3	3	4	2	2		3+ 1*	3	1+ 1*	1	1	1	2		50+ 3*
道光二十年庚子科	1	1	1	1	8		6+ 2*	2	7	4+ 1*	3	2		2	2	1	2	3	1	3	1	3	1		55+ 3*
道光二十一年辛丑恩科	2	2		2	3+ 1*		10	4	3+ 1*	9	2	8	1	3	2	1	1	4	1	5	1+ 1*	2			66+ 3*
道光二十四年甲辰科	1	1	1	1	4		8	1	4	5+ 2*		6+ 1*	1		2		1	2		3	2	1			44+ 3*
道光二十五年乙巳恩科		1	1	1	7	1	6	2	6	7+ 2*		4	1	5	2		3	3+ 1*	1						51+ 3*
道光二十七年丁未科	1	2	1	1	4+ 2*		6+ 1*	5	3	9	2	3	2	2			2	2	3	2	1	1	1	4★	53+ 3*+ 4★

（续表）

省（旗）科名	宗室	满洲	蒙古	汉军	直隶	奉天	江苏	安徽	江西	浙江	福建	山东	山西	河南	陕西	甘肃	湖北	湖南	四川	广东	广西	云南	贵州	翻译庶吉士	合计
道光三十年庚戌科	1	3		1	6		7+ 2*	1		9	1	1	1	3	4		2	2	5	6+ 1*			2	3★	55+ 3*+ 3★
咸丰二年壬子恩科	1	3	1		4	1	8+ 2*	4	8	9+ 1*	4	6	4	6	3	2	4	2	3	4	2	1	2	4★	82+ 3*+ 4★
咸丰三年癸丑科	1	2			3	2	5	4+ 1*	5	9+ 1*	2	3+ 1*	4	4	1	1	2	2	4	5	1	1	4	2★	65+ 3*+ 2★
咸丰六年丙辰科	1	2			6	1	9+ 1*	3	5	8+ 1*	2	4+ 1*	2	4	3		3	2	2	1	1	1		2★	60+ 3*+ 2★
咸丰九年己未科	1	1		1	2	1	2	0+ 1*	2	7+ 1*	1	2	2	2	2		2	3	3	1+ 1*	2	1	1	2★	39+ 3*+ 2★
咸丰十年庚申恩科	1	1	1	1	4		3	1	4	2+ 1*	2	3	2	2	2		1+ 1*	2	1	1+ 1*	1	1	1	1★	37+ 3*+ 1★

（续表）

省（旗）科名	宗室	满洲	蒙古	汉军	直隶	奉天	江苏	安徽	江西	浙江	福建	山东	山西	河南	陕西	甘肃	湖北	湖南	四川	广东	广西	云南	贵州	翻译庶吉士	合计
同治元年壬戌科	2	1		1	5		5+ 1*	2	4	4		2	2+ 1*	3	3		3+ 1*	3	2	2	2	2	2		50+ 3*
同治二年癸亥恩科	2	3	1	1	4+ 1*	1	6+ 1*	2	5	4	3	4	1	3	1		3	1+ 1*	2	4	3	1	1		56+ 3*
同治四年乙丑科	1	3	0+ 1*	2+ 1*	6	2	9	3	4	4	2	6	4	4	2	1	5	6	3	5	3+ 1*	2		1★	77+ 3*+ 1★
同治七年戊辰科	1	3	1	2	6	1	9+ 1*	4	6	9	5	7	3+ 1*	3	2		4	4+ 1*	3	5	3	1	2		84+ 3*
同治十年辛未科		3		2	6	1	13	5	5	11+ 1*	5	4	2	4	2+ 1*	1	4	4	3	5+ 1*	4	2	4		90+ 3*
同治十三年甲戌科	1	3	1	2	7		11+ 1*	4	4	8	4+ 1*	4	2	4	6	1	6	4	4	6+ 1*	3	3	2	1★	90+ 3*+ 1★
光绪二年丙子恩科	1	2	1		5	1	12	3	4	9+ 1*	5	5+ 1*	2+ 1*	5	4	1	5	4	5	5	4	3	3		89+ 3*
光绪三年丁丑科	1	3	2	1	5	2	9+ 1*	6	6	9	3+ 1*	5	1	3	2	1	3+ 1*	4	2	4	2	2	2		78+ 3*

（续表）

省（旗）科名	宗室	满洲	蒙古	汉军	直隶	奉天	江苏	安徽	江西	浙江	福建	山东	山西	河南	陕西	甘肃	湖北	湖南	四川	广东	广西	云南	贵州	翻译庶吉士	合计
光绪六年庚辰科	2	3	1	1	7	1	8+ 1*	5	5	10	3	7	2	4	2	2	4	3+ 2*	5	5	5	1	3	1★	89+ 3*+ 1★
光绪九年癸未科	1+ 1*	3		1	7+ 1*		8	5	5	8	5	5+ 1*	2	3	3	1	3	4	4	4	2	2	2	2★	78+ 3*+ 2★
光绪十二年丙戌科	1	3	2	2	6	1	8+ 2*	4	6	11	6	6	2	3	2	1	3	5	5	4	2	2	2+ 1*	2★	87+ 3*+ 2★
光绪十五年己丑科	2	3	2	2+ 1*	7		9	5	5+ 1*	7	6	5	2	3	1	2	5	6	3	4	2+ 1*	2	4	3★	87+ 3*+ 3★
光绪十六年庚寅恩科	1	1		2	6	1	11+ 1*	6	6+ 1*	7	6+ 1*	6	2	4	3	1	3	3	4	4	4	3	2	3★	86+ 3*+ 3★

（续表）

省（旗）科名	宗室	满洲	蒙古	汉军	直隶	奉天	江苏	安徽	江西	浙江	福建	山东	山西	河南	陕西	甘肃	湖北	湖南	四川	广东	广西	云南	贵州	翻译庶吉士	合计
光绪十八年壬辰科	2	3	1	2	7	1	9	6	6	7+ 1*	6	6	2	5	3	1	6	6	4	5+ 1*	2+ 1*	3	2	3★	95+ 3*+ 3★
光绪二十年甲午恩科	1	2		2	5	1	12+ 1*	4	7	6	8	4	1	1	1	1	2	4+ 2*	5	6	2	3	1	2★	79+ 3*+ 2★
光绪二十一年乙未科	1	2	2	2	7	1	4	3	6	2+ 1*	6	2	1	2	4	3	2	4+ 1*	2+ 1*	4	3	1	2	2★	66+ 3*+ 2★
光绪二十四年戊戌科	2	3		2	7	1	9	5	5	7+ 1*	5	5	1	3	2	1	4	4+ 1*	5	6	3	1	1+ 1*	2★	82+ 3*+ 2★
光绪二十九年癸卯科		1	1	1+ 1*	6	1	7	5	3	7	4	3+ 1*	1	6	1	1	5	4	3	7	2	3	2+ 1*	2★	74+ 3*+ 2★
光绪三十年甲辰恩科		1	1	0+ 1*	4+ 1*	1	6	4	6	7	3	3	1	3	1	1	2	4	3	5+ 1*	2	1	2	1★	61+ 3*+ 1★

（续表）

省（旗）科名	宗室	满洲	蒙古	汉军	直隶	奉天	江苏	安徽	江西	浙江	福建	山东	山西	河南	陕西	甘肃	湖北	湖南	四川	广东	广西	云南	贵州	翻译庶吉士	合计
光绪三十四年							1																1		2
宣统元年											1			1						2					4
宣统二年					1		3			1	2									1					8
宣统三年					2		12	3		3	3						1	1	2	4		1			32
合　计	60+1*	245+6*	46+1*	108+4*	468+18*	37	796+115*+2#	292+21*+2#	371+18*+1#	698+75*+3#	277+10*	365+14*+1#	194+4*	248+5*	184+2*	46	233+13*	212+13*	190+3*	248+11*	147+5*	151	153+3*	43 ★	5769+342*+9#+43★

备注：①此表以《词林辑略》一书来统计庶吉士人数，同时参照《国朝馆选题名录》《词林典故》《国朝馆选爵里谥法考》《清实录》等文献。②统计原则之一是庶吉士所在省份以《嘉庆重修一统志》（中华书局，1986年）所载为准；统计原则之二是庶吉士统计在其中式进士时所在省份，而不统计在其祖籍所在省份。③表中每栏第一个数字表示为庶吉士人数，数字后有“*”表示为一甲进士人数，数字后有“#”表示为因修《四库全书》、校对《四库全书》而被钦赐庶吉士人数，数字后有“★”表示为翻译庶吉士人数。④宣统三年庶吉士人数，《词林辑略》是35人，按《实录》统计是32人。我们以《实录》为准。

附表二　清代分省进士、庶吉士人数对比统计表

省（旗）科名	宗室	满洲	蒙古	汉军	直隶	奉天	江苏	安徽	江西	浙江	福建	山东	山西	河南	陕西	甘肃	湖北	湖南	四川	广东	广西	云南	贵州	合计
顺治三年丙戌科	0	0	0	0	95	1	2	0	0	4	1	93	81	87	8	0	1	0	0	0	0	0	0	373
					15+ 2*	1	2			3	1	9+ 1*	5	8	1		1							46+ 3*
顺治四年丁亥科	0	0	0	0	58	0	97	27	4	10	0	25	27	24	18	0	8	0	0	0	0	0	0	298
					4		4+ 2*	2+ 1*	1	2		1	2	1	1		2							20+ 3*
顺治六年己丑科	0	0	0	0	62	0	77	21	1	68	14	63	12	27	21	1	27	0	0	0	0	0	1	395
					8		7	2	1	5+ 1*	2	5	1	4	2		2+ 2*						1	40+ 3*

（续表）

省（旗）科名	宗室	满洲	蒙古	汉军	直隶	奉天	江苏	安徽	江西	浙江	福建	山东	山西	河南	陕西	甘肃	湖北	湖南	四川	广东	广西	云南	贵州	合计
顺治九年壬辰科	0	0	0	22	30	0	70	20	17	48	28	39	16	32	31	2	35	4	0	3	0	0	0	397
				4	5+ 1*		4+ 2*	1	4	5	4	4	2	4	2		4			1				44+ 3*
顺治九年壬辰科满洲榜		35	15																					50
		4+ 3*	2																					6+ 3*
顺治十二年乙未科	0	0	0	35	50	1	75	19	8	49	17	49	23	30	12	2	20	2	4	3	0	0	0	399
					4+ 1*		7+ 1*			7+ 1*	2	6	1		2		1							30+ 3*
顺治十二年乙未科满洲榜		35	15																					50
		6+ 3*																						6+ 3*
顺治十五年戊戌科	0	0	0	0	33	1	43	8	19	51	24	43	22	19	14	1	42	7	4	11	1	0	0	343
					5	1	2+ 2*	0+ 1*	2	6	1	5	2	2			5	1						32+ 3*

（续表）

省（旗）科名	宗室	满洲	蒙古	汉军	直隶	奉天	江苏	安徽	江西	浙江	福建	山东	山西	河南	陕西	甘肃	湖北	湖南	四川	广东	广西	云南	贵州	合计
顺治十六年己亥科	0	0	0	0	61	0	24	14	12	23	6	61	44	49	30	1	43	5	2	2	0	0	0	377
					11		8+3*	1	2	6		5	2	1	2		2		1					41+3*
顺治十八年辛丑科	0	0	0	0	43	1	51	17	20	47	28	44	26	34	24	3	21	3	5	15	1	0	0	383
					3		3+1*			0+1*	1		1		1		1		0+1*					10+3*
康熙三年甲辰科	0	0	0	0	22	0	24	7	9	34	8	28	19	17	9	1	7	3	3	5	3	1	0	200
							4+1*		1	6+1*			1	0+1*				1		1	1			15+3*
康熙六年丁未科	0	0	0	0	14	0	23	10	6	28	12	19	15	11	10	0	3	0	2	1	1	0	0	155
							3+2*	1	2	2	1	0+1*	1	2										12+3*
康熙九年庚戌科	0	3	0	5	42	0	36	14	31	36	13	31	11	18	12	1	22	0	7	10	2	3	2	299
		3		5	3		4+1*	1	1	3+2*	2	3	1						2					28+3*

（续表）

省（旗）科名	宗室	满洲	蒙古	汉军	直隶	奉天	江苏	安徽	江西	浙江	福建	山东	山西	河南	陕西	甘肃	湖北	湖南	四川	广东	广西	云南	贵州	合计
康熙十二年癸丑科	0	3	0	5	22	0	22	4	2	29	9	14	5	15	11	0	7	1	3	7	2	3	2	166
		1		3	3		7+3*	1	1	7	1	3	2	1					1	1				32+3*
康熙十五年丙辰科	0	8	0	6	34	3	43	4	1	26	0	35	18	17	6	0	5	0	0	2	0	0	1	209
				2	3+1*	1	6+1*		1	6+1*		4	3	2	1		1			1			1	32+3*
康熙十八年己未科	0	0	0	0	14	0	30	9	2	21	2	25	12	17	4	1	11	1	0	1	0	0	1	151
					3		4+1*	4+1*	1	6+1*	1	6	1	2	1		1			1			1	32+3*
康熙二十一年壬戌科	0	0	0	0	22	0	41	8	6	25	11	15	16	8	12	1	11	0	0	3	0	0	0	179
					3		9+1*	2	2	5+2*	2	1	1	2	3		2							32+3*
康熙二十四年乙丑科	0	0	0	0	25	0	29	12	5	23	4	23	14	9	5	0	7	2	2	2	1	1	0	164
					3		4+2*	3	2	4+1*	1	4	2	2	2		3	1	1	1	1	1		35+3*

（续表）

省（旗）科名	宗室	满洲	蒙古	汉军	直隶	奉天	江苏	安徽	江西	浙江	福建	山东	山西	河南	陕西	甘肃	湖北	湖南	四川	广东	广西	云南	贵州	合计
康熙二十七年戊辰科	0	0	0	0	17	0	37	7	4	23	4	16	13	8	4	1	4	1	3	2	0	2	0	146
					2		8+1*	1	2	5+2*	1	4	1	2	3		2		1	1		1		34+3*
康熙三十年辛未科	0	3	0	2	21	2	27	9	6	19	5	20	6	16	6	1	5	2	3	4	0	0	0	157
		2		1	0+1*		9+1*	1+1*	2	4	2	2	1	3	1	1	1	1	1	1				33+3*
康熙三十三年甲戌科	0	7	0	3	17	0	16	0	10	23	13	15	11	18	3	1	10	4	5	6	1	2	3	168
		7		2	5		6+2*	0	2	4+1*		1	1	2	2		2	1	1	1	1	1	1	40+3*
康熙三十六年丁丑科	0	7	0	1	18	2	20	1	16	11	2	9	12	12	9	0	13	1	4	6	0	3	3	150
		6		1	1	1	4+2*		2	1+1*	1	2	4	1			2	1	1	1		1	1	31+3*
康熙三十九年庚辰科	0	10	0	3	36	4	39	12	19	46	13	25	22	22	15	2	16	3	4	6	2	4	2	305
		3		3	4		7+2*	1	2	4	1	2	4	1+1*	3		2		1	2	1	1	1	43+3*

（续表）

省（旗）科名	宗室	满洲	蒙古	汉军	直隶	奉天	江苏	安徽	江西	浙江	福建	山东	山西	河南	陕西	甘肃	湖北	湖南	四川	广东	广西	云南	贵州	合计
康熙四十二年癸未科	0	7	0	3	27	2	35	7	7	27	3	14	2	11	7	0	8	1	1	0	1	2	1	166
		6		2	4		9+ 2*	4	1	7	2+ 1*	3	1	2	2		1	1			1	2	1	49+ 3*
康熙四十五年丙戌科	0	12	0	0	23	6	50	6	10	49	17	34	19	17	15	1	11	4	4	4	2	4	2	290
		3			1		12+ 2*		4	9+ 1*	2	3	2	2	3	1		2	1	1	1	2	1	50+ 3*
康熙四十八年己丑科	0	6	0	1	45	0	58	12	8	35	11	24	17	27	7	2	15	7	2	7	2	4	2	292
		2			4		19+ 2*	1+ 1*	3	7	2	3	2	5	3		3	1	1	3	1	2	2	64+ 3*
康熙五十一年壬辰科	0	4	0	1	20	1	48	5	4	19	7	20	10	13	7	2	5	1	2	1	2	3	2	177
		3			5		27+ 2*	1	2	6+ 1*	2	2	1	3	4		2		2	1	1	2	2	66+ 3*
康熙五十二年癸巳恩科	0	5	0	2	22	0	27	6	13	24	9	15	12	20	9	1	10	2	4	5	3	4	3	196
		3		2	3+ 1*		9+ 2*	1	5	7	1	1	3	3	3		2		2	3	2	1	2	53+ 3*

（续表）

省（旗）科名	宗室	满洲	蒙古	汉军	直隶	奉天	江苏	安徽	江西	浙江	福建	山东	山西	河南	陕西	甘肃	湖北	湖南	四川	广东	广西	云南	贵州	合计
康熙五十四年乙未科	0	3	0	2	22	3	22	5	12	29	13	16	9	12	8	2	8	4	5	6	2	4	3	190
		3		2	4		6+ 2*	1	2	9+ 1*	3	1	1	2		1		1	2	2	1	2	1	44+ 3*
康熙五十七年戊戌科	0	4	0	2	17	1	19	5	14	20	12	13	12	9	6	2	8	2	3	7	3	4	2	165
		2		1	3	1	9+ 1*	2+ 1*	2	11+ 1*	3	1	4	1	2	2	2	1	2	1	2	1	2	55+ 3*
康熙六十年辛丑科	0	5	0	2	23	1	20	0	14	19	10	14	11	12	5	1	9	2	4	6	1	2	2	163
		2			7		12		4	11	5+ 1*	3+ 1*	1	0+ 1*	2	1	5	1	2	2	1	1	2	62+ 3*
雍正元年癸卯恩科	0	12	1	3	27	0	35	5	21	34	21	16	10	9	7	2	18	3	3	7	2	7	3	246
		5	1		3		12+ 2*	4	6	11	1	5	2		1		0+ 1*	1		2	2	1	1	58+ 3*
雍正二年甲辰科	0	17	2	4	37	2	27	13	27	35	19	24	16	19	8	2	13	8	5	10	2	5	5	300
		3		1	3+ 1*		11+ 1*	3	2	12+ 1*	1	2					2							40+ 3*

（续表）

省（旗）科名	宗室	满洲	蒙古	汉军	直隶	奉天	江苏	安徽	江西	浙江	福建	山东	山西	河南	陕西	甘肃	湖北	湖南	四川	广东	广西	云南	贵州	合计
雍正五年丁未科	0	10	1	3	28	2	25	5	19	0	17	17	18	16	11	3	10	6	6	11	4	10	4	226
		3		1	4		9+ 2*		1		3+ 1*	3	2	2	1			1	1	1	2	1	2	37+ 3*
雍正八年庚戌科	0	18	1	5	41	3	44	9	23	71	21	23	22	22	11	5	14	9	9	21	3	13	11	399
		4	1	1	2		17	3	2	12+ 3*	3	1	1	1	1		1	1	1	1		1	1	55+ 3*
雍正十一年癸丑科	0	10	1	4	27	1	37	7	22	43	24	22	15	16	10	2	18	14	8	20	6	13	8	328
		6		1	0+ 1*		15+ 2*	4	2	12	5	4	2	3	2			5	1	4	1	1	2	70+ 3*
乾隆元年丙辰科	0	13	2	3	36	1	39	11	29	40	22	20	18	20	11	4	17	10	8	19	4	9	8	344
		5			2	1	8+ 1*	6	4	10+ 1*	3	3+ 1*	3	3	2		3	1	2	3	1	2	2	64+ 3*
乾隆二年丁巳恩科	0	13	0	2	28	0	37	12	30	40	22	25	17	20	11	1	14	7	7	17	4	11	6	324
		5		1	3		4+ 2*	2	3	5	2+ 1*	4	3	2	3		2	4	4	3	3	4	2	59+ 3*

（续表）

省（旗）科名	宗室	满洲	蒙古	汉军	直隶	奉天	江苏	安徽	江西	浙江	福建	山东	山西	河南	陕西	甘肃	湖北	湖南	四川	广东	广西	云南	贵州	合计
乾隆四年己未科	0	12	2	3	33	2	33	8	30	38	21	21	19	17	11	4	14	8	10	19	7	8	8	328
		4	1	1	5		10+1*	2	4+1*	8	4	5	1	2	3		1	3	2	2+1*	2	1	2	63+3*
乾隆七年壬戌科	0	9	2	2	30	2	32	9	32	28	21	22	19	17	16	0	15	10	11	20	7	10	9	323
		4	1	1	4		6+2*	2	3	6+1*	4	4	1	3	1		3	2	2	2	2	1	2	54+3*
乾隆十年乙丑科	1	7	1	2	26	2	28	9	32	34	18	19	20	14	16	2	14	8	11	21	8	10	10	313
	1	3	1	1	5		8+2*	2	2	6+1*	2	3	1	3	1	1	1	3	1	2	1	2	1	51+3*
乾隆十三年戊辰科	2	6	1	1	22	1	24	11	26	33	16	15	16	10	12	1	13	6	10	17	6	8	7	264
	2	2	1	1	4		6+1*	3	3	8+2*	3	3	2	2	1		1	1	2	2	1	1	2	51+3*
乾隆十六年辛未科	0	6	0	1	20	1	21	7	24	28	14	14	18	14	9	5	11	5	9	15	5	9	7	243
		2		1	2	1	6	4	2+1*	4+2*	2	4	1	1	2		1	2	1	2	2	1	1	42+3*

（续表）

省（旗）科名	宗室	满洲	蒙古	汉军	直隶	奉天	江苏	安徽	江西	浙江	福建	山东	山西	河南	陕西	甘肃	湖北	湖南	四川	广东	广西	云南	贵州	合计
乾隆十七年壬申恩科	0	6	1	1	21	1	22	9	26	28	14	12	15	9	8	4	10	3	8	14	5	7	7	231
		2		1	3	1	4+2*	2	2	6+1*	1	3	2		1		1	1	1	1	2	2	2	38+3*
乾隆十九年甲戌科	0	5	1	1	21	1	26	6	25	29	14	15	16	12	11	1	11	4	8	15	5	7	7	241
		2		1	3		3+2*	2	2	4+1*	1	3	2	1	1		2	2	1	1	1	1	2	35+3*
乾隆二十二年丁丑科	0	4	1	1	18	1	24	10	25	30	15	13	15	10	11	3	12	5	9	15	5	8	7	242
		2			1		4+1*	3+1*	4	4+1*	2	2	1	1	2		1	1	1	1	1	2	1	34+3*
乾隆二十五年庚辰科	0	2	1	1	14	1	24	5	18	29	8	9	8	3	6	0	6	4	7	7	3	4	4	164
		1	1		3		4+2*	1	1	5+1*	3	3	1	1	1		1	2	3	1		1	1	34+3*
乾隆二十六年辛巳恩科	0	4	0	2	19	1	26	11	18	30	7	12	11	13	10	2	10	5	7	10	6	6	7	217
		1		1	2		7+1*	2	3	4+1*	1	3	1	1	0+1*		1	2	1	1	1	2	1	35+3*

（续表）

省（旗）科名	宗室	满洲	蒙古	汉军	直隶	奉天	江苏	安徽	江西	浙江	福建	山东	山西	河南	陕西	甘肃	湖北	湖南	四川	广东	广西	云南	贵州	合计
乾隆二十八年癸未科	0	3	0	1	12	1	22	11	22	29	11	9	10	10	7	1	6	5	7	9	4	4	4	188
		1		1	1		4+ 1*	2+ 1*	2	4+ 1*	1	2	2		1		1	1	1	2	1	1	1	29+ 3*
乾隆三十一年丙戌科	0	4	0	0	21	1	26	8	20	29	11	14	12	13	9	1	8	5	7	9	4	5	6	213
		2			2		5+ 2*	2	2+ 1*	5	1	2	1	1	1		1	1	1	1	1	1	1	31+ 3*
乾隆三十四年己丑科	0	3	0	1	13	1	22	7	18	26	7	12	9	8	3	2	5	2	3	3	2	1	3	151
		1			1		4+ 1*	2	2	3+ 2*	1	3	1	1	1		1	1	1	1	1		1	26+ 3*
乾隆三十六年辛卯恩科	0	2	1	1	14	1	19	9	19	25	7	11	8	11	5	1	5	5	4	5	3	2	3	161
		1		1	2	1	4	2+ 1*	2	4+ 2*	2	2	1	1	1		1	2	1	1	1	1	1	32+ 3*
乾隆三十七年壬辰科	0	3	0	1	14	1	19	10	18	25	10	11	8	10	4	2	5	3	5	5	3	2	3	162
		1		1	2+ 1*	1	4	2+ 1*	3	5+ 1*+ 2#	2	2+ 1#	1	1	1		1	1	1	2	1	1		33+ 3*+ 3#

（续表）

省（旗）科名	宗室	满洲	蒙古	汉军	直隶	奉天	江苏	安徽	江西	浙江	福建	山东	山西	河南	陕西	甘肃	湖北	湖南	四川	广东	广西	云南	贵州	合计
乾隆四十年乙未科	0	3	0	1	15	1	22	8	18	25	8	11	10	11	3	2	4	4	3	3	2	2	2	158
		2		1	5		7+ 2#	2+ 1*	3	6+ 1*	3	1+ 1*	2	1	1		1	1	1	1	1	1	1	41+ 3*+ 2#
乾隆四十三年戊戌科	0	3	0	1	15	1	27	4	17	23	9	11	10	10	2	3	4	3	2	5	2	2	3	157
		1		1	3		4	2+ 1#	3+ 1*+ 1#	4+ 2*+ 1#	2	2	1	1	1		1	1	1	1	1	1	1	32+ 3*+ 3#
乾隆四十五年庚子恩科	0	2	1	1	15	1	23	5	18	24	9	12	8	10	2	2	4	4	2	3	3	3	3	155
			1	1	3		4+ 1*	1+ 1*	1	3+ 1*	1	1	1	1		1	1	1	1	1	1	1	1	26+ 3*
乾隆四十六年辛丑科	0	3	0	1	15	1	23	7	19	23	10	13	10	9	3	3	5	5	4	5	3	4	3	169
		1		1	3		4+ 2*	1	3	5+ 1*	2	2	1	1	1		1	1	1	1	1	1	1	32+ 3*

（续表）

省（旗）科名	宗室	满洲	蒙古	汉军	直隶	奉天	江苏	安徽	江西	浙江	福建	山东	山西	河南	陕西	甘肃	湖北	湖南	四川	广东	广西	云南	贵州	合计
乾隆四十九年甲辰科	0	2	1	1	13	1	14	7	10	21	5	9	6	6	2	0	3	2	3	3	1	1	1	112
		1		1	1+ 1*		3	2+ 1#	1	1+ 2*	1	1	1	1			1	1	1	1	1	1	1	21+ 3*+ 1#
乾隆五十二年丁未科	0	3	0	1	14	1	25	5	12	19	7	11	8	7	2	3	4	3	3	4	1	2	2	137
		1		1	3		5+ 2*	1	2	3+ 1*	1	1	1	2		1	1	1	1	1	1	1	1	29+ 3*
乾隆五十四年己酉科	0	3	0	1	10	1	26	2	7	7	5	10	7	5	0	2	2	2	2	2	1	1	2	98
		2			1	1	2+ 2*	1	0+ 1*	2	1	1	1	1		1	1	1	1	1	1	1	1	21+ 3*
乾隆五十五年庚戌恩科	0	3	1	0	10	1	17	9	7	7	3	10	6	4	0	2	3	2	3	3	2	1	3	97
		3	1		1		3+ 2*	1+ 1*	1	2	1	2	1	1		1	1	1	1		1	1	1	24+ 3*
乾隆五十八年癸丑科	0	1	0	0	11	0	14	5	9	12	4	7	5	4	0	0	1	4	1	1	1	0	1	81
		1			2+ 1*		3+ 1*	1	2+ 1*	3	1	1	1	1				1	1		1		1	20+ 3*

（续表）

省（旗）科名	宗室	满洲	蒙古	汉军	直隶	奉天	江苏	安徽	江西	浙江	福建	山东	山西	河南	陕西	甘肃	湖北	湖南	四川	广东	广西	云南	贵州	合计
乾隆六十年乙卯恩科	0	2	2	1	12	1	15	7	9	11	2	11	2	6	2	1	6	3	5	6	2	2	3	111
		1			1		2+ 1*	1	1	1+ 2*		1	1	1			1		1	1		1	1	15+ 3*
嘉庆元年丙辰科	0	5	1	2	13	2	14	9	18	15	6	11	6	6	5	2	5	5	4	7	2	3	3	144
		1			2		3	1+ 1*	2+ 1*	4	2	2	1		1		1+ 1*	1	1	1		1	1	25+ 3*
嘉庆四年己未科	0	6	2	4	26	2	18	13	20	23	15	15	11	10	7	2	7	6	7	10	3	8	5	220
		3		1	8		7+ 1*	5	5	9+ 1*	5	3+ 1*	3	4	3		1	2	2	3	1	3	2	70+ 3*
嘉庆六年辛酉恩科	0	8	2	2	24	0	22	14	21	25	19	19	15	16	9	3	14	11	9	15	8	10	9	275
		3	1	1	6		7+ 1*	3	5+ 1*	9	5	4	3	4	3	1	3+ 1*	3	3	4	2	3	3	76+ 3*
嘉庆七年壬戌科	3	7	2	3	23	1	20	14	21	24	15	17	11	13	9	3	11	9	9	11	5	10	7	248
	3	5	1	2	9		8+ 3*	7	8	11	4	4	2	3	4		3	3	3	4	1	3	3	91+ 3*

（续表）

省（旗）科名	宗室	满洲	蒙古	汉军	直隶	奉天	江苏	安徽	江西	浙江	福建	山东	山西	河南	陕西	甘肃	湖北	湖南	四川	广东	广西	云南	贵州	合计
嘉庆十年乙丑科	2	8	2	3	27	2	20	14	18	21	12	21	13	12	7	3	11	8	7	7	5	11	9	243
	1	4	1		7		11+ 1*	9	7	10	3	4	2	3	2	1	3	1+ 2*	2	2	2	3	3	81+ 3*
嘉庆十三年戊辰科	3	8	2	3	27	2	22	14	21	23	14	20	14	14	8	3	12	10	7	8	6	12	8	261
	1	2		2	7		9+ 1*	6	5+ 1*	11	3	5	3	2	2		3	2+ 1*	2	3	2	3	3	76+ 3*
嘉庆十四年己巳恩科	4	8	2	3	23	2	20	14	18	23	12	18	12	10	4	6	11	8	7	10	6	11	9	241
	2	2		1	5	1	8	4+ 1*	5	10	3+ 1*	4	1	2	2		3	3	2	3+ 1*	1	2	2	66+ 3*
嘉庆十六年辛未科	3	7	2	4	22	2	19	15	17	23	14	18	12	10	8	2	11	10	7	6	6	10	9	237
	1	2	1	2	4		8+ 2*	7	6	10	2	4	2	2	2		3+ 1*	2	2	2	1	3	3	69+ 3*
嘉庆十九年甲戌科	3	8	2	2	22	2	19	14	18	20	12	19	11	10	8	1	11	7	6	6	6	9	10	226
	1	3			4		7+ 1*	5+ 1*	5	9	4	5	3	3+ 1*	1	1	3	2	2	2	2	3	2	67+ 3*

（续表）

省（旗）科名	宗室	满洲	蒙古	汉军	直隶	奉天	江苏	安徽	江西	浙江	福建	山东	山西	河南	陕西	甘肃	湖北	湖南	四川	广东	广西	云南	贵州	合计
嘉庆二十二年丁丑科	3	8	2	5	23	2	20	14	19	22	12	18	13	13	6	5	11	10	8	11	7	12	11	255
	1	3	1	1	4		7	5+ 1*	7	7+ 1*	4	5	2	2+ 1*	2	1	3	4	2	3	2	2	3	71+ 3*
嘉庆二十四年己卯恩科	4	9	1	3	23	2	20	15	17	19	14	14	11	8	5	4	9	8	8	6	6	9	9	224
	1	2			5		7	7	5	8+ 1*	4	3	3	2	1		2+ 1*	2+ 1*	2	1	2	3	3	63+ 3*
嘉庆二十五年庚辰科	4	8	2	4	22	2	21	14	15	24	11	19	12	11	5	6	12	8	9	9	7	12	9	246
	1	2	1	1	4	1	9	3	5	10+ 1*	4	4	4	4	2	2	3+ 1*	2	2	2	2+ 1*	4	4	76+ 3*
道光二年壬午恩科	4	8	3	5	22	2	19	13	18	20	11	18	9	10	7	1	10	5	6	9	5	9	8	222
	2	3		1	2		5	2+ 1*	3+ 1*	3	2	3	1	2	1	1	1	1	1	1+ 1*	1	1	1	38+ 3*
道光三年癸未科	4	9	3	5	22	2	18	15	20	24	13	20	11	11	6	2	11	11	7	10	6	10	6	246
	1	2			5		3+ 2*	2	4	3	3	3	1	1	2	1	3	2	2	2+ 1*	2	2	1	45+ 3*

（续表）

省（旗）科名	宗室	满洲	蒙古	汉军	直隶	奉天	江苏	安徽	江西	浙江	福建	山东	山西	河南	陕西	甘肃	湖北	湖南	四川	广东	广西	云南	贵州	合计
道光六年丙戌科	4	10	4	6	24	2	21	15	20	25	13	19	13	12	9	1	11	11	8	12	7	11	7	265
	2	3	1	2	2		5	3	2+1*	4+1*	2	2+1*	1	2	3		2	2	1	2	2	2	2	47+3*
道光九年己丑科	3	8	4	5	22	2	18	14	16	22	11	19	9	9	4	2	9	7	6	10	6	8	7	221
	1	3	1	1	8		7	3+1*	5	6+2*	2	1	1	2	1		1	3		3	1	1	1	52+3*
道光十二年壬辰恩科	4	8	3	5	20	2	17	12	16	21	9	16	9	9	5	1	10	6	6	9	6	7	5	206
	2	1	2	1	5		4+2*	2	5	7+1*	2	2	2	2	1		4	3	2	3	2	1	1	54+3*
道光十三年癸巳科	3	8	4	5	20	2	18	14	19	21	11	15	9	9	2	6	10	7	9	10	5	9	4	220
	1	1	1	3	4	1	5	3	7+2*	6	2	4	2	2	1		4+1*	2	1	3	2	2	2	59+3*
道光十五年乙未科	3	9	4	6	22	2	19	14	21	21	16	22	13	19	4	5	15	10	8	9	10	11	9	272
	1	5	1		5		5	4	1+2*	6	1	4	1+1*	4	1	2	2	2	2	4	2	1		54+3*

（续表）

省（旗）科名	宗室	满洲	蒙古	汉军	直隶	奉天	江苏	安徽	江西	浙江	福建	山东	山西	河南	陕西	甘肃	湖北	湖南	四川	广东	广西	云南	贵州	合计
道光十六年丙申恩科	2	7	4	6	19	1	14	8	15	18	7	16	7	5	3	1	5	5	7	6	5	6	5	172
	1	2		1	4		5	1	2	5	2+2*	2+1*	1	1	2		2	2	1	2	1	1	1	39+3*
道光十八年戊戌科	2	7	3	5	19	1	18	8	18	17	7	18	8	12	8	1	8	5	6	7	5	6	5	194
	1			1	5		8		4	5+1*	3	3	4	2	2		3+1*	3	1+1*	1	1	1	2	50+3*
道光二十年庚子科	1	7	3	5	21	2	16	7	17	18	6	16	7	6	3	4	6	5	6	7	5	6	6	180
	1	1	1	1	8		6+2*	2	7	4+1*	3	2		2	2	1	2	3	1	3	1	3	1	55+3*
道光二十一年辛丑科	3	7	3	5	20	2	18	8	18	19	8	19	9	9	4	4	7	6	7	8	5	7	6	202
	2	2		2	3+1*		10	4	3+1*	9	2	8	1	3	2	1	1	4	1	5	1+1*	2		66+3*
道光二十四年甲辰科	2	5	2	4	21	2	20	9	18	21	9	19	11	9	5	3	8	6	8	9	6	6	6	209
	1	1	1	1	4		8	1	4	5+2*		6+1*	1		2		1	2		3	2	1		44+3*

（续表）

省（旗）科名	宗室	满洲	蒙古	汉军	直隶	奉天	江苏	安徽	江西	浙江	福建	山东	山西	河南	陕西	甘肃	湖北	湖南	四川	广东	广西	云南	贵州	合计
道光二十五年乙巳恩科	2	6	2	5	20	2	16	7	15	18	12	17	10	15	9	4	9	9	7	11	6	8	7	217
		1	1	1	7	1	6	2	6	7+ 2*		4	1	5	2		3	3+ 1*	1					51+ 3*
道光二十七年丁未科	2	7	2	4	22	2	18	12	19	19	8	17	9	16	11	6	9	7	8	11	7	8	7	231
	1	2	1	1	4+ 2*		6+ 1*	5	3	9	2	3	2	2			2	2	3	2	1	1	1	53+ 3*
道光三十年庚戌科	2	7	1	5	16	2	13	10	16	16	9	17	9	18	11	5	6	8	9	11	7	7	7	212
	1	3		1	6		7+ 2*	1		9	1	1	1	3	4		2	2	5	6+ 1*			2	55+ 3*
咸丰二年壬子恩科	2	9	2	3	16	2	19	11	18	19	12	17	10	22	9	9	12	8	10	8	5	10	6	239
	1	3	1		4	1	8+ 2*	4	8	9+ 1*	4	6	4	6	3	2	4	2	3	4	2	1	2	82+ 3*
咸丰三年癸丑科	2	6	1	3	19	4	11	8	17	16	7	16	10	20	12	9	7	7	11	10	6	11	9	222
	1	2			3	2	5	4+ 1*	5	9+ 1*	2	3+ 1*	4	4	1	1	2	2	4	5	1	1	4	65+ 3*

（续表）

省（旗）科名	宗室	满洲	蒙古	汉军	直隶	奉天	江苏	安徽	江西	浙江	福建	山东	山西	河南	陕西	甘肃	湖北	湖南	四川	广东	广西	云南	贵州	合计
咸丰六年丙辰科	2	6	1	2	24	2	15	8	14	21	10	17	9	18	15	6	8	6	11	7	2	7	5	216
	1	2			6	1	9+1*	3	5	8+1*	2	4+1*	2	4	3		3	2	2	1	1	1		60+3*
咸丰九年己未科	2	6	1	2	17	1	13	7	9	17	9	13	9	16	12	4	7	5	9	5	8	4	4	180
	1	1		1	2	1	2	0+1*	2	7+1*	1	2	2	2	2		2	3	3	1+1*	2	1	1	39+3*
咸丰十年庚申恩科	2	6	1	2	16	3	11	5	16	14	8	16	9	19	14	4	9	5	8	6	6	4	5	189
	1	1	1	1	4		3	1	4	2+1*	2	3	2	2	2		1+1*	2	1	1+1*	1	1	1	37+3*
同治元年壬戌科	2	5	1	3	20	2	13	7	13	9	1	15	11	16	18	8	8	6	7	8	9	7	4	193
	2	1		1	5		5+1*	2	4	4		2	2+1*	3	3		3+1*	3	2	2	2	2	2	50+3*
同治二年癸亥恩科	2	8	2	4	21	1	16	6	18	13	9	17	6	18	6	0	12	6	5	11	12	4	3	200
	2	3	1	1	4+1*	1	6+1*	2	5	4	3	4	1	3	1		3	1+1*	2	4	3	1	1	56+3*

（续表）

省（旗）科名	宗室	满洲	蒙古	汉军	直隶	奉天	江苏	安徽	江西	浙江	福建	山东	山西	河南	陕西	甘肃	湖北	湖南	四川	广东	广西	云南	贵州	合计
同治四年乙丑科	2	7	2	6	29	5	21	12	22	13	10	24	12	18	5	3	12	13	14	14	12	6	3	265
	1	3	0+ 1*	2+ 1*	6	2	9	3	4	4	2	6	4	4	2	1	5	6	3	5	3+ 1*	2		77+ 3*
同治七年戊辰科	2	6	1	5	18	3	23	14	23	25	20	17	8	18	6	0	11	14	16	15	11	4	10	270
	1	3	1	2	6	1	9+ 1*	4	6	9	5	7	3+ 1*	3	2		4	4+ 1*	3	5	3	1	2	84+ 3*
同治十年辛未科	2	9	3	5	22	3	26	17	23	25	22	21	11	20	16	4	14	14	15	16	14	11	10	323
		3		2	6	1	13	5	5	11+ 1*	5	4	2	4	2+ 1*	1	4	4	3	5+ 1*	4	2	4	90+ 3*
同治十三年甲戌科	2	9	3	6	25	3	26	20	23	23	20	24	10	18	20	8	15	15	14	15	14	10	14	337
	1	3	1	2	7		11+ 1*	4	4	8	4+ 1*	4	2	4	6	1	6	4	4	6+ 1*	3	3	2	90+ 3*
光绪二年丙子恩科	1	8	2	6	23	4	25	17	19	24	23	21	11	19	13	9	15	14	15	15	13	15	12	324
	1	2	1		5	1	12	3	4	9+ 1*	5	5+ 1*	2+ 1*	5	4	1	5	4	5	5	4	3	3	89+ 3*

（续表）

省（旗）科名	宗室	满洲	蒙古	汉军	直隶	奉天	江苏	安徽	江西	浙江	福建	山东	山西	河南	陕西	甘肃	湖北	湖南	四川	广东	广西	云南	贵州	合计
光绪三年丁丑科	2	8	4	6	28	4	26	17	24	23	21	21	11	17	17	8	13	14	14	18	12	11	10	329
	1	3	2	1	5	2	9+ 1*	6	6	9	3+ 1*	5	1	3	2	1	3+ 1*	4	2	4	2	2	2	78+ 3*
光绪六年庚辰科	3	7	3	5	24	2	26	19	21	29	21	22	10	18	15	9	13	14	15	16	14	14	10	330
	2	3	1	1	7	1	8+ 1*	5	5	10	3	7	2	4	2	2	4	3+ 2*	5	5	5	1	3	89+ 3*
光绪九年癸未科	2	8	1	7	21	1	27	19	23	23	21	18	12	17	12	8	12	13	11	15	13	11	13	308
	1+ 1*	3		1	7+ 1*		8	5	5	8	5	5+ 1*	2	3	3	1	3	4	4	4	2	2	2	78+ 3*
光绪十二年丙戌科	2	9	3	5	24	5	22	14	21	24	24	22	10	16	13	10	15	15	13	15	13	13	11	319
	1	3	2	2	6	1	8+ 2*	4	6	11	6	6	2	3	2	1	3	5	5	4	2	2	2+ 1*	87+ 3*
光绪十五年己丑科	3	5	3	7	20	2	24	19	19	23	18	19	9	15	14	8	16	14	13	12	12	11	10	296
	2	3	2	2+ 1*	7		9	5	5+ 1*	7	6	5	2	3	1	2	5	6	3	4	2+ 1*	2	4	87+ 3*

（续表）

省（旗）科名	宗室	满洲	蒙古	汉军	直隶	奉天	江苏	安徽	江西	浙江	福建	山东	山西	河南	陕西	甘肃	湖北	湖南	四川	广东	广西	云南	贵州	合计
光绪十六年庚寅恩科	3	6	1	5	25	5	28	14	22	22	24	22	11	16	15	9	14	13	14	18	14	13	12	326
	1	1		2	6	1	11+ 1*	6	6+ 1*	7	6+ 1*	6	2	4	3	1	3	3	4	4	4	3	2	86+ 3*
光绪十八年壬辰科	3	10	5	7	23	3	26	14	21	23	18	22	10	20	14	9	13	12	15	18	10	10	11	317
	2	3	1	2	7	1	9	6	6	7+ 1*	6	6	2	5	3	1	6	6	4	5+ 1*	2+ 1*	3	2	95+ 3*
光绪二十年甲午恩科	3	9	4	6	16	3	23	22	22	25	18	22	9	16	11	9	14	14	14	16	15	13	10	314
	1	2		2	5	1	12+ 1*	4	7	6	8	4	1	1	1	1	2	4+ 2*	5	6	2	3	1	79+ 3*
光绪二十一年乙未科	3	10	6	6	27	2	16	12	17	15	17	18	11	17	17	11	15	14	14	10	12	12	11	293
	1	2	2	2	7	1	4	3	6	2+ 1*	6	2	1	2	4	3	2	4+ 1*	2+ 1*	4	3	1	2	66+ 3*
光绪二十四年戊戌科	3	10	2	8	27	4	29	14	21	26	28	26	8	16	13	9	14	14	16	20	13	12	13	346
	2	3		2	7	1	9	5	5	7+ 1*	5	5	1	3	2	1	4	4+ 1*	5	6	3	1	1+ 1*	82+ 3*

（续表）

省（旗）科名	宗室	满洲	蒙古	汉军	直隶	奉天	江苏	安徽	江西	浙江	福建	山东	山西	河南	陕西	甘肃	湖北	湖南	四川	广东	广西	云南	贵州	合计
光绪二十九年癸卯科	0	6	4	2	28	3	23	18	22	26	20	21	12	17	12	8	15	15	14	14	11	13	11	315
		1	1	1+ 1*	6	1	7	5	3	7	4	3+ 1*	1	6	1	1	5	4	3	7	2	3	2+ 1*	74+ 3*
光绪三十年甲辰恩科	0	5	2	1	21	2	23	16	20	20	16	20	9	14	10	7	13	12	13	18	13	9	9	273
		1	1	0+ 1*	4+ 1*	1	6	4	6	7	3	3	1	3	1	1	2	4	3	5+ 1*	2	1	2	61+ 3*
合　计	123	731	180	372	2706	183	2933	1180	1887	2802	1401	2251	1431	1699	1032	351	1233	714	763	1014	568	694	601	26849
	60+ 1*	245+ 6*	46+ 1*	108+ 4*	465+ 18*	37	780+ 115*+ 2#	289+ 21*+ 2#	371+ 18*+ 1#	694+ 75*+ 3#	271+ 10*	365+ 14*+ 1#	194+ 4*	247+ 5*	184+ 2*	46	232+ 13*	211+ 13*	188+ 3*	241+ 11*	147+ 5*	150	152+ 3*	5723+ 342*+ 9#

备注：①每一科都有两行数据，上一行的数字为进士数，下一行的数字为庶吉士数。②下一行每一栏第一个数字表示庶吉士人数，数字后有“*”符号的为一甲进士人数，数字后有“#”符号的为钦赐庶吉士人数。③我们是以江庆柏编著《清朝进士题名录》一书来统计各省进士人数，同时参照《国朝进士题名碑录》，对《清朝进士题名录》弄错的个别进士籍贯加以纠正。如道光二十五年乙巳科进士魏源籍贯是湖南宝庆府邵阳县，而《清朝进士题名录》弄错为“湖北宝庆府邵阳县”。④进士人数只统计到光绪三十年甲辰恩科。⑤统计原则之一是进士所在省份以《嘉庆重修一统志》（中华书局，1986 年）所载为准；统计原则之二是进士统计在其中式进士时所在省份，而不统计在其祖籍所在省份。

附表三　清代会试覆试等第名次表

科年	覆试时间：年 / 月 / 日	覆试地点	覆试总人数	覆试等次、人数						罚停殿试科次、人数			革去贡士人数	资料出处①
				原拟 / 钦定	一等	二等	三等	四等	不列等	一科	二科	三科		
乾隆五十四年	54/4/？		95		20	38	36		1				1	B：14/827 ～ 828；C：14/829
乾隆五十五年	55/4/？		100		17	49	33		1	1				B：15/614 ～ 615；C：15/614
乾隆五十八年	58/4？		103		1	12	71		19	10	7	2		B：17/296 ～ 300；C：17/299 ～ 300
乾隆六十年②	60/4/12		115			19	86		10	3	7	1		A：18/530；B：18/552 ～ 555；C：18/555
嘉庆元年	1/4/17		145		6	28	100		11	5	6			A：1/87；B：1/107 ～ 111；C：1/106
嘉庆四年	4/4/？		212		6	38	161		7	4	3			B：4/123 ～ 129；C：4/123
嘉庆六年	6/4/14	保和殿	269		18	73	174		4	2	2			A：6/124；B：6/133 ～ 140；C：6/133

（续表）

科年	覆试时间：年/月/日	覆试地点	覆试总人数	覆试等次、人数						罚停殿试科次、人数			革去贡士人数	资料出处①
				原拟/钦定	一等	二等	三等	四等	不列等	一科	二科	三科		
嘉庆七年③	7/4/14		244		30	60	154			5				A：7/50；B：7/97 ～ 103；C：7/96 ～ 97
嘉庆十年④	10/4/？		233		30	60	143			1				B：10/159 ～ 165；C：10/159
嘉庆十三年	13/4/12		259		32	78	149							A：13/165；B：13/178 ～ 185
嘉庆十四年	14/4/14		239		32	65	142							A：14/146；B：14/204 ～ 213
嘉庆十六年	16/4/3	乾清宫	缺											A：16/119
嘉庆十九年	19/4/12		227		35	75	117							A：19/286；B：19/324 ～ 331
嘉庆二十二年	22/4/12	保和殿	252		22	72	158							A：22/80；B：22/98 ～ 106
嘉庆二十四年	24/4/12	保和殿	220		20	82	118							A：24/142；B：24/152 ～ 158
嘉庆二十五年⑤	25/4/12	保和殿	243		17	142	84			1				A：25/134；B：25/153 ～ 160；C：25/152
道光二年	2/闰 3/12	保和殿	220		20	105	95							A：27/145；B：27/170 ～ 176
道光三年	3/4/13		241		24	115	102							a：28/139；B：28/142 ～ 149
道光六年⑥	6/4/13	保和殿	260		22	56	182					1		A：31/99；B：31/119 ～ 126；C：31/127
道光九年	9/4/13		214		22	90	102							a：34/135；B：34/138 ～ 144
道光十二年	12/4/13	保和殿	203		20	70	113							A：37/126；B：37/148 ～ 154

（续表）

科年	覆试时间：年 / 月 / 日	覆试地点	覆试总人数	覆试等次、人数						罚停殿试科次、人数			革去贡士人数	资料出处①
				原拟 / 钦定	一等	二等	三等	四等	不列等	一科	二科	三科		
道光十三年⑦	13/4/13	保和殿	222		20	70	132					1		A：38/178；B：38/196 ~ 202；C：38/206
道光十五年	15/4/15	保和殿	268		24	78	166							A：40/120；B：40/138 ~ 146
道光十六年	16/4/12	保和殿	173		18	48	107							A：41/123；B：41/148 ~ 153
道光十八年	18/4/15	保和殿	183		18	43	122							A：43/94；B：43/117 ~ 123
道光二十年	20/4/13	保和殿	182		16	48	118							A：45/156；B：45/172 ~ 177
道光二十一年	21/ 闰 3 /13	保和殿	198		20	60	118							A：46/84；B：46/100 ~ 106
道光二十四年	24/4/12	保和殿	230	原拟	21	49	153	5	2	13	0	0	0	A：49/107；B：49/122 ~ 129；C：49/129
				钦定	21	49	147	11	2					
道光二十五年	25/4/14	圆明圆正大光明殿	210	原拟	21	48	133	8		5	3			A：50/134；B：50/168 ~ 174；C：50/175
				钦定	21	48	133	5	3					
道光二十七年	27/4/13	圆明圆正大光明殿	223		24	53	140	6		6				A：52/99；B：52/107 ~ 114；C：52/115
道光三十年	30/4/16		206		24	64	118							a：55/167；B：55/169 ~ 175
咸丰二年	2/4/15		241		30	77	133	1		1				a：2/136；B：2/138 ~ 145；C：2/146

（续表）

科年	覆试时间：年/月/日	覆试地点	覆试总人数	覆试等次、人数						罚停殿试科次、人数			革去贡士人数	资料出处①
				原拟/钦定	一等	二等	三等	四等	不列等	一科	二科	三科		
咸丰三年	3/4/13		222	原拟	30	65	126	1		2				a：3/148；B：3/150～157；C：3/157
				钦定	30	65	125	2						
咸丰六年	6/4/15		209		30	60	118	1		1				a：6/90；B：6/91～97；C：6/97
咸丰九年	9/4/13		183		20	60	100	3		3				a：9/189；B：9/191～196；C：9/196
咸丰十年	10/闰3/14		186		20	60	103	3		3				a：10/182；B：10/183～189；C：10/189
同治元年	1/4/14		199		26	60	110	3		3				a：12/175；B：12/177～183；C：12/185
同治二年	2/4/14		198		35	62	98	3		1	2			a：13/156；B：13/162～168；C：13/170
同治四年	4/4/16		253		48	62	141	2		2				a：15/164；B：15/166～174；C：15/174
同治七年	7/4/14		265		55	100	118	2		2				a：18/138；B：18/140～148；C：18/140
同治十年	10/4/15		322		50	90	178	4		4				a：21/103；B：21/105～114；C：21/114
同治十三年	13/4/16	保和殿	336		55	80	199	2						A：24/92；B：24/98～107；C：24/107～108
光绪二年	2/4/16		334		67	120	146	1		1				a：2/122；B：2/123～133；C：2/133
光绪三年	3/4/16		326		52	118	153	3		3				a：3/100；B：3/101～110；C：3/110

（续表）

科年	覆试时间：年/月/日	覆试地点	覆试总人数	覆试等次、人数						罚停殿试科次、人数			革去贡士人数	资料出处①
				原拟/钦定	一等	二等	三等	四等	不列等	一科	二科	三科		
光绪六年	6/4/16		318		60	126	132							a：6/96；B：6/98 ～ 107；C：6/107
光绪九年	9/4/16		312		60	120	131	1		1				a：9/121 ～ 122；B：9/123 ～ 131；C：9/123
光绪十二年	12/4/16	保和殿	319		70	120	129							A：49/243；B：12/140 ～ 148；C：12/149
光绪十五年	15/4/13	保和殿	302	原拟	76	100	120	6		6				A：15/151；B：15/156 ～ 165；C：15/165
				钦定	76	99	121	6						
光绪十六年	16/4/16	保和殿	312		72	110	126	4		4				A：16/116；B：16/121 ～ 130；C：16/130
光绪十八年	18/4/14	保和殿	318		76	120	122							A：18/112；B：18/115 ～ 124；C：18/124
光绪二十年	20/4/16	保和殿	317		60	120	137							A：20/217；B：20/224 ～ 232；C：20/234
光绪二十一年	21/4/16	保和殿	279		55	100	124							A：21/111；B：21/116 ～ 123；C：21/124
光绪二十四年	24/闰3/14	保和殿	348		84	120	144							A：24/132；B：24/137 ～ 147；C：24/147
光绪二十九年	29/5/17	保和殿	309		84	120	105							A：29/104；B：29/122 ～ 130；C：29/122
光绪三十年	30/5/17	保和殿	275		72	96	107							A：30/76；B：30/82 ～ 90；C：30/82

备注：①“资料出处”栏：资料主要来自《乾隆朝上谕档》《嘉庆道光两朝上谕档》《咸丰同治两朝上谕档》《光绪宣统两朝上谕档》，个别资料来自《续增科场条例》（《近代中国史料丛刊三编》第49辑，台北：文海出版社，1989年）。A——表示据《上谕档》记载的覆试时间、地点；A——表示据《续增科场条例》记载的覆试时间、地点；a——表示据覆试阅卷大臣阅卷之日推算出之日期（一般是覆试之次日阅卷）；B——表示据《上谕档》记载的覆试等第名次单；C——表示据《上谕档》记载是否准殿试或罚停殿试的谕旨出处。“/”前之数表示相对应的《上谕档》册数，或《续增科场条例》所在的第49辑，“/”后之数表示相对应的页码。

②乾隆六十年乙卯恩科会试覆试，没有取为一等之卷。“不入等之一名至三名应罚停殿试一科；四名至九名罚停殿试二科；其第十名错误太甚，应罚停殿试三科。再此次会试第一名王以铻覆试列至三等七十一名，轩轾悬殊，未便与其余三等各卷一律办理，亦应罚停殿试二科。”（《乾隆朝上谕档》第18册，第555页。）此科有10人没有入等，均罚停殿试，会元覆试的名次三等71名，也被罚停殿试，共11人被罚停殿试。

③嘉庆七年壬戌科会试覆试阅卷大臣王杰（等10人）上奏：“蒙发下覆试卷二百四十四本，臣等公同详阅，分别等第，拟一等三十名，二等六十名，三等一百五十四名。谨于卷面粘签进呈御览，俟发下后再行拆阅弥封，另缮名单进呈，并将试卷发交磨勘大臣查对笔迹，其列在三等末之五名俱有疵谬，拟各罚停殿试一科，是否？伏候训示。谨奏。（嘉庆七年）四月十五日。”（《嘉庆道光两朝上谕档》第7册，第96～97页。）此科覆试三等最后5人是：翟凤翱、吴玉堂、吴淞、覃学海、柴德茂（《嘉庆道光两朝上谕档》第7册，第103页）。我们没有找到是否罚停此5人殿试一科的谕旨，但据《明清进士题名碑录索引》《清朝进士题名录》等书可知，此5人均是嘉庆十年乙丑科进士。因此，可以说，此科覆试最后5人被罚停殿试一科。

④嘉庆十年四月十六日奉旨：“覆试中式举人三等一百四十三名之王俶文理平常，字多错误，著罚停殿试一科。钦此。”（《嘉庆道光两朝上谕档》第10册，第159页。）可见，嘉庆十年乙丑科会试覆试三等最后一名罚停殿试一科。

⑤嘉庆二十五年四月十三日，奉旨：“本科贡士邹鸣鹤于覆试时，误将书信旧纸界画墨格夹入卷内，著附于覆试三等之末，仍罚停殿试一科。钦此。”（《嘉庆道光两朝上谕档》第25册，第152页。）可见，嘉庆二十五年庚辰科会试覆试三等最后一名也罚停殿试一科。

⑥道光六年四月十五日奉旨：“本科贡士罗天衡覆试卷内，误写御名，实属违式，著照乡会试之例，罚停殿试三科。”（《嘉庆道光两朝上谕档》第31册，第127页。）罗天衡，因覆试时误写御名，就置于覆试三等最后一名，罚停殿试三科。

⑦道光十三年四月十六日奉旨：“本科贡士萧腾汉，覆试卷内于庙讳未敬谨缺笔，实属违式，著照乡会试之例，罚停殿试三科。”（《嘉庆道光两朝上谕档》第38册，第206页。）萧腾汉，因覆试时遇皇帝庙讳没有缺笔，就置于覆试三等最后一名，罚停殿试三科。

附表四　清代散馆等第名次及授职表①

科名	散馆考试时间（年/月/日）	散馆考试地点	散馆考试人数②	散馆考试等第名次③						散馆授职④								资料出处⑤
				清汉书	一等	二等	三等	四等	不入等	修撰	编修	检讨	中书	主事	知县	归班	其他	
乾隆十九年甲戌科⑥	22/5/？		36/3（8/28）	清	1	2	5				5	2		3	1	3	3	B：3/632～633；C：3/43
				汉	8	18	2			1	11+2	5						
乾隆二十二年丁丑科⑦	25/5/？		32/2（9/23）	清	1	2	5		1		6	1		2		3	2	B：3/447；C：3/437
				汉	7	15	1			1	11+1	5						
乾隆二十五年庚辰科⑧	26/4/？		37/4（7/30）	清	1	1	5				3	3		7		1	4	B：3/632；C：3/634
				汉	8	18	4			1	7+3	8						

（续表）

科名	散馆考试时间（年/月/日）	散馆考试地点	散馆考试人数②	散馆考试等第名次③						散馆授职④								资料出处⑤
				清汉书	一等	二等	三等	四等	不入等	修撰	编修	检讨	中书	主事	知县	归班	其他	
乾隆二十六年辛巳恩科	28/4/？		38/3（8/30）	清	1	1	6				5	1		11		1		B：4/168；C：4/170
				汉	8	19	3			1	10+2	7						
乾隆二十八年癸未科	31/4/？		36/3（8/28）	清	1	2	5				4	3		10		2		B：4/883；C：4/884
				汉	8	18	2			1	8+2	6						
乾隆三十一年丙戌科	34/4/？		35/3（7/28）	清	1	2	4				5	1		9		2		B：5/767；C：5/768
				汉	8	18	2			1	12+2	3						
乾隆三十四年己丑科	36/4/？		25/2（5/20）	清	1	2	2				3	1		2				B：6/637；C：6/637
				汉	6	12	2			1	10+1	7						
乾隆三十六年辛卯恩科	37/4/？		36/4（7/29）	清	1	2	4				4	1		10				B：7/46～47；C：7/50
				汉	8	19	2			1	13+3	4						
乾隆三十七年壬辰科	40/4/？		34/1（7/27）	清	1	2	4				6	1		3				B：7/860；C：7/861
				汉	8	17	2				16+1	7						

（续表）

科名	散馆考试时间（年/月/日）	散馆考试地点	散馆考试人数②	散馆考试等第名次③						散馆授职④								资料出处⑤
				清汉书	一等	二等	三等	四等	不入等	修撰	编修	检讨	中书	主事	知县	归班	其他	
乾隆四十年乙未科⑨	43/4/？		43/3（8/35）	清	1	4	3				6	1		8			3	B：9/62；C：9/63、9/72
				汉	8	25	2			1	16+2	6						
乾隆四十三年戊戌科	45/5/？		35/2（6/29）	清	1	3	1		1		3			4		7		B：10/129；C：10/129
				汉	8	19	2			1	12+1	7						
乾隆四十五年庚子恩科	46/4/？		28/4（5/23）	清	1	3	1				1	2		5		6		B：10/462；C：10/463
				汉	7	14	2			1	7+3	3						
乾隆四十六年辛丑科	49/4/？		33/1（10/23）	清	1	3	6				2	1		10		6		B：12/139；C：12/141
				汉	7	13	3				6+1	7						
乾隆四十九年甲辰科	52/4/？		27/4（5/22）	清		5					4			4				B：13/776；C：13/777
				汉	5	15	2			2	9+2	6						
乾隆五十二年丁未科	54/4/？		27/2（5/22）	清		4	1				2	1		9+1		2		B：14/849；C：14/850
				汉	6	15	1			1	7	4						
乾隆五十四年己酉科	55/4/？		28/5（5/23）	清		5					3	1		1				B：15/634～635；C：15/638
				汉	4+4	12+1	2			1	9+3	6		3+1				

（续表）

科名	散馆考试时间（年 / 月 / 日）	散馆考试地点	散馆考试人数②	散馆考试等第名次③						散馆授职④								资料出处⑤
				清汉书	一等	二等	三等	四等	不入等	修撰	编修	检讨	中书	主事	知县	归班	其他	
乾隆五十五年庚戌恩科	58/4/ ?		26/1（5/21）	清		3+1	1				1+1	1		2				B：17/324；C：17/325
				汉	6	13	2				9	8		4				
乾隆五十八年癸丑科	60/3/?		18/3（3/15）	清		2+1						1		1+1				B：18/538；C：18/539
				汉	3+1	9+1	1			1	7+1	3		3				
乾隆六十年乙卯恩科⑩	嘉庆 1/4/9		21/5（≥ 1/≤ 20）	清							1			4+1				A：1/87；C：1/100
				汉						2	5+2	6						
小计			595/55≥ 119/≤ 476							18	249+33	130	0	115+4	1	33	12	
嘉庆元年丙辰科	4/4/ ?		27/3（3/24）	清	1	1	1				1	1		1				B：4/146 ～ 147；C：4/148
				汉	5+2	13+1	3			1	14+2	1		6				
嘉庆四年己未科	6/4/ ?		73/3（6/67）	清	1	2	3				2	1		3				B：6/149 ～ 151；C：6/154
				汉	8+2	17+1	35		4	1	16+2	1		32	15			
嘉庆六年辛酉恩科⑪	7/4/ ?		74/2（2/72）	清		2					1	1						B：7/107 ～ 110；C：7/112
				汉	12+1	22+1	36			1	33+1	3		6	18	9	1	

（续表）

科名	散馆考试时间（年/月/日）	散馆考试地点	散馆考试人数②	散馆考试等第名次③						散馆授职④								资料出处⑤
				清汉书	一等	二等	三等	四等	不入等	修撰	编修	检讨	中书	主事	知县	归班	其他	
嘉庆七年壬戌科⑫	10/4/？		85/3（5/80）	清		2	3				1	1		1	2			B：10/173～176；C：10/180
				汉	19+3	43	15				30+3	5		6	23	11	2	
嘉庆十年乙丑科⑬	13/4/19		73/2（1/72）	清		1					1							A：13/171；B：13/195～197；C：13/199
				汉	19+1	44+1	7				23+2	5		12	18	9	3	
嘉庆十三年戊辰科	14/4/4	乾清宫	78/3（5/73）	清	拟0	4	1				2			1	2			A：14/153；B：14/186、14/189～192；C：14/193
					定0	3	2											
				汉	拟20	50	3			2	25+1	2		23	16	4		
					定18+2	42+1	10											
嘉庆十四年己巳恩科	16/4/7	圆明园正大光明殿	66/4（5/61）	清		2	3				2			2	1			A：16/170；B：16/186～189；C：16/192
				汉	18+2	35+2	4			1	19+3	4		21	13			
嘉庆十六年辛未科	19/4/3	乾清宫	68/1（3/65）	清		2	1				2			1				A：19/223；B：19/304～306；C：19/304
				汉	17+1	34	13			1	21	5		20	16	2		

（续表）

科名	散馆考试时间（年 / 月 / 日）	散馆考试地点	散馆考试人数②	散馆考试等第名次③						散馆授职④								资料出处⑤
				清汉书	一等	二等	三等	四等	不入等	修撰	编修	检讨	中书	主事	知县	归班	其他	
嘉庆十九年甲戌科⑭	22/4/9	圆明园正大光明殿	69/4（7/62）	清	3	4					2			4	1			A：22/74；B：22/94 ～ 96；C：22/113 ～ 116
				汉	15+3	35+1	8			1	21+2			21 +1	12	3	1	
嘉庆二十二年丁丑科	24/ 闰 4/ ?		64/1（5/59）	清	2	2	1				1	1	1	1	1			B：24/186 ～ 188；C：24/196 ～ 199
				汉	17+1	37	4			1	26	3	1	11	14	3		
嘉庆二十四己卯恩科⑮	25/4/18	圆明园正大光明殿	62/4（5/57）	清	2	2	1				2			2	1			A：25/139；B：25/170 ～ 172；C：25/182
				汉	13+3	36+1	4			1	21+2	5	3	13	9	2	+1	
嘉庆二十五年庚辰科	道光 2/ 闰 3/6	乾清宫	72/4（8/64）	清	2	2	4				4			2	2			A：27/140；B：27/153 ～ 156；C：27/157 ～ 160
				汉	拟 15+3	42+1	3			1	25+3	6		8	18	3		
					定 13+2	44+2	3											
小计			811/34（55/756）							11	295+21	45	5	197 +1	182	46	7+1	
道光二年壬午恩科⑯	3/4/17	圆明园正大光明殿	50/2（4/46）	清	1	3					3				1			A：28/122；B：28/155 ～ 157；C：28/159 ～ 161
				汉	拟 16+2	25	3			1	19+1	4		5	13	2	1	
					定 19+2	22	3											

（续表）

科名	散馆考试时间（年/月/日）	散馆考试地点	散馆考试人数②	散馆考试等第名次③						散馆授职④								资料出处⑤
				清汉书	一等	二等	三等	四等	不入等	修撰	编修	检讨	中书	主事	知县	归班	其他	
道光三年癸未科	6/4/6	圆明园正大光明殿	47/1（5/42）	清		5					1	2		2				A：31/87； B：31/109～111； C：31/114
				汉	14	24	3+1				16	1		9	12+1	3		
道光六年丙戌科⑰	9/4/17	圆明园正大光明殿	51/6（3/48）	清		3					2			1				A：34/113； B：34/149～151； C：34/154～156
				汉	拟 11+5	28+1	3			2	14+4	2		10	14	1	1	
					定 10+5	26+1	6											
道光九年己丑科⑱	12/4/18	圆明园正大光明殿	50/2（4/46）	清		4					1	3						A：37/120； B：37/164～166； C：37/176～178
				汉	拟 15+	26+1	3			1	18+1			15	10		1	
					定 15+1	24+1	5											
道光十二年壬辰恩科	13/4/16	圆明园正大光明殿	58/2（7/51）	清	拟 0	7					2	1		3	1			A：38/171； B：38/206～208； C：38/209～210
					定 0	5	2											
				汉	拟 10+2	36	3			1	31+1	1		13	4			
					定 13+2	32	4											

（续表）

科名	散馆考试时间（年/月/日）	散馆考试地点	散馆考试人数②	散馆考试等第名次③						散馆授职④								资料出处⑤
				清汉书	一等	二等	三等	四等	不入等	修撰	编修	检讨	中书	主事	知县	归班	其他	
道光十三年癸巳科	15/4/19	圆明园正大光明殿	52/3（4/48）	清		3	1				2	1	1					A：40/112；B：40/152～154；C：40/157～158
				汉	拟 11+1	30+2	4			1	22+2	5		11	6	1		
					定 11+2	30+1	3	1										
道光十五年乙未科	16/4/16	圆明园正大光明殿	53/3（5/48）	清		2	3				2	2		1				A：41/118；B：41/164～165；C：41/167
				汉	拟 10+2	33+1	2			1	26+1	2		10+1	7			
					定 13+2	30+1	2											
道光十六年丙申恩科⑲	18/4/18	圆明园正大光明殿	47/4（3/44）	清		3					3							A：43/92；B：43/124～126；C：43/126
				汉	拟 11+2	25+2	4				17+4	4		8	10		1	
					定 13+3	23+1	4											
道光十八年戊戌科⑳	20/4/17	圆明园正大光明殿	46/3		15+2	25+1	3			2	32+1	6		2	2		1	A：45/138；B：45/185～186；C：45/189
道光二十年庚子科	21/闰 3/16	圆明园正大光明殿	59/3		14+3	38	4			原 1	51+2	1		2	2			A：46/78；B：46/107～108；C：46/113～114
										定 1	49+2	1		3	3			

（续表）

科名	散馆考试时间（年/月/日）	散馆考试地点	散馆考试人数②	散馆考试等第名次③						散馆授职④								资料出处⑤
				清汉书	一等	二等	三等	四等	不入等	修撰	编修	检讨	中书	主事	知县	归班	其他	
道光二十一年辛丑恩科	24/4/18	圆明园正大光明殿	66/3							1	38+2	7		12	6			A：49/102； C：49/140 ～ 143
道光二十四年甲辰科	25/4/18	圆明园正大光明殿	49/3		15+2	28+1	3			1	29+2	6		11				A：50/134； B：50/185 ～ 187； C：50/191
道光二十五年乙巳恩科	27/4/15	圆明园正大光明殿	54/4		拟 18+2	30+2	2			1	36+2	4		10 +1				A：52/99； B：52/117 ～ 119； C：52/119 ～ 121
					定 18+2	28+2	4											
道光二十七年丁未科㉑	30/4/？		48/3		拟 16+2	27+1	2			1	34+2	3		8				B：55/179 ～ 181； C：55/185 ～ 188
					定 17+2	26+1	2											
道光三十年庚戌科	咸丰 2/4/18	保和殿	54/2		19+1	31+1	2				40+2	3		9				A：2/109； B：2/154 ～ 156； C：2/157 ～ 160
小计			784/44 （35/373）㉒							14	437+27	58	0	144 +2	89+1	7	5	

（续表）

科名	散馆考试时间（年/月/日）	散馆考试地点	散馆考试人数②	散馆考试等第名次③						散馆授职④								资料出处⑤
				清汉书	一等	二等	三等	四等	不入等	修撰	编修	检讨	中书	主事	知县	归班	其他	
咸丰二年壬子恩科㉓	3/4/18	保和殿	66/3		拟 22	37	3	1		1	26+2	2	4	21	9	1		A：3/138；B：3/163 ～ 168；C：3/172 ～ 175
					定 21	38	3	1										
咸丰三年癸丑科	6/4/18	圆明园正大光明殿	70/3		缺					1	24+2	4	2	19	15	3		A：6/81；C：6/102 ～ 105
咸丰六年丙辰科㉔	9/4/18	圆明园正大光明殿	52/2		拟 14+2	29	5	2		1	15+1	4	2	16	10	2	1	A：9/143；B：9/212 ～ 214；C：9/230 ～ 233
					定 11+1	29+1	8	2										
咸丰九年己未科	10/闰 3/16	圆明园正大光明殿	38/4		拟 7+3	15+1	11	1		2	11+2	1		10	9	3		A：10/148；B：10/195、200 ～ 201；C：10/209 ～ 211
					定 7+3	10+1	14	3										
咸丰十年庚申恩科	同治 1/4/18	保和殿	31/3		10	16+3	2			1	19+2	2		4	3			A：12/143；B：12/193；C：12/199
小计			257/15							6	95+9	13	8	70	46	9	1	

（续表）

科名	散馆考试时间（年/月/日）	散馆考试地点	散馆考试人数②	散馆考试等第名次③						散馆授职④								资料出处⑤
				清汉书	一等	二等	三等	四等	不入等	修撰	编修	检讨	中书	主事	知县	归班	其他	
同治元年壬戌科㉕	2/4/18	保和殿	53/4		12+2	32+2	5			1	30+3	2		12	5			A：13/133； C：13/180～182
同治二年癸亥恩科	4/4/18	保和殿	61/3		22+2	34+1	2			1	29+2	9		9	11			A：15/143； C：15/203～205
同治四年乙丑科	7/4/18	保和殿	74/1		25+1	46	2			1	46	6		12	9			A：18/125； C：18/152～155
同治七年戊辰科	10/4/18	保和殿	79/2		23+2	46	8				50+2	6		11	10			A：21/93； C：21/123～127
同治十年辛未科㉖	13/4/18	保和殿	90/4		26+4	54	6			2	53+2	8		7	17		1	A：24/82； B：24/108～111； C：24/118～122
同治十三年甲戌科	光绪 2/4/18	保和殿	78/3		23+2	47	5+1			1	46+1	5		8+1	16			A：2/105； B：2/134～137； C：2/142、144～147
小计			435/17							6	254+10	36	0	59+1	68	0	1	

（续表）

科名	散馆考试时间（年/月/日）	散馆考试地点	散馆考试人数②	散馆考试等第名次③						散馆授职④								资料出处⑤
				清汉书	一等	二等	三等	四等	不入等	修撰	编修	检讨	中书	主事	知县	归班	其他	
光绪二年丙子恩科	3/4/18	保和殿	101/3		34+3	57	7			1	58+2	3		14	23			A：3/90； B：3/114 ～ 117； C：3/122 ～ 126
光绪三年丁丑科	6/4/18	保和殿	79/1		35+1	35	8			1	45	4		10	19			A：6/88； C：6/112、114 ～ 117
光绪六年庚辰科	9/4/18	保和殿	85/3		29+3	48	5			1	43+2	3		22	14			A：9/106； B：9/134 ～ 136； C：9/141 ～ 145
光绪九年癸未科	12/4/18	保和殿	78/3		30+2	41+1	4			1	39+2	5		16	15			A：12/126； B：12/151 ～ 153； C：12/157 ～ 160
光绪十二年丙戌科	15/4/18	保和殿	79/2		33+2	40	4			1	47+1	6		12	12			A：15/140； B：15/175 ～ 177； C：15/185 ～ 188
光绪十五年己丑科	16/4/18	保和殿	90/4		41+2	42+2	3			1	50+3	11		16	9			A：16/105； C：16/135 ～ 139

（续表）

科名	散馆考试时间（年/月/日）	散馆考试地点	散馆考试人数②	散馆考试等第名次③						散馆授职④								资料出处⑤
				清汉书	一等	二等	三等	四等	不入等	修撰	编修	检讨	中书	主事	知县	归班	其他	
光绪十六年庚寅恩科	18/4/17	保和殿	94/2		34+2	54	4				43+2	9		23	17			A：18/91； B：18/125 ～ 127； C：18/134 ～ 138
光绪十八年壬辰科	20/4/18	保和殿	84/3		29+3	47	5			1	32+2	2		25	22			A：20/185； B：20/236 ～ 239； C：20/249 ～ 252
光绪二十年甲午恩科㉗	21/4/18	保和殿	76/3		29+3	38	6			1	25+2	4		10	33		1	A：21/104； B：21/126 ～ 128； C：21/135 ～ 138
光绪二十一年乙未科	24/4/18	保和殿	76/4		30+2	35+2	7			2	33+2	4		17	18			A：24/154； B：24/173 ～ 175； C：24/185 ～ 188
光绪二十四年戊戌科	29/4/18	保和殿	79/3		28+2	39+1	9			1	38+2	5		15	18			A：29/74； B：29/87 ～ 89； C：29/93 ～ 96
光绪二十九年癸卯科㉘																		

（续表）

科名	散馆考试时间（年 / 月 / 日）	散馆考试地点	散馆考试人数②	散馆考试等第名次③						散馆授职④								资料出处⑤
				清汉书	一等	二等	三等	四等	不入等	修撰	编修	检讨	中书	主事	知县	归班	其他	
光绪三十年甲辰恩科																		
小计			921/31							11	453+20	56	0	180	200	0	1	
总计			3803/196（≥ 209/≤ 1605）㉙							66	1783+120	338	13	765+8	586+1	95	27+1	

备注：①此表包括一甲进士，与附表六《清代翰林院庶吉士散馆授职统计表》的区别是：此表一是表明散馆等第名次（每次散馆几乎均有补散馆考试者），二是旨在反映每次散馆授职的情况，而不是对所有的庶吉士是否散馆授职的统计；附表六《清代翰林院庶吉士散馆授职统计表》则是对有清一代庶吉士散馆授职的统计，旨在反映各科庶吉士散馆去向，以及有清一代庶吉士的总去向。

②“散馆考试人数”栏：括号外的数，“/”前之数表示散馆总人数（包括一甲进士），“/”后之数表示散馆中的一甲进士人数；括号内的数，“/”前之数表示学清书的散馆人数，“/”后之数表示学汉书的散馆人数。

③“散馆考试等第名次”栏：“清汉书”下“清”字表示习清书的庶吉士（包括一甲进士）；“汉”字表示习汉书的庶吉士（包括一甲进士）。“+”之后的数字是一甲进士所在散馆等次的人数。

④“散馆授职”栏：“+”之后的数表示一甲进士散馆留任或改职的人数。由于清代仅一甲一名授修撰，其余进士不仅不能授修撰，也不能升授修撰，因此，表中“修撰”栏中的数据就没有加“+”。乾隆五十五年之后，除乾隆六十年乙卯恩科及清后期 8 科外，每科均有散馆等第名次单。据此名次单，可以知道一甲进士是习清书还是汉书。对于不知道一甲进士是习清书还是汉书之人，我们暂且将之放到习汉书之列。通过此表可以弄清一甲进士散馆之去向。

⑤“资料出处”栏：此表的资料全部来自《上谕档》。A——表示散馆考试时间、地点的出处，或仅表示散馆时间的出处；B——表示散馆等第名次出处；C——表示散馆授职及部分散馆引见单出处。“/”前之数表示相对应的册数，“/”后之数表示相对应的页码。

⑥《上谕档》中散馆等次单始于乾隆十九年甲戌科。从乾隆十九年甲戌科至乾隆五十二年丁未科散馆，仅有散馆等次单，没有具体名单；从乾隆五十四年

己酉科开始至清末（除清后期 8 科外），各科均有散馆等第名次单。乾隆十九年甲戌科庶吉士散馆，包括补散馆人员，共 36 人参加散馆考试，而散馆授职人数则只有 34 人。这表明有两人虽参加散馆考试，但因故未能参加散馆授职引见，也可能在散馆引见授职前已病故。“曹学闵，著留馆再教习三年。”此科“其他”包括未散馆授职的 2 人和曹学闵 1 人，共 3 人。

⑦乾隆二十二年丁丑科散馆，“田玉成、富森泰，俱著留馆再教习一年”（《乾隆朝上谕档》第 3 册，第 437 页）。此科“其他”栏中 2 人即指他们。

⑧乾隆二十五年庚辰科散馆，“魏大文、达椿、彭绍观、史大勋，俱留馆教习”（《乾隆朝上谕档》第 3 册，第 634 页）。此科“其他”栏中 4 人即指他们。

⑨乾隆四十年乙未科于乾隆四十三年四月二十九日散馆，其中 11 人授为部属（《乾隆朝上谕档》第 9 册，第 63 页）。乾隆四十三年五月初六日，奉旨：“本年散馆清书庶吉士梁上国，汉书庶吉士仓圣脉、何思钧，前已有旨以部属用，著加恩俱留馆，再教习三年，同新科庶吉士一体散馆。”（《乾隆朝上谕档》第 9 册，第 72 页。）此次散馆实际授为部属的仅 8 人。“其他”栏中 3 人指梁上国、仓圣脉、何思钧。

⑩由于缺少乾隆六十年乙卯恩科散馆考试名次单，因而不知此次散馆习清汉书的人数。但据散馆授职情况，可知至少有 1 名庶吉士习清书。

⑪嘉庆六年辛酉恩科于嘉庆七年四月二十日散馆，上谕：“朕恭阅《高宗纯皇帝实录》，乾隆十六年考试戊辰科散馆庶吉士，内有林明伦一员曾再留馆教习三年。因思此次散馆之庶吉士王以铻，考列名次居后，引见时著归原班铨选，但念其会试中式第一名，平日文理尚优，昨日散馆试卷祇系字画拙率，文义尚无大疵，王以铻著加恩仍以庶吉士留馆教习三年。”（《嘉庆道光两朝上谕档》第 7 册，第 113 页。）王以铻由散馆归班改为留馆教习 3 年。此科“其他”栏中 1 人即指王以铻。

⑫嘉庆七年壬戌科散馆，“王青莲、宗室惠端，著仍以庶吉士留馆，教习三年”（《嘉庆道光两朝上谕档》第 10 册，第 180 页）。此科“其他”栏中 2 人即指他们。

⑬嘉庆十年乙丑科散馆授职，“其他”栏中有 3 人，其中崇绶散馆授职侍卫，朱廷庆、李可琼 2 人仍以庶吉士留馆教习。

⑭嘉庆十九年甲戌科散馆授职引见单：“赵光祖，病扣。”（《嘉庆道光两朝上谕档》第 22 册，第 114 页。）此科“其他”栏中 1 人，即指赵光祖 1 人未授职。

⑮嘉庆二十四年己卯恩科散馆，吴清鹏（嘉庆二十二年丁丑科一甲 3 名）散馆名次是二等 29 名（《嘉庆道光两朝上谕档》第 25 册，第 172 页），嘉庆二十五年四月二十三日散馆授职时，没有吴清鹏之名。道光三年六月二十八日，“内阁奉上谕：吴清鹏前已授职，著仍以编修用”（《嘉庆道光两朝上谕档》第 28 册，第 238 页）。这就是说，直到道光三年吴清鹏才补行散馆授职引见。此科“其他”栏中 1 人，即指吴清鹏。

⑯道光二年壬午恩科散馆，陆尧春散馆等第名次是二等 12 名，但在散馆授职名单及散馆授职引见单中却无陆尧春（《嘉庆道光两朝上谕档》第 28 册，第 159 ～ 161 页）。陆尧春是嘉庆二十二年丁丑科庶吉士，在道光三年参加散馆考试后，不知何因没有授职。此科“其他”栏中 1 人，即指陆尧春。

⑰道光六年丙戌科散馆，“陈光亨，著仍以庶吉士留馆教习”（《嘉庆道光两朝上谕档》第 34 册，第 154 页）。此科“其他”栏中的 1 人，即指陈光亨。

⑱道光九年己丑科散馆，“宗室恩来，著以宗人府笔帖式用”（《嘉庆道光两朝上谕档》第 37 册，第 176 页）。此科“其他”栏中的 1 人，即指宗室恩来。

⑲道光十六年丙申恩科散馆引见授职单：三等 4 名“彭崧毓，扣”（《嘉庆道光两朝上谕档》第 43 册，第 126 页）。此科“其他”栏中有 1 人，即指彭崧毓。道光十八年闰四月十六日，奉旨：“此次散馆补行引见之庶吉士彭崧毓著以知县即用。”（《嘉庆道光两朝上谕档》第 43 册，第

170 页）彭崧毓补行引见授职。

⑳道光十八年戊戌科散馆，“宗室崇文，著以笔帖式用”（《嘉庆道光两朝上谕档》第 45 册，第 189 页）。此科“其他”栏中 1 人，即指宗室崇文。

㉑道光二十七年丁未科于道光三十年四月散馆授职。道光三十年六月初四日，“内阁、翰林院将散馆补行引见之编修袁绩懋带领引见，奉旨：‘著留馆’”（《嘉庆道光两朝上谕档》第 55 册，第 257 页）。袁绩懋属于补行散馆引见授职。

㉒此数据只是道光二年壬午恩科至道光十六年丙申恩科共 8 科庶吉士习清汉书的人数。

㉓咸丰二年壬子恩科散馆卷共 66 本，排等第名次的仅 63 本，一甲 3 名的散馆卷，没有一同排名次。（《咸丰同治两朝上谕档》第 3 册，第 163 ～ 168 页。）

㉔咸丰六年丙辰科于咸丰九年散馆授职。咸丰九年，闵璜（咸丰三年进士），散馆三等 6 名（《咸丰同治两朝上谕档》第 9 册，第 214 页），而散馆授职名单中却无闵璜。《词林辑略》卷七记载：“闵璜，字渭贤，湖北沔阳人，未散馆。”“其他”栏中的 1 人，即指闵璜。

㉕《上谕档》缺同治元年壬戌科、同治二年癸亥恩科、同治四年乙丑科、同治七年戊辰科、光绪三年丁丑科、光绪十五年己丑科 6 科庶吉士散馆名次单，此 6 科散馆等次均据散馆引见单统计。

㉖同治十年辛未科散馆，杨仲愈散馆二等 46 名（《咸丰同治两朝上谕档》第 24 册，第 111 页）；散馆授职引见单上是“杨仲愈，感冒”，没有授职（《咸丰同治两朝上谕档》第 24 册，第 121 页）。同治十三年六月十七日，“内阁奉上谕：本日散馆补行引见之庶吉士杨仲愈著以部属用”（《咸丰同治两朝上谕档》第 24 册第 185 页）。此科“其他”栏中 1 人，指杨仲愈补行散馆引见授职。

㉗光绪二十年甲午恩科在二十一年四月散馆。光绪二十一年闰五月初七日，“内阁奉上谕：‘此次散馆补行引见之庶吉士张瀛著以部属用’”（《光绪宣统两朝上谕档》第 21 册，第 203 页）。“其他”栏中的 1 人，指张瀛补行散馆引见授职。

㉘光绪三十三年二月二十九日，内阁奉上谕：“此次学部会同翰林院、吏部带领引见进士馆毕业学员，所有考列最优等之修撰王寿彭，编修左霈、潘鸿鼎、潘昌煦，均著记名遇缺题奏。二甲庶吉士郭则澐……均著授职编修，并记名遇缺题奏。三甲庶吉士水祖培……均著授职检讨，并记名遇缺题奏……”（《光绪宣统两朝上谕档》第 33 册，第 27 页。）这道谕旨提到毕业授职的不仅有光绪二十九年癸卯科庶吉士，也有光绪二十九年癸卯科其他进士。这反映庶吉士不再在庶常馆培养，而是与其他进士一同在进士馆进学，一同参加毕业考试。光绪三十年甲辰恩科庶吉士也是如此。因此，本表就没有统计光绪二十九年癸卯科、光绪三十年甲辰恩科两科庶吉士散馆授职情况。

㉙此数据只是乾隆十九年甲戌科至道光十六年丙申恩科庶吉士习清汉书的人数。

附表五 《词林辑略》散馆授职弄错之总表

序号	姓名	科年	《词林辑略》	《皇朝词林典故》	《国朝馆选爵里谥法考》	《实录》	他书记载	《实录》出处①
1	李昌垣	顺治四年丁亥科	国书不纯外用	编修	清书不纯改外用	编修		卷43，第347页
2	陈紫芝	康熙十八年己未科	检讨	检讨	检讨	科道官		卷96，第1册，第1220页
3	张孝时	康熙三十年辛未科	御史	知县	知县	知县		卷162，第2册，第777页
4	张寿嵩	康熙三十年辛未科	归班	归班	知县	知县		卷184，第2册，第973页
5	陈豫朋	康熙三十三年甲戌科	归班	归班	知县	知县		卷184，第2册，第973页
6	陈守创	康熙三十三年甲戌科	归班	归班	知县	知县		卷184，第2册，第973页
7	韩遇春	康熙三十九年庚辰科	检讨	归班	归班	归班		卷212，第3册，第149页
8	吴关杰	康熙四十五年丙戌科	编修	编修	编修	（缺）	革去庶吉士仍归进士馆教习②	
9	李中	康熙四十八年己丑科	除名	归班	革退	（缺）	革去庶吉士仍归进士馆教习②	

（续表）

序号	姓名	科年	《词林辑略》	《皇朝词林典故》	《国朝馆选爵里谥法考》	《实录》	他书记载	《实录》出处①
10	李应绶	康熙四十八年己丑科	归班	归班	知县	外官对品用（知县）		《世宗实录》卷14，第1册，第248页
11	卜俊民	康熙五十一年壬辰科	内阁中书	中书	内阁中书	（缺）	革去庶吉士仍归进士馆教习	
12	冯汝轼	康熙五十一年壬辰科	内阁中书	中书	内阁中书	（缺）	革去庶吉士仍归进士馆教习	
13	杜诏	康熙五十一年壬辰科	未散馆	归班	（缺）	（缺）	革去庶吉士仍归进士馆教习	
14	顾嗣立	康熙五十一年壬辰科	知县	（缺）	（缺）	（缺）	革去庶吉士仍归进士馆教习	
15	春山	康熙五十一年壬辰科	内阁中书	中书	中书	（缺）	革去庶吉士仍归进士馆教习	
16	陈王谟	康熙五十一年壬辰科	刑部主事	（缺）	（缺）	（缺）	革去庶吉士仍归进士馆教习	
17	徐依	康熙五十一年壬辰科	知县	知县	知县	（缺）	革去庶吉士仍归进士馆教习	
18	王晦	康熙五十一年壬辰科	除名	（缺）	革退	（缺）	革去庶吉士仍归进士馆教习	
19	徐骏	康熙五十二年癸巳恩科	（缺）	（缺）	（缺）	斩立决		《世宗实录》卷95，第2册，第312页
20	姜任修	康熙六十年辛丑科	归班	归班	知县	外官对品用（知县）		《世宗实录》卷14，第1册，第248页
21	万承岑	雍正元年癸卯恩科	归班	归班	知县	（缺）	革去庶吉士留进士③	
22	牧可登	雍正元年癸卯恩科	检讨	检讨	编修	编修		卷31，第1册，第469页

（续表）

序号	姓名	科年	《词林辑略》	《皇朝词林典故》	《国朝馆选爵里谥法考》	《实录》	他书记载	《实录》出处①
23	昌龄	雍正元年癸卯恩科	检讨	检讨	检讨	编修		卷 31，第 1 册，第 469 页
24	恒德	雍正二年甲辰科	光禄寺署丞	光禄寺署丞	光禄寺署丞	（缺）	革去庶吉士留进士④	
25	许琰	雍正五年丁未科	（缺）	（缺）	（缺）	（缺）	散馆革退⑤	
26	王廷鸿	雍正八年庚戌科	归班	归班	知县	知县		《高宗实录》卷 17，第 1 册，第 441 页
27	饶鸣镐	雍正十一年癸丑科	主事	知府	知府	（缺）	知府⑥	
28	牛琳	乾隆二年丁巳恩科	归班	归班	知县	知县		卷 91，第 2 册，第 401 页
29	陶镛	乾隆四年己未科	归班	归班	知县	知县		卷 165，第 3 册，第 86 页
30	周孔从	乾隆七年壬戌科	（缺）	（缺）	（缺）	检讨		卷 241，第 4 册，第 102 页
31	邵祖节	乾隆十三年戊辰科	（缺）	（缺）	（缺）	知县		卷 389，第 6 册，第 112 页
32	朱仕琇	乾隆十三年戊辰科	归班	归班	知县	知县		卷 389，第 6 册，第 112 页
33	史鸣皋	乾隆十六年辛未科	归班	归班	知县	知县		卷 424，第 6 册，第 552 页
34	梁兆榜	乾隆十六年辛未科	礼部主事	归班	知县	知县		卷 424，第 6 册，第 552 页
35	吴为墉	乾隆十六年辛未科	归班	归班	知县	知县		卷 424，第 6 册，第 552 页
36	姚步瀛	乾隆三十四年己丑科	编修	主事	主事	部属用		卷 883，第 11 册，第 835 页
37	图敏	乾隆三十七年壬辰科	编修	检讨	编修	检讨		卷 981，第 13 册，第 101 页

（续表）

序号	姓名	科年	《词林辑略》	《皇朝词林典故》	《国朝馆选爵里谥法考》	《实录》	他书记载	《实录》出处①
38	陈有会	乾隆四十五年庚子恩科	检讨	编修	检讨	编修		卷 1129，第 15 册，第 99 页
39	祝德全	乾隆四十六年辛丑科	知县	归班	归班	归班		卷 1206，第 16 册，第 132 页
40	庞士冠	乾隆五十五年庚戌恩科	编修	检讨	检讨	检讨		卷 1427，第 19 册，第 94 页
41	王利亨	嘉庆六年辛酉恩科	知县	归班	知县	归班		卷 97，第 2 册，第 297 页
42	樊如杞	嘉庆六年辛酉恩科	知县	归班	知县	归班		卷 97，第 2 册，第 297 页
43	徐焕	嘉庆六年辛酉恩科	内阁中书	知县	知县	知县		卷 97，第 2 册，第 297 页
44	梁中靖	嘉庆六年辛酉恩科	吏部主事	归班	知县	归班		卷 97，第 2 册，第 297 页
45	黄中位	嘉庆六年辛酉恩科	知县	归班	知县	归班		卷 97，第 2 册，第 297 页
46	严昌钰	嘉庆六年辛酉恩科	知县	归班	知县	归班		卷 97，第 2 册，第 297 页
47	邓士宪	嘉庆七年壬戌科	主事	知县	主事	知县		卷 142，第 2 册，第 948 页
48	施鸾坡	嘉庆七年壬戌科	知县	（缺）	知县	归班		卷 209，第 3 册，第 804 页
49	赵遴	嘉庆七年壬戌科	编修	编修	编修	知县		卷 142，第 2 册，第 948 页
50	陈声遹	嘉庆七年壬戌科	知县	归班	（缺）	归班		卷 142，第 2 册，第 948 页
51	朱玉林	嘉庆七年壬戌科	主事	知县	主事	知县		卷 142，第 2 册，第 948 页
52	张元模	嘉庆七年壬戌科	刑部主事	知县	主事	知县		卷 142，第 2 册，第 948 页
53	周毓麟	嘉庆七年壬戌科	知县	归班	（缺）	归班		卷 142，第 2 册，第 948 页
54	孙汶	嘉庆七年壬戌科	编修	知县	编修	知县		卷 142，第 2 册，第 948 页

（续表）

序号	姓名	科年	《词林辑略》	《皇朝词林典故》	《国朝馆选爵里谥法考》	《实录》	他书记载	《实录》出处①
55	隆安	嘉庆七年壬戌科	知县	归班	（缺）	归班		卷142，第2册，第948页
56	林文竹	嘉庆七年壬戌科	知县	（缺）	知县	归班		卷194，第3册，第567页
57	魏邦彦	嘉庆七年壬戌科	知县	归班	知县	归班		卷142，第2册，第948页
58	庄诜男	嘉庆七年壬戌科	知县	（缺）	知县	归班		卷194，第3册，第567页
59	刘谷万	嘉庆七年壬戌科	知县	归班	知县	归班		卷142，第2册，第948页
60	锺庆	嘉庆七年壬戌科	知县	归班	归班	归班		卷142，第2册，第948页
61	王珽	嘉庆七年壬戌科	知县	归班	归班	归班		卷142，第2册，第948页
62	达清阿	嘉庆七年壬戌科	主事	知县	知县	知县		卷142，第2册，第948页
63	德朋阿	嘉庆七年壬戌科	编修	检讨	检讨	检讨		卷142，第2册，第948页
64	陈铭	嘉庆七年壬戌科	知县	归班	归班	归班		卷142，第2册，第948页
65	常山	嘉庆七年壬戌科	知县	归班	归班	归班		卷142，第2册，第948页
66	倪思莲	嘉庆十年乙丑科	归班		归班	知县		卷194，第3册，第567页
67	崇弼	嘉庆十年乙丑科	（缺）		（缺）	编修		卷194，第3册，第567页
68	色卜星额	嘉庆十年乙丑科	编修		知县	知县		卷194，第3册，第567页
69	裘元淦	嘉庆十年乙丑科	（缺）		（缺）	检讨		卷194，第3册，第567页
70	何承先	嘉庆十年乙丑科	（缺）		（缺）	知县		卷194，第3册，第567页
71	余源	嘉庆十四年己巳恩科	主事		主事	知县		卷242，第4册，第260页

（续表）

序号	姓名	科年	《词林辑略》	《皇朝词林典故》	《国朝馆选爵里谥法考》	《实录》	他书记载	《实录》出处①
72	唐鉴	嘉庆十四年己巳恩科	编修		编修	检讨		卷 242，第 4 册，第 260 页
73	李莒	嘉庆十六年辛未科	知县		（缺）	归班		卷 329，第 5 册，第 336 页
74	方观旭	嘉庆十六年辛未科	（缺）		（缺）	知县		卷 329，第 5 册，第 336 页
75	蓝瑛	嘉庆十九年甲戌科	知县		知县	归班		卷 329，第 5 册，第 336 页
76	德喜保（德崇）	嘉庆十九年甲戌科	编修		（缺）	部属用		卷 329，第 5 册，第 336 页
77	徐堪	嘉庆二十二年丁丑科	工部主事		知县	知县		卷 357，第 5 册，第 710 页
78	玉藻	道光六年丙戌科	（缺）		（缺）	革职		卷 127，第 2 册，第 1120 页
79	陈鼎雯	道光十二年壬辰恩科	内阁中书		知县	知县		卷 265，第 5 册，第 76 页
80	崇文	道光十三年癸巳科	未散馆		笔帖式	笔帖式		卷 333，第 6 册，第 61 页
81	黄庆昌	道光十三年癸巳科	知县		主事	部属用		卷 265，第 5 册，第 76 页
82	李樾	道光十三年癸巳科	（缺）		知县	知县		卷 308，第 5 册，第 800 页
83	刘德熙	道光十三年癸巳科	知县		归班	归班		卷 265，第 5 册，第 76 页
84	杜浣	道光十三年癸巳科	未散馆		知县	知县		卷 333，第 6 册，第 61 页
85	翁祖烈	道光十六年丙申恩科	编修		知县	知县		卷 308，第 5 册，第 800 页
86	翟松	道光十六年丙申恩科	（缺）		知县	知县		卷 308，第 5 册，第 800 页

（续表）

序号	姓名	科年	《词林辑略》	《皇朝词林典故》	《国朝馆选爵里谥法考》	《实录》	他书记载	《实录》出处①
87	刘印星	道光十八年戊戌科	（缺）		知县	知县		卷350，第6册，第331页
88	锺宜年	道光十八年戊戌科	（缺）		主事	部属用		卷416，第7册，第221页
89	萧尚钦	道光十八年戊戌科	（缺）		知县	知县		卷404，第7册，第66页
90	蒋琦淳	道光二十年庚子科	主事		编修	编修		卷350，第6册，第331页
91	周镇南	道光二十年庚子科	（缺）		编修	编修		卷350，第6册，第331页
92	玉衡	道光二十年庚子科	检讨		知县	知县		卷350，第6册，第331页
93	贾樾	道光二十一年辛丑恩科	未散馆		编修	编修		卷404，第7册，第66页
94	田树桢	道光二十一年辛丑恩科	未散馆		编修	编修		卷404，第7册，第66页
95	朱锡珍	道光二十一年辛丑恩科	（缺）		主事	主事		卷404，第7册，第66页
96	李湘华	道光二十一年辛丑恩科	（缺）		编修	编修		卷404，第7册，第66页
97	张樾	道光二十一年辛丑恩科	（缺）		主事	部属用		卷404，第7册，第66页
98	马品藻	道光二十一年辛丑恩科	知县		主事	部属用		卷404，第7册，第66页
99	周德荣	道光二十七年丁未科	（缺）			编修		《文宗实录》卷8，第1册，第153页
100	蒋兆鲲	道光二十七年丁未科	（缺）			编修		《文宗实录》卷8，第1册，第153页
101	刘崧骏	道光二十七年丁未科	未散馆			革职治罪		《文宗实录》卷8，第1册，第147页

（续表）

序号	姓名	科年	《词林辑略》	《皇朝词林典故》	《国朝馆选爵里谥法考》	《实录》	他书记载	《实录》出处①
102	萧铭卣	道光二十七年丁未科	（缺）			部属用		《文宗实录》卷8，第1册，第153页
103	张炳堃	道光二十七年丁未科	（缺）			编修		《文宗实录》卷8，第1册，第153页
104	陈鼒	道光二十七年丁未科	（缺）			革职治罪		《文宗实录》卷8，第1册，第147页
105	文启	道光二十七年丁未科	（缺）			部属用		《文宗实录》卷8，第1册，第153页
106	（翻译）桂丰	道光二十七年丁未科	编修			部属用		《文宗实录》卷8，第1册，第153页
107	（翻译）勒尔精阿	道光二十七年丁未科	（缺）			部属用		《文宗实录》卷8，第1册，第153页
108	（翻译）联兴	道光三十年庚戌科	（缺）			部属用		《文宗实录》卷60，第1册，第791页
109	罗瀚隆	咸丰二年壬子恩科	编修			归班		卷92，第2册，第253页
110	任廷槐	咸丰三年癸丑科	知县			归班		卷281，第5册，第133页
111	曾椿寿	咸丰三年癸丑科	（缺）			部属用		卷314，第5册，第612页
112	潘祖同	咸丰六年丙辰科	编修			革职		卷270，第4册，第1191页
113	罗贤升	咸丰六年丙辰科	（缺）			归班		卷314，第5册，第612页

（续表）

序号	姓名	科年	《词林辑略》	《皇朝词林典故》	《国朝馆选爵里谥法考》	《实录》	他书记载	《实录》出处①
114	陈传奎	咸丰六年丙辰科	（缺）			部属用		卷 314，第 5 册，第 612 页
115	张其蕙	咸丰六年丙辰科	（缺）			知县		卷 314，第 5 册，第 612 页
116	张丕烈	咸丰九年己未科	知县			归班		卷 314，第 5 册，第 612 页
117	王寅亮	咸丰九年己未科	知县			归班		卷 314，第 5 册，第 612 页
118	周光祖	咸丰九年己未科	（缺）			部属用		卷 314，第 5 册，第 612 页
119	（翻译）齐克慎	咸丰九年己未科	（缺）			部属用		卷 314，第 5 册，第 612 页
120	王玉森	同治十年辛未科	主事			知县		《德宗实录》卷 311，第 5 册，第 46 页
121	李光斗	同治十三年甲戌科	知县			部属用		《德宗实录》卷 30，第 1 册，第 446 页
122	李蕊	同治十三年甲戌科	（缺）			（缺）		
123	袁镇南	光绪二年丙子恩科	检讨			知县		卷 50，第 1 册，第 706 页
124	锺灵	光绪六年庚辰科	编修			部属用		卷 162，第 3 册，第 285 页
125	戚扬	光绪十五年己丑科	知县			部属用		卷 284，第 4 册，第 791 页
126	张瀛	光绪十八年壬辰科	知县			部属用		卷 369，第 5 册，第 826 页
127	景禐	光绪二十年甲午恩科	编修			部属用		卷 366，第 5 册，第 792 页

（续表）

序号	姓名	科年	《词林辑略》	《皇朝词林典故》	《国朝馆选爵里谥法考》	《实录》	他书记载	《实录》出处①
128	熊希龄	光绪二十年甲午恩科	未散馆罢			革职		卷 428，第 6 册，第 615 页
129	张继良	光绪二十一年乙未科	知县			部属用		卷 418，第 6 册，第 486 页
130	涂福田	光绪二十一年乙未科	知县			部属用		卷 418，第 6 册，第 486 页
131	文林	光绪二十一年乙未科	知县			部属用		卷 418，第 6 册，第 486 页
132	雷以动	光绪二十一年乙未科	知县			部属用		卷 418，第 6 册，第 486 页
133	秦锡圭	光绪二十一年乙未科	（缺）			知县		卷 418，第 6 册，第 486 页
134	杨锡霖	光绪二十一年乙未科	（缺）			革职		卷 470，第 7 册，第 180 页
135	吴功溥	光绪二十四年戊戌科	编修			知县		卷 570，第 8 册，第 58 页

备注：①“《实录》出处”栏：为使表格简洁，省略了相对应的《实录》的具体名称。只有当庶吉士散馆时已到新的皇帝时，才注明《实录》的具体名称。

② 康熙五十二年十月甲辰（三十日），谕大学士等曰：“朕阅庶吉士散馆试卷，其习清书者，仅学习一年，虽无甚优，亦不甚劣，即至三等之卷，犹能对汉文翻译，伊等俱著留翰林院；习汉文者，诗文俱平常。一等卷，略有可观，仍留衙门，其余十一卷，总属不堪，将伊等俱革去庶吉士，于教习进士处照常学习。”（《清圣祖实录》卷 256，第 3 册，第 538 页。）

“（康熙五十二年）十月十八日，集庶吉士于畅春苑，时大风寒冻，上命入澹宁居试四书题……三十日奉旨：清书一二三等，汉书一等俱留馆授职，汉书二等十一人：高其伟、吴关杰、李忠（李中）、卜俊民、冯汝轼、杜诏、顾嗣立、春山、陈王谟、徐依、王晦，俱革去庶吉士仍归进士中教习。”（顾嗣立：《闾邱先生自订年谱》，见《北京图书馆藏珍本年谱丛刊》第 89 册，北京，北京图书馆出版社，1999 年，第 93 ～ 94 页。）

对照《清圣祖实录》与《闾邱先生自订年谱》可知，康熙五十二年散馆，汉书二等的高其伟、吴关杰、李忠（李中）、卜俊民、冯汝轼、杜诏、顾嗣立、春山、陈王谟、徐依、王晦 11 人，革去庶吉士，仍归进士处（馆）中教习。

③ 雍正二年十一月初五日乙巳，上谕：“编修万承苍从前科场声名不好，近来在外仍复招摇，春间乡试之前，又不安静，因朕特降严旨，故弊端止息，翰林一官首重人品，罢斥此等不端之人正所以重清华之选，万承苍著革职，发回原籍，伊弟庶吉士万承岑著革去庶吉士，仍归闲散进士班内挨次候选，尔等谕令闭户读书，勿效伊兄行止，倘不知自励，亦不能免于罪戾，尔等职司掌院当不时察访，如有此等之人，即当参奏，毋得姑容，有负职任，特谕。”（《雍正朝起居

注册》第1册，第358页。）

④ 雍正三年三月二十三日辛酉，“覆请刑部议奏殴死家人伊长阿之庶吉士恒德应罚俸二年一疏，上曰：恒德系读书人，凶殴家仆至死，有玷翰林，著革去庶吉士，仍留其进士”（《雍正朝起居注册》第1册，第463页）。

⑤ “雍正十一年四月二十四日，遵奉上谕，谕吏部：清书庶吉士裘肇煦……俱著授为编修……许琰著革退。尔部即遵谕行，特谕。”（《雍正朝内阁六科史书·吏科》第72册，第81页。）

⑥ “饶鸣镐……（雍正）十一年癸丑科进士，选授翰林院庶吉士，十三年正月内有浙江金衢严道等缺，奉旨：著于编检庶吉士内拣选带来引见。钦此。随经大学士张廷玉拣选，咨送吏部，于二月初九日吏部带领引见，奉旨补授广西南宁府知府。”（《雍正朝汉文朱批奏折汇编》第39册，第122页。）

附表六　清代翰林院庶吉士散馆授职统计表

省（旗）科名	宗室	满洲	蒙古	汉军	直隶	奉天	江苏	安徽	江西	浙江	福建	山东	山西	河南	陕西	甘肃	湖北	湖南	四川	广东	广西	云南	贵州	合计
顺治三年丙戌科					4a+ 6b+ 4c+ 1z	1a	1c+ 1z			1a+ 1c+ 1z	1a	4a+ 4b+ 1c	1a+ 1b+ 2c+ 1d	3a+ 3b+ 1c+ 1y	1c		1a							16a+ 14b+ 11c+ 1d+ 1y+3z
顺治四年丁亥科					2a+ 2b		1a+ 3b	1a+ 1b	1c	2a		1a	1b+ 1c	1a	1c		1d+ 1z							8a+ 7b+ 3c+ 1d+1z
顺治六年己丑科					4a+ 1b+ 2c+ 1d		3a+ 3b+ 1c	2a	1c	2a+ 2b+ 1c	2c	3a+ 1b+ 1c	1a	1b+ 3c	1a+ 1b		2a						1b	18a+ 10b+ 11c+ 1d

（续表）

省（旗）科名	宗室	满洲	蒙古	汉军	直隶	奉天	江苏	安徽	江西	浙江	福建	山东	山西	河南	陕西	甘肃	湖北	湖南	四川	广东	广西	云南	贵州	合计
顺治九年壬辰科				2a+2b	1a+2b+2c		2c+1j+1L	1z	3c+1d	1a+4b	3b+1j	1a+1b+2c	1b+1c	2b+1c+1z	1b+1c		2a+2b			1a				8a+18b+12c+1d+2j+1L+2z
顺治九年壬辰科满洲榜		4z	2z																					6z
顺治十二年乙未科					2a+1b+1r		4a+2b+1r			1a+3b+3c	2c	1a+1b+4c	1a		1b+1c		1a							10a+8b+10c+2r
顺治十二年乙未科满洲榜		1r+5z																						1r+5z
顺治十五年戊戌科					1a+2b+2y	1a	1a+1z		1a+1b	3a+1c+1f+1z	1a	2a+1b+1c+1d	2b	1b+1c			1a+4b	1c						11a+11b+4c+1d+1f+2y+2z

（续表）

省（旗）科名	宗室	满洲	蒙古	汉军	直隶	奉天	江苏	安徽	江西	浙江	福建	山东	山西	河南	陕西	甘肃	湖北	湖南	四川	广东	广西	云南	贵州	合计
顺治十六年己亥科					3a+2b+4c+2d		3a+1c+2d+1f+1z	1b	1a+1d	2a+1c+3d		1a+2c+1d+1j	1d+1z	1d	2d		1c+1d		1c					10a+3b+10c+14d+1f+1j+2z
顺治十八年辛丑科					2a+1b		1a+1c+1k				1a		1b		1b		1b							4a+4b+1c+1k
康熙三年甲辰科							1b+3d		1c	1b+1c+3d+1z			1b					1c		1d	1c			3b+4c+7d+1z
康熙六年丁未科							2a+1b	1a	1c+1d	1a+1c	1c		1b	1a+1c										5a+2b+4c+1d
康熙九年庚戌科		1b+2d		1a+4d	1a+1b+1d		2a+1b+1d	1d	1b	1b+1c+1d	2a	2a+1c	1a						1d+1z					9a+5b+2c+11d+1z

（续表）

省（旗）科名	宗室	满洲	蒙古	汉军	直隶	奉天	江苏	安徽	江西	浙江	福建	山东	山西	河南	陕西	甘肃	湖北	湖南	四川	广东	广西	云南	贵州	合计
康熙十二年癸丑科		1d		2d+ 1z	1a+ 1b+ 1c		2a+ 3b+ 2c	1a	1c	2a+ 2b+ 1c+ 1d+ 1z	1z	1a+ 1b+ 1c	1a+ 1b	1z					1b	1b				8a+ 10b+ 6c+ 4d+4z
康熙十五年丙辰科				2d	1a+ 1c+ 1d	1c	4a+ 1b+ 1c		1d	5a+ 1b		3a+ 1b	2a+ 1z	2a	1b		1a			1b			1d	18a+ 5b+3c+ 5d+1z
康熙十八年己未科					1a+ 1b+ 1d		2a+ 1c+ 1d	2a+ 1c+ 1d	1d	3a+ 1b+ 2c	1b	3a+ 2b+ 1d	1d	1a+ 1d	1b		1b			1a			1c	13a+ 7b+5c+ 7d
康熙二十一年壬戌科					1b+ 2d		6a+ 2b+ 1c	1a+ 1b	1b+ 1r	2a+ 1b+ 2c	1a+ 1d	1y	1b	1c+ 1d	1a+ 1b+ 1d		2b							11a+ 10b+ 4c+5d+ 1r+1y
康熙二十四年乙丑科					1b+ 1c+ 1d		3a+ 1c	2a+ 1d	2b	3a+ 1b	1a	2a+ 1b+ 1z	2a	2b	1a+ 1b		2a+ 1b	1b	1b	1b	1b	1a		17a+ 13b+ 2c+2d+ 1z

（续表）

省（旗）科名	宗室	满洲	蒙古	汉军	直隶	奉天	江苏	安徽	江西	浙江	福建	山东	山西	河南	陕西	甘肃	湖北	湖南	四川	广东	广西	云南	贵州	合计
康熙二十七年戊辰科					2a		3a+3b+1d+1q	1a	1a+1b	3a+2d	1d	1a+1b+1c+1z	1f	2b	1a+2b		1b+1z		1d	1q		1z		12a+10b+1c+5d+1f+2q+3z
康熙三十年辛未科		2b		1f			5a+1b+1c+1f+1q	1a	1b+1c	2a+1b+1f	1f+1q	2b	1z	2b+1f	1b	1f	1a	1b	1f	1b				9a+12b+2c+7f+2q+1z
康熙三十三年甲戌科		1a+4b+1d+1n		1a+1b	3a+1b+1q		5a+1f		1f+1q	2a+1q+1z		1z	1f	1a+1f	2a		1a+1c	1z	1b	1b	1b	1b	1b	16a+11b+1c+1d+4f+1n+3q+3z
康熙三十六年丁丑科		2a+3b+1q		1b	1b	1b	4a		1a+1q	1a	1a	1b+1z	1a+1b+2q	1b			2q	1a	1q	1b		1z	1b	11a+11b+7q+2z

（续表）

省（旗）科名	宗室	满洲	蒙古	汉军	直隶	奉天	江苏	安徽	江西	浙江	福建	山东	山西	河南	陕西	甘肃	湖北	湖南	四川	广东	广西	云南	贵州	合计
康熙三十九年庚辰科		1a+ 1b+ 1q		1b+ 1p+ 1q	1a+ 2b+ 1z		1a+ 2b+ 2q+ 1y+ 1z	1b	1b+ 1q	2a+ 2q	1a	2q	1a+ 1b+ 2q	1z	3q		2q		1g	1d+ 1z	1q	1b	1q	7a+ 10b+ 1d+1g+ 1p+ 18q+ 1y+4z
康熙四十二年癸未科		1a+ 1b+ 4y		2b	1a+ 1b+ 1e+ 1y		7a+ 2z	1a+ 3z	1b	4a+ 3z	1b+ 1z	1a+ 1b+ 1z	1f	1a+ 1b	1b+ 1L		1a	1a			1b	2b	1b	18a+ 13b+ 1e+1f+ 1L+ 5y+10z
康熙四十五年丙戌科		1a+ 2y			1a		7a+ 3b+ 1y+ 1z		2a+ 1b+ 1y	4a+ 3b+ 1p+ 1y	2a	1a+ 2b	2b	1a+ 1z	1b+ 2y	1b		2b	1b	1b	1b	1b+ 1z	1z	19a+ 19b+ 1p+ 7y+4z
康熙四十八年己丑科		1a+ 1b			1a+ 1b+ 2z		13a+ 5b+ 1z	1b	1a+ 2b	1a+ 5b+ 1z	1a+ 1b	1a+ 2b	1d+ 1z	2a+ 1b+ 1p+ 1z	2b+ 1z		1a+ 2b	1b	1b	1a+ 1b+ 1L	1b	1b+ 1f	1b+ 1z	23a+ 29b+ 1d+1f+ 1L+ 1p+8z

（续表）

省（旗）科名	宗室	满洲	蒙古	汉军	直隶	奉天	江苏	安徽	江西	浙江	福建	山东	山西	河南	陕西	甘肃	湖北	湖南	四川	广东	广西	云南	贵州	合计
康熙五十一年壬辰科		1a+b+1p			2a+3b		14a+6b+7p	1a	1a+1z	4a+2b	2a	1a+1b	1a	2b+1z	1a+2b+1f		1a+1b		1a+1b	1z	1b	2b	2b	30a+24b+1f+8p+3z
康熙五十二年癸巳恩科		3b		1a+1b	1a+2b		8a+1y	1a	1a+3b+1z	2a+3b+1f+1z	1a	1a	1a+2b	1a+1b+1z	2a+1b		1a+1y		2b	2b+1y	1a+1b	1b	1b+1z	22a+23b+1f+3y+4z
康熙五十四年乙未科		1a+2b		2b	2a+2b		5a+1b	1a	1a+1z	6a+1b+2z	1a+2z	1a	1a	1g+1z		1b		1a	1a+1b	1b+1f	1b	1a+1b	1b	22a+14b+1f+1g+6z
康熙五十七年戊戌科		1a+1z		1i	1a+1b+1i	1b	7a+1b+1z	2b	1a+1b	7a+3b+1z	2a+1d	1a	1a+2b+1d	1a	1b+1y	1b+1y	1a+1y	1b	2b	1a	1b+1y	1b	2b	24a+20b+2d+2i+4y+3z
康熙六十年辛丑科		2a			3a+1b+1d+2z		3a+2b+2f+1h+4z		2b+1f+1q	5a+1b+3f+1q+1z	2a+2b+1h	1b+1h+1i	1d		1b+1i	1i	1a+2i+1q+1z	1b	1h+1q	1b+1h	1i	1b	1h+1i	16a+13b+2d+6f+6h+7i+4q+8z

（续表）

省（旗）科名	宗室	满洲	蒙古	汉军	直隶	奉天	江苏	安徽	江西	浙江	福建	山东	山西	河南	陕西	甘肃	湖北	湖南	四川	广东	广西	云南	贵州	合计
雍正元年癸卯恩科		3a+2b	1a		1d+1e+1z		7a+2b+1d+1e+1z	1a+2b+1e	4a+1d+1p	7a+3b+1d	1e	2a+2d+1z	2d		1z			1e		2e	1b+1d	1e	1e	25a+10b+9d+9e+1p+4z
雍正二年甲辰科		1a+1p+1y		1f	3a		6a+1b+2d+1q+1z	1a+1d+1i	2a	7a+1d+1f+3q	1a	2a					1b+1f							23a+2b+4d+3f+1i+1p+4q+1y+1z
雍正五年丁未科		2b+1d		1b	3a+1b		6a+2b+1f		1a		2b+1y	1a+1b+1q	1b+1i	1b+1z	1a			1b	1b	1b	1a+1b	1g	1a+1b	14a+16b+1d+1f+1g+1i+1q+1y+1z
雍正八年庚戌科		2a+2b	1d	1a	1a+1b		13a+3b+1g	3a	1a+1b	9a+1b+2z	1a+1d+1z	1b	1b	1d	1b		1f	1a	1b	1a		1b	1b	33a+14b+3d+1f+1g+3z

（续表）

省（旗）科名	宗室	满洲	蒙古	汉军	直隶	奉天	江苏	安徽	江西	浙江	福建	山东	山西	河南	陕西	甘肃	湖北	湖南	四川	广东	广西	云南	贵州	合计
雍正十一年癸丑科		4a+1b+1d		1a			9a+2b+1d+3f	2a+1b+1z	1f+1z	8a+2b+1d+1f	3a+1q+1z	2a+1d+1f	2a	1a+1d+1z	2q			2a+1b+1d+1i	1b	3b+1g	1a	1b	2b	35a+14b+6d+6f+1g+1i+3q+4z
乾隆元年丙辰科		4b+1d			1b+1q	1b	2a+2b+1f+2q+1z	1a+1b+1f+3q	1a+3b	1a+1b+2d+4f+2q	2a+1f	1b+1d+1f	2a+1z	1a+2f	1a+1f		1a+1b+1q	1z	2a	1a+1b+1d	1a	2b	1b+1z	16a+19b+5d+11f+9q+4z
乾隆二年丁巳恩科		1a+1b+3d		1a	1b+1d+1q		3a+1q	1a+1b	2a+1d	4a+1z	1b+1q	2a+2f	2a+1q	2b	1b+1f+1q		1a+1d	2a+2z	1a+3d	1a+1d+1q	1a+1b+1f	1a+2b+1f	1b+1d	23a+11b+11d+5f+6q+3z
乾隆四年己未科		2b+1d+1z	1y	1b	3a+1b+1d		8a+1d+1f	1a+1f	3a+1b	6a+2f	1a+1b+1q+1z	1a+1d+1f+1q+1z	1a	1b+1i	1b+1d+1f		1a	1a+1b+1f	1b+1z	1a+1d	2b	1f	1a+1d	28a+12b+7d+8f+1i+2q+1y+4z

（续表）

省（旗）科名	宗室	满洲	蒙古	汉军	直隶	奉天	江苏	安徽	江西	浙江	福建	山东	山西	河南	陕西	甘肃	湖北	湖南	四川	广东	广西	云南	贵州	合计
乾隆七年壬戌科		2a+1b+1d	1z	1a	2a+1b+1q		2a+1b+1d+1q+1z	1a+1q	1a+2b	4a+1d+1f	2a+1b+1z	1a+1b+2d	1a	1b+1q+1z	1b		1b+2z	1b+1f	2a	1a+1z	1d+1z	1z	1b+1d	20a+12b+7d+2f+4q+9z
乾隆十年乙丑科	1b	2a+1d	1b	1a	2a+2b+1d		5a+1b+2z	1a+1d	2a	4a+1f+1z	1a+1z	2a+1q	1q	1a+1d+1f	1b	1d	1a	2a+1z	1b	2a	1a	2a	1b	29a+8b+5d+2f+2q+5z
乾隆十三年戊辰科	1b+1d	2b	1d	1a	2a+1b+1d		3a+3d	3a	3a	6a+2f	2a+1f	1b+1q+1z	1a+1q	1a+1z	1z		1a	1z	1a+1b	1a+1z	1a	1f	1b+1q	26a+7b+6d+4f+3q+5z
乾隆十六年辛未科		1b+1d		1q	2a	1q	3a+1d+1f+1q	2a+1b+1d	1a+1z	1a+2d+1f	1a+1z	4a	1a	1a	1a+1q		1d	1a+1d	1q	1f+1z	1a+1f	1a	1b	20a+3b+7d+4f+5q+3z
乾隆十七年壬申恩科		2a		1a	2a+1d	1b	4a	1a+1z	1a+1f	5a+1f	1q	1a+1f+1q	1b+1d		1a		1b	1z	1q	1z	1a+1q	1b+1d	1b+1f	19a+5b+3d+4f+4q+3z

（续表）

省（旗）科名	宗室	满洲	蒙古	汉军	直隶	奉天	江苏	安徽	江西	浙江	福建	山东	山西	河南	陕西	甘肃	湖北	湖南	四川	广东	广西	云南	贵州	合计
乾隆十九年甲戌科		2b		1b	2a+1q		3a	1a+1z	1d+1z	2a+1b+1f	1z	2b+1d	1b+1q	1a	1d		2a	2b	1b	1a	1b	1q	1b+1z	12a+12b+3d+1f+3q+4z
乾隆二十二年丁丑科		1b+1d			1a		2a+1d+1z	1a+1d+1z	3a+1q	4a	1a+1z	1a+1b	1b	1a	1a+1b		1z	1a	1z	1b	1a	2a	1b	19a+6b+3d+1q+5z
乾隆二十五年庚辰科		1d	1z		1a+2b		2a+2d	1a	1a	2a+3d	1a+1b+1d	2a+1d	1d	1b	1b		1b	2a	1b+2d	1q		1b	1b	12a+9b+11d+1q+1z
乾隆二十六年辛巳恩科			1a	1a	1b+1d		4a+2d+1z	1a+1b	3a	1a+3d	1b	1a+1b+1d	1a	1b			1a	2b	1b	1d	1q	1b+1q	1b	14a+10b+8d+2q+1z
乾隆二十八年癸未科		1d		1a	1q		3a+1d	1a+1d	1d+1z	3a+1z	1d	1b+1d	1a+1d		1a		1b	1b	1d	1b+1d	1b	1b	1z	10a+6b+9d+1q+3z

（续表）

省（旗）科名	宗室	满洲	蒙古	汉军	直隶	奉天	江苏	安徽	江西	浙江	福建	山东	山西	河南	陕西	甘肃	湖北	湖南	四川	广东	广西	云南	贵州	合计
乾隆三十一年丙戌科		1a+1d			2a		5a	2a	1a+1d	2a+3d	1a	1a+1d	1b	1a	1a		1d	1b	1a	1b	1q	1d	1q	18a+3b+8d+2q
乾隆三十四年己丑科		1a			1a		1a+2b+1d	1a+1b	1a+1q	2a+1d	1a	1a+2b	1b	1b	1d		1b	1b	1a	1a	1d		1a	12a+9b+4d+1q
乾隆三十六年辛卯恩科		1b		1d	2d	1a	1a+3d	1a+1z	2a	2a+2d	2a	1a+1b	1a	1d	1a		1a	1a+1b	1a	1a	1a	1b	1d	17a+4b+10d+1z
乾隆三十七年壬辰科		1a		1a	2a	1b	4a	1a+1b	2a+1b	7a	2z	2a+1b	1a	1a	1d		1a	1b	1b	1a+1b	1d	1d		24a+7b+3d+2z
乾隆四十年乙未科		2b		1b	4a+1d		5a+2d+1q+1z	1a+1z	2a+1d	4a+2d	1a+2d	1b	1a+1d	1a	1b		1b	1a	1a	1b	1a	1b	1a	23a+8b+9d+1q+2z

（续表）

省（旗）科名	宗室	满洲	蒙古	汉军	直隶	奉天	江苏	安徽	江西	浙江	福建	山东	山西	河南	陕西	甘肃	湖北	湖南	四川	广东	广西	云南	贵州	合计
乾隆四十三年戊戌科		1b		1b	2a+1d		2a+1d+1q	1a+1b+1q	1a+2d+1q	4a+1b	1a+1d	1a+1q	1a	1a	1b		1z	1a	1b	1a	1b	1q	1b	16a+8b+5d+5q+1z
乾隆四十五年庚子恩科			1b	1b	1a+1d+1q		2a+1d+1q	1d	1a	1a+1d+1q	1b	1a	1b	1b		1z	1a	1a	1q	1q	1q	1q	1b	8a+6b+4d+7q+1z
乾隆四十六年辛丑科		1b		1z	2a+1q		1a+2d+1q	1a	1b+1d+1z	2a+1b+2d	1a+1d	1a+1d	1b	1d	1b		1d	1b	1b	1q	1z	1b	1b	8a+9b+9d+3q+3z
乾隆四十九年甲辰科		1a		1a	1d		2a+1d	2a+1d	1a	1a	1b	1b	1a	1d			1a	1d	1a	1a	1b	1b	1b	12a+5b+5d
乾隆五十二年丁未科		1b		1z	2b+1d		2a+2d+1q	1a	2a	1a+1d+1q	1d	1a	1d	1a+1d		1d	1b	1a	1z	1a	1b	1b	1a	11a+6b+8d+2q+2z
乾隆五十四年己酉科		1a+1b			1a	1d	1a+1d	1b		1b+1d	1a	1b	1a	1a		1a	1a	1b	1a	1a	1b	1d	1b	10a+7b+4d

（续表）

省（旗）科名	宗室	满洲	蒙古	汉军	直隶	奉天	江苏	安徽	江西	浙江	福建	山东	山西	河南	陕西	甘肃	湖北	湖南	四川	广东	广西	云南	贵州	合计
乾隆五十五年庚戌恩科		1b+2d	1b		1d		2a+1d	1a	1a	2a	1b	1b+1d	1b	1a		1a	1a	1z	1b		1b	1a	1d	10a+7b+6d+1z
乾隆五十八年癸丑科		1a			1a+1b		2a+1d	1d	1a+1d	2a+1d	1b	1z	1d	1a				1a	1d		1b		1b	9a+4b+6d+1z
乾隆六十年乙卯恩科		1a			1a		1a+1d	1d	1a	1a		1b	1b	1z			1d		1b	1b		1b	1b	5a+6b+3d+1z
嘉庆元年丙辰科		1d			2a		2a+1d	1d	1a+1d	4a	1a+1d	1a+1d	1b		1a		1d	1a	1d	1b		1d	1a	14a+2b+9d
嘉庆四年己未科		2b+1d		1d	2a+4d+2f		4a+1b+1d+1f	2a+3d	1a+3d+1f	6a+1b+2d	3a+1d+1f	1a+1d+1f	1a+2d	2a+1d+1f	1d+2f		1a	1a+1d	1a+1f	2a+1d	1z	1a+1d+1f	1a+1f	29a+4b+24d+12f+1z
嘉庆六年辛酉恩科		1a+1b+1d	1b	1a	3a+1b+2f		3a+1d+3f	3a	2a+1b+1d+1f	6a+1f+2q	2a+2d+1f	4a	2f+1q	2a+1d+1q	1a+1d+1f	1a	1a+1d+1q	3a	2f+1z	1a+1f+2q	1q+1z	1a+1f+1q	2f+1q	35a+4b+8d+17f+10q+2z

（续表）

省（旗）科名	宗室	满洲	蒙古	汉军	直隶	奉天	江苏	安徽	江西	浙江	福建	山东	山西	河南	陕西	甘肃	湖北	湖南	四川	广东	广西	云南	贵州	合计
嘉庆七年壬戌科	1a+1b+1d	1d+1f+2q+1z	1q	1f+1z	2a+1b+3f+3q		5a+1f+1q+1z	5a+1d+1z	3a+1b+2d+1f+1q	6a+2d+2f+1z	1a+1d+1f+1q	1a+3f	2f	1b+2q	3f+1q		1a+2f	1a+1f+1q	1b+1f+1q	2a+1f+1z	1a	3f	1a+1d+1f	30a+5b+9d+27f+14q+6z
嘉庆十年乙丑科	1a	1a+1b+1d+1n	1f		3a+1d+2f+1q		4a+3d+2f+1q+1z	5a+2d+1f+1q	2a+1b+1f+2q+1z	6a+1d+2f+1q	1a+1b+1f	2a+1d+1z	1d+1f	1a+1f+1q	2f	1f	1a+1b+1d	1d	1a+1d	1a+1f	1a+1f	1a+1f+1z	2a+1z	33a+4b+13d+18f+1n+7q+5z
嘉庆十三年戊辰科	1d	1a+1d		1a+1d	1a+3d+2f+1q		5a+1c+2d+1q	1a+2d+2f+1z	2a+1d+2f	5a+4d+2f	1b+1d+1f	2a+1b+1d+1f	1a+1b+1f	1a+1d	1d+1f		2a+1f	1a+1d	1a+1f	1d+2f	1a+1d	1a+1d+1f	1a+1d+1q	27a+3b+1c+24d+17f+3q+1z
嘉庆十四年己巳恩科	1a+1d	2d		1a	3a+2d	1f	6a+1d+1f	1a+2d+1f	4a+1d	4a+1b+3d+2f	2a+1f	1b+2d+1f	1f	2d	1d+1f		1a+1d+1f	1b+1d+1f	1a+1z	1d+2f	1z	1b+1d	1d+1f	24a+4b+22d+14f+2z

（续表）

省（旗）科名	宗室	满洲	蒙古	汉军	直隶	奉天	江苏	安徽	江西	浙江	福建	山东	山西	河南	陕西	甘肃	湖北	湖南	四川	广东	广西	云南	贵州	合计
嘉庆十六年辛未科	1d	2b	1d	1d+1f	1a+1d+2f		2a+2d+4f	3a+2d+1f+1z	2a+3d+1z	3a+3d+3f+1z	2a	2a+1d+1f	1a+1d	1b+1d	1d+1f		1a+1d+1f	1b+1q	1f+1q	1a+1d	1f	1b+2d	1a+2d	19a+5b+24d+16f+2q+3z
嘉庆十九年甲戌科	1d	2a+1d			2d+1f+1q		2a+3d+1f+1z	1a+2d+1f+1z	2a+1d+1f+1z	3a+3d+2f+1z	1a+1d+1q+1z	1a+2d+1f+1z	1a+2d	1a+1d+1f	1a	1a	1d+1f+1z	1a+1d	2a	1a+1d	1d+1q	2a+1f	1a+1z	23a+23d+10f+3q+8z
嘉庆二十二年丁丑科	1d	1a+1b+1f	1d	1f	3a+1d		3a+1b+1e+1f+1q	2a+1d+2f	3a+2d+2f	3a+1d+2f+1q	1a+1d+1f+1z	2a+3f	2f	1a+1d	1a+1e	1f	2a+1q	1a+1b+1d+1z	1b+1f	1a+1d+1f	1a+1d	1a+1z	2a+1d	28a+4b+13d+2e+18f+3q+3z
嘉庆二十四年己卯恩科	1b	1a+1d			4a+1f		5a+2e	1a+1b+4d+1f	2a+1d+2f	3a+1d+1f+1q+2z	2a+1b+1d	2a+1f	1b+1d+1f	1a+1d	1a		2d	1d+1f	1a+1f	1b	1a+1f	1a+1b+1d	1a+1d+1e	26a+6b+15d+3e+10f+1q+2z

（续表）

省（旗）科名	宗室	满洲	蒙古	汉军	直隶	奉天	江苏	安徽	江西	浙江	福建	山东	山西	河南	陕西	甘肃	湖北	湖南	四川	广东	广西	云南	贵州	合计
嘉庆二十五年庚辰科	1b	1a+1b	1d	1a	1b+1d+2f	1f	6a+1d+1f+1q	2a+1f	3a+1d+1f	2a+1b+1d+5f+1z	1a+1d+2f	2a+2f	3a+1q	2a+1d+1f	1a+1f	1f+1q	1a+1d+1f	2f	1f+1z	1d+1f	1a+1f	3a+1b	1a+1b+1d+1f	30a+6b+10d+25f+3q+2z
道光二年壬午恩科	1a+1b	2a+1q		1a	2a		2a+1b+2d	1a+1d	1a+1b+1f	2a+1z	1a+1b	1a+2f	1f	1a+1q	1d	1f	1a	1f	1f	1a	1d	1f	1f	17a+4b+5d+9f+2q+1z
道光三年癸未科	1d	1q+1z			2a+1b+2f		1a+1d+1f	1a+1f	2a+1b+1d	2a+1d	1b+2d	2a+1d	1f	1d	1a+1q	1q	1a+1f+1z	1a+1f	2f	1a+1d	1a+1d	2a	1f	17a+3b+10d+10f+3q+2z
道光六年丙戌科	1a+1d	1a+1d+1f	1a	1a+1y	1a+1b		2a+1d+1f+1z	2a+1d	2d	1a+1d+1f+1z	1a+1f	1d+1z	1a	2f	1a+1d+1f		2a	1a+1f	1d	1d+1f	1f+1q	1a+1f	1a+1b	18a+2b+11d+11f+1q+1y+3z

（续表）

省（旗） 科名	宗 室	满 洲	蒙 古	汉 军	直 隶	奉 天	江 苏	安 徽	江 西	浙 江	福 建	山 东	山 西	河 南	陕 西	甘 肃	湖 北	湖 南	四 川	广 东	广 西	云 南	贵 州	合 计
道光九 年己 丑科	1m	1a+ 1d+ 1f	1a	1d	4a+ 1b+ 2d+ 1f		3a+ 2d+ 2f	2a+ 1d	1a+ 1b+ 2d+ 1z	1a+ 2d+ 3f	2a	1f	1a	1a+ 1d	1a		1b	2a+ 1d		1a+ 1d+ 1f	1d	1a	1f	22a+ 3b+ 15d+ 10f+ 1m+1z
道光 十二年 壬辰 恩科	1a+ 1d	1a	2a	1d	3a+ 1d+ 1f		1a+ 3d	1a+ 1f	2a+ 2d+ 1z	5a+ 1d+ 1f	1a+ 1d	1b+ 1d	1a+ 1f	1a+ 1d	1f		2a+ 2d	2a+ 1d	1a+ 1f	3a	1a+ 1z	1a	1a	30a+ 1b+ 15d+ 6f+2z
道光 十三年 癸巳科	1m	1a	1b	2a+ 1d	1b+ 2d+ 1f	1z	4a+ 1d	1a+ 2f	1a+ 1b+ 2d+ 2f+ 1q	3a+ 2d+ 1z	1a+ 1d	2a+ 1f+ 1z	1a+ 1b	1a+ 1d	1b		2a+ 1d+ 1f	1a+ 1d	1a	1a+ 2f	1a+ 1f	1b+ 1f	1a+ 1d	24a+ 6b+ 13d+ 11f+ 1m+ 1q+3z
道光 十五年 乙未科	1d	2a+ 1b+ 2d	1z		4a+ 1d		4a+ 1f	2a+ 1b+ 1f	1a	3a+ 1d+ 1f+ 1z	1d	3a+ 1d	1a	2a+ 1b+ 1d	1a	1a+ 1d	2a	1d+ 1z	1a+ 1f	3a+ 1b	1a+ 1d	1a		32a+ 4b+ 11d+ 4f+3z

（续表）

省（旗）科名	宗室	满洲	蒙古	汉军	直隶	奉天	江苏	安徽	江西	浙江	福建	山东	山西	河南	陕西	甘肃	湖北	湖南	四川	广东	广西	云南	贵州	合计
道光十六年丙申恩科	1a	1b+1d		1a	1a+1d+2f		5a	1f	2a	3a+2d	1a+1f	1d+1f	1b	1f	1a+1d		2f	2a	1f	1a+1d	1b	1b	1a	19a+4b+7d+9f
道光十八年戊戌科	1a			1a	5a		7a+1z		2a+1b+1f	5a	1a+2d	2a+1b	1a+1b+1d+1z	1a+1f	2a		3a	1a+1b+1d	1a	1a	1b	1a	1b+1f	35a+6b+4d+3f+2z
道光二十年庚子科	1a	1f	1f	1d	6a+1b+1d		6a	1a+1d	7a	4a	3a	2a		2a	2a	1a	1a+1d	3a	1a	2a+1d	1a	2a+1b	1a	46a+2b+5d+2f
道光二十一年辛丑恩科	2b	1a+1b		2a	2a+1z		3a+5d+1f+1z	3a+1d	1a+1b+1f	7a+2d	1a+1d	3a+2b+1d+1f+1z	1a	2a+1d	1a+1b	1a	1z	3a+1f	1f	3a+2b	1a	1a+1d		36a+9b+12d+5f+4z
道光二十四年甲辰科	1b	1d	1a	1a	3a+1d		5a+2d+1z	1a	2a+2d	3a+2d		2a+2b+1d+1z	1a		2a		1a	2a		3a	1a+1d	1a		29a+3b+10d+2z

（续表）

省（旗）科名	宗室	满洲	蒙古	汉军	直隶	奉天	江苏	安徽	江西	浙江	福建	山东	山西	河南	陕西	甘肃	湖北	湖南	四川	广东	广西	云南	贵州	合计
道光二十五年乙巳恩科		1a	1b	1a	5a+1b+1d	1a	4a+1b+1d	1a+1z	4a+1d+1z	5a+2d		3a+1d	1a	3a+2b	2d		3a	3a	1a					36a+5b+8d+2z
道光二十七年丁未科	1d	1b+1z	1d	1a	3a+1d		2a+1b+2d+1y	5a	2a+1z	7a+1y+1z	2a	1a+2d	1a+1d	2a			2a	2a	3a	2a	1a	1a	1a	38a+2b+8d+2y+3z
道光三十年庚戌科	1b	2a+1d		1a	3a+3d		7a	1a		7a+1d+1f	1a	1a	1a	2a+1b	2a+1d+1e		2a	1b+1d	3a+1d+1f	4a+1f+1z			1a+1e	38a+3b+8d+2e+3f+1z
咸丰二年壬子恩科	1d	2a+1d	1f		3a+1d	1d	2a+3d+1e+1f+1z	1a+2d+1f	3a+1d+2f+2q	4a+3d+1f+1z	1a+1b+2d	3a+1b+1e+1q	2a+1d+1f	3a+2d+1f	1a+1d+1f	1d+1f	2a+1d+1e	1d+1e	2d+1f	2b+2z	2d	1a	1a+1f	29a+4b+26d+4e+12f+3q+4z

（续表）

省（旗）科名	宗室	满洲	蒙古	汉军	直隶	奉天	江苏	安徽	江西	浙江	福建	山东	山西	河南	陕西	甘肃	湖北	湖南	四川	广东	广西	云南	贵州	合计
咸丰三年癸丑科	1b	2a			1a+2f	1d+1f	3a+1d+1f	4a	1a+1d+1f+1q+1z	3a+4d+2f	1a+1d	1a+1d+1z	1a+1d+2f	1a+1d+2f	1q	1f	1f+1z	2f	1a+1b+2d	2a+2d+1z	1d	1a	1a+1b+1d+1e	23a+3b+17d+1e+15f+2q+4z
咸丰六年丙辰科	1a	2a			1a+1b+1d+3f	1e	1a+1b+2d+2f+1y+2z	1a+1d+1f	1a+1b+1d+1f+1z	4a+3d+1f	1a+1d	1a+3d	1b+1q	1a+1b+1d+1f	1f+1q+1z		1a+2d	2a	1a+1d	1d	1d	1z		18a+5b+18d+1e+10f+2q+1y+5z
咸丰九年己未科	1a	1d		1a	1b+1q	1a	1a+1d		1d+1f	2a+1b+2d+2z	1f	2a	1a+1d	1f+1z	1b+1f		1a+1f	1a+1d+1z	2f+1q	1f	1d+1f	1a	1z	12a+3b+8d+9f+2q+5z
咸丰十年庚申恩科	1a	1f	1a	1a	1a+1b+1d+1z		2a+1d	1a	1a+2b+1f	1b+1f	1a+1z	3a	2a	1a+1b	2z		1a	2a	1b	1z	1b	1d	1f	18a+7b+3d+4f+5z

（续表）

省（旗）科名	宗室	满洲	蒙古	汉军	直隶	奉天	江苏	安徽	江西	浙江	福建	山东	山西	河南	陕西	甘肃	湖北	湖南	四川	广东	广西	云南	贵州	合计
同治元年壬戌科	1a+1d	1a		1a	3a+1d+1f		4a+1d	1a+1d	1a+1b+2d	4a		1a+1b	1a+1f	1a+1d+1f	2a+1f		1a+2d	3a	2a	2a	1a+1d	1a+1d	2a	33a+2b+11d+4f
同治二年癸亥恩科	1a+1z	1a+1b+1d	1a	1a	3a+1d	1a	4a+1d+1f	1a+1d	2a+1b+1d+1f	3a+1f	2a+1d	3a+1f	1b	3a	1a		2a+1d	1a	2d	1a+1d+1f+1z	1a+2f	1b	1a	33a+4b+10d+7f+2z
同治四年乙丑科	1a	2a+1d		1a+1f	3a+1b+1d+1f	1a+1d	6a+1d+2z	1a+1d+1z	1a+2b+1d	2a+1b+1d	1a+1f	5a+1f	2a+1d+1f	3a+1d	1f+1z	1a	3a+1d+1z	4a+1b+1f	1a+1b+1d	5a	1a+1d+1f	1a+1d		45a+6b+13d+8f+5z
同治七年戊辰科	1a	2b+1f	1a	1a+1f	4a+1d+1f	1a	6a+1b+1d+1f	1a+1d+2f	3a+2f+1z	5a+1b+1d+2f	3a+1d+1z	4a+1b+1d+1f	2a+1d	2a+1d	2a		2a+2f	3a+1f	2a+1d	3a+1d+1z	1a+1f+1z	1z	2a	49a+5b+10d+15f+5z
同治十年辛未科		2b+1d		2a	4a+2f	1a	9a+1b+1d+2f	1a+1b+1d+2f	2a+1b+1d+1z	7a+1b+2d+1f	2a+3f	1a+1b+2f	1a+1z	2a+1d+1f	2a	1a	2a+1b+1f	3a+1f	1a+2f	3a+1b+1d	4a	2a	3a+1f	53a+9b+8d+18f+2z

（续表）

省（旗）科名	宗室	满洲	蒙古	汉军	直隶	奉天	江苏	安徽	江西	浙江	福建	山东	山西	河南	陕西	甘肃	湖北	湖南	四川	广东	广西	云南	贵州	合计
同治十三年甲戌科	1a	2a+1d	1a	1a+1d	5a+1d+1f		5a+2d+3f+1z	2a+1b+1f	1a+1b+2f	4a+1d+3f	3a+1d	2a+1b+1d	2a	3a+1f	3a+1b+1d+1f	1a	5a+1f	2a+1f+1r	3a+1f	4a+1d+1f	1a+1d+1f	1d+1f+1z	1a+1f	52a+4b+12d+19f+1r+2z
光绪二年丙子恩科	1a	1a+1d	1a		4a+1f	1f	7a+1b+1d+2f+1z	1a+1f+1z	1a+3f	6a+1b+2d	5a	4a+1d	1a+1f	4a+1d	1a+1d+2f	1f	3a+1d+1f	3a+1d	1a+1d+3f	4a+1f	3a+1f	2a+1f	1a+1f+1z	54a+2b+10d+20f+3z
光绪三年丁丑科	1a	1a+1d+1f	2a	1d	3b+1f+1z	1a+1d	4a+1b+1d+2f+1z	4a+1f+1z	3a+1d+2f	5a+2d+2f	1a+1d+1f	3a+1d+1f	1a	2a+1d	1a+1f	1a	2a+1f	4a	1a+1b	3a+1b	1a+1d	2z	1a+1f	42a+6b+11d+14f+5z
光绪六年庚辰科	1a+1d	2a+1d	1a	1a	4a+1d+2f	1d	4a+1b+2d+1f	3a+1f+1z	1b+1d+2f+1z	5a+2d+2f+1z	2a+1d	5a+2f	1a+1d	3a+1d	1a+1d	1a+1f	1a+2d+1f	2a+1z	1a+1d+2f+1z	3a+1d+1f	1a+2d+1f+1z	1f	1b+1d+1f	42a+3b+20d+18f+6z
光绪九年癸未科	1a	2a+1d		1a	4a+2d+1z		5a+1d+2f	2a+1b+2f	3a+1d+1f	6a+1d+1f	3a+1d+1f	3a+2d	1b+1d	1a+2d	1b+2d	1f	2a+1d	1a+2d+1f	2a+1f+1z	2a+2f	1a+1f	1a+1f	1a+1f	41a+3b+17d+15f+2z

（续表）

省（旗）科名	宗室	满洲	蒙古	汉军	直隶	奉天	江苏	安徽	江西	浙江	福建	山东	山西	河南	陕西	甘肃	湖北	湖南	四川	广东	广西	云南	贵州	合计
光绪十二年丙戌科	1b	3a	1a+1b	2a	5a+1f	1f	5a+2d+1z	3a+1f	2a+1b+2d+1f	8a+2d+1f	2a+1b+3f	3a+1b+2f	1a+1d	2a+1d	2a	1d	1a+2d	2a+1d+2f	2a+1b+1d+1f	3a+1d	1d+1f	1a+1b	1a+1f	49a+7b+15d+15f+1z
光绪十五年己丑科	2b	3a	1a+1d	1a+1f	6a+1d		6a+1d+1f+1z	3a+2d	3a+2d	2a+2b+2d+1f	1b+3d+1f+1z	3a+1b+1d	1b+1f	2a+1d	1a	2a	4a+1b	4a+1d+1f	2a+1d	1a+3b	1a+1f	1a+1f	2a+2f	48a+11b+16d+10f+2z
光绪十六年庚寅恩科	1a	1a		1a+1d	2a+2b+2d	1a	5a+1b+3d+2f	3a+1b+1d+1z	3a+1d+2f	3a+1b+1d+2f	3a+1d+2z	3a+1b+2d	1a+1d	3a+1d	1a+1d+1f	1d	1a+1d+1z	1a+1b+1z	2a+1d+1f	1a+1b+2d	2a+1d+1f	2a+1d	1a+1f	41a+8b+22d+10f+5z
光绪十八年壬辰科	1a+1d	2a+1f	1d	2d	3a+1b+1d+2f	1d	6a+3d	1a+2d+3f	3a+1d+2f	3a+2d+2f	2d+4f	1a+2d+2f+1z	1f+1z	1a+2d+1f+1z	1a+1b+1f	1d	1a+3d+2f	3a+1b+1d+1f	3a+1f	2a+1d+2f	2a	2d+1f	1a+1p	34a+3b+28d+26f+1p+3z
光绪二十年甲午恩科	1a	1a+1d		1a+1f	1a+1d+3f	1a	5a+2d+4f+1z	2a+1f+1z	3a+1b+3f	4a+2f	2a+1b+1d+4f	2a+1d+1f	1f	1a	1a	1b	1a+1d	1a+2f+1y	5f	3a+1b+1d+1f	1a+1d	1b+2f	1d	31a+5b+10d+30f+1y+2z

（续表）

省（旗） 科名	宗室	满洲	蒙古	汉军	直隶	奉天	江苏	安徽	江西	浙江	福建	山东	山西	河南	陕西	甘肃	湖北	湖南	四川	广东	广西	云南	贵州	合计
光绪 二十一 年乙 未科	1a	1d+ 1f	1a+ 1d	1d+ 1f	3a+ 2d+ 1f+ 1y	1f	2a+ 1d+ 1f	2a+ 1b	2a+ 1d+ 1f+ 1g+ 1z	2a	2a+ 4f	1a+ 1f	1d	1b+ 1d	1d+ 3f	1d+ 2f	2d	2a+ 1d+ 1f	1a+ 1z	4a	1a+ 1d+ 1f	1a	2f	25a+ 2b+ 15d+ 20f+ 1g+ 1y+2z
光绪 二十四 年戊 戌科	1a+ 1z	2a+ 1f		1a+ 1g	3a+ 2b+ 1d+ 1f	1b	8a+ 1f	3a+ 1b+ 1z	3a+ 1d+ 1f	2a+ 1b+ 1d+ 1f+ 2z	2a+ 1f+ 2z	2a+ 1d+ 2f	1d	1a+ 1b+ 1d	1a+ 1d	1f	1a+ 2d+ 1f	2a+ 1f+ 1z	4a+ 1z	3a+ 1d+ 2f	1a+ 2f	1f	1a	41a+ 6b+ 10d+ 16f+ 1g+8z
光绪 二十九 年癸 卯科		1b	1b	1a	6a	1z	6a+ 1z	4a+ 1b	2a+ 1g	6a+ 1z	3a+ 1b	3a	1b	4a+2z	1a	1b	4a+ 1b	4a	3a	5a+ 2b	1a+ 1b	3a	2a	58a+ 10b+ 1g+5z
光绪 三十年 甲辰 恩科		1a	1b		4a	1a	5a+ 1b	3a+ 1b	4a+ 2b	4a+ 3b	2a+ 1z	3a	1b	2a+1b	1z	1a	1a+ 1b	3a+ 1z	3a	4a+ 1o	2a	1a	1a+ 1b	45a+ 12b+ 1o+3z

（续表）

省（旗）科名	宗室	满洲	蒙古	汉军	直隶	奉天	江苏	安徽	江西	浙江	福建	山东	山西	河南	陕西	甘肃	湖北	湖南	四川	广东	广西	云南	贵州	合计
合　计	26a+ 14b+ 16d+ 2m+ 2z	87a+ 66b+ 49d+ 11f+ 2n+ 2p+ 6q+ 1r+ 7y+ 14z	18a+ 9b+ 9d+ 3f+ 1q+ 1y+ 5z	50a+ 16b+ 22d+ 10f+ 1g+ 1i+ 1p+ 2q+ 1y+ 4z	223a+ 73b+ 15c+ 73d+ 2e+ 47f+ 1i+ 15q+ 1r+ 4y+ 11z	13a+ 6b+ 1c+ 7d+ 1e+ 6f+ 1q+ 2z	446a+ 70b+ 14c+ 108d+ 5e+ 60f+ 1g+ 1h+ 1j+ 1k+ 1L+ 7p+ 20q+ 1r+ 5y+ 41z	147a+ 28b+ 1c+ 50d+ 1e+ 35f+ 1i+ 6q+ 22z	159a+ 50b+ 9c+ 64d+ 50f+ 2g+ 1p+ 14q+ 1r+ 1y+ 21z	379a+ 63b+ 15c+ 108d+ 76f+ 1p+ 16q+ 2y+ 37z	118a+ 29b+ 5c+ 46d+ 1e+ 38f+ 1h+ 1j+ 7q+ 1y+ 24z	167a+ 59b+ 14c+ 53d+ 1e+ 42f+ 1h+ 1i+ 1j+ 9q+ 1y+ 17z	70a+ 41b+ 4c+ 34d+ 25f+ 1i+ 11q+ 8z	105a+ 39b+ 8c+ 46d+ 22f+ 1g+ 1i+ 1p+ 6q+ 1y+ 17z	59a+ 36b+ 4c+ 27d+ 2e+ 32f+ 1i+ 1L+ 11q+ 3y+ 8z	15a+ 5b+ 8d+ 13f+ 1i+ 2q+ 1y+ 1z	107a+ 30b+ 2c+ 42d+ 1e+ 25f+ 2i+ 8q+ 2y+ 13z	106a+ 30b+ 2c+ 25d+ 2e+ 26f+ 1i+ 2q+ 1r+ 1y+ 15z	69a+ 32b+ 1c+ 27d+ 38f+ 1g+ 1h+ 8q+ 11z	113a+ 39b+ 33d+ 2e+ 28f+ 1g+ 1h+ 1L+ 1o+ 7q+ 1y+ 14z	52a+ 26b+ 1c+ 27d+ 23f+ 1i+ 8q+ 1y+ 8z	51a+ 38b+ 19d+ 1e+ 24f+ 1g+ 5q+ 11z	47a+ 39b+ 1c+ 18d+ 4e+ 25f+ 1h+ 1i+ 1p+ 5q+ 10z	2627a+ 838b+ 97c+ 911d+ 23e+ 659f+ 8g+ 6h+ 13i+ 3j+ 1k+ 3L+ 2m+ 2n+ 1o+ 14p+ 170q+ 5r+ 33y+ 316z

备注：①此表统计《词林辑略》所列顺治三年丙戌科至光绪三十年甲辰恩科共 5732 名庶吉士（包括乾隆年间修书而钦赐的 9 名庶吉士，不包括翻译庶吉士）的散馆授职情况。据《清实录》等资料纠正了《词林辑略》所载授职有误的人员，参见附表五《〈词林辑略〉散馆授职弄错之总表》。②由于庶吉士散馆主要授职为编修、检讨、科道官（清前期部分庶吉士散馆授职为科道官，康熙后，庶吉士不再授职为科道官）、各部院主事、中行评博、知县，因此这几类的排序靠前。其他授职类别不管品级高低，排序靠后。③数字后的符号均表示为：a——编修；b——检讨；c——科道官（给事中、监察御史）；d——各部院主事；e——中行评博（内阁中书、行人司行人、评事、博士。雍正元年癸卯恩科后，庶吉士散馆不再授职行人、评事、博士）；f——知县；g——道员、盐运使司运同、知府；h——各部院员外郎；i——同知、知州；j——推官（康熙六年裁）；k——国子监监丞；L——教授；m——笔帖式；n——武职（对品旗员、侍卫）；o——清末各部院参事；p——撤销庶吉士资格，留进士；q——散馆归班；r——散馆授职不清；y——散馆革职（除名）；z——未散馆。

附表七　清代翰林院庶吉士官至最高职位统计表

省（旗）科名	宗室	满洲	蒙古	汉军	直隶	奉天	江苏	安徽	江西	浙江	福建	山东	山西	河南	陕西	甘肃	湖北	湖南	四川	广东	广西	云南	贵州	合计
顺治三年丙戌科					2a+ 1b+ 3d+ 1f+ 2k+ 3m+ 2s+ 1z	1i	1m+ 1z			1c+ 1m+ 1z	1f	2b+ 3f+ 1j+ 2k+ 1m	1b+ 1d+ 1e+ 1m+ 1p	1d+ 1f+ 2g+ 3k+ 1y	1m		1g							2a+4b+ 1c+5d+ 1e+6f+ 3g+1i+ 1j+7k+ 8m+1p+ 2s+1y+ 3z

（续表）

省（旗）科名	宗室	满洲	蒙古	汉军	直隶	奉天	江苏	安徽	江西	浙江	福建	山东	山西	河南	陕西	甘肃	湖北	湖南	四川	广东	广西	云南	贵州	合计
顺治四年丁亥科					1a+1d+1h+1i		1j+1k+1L+1s	2k	1k	1a+1L		1a	1i+1k	1L	1m		1h+1z							3a+1d+2h+2i+1j+5k+3L+1m+1s+1z
顺治六年己丑科					1b+1g+1h+2i+3k		1f+1h+1k+2L+1m+1s	1i+1s	1j	1d+1f+1g+2k	1k+1m	2d+1k+1L+1s	1k	1f+1h+2k	1k+1s		1a+1i						1k	1a+1b+3d+3f+2g+3h+4i+1j+13k+3L+2m+4s
顺治九年壬辰科				2c+1k+1n	1d+1e+1f+1m+1n		1k+1m+1r+1t	1z	1h+1k+2m	1i+2L+1p+1s	1h+2k+1r	2k+1q+1s	1d+1k	1b+1i+1k+1z	1m+1s		1i+2k+1s			1k				1b+2c+2d+1e+1f+2h+3i+12k+2L+5m+2n+1p+1q+2r+4s+1t+2z

（续表）

省（旗）科名	宗室	满洲	蒙古	汉军	直隶	奉天	江苏	安徽	江西	浙江	福建	山东	山西	河南	陕西	甘肃	湖北	湖南	四川	广东	广西	云南	贵州	合计
顺治九年壬辰科满洲榜		4z	2z																					6z
顺治十二年乙未科					1d+1e+1j+1n		1a+1d+3L+1s+1u			1b+2d+1g+1m+2s	1k+1m	2d+3e+1i	1e		1d+1L		1b							1a+2b+7d+5e+1g+1i+1j+1k+4L+2m+1n+3s+1u
顺治十二年乙未科满洲榜		1e+5z																						1e+5z
顺治十五年戊戌科					1d+2i+2y	1L	1L+1z		1d+1s	1b+1k+1L+1m+1r+1z	1d	2d+1L+1m+1s	1a+1L	1a+1d			1a+1d+1i+1L+1s	1n						3a+1b+7d+3i+1k+6L+2m+1n+1r+3s+2y+2z

（续表）

省（旗）科名	宗室	满洲	蒙古	汉军	直隶	奉天	江苏	安徽	江西	浙江	福建	山东	山西	河南	陕西	甘肃	湖北	湖南	四川	广东	广西	云南	贵州	合计
顺治十六年己亥科					1b+1e+2i+1j+1k+3m+2s		2h+1m+1q+3s+1z	1s	1n+1s	1g+1k+1m+1n+1q+1s		3k+1r+1s	1k+1z	1n	1h+1q		1k+1q		1e					1b+2e+1g+3h+2i+1j+7k+5m+3n+4q+1r+9s+2z
顺治十八年辛丑科					1L+1q+1s		1a+1d+1k				1L		1d		1L		1p							1a+2d+1k+3L+1p+1q+1s
康熙三年甲辰科							1d+1k+2L		1b	2d+1g+1i+1s+1z			1e					1m		1q	1j			1b+3d+1e+1g+1i+1j+1k+2L+1m+1q+1s+1z

（续表）

省（旗）科名	宗室	满洲	蒙古	汉军	直隶	奉天	江苏	安徽	江西	浙江	福建	山东	山西	河南	陕西	甘肃	湖北	湖南	四川	广东	广西	云南	贵州	合计
康熙六年丁未科							1L+2s	1a	1k+1m	1d+1m	1g		1s	1j+1s										1a+1d+1g+1j+1k+1L+2m+4s
康熙九年庚戌科		2d+1i		1e+2k+1L+1n	1d+1i+1n		1a+2i+1k	1q	1b	1g+1i+1q	1a+1s	1k+1L+1s	1s						1a+1z					3a+1b+3d+1e+1g+5i+4k+2L+2n+2q+3s+1z
康熙十二年癸丑科		1#		1e+1k+1z	1d+1e+1s		1b+1d+1g+1m+1q+2s	1s	1k	1b+1i+1k+1L+1q+1s+1z	1z	1d+1k+1s	1d+1k	1z					1s	1s				1#+2b+4d+2e+1g+1i+5k+1L+1m+2q+8s+4z

（续表）

省（旗）科名	宗室	满洲	蒙古	汉军	直隶	奉天	江苏	安徽	江西	浙江	福建	山东	山西	河南	陕西	甘肃	湖北	湖南	四川	广东	广西	云南	贵州	合计
康熙十五年丙辰科				1k+1n	2g+1q	1n	3d+1m+2s		1n	1d+2p+3s		2d+1L+1s	1m+1s+1z	1d+1s	1s		1j			1m			1q	7d+2g+1j+1k+1L+3m+3n+2p+2q+9s+1z
康熙十八年己未科					1q+2s		1i+1L+1m+1q	1d+1i+1k+1s	1q	1d+2j+1L+1m+1s	1s	1i+2k+2p+1s	1k	1k+1s	1s		1s			1i			1k	2d+4i+2j+6k+2L+2m+2p+3q+9s
康熙二十一年壬戌科					1k+1n+1s		1b+1d+1g+1j+1k+1L+2p+1s	1d+1j	1d+1k	1b+1k+1L+1m+1s	1q+1s	1y	1s	1d+1k	1b+1q+1s		1d+1s							3b+5d+1g+2j+5k+2L+1m+1n+2p+2q+7s+1y

（续表）

省（旗）科名	宗室	满洲	蒙古	汉军	直隶	奉天	江苏	安徽	江西	浙江	福建	山东	山西	河南	陕西	甘肃	湖北	湖南	四川	广东	广西	云南	贵州	合计
康熙二十四年乙丑科					1d+1k+1m		1d+1m+2s	1c+1q+1s	1g+1i	1b+1d+1i+1s	1L	1e+1n+1s+1z	2s	1i+1s	1h+1s		1L+1p+1s	1p	1p	1s	1s	1L		1b+1c+3d+1e+1g+1h+3i+1k+3L+2m+1n+3p+1q+12s+1z
康熙二十七年戊辰科					1i+1s		1e+1i+1j+1m+1n+1p+1s+1u	1p	1j+1m	2d+1i+2k	1k	1d+1e+1s+1z	1u	1d+1s	1j+1m+1p		1d+1z		1n	1x		1z		5d+2e+3i+3j+3k+3m+2n+3p+4s+2u+1x+3z

（续表）

省（旗）科名	宗室	满洲	蒙古	汉军	直隶	奉天	江苏	安徽	江西	浙江	福建	山东	山西	河南	陕西	甘肃	湖北	湖南	四川	广东	广西	云南	贵州	合计
康熙三十年辛未科		2s		1k			1b+1g+1L+1o+3s+1u+1x	1m	1g+1j	1j+1L+1p+1s	1u+1x	1k+1s	1z	1L+1s+1u	1s	1o	1L	1h	1k	1s				1b+2g+1h+2j+3k+4L+1m+2o+1p+10s+3u+2x+1z
康熙三十三年甲戌科		1b+1c+1i+3s+1v		1b+1s	1d+2i+1s+1t		2i+4s		1a+1d	2i+1j+1z		1z	1n	1s+1u	1b+1m		1d+1m	1z	1s	1j	1j	1m	1g	1a+3b+1c+3d+1g+7i+3j+3m+1n+11s+1t+1u+1v+3z

（续表）

省（旗）科名	宗室	满洲	蒙古	汉军	直隶	奉天	江苏	安徽	江西	浙江	福建	山东	山西	河南	陕西	甘肃	湖北	湖南	四川	广东	广西	云南	贵州	合计
康熙三十六年丁丑科		1a+1g+4s		1b	1k	1s	1L+1p+2s		1d+1x	1s	1g	1s+1z	1d+1i+2u	1m			1o+1x	1s	1u	1s		1z	1L	1a+1b+2d+2g+1i+1k+2L+1m+1o+1p+11s+3u+2x+2z
康熙三十九年庚辰科		1g+1i+1r		1c+1k+1x	1b+1d+1s+1z		1a+1d+1s+1t+1u+1y+1z	1a	1d+1x	1k+1L+1n+1s	1s	1t+1x	1k+2s+1x	1z	1n+1u+1x		2x		1k	1q+1z	1x	1s	1x	2a+1b+1c+3d+1g+1i+4k+1L+2n+1q+1r+7s+2t+2u+9x+1y+4z

（续表）

省（旗）科名	宗室	满洲	蒙古	汉军	直隶	奉天	江苏	安徽	江西	浙江	福建	山东	山西	河南	陕西	甘肃	湖北	湖南	四川	广东	广西	云南	贵州	合计
康熙四十二年癸未科		3s+3y		1L+1s	1i+2k+1y		1a+2L+4s+2z	1s+3z	1s	1a+1d+2s+3z	1L+1z	1n+1s+1z	1k	1k+1s	1k+1u		1b	1s			1i	1k+1L	1s	2a+1b+1d+2i+6k+5L+1n+16s+1u+4y+10z
康熙四十五年丙戌科		1s+2y			1s		1a+1b+1e+7s+1y+1z		1p+2s+1y	2d+1i+1j+4s+1y	1e+1p	1k+2s	1m+1s	1g+1z	1L+2y	1g		1#+1s	1j	1s	1s	1L+1z	1z	1a+1#+1b+2d+2e+2g+1i+2j+1k+2L+1m+2p+21s+7y+4z

（续表）

省（旗）科名	宗室	满洲	蒙古	汉军	直隶	奉天	江苏	安徽	江西	浙江	福建	山东	山西	河南	陕西	甘肃	湖北	湖南	四川	广东	广西	云南	贵州	合计
康熙四十八年己丑科		1#+1s			1f+1h+2z		1b+1f+2g+1i+1k+1L+1m+10s+1z	1s	1c+1m+1s	1i+1j+1q+3s+1z	1d+1h	1d+1j+1s	1q+1z	1g+1k+1m+1o+1z	1d+1k+1z		3s	1k	1s	2s+1u	1n	1q+1s	1k+1z	1#+1b+1c+3d+2f+3g+2h+2i+2j+5k+1L+3m+1n+1o+3q+24s+1u+8z
康熙五十一年壬辰科		1b+1d+1s			1b+1i+1k+2s		1#+1d+1k+1m+1n+1q+15s+2t+2u+2x	1n	1f+1z	1e+2k+1L+1m+1s	2s	2s	1m	1d+1s+1z	1f+2k+1s		1j+1k		2s	1z	1k	1k+1s	2s	1#+2b+3d+1e+2f+1i+1j+9k+1L+3m+2n+1q+30s+2t+2u+2x+3z

（续表）

省（旗）科名	宗室	满洲	蒙古	汉军	直隶	奉天	江苏	安徽	江西	浙江	福建	山东	山西	河南	陕西	甘肃	湖北	湖南	四川	广东	广西	云南	贵州	合计
康熙五十二年癸巳恩科		2i+1s		1d+1k	1f+2s		1g+1L+1p+1q+4s+1y	1b	1h+1i+1n+1s+1z	3d+2s+1u+1z	1k	1m	1#+1g+1s	1h+1i+1z	1i+1p+1s		1k+1y		1g+1m	2s+1y	1k+1s	1k	1k+1z	1#+1b+4d+1f+3g+2h+5i+6k+1L+2m+1n+2p+1q+15s+1u+3y+4z
康熙五十四年乙未科		2d+1s		1f+1p	1g+1j+1m+1n		1d+1k+2L+2s	1b	1m+1z	1d+1h+1L+4s+2z	1s+2z	1s	1s	1k+1z		1m		1b	1n+1s	1n+1u	1h	1f+1s	1s	2b+4d+2f+1g+2h+1j+2k+3L+3m+3n+1p+13s+1u+6z

（续表）

省（旗）科名	宗室	满洲	蒙古	汉军	直隶	奉天	江苏	安徽	江西	浙江	福建	山东	山西	河南	陕西	甘肃	湖北	湖南	四川	广东	广西	云南	贵州	合计
康熙五十七年戊戌科		1d+ 1z		1h	1f+ 1n+ 1o	1s	1d+ 4i+ 3s+ 1z	1k+ 1s	2s	1a+ 1d+ 1f+ 1k+ 1L+ 2m+ 3s+ 1z	1g+ 2n	1i	1e+ 3k	1n	1f+ 1y	1k+ 1y	1m+ 1y	1n	1e+ 1f	1s	1s+ 1y	1h	1k+ 1m	1a+3d+ 2e+4f+ 1g+2h+ 5i+7k+ 1L+4m+ 5n+1o+ 12s+ 4y+3z
康熙六十年辛丑科		1d+ 1L			2d + 1q+ 2s+ 2z		1f+ 1h+ 1k+ 1m+ 2p+ 1s+ 1u+ 4z		1d+ 1o+ 1s+ 1u	1d+ 1e+ 1k+ 2m+ 2o+ 2s+ 1u + 1z	1d+ 1k+ 1n+ 1q+ 1s	1d+ 2k	1n		1k+ 1n	1o	1k+ 1o+ 1s+ 1x+ 1z	1m	1e+ 1x	1h+ 1s	1h	1s	1c+ 1f	1c+7d+ 2e+2f+ 3h+7k+ 1L+4m+ 3n+5o+ 2p+2q+ 10s+ 3u+2x+ 8z

（续表）

省（旗）科名	宗室	满洲	蒙古	汉军	直隶	奉天	江苏	安徽	江西	浙江	福建	山东	山西	河南	陕西	甘肃	湖北	湖南	四川	广东	广西	云南	贵州	合计
雍正元年癸卯恩科		1a+1d+3i	1d		1k+1m+1z		1f+1k+4m+1o+4s+1z	1d+1L+1m+1s	1b+1c+1f+1k +1s +1u	2h+1k+1L+1n+6s	1t	1f+2h+1k+1z	1j+1k		1z			1k		1t+1u	1a+1n	1o	1t	2a+1b+1c+3d+3f+4h+3i+1j+7k+2L+6m+2n+2o+12s+3t+2u+4z
雍正二年甲辰科		1c+1t+1y		1u	1g+2k		1e+1f+1i+2k+1m+1n+3s+1z	1k+1p+1s	1g+1s	1#+1d+1g+1h+1i+1k+2m+1p+2s +1u	1d	1a+1k					1k+1u							1a+1#+1c+2d+1e+1f+3g+1h+2i+8k+3m+1n+2p+7s+1t+3u+1y+1z

（续表）

省（旗）科名	宗室	满洲	蒙古	汉军	直隶	奉天	江苏	安徽	江西	浙江	福建	山东	山西	河南	陕西	甘肃	湖北	湖南	四川	广东	广西	云南	贵州	合计
雍正五年丁未科		1d+1L+1q		1m	2i+2s		2d+1g+1h+2k+1L+1p+1s		1j		1k+1s+1y	1h+2k	1d+1k	1f+1z	1k			1s	1m	1s	2d	1k	1m+1n	6d+1f+1g+2h+2i+1j+8k+2L+3m+1n+1p+1q+6s+1y+1z
雍正八年庚戌科		1d+1e+1L+1s	1q	1v	1k+1L		2a+2g+1h+1j+2k+2L+2m+1p+4s	1q+2s	1k+1s	1d+1g+1j+2k+2m+1p+2s+2z	1i+1n+1z	1s	1m	1f	1k		1u	1k	1o	1i		1d	1m	2a+3d+1e+1f+3g+1h+2i+2j+8k+4L+6m+1n+1o+2p+2q+11s+1u+1v+3z

（续表）

省（旗）科名	宗室	满洲	蒙古	汉军	直隶	奉天	江苏	安徽	江西	浙江	福建	山东	山西	河南	陕西	甘肃	湖北	湖南	四川	广东	广西	云南	贵州	合计
雍正十一年癸丑科		1c+2d+1L+1q+1s		1k			1f+1g+1i+1k+2m+1o+6s +2u	1d+2s+1z	1u+1z	1b+1d+1j+1L+1m+2p+1q+3s +1u	1g+2s+1x+1z	1e+1h+1n+1u	1L+1m	1e+1s+1z	2x			1#+1b+1o+1q+1s	1s	2k+1m+1s	1k	1g	1k+1n	1#+2b+1c+4d+2e+1f+3g+1h+1i+1j+6k+3L+5m+2n+2o+2p+3q+18s+5u+3x+4z
乾隆元年丙辰科		1b+1c+1g+1k+1L			1s+1u	1s	1f+2k+2s+2u+1z	1m+1s+2u+2x	1b+1d+2i	1k+1m+2o+2s+2u +2x	1a+1d+1u	1g+1m+1u	1m+1o+1z	1d+1k+1u	1L+1u		2m+1x	1z	1g+1k	1n+2s	1i	2i	1s+1z	1a+2b+1c+3d+1f+3g+5i+6k+2L+6m+1n+3o+10s+11u+5x+4z

（续表）

省（旗）科名	宗室	满洲	蒙古	汉军	直隶	奉天	江苏	安徽	江西	浙江	福建	山东	山西	河南	陕西	甘肃	湖北	湖南	四川	广东	广西	云南	贵州	合计
乾隆二年丁巳恩科		2d+1i+1k+1L		1e	1m+2u		2d+1s+1u	2L	1k+2s	1f+1i+1m+1s+1z	1s+1u	1k+1m+1p+1u	1d+1s+1x	1k+1s	1s+1u+1x		1g+1m	1i+1s+2z	1b+1k+1o+1q	1j+1k+1x	2k+1s	1d+1f+1s+1u	1h+1q	1b+6d+1e+2f+1g+1h+3i+1j+8k+3L+4m+1o+1p+2q+11s+7u+3x+3z
乾隆四年己未科		1n+1q+1s+1z	1y	1s	1f+1k+1p+2s		1a+1d+1g+1k+1L+1o+1q+3s	1i+1u	1b+1d+2s	2k+1L+1m+2s+2u	1L+1s+1x+1z	1k+1o+1s+1u+1z	1s	2o	1k+1o+1s		1k	1i+1m+1u	1s+1z	1m+1n	1L+1s	1o	1L+1n	1a+1b+2d+1f+1g+2i+7k+5L+3m+3n+6o+1p+2q+17s+5u+1x+1y+4z

（续表）

省（旗）科名	宗室	满洲	蒙古	汉军	直隶	奉天	江苏	安徽	江西	浙江	福建	山东	山西	河南	陕西	甘肃	湖北	湖南	四川	广东	广西	云南	贵州	合计
乾隆七年壬戌科		1d+1L+1q+1s	1z	1s	1f+1k+1m+1x		1b+1q+2s+1u+1z	1s+1x	1h+1L+1s	1h+1L+1p+1q+1s+1u	1c+1k+1m+1z	2b+1g+1s	1s	1s+1x+1z	1s		1s+2z	1m+1u	1j+1m	1k+1z	1o+1z	1z	1p+1q	3b+1c+1d+1f+1g+2h+1j+3k+3L+4m+1o+2p+4q+12s+3u+3x+9z
乾隆十年乙丑科	1L	1d+1g+1q	1d	1m	2L+2m+1s		2d+1h+1L+2s+2z	1d+1k	1d+1k	1m+1o+3s+1z	1s+1z	1h+1j+1u	1x	1k+1q+1u	1m	1n	1q	1m+1s+1z	1s	1o+1s	1k	1d+1e	1k	7d+1e+1g+2h+1j+5k+4L+6m+1n+2o+3q+10s+2u+1x+5z

（续表）

省（旗）科名	宗室	满洲	蒙古	汉军	直隶	奉天	江苏	安徽	江西	浙江	福建	山东	山西	河南	陕西	甘肃	湖北	湖南	四川	广东	广西	云南	贵州	合计
乾隆十三年戊辰科	1g+1n	1f+1i	1L	1k	1a+2i+1n		1d+2k+1p+1q+1s	1g+1j+1k	1j+1m+1s	2d+1L+2m+1s+2u	1j+1s+1u	1m+1x+1z	1k+1s	1k+1z	1z		1s	1z	2s	1k+1z	1s	1u	1j+1u	1a+3d+1f+2g+3i+4j+7k+2L+4m+2n+1p+1q+9s+5u+1x+5z
乾隆十六年辛未科		1d+1k		1x	1b+1m	1x	1d+1h+1i+1k+1n+1o	1i+1k+2m	1g+1z	1k+2m+1n	1i+1z	1a+2k+1m	1k	1m	1s+1x		1n	1k+1n	1k	1k+1z	1g+1o	1j	1s	1a+1b+2d+2g+1h+3i+1j+10k+7m+4n+2o+2s+3x+3z

（续表）

省（旗）科名	宗室	满洲	蒙古	汉军	直隶	奉天	江苏	安徽	江西	浙江	福建	山东	山西	河南	陕西	甘肃	湖北	湖南	四川	广东	广西	云南	贵州	合计
乾隆十七年壬申恩科		1d+1k		1f	1d+1L+1n	1j	1g+1k+1L+1m	1s+1z	1o+1s	1b+2d+1j+1L+1u	1u	1s+2u	1k+1s		1s		1s	1z	1x	1z	1k+1s	1k+1m	1L+1u	1b+4d+1f+1g+2j+5k+4L+2m+1n+1o+7s+5u+1x+3z
乾隆十九年甲戌科		1d+1s		1m	1#+1i+1x		1h+1i+1s	1m+1z	1q+1z	1d+1k+1o+1q	1z	1d+2s	1g+1u	1q	1h		2m	2s	1j	1s	1m	1t	1s+1z	1#+3d+1g+2h+2i+1j+1k+5m+1o+3q+8s+1t+1u+1x+4z

（续表）

省（旗）科名	宗室	满洲	蒙古	汉军	直隶	奉天	江苏	安徽	江西	浙江	福建	山东	山西	河南	陕西	甘肃	湖北	湖南	四川	广东	广西	云南	贵州	合计
乾隆二十二年丁丑科		1q+1s			1g		1i+2k+1z	2m+1z	1#+1j+1s+1x	1e+1f+1i+1s	1s+1z	1m+1s	1s	1i	2s		1z	1L	1z	1j	1k	2s	1s	1#+1e+1f+1g+3i+2j+3k+1L+3m+1q+11s+1x+5z
乾隆二十五年庚辰科		1b	1z		1L+1m+1s		1b+1k+1m+1o	1b	1s	1d+1i+2k+1m	1d+1k+1n	1f+1L+1s	1g	1d	1k		1m	1a+1u	1g+1q+1s	1x		1m	1g	1a+3b+3d+1f+3g+1i+5k+2L+5m+1n+1o+1q+4s+1u+1x+1z

（续表）

省（旗）科名	宗室	满洲	蒙古	汉军	直隶	奉天	江苏	安徽	江西	浙江	福建	山东	山西	河南	陕西	甘肃	湖北	湖南	四川	广东	广西	云南	贵州	合计
乾隆二十六年辛巳恩科			1d	1s	1i+1k		1b+1e+1i+1k+1L+1p+1z	1k+1s	1e+1j+1o	2m+1n+1o	1s	1k+1m+1t	1k	1d			1s	1n+1s	1u	1m	1x	1s+1x	1s	1b+2d+2e+2i+1j+5k+1L+4m+2n+2o+1p+7s+1t+1u+2x+1z
乾隆二十八年癸未科		1i		1k	1o		1b+1i+1k+1s	1L+1n	1m+1z	1a+1L+1m+1z	1g	1f+1o	1k+1n		1k		1m	1u	1k	1g+1m	1k	1s	1z	1a+1b+1f+2g+2i+6k+2L+4m+2n+2o+2s+1u+3z

（续表）

省（旗）科名	宗室	满洲	蒙古	汉军	直隶	奉天	江苏	安徽	江西	浙江	福建	山东	山西	河南	陕西	甘肃	湖北	湖南	四川	广东	广西	云南	贵州	合计
乾隆三十一年丙戌科		1h+1n			1e+1k		1c+1j+1p+1q +1s	1b+1s	2m	1d+2k+1m+1n	1s	1m+1q	1k	1s	1L		1q	1f	1s	1s	1x	1d	1x	1b+1c+2d+1e+1f+1h+1j+4k+1L+4m+2n+1p+3q+6s+2x
乾隆三十四年己丑科		1g			1k		1h+1n+1q+1s	1k+1m	1k+1r	1k+1L+1s	1d	1g+1L+1s	1m	1i	1q		1m	1d	1k	1s	1k		1s	2d+2g+1h+1i+6k+2L+3m+1n+2q+1r+5s
乾隆三十六年辛卯恩科		1s		1b	1h+1m	1j	1i+3k	1d+1z	1j+1m	1k+1m+1n+1q	1g+1s	2s	1s	1s	1g		1d	1s+1t	1b	1k	1j	1j	1q	2b+2d+2g+1h+1i+4j+5k+3m+1n+2q+7s+1t+1z

（续表）

省（旗）科名	宗室	满洲	蒙古	汉军	直隶	奉天	江苏	安徽	江西	浙江	福建	山东	山西	河南	陕西	甘肃	湖北	湖南	四川	广东	广西	云南	贵州	合计
乾隆三十七年壬辰科		1d		1#	1d+1f	1o	1#+1d+1m+1p	1k+1s	1m+1p+1t	1d+1e+2i+1m+2s	2z	1k+2s	1i	1d	1q		1c	1i	1s	2s	1k	1q		2#+1c+5d+1e+1f+4i+3k+3m+1o+2p+2q+8s+1t+2z
乾隆四十年乙未科		1d+1i		1k	1b+2k+2s		1f+2k+1m+1q+3s+1z	1k+1z	1a+1k+1s	1j+1k+2q+1s+1t	1g+1k+1s	1a	1m+1s	1g	1o		1s	1i	1s	1t	1L	1m	1k	2a+1b+1d+1f+2g+2i+1j+10k+1L+3m+1o+3q+11s+2t+2z

（续表）

省（旗）科名	宗室	满洲	蒙古	汉军	直隶	奉天	江苏	安徽	江西	浙江	福建	山东	山西	河南	陕西	甘肃	湖北	湖南	四川	广东	广西	云南	贵州	合计
乾隆四十三年戊戌科		1d		1k	1b+1k+1s		1d+1h+1L+1m	1k+1q+1s	2k+1o+1q	1#+1k+1m+2s	1b+1s	1L 1q	1n	1k	1t		1z	1s	1n	1q	1o	1x	1k	1#+2b+2d+1h+8k+2L+2m+2n+2o+4q+6s+1t+1x+1z
乾隆四十五年庚子恩科			1j	1u	1g+2u		1h+1k+1q+1s	1q	1m	1d+1q+1t	1s	1b	1n	1c		1z	1s	1m	1k	1t	1x	1x	1m	1b+1c+1d+1g+1h+1j+2k+3m+1n+3q+3s+2t+3u+2x+1z
乾隆四十六年辛丑科		1d		1z	1d+1k+1s		1i+1k+1m+1x	1a	1d+1e+1z	2h+1k+1q+1s	1m+1q	1a+1m	1k	1d	1i		1k	1k	1m	1t	1z	1m	1s	2a+4d+1e+2h+2i+6k+5m+2q+3s+1t+1x+3z

（续表）

省（旗）科名	宗室	满洲	蒙古	汉军	直隶	奉天	江苏	安徽	江西	浙江	福建	山东	山西	河南	陕西	甘肃	湖北	湖南	四川	广东	广西	云南	贵州	合计
乾隆四十九年甲辰科		1*		1a	1k		1i+1k+1n	1b+1f+1s	1s	1d	1s	1n	1k	1m			1b	1q	1p	1d	1s	1k	1k	1a+2b+2d+1f+1i+5k+1m+2n+1p+1q+4s+1*
乾隆五十二年丁未科		1b		1z	1L+2n		2k+2m+1s	1e	1i+1s	1k+1n+1t	1b	1L	1k	1d+1k		1k	1m	1s	1z	1p	1s	1k	1s	2b+1d+1e+1i+7k+2L+3m+3n+1p+5s+1t+2z
乾隆五十四年己酉科		1c+1s			1L	1n	1a+1n	1d		1e+1s	1m	1b	1b	1f		1m	1d	1o	1h	1s	1g	1m	1s	1a+2b+1c+2d+1e+1f+1g+1h+1L+3m+2n+1o+4s

（续表）

省（旗）科名	宗室	满洲	蒙古	汉军	直隶	奉天	江苏	安徽	江西	浙江	福建	山东	山西	河南	陕西	甘肃	湖北	湖南	四川	广东	广西	云南	贵州	合计
乾隆五十五年庚戌恩科		1b+1i+1n	1d		1e		1k+1n+1s	1k	1d	1d+1i	1s	1k+1m	1s	1k		1k	1g	1z	1k		1k	1k	1o	1b+3d+1e+1g+2i+8k+1m+2n+1o+3s+1z
乾隆五十八年癸丑科		1#			1c+1m		1h+2k	1q	1d+1k	1b+1e+1i	1s	1z	1k	1k				1d	1g		1k		1k	1#+1b+1c+2d+1e+1g+1h+1i+7k+1m+1q+1s+1z
乾隆六十年乙卯恩科		1b			1k		1k+1q	1h	1s	1g		1d	1m	1z			1n		1d	1t		1s	1k	1b+2d+1g+1h+3k+1m+1n+1q+2s+1t+1z

（续表）

省（旗）科名	宗室	满洲	蒙古	汉军	直隶	奉天	江苏	安徽	江西	浙江	福建	山东	山西	河南	陕西	甘肃	湖北	湖南	四川	广东	广西	云南	贵州	合计
嘉庆元年丙辰科		1L			1c+1s		1i+1q+1s	1n	1j+1q	1b+1i+1L+1s	1m+1q	1o+1s	1e		1a		1m	1c	1o	1s		1f	1k	1a+1b+2c+1e+1f+2i+1j+1k+2L+2m+1n+2o+3q+5s
嘉庆四年己未科		1b+1c+1q		1q	1b+1c+3k+1n+1o+1u		1b+2k+3s+1u	1d+1f+1i+1m+1q	1k+2q+1s+1u	1#+2d+4f+1k+1L	1q+3s+1u	1d+1k+1u	1m+1o+1s	1d+1e+1k+1u	1q+2u		1k	1m+1s	1k+1u	1e+2k	1z	1f+1m+1u	1e+1u	1#+3b+2c+5d+3e+6f+1i+13k+1L+4m+1n+2o+7q+9s+11u+1z

（续表）

省（旗）科名	宗室	满洲	蒙古	汉军	直隶	奉天	江苏	安徽	江西	浙江	福建	山东	山西	河南	陕西	甘肃	湖北	湖南	四川	广东	广西	云南	贵州	合计
嘉庆六年辛酉恩科		2d+1v	1d	1f	3k+1n+2u		1c+2q+2s+2u	1e+1k+1s	1#+1d+1k+1L+1u	2d+2f+1i+1k+1o+1u +1x	2k+2q+1u	1d+1f+1k+1s	1g+2u	2k+1s+1x	1m+1o+1s	1m	1c+1h+1x	2k+1L	1k+1o+1z	1s+2u+1x	1x+1z	1k+2u	1k+2u	1#+2c+7d+1e+4f+1g+1h+1i+16k+2L+2m+1n+3o+4q+7s+15u+1v+5x+2z

（续表）

省（旗）科名	宗室	满洲	蒙古	汉军	直隶	奉天	江苏	安徽	江西	浙江	福建	山东	山西	河南	陕西	甘肃	湖北	湖南	四川	广东	广西	云南	贵州	合计
嘉庆七年壬戌科	1d+1L+1v	1n+3u+1z	1u	1u+1z	1g+3k+1o+1r+2u+1x		1h+1j+1n+1p+1s+2u+1z	1b+1h+1L+1o+2s+1z	1h+2k+2q+1s+2u	1b+1d+1i+3k+1m+2s+1u +1z	1e+1s+2u	3k+1u	1k+1u	1e+1u+1x	2o+2u		1i+1o+1u	1c+1o+1u	1a+2u	2k+1m+1z	1j	1n+1o+1u	1f+1k+1s	1a+2b+1c+2d+2e+1f+1g+3h+2i+2j+15k+2L+2m+3n+7o+1p+2q+1r+8s+24u+1v+2x+6z

（续表）

省（旗）科名	宗室	满洲	蒙古	汉军	直隶	奉天	江苏	安徽	江西	浙江	福建	山东	山西	河南	陕西	甘肃	湖北	湖南	四川	广东	广西	云南	贵州	合计
嘉庆十年乙丑科	1L	2a+1d+1n	1e		3k+1n+1s+2u		1c+1k+1L+2q+2s+2u+1x+1z	1b+4k+1n+1o+2s	1d+1k+2u+1s+1x+1z	1i+1k +2m+1q+2s+2u+1x	1k+1L+1n	1d+2k+1z	1h+1u	1k+2o	2u	1u	2g+1k	1k	2k	1h+1u	1d+1o	1k+1u+1z	1h+1k+1z	2a+1b+1c+4d+1e+2g+3h+1i+20k+3L+2m+4n+4o+3q+8s+14u+3x+5z
嘉庆十三年戊辰科	1i	2b		1f+1k	1b+1k+2q+1s+2u		1b+1d+2k+2m+1q+1s+1x	1d+1L+1q+2u+1z	2k+1s+2u	1f+1i +6k+1m+1s+1u	1o+1q+1s	1#+1d+1e+1s+1u	1d+2k	1e+1n	1n+1u		1j+1s+1u	1c+1k	1m+1u	1q+2u	1k+1q	2k+1o	1k+1m+1o	1#+4b+1c+4d+2e+2f+2i+1j+19k+1L+5m+2n+3o+7q+7s+13u+1x+1z

（续表）

省（旗）科名	宗室	满洲	蒙古	汉军	直隶	奉天	江苏	安徽	江西	浙江	福建	山东	山西	河南	陕西	甘肃	湖北	湖南	四川	广东	广西	云南	贵州	合计
嘉庆十四年己巳恩科	1i+1q	1d+1k		1k	2k+2m+1q	1u	1d+1g +1i+2k+1L +1m+1u	2f+1m+1o	1f+1k+1m+1q+1s	1e+1h+1j+4k+1L+1n+1u	1g+2k	3k+1n	1u	1k+1n	1n+1u		1k+1m+1u	1g+1q+1u	1m+1z	1o+1q+1u	1z	1i+1k	1q+1u	2d+1e+3f+3g+1h+3i+1j+19k+2L+7m+4n+2o+6q+1s+9u+2z
嘉庆十六年辛未科	1d	1d+1g	1q	1q+1u	1k+1n+1o+1u		1h+2k+1m+1o+3u	1c+1d+2k+1q+1u+1z	1f+1k+3q+1z	1h+4k+1m+1n+1o+1u+1z	1c+1g	1h+1k+1m+1q	1q+1s	1k+1m	1k+1u		1k+1m+1u	1f+1x	2u	1k+1m	1u	1f+1k+1q	1h+1k+1q	2c+3d+3f+2g+4h+17k+6m+2n+3o+10q+1s+12u+1x+3z

（续表）

省（旗）科名	宗室	满洲	蒙古	汉军	直隶	奉天	江苏	安徽	江西	浙江	福建	山东	山西	河南	陕西	甘肃	湖北	湖南	四川	广东	广西	云南	贵州	合计
嘉庆十九年甲戌科	1p	1b+1d+1k			1f+1k+1n+1o		1k+1m+1n+1q+1s+1u+1z	1c+1k+1q+1u+1z	1e+2k+1s+1z	1c+1d+2j+1k+2n+1o+1z	1c+1s+1u+1z	1d+1e+1k+1s+1z	1a+1f+1k	1k+1o+1s	1k	1c	1q+1u+1z	1k+1m	1d+1k	1c+1q	1k+1u	1k+2s	1f+1z	1a+1b+5c+4d+2e+3f+2j+15k+2m+4n+3o+1p+4q+7s+5u+8z
嘉庆二十二年丁丑科	1i	1b+1g+1u	1c	1u	1c+1d+1f+1k		1e+1h +2k+1m+1s +1t	2h+2m+1u	1h+1k+1m+1p+1s+2u	1k+1n+1p+1s+3u	1h+1k+1o+1z	1e+1k+3u	1o+1u	1d+1q	1j+1k	1h	1k+1m+1x	1k+1m+1p+1z	1p+1u	1L+1q+1u	1k+1m	1d+1z	1e+1f+1m	1b+2c+3d+3e+2f+1g+6h+1i+1j+11k+1L+8m+1n+2o+4p+2q+3s+1t+14u+1x+3z

（续表）

省（旗）科名	宗室	满洲	蒙古	汉军	直隶	奉天	江苏	安徽	江西	浙江	福建	山东	山西	河南	陕西	甘肃	湖北	湖南	四川	广东	广西	云南	贵州	合计
嘉庆二十四年己卯恩科	1v	1d+1v			1e+2k+1m+1u		1c+1e +1k+1o+1q +2s	4k+1n+1q+1u	2k+1s+2u	1d+2m+1n+1u+1x+2z	2k+2s	1m+1n+1u	1k+1q+1u	1a+1k	1s		2q	2k	1m+1u	1s	1k+1u	1b+1f+1s	2h+1k	1a+1b+1c+2d+2e+1f+2h+17k+5m+3n+1o+5q+8s+9u+2v+1x+2z
嘉庆二十五年庚辰科	1 *	1d+1g	1d	1h	1o+1q+1s+1u	1u	1d+1e +1h+3k+1m +2u	1c+1m+1o	1f+1g+1h+1q+1u	1h+1k+1q+2s+4u+1z	1d+1s+2u	1e+2k+1o	1h+1j+2k	1c+1h+1m+1u	1j+1u	1o+1u	1m+1n+1u	1k+1u	1u+1z	1h+1u	1j+1u	1b+2k+1t	3k+1p	1b+2c+4d+2e+1f+2g+7h+3j+14k+4m+1n+4o+1p+3q+4s+1t+19u+1*+2z

（续表）

省（旗）科名	宗室	满洲	蒙古	汉军	直隶	奉天	江苏	安徽	江西	浙江	福建	山东	山西	河南	陕西	甘肃	湖北	湖南	四川	广东	广西	云南	贵州	合计
道光二年壬午恩科	1b+1g	1a+1k+1s		1k	1b+1m		1a+1d +2f+1k	1j+1k	1h+2k	1g+1i+1z	2s	1f+1o+1u	1k	1b+1x	1k	1o	1c	1k	1u	1e	1k	1u	1k	2a+3b+1c+1d+1e+3f+2g+1h+1i+1j+11k+1m+2o+3s+3u+1x+1z
道光三年癸未科	1q	1d+1z			1c+1e+1i+1j+1u		2f+1u	1m+1u	1d+2k+1s	1d+1h+1s	2k+1q	1#+1b+1q	1k	1o	1k+1x	1u	1k+1u+1z	1e+1u	1o+1u	1m+1q	2k	1k+1q	1u	1#+1b+1c+3d+2e+2f+1h+1i+1j+10k+2m+2o+5q+2s+8u+1x+2z

（续表）

省（旗）科名	宗室	满洲	蒙古	汉军	直隶	奉天	江苏	安徽	江西	浙江	福建	山东	山西	河南	陕西	甘肃	湖北	湖南	四川	广东	广西	云南	贵州	合计
道光六年丙戌科	1d+ 1q	1#+ 1k+ 1u	1a	1k+ 1y	1k+ 1s		1g+ 1n + 1s+ 1u+ 1z	1k+ 1n+ 1s	1h+ 1q	2k+ 1u+ 1z	1s+ 1u	1k+ 1z	1e	2u	1f+ 1q+ 1u		1m+ 1s	1m+ 1u	1n	1q+ 1u	1h+ 1x	1d+ 1u	2k	1a+1#+ 2d+1e+ 1f+1g+ 2h+9k+ 2m+3n+ 4q+5s+ 10u+ 1x+1y+ 3z
道光九年己丑科	1L	1a+ 1q+ 1u	1a	1n	1d+ 1e+ 4k+ 1q+ 1u		1f+ 3k + 1m+ 1s+ 1u	1f+ 1i+ 1s	1h+ 2k+ 1q+ 1z	2k+ 1m+ 3u	1b+ 1k	1u	1q	1m+ 1n	1k		1m	1c+ 1k+ 1q		1f+ 1k+ 1o	1n	1k	1u	2a+1b+ 1c+1d+ 1e+3f+ 1h+1i+ 16k+ 1L+4m+ 3n+1o+ 5q+2s+ 8u+1z

（续表）

省（旗）科名	宗室	满洲	蒙古	汉军	直隶	奉天	江苏	安徽	江西	浙江	福建	山东	山西	河南	陕西	甘肃	湖北	湖南	四川	广东	广西	云南	贵州	合计
道光十二年壬辰恩科	1c+ 1d	1c	1a+ 1b	1q	1b+ 1f+ 1m+ 1n+ 1u		1c+ 1f+ 1h+ 1m	1k+ 1L	1h+ 1i+ 1k+ 1q+ 1z	1c+ 1d+ 4k+ 1m	1e+ 1k	1c+ 1e	1s+ 1u	1k+ 1q	1u		1a+ 1h+ 1k+ 1m	2c+ 1n	1k+ 1u	1#+ 2s	1s+ 1z	1e	1s	2a+1#+ 2b+7c+ 2d+3e+ 2f+3h+ 1i+ 10k+ 1L+4m+ 2n+3q+ 5s+4u+ 2z
道光十三年癸巳科	1L	1c	1d	1f+ 1h+ 1s	1k+ 2n+ 1u	1z	1d+ 1e+ 1h+ 1k+ 1q	1k+ 2u	1c+ 1f+ 1L+ 1n+ 3u	2b+ 1q+ 2s+ 1z	1k+ 1m	1d+ 1h+ 1k+ 1z	1k+ 1m	1k+ 1q	1f		3k+ 1L	1k+ 1m	1h	1s+ 2u	1s+ 1u	1s+ 1u	1f+ 1n	2b+2c+ 3d+1e+ 4f+4h+ 11k+ 3L+3m+ 4n+3q+ 6s+ 10u+ 3z

（续表）

省（旗）科名	宗室	满洲	蒙古	汉军	直隶	奉天	江苏	安徽	江西	浙江	福建	山东	山西	河南	陕西	甘肃	湖北	湖南	四川	广东	广西	云南	贵州	合计
道光十五年乙未科	1n	1i+2L+1p+1v	1z		1j+2k+1m+1p		1d+1f +1k+1s+1u	1d+1o+2s	1L	2e+1k+1q+1u+1z	1c	2d+1k+1m	1s	1d+2k+1m	1d	1n+1s	1a+1k	1b+1z	1o+1s	1b+1c+1g+1k	1k+1q	1c		1a+2b+3c+6d+2e+1f+1g+1i+1j+10k+3L+3m+2n+2o+2p+2q+6s+2u+1v+3z
道光十六年丙申恩科	1g	1c+1*		1f	1d+1m+2u		1d+1e +2k+1s	1u	1d+1L	1b+1f+2k+1q	2k	1h+1o	1m	1k	1d+1k		1h+1u	1e+1s	1o	1h+1q	1m	1m	1e	1b+1c+4d+3e+2f+1g+3h+8k+1L+4m+2o+2q+2s+4u+1*

（续表）

省（旗）科名	宗室	满洲	蒙古	汉军	直隶	奉天	江苏	安徽	江西	浙江	福建	山东	山西	河南	陕西	甘肃	湖北	湖南	四川	广东	广西	云南	贵州	合计
道光十八年戊戌科	1a			1s	1e+1g+3k		1d+1g +1i+3k+1o +1z		2k+1s+1u	1b+1i+1k+2q	1k+1q+1s	1c+2k	1f+1j+1m+1z	1f+1o	1m+1s		1e+1k+1s	1a+1k+1q	1f	1s	1s	1k	1s+1u	2a+1b+1c+1d+2e+3f+2g+2i+1j+15k+2m+2o+4q+8s+2u+2z
道光二十年庚子科	1d	1u	1u	1k	2d+1g+1k+1m+1q+2s		1d+1e +1f+2g+1k	1k+1m	1b+1h+1i+2m+2s	3k+1p	1h+1i+1s	1d+1k		1g+1s	1j+1s	1k	1k+1q	1d+1g+1k	1d	1k+1p+1s	1h	1i+1k+1s	1m	1b+7d+1e+1f+5g+3h+3i+1j+13k+5m+2p+2q+9s+2u

（续表）

省（旗）科名	宗室	满洲	蒙古	汉军	直隶	奉天	江苏	安徽	江西	浙江	福建	山东	山西	河南	陕西	甘肃	湖北	湖南	四川	广东	广西	云南	贵州	合计
道光二十一年辛丑恩科	1a+1d	1d+1e		1k+1s	1d+1k+1z		1d+1f +1k+1p+4q +1u+1z	1k+1q+2s	1e+1m+1u	1i+2k +1L+1n+4s	1k+1m	1b+1k+1n+1o+3s+1z	1k	1d+2k	1o+1s	1s	1z	1e+1L+1n+1s	1k	1k+1m+1p+2s	1k	1e+1q		1a+1b+5d+4e+1f+1i+14k+2L+3m+3n+2o+2p+6q+15s+2u+4z
道光二十四年甲辰科	1d	1h	1d	1k	1f+2k+1q		1d+1k +1p+1q+3s +1z	1h	1f+1g+1k+1q	1d+1k+1m+1n+1s		2d+2k+1q+1z	1k		1f+1m		1i	1d+1s		1e+1h+1k	1f+1s	1d		8d+1e+4f+1g+3h+1i+10k+2m+1n+1p+4q+6s+2z

（续表）

省（旗）科名	宗室	满洲	蒙古	汉军	直隶	奉天	江苏	安徽	江西	浙江	福建	山东	山西	河南	陕西	甘肃	湖北	湖南	四川	广东	广西	云南	贵州	合计
道光二十五年乙巳恩科		1b	1d	1d	1e+5k+1L	1c	3k+1L +1q+1s	1d+1z	1e+1g+1q+2s+1z	1f+1h+1p+2q+2s		1f+1k+1q+1s	1p	1b+1k+1o+2s	1a+1q		1d+2s	1d+1k+1L	1d					1a+2b+1c+6d+2e+2f+1g+1h+11k+3L+1o+2p+6q+10s+2z
道光二十七年丁未科	1q	1j+1z	1k	1k	1#+1b+1k+1q		1i+4k+1q	1a+1e+2f+1s	1k+1m+1z	1d+1g+3k+1m+2s +1z	1c+1k	1m+2q	2k	1m+1s			1d+1k	1b+1d	3s	1c+1k	1s	1k	1f	1a+1#+2b+2c+3d+1e+3f+1g+1i+1j+17k+4m+5q+8s+3z

（续表）

省（旗）科名	宗室	满洲	蒙古	汉军	直隶	奉天	江苏	安徽	江西	浙江	福建	山东	山西	河南	陕西	甘肃	湖北	湖南	四川	广东	广西	云南	贵州	合计
道光三十年庚戌科	1d	1b+1i+1q		1a	1d+4k+1q		1d+1e +1f+1g+2k +1s	1k		2d+1f+1k+4s+1u	1s	1s	1k	1d+1h+1s	1k+1n+2s		1d+1m	1k+1q	1e+1k+2o+1s	1k+1L+2s+1u+1z			1o+1s	1a+1b+7d+2e+2f+1g+1h+1i+13k+1L+1m+1n+3o+3q+14s+2u+1z
咸丰二年壬子恩科	1d	2b+1d	1u		1#+1f+1k+1s	1k	3k+1n +1o+2q+1z	1e+1L+1q+1u	1c+2k+1o+2s+2x	1i+4k +1n+2s+1z	1f+1k+2n	1e+1h+3k+1s	1e+1k+1q+1u	1e+1j+2k+1m+1u	1q+1s+1u	1q+1u	1e+2k+1q	1k+1t	1f+2k	1b+1k+2z	1k+1q	1h	1d+1u	1#+3b+1c+3d+5e+3f+2h+1i+1j+25k+1L+1m+4n+2o+8q+7s+1t+7u+2x+4z

（续表）

省（旗）科名	宗室	满洲	蒙古	汉军	直隶	奉天	江苏	安徽	江西	浙江	福建	山东	山西	河南	陕西	甘肃	湖北	湖南	四川	广东	广西	云南	贵州	合计
咸丰三年癸丑科	1b	1p+1s			1s+2u	1n+1o	3k+1n+1s	1d+1m+2s	1k+1s+2u+1z	1g+2i+3k+1o+1s+1u	1L+1q	1k+1s+1z	1k+1m+2u	1c+1k+1o+1q	1x	1u	1k+1z	1k+1u	1k+1m+1n+1q	1f+1g+1k+1q+1z	1k	1d	1c+2h+1t	1b+2c+2d+1f+2g+2h+2i+15k+1L+3m+3n+3o+1p+4q+8s+1t+9u+1x+4z
咸丰六年丙辰科	1b	1b+1v			1q+2s+3u	1t	2k+2m+1n+1o+1y+2z	1i+2k	1k+1m+1q+1u+1z	1d+1e+1g+1i+1n+2q+1r	1m+1q	1k+1m+2q	1k+1x	1h+1k+1s+1u	1u+1x+1z		1m+1q+1u	1c+1s	1i+1k	1n	1q	1z		2b+1c+1d+1e+1g+1h+3i+9k+6m+3n+1o+9q+1r+4s+1t+7u+1v+2x+1y+5z

（续表）

省（旗）科名	宗室	满洲	蒙古	汉军	直隶	奉天	江苏	安徽	江西	浙江	福建	山东	山西	河南	陕西	甘肃	湖北	湖南	四川	广东	广西	云南	贵州	合计
咸丰九年己未科	1s	1i		1h	1s+1u	1e	1g+1k		1q+1u	1k+2q+2s+2z	1f	1k+1m	1h+1k	1u+1z	1k+1s		1k+1u	1h+1m+1z	1o+2u	1u	1g+1u	1s	1z	1e+1f+2g+3h+1i+6k+2m+1o+3q+6s+8u+5z
咸丰十年庚申恩科	1d	1u	1g	1n	1k+1L+1o+1z		1d+1n+1s	1c	2k+1s+1u	1d+1u	1i+1z	2k+1s	1b+1k	1e+1s	2z		1k	1e+1s	1k	1z	1k	1q	1k	1b+1c+3d+2e+1g+1i+10k+1L+2n+1o+1q+5s+3u+5z

（续表）

省（旗）科名	宗室	满洲	蒙古	汉军	直隶	奉天	江苏	安徽	江西	浙江	福建	山东	山西	河南	陕西	甘肃	湖北	湖南	四川	广东	广西	云南	贵州	合计
同治元年壬戌科	1a+1v	1s		1h	1a+1k+1m+1q+1s		1d+1k+1o+2s	1n+1s	1e+2m+1q	1d+1g+1k+1s		1d+1f	1k+1u	1k+1m+1q	2k+1s		1b+1k+1u	1d+2s	1k+1s	1e+1k	1d+1k	1k+1q	1e+1s	2a+1b+5d+3e+1f+1g+1h+12k+4m+1n+1o+4q+11s+2u+1v
同治二年癸亥恩科	1b+1z	2d+1i	1d	1c	3k+1s	1s	1b+1k +1q+2s+1u	1k+1s	1e+1k+1q+1s+1u	1d+1m+1s+1u	1k+1p+1s	1d+2k+1s	1m	1f+1L+1s	1m		1k+1n+1s	1m	1k+1q	1o+1s+1u+1z	1k+1m+1u	1m	1b	3b+1c+5d+1e+1f+1i+12k+1L+6m+1n+1o+1p+3q+12s+5u+2z

（续表）

省（旗）科名	宗室	满洲	蒙古	汉军	直隶	奉天	江苏	安徽	江西	浙江	福建	山东	山西	河南	陕西	甘肃	湖北	湖南	四川	广东	广西	云南	贵州	合计
同治四年乙丑科	1b	1b+1d+1L		1o+1s	1d+1i +2k+1o+1q	1k+1q	1g+1j +1k+1p+3s +2z	1m+1n+1z	1k+1L+2m	1d+1q+2s	1s+1u	1b+1k+1L+1m+1s+1u	1d+1f+1q+1u	1k+1q+2s	1u+1z	1s	1e+1f+2k+1z	1f+1j+1m+2s+1u	1o+2s	1d+1h+1k+2s	1f+1k+1o	1f+1q		3b+5d+1e+5f +1g+1h+1i+2j+11k+3L+5m+1n+4o+1p+6q+17s+5u+5z
同治七年戊辰科	1d	1b+1d+1u	1b	1o+1s	1c+1d+2k+1m+1u	1k	1e+1i +1j+2k+1m +1q +2s	1k+1n+1s+1u	3k+2u+1z	1c+1d+1j+2k+1q+2s+1u	1d+1f+1i+1q+1z	1b+3k+1L+1s+1u	1L+1o+1s	1d+1q+1s	1f+1s		1L+1m+2u	1e+1k+1m+1u	1k+1q+1s	2i+1n+1s+1z	1k+1u+1z	1z	1f+1m	3b+2c+6d+2e+3f+4i+2j+17k+3L+5m+2n+2o+5q+12s+11u+5z

（续表）

省（旗）科名	宗室	满洲	蒙古	汉军	直隶	奉天	江苏	安徽	江西	浙江	福建	山东	山西	河南	陕西	甘肃	湖北	湖南	四川	广东	广西	云南	贵州	合计
同治十年辛未科		1b+ 1d+ 1g		2k	1d+ 1e+ 1i+ 1k+ 1o+ 1u	1k	1d+ 1e + 1g+ 3k+ 1o + 1q+ 4s+ 1u	1L+ 1q+ 1s+ 2u	1g+ 1k+ 1q+ 1s+ 1z	1h+ 1j+ 1q+ 7s+ 1t	1d+ 1k+ 3u	1d+ 1L+ 2u	1#+ 1z	1c+ 1f+ 1q+ 1u	1k+ 1w	1s	1d+ 1k+ 1s+ 1u	1#+ 1o+ 2s	1f+ 2u	3k+ 2s	1b+ 1k+ 1L+ 1s	2k	1m+ 2s+ 1u	2#+2b+ 1c+6d+ 2e+2f+ 3g+1h+ 1i+1j+ 17k+ 3L+1m+ 3o+5q+ 22s+1t+ 14u+ 1w+2z
同治十三年甲戌科	1i	2d+ 1*	1*	1c+ 1n	1d+ 1i + 2k+ 1q+ 1s+ 1u		1h+ 5k + 1s+ 3u+ 1z	2d+ 1i+ 1k	2k+ 1o+ 1u	1i+ 2k + 1L+ 2s+ 2u	1k+ 1q+ 1s+ 1w	1k+ 2m+ 1s	2k	1f+ 1k+ 1s+ 1u	2k+ 2o+ 2s	1s	2k+ 1n+ 1o+ 2s	1b+ 2k+ 1u	1k+ 1m+ 1s+ 1u	1k+ 1m+ 3s+ 1u	1k+ 1q+ 1u	1k+ 1u+ 1z	1d+ 1k	1b+1c+ 6d+1f + 1h+4i+ 28k+ 1L+4m+ 2n+4o+ 3q+ 16s+ 13u+ 2*+ 1w+2z

（续表）

省（旗）科名	宗室	满洲	蒙古	汉军	直隶	奉天	江苏	安徽	江西	浙江	福建	山东	山西	河南	陕西	甘肃	湖北	湖南	四川	广东	广西	云南	贵州	合计
光绪二年丙子恩科	1d	1a+1n	1L		1i+1j+2k + 1u	1k	1b+1j + 2k+5s+2u + 1z	1s+1u+1z	1s+3u	2k+2m+4s+1u	1k+2m+2s	1d+1g+1i+1k+1q	1k+1u	1d+1L+2s+1v	2k+1o+1u	1u	1h+2m+2o	1g+1h+2s	1k+1s+3u	1#+1k+3s	2k+1m+1u	1k+1s+1u	1k+1s+1z	1a+1#+1b+3d+2g+2h+2i+2j+18k+2L+7m+1n+3o+1q+23s+16u+1v+3z
光绪三年丁丑科	1j	1d+1q+1u	1d+1s	1q	1h+2s+1u+1z	1k+1m	2h+1q + 2s+2u+1w + 1z	1k+3s+1u+1z	1f+2k+2m+1u	1f+1k+2m+1q+2s + 2u	1q+1s+1u	1h+1k+2s+1u	1f	1q+1s+1w	1o+1s	1d	1f+1k+1n	1d+3s	2k	1m+3s	1q+1s	2z	1u+1w	4d+4f+4h+1j+9k+6m+1n+1o+7q+22s+11u+3w+5z

（续表）

省（旗）科名	宗室	满洲	蒙古	汉军	直隶	奉天	江苏	安徽	江西	浙江	福建	山东	山西	河南	陕西	甘肃	湖北	湖南	四川	广东	广西	云南	贵州	合计
光绪六年庚辰科	1b+1d	1d+2v	1d	1f	1i+1k+2m+1s+2u	1k	1e+1h+3k+1m+1n+1u	1k+2s+1u+1z	1k+1o+2u+1z	1d+1h+1i+1k+1o+2q+1s+1u+1z	1k+1s+1w	1j+2k+2s+2u	1g+1s	3k+1s	1k+1u	1m+1u	1k+1q+1s+1u	2s+1z	1k+1n+2u+1z	1g+1k+1q+1s+1u	1d+2k+1q+1z	1u	1f+1k+1s	1b+5d+1e+2f+2g+2h+2i+1j+21k+4m+2n+2o+5q+14s+16u+2v+1w+6z

（续表）

省（旗）科名	宗室	满洲	蒙古	汉军	直隶	奉天	江苏	安徽	江西	浙江	福建	山东	山西	河南	陕西	甘肃	湖北	湖南	四川	广东	广西	云南	贵州	合计
光绪九年癸未科	1d	1i+ 1v+ 1*		1k	1b+ 1g+ 1h+ 1q+ 2s + 1z		1d+ 2k + 1L+ 1o+ 1q + 1s + 1u	4k+ 1u	1k+ 1n+ 2s+ 1u	1d+ 4k+ 1q+ 1s+ 1u	1d+ 1k+ 1q+ 1s+ 1u	1g+ 1h+ 1m+ 2s	1k+ 1q	1e+ 1h+ 1n	2k+ 1n	1u	1e+ 1q+ 1s	1i+ 2q+ 1u	1k+ 1L+ 1u+ 1z	1L+ 1s+ 2u	1s+ 1u	1h+ 1u	1k+ 1u	1b+4d+ 2e+2g+ 4h+2i+ 18k+ 3L+1m+ 3n+1o+ 8q+ 12s+ 13u+ 1v+1*+ 2z

（续表）

省（旗）科名	宗室	满洲	蒙古	汉军	直隶	奉天	江苏	安徽	江西	浙江	福建	山东	山西	河南	陕西	甘肃	湖北	湖南	四川	广东	广西	云南	贵州	合计
光绪十二年丙戌科	1d	1L+2*	1#+1s	1k+1s	1a+2k+1m+1s+1u	1u	1h+1k+1m+2s+2u+1z	1c+1k+1s+1u	2m+1s+3u	2h+1i+2k+1L+1m+1q+2s+1u	1f+1m+1s+3u	2k+1s+2u+1w	1s+1u	1k+1s+1u	1i+1m	1u	1p+1q+1u	2k+3u	1k+1q+2s+1u	3s+1u	1o+1q	2k	1m+1u	1a+1#+1c+1d+1f+3h+2i+15k+2L+8m+1o+1p+4q+18s+24u+2*+1w+1z

（续表）

省（旗）科名	宗室	满洲	蒙古	汉军	直隶	奉天	江苏	安徽	江西	浙江	福建	山东	山西	河南	陕西	甘肃	湖北	湖南	四川	广东	广西	云南	贵州	合计
光绪十五年己丑科	1L+ 1v	1d+ 1i+ 1j	1s+ 1u	1k+ 1u	1d+ 1e+ 1g+ 1i+ 2k+ 1s		2h+ 1k+ 1n+ 1q+ 3s+ 1z	1e+ 1m+ 1s+ 2u	1f+ 1k+ 1L+ 1s+ 1w	2k+ 1L+ 2s+ 2u	1k+ 1q+ 1s+ 1u+ 1v+ 1z	1m+ 3s+ 1w	1m+ 1u	3k	1i	1k+ 1s	1e+ 1h+ 1k+ 1m+ 1s	3k+ 1s+ 2u	2k+ 1m	1k+ 3s	1k+ 1u	1o+ 1s	2k+ 1L+ 1u	2d+3e+ 1f+1g+ 3h+3i+ 1j+22k+ 4L+5m+ 1n+1o+ 2q+ 20s+ 12u+ 2v+2w+ 2z
光绪十六年庚寅恩科	1d	1k		1k+ 1q	1g+ 1h+ 1m+ 1p+ 1q+ 1s	1f	1f+ 2k+ 2q+ 4s+ 2u	3k+ 1L+ 1q+ 1z	1g+ 1h+ 1k+ 1o+ 1s+ 1u	1h+ 1k+ 1o+ 1p+ 1s+ 2u	1k+ 1q+ 2s+ 2z	3k+ 1n+ 1s+ 1u	1m+ 1n	1i+ 2s+ 1u	1k+ 1p+ 1r	1u	1k+ 1q+ 1z	2k+ 1z	1h+ 1q+ 1s+ 1u	1h+ 1n+ 1q+ 1s	2k+ 2u	1k+ 1q+ 1s	1k+ 1u	1d+2f+ 2g+5h+ 1i+21k+ 1L+2m+ 3n+2o+ 3p+ 10q+ 1r+15s+ 12u+ 5z

（续表）

省（旗）科名	宗室	满洲	蒙古	汉军	直隶	奉天	江苏	安徽	江西	浙江	福建	山东	山西	河南	陕西	甘肃	湖北	湖南	四川	广东	广西	云南	贵州	合计
光绪十八年壬辰科	1d+1k	1f+1u+1v	1q	1q+1u	1h+2k+1m+3u	1q	1h+2k+5s+1u	2k+2q+2u	1k+2s+3u	1d+2h+2s+2u	1k+1o+4u	1j+1q+3u+1z	1u+1z	1d+1g+1q+1u+1z	1k+1s+1u	1u	3k+2q+1s	2h+1k+1q+1s+1u	2k+1m+1o	1k+1o+1q+1s+1u	1k+1s	1e+1k+1u	1k+1u	3d+1e+1f+1g+6h+1j+20k+2m+3o+11q+14s+28u+1v+3z
光绪二十年甲午恩科	1w	1b+1j		1u+1w	2k+1q+1s+1u	1m	1d+2k+1n+1q+3s+3u+1z	1k+1m+1u+1z	1d+2k+1m+1o+2u	2k+2s+2u	1j+1m+1q+1s+4u	1k+1m+1q+1u	1u	1j	1s	1s	1p+1q	1h+1s+2u	1k+4u	1d+1e+2k+1m+1s	2j	1k+1o+1u	1q	1b+3d+1e+1h+5j+14k+6m+1n+2o+1p+6q+11s+23u+2w+2z

（续表）

省（旗）科名	宗室	满洲	蒙古	汉军	直隶	奉天	江苏	安徽	江西	浙江	福建	山东	山西	河南	陕西	甘肃	湖北	湖南	四川	广东	广西	云南	贵州	合计
光绪二十一年乙未科	1h	1q+1u	1i+1q	1h+1u	1h+2k+1m+1q+1u +1y	1e	1q+2s+1u	1m+2s	1d+1g+1k+1m+1u+1z	1k+1m	1h+1m+4u	1s+1u	1q	1k+1u	1n+3u	1k+1q+1u	2q	1j+1n+1s+1*	1s+1z	1h+1k+1m+1s	1k+1m+1u	1k	2u	1d+1e+1g+5h+1i+1j+9k+7m+2n+8q+8s+18u+1*+1y+2z
光绪二十四年戊戌科	1L+1z	1k+2L		1k+1s	1h+1L+1n+3s+1u	1s	1f+1k +6s +1u	2k+2s+1z	1k+1q+2s+1u	1k+1n+2s+1u+2z	2s+1u+2z	2k+1s+2u	1q	1k+1q+1s	1k+1q	1u	1n+1s+2u	2k+1u+1z	1h+2j+1k+1z	1g+1k+2s+2u	1s+2u	1u	1k	1f+1g+2h+2j+16k+4L+3n+4q+25s+16u+8z

（续表）

省（旗）科名	宗室	满洲	蒙古	汉军	直隶	奉天	江苏	安徽	江西	浙江	福建	山东	山西	河南	陕西	甘肃	湖北	湖南	四川	广东	广西	云南	贵州	合计
光绪二十九年癸卯科		1n	1w	1p	1j+1m+4s	1z	6s+1z	2k+3s	1h+2s	6s+1z	1k+3s	1m+2s	1s	1m+1n+2s+2z	1k	1s	1k+4s	1k+3s	3s	2g+5s	1k+1s	1k+2s	1g+1s	3g+1h+1j+8k+3m+2n+1p+49s+1w+5z
光绪三十年甲辰恩科		1L	1L		4s	1s	6s	4s	6s	1g+1L+5s	2s+1z	3s	1s	3s	1z	1s	2s	1n+1s+1w+1z	3s	1k+1n+3s	2s	1s	2s	1g+1k+3L+2n+50s+1w+3z

（续表）

省（旗）科名	宗室	满洲	蒙古	汉军	直隶	奉天	江苏	安徽	江西	浙江	福建	山东	山西	河南	陕西	甘肃	湖北	湖南	四川	广东	广西	云南	贵州	合计
合　计	3a+ 6b+ 1c+ 17d+ 3g+ 1h+ 4i+ 1j+ 1k+ 7L+ 2n+ 1p+ 4q+ 1s+ 4v+ 1*+ 1w+ 2z	7a+ 4#+ 21b+ 9c+ 44d+ 3e+ 2f+ 9g+ 2h+ 19i+ 3j+ 10k+ 15L+ 7n+ 2p+ 11q+ 1r+ 28s+ 1t+ 12u+ 9v+ 6*+ 6y+ 14z	3a+ 1#+ 2b+ 1c+ 12d+ 1e+ 1g+ 1i+ 1j+ 1k+ 3L+ 4q+ 3s+ 4u+ 1*+ 1w+ 1y+ 5z	2a+ 1#+ 3b+ 5c+ 2d+ 3e+ 7f+ 6h+ 28k+ 2L+ 3m+ 6n+ 2o+ 2p+ 6q+ 12s+ 9u+ 1v+ 1w+ 2x+ 1y+ 4z	6a+ 3#+ 14b+ 6c+ 29d+ 13e+ 13f+ 13g+ 10h+ 26i+ 7j+ 98k+ 11L+ 35m+ 19n+ 10o+ 3p+ 21q+ 1r+ 65s+ 1t+ 43u+ 3x+ 4y+ 11z	1c+ 2e+ 1f+ 1i+ 2j+ 7k+ 1L+ 2m+ 3n+ 2o+ 2q+ 6s+ 1t+ 3u+ 1x+ 2z	11a+ 2#+ 13b+ 5c+ 41d+ 14e+ 20f+ 21g+ 27h+ 26i+ 9j+ 122k+ 32L+ 43m+ 18n+ 14o+ 17p+ 41q+ 1r+ 195s+ 5t+ 53u+ 1w+ 6x+ 4y+ 41z	4a+ 7b+ 6c+ 15d+ 5e+ 7f+ 1g+ 5h+ 8i+ 3j+ 55k+ 10L+ 21m+ 9n+ 5o+ 2p+ 17q+ 59s+ 27u+ 3x+ 22z	2a+ 2#+ 6b+ 4c+ 18d+ 7e+ 9f+ 10g+ 13h+ 7i+ 9j+ 64k+ 7L+ 30m+ 5n+ 9o+ 3p+ 24q+ 1r+ 64s+ 1t+ 48u+ 1w+ 6x+ 1y+ 21z	4a+ 3#+ 14b+ 4c+ 56d+ 10e+ 15f+ 14g+ 19h+ 33i+ 15j+ 107k+ 28L+ 51m+ 19n+ 13o+ 13p+ 33q+ 2r+ 143s+ 4t+ 54u+ 5x+ 1y+ 37z	2a+ 3b+ 5c+ 11d+ 3e+ 5f+ 9g+ 5h+ 5i+ 2j+ 40k+ 6L+ 14m+ 8n+ 3o+ 2p+ 19q+ 1r+ 60s+ 1t+ 36u+ 1v+ 2w+ 3x+ 1y+ 24z	5a+ 2#+ 10b+ 2c+ 29d+ 12e+ 10f+ 5g+ 11h+ 4i+ 5j+ 79k+ 11L+ 25m+ 8n+ 7o+ 3p+ 14q+ 1r+ 66s+ 2t+ 33u+ 2w+ 2x+ 1y+ 17z	2a+ 2#+ 3b+ 9d+ 7e+ 4f+ 5g+ 3h+ 3i+ 3j+ 48k+ 3L+ 18m+ 6n+ 4o+ 2p+ 9q+ 29s+ 22u+ 4x+ 8z	2a+ 3b+ 4c+ 20d+ 7e+ 9f+ 7g+ 6h+ 6i+ 3j+ 51k+ 4L+ 12m+ 7n+ 10o+ 13q+ 41s+ 18u+ 1v+ 1w+ 4x+ 1y+ 17z	2a+ 2b+ 4d+ 6f+ 1g+ 3h+ 4i+ 4j+ 34k+ 5L+ 11m+ 7n+ 10o+ 3p+ 9q+ 1r+ 32s+ 1t+ 25u+ 1w+ 8x+ 3y+ 8z	1c+ 1d+ 1g+ 1h+ 6k+ 4m+ 2n+ 4o+ 2q+ 9s+ 13u+ 1y+ 1z	4a+ 4b+ 3c+ 10d+ 5e+ 2f+ 5g+ 6h+ 5i+ 3j+ 43k+ 5L+ 25m+ 7n+ 6o+ 4p+ 18q+ 35s+ 20u+ 7x+ 2y+ 13z	2a+ 3#+ 5b+ 7c+ 8d+ 5e+ 3f+ 3g+ 6h+ 5i+ 2j+ 37k+ 4L+ 15m+ 8n+ 4o+ 2p+ 9q+ 40s+ 2t+ 23u+ 1*+ 1w+ 1x+ 15z	2a+ 2b+ 4d+ 4e+ 4f+ 4g+ 4h+ 1i+ 5j+ 38k+ 1L+ 11m+ 6n+ 12o+ 3p+ 7q+ 36s+ 31u+ 2x+ 11z	2#+ 2b+ 3c+ 3d+ 5e+ 2f+ 7g+ 8h+ 4i+ 3j+ 37k+ 3L+ 13m+ 7n+ 5o+ 3p+ 14q+ 71s+ 5t+ 25u+ 4x+ 1y+ 14z	1a+ 1b+ 5d+ 2f+ 3g+ 4h+ 2i+ 7j+ 41k+ 3L+ 6m+ 3n+ 6o+ 8q+ 23s+ 17u+ 6x+ 1y+ 8z	2b+ 1c+ 8d+ 4e+ 7f+ 1g+ 3h+ 4i+ 2j+ 34k+ 3L+ 9m+ 1n+ 6o+ 9q+ 23s+ 2t+ 17u+ 3x+ 11z	1b+ 2c+ 2d+ 4e+ 8f+ 3g+ 7h+ 1j+ 35k+ 4L+ 10m+ 4n+ 3o+ 2p+ 7q+ 25s+ 2t+ 19u+ 1w+ 2x+ 10z	64a+25#+ 124b+ 70c+ 348d+ 114e+ 136f+ 126g+ 150h+ 168i+ 90j+ 1016k+ 168L+ 358m+ 162n+ 135o+ 67p+ 301q+9r+ 1066s+ 28t+ 552u+ 16v+9*+ 13w+72x+ 29y+316z

备注：①此表统计《词林辑略》所列顺治三年丙戌科至光绪三十年甲辰恩科共5732名庶吉士（包括乾隆年间修书而钦赐的9名庶吉士，不包括翻译庶吉士）的官至最高职位情况。参照《清史稿》和《清实录》，仅对《词林辑略》所载个别官至大学士、协办大学士有误的给予纠正，其余均依照《词林辑略》统计。

②此表中各官职的品级以《清史稿·职官志》为基础，参照钱实甫编著《清代职官年表》，《（康熙）大清会典》卷6《吏部四·品级》，《（雍正）大清会典》卷7《吏部五·品级》，《清朝文献通考》卷89《职官考十二·品级》，《清朝续文献通考》卷115–146《职官考》，《最新清国文武官制表》（《续修四库全书》第753册）中的内容把庶吉士官至的最高职位，大致按官职品级作统计。由于有同一官职品级不一的情况，但为了统计方便，我们按其定型时的品级统计。我们统计的一个原则是强调官员的品级，同时也突出各品级翰林官的人数。

③我们统计使用的代码的含义是：

a　正一品：大学士；

#　正一品：协办大学士；

b　从一品：各部院尚书（清末宣统三年将尚书改为大臣）、都察院左右都御史；

c　正二品：总督（加兵部尚书衔的总督为从一品。为统计方便，我们将总督均统计到“c”类中）；

d　二品京官：各部院侍郎（清末宣统三年将侍郎改为副大臣）、内阁学士、清末之大理院正卿；

e　二品地方官一：巡抚；

f　二品地方官二：布政使、民政使（清末设）；

g　三品京官：宗人府府丞、都察院左右副都御史、通政使（左通政）、詹事府詹事、大理寺卿、太常寺卿、光禄寺卿、太仆寺卿。清末设：各部左丞、右丞、内阁阁丞。（注：①清末新官制中所设的内阁阁丞，《清史稿》等书没有记载其具体品级。《清代职官年表》第4册第3095页的《内阁属官表》：阁丞华世奎，原任军机章京上行走，三品章京。为统计方便，暂将内阁阁丞统计到三品京官中。②《词林辑略》：朱益藩，散馆授编修，官至少保。《清代职官年表》第4册第3064页：宣统三年副都御史中有“朱益藩”。据此将朱益藩统计入官至副都御史中。）

h　三品地方官：顺天府府尹、奉天府府尹、按察使、盐运使；清末所设的提学使、提法使、度支使；

i　四品翰詹等官：詹事府少詹事、内阁侍读学士、翰林院侍读学士、侍讲学士；

j　四品京官：兵部都捕理事官（康熙三十八年裁）、都察院左右佥都御史、通政使司副使、鸿胪寺卿、祭酒、大理寺少卿、太常寺少卿、太仆寺少卿、四译馆少卿；清末所设的各部院参议（通政司参议为从五品，将通政司参议统计到京官五品中）、大理院推丞、资政院等处秘书长；

k　四品地方官：顺天府府丞、奉天府府丞、道员、知府、盐运使司运同；新设的检察厅检察长；

L　五品翰詹等官：左右春坊左右庶子、左右春坊左右谕德、翰林院侍读、侍讲（内阁侍读正六品。由于《词林辑略》等书多处记载官至侍读，没有说明是翰林院侍读，还是内阁侍读，我们暂将其归入一类）、詹事府司经局洗马；

m　五品科道官：六科给事中、监察御史；

n　五品京官：宗人府理事官、宗人府副理事官、各部院郎中、通政司参议、光禄寺少卿、鸿胪寺少卿、各部院员外郎；清末所设的各部院参事、大理院推事；

o　五品地方官：府同知、知州、盐道副使（盐运使司副使）；

p　六品翰詹等官：左右春坊左右中允、左右春坊左右赞善、翰林院修撰；清末所设的翰林院撰文（光绪二十九年设）、翰林院秘书郎；

q 六品京官：各部院主事、宗人府经历、都察院经历、太常寺寺丞、大理寺寺丞、大理寺左右寺副、光禄寺署正、国子监司业；

r 六品地方官：府通判、府推官（康熙六年裁）、州同、盐运使司运判；

s 七品翰林官：翰林院编修、检讨；

t 七品京官：内阁中书、行人司司正、行人司司副、行人、国子监博士、大理寺评事、国子监助教、光禄寺署丞；

u 七品地方官：知县、府教授；

v 武职：八旗都统、各省驻防都统、副都统、各省驻防将军、镇守总兵官、八旗参领、五城正指挥；

* 办事大臣、参赞大臣、帮办大臣、驻藏左参赞；

w 清末所设官职（品级暂没有弄清）：弼德院顾问大臣、资政院总裁、典礼院学士、典礼院直学士、典礼院副掌院学士、内阁印铸局副局长；

x 散馆归班，没有授职；

y 散馆除名、革职；

z 未散馆。

④清代翰林院庶吉士革职、除名的共33人（参见附表六），在此表中，革职、除名的只有29人。因有4名庶吉士被革职后，又授以官职。此四人是：（1）康熙四十二年癸未科的董泰，散馆除名，乾隆年间，以善国书特授编修。（2）道光二十七年丁未科的陈鼐，以散馆怀挟，革职治罪，后因军功官至直隶清河道。（3）道光二十七年丁未科的刘崧骏，以散馆怀挟，革职治罪，因军功赏候选道。（4）光绪二十年甲午恩科的熊希龄，在籍庇护奸党被革职，后来起用，官至奉天盐运使。

附表八 清代一甲进士官至最高职位统计表

省（旗） 科名	宗室	满洲	蒙古	汉军	直隶	奉天	江苏	安徽	江西	浙江	福建	山东	山西	河南	陕西	甘肃	湖北	湖南	四川	广东	广西	云南	贵州	合计
顺治三年丙戌科					1d+1i							1a												1a+1d+1i
顺治四年丁亥科							1a+1p	1g																1a+1g+1p
顺治六年己丑科										1d							1i+1p							1d+1i+1p
顺治九年壬辰科					1j		1g+1p																	1g+1j+1p
顺治九年壬辰科满洲榜		1c+1d+1i																						1c+1d+1i

（续表）

省（旗）科名	宗室	满洲	蒙古	汉军	直隶	奉天	江苏	安徽	江西	浙江	福建	山东	山西	河南	陕西	甘肃	湖北	湖南	四川	广东	广西	云南	贵州	合计
顺治十二年乙未科					1k		1h			1d														1d+1h+1k
顺治十二年乙未科满洲榜		1d+1m+1s																						1d+1m+1s
顺治十五年戊戌科							1i+1p	1c																1c+1i+1p
顺治十六年己亥科							1a+1d+1i																	1a+1d+1i
顺治十八年辛丑科							1L			1s									1d					1d+1L+1s
康熙三年甲辰科							1i			1d				1d										2d+1i
康熙六年丁未科							1L+1s					1b												1b+1L+1s
康熙九年庚戌科							1b			1d+1p														1b+1d+1p
康熙十二年癸丑科							2b+1d																	2b+1d
康熙十五年丙辰科					1b		1L			1b														2b+1L

（续表）

省（旗） 科名	宗室	满洲	蒙古	汉军	直隶	奉天	江苏	安徽	江西	浙江	福建	山东	山西	河南	陕西	甘肃	湖北	湖南	四川	广东	广西	云南	贵州	合计
康熙十八年己未科							1i	1s		1s														1i+2s
康熙二十一年壬戌科							1p			2b														2b+1p
康熙二十四年乙丑科							1L+1p			1a														1a+1L+1p
康熙二十七年戊辰科										1L+1p+1s														1L+1p+1s
康熙三十年辛未科					1e		1p	1L																1e+1L+1p
康熙三十三年甲戌科							1L+1s			1d														1d+1L+1s
康熙三十六年丁丑科							1j+1p			1s														1j+1p+1s
康熙三十九年庚辰科							1L+1p							1s										1L+1p+1s
康熙四十二年癸未科							1L+1p				1s													1L+1p+1s
康熙四十五年丙戌科							1p+1s			1s														1p+2s

（续表）

省（旗）科名	宗室	满洲	蒙古	汉军	直隶	奉天	江苏	安徽	江西	浙江	福建	山东	山西	河南	陕西	甘肃	湖北	湖南	四川	广东	广西	云南	贵州	合计
康熙四十八年己丑科							1d+1L	1s																1d+1L+1s
康熙五十一年壬辰科							1i+1L			1s														1i+1L+1s
康熙五十二年癸巳恩科					1b		1b+1p																	2b+1p
康熙五十四年乙未科							1L+1p			1L														2L+1p
康熙五十七年戊戌科							1p	1d		1s														1d+1p+1s
康熙六十年辛丑科											1m	1d		1c										1c+1d+1m
雍正元年癸卯恩科							2i										1i							3i
雍正二年甲辰科					1b		1b			1s														2b+1s
雍正五年丁未科							1b+1m				1s													1b+1m+1s
雍正八年庚戌科										1a+1p+1s														1a+1p+1s

（续表）

省（旗）科名	宗室	满洲	蒙古	汉军	直隶	奉天	江苏	安徽	江西	浙江	福建	山东	山西	河南	陕西	甘肃	湖北	湖南	四川	广东	广西	云南	贵州	合计
雍正十一年癸丑科					1L		1p+1s																	1L+1p+1s
乾隆元年丙辰科							1b			1b		1d												2b+1d
乾隆二年丁巳恩科							1a+1s				1j													1a+1j+1s
乾隆四年己未科							1h		1d											1#				1#+1d+1h
乾隆七年壬戌科							1L+1s			1d														1d+1L+1s
乾隆十年乙丑科							2d			1b														1b+2d
乾隆十三年戊辰科							1d			1a+1s														1a+1d+1s
乾隆十六年辛未科									1L	1L+1s														2L+1s
乾隆十七年壬申恩科							1i+1m			1i														2i+1m
乾隆十九年甲戌科							1d+1i			1d														2d+1i

（续表）

省（旗）科名	宗室	满洲	蒙古	汉军	直隶	奉天	江苏	安徽	江西	浙江	福建	山东	山西	河南	陕西	甘肃	湖北	湖南	四川	广东	广西	云南	贵州	合计
乾隆二十二年丁丑科							1d	1s		1p														1d+1p+1s
乾隆二十五年庚辰科							1c+1k			1k														1c+2k
乾隆二十六年辛巳恩科							1k			1b					1a									1a+1b+1k
乾隆二十八年癸未科							1p	1f		1b														1b+1f+1p
乾隆三十一年丙戌科							1d+1p		1h															1d+1h+1p
乾隆三十四年己丑科							1k			1g+1s														1g+1k+1s
乾隆三十六年辛卯恩科								1k		1m+1r														1k+1m+1r
乾隆三十七年壬辰科					1k			1p		1s														1k+1p+1s
乾隆四十年乙未科								1p		1s		1g												1g+1p+1s
乾隆四十三年戊戌科									1a	1f+1s														1a+1f+1s

（续表）

省（旗）科名	宗室	满洲	蒙古	汉军	直隶	奉天	江苏	安徽	江西	浙江	福建	山东	山西	河南	陕西	甘肃	湖北	湖南	四川	广东	广西	云南	贵州	合计
乾隆四十五年庚子恩科							1m	1i		1p														1i+1m+1p
乾隆四十六年辛丑科							1d+1L			1L														1d+2L
乾隆四十九年甲辰科					1q					1b+1s														1b+1q+1s
乾隆五十二年丁未科							1c+1k			1b														1b+1c+1k
乾隆五十四年己酉科							1#+1b		1d															1#+1b+1d
乾隆五十五年庚戌恩科							1h+1s	1b																1b+1h+1s
乾隆五十八年癸丑科					1k		1a		1d															1a+1d+1k
乾隆六十年乙卯恩科							1q			2d														2d+1q
嘉庆元年丙辰科								1k	1b								1e							1b+1e+1k
嘉庆四年己未科							1b			1b		1h												2b+1h

（续表）

省（旗）科名	宗室	满洲	蒙古	汉军	直隶	奉天	江苏	安徽	江西	浙江	福建	山东	山西	河南	陕西	甘肃	湖北	湖南	四川	广东	广西	云南	贵州	合计
嘉庆六年辛酉恩科							1d		1m								1d							2d+1m
嘉庆七年壬戌科							2b+1h																	2b+1h
嘉庆十年乙丑科							1d											1b+1j						1b+1d+1j
嘉庆十三年戊辰科							1i		1i									1m						2i+1m
嘉庆十四年己巳恩科								1p			1b									1f				1b+1f+1p
嘉庆十六年辛未科							1n+1s										1d							1d+1n+1s
嘉庆十九年甲戌科							1e	1n						1b										1b+1e+1n
嘉庆二十二年丁丑科								1k		1k				1e										1e+2k
嘉庆二十四年己卯恩科										1k							1p	1i						1i+1k+1p
嘉庆二十五年庚辰科										1b							1e				1f			1b+1e+1f

（续表）

省（旗）科名	宗室	满洲	蒙古	汉军	直隶	奉天	江苏	安徽	江西	浙江	福建	山东	山西	河南	陕西	甘肃	湖北	湖南	四川	广东	广西	云南	贵州	合计
道光二年壬午恩科								1i	1s											1d				1d+1i+1s
道光三年癸未科							1b+1f													1p				1b+1f+1p
道光六年丙戌科									1m	1m		1a												1a+2m
道光九年己丑科								1p		1d+1i														1d+1i+1p
道光十二年壬辰恩科							1c+1d			1a														1a+1c+1d
道光十三年癸巳科									1k+1p								1k							2k+1p
道光十五年乙未科									1g+1k				1k											1g+2k
道光十六年丙申恩科											2e	1h												2e+1h
道光十八年戊戌科										1i							1i		1f					1f+2i
道光二十年庚子科							1i+1p			1k														1i+1k+1p

（续表）

省（旗）科名	宗室	满洲	蒙古	汉军	直隶	奉天	江苏	安徽	江西	浙江	福建	山东	山西	河南	陕西	甘肃	湖北	湖南	四川	广东	广西	云南	贵州	合计
道光二十一年辛丑恩科					1g				1b												1f			1b+1f+1g
道光二十四年甲辰科										1g+1m		1h												1g+1h+1m
道光二十五年乙巳恩科										1i+1s								1p						1i+1p+1s
道光二十七年丁未科					1a+1k		1b																	1a+1b+1k
道光三十年庚戌科							1k+1m													1k				2k+1m
咸丰二年壬子恩科							1b+1j			1j														1b+2j
咸丰三年癸丑科								1s		1m		1d												1d+1m+1s
咸丰六年丙辰科							1#			1m		1b												1#+1b+1m
咸丰九年己未科								1a		1s										1d				1a+1d+1s
咸丰十年庚申恩科										1i							1i			1k				2i+1k

（续表）

省（旗）科名	宗室	满洲	蒙古	汉军	直隶	奉天	江苏	安徽	江西	浙江	福建	山东	山西	河南	陕西	甘肃	湖北	湖南	四川	广东	广西	云南	贵州	合计
同治元年壬戌科							1#						1h				1k							1#+1h+1k
同治二年癸亥恩科					1a		1p											1m						1a+1m+1p
同治四年乙丑科			1b	1k																	1s			1b+1k+1s
同治七年戊辰科							1d						1s					1k						1d+1k+1s
同治十年辛未科										1s					1s					1g				1g+2s
同治十三年甲戌科							1a				1q									1k				1a+1k+1q
光绪二年丙子恩科										1d		1e	1k											1d+1e+1k
光绪三年丁丑科							1s				1k						1f							1f+1k+1s
光绪六年庚辰科							1i											1k+1s						1i+1k+1s
光绪九年癸未科	1b				1p							1k												1b+1k+1p

（续表）

省（旗）科名	宗室	满洲	蒙古	汉军	直隶	奉天	江苏	安徽	江西	浙江	福建	山东	山西	河南	陕西	甘肃	湖北	湖南	四川	广东	广西	云南	贵州	合计
光绪十二年丙戌科							1e+1L																1p	1e+1L+1p
光绪十五年己丑科				1s					1f												1h			1f+1h+1s
光绪十六年庚寅恩科							1k		1i		1h													1h+1i+1k
光绪十八年壬辰科										1L										1h	1p			1h+1L+1p
光绪二十年甲午恩科							1b											1L+1s						1b+1L+1s
光绪二十一年乙未科										1s								1s	1h					1h+2s
光绪二十四年戊戌科										1s								1s					1p	1p+2s
光绪二十九年癸卯科				1k								1h											1k	1h+2k
光绪三十年甲辰恩科				1p	1p															1s				2p+1s

（续表）

省（旗）科名	宗室	满洲	蒙古	汉军	直隶	奉天	江苏	安徽	江西	浙江	福建	山东	山西	河南	陕西	甘肃	湖北	湖南	四川	广东	广西	云南	贵州	合计
合　计	1b	1c+2d+1i+1m+1s	1b	2k+1p+1s	2a+3b+1d+1e+1g+1i+1j+4k+1L+2p+1q	0	5a+3#+15b+3c+14d+2e+1f+1g+4h+12i+2j+6k+13L+4m+1n+18p+1q+9s	1a+1b+1c+1d+1f+1g+2i+3k+1L+1n+4p+4s	1a+2b+3d+1f+1g+1h+2i+2k+1L+2m+1p+1s	4a+11b+11d+1f+2g+5i+1j+4k+5L+5m+5p+1r+21s	1b+2e+1h+1j+1k+1m+1q+2s	2a+2b+3d+1e+1g+4h+1k	1h+2k+1s	1b+1c+1d+1e+1s	1a+1s	0	2d+2e+1f+4i+2k+2p	1b+1i+1j+2k+1L+2m+1p+4s	1d+1f+1h	1#+2d+1f+1g+1h+3k+1p+1s	2f+1h+1p+1s	0	1k+2p	16a+4#+39b+6c+41d+9e+9f+8g+14h+28i+6j+33k+22L+15m+2n+38p+3q+1r+48s

备注：此表代码的含义与附表七《清代翰林院庶吉士官至最高职位统计表》相同。

参考文献

一、会典、会典事例

《(万历)明会典》，北京，中华书局，1989年。

《(康熙)大清会典》，见《近代中国史料丛刊三编》第72～73辑，台北，文海出版社，1992～1993年。

《(雍正)大清会典》，见《近代中国史料丛刊三编》第77～79辑，台北，文海出版社，1994～1995年。

《(乾隆)大清会典则例》(乾隆十二年敕撰)，见《文渊阁四库全书》第620～625册，上海，上海古籍出版社，1987年。

《(嘉庆)大清会典》，见《近代中国史料丛刊三编》第64辑，台北，文海出版社，1991年。

《(嘉庆)钦定大清会典事例》，见《近代中国史料丛刊三编》第65～70辑，台北，文海出版社，1991～1992年。

《(光绪)钦定大清会典事例》，见《续修四库全书》第798～814册，上海，上海古籍出版社，2002年。

《钦定皇朝文献通考》(乾隆十二年敕撰)，见《文渊阁四库全书》第632～638册，上海，上海古籍出版社，1987年。

《钦定皇朝通典》(乾隆三十二年敕撰)，见《文渊阁四库全书》第642～643册，上海，上海古籍出版社，1987年。

《钦定皇朝通志》(乾隆三十二年敕撰)，见《文渊阁四库全书》第644～645册，上海，上海古籍出版社，1987年。

二、实录、起居注、正史

《明实录》，台北，“中研院”历史语言研究所，1962年。

[明]谈迁:《国榷》，北京，中华书局，1988年。

《清世祖实录》，北京，中华书局，1985年。

《清圣祖实录》，北京，中华书局，1985 年。

《清世宗实录》，北京，中华书局，1985 年。

《清高宗实录》，北京，中华书局，第 1～4 册，1985 年；第 5～19 册，1986 年。

《清仁宗实录》，北京，中华书局，1986 年。

《清宣宗实录》，北京，中华书局，1986 年。

《清文宗实录》，北京，中华书局，第 1 ～ 3 册，1986 年；第 4 ～ 5 册，1987 年。

《清穆宗实录》，北京，中华书局，1987 年。

《清德宗实录》，北京，中华书局，1987 年。

《宣统政纪》(《清实录》本)，北京，中华书局，1987 年。

[清] 蒋良骐撰，林树惠、傅贵九点校:《东华录》，北京，中华书局，1980 年。

中国第一历史档案馆编:《康熙起居注》(铅印本)，北京，中华书局，1984 年。

《清代起居注册·康熙朝》(影印本)，分别由中华书局、台北联经出版事业公司将收藏的中国第一历史档案馆、台北故宫博物院的康熙朝《起居注》出版，2009 年。

中国第一历史档案馆编:《雍正朝起居注册》(影印本)，北京，中华书局，1993 年。

中国第一历史档案馆编:《乾隆帝起居注》(影印本)，桂林，广西师范大学出版社，2002 年。

中国第一历史档案馆编:《嘉庆帝起居注》(影印本)，桂林，广西师范大学出版社，2006 年。

[后晋] 刘昫等撰:《旧唐书》，北京，中华书局，1975 年。

[宋] 欧阳修、宋祁撰:《新唐书》，北京，中华书局，1975 年。

[元] 脱脱等撰:《宋史》，北京，中华书局，1985 年。

[清] 张廷玉等撰:《明史》，北京，中华书局，1987 年。

赵尔巽等撰:《清史稿》，北京，中华书局，1977 年。

三、上谕、上谕档、奏折

《世宗宪皇帝上谕内阁》，见《文渊阁四库全书》第 414 ～ 415 册，上海，上海古籍出版社，1987 年。

中国第一历史档案馆编:《雍正朝汉文谕旨汇编》，桂林，广西师范大学出版社，1999 年。

中国第一历史档案馆编:《乾隆朝上谕档》，北京，档案出版社，1991 年。

中国第一历史档案馆编:《嘉庆道光两朝上谕档》，桂林，广西师范大学出版社，2000 年。

中国第一历史档案馆编:《咸丰同治两朝上谕档》，桂林，广西师范大学出版社，1998 年。

中国第一历史档案馆编:《光绪宣统两朝上谕档》，桂林，广西师范大学出版社，1996 年。

中国第一历史档案馆编:《雍正朝内阁六科史书・吏科》，桂林，广西师范大学出版社，2002 年。

“国立”故宫博物院编:《宫中档康熙朝奏折》，台北，“国立”故宫博物院印行，1976 年。

中国第一历史档案馆编:《康熙朝汉文朱批奏折汇编》，北京，档案出版社，1984 ～ 1985 年。

中国第一历史档案馆编:《康熙朝满文朱批奏折全译》，北京，中国社会科学出版社，1996 年。

台北故宫博物院编:《宫中档康熙朝奏折》，台北，台北故宫搏物院印行，1976 年。

台北故宫博物院编:《宫中档雍正朝奏折》，台北，台北故宫博物院印行，1980 年。

中国第一历史档案馆编:《雍正朝汉文朱批奏折汇编》，南京，江苏古籍出版社，1989 ～ 1991 年。

中国第一历史档案馆译编:《雍正朝满文朱批奏折全译》，合肥，黄山书社，1998 年。

台北故宫博物院编:《宫中档乾隆朝奏折》，台北，台北故宫博物院印行，1982 ～ 1987 年出版。

中国第一历史档案馆编:《乾隆朝军机处随手登记档》，桂林，广西师范大学出版社，2000 年。

中国第一历史档案馆编:《光绪朝朱批奏折》，北京，中华书局，1995 ～ 1996 年。

《皇清奏议》，见《中国公共图书馆古籍文献珍本汇刊・史部》，全国图书馆文献缩微复制中心出版，2004 年。

张伟仁主编:《明清档案》，“中研院”历史语言研究所现存、清代内阁大库原藏，台北，联经出版事业公司，1986～1995年。

四、词林类文献

［明］黄佐:《翰林记》，见《文渊阁四库全书》第596册，上海，上海古籍出版社，1987年。

［清］秦瀛:《己未词科录》，见《续修四库全书》第537册，上海，上海古籍出版社，2002年。

［清］沈廷芳编著:《国朝馆选录》及其续修本，清刻本。

［清］吴鼎雯:《翰詹源流编年》，清刻本。

［清］吴鼎雯编著:《国朝馆选爵里谥法考》及其续修本，清刻本。

［清］张廷玉等纂:《词林典故》，清刻本。

［清］朱珪等纂:《皇朝词林典故》，清嘉庆十年武英殿刻本。

［清］朱汝珍编著:《词林辑略》，见《清代传记丛刊》，台北，明文书局印行，1985年。

五、履历便览、会试同年齿录

《顺治六年己丑科会试四百名进士三代履历便览》，国家图书馆善本室藏，胶片号：2628。

《顺治九年壬辰科会试四百七名进士三代履历便览》，国家图书馆善本室藏，索书号：A03840。

《顺治十二年乙未科会试三百八十五名进士三代履历便览》，国家图书馆善本室藏，胶片号：0101。

《顺治十五年戊戌科会试四百一名进士三代履历便览》，国家图书馆善本室藏，胶片号：0102。

《顺治十六年己亥科会试三百五十名进士三代履历便览》，国家图书馆善本室藏，胶片号：2372。

《顺治十八年辛丑科会试四百名进士三代履历便览》，国家图书馆善本室藏，索书号：A03842。

《康熙十二年癸丑科会试一百五十九名进士三代履历便览》，国家图书馆善本室藏，索书号：A03843。

《康熙十八年己未科会试进士三代履历便览》，国家图书馆善本室藏，索书号：A03844。

《康熙二十四年乙丑科会试一百五十名进士三代履历便览》，国家图书馆善本室藏，索书号：A03845。

《嘉庆二十四年己卯恩科会试同年齿录》，清刻本。

《重订壬午（道光二年）恩科会试同年齿录》，清刻本。

《道光六年丙戌科会试同年齿录》，清刻本。

《道光十二年壬辰恩科会试同年齿录》，清刻本。

《道光十三年癸巳科会试同年齿录》，清刻本。

《道光十五年乙未科会试同年齿录》，清刻本。

《道光二十一年辛丑科会试同年齿录》，清刻本。

《道光二十五年乙巳恩科会试同年齿录》，清刻本。

《咸丰二年壬子恩科会试同年齿录》，清刻本。

《咸丰三年癸丑科会试同年齿录》，清刻本。

《咸丰六年丙辰科会试同年齿录》，清刻本。

《咸丰九年己未科会试同年齿录》，清刻本。

《同治四年乙丑科会试同年齿录》，清刻本。

《同治十年辛未科会试同年齿录》，清刻本。

《光绪六年庚辰科会试同年齿录》，清刻本。

《光绪九年癸未科会试同年齿录》，清刻本。

《光绪十六年庚寅恩科会试同年齿录》，清刻本。

《光绪十八年壬辰科会试同年齿录》，清刻本。

《光绪二十年甲午恩科会试同年齿录》，清刻本。

《光绪二十九年癸卯科会试同年齿录》，清刻本。

顾廷龙主编:《清代朱卷集成》，上海图书馆珍藏，台北：成文出版社，1992 年。

《国朝历科题名碑录》，清刻本。

六、年谱、日记、履历档

［清］鲍喜安等述，焦振沧编:《焦雨田先生年谱》（焦云龙年谱），见《北京图书馆藏珍本年谱丛刊》第 175 册，北京，北京图书馆出版社，1999 年。

［清］曹锡宝:《曹剑亭先生自撰年谱》（曹锡宝年谱），见《北京图书馆藏珍本年谱丛刊》第 104 册，北京，北京图书馆出版社，1999 年。

［清］陈景亮:《望坡府君年谱》（陈若霖年谱），见《北京图书馆藏珍本年谱丛刊》第 121 册，北京，北京图书馆出版社，1999 年。

［清］陈诗:《五世祖廉访公年谱》（陈大化年谱），见《北京图书馆藏珍本年谱丛刊》第 98 册，北京，北京图书馆出版社，1999 年。

［清］陈田:《周渔潢先生年谱》，见《北京图书馆藏珍本年谱丛刊》第89册，北京，北京图书馆出版社，1999年。

［清］陈肇:《四留山人自记》(陈肇年谱)，见《北京图书馆藏珍本年谱丛刊》第146册，北京，北京图书馆出版社，1999年。

［清］陈锺珂:《先文恭公年谱》(陈宏谋年谱)，见《北京图书馆藏珍本年谱丛刊》第95册，北京，北京图书馆出版社，1999年。

［清］法若真著，法辉祖校定:《黄山年略》(法若真年谱)，见《北京图书馆藏珍本年谱丛刊》第72册，北京，北京图书馆出版社，1999年。

［清］冯辰编，刘调赞续编:《李恕谷先生年谱》(李塨年谱)，见《北京图书馆藏珍本年谱丛刊》第88册，北京，北京图书馆出版社，1999年。

［清］顾嗣立:《闾邱先生自订年谱》(顾嗣立年谱)，见《北京图书馆藏珍本年谱丛刊》第89册，北京，北京图书馆出版社，1999年。

［清］黄文焕:《石叟年谱》(李士彬年谱)，见《北京图书馆藏珍本年谱丛刊》第178册，北京，北京图书馆出版社，1999年。

［清］蒋元益:《时庵自撰年谱》(蒋元益年谱)，见《北京图书馆藏珍本年谱丛刊》第98册，北京，北京图书馆出版社，1999年。

［清］金菁茅:《张南山先生年谱撮略》(张维屏年谱)，见《北京图书馆藏珍本年谱丛刊》第136册，北京，北京图书馆出版社，1999年。

［清］劳潼:《冯潜斋先生年谱》(冯成修年谱)，见《北京图书馆藏珍本年谱丛刊》第97册，北京，北京图书馆出版社，1999年。

［清］李清植:《文贞公年谱》(李光地年谱)，见《北京图书馆藏珍本年谱丛刊》第85册，北京，北京图书馆出版社，1999年。

［清］梁章钜:《退庵自订年谱》(梁章钜年谱)，见《北京图书馆藏珍本年谱丛刊》第135册，北京，北京图书馆出版社，1999年。

［清］卢荫溥《卢文肃公年谱》(卢荫溥年谱)，见《北京图书馆藏珍本年谱丛刊》第122册，北京，北京图书馆出版社，1999年。

［清］吕凤岐:《石柱山农行年录》(吕凤岐年谱)，见《北京图书馆藏珍本年谱丛刊》第173册，北京，北京图书馆出版社，1999年。

［清］吕璜:《月沧自编年谱》(吕璜年谱)，见《北京图书馆藏珍本年谱丛刊》第135册，北京，北京图书馆出版社，1999年。

［清］缪荃孙:《艺风老人年谱》，见《北京图书馆藏珍本年谱丛刊》第180册，北京，北京图书馆出版社，1999年。

［清］祁寯藻编，祁世长续编:《观斋行年自记》(祁寯藻年谱)，见《北京图书馆藏珍本年谱丛刊》第146册，北京，北京图书馆出版社，1999年。

［清］祁韵士:《鹤皋年谱》(祁韵士年谱)，见《北京图书馆藏珍本年谱丛刊》第118册，北京，北京图书馆出版社，1999年。

［清］钱大昕:《钱辛楣先生年谱》(钱大昕年谱)，见《北京图书馆藏珍本年谱丛刊》第105册，北京，北京图书馆出版社，1999年。

［清］沈德潜:《沈归愚自订年谱》(沈德潜年谱)，见《北京图书馆藏珍本年谱丛刊》第91册，北京，北京图书馆出版社，1999年。

［清］沈起元编，沈宗约补编:《敬亭公年谱》(沈起元年谱)，见《北京图书馆藏珍本年谱丛刊》第92册，北京，北京图书馆出版社，1999年。

［清］史诠:《冯柳东先生年谱》(冯登府年谱)，见《北京图书馆藏珍本年谱丛刊》第138册，北京，北京图书馆出版社，1999年。

［清］帅方蔚:《词垣日记》，见《续修四库全书》第559册，上海，上海古籍出版社，2002年。

［清］王廷灿:《潜庵先生年谱》(汤斌年谱)，见《北京图书馆藏珍本年谱丛刊》第77册，北京，北京图书馆出版社，1999年。

［清］王心照:《冯旭林先生年谱》(冯春晖年谱)，见《北京图书馆藏珍本年谱丛刊》第134册，北京，北京图书馆出版社，1999年。

［清］魏象枢口授，魏学诚等录:《寒松老人年谱》(魏象枢年谱)，见《北京图书馆藏珍本年谱丛刊》第73册，北京，北京图书馆出版社，1999年。

［清］翁同龢著，陈义杰整理：见《翁同龢日记》，北京，中华书局，2006年。

［清］辛从益:《辛筠谷年谱》(辛从益年谱)，见《北京图书馆藏珍本年谱丛刊》第122册，北京，北京图书馆出版社，1999年。

［清］徐栋:《致初自谱》(徐栋年谱)，见《北京图书馆藏珍本年谱丛刊》第146册，北京，北京图书馆出版社，1999年。

［清］徐景轼:《草心阁自订年谱》(徐景轼年谱)，见《北京图书馆藏珍本年谱丛刊》第169册，北京，北京图书馆出版社，1999年。

［清］徐鼒编，徐承禧等注补:《敝帚斋主人年谱》(徐鼒年谱)，见《北京图书馆藏珍本年谱丛刊》第156册，北京，北京图书馆出版社，1999年。

［清］许同莘:《张文襄公年谱》(张之洞年谱)，见《北京图书馆藏珍本年谱丛刊》第173册，北京，北京图书馆出版社，1999年。

［清］尹壮图:《楚珍自记年谱》(尹壮图年谱)，见《北京图书馆藏珍本年谱丛刊》第108册，北京，北京图书馆出版社，1999年。

［清］恽毓鼎著，史晓风整理:《恽毓鼎澄斋日记》，杭州，浙江古籍出

版社，2004 年。

［清］张师栻、张师载:《张清恪公年谱》(张伯行年谱)，见《北京图书馆藏珍本年谱丛刊》第 86 册，北京，北京图书馆出版社，1999 年。

［清］张廷玉:《澄怀主人自订年谱》(张廷玉年谱)，见《北京图书馆藏珍本年谱丛刊》第 90 册，北京，北京图书馆出版社，1999 年。

［清］张知铨:《遂宁张文端公年谱》(张鹏翮年谱)，见《北京图书馆藏珍本年谱丛刊》第 86 册，北京，北京图书馆出版社，1999 年。

［清］郑福照:《姚惜抱先生年谱》(姚鼐年谱)，见《北京图书馆藏珍本年谱丛刊》第 107 册，北京，北京图书馆出版社，1999 年。

［清］郑勋:《先寒村公年谱》(郑梁年谱)，见《北京图书馆藏珍本年谱丛刊》第 84 册，北京，北京图书馆出版社，1999 年。

［清］周廷冕:《先河南公年谱》(周启运年谱)，见《北京图书馆藏珍本年谱丛刊》第 145 册，北京，北京图书馆出版社，1999 年。

秦国经等编:《清代官员履历档全编》，上海，华东师范大学出版社，1997 年。

徐全胜:《沈曾植年谱长编》，北京，中华书局，2007 年。

张謇研究中心、南通市图书馆编:《张謇全集》第 6 卷《日记》，南京，江苏古籍出版社，1994 年。

张绍蕃编著:《祖庭闻见录》(张世英年谱)，见《北京图书馆藏珍本年谱丛刊》第 180 册，北京，北京图书馆出版社，1999 年。

七、文集、笔记

［明］黄瑜著，魏连科点校:《双槐岁钞》，见《元明史料笔记丛刊》，北京，中华书局，1999 年。

［明］焦竑著，顾思点校:《玉堂丛语》，见《元明史料笔记丛刊》，北京，中华书局，1981 年。

［明］沈德符:《万历野获编》，见《元明史料笔记丛刊》，北京，中华书局，1997 年。

［明］王世贞著，魏连科点校:《弇山堂别集》，北京，中华书局，1985 年。

［明］余继登著，顾思点校:《典故纪闻》，见《元明史料笔记丛刊》，北京，中华书局，1981 年。

［清］陈康祺著，晋石点校:《郎潜纪闻初笔　二笔　三笔》，见《清代史料笔记丛刊》，北京，中华书局，1984 年。

［清］陈确:《乾初先生遗集》，见《续修四库全书》第 1395 册，上海，上海古籍出版社，2002 年。

［清］陈寿祺:《左海文集》，见《续修四库全书》第 1496 册，上海，上海古籍出版社，2002 年。

［清］陈廷敬:《午亭文编》，见《文渊阁四库全书》第 1316 册，上海，上海古籍出版社，1987 年。

［清］戴璐:《藤阴杂记》，见《续修四库全书》第 1177 册，上海，上海古籍出版社，2002 年。

［清］法式善等撰，张伟点校:《清秘述闻三种》，见《清代史料笔记丛刊》，北京，中华书局，1982 年。

［清］法式善:《槐厅载笔》，见《续修四库全书》第 1178 册，上海，上海古籍出版社，2002 年。

［清］范承谟:《范忠贞集》，见《文渊阁四库全书》第 1314 册，上海，上海古籍出版社，1987 年。

［清］方苞:《望溪先生文集》，见《续修四库全书》第 1420 册，上海，上海古籍出版社，2002 年。

［清］方濬师撰，盛冬铃点校:《蕉轩随录　续录》，见《清代史料笔记丛刊》，北京，中华书局，1995 年。

［清］傅维鳞:《四思堂文集》，康熙刻本。

［清］甘汝来:《甘庄恪公全集》，清乾隆赐福堂刻本。

［清］李调元:《童山文集》，见《续修四库全书》第 1456 册，上海，上海古籍出版社，2002 年。

［清］李绂:《穆堂初稿》，见《续修四库全书》第 1421 册，上海，上海古籍出版社，2002 年。

［清］陆以湉撰，崔凡芝点校:《冷庐杂识》，见《清代史料笔记丛刊》，北京，中华书局，1984 年。

［清］彭元瑞:《恩余堂辑稿》，见《续修四库全书》第 1447 册，上海，上海古籍出版社，2002 年。

［清］彭蕴章:《松风阁诗钞》，清同治刻本。

［清］平步青:《霞外攟屑》，见《续修四库全书》第 1163 册，上海，上海古籍出版社，2002 年。

［清］祁寯藻:《䜩䬨亭集》，见《续修四库全书》第 1521 册，上海，上海古籍出版社，2002 年。

［清］钱维城:《钱文敏公全集》，清乾隆刻本。

［清］钱泳撰，张伟点校:《履园丛话》，见《清代史料笔记丛刊》，北京，中华书局，2006 年。

［清］阮葵生:《茶余客话》，见《续修四库全书》第 1138 册，上海，上海古籍出版社，2002 年。

［清］阮葵生:《七录斋文钞》，见《续修四库全书》第 1446 册，上海，上海古籍出版社，2002 年。

［清］石韫玉:《独学庐四稿》，见《续修四库全书》第 1466 册，上海，上海古籍出版社，2002 年。

［清］史梦兰:《止园笔谈》，见《续修四库全书》第 1141 册，上海，上海古籍出版社，2002 年。

［清］孙承泽:《春明梦余录》，见《文渊阁四库全书》第 868 ～ 869 册，上海，上海古籍出版社，1987 年。

［清］汤斌:《汤子遗书》，见《文渊阁四库全书》第 1312 册，上海，上海古籍出版社，1987 年。

［清］王庆云著，王湜华点校:《石渠余纪》，北京，北京古籍出版社，1985 年。

［清］王士禛著，靳斯仁点校:《池北偶谈》，见《清代史料笔记丛刊》，北京，中华书局，1982 年。

［清］王士祯:《居易录》，见《文渊阁四库全书》第 869 册，上海，上海古籍出版社，1987 年。

［清］王士祯:《带经堂集》，见《续修四库全书》第 1414 ～ 1415 册，上海，上海古籍出版社，2002 年。

［清］王士正:《居易录谈》，见《丛书集成初编》第 2824 册，北京，中华书局，1985 年。

［清］魏象枢著，陈金陵点校:《寒松堂全集》，北京，中华书局，1996 年。

［清］魏裔介著，魏连科点校:《兼济堂文集》，北京，中华书局,2007 年。

［清］文廷式:《纯常子枝语》，见《续修四库全书》第 1165 册，上海，上海古籍出版社，2002 年。

［清］吴省钦:《白华前稿》，见《续修四库全书》第 1447 ～ 1448 册，上海，上海古籍出版社，2002 年。

［清］吴振棫撰，童正伦点校:《养吉斋丛录》，见《清代史料笔记丛刊》，北京，中华书局，2005 年。

［清］杨椿:《孟邻堂文钞》，见《续修四库全书》第 1423 册，上海，

上海古籍出版社，2002 年。

［清］姚文然：《姚端恪公集》，清康熙姚士暨刻本。

［清］姚文燮：《无异堂文集》，清康熙刻本。

［清］姚元之撰，李解民点校：《竹叶亭杂记》，见《清代史料笔记丛刊》，北京，中华书局，1982 年。

［清］袁枚：《小仓山房文集》，见《续修四库全书》第 1431 册，上海，上海古籍出版社，2002 年。

［清］余金著，顾静点校：《熙朝新语》，见《历代笔记丛刊》，上海，上海书店出版社，2009 年。

［清］张英：《文端集》，见《文渊阁四库全书》第 1319 册，上海，上海古籍出版社，1987 年。

八、地方志

［清］蔡以修等修：《（道光）大竹县志》，清道光壬午刻本。

［清］陈步武、江三乘等修：《（民国）大竹县志》，见《中国方志丛书》华中地方第 380 号，台北，成文出版社，1976 年。

［清］陈昌齐等修：《（道光）广东通志》，见《续修四库全书》第 673 ～ 675 册，上海，上海古籍出版社，2002 年。

［清］成瓘纂修：《（道光）济南府志》，道光二十年刻本。

［清］鄂尔泰等修，李洵、赵德贵主点：《八旗通志》，长春，东北师范大学出版社，1985 年。

［清］龚嘉儁等修：《杭州府志》，见《中国方志丛书》华中地方第 199 号，台北，成文出版社，1974 年。

［清］李鸿章等修：《（光绪）顺天府志》，光绪十二年刻本。

［清］李铭皖等修、冯桂芬等纂：《（光绪）苏州府志》，见《中国方志丛书》华中地方第 5 号，台北，成文出版社，1970 年。

［清］李士棻等修，胡业恒等纂：《（江西）东乡县志》，见《中国方志丛书》华中地方第 793 号，台北，成文出版社，1989 年。

［清］李卫等修：《（雍正）畿辅通志》，见《文渊阁四库全书》第 504 ～ 506 册，上海，上海古籍出版社，1987 年。

［清］谢旻等修纂：《江西通志》，见《文渊阁四库全书》第 513 ～ 518 册，上海，上海古籍出版社，1987 年。

《钦定八旗通志》（乾隆五十一年敕撰），见《文渊阁四库全书》第 665 册，上海，上海古籍出版社，1987 年。

九、其他文献

［明］陈子龙等选辑：《明经世文编》，北京，中华书局，1997 年。

［明］皇甫录：《皇明纪略》，见《四库全书存目丛书》子部第 240 册，济南，齐鲁书社，1995 年。

［明］焦竑辑：《国朝献征录》，见《续修四库全书》第 525 ～ 531 册，上海，上海古籍出版社，2002 年。

［明］王锡爵辑：《增定国朝馆课经世宏辞》，见《四库禁毁书丛刊》集部第 92 册，北京，北京出版社，2000 年。

［明］王锡爵、陆翀之辑：《皇明馆课经世宏辞续集》，见《四库禁毁书丛刊》集部第 92 ～ 93 册，北京，北京出版社，2000 年。

［明］徐学聚：《国朝典汇》，北京，北京大学出版社，1993 年。

［明］张弘道、张凝道：《皇明三元考》，见《四库全书存目丛书》史部第 271 册，济南，齐鲁书社，1996 年。

［明］张朝瑞：《皇明贡举考》，见《四库全书存目丛书》史部第 269 册，济南，齐鲁书社，1996 年。

［清］贺长龄、魏源编：《清经世文编》，北京，中华书局，1992 年。

［清］黄叔璥撰，戴璐等续补：《国朝御史题名》，见《续修四库全书》第 751 册，上海，上海古籍出版社，2002 年。

［清］李桓辑：《国朝耆献类征》，扬州，江苏广陵古籍刻印社影印，1990 年。

［清］李元度辑：《国朝先正事略》，见《续修四库全书》第 538 ～ 539 册，上海，上海古籍出版社，2002 年。

［清］梁国治：《国子监志》，见《文渊阁四库全书》第 600 册，上海，上海古籍出版社，1987 年。

［清］缪彤：《胪传纪事》，见文清阁编：《历代科举文献集成》第 10 册，北京，北京燕山出版社，2006 年。

［清］潘衍桐辑：《两浙輶轩续录》，见《续修四库全书》第 1685 ～ 1687 册，上海，上海古籍出版社，2002 年。

［清］钱仪吉纂，靳斯校点：《碑传集》，北京，中华书局，1993 年。

［清］秦瀛：《己未词科录》，见《续修四库全书》第 537 册，上海，上海古籍出版社，2002 年。

［清］阮元辑：《两浙輶轩录》，见《续修四库全书》第 1883 ～ 1884 册，上海，上海古籍出版社，2002 年。

［清］阮元、杨秉初等辑：《两浙輶轩录补遗》，见《续修四库全书》第

1684 册，上海，上海古籍出版社，2002 年。
［清］文庆、李宗昉等纂修，郭亚南等校点，《钦定国子监志》，北京，北京古籍出版社，2000 年。
［清］徐世昌：《大清畿辅先哲传》，台北，台湾大通书局，1968 年。
［清］于敏中：《日下旧闻考》，北京，北京古籍出版社，1981 年。
［清］袁枚：《随园诗话》，见《续修四库全书》第 1701 册，上海，上海古籍出版社，2002 年。
《翰林院全宗》，中国第一历史档案馆藏。
傅增湘：《清代殿试考略》，天津《大公报》社铅印本，1933 年。

十、工具书

［清］梁章钜：《称谓录》，福州，福建人民出版社，2003 年。
江庆柏编著：《清代人物生卒年表》，北京，人民文学出版社，2005 年。
江庆柏编著：《清朝进士题名录》，北京，中华书局，2007 年。
李鹏年、刘子扬、陈锵仪编著：《清代六部成语词典》，天津，天津人民出版社，1990 年。
潘荣胜主编：《明清进士录》，北京，中华书局，2006 年。
钱实甫编：《清代职官年表》，北京，中华书局，1980 年。
杨廷福、杨同甫编：《清人室名别称字号索引》（增补本），上海，上海古籍出版社，2001 年。
朱保炯、谢沛霖编著：《明清进士题名碑录索引》，上海，上海古籍出版社，1980 年。

十一、相关论著

艾永明：《清朝文官制度》，北京，商务印书馆，2003 年。
白新良：《清史考辨》，北京，人民出版社，2006 年。
包诗卿：《翰林与明代政治》，上海，上海古籍出版社，2015 年。
常建华：《明代宗族研究》，上海，上海人民出版社，2005 年。
常建华：《清代的国家与社会研究》，北京，人民出版社，2006 年。
陈宝良：《明代儒学生员与地方社会》，北京，中国社会科学出版社，2005 年。
邸永君：《清代翰林院制度》，北京，社会科学文献出版社，2002 年。
邸永君：《清代满蒙翰林群体研究》，哈尔滨，黑龙江人民出版社，2005 年。

杜家骥:《八旗与清朝政治论稿》，北京，人民出版社，2008 年。

关文发、颜广文:《明代政治制度研究》，北京，中国社会科学出版社，1995 年。

郭培贵:《明史选举志考论》，北京，中华书局，2006 年。

何怀宏:《选举社会及其终结》，北京，生活·读书·新知三联书店，1998 年。

李润强:《清代进士群体与学术文化》，北京，中国社会科学出版社，2007 年。

李世愉:《清代科举制度考辩》，沈阳，沈阳出版社，2005 年。

刘海峰主编:《科举制的终结与科举学的兴起》，武汉，华中师范大学出版社，2006 年。

刘海峰主编:《科举学的形成与发展》，武汉，华中师范大学出版社，2009 年。

刘兆璸:《清代科举》，台北，东大图书有限公司，1979 年。

毛蕾:《唐代翰林学士》，北京，社会科学文献出版社，2000 年。

潘星辉:《明代文官铨选制度研究》，北京，北京大学出版社，2005 年。

钱茂伟:《国家、科举与社会——以明代为中心的考察》，北京，北京图书馆出版社，2004 年。

商衍鎏:《清代科举考试述录》，北京，生活·读书·新知三联书店，1983 年。

宋秉仁:《清初翰苑体制与翰林流品》，台北，泰安书局，2004 年。

谭天星:《明代内阁政治》，北京，中国社会科学出版社，1996 年。

唐克军:《不平衡的治理——明代政府运行研究》，武汉，武汉出版社，2004 年。

王德昭:《清代科举制度研究》，北京，中华书局，1984 年。

王凯旋:《明代科举制度考论》，沈阳，沈阳出版社，2005 年。

王日根:《中国科举考试与社会影响》，长沙，岳麓书社，2007 年。

王天有:《明代国家机构研究》，北京，北京大学出版社，1992 年。

王亚南:《中国官僚政治研究》，北京，中国社会科学出版社，1996 年。

吴宗国主编:《中国古代官僚政治制度研究》，北京，北京大学出版社，2004 年。

杨果:《中国翰林制度研究》，武汉，武汉大学出版社，1996 年。

杨齐福:《科举制度与近代文化》，北京，人民出版社，2003 年。

张德泽:《清代国家机关考略》，北京，学苑出版社，2001 年。

张仲礼:《中国绅士——关于其在19世纪中国社会中作用的研究》，上海，上海社会科学院出版社，1991年。

赵志强:《清代中央决策机制研究》，北京，科学出版社，2007年。

十二、外文及翻译著作

Benjamin A. Elman, *A Cultural History of Civil Examinations in Late Imperial China*,The University of California Press, 2000.

瞿同祖著，范忠信等译校:《清代地方政府》，北京，法律出版社，2003年。

〔法〕魏丕信著，徐建青译:《18世纪中国的官僚制度与荒政》，南京，江苏人民出版社，2003年。

〔美〕卫三畏著，陈俱等译校:《中国总论》，上海，上海古籍出版社，2005年。

十三、相关论文

常建华:《国家认同：清史研究的新视角》,《清史研究》2010年第4期。

董倩:《明代庶吉士制度探析》,《社科纵横》1996年第4期。

范金民:《明清江南进士数量、地域分布及其特色分析》,《南京大学学报》1997年第2期。

耿清珩:《明代庶吉士述略》,《中国史研究》1995年第1期。

郭培贵:《明代殿试榜数与进士数考辨》，见《明清论丛》第7辑，北京，紫禁城出版社，2006年。

郭培贵:《明代各科庶吉士数量、姓名、甲第、地理分布及其特点考述》,《文史》2007年第1期。

郭培贵:《明代庶吉士群体构成及其特点》,《历史研究》2011年第6期。

何忠礼:《二十世纪的中国科举制度史研究》,《历史研究》2000年第6期。

李世愉:《试论清代的进士朝考制度》，见《明清论丛》第4辑，北京，紫禁城出版社，2003年。

李世愉:《试论清代科场中的谎报年龄现象》，见《清史论丛》，北京，中国广播电视出版社，2011年。

李小波:《明代庶吉士制度拾零》,《史林》2015年第4期。

连文萍:《明代翰林院的诗歌馆课研究》,《政大中文学报》(中国台湾地区)2009年第12期。

林骅:《明代庶吉士制度及其在仕进制度中的地位》,《贵州文史论丛》1990年第4期。

刘晓东:《明初庶吉士制度谫论》,《社会科学辑刊》2016年第3期。

鲁小俊:《清代官年问题再检讨》,《清史研究》2015年第1期。

宋元强:《清代的科目选士与竞争机制》,《中国社会科学》1993年第2期。

王泛森:《日谱与明末清初思想家——以颜李学派为主的讨论》,《"中央研究院"历史语言研究所集刊》,第69本,第2分,1998年。

王敬雅:《清代的清书庶吉士》,《史学月刊》2015年第4期。

王尊旺:《明代庶吉士考论》,《史学月刊》2006年第8期。

吴建华:《清代庶吉士群体简析》,《社会科学辑刊》1994年第4期。

吴建华:《科举制下进士的社会功能》,《苏州大学学报》1995年第1期。

吴仁安:《明清庶吉士制度拾零》,《安徽史学》1984年第1期。

吴仁安:《明清庶吉士制度对比研究》,《社会科学战线》1997年第2期。

吴仁安:《明清庶吉士制度述论》,《史林》1997年第4期。

颜广文:《明代庶吉士制度考评》,《华南师范大学学报》(社会科学版)1993年第4期。

张剑:《清代科举文人官年现象及其规律》,《华南师范大学学报》(社会科学版)2017年第4期。

周君闲:《晚清进士馆述略》,《文教资料》2007年第7期。

邹长清:《明代庶吉士制度探微》,《广西师范大学学报》(哲学社会科学版)1998年第2期。

邹长清:《清代乡试覆试考论》,见《清史论丛》2010年号,北京,中国国际广播出版社,2009年。

邹长清:《清代翰林院庶吉士人数考辨》,《清史研究》2013年第3期。

〔日〕阪仓笃秀:《成化元年における散館請願について:明朝庶吉士制の検討》,《东洋史研究》第46辑,3号,1987年。

〔日〕高桥亨:《明代庶吉士制度の成立とその背景——永楽2年科庶吉士を中心として》,《集刊东洋学》第96辑,2006年。

〔日〕山本隆义:《明代に於ける庶吉士の制について》,《香川大学学艺学部研究报告》,1959年,第1～12页。

后　记

从1990年开始，我就一直关注明清翰林院庶吉士制度研究，本书是在我的博士论文基础上完成。2005年9月我进入南开大学，2011年6月获得博士学位，在南开的6年，我曾得到不少师友的帮助和支持。虽然我对书稿作了不少修改和完善，但由于本人研究能力有限，以致书中仍有很多问题没有完全弄清楚，如清初如何选拔庶吉士、朝考和会试覆试在选拔庶吉士中的作用、庶吉士制度对清代影响的广度和深度，等等，希望未来通过不断深入研究，逐步解决。

非常感谢导师常建华老师！从选题、论文结构搭建到完成博士论文，常老师均给予细心的指导。到南开读博之初，原想从事社会史方面的研究，常老师根据我的兴趣，建议还是从事明清政治史研究。这给我指明了研究方向。博一期间，常老师叫我们精读蒋良骐的《东华录》，通读《康熙朝汉文朱批奏折》。这两部文献有不少清代翰林院庶吉士方面的史料，这些史料反映出清代庶吉士制度与明代庶吉士制度有所不同，从而使我产生了对清代翰林院庶吉士制度进行探讨的想法，但心里没底。常老师说清代文献档案相当丰富，可以对清代翰林院庶吉士制度作进一步的探讨。正是在常老师的指导和鼓励下，我才确立博士论文的题目《清代翰林院庶吉士制度研究》。在我查阅资料和写作过程中遇到不少问题，甚至感到迷茫之时，常老师均耐心解惑。2007年，常老师在台北讲学期间，给我买了《清初翰苑体制与翰林流品》一书，使我对中国台湾地区的相关研究有所了解。导师之恩终身难忘！

感谢我的硕士导师王兴亚老师，在我博士论文定选题时，他给我提供了很大帮助。中国社科院历史研究所李世愉老师对我的博士论文写作和修改提出不少有益的建议，在此深表谢意！

本书写作期间，得到诸多师友的帮助和支持，恕没有一一致谢。

我的妻子全力支持我的学习。从2003年以来，我大部分时间在外求学，妻子忙里忙外，除完成本职工作外，既要照顾父母，又要抚养儿子，她说只要我能安心学习，生活虽然艰难、辛苦，但她无怨无悔。儿子对我的求学也给予理解和支持。他们是我的坚强后盾。

虽然从小父母很少过问我的学习，但他们勤劳、踏实的精神一直感染着我，他们总用“井水挑不完，力气用不尽”等朴实的语言教育我们。父亲八十几的高龄，还在做些力所能及的农活。正是受父母的影响，我总是尽自己所能把事情做好，以求心里踏实。

师恩如海，亲恩如山。正是因为有了他们的无私帮助，才能有今天这本书的出版。在此，再一次对诸位师友、亲人表示衷心感谢！

2020 年 6 月

于广西师范大学王城校区

图书在版编目（CIP）数据

清代翰林院庶吉士制度研究/邹长清著. —北京：商务印书馆，2021
ISBN 978-7-100-20179-7

Ⅰ. ①清… Ⅱ. ①邹… Ⅲ. ①科举制度—研究—中国—清代
Ⅳ. ①D691.3

中国版本图书馆 CIP 数据核字（2021）第 149722 号

清代翰林院庶吉士制度研究
邹长清 著

商 务 印 书 馆 出 版
（北京王府井大街 36 号 邮政编码 100710）
商 务 印 书 馆 发 行
北京顶佳世纪印刷有限公司印刷
ISBN 978-7-100-20179-7

2021 年 12 月第 1 版　　开本 710×1000 1/16
2021 年 12 月北京第 1 次印刷　　印张 41½
定价：228.00 元